DIOS, HOMBRE, Y SALVACIÓN

DIOS, HOMBRE, Y SALVACIÓN

UNA TEOLOGÍA BÍBLICA

Por
W. T. PURKISER, Ph.D.
RICHARD S. TAYLOR, Th.D.
WILLARD H. TAYLOR, Ph.D.

Versión Castellana de
HONORATO REZA

cNp

Este libro apareció con el título en inglés: *God, Man & Salvation* y fue traducido al español por H. T. Reza. Las notas de pie fueron traducidas por José Pacheco.

God, Mail & Salvation
By W. T. Purkiser. Richard S. Taylor and Willard Taylor
Copyright © 1977
Published by Beacon Hill Press of Kansas City
A division of Nazarene Publishing House
Kansas City, Missouri 64109 USA

This edition published by arrangement
with Nazarene Publishing House.

Contenido

Proemio

Para los que reconocen la autoridad final de las Sagradas Escrituras, la teología bíblica es una disciplina esencial.

La teología bíblica aprovecha los resultados comprobados de la crítica textual e histórica y emplea los principios de la exégesis científica bíblica. Además, la teología bíblica evangélica refleja ciertas suposiciones supranaturalísticas: la realidad y propósito del Dios viviente, la deidad y naturaleza salvadora de Jesucristo, la deidad y el ministerio personal del Espíritu Santo, así como la inspiración total y unidad de las Santas Escrituras como la Palabra de Dios escrita.

Esta no es una obra de teología sistemática. Es sistemática en cuanto a su plan de organización, y por ello, toda teología sistemática futura necesariamente le será deudora; pero no intenta construir un sistema de pensamiento que trate sobre la cultura del siglo veinte como tal. Más bien se limita a la tarea preliminar de intentar responder a la pregunta, "¿Qué dicen las Escrituras?"

Siendo que la teología bíblica es obra de escritores humanos, este volumen naturalmente refleja las preferencias teológicas de sus autores. Esto resulta inevitable en cualquiera obra de esta naturaleza; todo teólogo tiene su punto de vista. Los doctores Westlake T. Purkiser, Richard S. Taylor y Willard H. Taylor, escriben desde la perspectiva general de la fe *wesleyana*. Son catedráticos de experiencia con una trayectoria combinada de más de 75 años en el salón de clase, en su mayor parte en el nivel post-graduado. Son eruditos reconocidos cuya autoridad deberá tomarse en cuenta por cualquier ministro o maestro de tradición *wesleyana*.

Esta es una presentación erudita de la revelación progresiva de Dios y de su propósito redentor según se encuentra en su forma preparatoria en el Antiguo Testamento y en su expresión perfecta en el Nuevo. A medida que usted transite por estas páginas, ha de examinarlo todo, retener lo bueno (1 Ti. 5:21).

Los autores de este tratado de pensamiento bíblico sostienen la doctrina de Juan Wesley de la perfección cristiana y encuentran en las Escrituras una develación progresiva de esta verdad. Para ellos, la obra redentora de Cristo, se expresa en la actividad santificadora del Espíritu que purifica el corazón de su inclinació pecadora, lo llena con el amor puro de Dios, y lo restaura a la ir

gen divina. Esta santidad es tanto gradual como instantánea, personal y social: se transmite al creyente por medio de una fe personal en Cristo y se experimenta en el compañerismo con su Cuerpo. Por lo demás, la perfección cristiana es teleológica: su expresión final espera el retorno de Jesucristo en gloria con la victoria concomitante del reino de Dios. Tal es la visión de los escritores de este estudio.

Me complace recomendar este volumen a ministros, maestros, y estudiantes serios de las Escrituras. Con toda verdad, es una mina de verdad bíblica a la que los pensadores *wesleyanos* le quedarán agradecidos. No sólo merece un lugar en los anaqueles de su biblioteca; también merece su estudio persistente y cuidadoso al buscar "dividir bien la palabra de verdad."

—WILLIAM M. GREATHOUSE
Superintendente General
Iglesia del Nazareno

Prefacio

La mayor parte de nuestro siglo ha sido testigo de un notable interés continuo en captar y comprender el mensaje de la Biblia en su totalidad. Cierto que los estudios bíblicos del siglo diez y nueve fueron altamente críticos y en muchos sentidos improductivos en fe, pero los eruditos en el siglo veinte han provisto mayor confianza y totalidad en lo que respecta a sus resultados y esperanzas. Sin duda alguna, este cambio saludable fue producido por una reaserción profunda de la verdad de la revelación especial con su énfasis primordial sobre Cristo, la Palabra Viviente, durante las primeras décadas de este siglo. Un concepto elevado de Cristo siempre evoca un deseo fresco de explorar la Palabra escrita con la esperanza de ver más claramente su mensaje del poderoso acto de salvación de Dios en Cristo dentro del marco total del pensamiento y de la historia bíblica. No es de sorprender, entonces, que en años recientes se hayan publicado varias teologías bíblicas excelentes, siendo cada una de ellas un intento de captar el mensaje totalmente universal de la Biblia.

El presente volumen es producto de este movimiento. Si tiene derecho a ser publicado, la razón se encontrará en la entrega de sus autores al concepto *arminiano-wesleyano* de las Escrituras. Así que el lector descubrirá en sus páginas un esfuerzo honrado a expresar esta posición histórica. Este tratamiento, sin embargo, en ninguna manera pasa por alto los recursos abundantes de erudición existentes por todo lo largo y ancho de los puntos de vista de esta relación.

Esta es una teología bíblica, no una teología sistemática. En tanto que la teología sistemática desarrolla sus propias bases para obtener un concepto estructurado de la fe, la teología bíblica busca encontrar sus bases directrices en las Escrituras mismas. Procura presentar las afirmaciones de la fe bíblica de acuerdo a cualquier sistema discernible en las Escrituras mismas. La teología bíblica consiste en unir las verdades de proclamación que dan unidad a la Biblia y que constituyen el evangelio.

El tema de salvación evidente a través de este estudio, es el tema central de la Biblia. Dios, obrando en la historia, y más particular y maravillosamente en Cristo, ha provisto un camino de salvación para toda la humanidad.

Todo esto es obra preliminar para los teólogos sistemáticos. Hay preguntas numerosas que han de hacerse a este material bíblico y los estudiantes sistemáticos capaces lograrán confrontarse con ellas. Harán uso de todo recurso de pensamiento humano para ofrecer respuestas que ampliarán la comprensión del evangelio y de su propia existencia en el mundo por parte de la iglesia.

Además, esperamos que muchos estudiantes de la bendita Palabra de Dios—universitarios, seminaristas, predicadores, laicos y por qué no, también los teólogos—descubran nuevos derroteros que les conduzcan a una renovada exploración de la Biblia.

Al Dr. W. T. Purkiser, miembro del grupo de escritores, le debemos una palabra de agradecimiento por haber servido tan capazmente como nuestro coordinador editorial. El pasó incontables horas en correspondencia con nosotros, revisando el manuscrito y preparando la bibliografía así como el índice de asuntos. Expresamos también nuestras sentidas gracias al Dr. J. Fred Parker, editor de libros, por su manejo inteligente de todos los detalles de un volumen de esta magnitud y naturaleza y por las horas de trabajo tedioso en la preparación del manuscrito para su publicación; Además de estas dos personas, recordamos con agradecimiento a los estudiantes y secretarias que ayudaron a revisar las referencias y a escribir en máquina los borradores de varios capítulos.

Que el Dios de toda gracia, quien con todo amor nos proveyó salvación en su Hijo Jesucristo, se digne poner su bendición sobre nuestro esfuerzo en expresar el significado de esta salvación gloriosa.

—WILLIAM H. TAYLOR

Prefacio a la Edición Española

La traducción de *Dios, hombre, y salvación* es la obra del doctor H. T. Reza, persona ampliamente conocida en los países de habla castellana como predicador del evangelio, erudito, administrador y traductor. Por muchos años fue el director de Publicaciones Internacionales.

Publicamos esta obra de teología bíblica con el deseo sincero, y la oración, de que provea una estructura bíblica de teología que capacite al predicador y al maestro a proclamar el evangelio con autoridad, gracias a su conocimiento, al que estas páginas hayan contribuido, de la estructura de la teología de las Escrituras.

Esperamos que esta obra sea usada en muchas aulas para la preparación de ministros del evangelio

—*LOS EDITORES*

Introducción

La Naturaleza y Alcance de la Teología Bíblica

Teología, en su más sencilla acepción, es nuestro intento humano a pensar clara y correctamente acerca de Dios. Es el estudio de formas de organizar y comunicar la idea acerca de Dios y del orden creado. No hay mayor desafío para la mente que el reflexionar sobre el significado de la religión y de las Escrituras.

El que la teología con frecuencia parezca abstracta y sin importancia, es más bien falta de los teólogos que de la materia misma. La mayoría de las interrogaciones de la vida son básicamente cuestiones teológicas. No hay persona, religiosa o no, que escape la necesidad de confrontar los problemas de la fuente y naturaleza de la realidad y el significado y destino de la vida.

No es posible exagerar la importancia de la teología cristiana. La teología no es opcional con la Iglesia. Es negocio de todo cristiano. William Hordern escribe: "La iglesia que proclama no tener teología está, de hecho, escondiendo para ella misma las premisas teológicas por las cuales vive y como resultado, falla en ponerlas bajo la luz del escrutinio."[1] Esto resulta en una "teología popular" en que se sostienen ideas contradictorias sin reconocer su incompatibilidad real. Necesitamos un nuevo descubrimiento de la "teologianidad de todos los creyentes."[2] La cura para una teología pobre no es no teología sino una mejor teología. Si la teología ha de cumplir su función adecuada, no más debe considerarse como el monopolio de los expertos.

"El esfuerzo de ser cristianos en la práctica sin saber lo que es el cristianismo siempre fracasa", dice A. W. Tozer. "El cristiano verdadero debe ser, y de hecho lo es, un teólogo. Debe estar al tanto, al menos, de algo de la riqueza de verdad revelada en las Sagradas

Escrituras. Y debe saberlo con suficiente claridad para declarar y defender lo que dice. Y lo que puede declararse y defenderse se llama credo."[3]

La siempre presente tarea de la iglesia es interpretar su fe ante el mundo contemporáneo. Para hacerlo, requiere una comprensión de lo que es esencial a la fe así como lo que es incidental. El fracaso en este punto no sólo desnivela la piedad personal; confunde la proclamación del evangelio ante el mundo.

I. LA ESTRUCTURA LÓGICA DE LA TEOLOGÍA

Mas, ¿qué es exactamente teología? El vocablo mismo nos señala su significado. Se deriva de dos vocablos griegos —*Theos*, "Dios", y *logos*, palabra, o "discurso razonado." *Logos* es la raíz de donde tomamos la palabra *lógica* o *lógico*. La encontramos en el sufijo "-logía", al nombrar las varias ramas del pensamiento humano. En cada caso, "-logía" significa la aplicación de principios de pensamiento lógico a algún asunto o materia particular.

Por ejemplo, la geología es la aplicación de principios de pensamiento lógico a hechos observados de *geos*, o tierra. La antropología es la aplicación de principios de pensamiento lógico a hechos observados acerca del *anthropos*, hombre. La sicología es la aplicación de principios de pensamiento lógico a las observaciones acerca de la *psyche*, literalmente el alma, o el yo "del alma." Sociología es la aplicación de principios de pensamiento lógico a las observaciones acerca del *socius*, la sociedad. Y así continúa la lista de varias ciencias a medida que ellas se especializan más y más.

Una tradición clásica habla de la teología como "la Reina de las Ciencias."[4] Usando el término *"ciencia"* en relación a la teología puede ayudarnos si no la llevamos al extremo. Así como cada una de las ciencias es el resultado de aplicar principios de pensamiento correcto a una materia definida, la teología es la aplicación de principios de pensamiento lógico a la verdad acerca de *Theos*, Dios.

A. Hechos e Interpretación

Además de su nombre, hay otro punto de semejanza entre la teología y las varias ciencias. Toda ciencia es el resultado de dos procesos de la mente: observación e interpretación. El aprendizaje principia con la observación. De allí sigue la interpretación, captando relaciones y significados. Después vuelve a más observación para verificar o establecer las relaciones y significados que ha formulado.

La tarea de toda ciencia es buscar aquellos principios, leyes, teorías o hipótesis que unifiquen, integren e interpreten los hechos separados y los fenómenos de su materia particular. Toda área de investigación incluye una gran cantidad de fenómenos separados o discretos, hechos, eventos y objetos. Muchos "hechos" parecen contradictorios. Abunda la paradoja. La tarea del científico consiste en unificar, interpretar y describir este cúmulo de hechos con frecuencia sorprendentes, en sus modelos coherentes de explanación. El profesor C. A. Coulson, un fisicista teorético, escribe que "la verdad científica significa coherencia en un modelo que se reconoce como significativo y sensible."[5]

Hemos mencionado que el pensamiento incluye tanto observación como interpretación. Pero estos no son procesos rígidamente separados. A medida que el pensamiento cambia de observación a interpretación, los lógicos nos hablan de "inducción." Y cuando el pensamiento de interpretación o generalización regresa a la mayor observación, los lógicos hablan de "deducción." Pero cualquier proceso de búsqueda de la verdad incluye ambos cambios, inducción y deducción. Los hechos se observan, se hace una generalización por inducción; esa generalización se usa como teoría o hipótesis, y sus consecuencias se predicen por deducción. Sólo así puede probarse, ya sea verificándose o revisándose.

Cuando principia la observación, emergen los patrones de relación y significado. Estos patrones o modelos adelantan el estudio tanto en la selección como en la interpretación de datos. Cuando los datos son complejos, pueden sostenerse diferentes teorías por observadores diferentes. Con frecuencia estas teorías se suceden una a la otra, a medida que se prueban primero una y después la otra poniéndolas a un lado. La historia de la ciencia es en su mayor parte la historia de hipótesis revisadas y descartadas. En algunos casos como—por ejemplo, en las teorías de la naturaleza de la luz —ciertas hipótesis conflictivas pueden permanecer lado a lado pues cada una sirve para explicar una porción de los datos.

Como comparación, los hechos de la religión (en que las Escrituras proveen una gran fuente de datos) se unifican e interpretan en la teología. "Teología es la exhibición de los hechos de la Escritura en su orden propio y en su relación con los principios de verdades generales envueltas en los hechos mismos, y que saturan y armonizan el todo."[6] La teología cristiana es "la Iglesia reflexionando, bajo la dirección del Espíritu Santo, sobre la Palabra dada por Dios a ella."[7] "Teología es la ciencia del cristianismo; mucho de lo que erróneamente se llama teología es sólo adivinación sicológica que sólo se puede verificar por la experiencia. La teología cristiana es la exposición ordenada de las certidumbres de la revelación."[8]

Así como sucede, en menor grado, con otras ciencias que tratan con datos complejos, los hechos de la religión han producido formas diferentes de interpretación. Son estos las "escuelas" o "sistemas" de teología como en el proceso teológico del catolicismo, el luteranismo, el calvinismo, el arminianismo, y la neoortodoxia. Cada uno de estos modelos, en cierto grado, controla la selección y la interpretación de datos para los adeptos suyos.

B. Objetividad en Teología

Harold O. J. Brown, para mencionar sólo uno, argüía que no se puede considerar propiamente a la teología como una "ciencia." Brown señala que la ciencia demanda objetividad o imparcialidad de parte de los que la practican. La teología, por el otro lado, debe practicarse por quienes se han entregado a Dios acerca de quien piensan y escriben o por quienes se rebelan contra El.[9]

Se concede un tanto de verdad a esta posición. Sin embargo, objetividad no necesariamente significa falta de entrega o falta de interés. Significa responsabilidad hacia los datos, la sujeción de la teoría al hecho. En este sentido el teólogo puede ser tan objetivo como el químico o el biólogo. Es aquí donde las palabras de precaución de Mildred Bangs Wynkoop resultan apropiadas:

> La naturaleza quedará oculta del científico que rehúsa ser enseñado por la naturaleza. La naturaleza es, antes que nada, y siempre, el amor que demanda servicio antes de que ella se someta a la voluntad del científico. Este principio tiene validez para la teología y para las Escrituras. Todos nosotros, calvinistas y wesleyanos, hemos de distinguir cuidadosa y honradamente entre la Palabra de Dios y las opiniones è interpretaciones con que la tratamos.[10]

Aunque se acepta que ninguna teoría es tan segura como los datos en que descansa, es tanto lógica como sicológicamente imposible operar aparte de ciertos principios ordenados de interpretación general. Es aquí donde descansa la necesidad de la teología y la importancia de encontrar el mejor cuadro de referencia o modelo de doctrina dentro del cual tratar los hechos de la vida religiosa y las declaraciones de las Escrituras.

II. LAS FUENTES DE TEOLOGÍA

Es posible describir tipos de teología en formas diferentes. H. Orton
Wiley divide la "teología en general" en teología cristiana y teología
étnica. Subdivide la teología cristiana en Exegética, Histórica,
Sistemática y Práctica.[11]

Una clasificación útil distingue los tipos de teología de acuerdo
a sus fuentes de información y al principio que rige el arreglo de sus
materiales, como en las siguientes divisiones:

A. Teología Natural

La "teología natural" busca sus datos en la observación de la
naturaleza, las tendencias religiosas en la humanidad, y la historia,
sicología y sociología de la religión. Depende en la filosofía del
teísmo y el uso del razonamiento metafísico para llegar al conocimiento de Dios. Este es generalmente el tipo de teología que se
encuentra en la apologética como primer paso importante en las
evidencias cristianas. Los preámbulos de la *Suma Theologica* de
Tomás de Aquino, "La Analogía de la Religión, Natural y Revelada,
a la Constitución y Curso de la Naturaleza" *(The Analogy of Religion,
Natural and Revealed, to the Constitution and Course of Nature)*
del obispo Joseph Butler, y la obra monumental de William Temple
"Naturaleza, Hombre y Dios" *(Nature, Man, and God)* son ejemplos
clásicos de teología natural.

No hay teología natural escrita que sea "pura" para quienes han
sido nutridos en la tradición cristiana. La influencia de la tradición
y de las Escrituras es inescapable. No obstante, al grado en que el
razonamiento principia con los datos suplidos por la naturaleza—
ya sea naturaleza física o sicológica—y de allí trabaja sin referencia
consciente a la Biblia o a los credos históricos, el resultado puede
con cierta corrección describirse como teología natural.

El rechazo neoortodoxo de la teología natural es bien conocido.
La teología natural generalmente se convierte en humanismo. Su
Dios, excepto por su poder, bien pudiera ser creado a la imagen del
hombre. Su función es de preparación. En el mejor de los casos
puede servir como "ayo" para dirigir la mente hacia Cristo. En el
peor de los casos bien puede ser una piedra de tropiezo en aceptar
una teología revelacional correcta.

B. Teología Sistemática

Un segundo tipo importante de teología es la teología sistemática o dogmática. Este es el tipo conocido más bien con el término genérico de *teología*. Sus fuentes de información incluyen las Escrituras, los grandes credos de la iglesia, las observaciones de la vida religiosa y de las instituciones dentro del marco de la iglesia, y la sicología de la experiencia cristiana y de la adoración.

Los sistemas dominantes de la teología en el cristianismo han sido o sistemáticos o dogmáticos. El catolicismo, el luteranismo, el calvinismo y el arminianismo son sistemas históricos que provienen de una variedad de fuentes accesibles. Cada uno de estos sistemas apela a las Escrituras como su fuente primaria de información. Pero cada sistema acepta también información en varias formas y énfasis de los credos, las tradiciones y la vida y experiencia de la iglesia.

C. Teología Bíblica

La teología bíblica es el tercer tipo mayor de formulación teológica. En un sentido amplio, toda teología que sinceramente intenta ser fiel al contenido de las Escrituras, puede llamarse "bíblica."

Sin embargo, recientemente ha aparecido un vocablo más especializado para *teología bíblica*. Este es un esfuerzo serio por descubrir de primera mano lo que los escritores bíblicos querían decir con lo que expresaron—en contraste con lo que se ha dado por hecho que ellos quisieron decir. La teología bíblica en este sentido se enfoca más exclusivamente sobre la información que dan las Escrituras—los eventos, declaraciones y enseñanzas mencionados en la Biblia.

La Biblia en sí no es teología, aunque provee materiales sobre los cuales puede formarse la teología. La teología es la respuesta de la Iglesia a la revelación dada en las Escrituras. Esta revelación se da por medio del relato histórico, las expresiones proféticas y apostólicas, por la devoción y oración descritas en la poesía y el salmo, por la meditación sobre la vida como en los escritos de la Sabiduría por el oráculo (palabras directas y atribuidas a Dios) y supremacía en la vida, enseñanzas y muerte expiatoria y resurrección de Jesucristo.

Muchas declaraciones en la Biblia, de hecho, representan afirmaciones teológicas de primera clase. La reflexión de los salmistas y profetas sobre la historia de Israel, las enseñanzas de Jesús y los escritos didácticos tanto del Antiguo como del Nuevo Testamento son verdadera teología; son ejemplos de las primeras fases esenciales en la generalización. La teología bíblica toma éstos como su información—los "hechos" con los que opera—así como la información desde el marco histórico en que se relacionan.

La tarea de la teología bíblica, como Geoffrey W. Bromiley la condensa, consiste en "interpretar las expresiones detalladas y libros de la Biblia basándose en su propio trasfondo y presuposiciones antes que en los que provienen de otras fuentes."[12] La ejecución de esta tarea requiere estudios cuidadosos de términos que son fundamentales a la exégesis teológica de las Escrituras. También se requiere un sentido de contexto histórico y la significación de historia por teología. Una de las ventajas más reales y prácticas de la teología bíblica ha sido un nuevo reconocimiento de la unidad de las Escrituras dentro de su conocida diversidad. El contexto indispensable de todo narrativo y aserción Escritural es toda la Biblia misma.

Así pues, la teología bíblica es el intento de presentar sistemáticamente las afirmaciones de la fe en la Biblia. Su sistema no es el de teología "sistemática" sino el que resulta de una revelación en desarrollo en la Biblia. Procura seguir los modelos de significado inherentes en las Escrituras mismas.

Myron S. Augsburger nos recuerda que la "teología bíblica como disciplina se sitúa entre lo sistemático y lo exegético."[13] No sustituye a la teología sistemática, pero es una preparación para ella. "Procura reunir el contenido de la revelación en forma bíblica."[14] La exégesis está interesada en descubrir la verdad de la revelación bíblica en sus partes. La teología sistemática intenta reunir el contenido de la revelación y presentarla en forma lógica. "La teología bíblica se ubica entre ambas procurando relatar las partes bíblicas en tal forma que vayan de acuerdo con el contenido total de la expresión bíblica."[15]

Chester Lehman compara también la teología bíblica con la sistemática: "La teología bíblica examina el proceso de la develación de la Palabra de Dios al hombre. Está interesada en el modo, el proceso, el progreso y el contenido de la revelación divina. La teología sistemática, por el otro lado, ve el total de la revelación de Dios, busca sistematizar estas enseñanzas, y dar una presentación lógica de ellas en forma doctrinal."[16]

D. La Teología Bíblica Es Básica

Se da por hecho que hay una interacción entre los tipos principales de teología. No obstante, la teología bíblica tiene una reclamación correcta a la primacía en los círculos evangélicos. Virtualmente, todas las organizaciones protestantes afirman que la Biblia es su única Regla de fe y práctica. La teología bíblica es un intento a tomar seriamente esta afirmación—sostener credos, instituciones y sistemas de interpretación hasta lo último como fuente de verdad en las Escrituras.

Robert C. Dentan ha identificado dos valores de la teología bíblica en relación a la teología sistemática:

1. La teología bíblica "provee los materiales básicos para la teología sistemática." Aunque la teología sistemática agrega a su caudal, materiales de información tomados de la teología natural, de los credos cristianos y de la historia de la experiencia cristiana, debe hallar, aun así, su fuente primaria en la Biblia si es que ha de llamarse verdaderamente teología cristiana. La mejor manéra de conseguir la información bíblica es por el estudio comprehensivo de las dos ideas religiosas del Antiguo y Nuevo Testamentos, antes que buscando el sostener ideas de otras fuentes por las citas de textos de prueba bíblica específicos.

2. La teología bíblica "provee una norma para la teología sistemática... por la cual pueden juzgarse los desarrollos teológicos posteriores." La teología bíblica puede servir como punto de contacto por el cual pueden evaluarse las formulaciones de la teología sistemática. La teología, cortada de sus raíces bíblicas, siempre tiende a convertirse en subjetiva y en criatura antes que en el crítico de sus tiempos.[17]

Edmond Jacob escribió: "Si [la dogmática] desea permanecer cristiana siempre, tendrá que hacer nuevas evaluaciones de sus declaraciones comparándolas con la información bíblica esencial, la elucidación de la cual es precisamente tarea de la teología bíblica, ella misma basada en una exégesis bien fundada."[18] Supliendo su material primo y definiendo los límites de la teología sistemática, la teología bíblica ayuda a preservar la dogmática de "caer en un subjetivismo en que el poder esencial se sacrifique en favor de lo secundario."[19]

Esta necesidad se ha reconocido por mucho tiempo. Antes del desarrollo del "movimiento de la teología bíblica" de nuestro día, Olin A. Curtis buscó una "legítima teología bíblica" como base para la teología sistemática. Dijo, "Quiero decir algo más allá de las obras fragmentarias que con frecuencia se publican con el nombre de teología bíblica. Toda la Biblia debe ser captada filosóficamente como una unidad cristiana que se manifieste en variedad. Cuando esto se haga, habrá un centro para la Biblia; y sin duda este centro es la muerte de nuestro Señor."[20]

III. Variedades y Tendencias en la Teología Bíblica

El término *teología bíblica* se ha usado en un sentido amplio para describir cualquiera formulación teológica que recalque las Escrituras como su mayor Fuente de información. Tal uso ocurre primero en la mitad del siglo diez y siete en la "Teología Sistemática" de Calovio.[21] En los siglos diez y siete y diez y ocho el término *teología bíblica* se usó principalmente en Alemania para describir obras que sostienen a la vez que critican la ortodoxia tradicional. El siglo diez y nueve, también, de manera particular en Alemania, fue testigo del desarrollo de la escuela *Religionsgeschichte* en que la teología bíblica, especialmente del Antiguo Testamento, se convirtió en un estudio de la historia de la religión de Israel.

A. En Enfasis Teológico

La tensión entre los intereses históricos y teológicos continuó hasta el siglo veinte y todavía no se ha resuelto completamente. A medida que se pone énfasis en *teología* de la *teología bíblica,* la disciplina tiende a conformarse a la definición de la teología del Antiguo Testamento que hace Dentan: "Aquella disciplina teológica cristiana que trata de las ideas religiosas del Antiguo Testamento *sistemáticamente,* i.e., no desde el punto de vista del desarrollo histórico, sino del que tiene que ver con la unidad estructural de la religión del Antiguo Testamento y que rinde pleitesía debida a la relación histórica e ideológica de esa religión a la religión del Nuevo Testamento."[22]

El resultado es una estructuración del material de modelo después de las divisiones tradicionales de la teología sistemática: Dios, hombre, pecado y salvación. Además de Dentan, tal arreglo de materiales o una modificación de ellos recibe el apoyo de Otto J. Baab, Millar Burrows, A. B. Davidson, Albert Gelin, Gustav Oehler, J. Barton Payne, Hermann Schultz, C. Ryder Smith y Norman Snaith.

B. El Enfasis Bíblico

Por el otro lado, cuando se pone énfasis en lo *bíblico* de *teología bíblica,* el resultado es un conglomerado de materiales que buscan exponer la verdad acerca de Dios, el hombre y la redención en una serie de eventos históricos o "momentos" interpretados proféticamente. Se pone un énfasis fuerte en el desarrollo histórico. Representantes de esta tendencia en teología del Antiguo Testamento son Walter Eichrodt, Edmond Jacob, Ludwig Kohler, Edmund Clowney, H. H. Rowley, J. N. Schofield, George Ernest Wright, Gerhard von Rad; y en el Nuevo Testamento, Archibald Hunter.

Escritores en ambos grupos han intentado resolver la tensión entre el tratamiento bíblico y el teológico, mas sin ningún éxito conspicuo. O se sacrifica la unidad lógica, o se hace a un lado el conglomerado básico histórico de materiales en las Escrituras mismas. Todo intento por resolver la tensión resultará en un compromiso que para algunos no será permanentemente satisfactorio. La teología bíblica siempre debe luchar por ser bíblica y teológica.

C. Características de la Teología Bíblica

La teología bíblica, obviamente, no se puede definir fácilmente. Es la aplicación de principios de pensamiento lógico, tanto inductivo como deductivo, a las declaraciones, hechos, datos y eventos de las Escrituras considerados en su contexto histórico para fines de desarrollar modelos comprensivos de interpretación.

Brevard S. Childs, quien critica acremente los progresos hasta hoy de la teología bíblica, da una lista de cinco características principales de la disciplina:

1. Está marcada por el redescubrimiento de la dimensión teológica en la Biblia. En esto, es una reacción contra una maceración analítica excesiva de las Escrituras. Los estudios bíblicos han tenido la tendencia de ser más y más técnicos, interesados más y más en las abstracciones y en nimiedades espiritualmente estériles. La floresta se perdió entre los árboles, el mensaje se perdió entre la mecánica de su transmisión. La teología bíblica procura captar el mensaje de toda la Biblia a la vez que reconocer la iluminación que pueda derivarse de la exégesis gramatical o la mecánica de la erudición textual.

2. Hay un énfasis en la "unidad dentro de la diversidad" que se encuentra en la Biblia entera. Esto se aplica tanto a la unidad de cada uno de los Testamentos mayores y la verdad común que une los dos Testamentos en un solo Libro.

3. La revelación de Dios se sitúa en su contexto histórico. En

sus fases iniciales, la revelación es verídica, pero incompleta. Sus fases posteriores presuponen las primeras.

4. Hay un reconocimiento creciente del punto de vista mundial bíblico o hebreo de las Escrituras, para diferenciarlo del punto de vista mundial helenista o griego.

5. Hay un reconocimiento de lo distintivo de la Biblia—su contraste con su medio ambiente.[23]

Childs dice al comentar sobre la escena presente en los estudios bíblicos: "El peligro es agudo de que las disciplinas bíblicas sean fragmentadas otra vez. Se necesita una disciplina que intente retener y desarrollar un cuadro del todo y que sea responsable de sintetizar así como de analizar."[24]

IV. La Historia en la Teología Bíblica

Dos de las características de la teología bíblica mencionadas por Childs merecen consideración adicional. Una es el sentido fuerte del contexto histórico de la revelación en las Escrituras. G. Ernest Wright prueba su punto así:

> La Biblia, a diferencia de otra literatura religiosa del mundo, no está centrada en una serie de enseñanzas moral, espiritual y litúrgica, sino en la historia de un pueblo que vivió en un determinado tiempo y lugar. El hombre bíblico aprendió a confesar su fe diciendo la historia de lo que le había pasado a su pueblo y viendo dentro de todo ello la mano de Dios. La fe bíblica es el conocimiento del significado de la vida a la luz de lo que Dios hizo un marco histórico particular. Así que la Biblia no puede entenderse a menos de que la historia que relata se tome en serio. El conocimiento de la historia bíblica es esencial a la comprensión de la fe bíblica.[25]

El teólogo bíblico toma muy en cuenta que en las Escrituras hebreas, los libros que se conocen como "Los Primeros Profetas" (Josué a Ester) son de hecho históricos en su contenido. Hay también importantes secciones históricas en la ley (nuestro Pentateuco) y en "los profetas posteriores" (a los que llamamos profetas menores y profetas mayores). Dios habla a su pueblo por medio de la historia. En la Biblia, historia es, en un sentido muy literal, "su relato." Lo que fue real en la Encarnación—"El Verbo hecho carne" —se simbolizó en el "encarnamiento" de la Palabra de Dios en los eventos históricos concretos del Antiguo Testamento.

Edmund Clowney arguye que las divisiones de la teología bíblica deben ser los períodos históricos de redención—Creación, la Caída, el Diluvio, el llamamiento de Abraham, el Exodo y la venida de Cristo. Declara: "La comprensión más fructífera de la teología bíblica es la que reconoce tanto el carácter histórico y progresivo de la revelación como la unidad del consejo divino que declara. Su interés no es exclusivamente teológico porque entonces la historia del proceso revelatorio sería comparativamente incidental. Ni tampoco su interés es exclusivamente histórico."[26]

La teología bíblica es la interpretación de los actos poderosos de Dios de castigo y salvación, preparando al Señor Jesucristo para su muerte, resurrección y exaltación y culminando en estas experiencias—tal como se entiende en el contexto histórico de la comunidad redentora o pacto de la comunidad.

Es importante notar que la historia sola no es revelación. Es historia como la interpretaron los profetas y apóstoles cuyas palabras son "inspiradas por Dios" (2 Ti. 3:16) lo que hace que Dios sea conocido al hombre. Dios, como Kenneth Kantzer incisivamente escribió, no es un "sordomudo" actuando su papel, mas sin poder hablar.[27] El actúa y habla, y parte de su palabra es a través de la interpretación de la historia sagrada por hombres inspirados. "Los sucesos históricos y su interpretación, la obra y la Palabra de Dios como su comentario, constituyen el evento bíblico."[28]

V. LA UNIDAD DE LA BIBLIA

Una segunda característica que necesita tratamiento adicional es la convicción creciente de que la Biblia es un Libro—que exhibe unidad dentro de su diversidad. La Biblia es legítimamente, la Palabra, no muchas palabras.[29] C. Ryder Smith escribe:

> En la última porción del siglo pasado, y en la primera parte de éste, los estudiantes de la teología bíblica tendían a concentrarse en la doctrina de cada nuevo escritor o clase de escritores dentro de la Biblia misma. En ese tiempo esto era de valor a la vez que deseable. Sin embargo, pronto llevó hacia un énfasis sobre las diferencias en la Biblia misma antes que sobre la unidad de la enseñanza bíblica. Más recientemente se ha reconocido que la teología bíblica es una unidad orgánica, principiando, aunque imperfectamente, en el Antiguo Testamento, y alcanzando su totalidad completa en el Nuevo.[30]

Robert Dentan agrega: "Para la fe cristiana, la conexión del

Antiguo Testamento con el Nuevo, es integral y orgánica, de manera que los dos juntos forman una unidad indisoluble, siendo el uno el complemento necesario y cumplimiento del otro."[31]

Se sobreentiende que existe una continuidad y una discontinuidad entre el Antiguo y el Nuevo Testamentos. El estudio de este problema de la relación entre los Testamentos ha sido intenso, especialmente, como hemos hecho notar, desde la resurgencia de la teología bíblica.

Las rúbricas de promesa y cumplimiento de la salvación, parecen ofrecer la mejor solución a la cuestión de continuidad: el Antiguo es promesa; el Nuevo es cumplimiento. Nunca podemos divorciar el Nuevo del Antiguo. La tragedia de tal acto se ve claramente en el intento de Marciano en la segunda centuria (ca. A.D. 140) quien rechazó totalmente el Antiguo Testamento y aun aseguró que sólo 10 epístolas de Pablo (rechazando las pastorales) y un mutilado evangelio de Lucas eran aceptables para instruir en la senda cristiana.

Lo incompleto de la revelación primera en el Antiguo Testamento no constituye un error. Preparación y cumplimiento son distintos, pero no opuestos. "Cumplir" no es contradecir. Cuando Jesús usó la fórmula, "Oísteis que fue dicho... mas yo os digo," hablaba en sentido de ensanchar y profundizar, no de revocar o negar. "Para el niño el principio y fin de la aritmética es que dos y dos son cuatro. El matemático ve más allá de eso, pero dos y dos son cuatro también para él con la misma validez incondicinal como lo es para el niño."[32]

Hay dos errores posibles respecto a la relación del Antiguo y del Nuevo Testamentos. Uno es la herejía de Marciano que acabamos de mencionar: el separar tan completamente los dos como situarlos en oposición mutua. El otro es el de leer el Nuevo Testamento como si fuera tan completamente el Antiguo Testamento, hasta oscurecer la progresión de la revelación a través de toda la Biblia y aun la autoridad final de Cristo. Hermann Schultz pronto captó la relación esencial del Antiguo Testamento y del Nuevo cuando escribió:

> Resulta perfectamente claro que nadie puede exponer la teología del Nuevo Testamento sin un conocimiento completo de la teología del Antiguo Testamento. Pero no es menos verdad que quien no comprende completamente la teología del Nuevo Testamento, no puede menos que captar solo una vista unilateral de la teología del Antiguo Testamento. Quien no conoce el destino, fallará en comprender las curvas del camino. Para quien no ha visto el fruto, mucho de lo que es pétalo y botón será sólo un crucigrama.

"El Antiguo Testamento," escribió A. B. Davidson, "debe leerse por nosotros a la luz del fin, y... al enmarcar la teología del Antiguo Testamento hemos de tener en mente el Nuevo Testamento que lo completa."[34]

Emil Brunner usa dos veces una analogía brillante para ilustrar la unidad de las Escrituras: "El Antiguo Testamento se relaciona al Nuevo Testamento como el principio de una frase a su fin. Sólo toda la frase, con principio y fin, hace sentido."[35] "Así como una frase tiene muchas palabras, pero sólo un significado, la revelación de Dios en la Escritura, en el Antiguo y el Nuevo Testamentos, en la ley y en el evangelio, tiene un significado: Jesucristo... tartamudeando o con claridad, todos los libros de la Biblia deletrean este nombre: por un lado nos instruyen prospectivamente; por el otro, retrospectivamente, en este hecho significativo de la encarnación."[36]

Se ha notado más claramente en recientes estudios bíblicos que el Nuevo Testamento no ha de leerse como un libro helénico resultado de una filosofía y cultura griega clásica. Su lenguaje es el griego, pero su punto de vista es hebreo. Norman Snaith escribió: "El Antiguo Testamento es el fundamento del Nuevo. El mensaje del Nuevo Testamento es de tradición hebrea en contraposición a la tradición griega. Nuestros tutores hacia Cristo son Moisés y los Profetas, no Platón ni las academias."[37]

Un importante documento titulado, "Principios Guiadores para la Interpretación de la Biblia" *(Guiding Principles for the Interpretation of the Bible)* se formuló por una conferencia de estudio ecuménica en Oxford en 1949. Dos estudios se relacionan con la unidad de la Biblia:

> Se acuerda que el centro y meta de toda la Biblia es Jesucristo. Esto da a los dos Testamentos una perspectiva en que se ve a Jesucristo como el cumplimiento y el fin de la ley...
>
> Se acuerda que la unidad del Antiguo y del Nuevo Testamentos no ha de encontrarse en algún desarrollo naturalístico, o en alguna identidad estática, sino en la continua actividad redentora de Dios en la historia de un pueblo, alcanzando su cumplimiento en Cristo.
>
> Por tanto, es de importancia decisiva para el método hermenéutico, interpretar el Antiguo Testamento a la luz de la revelación total en la persona de Jesucristo, el Verbo encarnado de Dios, de donde origina la fe trinitaria total de la Iglesia.[38]

En forma similar, Ryder Smith hace notar que los escritores del Nuevo Testamento dan por hecho que sus lectores interpretan sus palabras en el sentido contemporáneo, y sólo el estudio del Antiguo Testamento revela esto. Como quiera que sea, los capítulos del Antiguo Testamento sólo preparan el camino para la discusión del Nuevo Testamento y su enseñanza. Para los cristianos esto es final.[39]

La unidad de la Biblia puede verse en una variedad de formas. El concepto de Dios—Yahweh del Antiguo Testamento como el Dios y Padre de nuestro Señor Jesucristo en el Nuevo—es una base de unidad. La relación entre preparación y cumplimiento es otra. "El pacto"—el nuevo y el viejo—es el concepto unificador. La Biblia toda es el contexto dentro del cual ha de entenderse cada parte. Hay una unidad de tema al través de la Biblia: Dios y el hombre en la salvación. El Antiguo Testamento debe verse "sobre la base hacia la que llevó, así como aquélla de donde provino."[40] El significado de la Carta Magna no queda exhausto en un estudio de Juan el rey, "como no ha de hallarse el significado total de la invención de la rueda en el primer vehículo primitivo en que se usó."[41] Así como las ideas e inventos tienen significado más allá de la intención inmediata de sus creadores, "las ideas espirituales dadas a los hombres por conducto de los líderes de Israel, y que fueron entronadas en el Antiguo Testamento, tenían una vida que se extendió hasta el Nuevo Testamento y hasta el judaísmo post bíblico."[42]

NOTAS BIBLIOGRÁFICAS

[1]*New Directions in Theology Today* (Filadelfia: The Westminster Press, 1966), 1:138.

[2]*Ibid.*

[3]*That Incredible Christian* (Harrisburg, Pa.: Christian Publications, Inc., 1964), pp. 22-23.

[4]Véase H. Orton Wiley, *Christian Theology* (Kansas City: Beacon Hill Press, 1940), 1:14-15.

[5]C. A. Coulson, *Science and Christian Belief* (Chapel Hill, N. C.: The University of North Carolina Press, 1955), p. 49. Cf.: William G. Pollard, *Science and Faith: Twin Mysteries* (Nueva York: Thomas Nelson, Inc., 1970) para una descripción científica de desarrollo de hipótesis.

[6]Charles Hodge; citado por H. Orton Wiley en *Christian Theology,* 1:15.

[7]John Huxtable, *The Bible Says* (Naperville, Ill.: SCM Book Club, 1962), p. 112.

[8]Oswald Chambers, *He Shall Glorify Me: Talks on the Holy Spirit and Other Themes* (Londres: Simpkin Marshall, Ltd., 1949 reimpresión), p. 146.

[9]Harold O. J. Brown, *The Protest of a Troubled Protestant* (New Rochelle,

N. Y.: Arlington House, 1969), pp. 15-28. Cf. Stephen Neill, *The Interpretation of the New Testament, 1861-1961* (Nueva York: Oxford University Press, 1964), p. 337.

[10]Mildred Bangs Wynkoop. *Bases teológicas de Arminio y Wesley* (Kansas City: Casa Nazarena de Publicaciones, 1972), p. 89.

[11]*Christian Theology,* 1:24.

[12]"Biblical Theology", *Baker's Dictionary of Theology,* Everett F. Harrison, ed. (Grand Rapids, Mich.: Baker Book House, 1960), p. 95.

[13]Chester K. Lehman, "Introduction", *Biblical Theology* (Scottdale, Pa.: Herald Press, 1971), p. 11. (Introducción escrita por Augsburger).

[14]*Ibid.*

[15]*Ibid.*

[16]*Ibid.,* p. 37.

[17]Robert C. Dentan, *Preface to Old Testament Theology* (Nueva York: The Seabury Press, 1963 edición revisada), pp. 102-103.

[18]Edmond Jacob, *Theology of the Old Testament* (Nueva York: Harper and Brothers, 1958), p. 31.

[19]*Ibid.*

[20]*The Christian Faith* (Nueva York: Methodist Book Concern, 1903), p. 185.

[21]Dentan, *Preface to OT Theology,* p. 15.

[22]*Ibid.,* pp. 94-95.

[23]*Biblical Theology in Crisis* (Filadelfia: The Westminster Press, 1970), pp. 32-50.

[24]*Ibid.,* p. 92. Cf. también con Gerhard F. Hasel, *Old Testament Thology: Basic Issues in the Current Debate* (Grand Rapids, Mich.: William B. Eerdmans Publishing Co., 1972).

[25]*Biblical Archaeology,* edición abreviada (Filadelfia: The Westminster Press, 1960), p. ix.

[26]*Preaching and Biblical Theology* (Grand Rapids, Mich.: William B. Eerdmans Publishing Co., 1961), pp. 16-17.

[27]*Bibliotheca Sacra,* vol. 115, núm. 459 (Julio de 1958), p. 225.

[28]G. Ernest Wright, *The Old Testament and Theology* (Nueva York: Harper and Row, Publishers, 1969), p. 44.

[29]Truman B. Douglass, *Preaching and the New Reformation* (Nueva York: Harper and Brothers, 1956), p. 32.

[30]C. Ryder Smith, *The Bible Doctrine of Man* (Londres: The Epworth Press, 1951), p. ix.

[31]*Preface to OT Theology,* p. 99.

[32]Ludwig Kohler, *Old Testament Theology.* Traducido por A. S. Todd (Filadelfia: The Westminster Press, 1957), p. 64.

[33]Hermann Schultz, *Old Testament Theology.* Traducido por J. A. Paterson (Edimburgo: T. and T. Clark, 1909), 1:59. Cf. Dentan, *Preface to OT Theology,* pp. 55-56.

[34]*The Theology of the Old Testament* (Edimburgo: T. and T. Clark, 1904), p. 10.

[35]*Die Unentbehrlichkeit des Alten Testamentes fuer die missionierende Kirche,* citado por E. Ernest Wright en Gerald H. Anderson, ed., *The Theology of the Christian Mission* (Nueva York: McGraw-Hill Book Co., Inc., 1961), p. 26.

[36]*Philosophy of Religion,* p. 76; citado por Paul King Jewett, "Emil Brunner's Doctrine of Scripture", *Inspiration and Interpretation,* ed. John F. Walvoord (Grand Rapids, Mich.: William B. Eerdmans Publishing Co., 1957), p. 16.

[37]*The Distinctive Ideas of the Old Testament* (Filadelfia: The Westminster Press, 1946), p. 204.

[38]*Biblical Authority for Today,* ed. Alan Richardson y W. Schweitzer (Filadelfia: The Westminster Press, 1951), p. 241.

[39]*The Bible Doctrine of Sin* (Londres: The Epworth Press, 1953), p. 7.

[40]H. H. Rowley, *The Unity of the Bible* (Filadelfia: The Westminster Press, 1953), p. 7.

[41]*Ibid.*

[42]*Ibid.*

PRIMERA PARTE

FUNDAMENTOS DEL ANTIGUO TESTAMENTO

1

La Teología del Antiguo Testamento y la Revelación Divina

En parte al menos, el papel de la teología del Antiguo Testamento en el pensamiento cristiano ya ha principiado a aparecer. Es necesario revisarlo y reiterarlo y examinar toda la idea de la revelación de Dios tal como aparece en el Antiguo Testamento. La teología del Antiguo Testamento es un fundamento esencial para la teología bíblica como un todo.

I. EL ALCANCE DE LA TEOLOGÍA DEL ANTIGUO TESTAMENTO

La teología del Antiguo Testamento es un esfuerzo en exponer sistemáticamente las principales verdades acerca de Dios y el hombre en redención, tal como se develan en los 39 libros desde Génesis hasta Malaquías. "La teología del Antiguo Testamento, si hemos de ser guiados por la Biblia en nuestra definición, no es nada más ni nada menos que el estudio de Dios en la revelación que El hace de sí mismo en la historia de la redención."[1]

La tarea de la teología del Antiguo Testamento es la de "definir las fases características del *mensaje del Antiguo Testamento*."[2] Por cuanto es teología, pueden hacerse a un lado muchas cosas que pertenecen al estudio de la religión de Israel. Th. C. Vriezen escribe:

> La teología del Antiguo Testamento busca *particularmente el elemento de revelación en el mensaje del Antiguo Testamento;* debe operar, por tanto, con *normas teológicas,* y debe rendir *su propia evaluación del mensaje del Antiguo Testamento sobre la base*

*de su punto de partida teológico cristiano... Así que, como parte
de la teología cristiana, la teología del Antiguo Testamento en el
sentido completo de la palabra, nos da una idea del mensaje del
Antiguo Testamento y un criterio de este mensaje desde el punto de
vista de la fe cristiana.*[3]

Robert Dentan detalla lo que él llama "El Alcance de la Teología
del Antiguo Testamento."[4] Se establecen dos limitaciones de importancia:

1. La teología del Antiguo Testamento debe versar solamente
sobre los libros canónicos del Antiguo Testamento. La literatura
intertestamental, tanto la apócrifa como la pseudepigráfica, es más
bien parte de la teología del Nuevo Testamento si no es que se han
de relegar a un estudio especial.

2. La teología del Antiguo Testamento debe tratar solamente
con las ideas *religiosas* del Antiguo Testamento distintivas y características. Esta limitación excluiría información arqueológica como
tal, e interés primario por la historia o las instituciones. La preocupación de la teología del Antiguo Testamento debe ser la religión
normativa del Antiguo Testamento, no la "teología popular" o las
ideas religiosas populares de los tiempos. Debería incluir todos los
elementos principales de la religión hebrea normativa, incluyendo
los elementos sacerdotales y sabiduría así como los elementos proféticos. Debe dar consideración a principios éticos, en vista de que
la ética y la religión están indisolublemente ligadas en el Antiguo
Testamento. Debe incluir también la discusión de la piedad hebrea—
la expresión práctica de la teología en la vida.

Dentan concluye:

> Aunque las ideas religiosas del Antiguo Testamento en su
> mayor parte, no aparecen en forma teológica, hay una *teología* en
> el Antiguo Testamento en el sentido de un complejo estructural
> de ideas que dependen lógicamente de la idea central de Dios, y
> ha sido la tarea histórica de la teología del Antiguo Testamento,
> explorar esa estructura de pensamiento y exponerla.[5]

A. La Unidad de Pensamiento del Antiguo Testamento

A causa de que las tendencias prevalentes en la erudición del Antiguo
Testamento, en la última parte del siglo diez y nueve y en los principios del veinte, recalcaban las diferencias que han de encontrarse en
el nivel sucesivo de los documentos bíblicos, es de mayor impor-

tancia reconocer la unidad básica de esta porción de las Escrituras. Hay una unidad obvia en la continuidad histórica. El Antiguo Testamento, desde el Génesis hasta Malaquías, relata la historia de un pueblo. La ley, la sabiduría, la poesía y la profecía, todas encuentran su lugar dentro de un marco histórico. Amos N. Wilder nota: "El tema característico de esta teología bíblica es que Dios se ha revelado a sí mismo en una serie de episodios históricamente relacionados, señalando todos ellos hacia su propósito final para la humanidad aunque al principio sólo opera con un pueblo particular."[6]

Más importante que la continuidad histórica es la unidad universal y comprensión de Dios y del hombre que satura el Antiguo Testamento. Walter Eichrodt, por ejemplo, sostiene que la religión del Antiguo Testamento, a pesar de todos los cambios a través de 16 siglos de historia cubiertos en cierto detalle, era todavía una unidad auto-contenida de tendencia y tipo básico constante. Escribe:

> El veredicto contra una presentación sistemática de la totalidad de la fe de Israel perderá de la misma manera su carácter riguroso, si la variedad de los testimonios del Antiguo Testamento, que deben por supuesto considerarse cuidadosamente en su lugar, se interpreta no como una descontinuidad del proceso revelatorio, sino como resultado de observar una realidad compleja desde varios ángulos en formas que en principio concuerdan una con otra. De hecho no hay razón legítima por la que se nos prohiba buscar un acuerdo interno en estos testimonios de fe que hemos analizado tan cuidadosamente; y en este acuerdo, a pesar de sus grandes diferenciaciones y tensiones internas, emergen ciertas fases básicas comunes que, combinadas, constituyen un sistema de creencia que es unitario en su estructura esencial y orientación fundamental, a la vez que único en la historia de las religiones.[7]

Se ha reconocido que hay una "teología" de A y de B, de C y de D—refiriéndose a las llamadas "fuentes" literarias sobre que se basa el Antiguo Testamento y en especialidad el Pentateuco. Pero tal como Norman Snaith ha demostrado, lo que ahora es importante es la "teología del ABCD," el resultado de los procesos involucrados en la formación del canon del Antiguo Testamento.[8] Las "fuentes" se unieron porque pertenecen la una a la otra.

La teología del Antiguo Testamento presupone el Antiguo Testamento como es. Cómo es que ha llegado a ser así, es la interrogación legítima de la crítica histórica. El distinguir entre el Torah, la literatura poética, y de la sabiduría, y los Profetas no implica diferentes teologías. Cuando más, tenemos énfasis que difieren y fases de desarrollo de una teología que es la teología del todo. La teología del Antiguo Testamento principia con algo "dado"—las Escrituras del pueblo hebreo. Los escritos, tales como los tenemos, son escritos dentro de un contexto, no producciones sin relación alguna. Ese contexto siempre debe tomarse en cuenta.

B. El Tema Central

Se ha sugerido un número de principios unificadores diferentes como la llave para la fe del Antiguo Testamento. Eichrodt ha argüído en favor del concepto del pacto como el principio unificador. Hermann Schultz y más recientemente John Bright,[9] han escogido el reino de Dios como el tema unificador. Ludwig Kohler encuentra la unidad del Antiguo Testamento en el concepto de Dios como "Señor" *(Adon)*. Otros han sugerido la elección, el Exodo, o la historia de salvación como temas unificadores. Ninguno de éstos han tenido un éxito notable cuando se ha hecho el intento de activarlos a través de toda la literatura.[10]

La idea central del Antiguo Testamento es de veras, la idea de Dios en toda su riqueza y profundidad. Pero el objeto del interés de Dios, el hombre, viene a flote inmediatamente—con la salvación, o redención como el propósito del pacto y del reino de Dios. Dios y el hombre, en su relación redentiva, es el tema del Antiguo Testamento que se extiende hasta y a través del Nuevo.

II. Los Valores de la Teología del Antiguo Testamento

En vista de que el Antiguo Testamento, según se admite, es preparatorio y proyectado hacia el Nuevo Testamento, ¿por qué es la preocupación especial con la teología del Antiguo Testamento un interés necesario? ¿En qué sentido es el Antiguo Testamento fundamental para la teología bíblica?

Muchas de las consideraciones dadas en la discusión de la unidad de la Biblia en el capítulo 1 se aplican aquí:

1. La teología del Antiguo Testamento es un fundamento sobre el que se edifica la teología del Nuevo Testamento. Cada Testamento tiene su énfasis característico. El énfasis del Antiguo Testamento es sobre la santidad de Dios. El énfasis del Nuevo Testamento es sobre el amor de Dios. Pero el Dios de la Biblia es, usando la feliz

frase que Peter Forsyth usó y más tarde William Temple y H. Orton Wiley, el Dios del amor santo. Esto no es aceptar la tesis de Marciano de que el Dios del Nuevo Testamento es un Dios de amor y gracia, y que el Dios del Antiguo Testamento es meramente un Dios de ira y de justicia. Pero tal como Dentan lo expresó: "Es cierto que el Nuevo Testamento pone énfasis especial en los más benignos atributos de Dios, pero ellos mismos, de por sí, no constituyen una doctrina de Dios, y entresacados de su marco del Antiguo Testamento, pueden llevar a un sentimentalismo teológico."[11]

2. El Antiguo Testamento agrega algunas ideas distintivas a todo el campo de la teología cristiana. Incluye descripciones de la obra de Dios en la creación, su soberanía en la providencia y en la historia, las fuentes de la inclinación del hombre hacia el mal y a la destrucción propia, el reino de Dios y los principales esquemas de la piedad. "En casos en que el Nuevo Testamento nada dice sobre ciertos asuntos, se da por hecho que la enseñanza del Antiguo Testamento es válida todavía. Jesús no vino a destruir, sino a cumplir la ley y los profetas, y parece obvio que uno no puede esperar el comprender a Jesús o a sus primeros intérpretes a menos que pueda uno primero entender la ley y los profetas."[12]

3. La teología del Antiguo Testamento presenta nítidamente el carácter experiencial de todo pensamiento genuino acerca de Dios. Ayuda a mantener la teología equilibrada y sobre base segura. Es una teología de experiencia que resulta de los tratos de Dios con su pueblo—una teología que puede entenderse completamente sólo si se capta en fe y obediencia. La verdad se expresa en ejemplos concretos mucho más que en abstracciones. Peter Forsyth escribió, "lo trivial de tanta teología existente, antigua y reciente, es que ha sido desnudada de la oración y preparada en un vacío."[13]

4. Dentan ofrece un provechoso sumario y conclusión bajo el título: "Valor Presente de la Disciplina." Recalca cuatro puntos:

a. La teología del Antiguo Testamento puede ayudar en "combatir los desafortunados efectos de *una indebida fragmentación de estudios bíblicos* y ayudará a restaurar el sentido de unidad del Antiguo Testamento y de todas las Escrituras que se ha perdido por causa de un énfasis exagerado sobre los pequeños detalles de exégesis y sobre la fuente y forma del criticismo."[14] El mensaje y significado de la Biblia como un todo, se pierde cuando sólo se estudian unos pasajes favoritos.

b. La teología del Antiguo Testamento puede ayudar a "restaurar el equilibrio perdido por la *secularización creciente de los estudios bíblicos."* Esto ha tenido la "tendencia a poner el mayor énfasis en los aspectos lingüista, arqueológico e histórico-cultural de la ciencia del Antiguo Testamento." Por el otro lado, una teología sana del Antiguo Testamento "buscará llamar la atención del mundo erudito a lo que es central en el Antiguo Testamento y que por sí solo justifica la cantidad de tiempo y energía gastados en estudiarlo, viz., su concepto universal religioso."[15]

c. El estudio de la teología del Antiguo Testamento puede ayudar a "restaurar un sentido para *los valores que se han perdido en la teología moderna liberal cristiana,* particularmente en relación con su tendencia a desplazar su naturaleza y sentimentalizar el carácter de Dios y poner un valor exagerado sobre la bondad y perfectabilidad del hombre."[16]

d. La teología del Antiguo Testamento puede "corregir los *excesos de ciertas teologías 'biblicistas' contemporáneas."* Dichos sistemas "se aferran a aspectos particulares de la religión del Antiguo Testamento tales como la Ira de Dios, la Idea de Castigo, y la Naturaleza Caída del Hombre y aislándolos de su contexto mayor, de hecho dan una impresión falsa del carácter del Dios del Antiguo Testamento y de los sentimientos característicos de la piedad hebrea."[17] La teología del Antiguo Testamento puede estar de acuerdo con todos los elementos válidos de la fe de Israel y "así ayudar a mantener un equilibrio adecuado en el pensamiento teológico moderno a medida que éste, con todo derecho, busca renovar su vitalidad extrayendo más profundamente de los manantiales de la religión bíblica."[18]

III. La Revelación que Dios Hace de Sí Mismo en el Antiguo Testamento

Es un axioma en el Antiguo Testamento que Dios se da a conocer a sí mismo a ciertos hombres escogidos en el contexto de su historia. Esta es una verdad jamás disputada. Se acepta como un hecho fundamental.

La revelación de sí mismo de Dios en las Escrituras se describe con el vocablo general *revelación. "Revelación* implica, para el Antiguo Testamento, *los medios que Dios usa para hacer posible el conocimiento de Dios por los humanos.* Por él mismo, el hombre no tiene un conocimiento de Dios: todo conocimiento de esa clase debe concedérsele a él por Dios, debe dársele a conocer. Esta comunicación o notificación en la que Dios es autor se llama revelación."[19]

El descubrimiento que Dios hace de sí mismo en el Antiguo Testamento no es, antes que nada, en declaraciones abstractas acerca de El. Es, primero que nada, el encuentro directo de Persona a persona. James G. S. S. Thomson ha escrito: "La revelación es un encuentro personal con el Dios viviente. En realidad, la revelación en el Antiguo Testamento debe comprenderse en términos de comunión; comunión entre Dios quien está dándose a conocer existencialmente, y el hombre, a quien se le concede el descubrimiento que Dios hace de El mismo."[20]

Aun más, es siempre Dios el que toma la iniciativa en tal encuentro. No espera que el hombre lo busque. El primer encuentro divino-humano después de que el pecado entró al Jardín del Edén fue el llamado de Dios a Adán, "¿Dónde estás tú?" (Gn. 3:9). El Señor apareció a Abraham en tiempos y en formas completamente inesperadas (Gn. 12:1, 7). El dio a conocer su nombre y naturaleza a Moisés (Ex. 6:3). "El hecho de que Dios tenga compañerismo con el hombre se debe a su voluntad libre y a que es su primera y fundamental obra."[21] En un párrafo elocuente, Edward J. Young escribe:

> No tratamos aquí con grupos de hebreos ignorantes y supersticiosos que buscan a Dios, por si acaso lo encuentran. Tratamos aquí con lo que Dios mismo habló a estos hebreos. Ellos eran ignorantes; vivían en tinieblas; estaban bajo esclavitud. Pero eran recipientes de la luz. Para ellos, la Palabra de Dios vino despejando la oscuridad y destruyendo la ignorancia. No más tenían que ser como las naciones que los rodeaban, pues eran un pueblo peculiar. Podían saber la verdad acerca de Dios y acerca de su relación con El, pues a ellos se les habían confiado los oráculos mismos de Dios.[22]

Esta verdad se condensa en el título del libro de Abraham Heschel: "Dios, en Búsqueda del Hombre" *(God in Search of Man)*. "Toda historia humana descrita en la Biblia puede condensarse en una frase, Dios en Búsqueda del Hombre," dice Heschel.[23] Lo que Dios dijo de sí mismo es verdad respecto a Dios desde el principio: "El Hijo del hombre vino a buscar y a salvar lo que se había perdido" (Lc. 19:10).

IV. Modos de la Revelación

Dios se reveló a sí mismo en varias formas. "Dios, habiendo hablado muchas veces y de muchas maneras a los padres por los profetas" (He. 1:1). El relato de esta revelación se encuentra en los escritos que juntos se conocen como las Escrituras. Los libros de la Biblia son ellos mismos inspirados y la fuente de verdad autoritativa acerca de Dios y de sus propósitos para el hombre.

A. En la Creación

Dios se revela a sí mismo en la creación (Sal. 19:1; 102:25; Am. 5:8).

> *Levantad en alto vuestros ojos,*
> * y mirad quién creó estas cosas;*
> *El saca y cuenta su ejército;*
> * y a todas llama por sus nombres;*
> *Ninguna faltará;*
> * tal es la grandeza de su fuerza,*
> *Y el poder de su dominio.*
> *¿Por qué dices, oh Jacob,*
> * y hablas tú, Israel:*
> *Mi camino está escondido de Jehová,*
> * y de mi Dios pasó mi juicio?*
> *¿No has sabido, no has oído*
> * que el Dios eterno es Jehová*
> *El cual creó los confines de la tierra?*
> *No desfallece ni se fatiga con cansancio,*
> * y su entendimiento no hay quien lo alcance* (Is. 40:26-28).

Que los cielos declaran la gloria de Dios no ha de entenderse como una forma del "argumento cosmológico"—el razonar desde la existencia del mundo hasta la existencia del Creador. Es más bien que en la naturaleza vemos la maravilla y el poder majestuoso de Dios que en otra forma se nos ha dado a conocer. No *que* Dios sea, sino *cuán grande* Dios es, lo que constituye el testimonio de la naturaleza. Como Thomson hace notar:

> No que el Antiguo Testamento enseñe que por la naturaleza el hombre descubra a un Dios desconocido, sino más bien que el hombre ve más claramente al Dios que ya él conoce. En el Antiguo Testamento es el Dios de la revelación quien se ve en la naturaleza. El salmista ya conoce a Dios por sus actos redentores en la historia, pero en la naturaleza ve algo más de la gloria de Dios, al grado que

está compelido a exclamar: "¡O, Dios, nuestro Dios, cuán excelente es tu nombre en toda la tierra!"[24]

B. Por sus Actos Poderosos en la Historia

Dios se revela a sí mismo en sus obras, particularmente en la historia de su pueblo: "Y sabrán los egipcios que yo soy Jehová, cuando extienda mi mano sobre Egipto, y saque a los hijos de Israel de en medio de ellos" (Ex. 7:5; ver 16:6; 18:11; 1 R. 18:27-39; Is. 45:3; Jer. 16:21; Mi. 6:5). No es un accidente que 14 de los 39 libros del Antiguo Testamento sean libros de historia—y a este número deben agregarse Jonás y Rut. En los libros proféticos, en Lamentaciones y en un buen número de Salmos, la historia es un tema de significado. Es el canon hebreo, los libros que describimos como históricos se conocen como "Los Primeros Profetas." "El Antiguo Testamento sabe sólo acerca de un Dios que está activo en la historia."[25] Eric Sauer escribe:

> *La historia del mundo son los andamios para la historia de salvación.* No sólo tiene la revelación una historia, sino que la historia es una revelación. No es sólo una 'obra' sino una 'palabra' estimulante de Dios. Es una velada develación que Dios hace de El mismo, quien a la vez que se revela, permanece al mismo tiempo un 'Dios escondido,' el *'deus absconditus'* (el Dios escondido de Lutero). Es una esfera de poder, gracia y juicio del Dios de los mundos como gobernante de las naciones.[26]

C. Visiones

Dios se revela a sí mismo en visiones y apariciones visuales tanto a hombres como a mujeres. El Antiguo Testamento, como el Nuevo, sabe que "a Dios nadie lo ha visto" (Jn. 1:18; 5:37; Ex. 33:20). No obstante, hay ocasiones cuando, como a Moisés en el desierto de Sinaí, Dios permite una experiencia visual de su presencia: "Y se le apareció el Angel de Jehová en una llama de fuego en medio de una zarza; y él miró, y vio que la zarza ardía en fuego, y la zarza no se consumía. Entonces Moisés dijo: Iré yo ahora y veré esta grande visión, por qué causa la zarza no se quema. Viendo Jehová que él iba a ver, lo llamó Dios de en medio de la zarza, y dijo: ¡Moisés, Moisés! Y él respondió: Héme aquí" (Ex. 3:2-4; ver también Gn. 16:7-14; 18:1-22; Jos. 5:13-16; Jud. 2:1-5; Is. 6:1-8; Ez. 44:1-2). El ángel que aparece se identifica con el Dios que habla.

Tales apariciones divinas se conocen como "teofanías," acomo-

•

dando la naturaleza del Dios invisible a las limitaciones y necesidades de la experiencia humana. No hay un solo tipo de aparición. Característicamente, se nos dice cómo principia la visión, pero no cómo termina. Pero cuando la visión ha cesado, el mensaje permanece—como cuando Isaías oyó la palabra del Señor diciendo "¿A quién enviaré, y quién irá por nosotros?" (6:8).

D. Por los Profetas y su Mensaje

Una forma principal de revelación divina en el Antiguo Testamento es por medio de los profetas y el mensaje que ellos dan en nombre de Dios. Esto se reconoce específicamente en Hebreos 1:1-2, "Hace mucho tiempo Dios habló a nuestros padres por medio de los profetas, pero la revelación que les dio fue fragmentaria y variada. Mas ahora, cuando el tiempo tal como lo conocemos está por terminar, ha hablado a uno cuya relación para con él mismo es de Hijo, el Hijo en cuya posesión entregó todas las cosas, y por cuya agencia él creó el presente mundo y el mundo venidero."[27]

La introducción característica al mensaje del profeta es, "Así dice el Señor." La mayoría de los "oráculos" en la literatura profética—esto es, aquellos pasajes en primera persona en que Dios habla *verbatim* a través de los labios del profeta—terminan con la fórmula "dice el Señor" (e.g. Am. 1:3-5, 6-8, 13-15; 2:1-3, etc.).

Lo que los profetas hablaron, siempre se le llama *la* palabra del Señor. Nunca es *una* palabra de Dios o *palabras* de Dios. La expresión "la palabra del Señor" (o "de Dios") ocurre cerca de 400 veces en el Antiguo Testamento.[28] Que Dios hable así al hombre, es testimonio adicional a la relación personal directa entre Dios y el hombre. Es por medio de palabras que los sentimientos más profundos del corazón de uno pueden hallar eco en otro. Para el hombre bíblico más que el hombre típico moderno, las palabras estaban saturadas de poder.[29] *Dabar* ("palabra") significa el acto de Dios así como su palabra.

Por tanto, la revelación es "Proposicional" (por medio de palabras) así como histórica (por medio de acciones). Consiste en afirmaciones así como en actos. Decir, "Revelación no es comunicación sino comunión" es expresar una falsa desunidad. La comunión entre personas siempre incluye comunicación, y el contenido de la comunicación se expresa en palabras.[30]

E. Por la Ley

Relacionada con la Palabra de Dios por medio de los Profetas es su revelación por medio de la ley. Las "leyes" del Antiguo Testamento se clasifican en varias formas, pero la mayor clasificación consiste en leyes con contenido moral (de las cuales el Decálogo es el mejor ejemplo), y las leyes para la reglamentación del culto y su adoración. *"En la ley de Dios se revela a sí mismo decisivamente. El oír del hombre o no oír de esta revelación es cuestión de vida o muerte."*[31]

Fue acerca de la ley que Moisés dijo, "A los cielos y a la tierra llamo por testigos hoy contra vosotros, que os he puesto delante la vida y la muerte, la bendición y la maldición; escoge, pues, la vida, para que vivas tú y tu descendencia; amando a Jehová tu Dios, atendiendo a su voz, y siguiéndole a él; porque él es vida para ti, y prolongación de tus días; a fin de que habites sobre la tierra que juró Jehová a tus padres, Abraham, Isaac y Jacob, que les había de dar" (Dt. 30:19-20).

F. Por Símbolos Designados

En adición a otras formas, Dios se da a conocer por medio de símbolos especialmente designados de su presencia y poder con su pueblo—el Tabernáculo y más tarde el Templo, con sus altares, el arca del pacto, y la estructura del santuario. Aunque en forma indirecta, estas representaciones fueron fuentes importantes de conocimiento acerca de lo divino.[32]

G. En las Escrituras como un Todo

Todas las religiones principales tienen sus escrituras, sus colecciones de escritos sagrados. Pero ninguna fe está más profundamente fundada en el canon de escrituras inspiradas como lo es la fe de Israel. Aunque la doctrina bíblica total de la inspiración de las Escrituras se expresa en el Nuevo Testamento, tiene un fundamento en los escritos mismos del Antiguo Testamento.

El Antiguo Testamento habla de "este libro de la ley" (Dt. 29:21; 30:10; 31:26; Jos. 1:8); el "libro de esta ley" (Dt. 28:61); "el libro de la ley de Moisés" (Jos. 8:31; 23:6; 2 R. 14:6); "el libro de la ley" (Jos. 8:34); y "el libro de Moisés" (2 Cr. 25:4) en vocablos que reconocen su autoridad completa.

"El libro de la ley del Señor" (2 Cr. 17:9) se usó en el tiempo de Josafat para enseñar al pueblo. El rollo descubierto en el templo por Hilcías el sacerdote, se describe como "el libro de la ley" (2 R. 22:8, 11), "el libro del pacto" (2 R. 23:2, 21; 2 Cr. 34:30), "el libro de la ley de Jehová dada por Moisés" (2 Cr. 34:14), y "el libro de

Moisés" (2 Cr. 35:12). Cuando su identidad se reconocía, su autoridad era incuestionable.

Esdras habla del "libro de Moisés" (6:18). "El libro de la ley de Moisés" y "el libro de la ley de Dios" se usan en pasajes paralelos en Nehemías 8:1, 3, 8, 18; 9:3. Nehemías 13:1 identifica Deuteronomio 23:3-5 como procediendo del "libro de Moisés." "La ley de Moisés" se menciona en 1 Reyes 2:3 y en Daniel 9:13. En cada caso se da por hecho la responsabilidad de la conducta humana a la voluntad expresa de Dios.

La palabra de Dios no sólo fue hablada por los profetas, sino que también fue escrita (Ex. 34:27; Dt. 31:19; Is. 8:1-2; Jer. 30:2; 36:2, 17, 28; Hab. 2:2) para preservarse como anal permanente "en un libro." Fue un evento histórico—la victoria sobre los amalecitas —lo que ocasionó la primera mención de que se escribiera como "un memorial" para el futuro (Ex. 17:14; ver Dt. 17:18; 31:24; 1 S. 10:25; 1 Cr. 29:29; Neh. 8:5). Las frecuentes referencias por todo el Antiguo Testamento a los mandamientos, el pacto, la ley, los juicios o preceptos del Señor, demuestran con claridad que éstos eran conocidos en una forma relativamente permanente (Sal. 19:7-11; 119).

V. Revelación en Forma Progresiva

La revelación de Dios en el Antiguo Testamento no fue dada toda a la vez. Fue progresiva en carácter. Esto no quiere decir que las fases iniciales de la revelación dejaran de ser verídicas. Significa que eran incompletas. Dios agregó a la suma de conocimiento acerca de él mismo, según la mente y la madurez del hombre podían comprenderla.

Un ejemplo de la naturaleza progresiva de la revelación se nota en Exodo 6:3—"Y aparecí a Abraham, a Isaac y a Jacob como Dios Omnipotente, mas en mi nombre [o en el *significado* de mi nombre] JEHOVÁ no me di a conocer a ellos." El mismo Dios que guió a los patriarcas más tarde, agregó importantes verdades acerca de sí mismo en su aparición ante Moisés. El punto culminante de la autorevelación divina descansa en más allá de lo que el Antiguo Testamento incluye. Se encuentra en Cristo (He. 1:1-4—pasaje que da validez y que se mueve más allá del Antiguo Testamento).

Pero aunque las fases iniciales de la revelación eran incompletas, no dejaban de ser importantes. La tabla de multiplicación no es la totalidad de las matemáticas, pero las matemáticas nunca dejan de usar la tabla de multiplicación. El principio de una frase no es toda la frase; pero sí es esencial al significado del todo.

Aunque la autocomunicación divina tal como se pergeñó en las Escrituras, estaba acondicionada históricamente, sirve en el presente como medio por el cual Dios todavía confronta al hombre en juicio y redención. John Marsh tocó una auténtica nota cuando dijo:

> Lo que necesita clarificarse es que la Biblia, como un archivo de eventos del pasado, funciona ahora bajo la iluminación del Espíritu, como los eventos funcionaron en ese entonces, como los medios designados por los que los hombres se encuentran con el siempre vivo Dios. El se imparte de sí mismo a nosotros hoy día, por medio de lo que ha hecho en el pasado, y esto eleva tanto el pasado como el presente fuera de los confines de una mera temporalidad y sucesión, poniéndolos en una relación vital respecto a Dios quien mora en la eternidad.[33]

VI. Revelación como Encuentro

Los primeros capítulos del Génesis dan por sentado que el conocimiento de Dios viene a través de un encuentro con Dios.

A. El Significado del Conocimiento

El término hebreo *yada*, "conocer," no significa conocimiento por medio del raciocinio. Es más bien un conocimiento por la experiencia directa. *Yada* es la palabra usada para describir la relación más íntima en la vida humana (Gn. 4:1, 17, 25, *passim*). En relación al conocimiento de Dios, es confrontando su amor o su ira en los eventos concretos de la vida. Conocer a Dios en un sentido verdadero es tener compañerismo con El. Es conocerlo por "medio de un contacto con" El, antes que "conocer acerca de El."[34]

"El Dios de la Biblia," como Pascal hizo notar, "no es el Dios de los filósofos, sino el Dios de Abraham, Isaac y Jacob, el Dios que se revela a sí mismo en la historia como Salvador, cuya presencia se experimenta por toda una línea de personas privilegiadas y místicos."[35]

Por tanto, hay un contraste definido entre lo que el "conocimiento" significa para el que vive en el occidente en la tradición griega, y lo que se quiso decir para el hombre bíblico. Para la mente occidental, el conocimiento resulta del análisis, explicación de causas y condiciones y relación del objeto de cognición con todo el campo de las ideas aceptadas. Para el hombre bíblico, conocimiento es "vivir en relación estrecha con Algo o alguien: causando esta relación lo que se llama comunión... Cuando Pedro niega a Cristo y dice, 'No conozco al tal hombre' niega que haya habido una relación entre él y Cristo."[36]

El conocimiento de Dios en un marco bíblico, no se interesa en teorías acerca de la naturaleza de Dios. No es ontológico, sino existencial—"vida en una relación verdadera con Dios."[37] Es un conocimiento que resulta de hacer la voluntad de Dios. Un cierto pasaje de William Temple, que se cita con frecuencia, expresa esta verdad:

> En la tradición hebreo-cristiana, Dios se revela como amor santo y justicia, demandando rectitud en la vida. *La verdadera aceptación de esta revelación no es sólo un asentimiento intelectual: es sumisión de la voluntad. Y ésta debe ser sumisión a la revelación tal como se recibe personalmente, no sólo a lo que otro escribió. Toda revelación de Dios es una demanda, y la manera de tener un conocimiento de Dios es por medio de la obediencia. Es imposible tener un conocimiento de Dios en la misma forma que tenemos conocimiento de las cosas, porque Dios no es una cosa. Sólo podemos conocer a una persona por la comunión directa del intercurso sincero; y Dios es personal. Pero además de esto, es Creador, de manera que la comunión del hombre con Dios es comunión de criatura con Creador; es adoración en obediencia, de otra manera no existe.*[38]

No obstante, el conocimiento de Dios por el hombre del Antiguo Testamento puede adjudicarse sólo con una medida de humildad. Alan Richardson ha notado que "la mente hebrea no compartía el optimismo de los griegos del período clásico respecto a la posibilidad del conocimiento del hombre de una realidad última."[39] Los filósofos griegos, quienes aseguraban que el valor más alto del hombre era conocer, creían que era posible que el hombre comprendiera cognitivamente lo que constituye la realidad última o el ser último. Los hebreos, por el otro lado, rechazaban la contemplación intelectual como medio para "conocer" el ser último. Continuamente declaraban que la obediencia a los mandamientos revelados de Dios hace posible el conocimiento de Dios. Este énfasis, por tanto, pesa sobre la acción obediente antes que sobre una visión mística o especulación filosófica, sobre reciprocidad antes que sobre reflexión, sobre "oír" antes que sobre "ver."[40]

De entre todos los hombres de su tiempo, los profetas estaban más interesados en el conocimiento de Dios. Su interés no era académico, sino moral y religioso. En las situaciones dadas de sus vidas, discernieron que su pueblo no poseía un conocimiento real de Dios. Así es como Isaías declara en palabras descriptivas sin paralelo, "El buey conoce a su dueño, y el asno el pesebre de su señor; Israel no entiende, mi pueblo no tiene conocimiento" (Is. 1:3).

Usando las dificultades de su propio matrimonio para simbolizar la condición trágica espiritual de Israel, Oseas concluye que "no hay... conocimiento de Dios en la tierra" (4:1). Hablando en nombre de Yahweh, el mismo profeta escribe, "Porque misericordia quiero, y no sacrificio, y conocimiento de Dios más que holocaustos" (6:6).

Al contemplar el futuro hacia una nueva edad y al establecimiento de un nuevo pacto, Jeremías profetiza: "Y no enseñará más ninguno a su prójimo, ni ninguno a su hermano, diciendo: Conoce a Jehová; porque todos me conocerán, desde el más pequeño de ellos hasta el más grande, dice Jehová" (Jer. 31:34; ver Is. 11:9; 33:6).

Obviamente, como notamos de los contextos de entre los cuales se han entresacado estos pasajes, existe una relación entre la obediencia y conocimiento. Si el pueblo obedece los mandamientos de Yahweh, ellos lo "conocerán." Estas conclusión aparece con claridad excepcional en las palabras de Jeremías: "¿No comió y bebió tu padre, e hizo juicio y justicia, y entonces le fue bien? El juzgó la causa del afligido y del menesteroso, y entonces estuvo bien. ¿No es esto conocerme a mí? dice Jehová" (22:15b-16). Richardson concluye: "El conocimiento de Dios es una hebra de cuatro partes que une la obediencia a la voluntad de Dios, adoración de su nombre, la justicia social y la prosperidad nacional; *per contra,* la ignorancia de Dios deletrea desobediencia, idolatría, injusticia social y desastre nacional."[41]

Los estudios etimológicos deben usarse con cuidado cuando se trata de autenticar puntos de vista en temas bíblicos.[42] Pero aun después de mucho análisis cuidadoso y evaluación, un estudio del término hebreo *yada* ("conocer") sostiene el punto de vista de que el conocimiento de Dios para el escritor hebreo no es contemplativo ni especulativo. *Yada* significa el conocimiento de relación entre personas antes que conocimiento de análisis lógico o razonamiento.

Tal como hemos visto, este verbo se emplea para denotar el acto sexual entre esposo y esposa, como en este caso de Génesis 4:1:

"Conoció [*yada*] Adán a su mujer Eva, la cual concibió y dio a luz a Caín."[43] La intimidad del acto sexual permite "el conocer más activo y satisfactorio que existe" en la relación marital.

Por tanto, cuando el escritor hebreo se refiere al "conocimiento de Dios", habla del conocimiento en un sentido especial. No está hablando de un conocimiento de la esencia enternal de Dios. Más bien, es un "conocimiento de su reclamación, sea que esté presente en mandamientos directos o que esté contenida en su gobierno. En esa forma es un reconocimiento respetuoso y obediente del poder, gracia y demanda de Dios. Esto quiere decir que el conocimiento no se considera en términos de posesión de información. Se posee solamente en su ejercicio o actualización."[44]

El escritor hebreo habla del conocer que viene cuando Dios entra a una relación personal con Israel en tal forma que demuestra su amor y misericordia. En un encuentro tal, nace y se nutre la confianza en Dios como el Señor soberano, resultando la adoración hacia El como el verdadero y único Dios. Richardson comenta: "Desobedecer a Dios es rehusar entrar en la relación que El tan misericordiosamente ha hecho posible, de aquí que signifique quedar ignorante respecto a El."[45] Esencialmente, el conocimiento de Dios para el hebreo constituye su redención personal, punto hacia el cual volveremos después.

B. Las Limitaciones del Conocimiento

No se da por hecho ni se presume que el conocimiento de Dios en el Antiguo Testamento sea completo o perfecto. Hay un equilibrio muy delicado entre seguridad y reticencia. Aun en la autorevelación íntima de Dios, hay un sentido de misterio acerca de lo Divino. La adoración combina el conocimiento de Dios con el temor santo en la presencia de la santidad indescriptible y de la luz (Ex. 33:13-23).

Las limitaciones en el conocimiento que el hombre tiene de Dios se deben tanto a los límites necesarios de todo conocimiento humano como a la grandeza de Dios. Dios es demasiado grande para contenerse en las mentes de los seres humanos finitos. La pregunta retórica de Zophar condensa el punto de vista del Antiguo Testamento en este punto: "¿Descubrirás los secretos de Dios? ¿Llegarás tú a la perfección del Todopoderoso?" (Job 11:7). Y Job mismo dice que toda naturaleza revela que "estas cosas son sólo los bordes de sus caminos; ¡Y cuán leve es el susurro que hemos oído de él! Pero el trueno de su poder, ¿quién lo puede comprender?" (Job 26:8-14). Su entendimiento no se puede medir y Dios mismo dice, "Como son más altos los cielos que la tierra, así son mis caminos más altos que vuestros caminos, y mis pensamientos más que vuestros pensamientos" (Is. 55:9; ver 45:15, 28; Sal. 139:6; 145:3).

No obstante, el Antiguo Testamento nunca se rinde ante el tipo de agnosticismo que asegura que por cuanto no podemos saber o conocer no hay nada qué conocer acerca de Dios y que por cuanto lo finito no puede conceptuar lo infinito, no podemos estar seguros de que sabemos o conocemos algo. El Infinito tiene maneras de darse a conocer a sus criaturas en tal forma y medida como ellos necesitan conocerlo. De otra manera no sería infinito.

NOTAS BIBLIOGRÁFICAS

[1]Edward J. Young, *The Study of Old Testament Theology Today* (Nueva York: Fleming H. Revell Co., 1959), p. 3.

[2]Th. C. Vriezen, *An Outline of Old Testament Theology* (Boston: Charles T. Branford Co., 1958), p. 132.

[3]*Ibid.,* original en cursiva.

[4]*Preface to OT Theology,* p. 105.

[5]*Ibid.,* p. 108.

[6]*Otherworldliness and the New Testament* (Nueva York: Harper and Brothers, 1954), p. 53.

[7]*Theology of the Old Testament,* traducido por J. A. Baker (Filadelfia: The Westminster Press, 1961), 1:517.

[8]Snaith, *Distinctive Ideas,* p. 112 nota de pie.

[9]*The Kingdom of God: The Biblical Concept and Its Meaning for the Church* (Nueva York: Abingdon Press, 1953).

[10]Cf. la investigación de Dentan, *Preface to OT Theology,* pp. 117-120; Gerhard F. Hasel, *OT Theology: Basic Issues,* pp. 49-63.

[11]*Preface to OT Theology,* pp. 99-100.

[12]*Ibid.,* p. 99.

[13]*The Cure of Souls: An Anthology of P. T. Forsyth's Practical Writings,* ed. Harry Escott (Grand Rapids, Mich.: William B. Eerdmans Publishing Co., 1971), p. 25.

[14]*Preface to OT Theology,* p. 123; original en cursiva.

[15]*Ibid.,* pp. 123-124; original en cursiva.

[16]*Ibid.,* p. 124; original en cursiva.

[17]*Ibid.;* original en cursiva.

[18]*Ibid.,* p. 125.

[19]Kohler, *OT Theology,* p. 99; original en cursiva.

[20]James G. S. S. Thomson, *The Old Testament View of Revelation* (Grand Rapids, Mich.: William B. Eerdmans Publishing Co., 1960), p. 9.

[21]Kohler, *OT Theology,* p. 59.

[22]*OT Theology Today,* p. 85.

[23]Abraham Heschel, *God in Search of Man* (Nueva York: Farrar, Straus, 1955), p. 136.

[24]*OT View of Revelation,* pp. 25-26.

[25]Kohler, *OT Theology,* p. 92.

[26]*The Dawn of World Redemption,* traducido por G. H. Lang, prólogo por F. F. Bruce (Grand Rapids, Mich.: William B. Eerdmans Publishing Co., 1952), p. 94; original en cursiva.

[27]William Barclay, *The New Testament: a New Translation,* 2. vols., "The Letters and the Revelation" (Londres: Collins, 1969), 2:173.

[28]*ibid.,* p. 245, n.; Thomson, *OT View of Revelation,* p. 57.

[29]Vriezen, *Outline of OT Theology,* p. 253.

[30]Clowney, *Preaching and Biblical Theology,* pp. 26-27.

[31]Kohler, *OT Theology,* p. 110; original en cursiva.

[32]*Ibid.,* p. 120 ss.

[33]The *Fulness of Time,* p. 9; citado por Theodore R. Clark, *Saved by His Life: A Study of the New Testament Doctrine of Reconciliation and Salvation* (Nueva York: The Macmillan Co., 1959), pp. 129-130.

[34]Schultz, *OT Theology,* 2:100-102; A. B. Davidson, *Theology of the OT.* pp. 30-36, 73-82; y Jacob, *Theology of the OT,* pp. 37-38.

[35]Citado por Albert Gelin, *The Key Concepts of the Old Testament,* traducido por George Lamb (Nueva York: Sheed and Ward, 1955), p. 16.

[36]*Ibid.,* p. 129.

[37]*Nature, Man and God* (Londres: Macmillan, Ltd., primera edición, 1934), p. 354.

[38]*Ibid.;* cursiva en el original.

[39]*An Introduction to the Theology of the New Testament* (Nueva York: Harper and Brothers, Publishers, 1958), p. 39.

[40]*Ibid.*

[41]*Ibid.*

[42]Cf. James Barr, *The Semantics of Biblical Language,* (Oxford: University Press, 1961), pp. 158-59.

[43]Cf. Génesis 4:17, 25; Números 31:18, 35; Jueces 21:12; *et al.*

[44]Rudolf Bultmann, "ginosko, *et al.*", *Theological Dictionary of the New Testament,* ed. Gerhard Kittel (Grand Rapids: Mich.: William B. Eerdmans Publishing Co., 1964), 1:698; de aquí en adelante se cita como TDNT.

[45]*Theology of the NT.* pp. 40-41.

Sección I

Creación y Pacto

2

Dios Como Creador y Redentor

La teología en el Antiguo Testamento se desenvuelve por tres fases en la vida del pueblo escogido. Estas fases están representadas por las tres grandes divisiones de las Escrituras hebreas: la Ley, los Profetas, y los Escritos (a veces llamados también "los Salmos"—como en Lucas 24:44—en vista de que este libro se escribió primero).

La Biblia castellana sigue la traducción del Antiguo Testamento conocida como la Septuaginta y arregla los libros en un orden un tanto diferente. Cada división contribuye a la verdad total:

1. La Ley (el *Torah* o Pentateuco) trata acerca de la creación y el Pacto.

2. Los Salmos y la Literatura de Sabiduría se interesan en la Devoción y el Deber—la piedad y ética del Antiguo Testamento.

3. Los Profetas Mayores y Menores ponen un broche de oro en el total de la Visión Profética.

Los 12 libros históricos que aparecen en nuestras Biblias entre Deuteronomio y Job proveen un marco cronológico y una riqueza de material ilustrativo para las más grandes ideas religiosas del Antiguo Testamento. En cuanto a forma, el Antiguo Testamento incluye narración, poesía, historia, crónica y drama. Pero en cuanto a intento y mensaje provee datos para la más elevada y verdadera teología.

51

La revelación escrita de Dios en el Antiguo Testamento, por tanto, principia con un grupo de cinco libros conocidos en la Biblia hebrea como el *Torah* o "ley." Tanto en las Escrituras hebreas como en la Biblia cristiana, el *Torha* o Pentateuco ("libro en cinco partes") está a la cabeza. Aunque bien afirmado en su uso, el término *ley* es demasiado estrecho para dar el significado de *torah*. Es un término que también incluye ideas de instrucción, dirección, o enseñanza. De hecho es casi sinónimo con la *revelación* misma.

I. EL CONCEPTO CLAVE DEL ANTIGUO TESTAMENTO

Los primeros 11 capítulos de Génesis proveen información teológica de sin igual importancia. Son un prólogo a la historia específica que principió con Abraham. Aún en la cronología más conservadora, cubren un tiempo más amplio que el resto de la Biblia en su totalidad. Como G. Ernest Wright comenta, estos capítulos

> enuncian el tema unificador de la Biblia. Por medio de este prólogo la Iglesia ha aprendido y enseñado que Dios es el Creador, que el hombre está hecho a la imagen de Dios y también que ese hombre es un pecador caído de la gracia de Dios y cuya civilización es, en cierto sentido, un producto no de un servicio obediente a Dios, sino de adoración de sí mismo en desafío contra Dios. Estos capítulos revelan la relación de Dios con nosotros y con nuestro mundo; El es nuestro Hacedor, por tanto, nuestro Señor. Aclaran también el problema humano por causa de lo cual se originaron los actos salvadores de Dios.[1]

Génesis 1:1 nos introduce la Figura Central del Antiguo Testamento: "En el principio... Dios." El vocablo hebreo *reshith,* "principio" (de *rosh,* "la cabeza," "primero") no sólo significa primero en razón de tiempo, sino "primero, primordial, la cosa principal" en importancia. En un sentido real y exacto, el concepto de Dios es la llave tanto para las Escrituras como para la Teología.

Por definición, teología implica la prioridad lógica de la doctrina de Dios. La religión puede tratarse sicológicamente—principiando con el predicamento humano y las necesidades del hombre. Pero el tratamiento bíblico es teológico dando consideración primordial a la naturaleza y las demandas de Dios.

H. Orton Wiley escribió en su definitiva *Teología Cristiana* en tres volúmenes: "La primera tarea de la teología es establecer y desenvolver la doctrina de Dios. La existencia de Dios es un concepto fundamental en la religión y por tanto, un factor determinante en el pensamiento teológico. La naturaleza adscrita a Dios da color a todo el sistema. El fracasar en este caso es fracasar en todo el campo que abarca la verdad."[2]

Por toda la reconocida progresión de la revelación divina a través del Antiguo Testamento, el concepto de Dios permanece esencialmente el mismo. A. B. Davidson escribió, "Mi impresión es que aún en los pasajes más antiguos del Antiguo Testamento se encuentra esencialmente el mismo pensamiento de Jehová que aparece en los Profetas y en la literatura posterior."[3]

Algunos eruditos han interpretado la creencia de Israel en un Dios como el resultado de un proceso largo y evolucionario. Los hechos de la historia de las religiones, demuestran más bien que la dirección es precisamente lo opuesto. Los dioses fueron más numerosos a medida que se agregaban algunos más, antes que menores en número por el proceso de consolidación hasta dejar uno solo. Donde hay muchos, siempre hay lugar para otro más.

La evidencia señala hacia un monoteísmo en Israel antes que a una mera particularización o "henoteísmo"—adoración de un Dios a la vez que se reconoce la existencia de otros. Los escritores bíblicos de hecho hacen referencia a los dioses de la mitología pagana. Usan la terminología religiosa ordinaria en relación a "otros dioses" sin afirmar por ello el creer en su realidad—como lo hacemos hoy día cuando aludimos a Venus o Marte sin dar creencia a los panteones griego y romano.[4]

No se hace un esfuerzo por "probar" la existencia de Dios en el Antiguo Testamento. Tal idea nunca se le hubiera ocurrido a un hebreo.[5] La Biblia, en las palabras de Alan Richardson, "es un libro de testimonio, no de argumento... Un Dios cuya existencia pudiera ser probada o hecha más probable por argumento, no sería el Dios de la Biblia. El Dios de Israel no es un Ser Ultimo que emerge al fin de una cadena de razonamientos."[6]

La incredulidad reflejada a veces en el Antiguo Testamento en que se dice que los hombres "no conocían a Dios," se traduce mejor en "no tenían en cuenta a Dios." El pensar o decir en el corazón de uno, "No hay Dios" (1 S. 2:12; Sal. 10:4; 14:1; 53:1; Jer. 2:8; 4:22), no es ateísmo filosófico, sino rechazamiento moral. El "no conocer a Dios" es no tomarlo en cuenta, no respetarlo.

Para esto no hay "pruebas teísticas" (argumentos en favor de la existencia de Dios) en el Antiguo Testamento. Los textos de la naturaleza con Salmos 19:1-2 recalcan las maravillas de la naturaleza diciendo que contribuyen al conocimiento de Dios—ensanchando, y profundizando un concepto de la deidad que ya es conocido. El movimiento de pensamiento va de Dios hacia la naturaleza y no de la naturaleza hacia Dios.

II. LA IMPORTANCIA DE LOS NOMBRES DIVINOS

Los nombres de Dios en el Antiguo Testamento son importantes para comprender quién es El y cómo es. Los nombres divinos son para expresar hechos importantes acerca de la naturaleza de Dios.

Para los hebreos, los nombres eran descriptivos y expresaban significados. Nunca se usaban simplemente para distinguir a una persona de la otra. El nombre de una persona era algo así como su *alter ego.*[7] Representaba su esencia distintiva, su carácter, un elemento esencial en su personalidad.[8] El nombre de una persona era casi el equivalente de su ser e individualidad.[9] "La naturaleza interna de una persona u objeto se expresa en el nombre. 'El nombre de una cosa es el sello de su naturaleza y la expresión de la impresión que hace su naturaleza.'"[10] El nombre de un hombre pudiera representar un ideal al que él no pudiera aproximarse; pudiera ser más de lo que él es. Pero el nombre de Dios no puede medir totalmente lo que El es. Sin embargo, a pesar de sus limitaciones, los nombres aplicados a la Deidad, son información teológica importante.

Aun el término *shem* (nombre) cuando se aplica a Dios, lleva consigo un especial significado. El nombre de Dios es en efecto, la suma de toda su revelación de sí mismo. Así se usa en Salmos 8:1, "¡Oh Jehová, Señor nuestro, cuán glorioso es tu nombre en toda la tierra!" (ver también v. 9; y 89:12). La bendición levítica de Números 6:22-27 es "pondrán" el nombre del Señor sobre su pueblo, dándoles la seguridad de su presencia:[11] "Habla a Aarón y a sus hijos y diles: Así bendeciréis a los hijos de Israel, diciéndoles: Jehová te bendiga, y te guarde; Jehová haga resplandecer su rostro sobre ti, y tenga de ti misericordia; Jehová alce a ti su rostro, y ponga en ti paz. Y pondrán mi nombre los hijos de Israel, y yo los bendeciré" (vv. 23-27). El nombre del Señor se usa también como expresión del hecho de la presencia de Dios. Las tribus habrían de ir a adorar al "lugar que Jehová vuestro Dios escogiere de entre todas vuestras tribus, para poner allí su nombre para su habitación, ése buscaréis, y allá iréis. Y allí llevaréis vuestros holocaustos, vuestros sacrificios, vuestros diezmos y la ofrenda elevada de vuestras manos" (Dt. 12:5-6, *passim;* ver también 1 R. 8:29; Is. 18:7; Jer. 7:12).[12]

El "llamar en el nombre del Señor" es llamar a Dios mismo y expresa la esencia de la adoración. En los días de Enós, el hijo de Seth "los hombres comenzaron a invocar el nombre de Jehová" (Gn. 4:26). Abraham construyó un altar cerca de Bethel en su primer arribo a Palestina "e invocó el nombre de Jehová" (12:8; ver también 13:4, 21:33; 26:25; 1 R. 18:24; *passim*).

Ese nombre es santo (Lv. 20:3; 22:2, 32; 1 Cr. 16:10; y con frecuencia en los Salmos). No debe tomarse en vano (Ex. 20:7; Dt. 5:11). "Proclamar el nombre del Señor" es decir qué Dios (Ex. 33:19; 34:6-7). Hablar (Dt. 18:22; 1 Cr. 21:19), bendecir (Dt. 21:5, 2 S. 6:18), o actuar (1 S. 17:45; Sal. 118:10-12) en el nombre del Señor, es hablar, bendecir o actuar con su autoridad y poder.

Hay varios nombres divinos específicos para considerar, pero los dos más importantes se dan en los primeros tres capítulos de Génesis. A. B. Davidson escribió: "Se encontrará, creo yo, que todas las otras designaciones de Dios, y todas las demás aserciones respecto a El, y todos los demás atributos asignados a El, pueden abarcarse con uno u otro de los dos nombres dados a Dios en los capítulos iniciales de Génesis."[13] Los nombres son *Elohim* (Dios; Gn. 1:1-23) y *Yahweh* (el Señor; 2:5 ss.).

III. EL CREADOR DIOS

La teología del Antiguo Testamento principia donde la Biblia principia, con el Creador Dios de Génesis 1:1—"En el principio... Dios..." La Biblia primero responde a la pregunta "¿Quién es Dios?" con la afirmación "Dios es el Creador de los cielos y de la tierra y de todo lo que en ellos hay."

"El principio" se refiere específicamente al origen del universo finito. La Biblia habla de realidades "antes de la fundación del mundo" y de la "gloria, antes que el mundo fuese" (Jn. 17:24; 17:5; ver Ef. 1:4; Tit. 1:2; 1 P. 1:20). Francis Schaeffer condensa los datos diciendo: "Algo existió antes de la creación y ese algo fue personal y no estático; el Padre amaba al Hijo; había un plan; había comunicación; y se hicieron promesas antes de la creación de los cielos y de la tierra."[14]

A. Elohim y El

Aquí, el término traducido en "Dios" (y por todo el Antiguo Testamento, virtualmente en toda versión hispana) es *Elohim*. *Elohim* ocurre 2,500 veces en el Antiguo Testamento hebreo. Se usa como la designación para el verdadero Dios viviente más de 2,200 veces. Se usa 245 veces para describir a los dioses de los paganos, para los ángeles o para hombres de un rango superior.[15]

En cuanto a forma, *Elohim* es plural, llamado también "plural de majestad." Davidson dice: "Los lenguajes semíticos usan el plural como un medio de elevar la idea de lo singular."[16]

La derivación y significado original de *Elohim* es incierto. La raíz *El* es común a otros idiomas semíticos tales como el asirio, el fenicio y el aramaico. Se cree que significa "ser fuerte," "el fuerte," "el estar al frente, el Líder." Cuando se usa como un nombre común como en Génesis 31:29, se traduce en "poder."[17]

Cuando el singular *El* se usa refiriéndose a Dios, casi siempre se modifica por otro término: por ejemplo, "Dios el Altísimo" (*El Elyon* —Gn. 14:18-20, 22; Nm. 24:16; Dn. 3:26—generalmente de labios de los no hebreos); "Dios Todopoderoso" (*El Shaddai*—Gn. 17:1 y frecuentemente en la literatura patriarcal); "el Dios eterno" (*El olam* —Gn. 21:33); "El Dios viviente" (*El chay*—Dt. 5:26); "el Dios de misericordia" (*El rahum*—Ex. 34:6); y "el Dios que ve" (*El ro'i*—Gn. 16:13).

El ocurre también muchas veces en nombres de personas y lugares—Israel ("Dios lucha"), Bethel ("casa de Dios"), Emmanuel ("Dios con nosotros"), Joel ("Jehová es Dios"), etc. La forma singular *Eloah* se usa 41 veces en Job pero raramente en otro lugar.

B. El Shaddai

Dos de los términos de definición usados con *El* son lo suficientemente importantes como para considerarse un poco más. Uno de ellos, *El Shaddai*, "Dios Todopoderoso," ocurre primero en Génesis 17:1 en el llamado de Dios a Abraham de que anduviera delante de El y fuera perfecto. Esta frase ocurre cuatro veces más en Génesis (28:3; 35:11; 43:14; 48:3), una en Exodo (6:3) como el nombre por el que Dios había sido principalmente conocido por los patriarcas, y una vez en Ezequiel (10:5). *Ha-Shaddai* ("el Todopoderoso"), sin embargo, ocurre 42 veces: tres veces en el Pentateuco y tres en los Profetas; el recto en la literatura poética—más frecuentemente en Job. Siempre se usa en relación con el verdadero Dios.

Como sucede con muchos otros términos del Antiguo Testamento hebreo, se desconoce la derivación exacta de *Shaddai*. Todas las explicaciones sugeridas convergen en una idea común—"la de poder: poder que protege y bendice (Gn. 17:1; Job 8:5; Sal 91:1), o poder que castiga (Job 5:17; 6:4; 21:20; Is. 13:6)."[18] Cuando se usa como protección y bendición se tiene especialmente en mente la idea de Dios como el Dador bondadoso.[19]

C. El Chay

"El Dios viviente" *(El chay)* ocurre 14 veces en el Antiguo Testamento (Dt. 5:26; Jos. 3:10; 1 S. 17:26, 36; 2 R. 19:4, 16, *passim*). Además, tales expresiones como "el Señor vive" y "vivo yo dice el Señor" son comparativamente frecuentes (Nm. 14:21; 28; Dt. 32:40; y frecuentemente en los libros históricos).

En muchas maneras, *El chay* es la designación más característica del verdadero Dios en el Antiguo Testamento así como en el Nuevo. "Dios, quien es el Dios viviente, nunca es estático, nunca es simplemente el modo más elevado de ser, sino que siempre está activo, y lo está en la forma total de hombre. La vida es la característica esencial del Dios viviente. El es el Creador y sustentador de todo, Soberano sobre todo, bendito sea para siempre."[20]

D. Dios el Creador

Elohim, por tanto, generalmente lleva consigo el significado de fuerza, poder, potencia. Es el término adecuadamente usado por todo Génesis 1:1—2:3 cuando se describe la obra de la creación. *Elohim* es el Dios Creador quien hace que todas las cosas sean por la palabra de su poder. El es la Fuente y Base de toda realidad.

En sus primerísimas páginas, la Biblia rechaza tanto el panteísmo filosófico (la enseñanza de que Dios y el universo total son idénticos) como el deísmo (la teoría de que Dios puso a andar el universo y lo dejó a expensas de sus leyes impersonales). Dios no se identifica con el universo. El universo es su mano de obra. Por el otro lado, el universo no podía existir aparte del poder creativo y sustentador de Dios. "Los cielos y la tierra" (Gn. 1:1) corresponde con lo que nosotros llamaríamos "el universo"—el reino de lo físico y de los seres síquicos finitos y basados en lo material.

Y así como la existencia de Dios nunca fue disputada por la mente hebrea, su actividad creadora tampoco lo fue. Cada división principal del Antiguo Testamento contiene este énfasis. Génesis, los Salmos e Isaías especialmente, recalcan el hecho de la creación divina—no como una doctrina que hay que defender, sino como la explicación de los principios de la historia humana y la expresión de alabanza y fe en el continuo señorío de Dios sobre su mundo. "El orden de la naturaleza es simplemente la expresión de la sabiduría divina."[21]

El relato de la creación no se describe propiamente diciendo que es mitológico. No tiene ni rastro de lo que ciertos estudiantes han sostenido con creciente fuerza como la esencia del mito, a saber, la repetición ritual. Edmund Jacob escribió:

> Un mito sólo vive en la medida en que se repite y se actualiza en ritual, como el mito babilónico de la creación se recitaba y representaba en el festival del Nuevo Año, porque era necesario cada año celebrar el poder cósmico de Marduk si uno quería asegurarse prosperidad para el hombre y para las cosas y por sobre todo para Babilonia, de donde Marduk era el dios nacional. Para Babilonia—y para otras civilizaciones—la creación quedando limitada al dominio del mito y ritual, no podía ser el punto de partida para un movimiento en la historia, así que el mundo de los dioses y la realidad histórica permanecieron mutuamente cerrados. Para Israel, la creación marca un comienzo. El mundo *reshit* ("en el principio"—Gn. 1:1) es un plan total de acción, porque nos demuestra que el plan de Dios en la historia considera la creación como su punto de partida.[22]

E. El Relato de la Creación

Aunque el relato de la creación en la Biblia no es mitológico, tampoco se espera que sea cosmológico o científico. No está diseñado para responder a la pregunta "¿De dónde procedió el mundo?" Está diseñado para responder a la cuestión, "¿Cuál es el significado de la historia develadora del pueblo de Dios?" "En otras palabras, *la Creación* en el Antiguo Testamento no pertenece a la esfera de la ciencia natural sino a la historia del hombre."[23]

La razón no encuentra mejor respuesta a la cuestión de los orígenes que Génesis 1:1, "En el principio creó Dios los cielos y la tierra." Si algo es ahora, algo siempre era—existente de por sí, no derivado, la base ontológica de toda realidad. Tiempo, espacio, materia, fuerza, moción y ley, se han sugerido para este papel—ya sea separada o colectivamente. Pero ninguna de estas cosas forzaría la conclusión de que lo más elevado ha resultado de lo más bajo, que lo no racional produjo los seres racionales y conscientes. Tal conclusión necesita mayor credulidad para la mayoría de las mentes que la simple afirmación de las primeras palabras del Génesis.

Hay cuatro puntos condensados que notar en lo que H. Orton Wiley llamó "El Himnario de la Creación" o "El Poema de la Aurora."[24]

1. La existencia del universo se debe a un acto creativo de un Dios inteligente, omnipotente y personal. El orden físico no es eterno ni existe de por sí. Ni tampoco sus procesos ordenados y sistemáticos vinieron por casualidad.

2. Se mencionan dos clases de actividad divina. La primera es creación inmediata (Gn. 1:1, 21, 27). Se usa exclusivamente el verbo hebreo *bara* para describir la obra de Dios.[25] Significa traer a existencia lo que anteriormente carecía de ser. Driver dice que el verbo hebreo en este caso "en conjugación simple... se usa exclusivamente respecto a Dios, para denotar... la producción de algo fundamentalmente nuevo, por el ejercicio de un poder originador soberano, que transciende por completo el poder del hombre."[26] Jacob escribió: "El término específico para el acto creador de Dios no fue tomado de la oración gramatical antropomórfica: el verbo *bara,* tanto en la forma Gal como en la Niphal (activa y pasiva), se usaba sólo respecto a Dios y designa una actividad peculiar a Dios y a El solamente."[27]

Jarislov Pelikan llamó la atención al paralelo del Nuevo Testamento:

> El verbo usado como 'crear' en el primer versículo de la Biblia es *bara*. Este mismo verbo se usó para designar la acción soberana de Dios en otros pasajes del Pentateuco (e.g., Ex. 34:10; Nm. 16: 30)... Todos los ejemplos del verbo sostienen esta generalización: *bara* siempre tiene a Dios como sujeto, nunca a las criaturas. Lo mismo sucede con *ktizein,* el verbo usado por el Nuevo Testamento para traducir *bara.* A veces *ktizein* se refiere a la constitución original del mundo; a veces se refiere a una acción de Dios en la historia, especialmente a la venida de Cristo como la 'nueva creación.' Pero siempre se refiere a una acción cuyo actor último es Dios, aunque la acción tome lugar por medio de agentes creados.[28]

La segunda clase de actividad divina descrita en Génesis 1 es formación. Esta se describe con verbos como "hacer" e "hizo" *(asah)* o simplemente "que sea" *(ichi).* Estos vocablos implican el formar con material existente. Una especie de intermedio en formación que se implica en los mandatos de Génesis 1:11, 20 y 24, "produzcan las aguas" y "produzca la tierra."[29]

En adición a los actos creativos mencionados en Génesis 1:1, 21, 27, se mencionan otros siete actos formativos:

a. El origen de la luz cósmica (1:3).

b. La creación de la expansión (firmamento) del cielo. Al mismo tiempo, se juntaron en océanos y lagos, apareciendo la tierra seca (1:6-10).

c. El principio de la vegetación (1:11-13).

d. La aparición de los cuerpos solares—¿haciendo a un lado los círculos nublados que rodeaban la tierra? (1:14-19).

e. Vida en las aguas y en el cielo (1:20-23).

f. Vida sobre la tierra (1:24-25).

g. El cuerpo humano—que en conección con el acto creativo de 1:27 y la vida inculcada en 2:7 llevó a toda la era creativa a su punto culminante y cumplió su propósito (1:26).

3. Los actos creativos y formativos de Dios (ver "creado" y "hecho," 2:3) ocurrieron bajo una forma temporal. El término hebreo *yom* traducido en "día" en las versiones hispanas, se usó 1,480 veces en el Antiguo Testamento. Se traduce en más de 50 palabras diferentes y en diferentes contextos incluyendo, "tiempo," "vida," "hoy," "edad," "por siempre," "continuamente," y "perpetuamente."

Wiley escribió: "La mejor exégesis hebrea nunca ha considerado los días del Génesis como días solares, sino como períodos - día de indefinida duración. . . Ni tampoco es éste un significado metafórico de la palabra, sino el original, que quiere decir, 'dar un período a' o denotar un tiempo que se completa a sí mismo."[30] Que *yom*, en el contexto del relato de la creación no ha de considerarse necesariamente como un período de tiempo de 24 horas, se puede ver por su uso en 2:4 para cubrir la duración completa de los seis períodos. No hay mucho que argüir con el criterio de Bernard Ramm que dijo: "El mundo hecho en dos billones de años no es menor milagro que un mundo creado en veinticuatro horas."[31] De hecho, bien pudiera ser un mayor milagro.

Algunos han intentado reconciliar la creencia literalmente en días de 24 horas en Génesis 1 con la evidencia persistente en la ciencia respecto a la edad de la tierra, postulando una zanja entre los versos 1 y 2. Arguyen que el verso 2 significa "la tierra se volvió deordenada y vacía."

La dificultad, tal como Lehman señala, es que "No hay base exegética aceptable para la traducción del verbo *hayithah* (era) como *se volvió* (Gn. 1:2)."[32] En hebreo, así como en griego, y en español, "ser" y "volverse" representan ideas diferentes. Las formas del verbo "ser" señalan hacia la persistencia en el ser. El verbo "volverse" sugiere cambio de una cosa o forma a otra. No hay justificación para traducir el verbo "ser" como para decir "volverse." "La 'zanja' como teoría, carece de fundamento en este pasaje o en cualquiera otro de las Escrituras."[33]

4. El Espíritu de Dios se menciona como el Agente divino en traer orden del caos primeval. "Y el Espíritu de Dios se movía sobre la faz de las aguas" (1:2). En Salmos 104:30 se nos dice que el Señor envía su Espíritu en la originación de criaturas individuales. Job 26:7-13 describe la creación del orden físico en términos altamente poéticos. El escritor nota que es por el Espíritu ("viento") de Dios, que los objetos creados son "arreglados" o "hechos correctos." Aunque la doctrina bíblica del Espíritu encuentra su definición sólo en el Nuevo Testamento, la verdad revelada más tarde fue salvaguardada por la manera en que los escritores del Nuevo Testamento hablaron del Espíritu de Dios o del Espíritu del Señor.

Se han notado ciertos paralelos entre el relato del Génesis de la creación y las cosmogonías de algunas de las demás culturas antiguas. Pero W. F. Albright estaba sin duda correcto cuando escribió:

> El relato de la creación es único en la literatura antigua. Sin duda refleja un punto de vista monoteísta, con una secuencia de fases creativas tan racional que la ciencia moderna no puede mejorarlo, dentro del marco del mismo lenguaje y la misma extensión de ideas, en que declara sus conclusiones. De hecho, las cosmogonías científicas modernas muestran una tendencia desconcertante a ser muy cortas en duración y es de dudarse seriamente que la ciencia ya se haya puesto al parejo con el relato bíblico.[34]

El debate entre la "ciencia" y la "Biblia" con frecuencia olvida que el interés en las Escrituras es teológico, no cosmogónico. La doctrina de la creación no es un esfuerzo por explicar el universo. Su propósito es el de sentar la base para la historia de salvación que sigue. Stephen Neill escribió: "No puede haber una teología correcta de redención, de hecho no puede haber una teología del todo sana, a menos de que esté basada en una doctrina válida de la creación."[35]

IV. EL DIOS DEL PACTO

Además de *Elohim* en el relato de la creación de Génesis 1—2:3, se agrega otro nombre en 2:4—3:24. Es el nombre sagrado *Yahweh*, conocido también como el "Tetragrammaton" por sus cuatro consonantes hebreas JHVH. *Yahweh* se usa extensamente desde el 4:1 por todo el Antiguo Testamento tanto de por sí como en conjunción con *Elohim.* Ocurre como 6,800 veces en las escrituras hebreas.

A. El Significado de Yahweh

Yahweh es un nombre propio, no un término genérico. La mayoría de las versiones siguen la tradición judía de la Septuaginta y la práctica del Nuevo Testamento traduciéndola en las palabras "el Señor." Siendo que el hebreo tiene otro vocabo para "señor" *(adon, adonai),* la presencia de *Yahweh* en el original se demuestra por el uso de una mayúscula inicial y por las pequeñas mayúsculas en las versiones inglesas (el Señor). *Adonai* se tradujo con una mayúscula inicial y letras minúsculas "eñor" (el Señor) cuando se usa para Dios y generalmente ese es el caso. En vista de que el nombre personal del verdadero Dios se consideraba demasiado sagrado para pronunciarse, la costumbre judía desde tiempo inmemorial ha sido la de leer *adonai* cada vez que aparece *Yahweh* en las Escrituras.

La versión hispana tradujo *Yahweh* en "Jehová." El término "Jehová" se usó siete veces en la versión de Valera de las cuales tres están en nombres compuestos de lugares (Gn. 22:14; Ex. 6:3; 17:15; Jue. 6:24; Sal. 83:18; Is. 12:2; 26:4).[36] Moffatt usa "el Eterno" en su traducción de *Yahweh* al inglés.

Como en el caso de *Elohim* la derivación exacta y significado de *Yahweh* ha sido motivo de discusión por los eruditos bíblicos. La palabra misma se deriva de una forma del verbo "ser" (ver Ex. 3:14; 6:2-3). Varias veces se ha interpretado para significar:

1. Uno que es eternamente auto-existente, de aquí que sea incambiable—auto-originado, auto-independiente, "no expuesto a alteración por el poder del mundo y del tiempo."[37]

2. El que causa el ser o viene a ser.[38]

3. El que está presente, quien estará con su pueblo.[39]

Estos significados sugeridos no son necesariamente exclusivos mutuamente. Cada uno contribuye a la riqueza de comprensión del nombre.

Exodo 3:13-14 y 6:2-3 han sido malentendidos por algunos para implicar que el nombre *Yahweh* fue dado a conocer primero a Moisés. Génesis 4:26, sin embargo, declara que en los días de Enós, hijo de Seth, "los hombres comenzaron a invocar el nombre de [*Yahweh*]." Lo que los pasajes de Exodo quieren decir es que por primera vez se le explicó el nombre a Moisés. El uso hebreo demuestra que el punto de la pregunta de Moisés no era "¿Quién eres?" o "¿Cómo te llamas?" sino "¿Qué es lo que encuentra expresión o se esconde en el nombre?"[40]

A. B. Davidson señaló que *Yahweh* no es un nombre ontológico sino redentivo. Expresa la fidelidad de Dios, su constancia, la idea total del pacto divino-humano de salvación. No está interesado tanto en la naturaleza esencial de Dios como en su relación a Israel como el Dios del pacto.[41] *Yahweh* es el "nombre de su pacto, y de su amor redentor."[42] J. Barton Payne escribió:

> Lleva *(Yahweh)* la connotación de la cercanía de Dios, de su interés por el hombre, de su revelación testamentaria y redentora. Así que Moisés seleccionó *Elohim* como el término apropiado para Génesis 1:1—2:3, Dios transcendente en la creación; pero *Yahweh* para Génesis 2:4-25, Dios inmanente en las revelaciones en el Edén. Cambios similares en nombres, correspondiendo al cambio de Dios en actividad de soberanía general a redención personal, aparecen en los pasajes que siguen en Génesis.[43]

Yahweh también se encuentra en combinaciones con otros nombres y en nombres compuestos. Ciertos compuestos se usan para describir lugares en que sucedieron eventos significativos y en que Dios se reveló a sí mismo: *Jehová (Yahweh) Jireh*, "Jehová proveerá" (Gn. 22:14); *Jehová (Yahweh) Nissi*, "Jehová es mi estandarte" (Ex. 17:15); *Jehová (Yahweh) Shalom*, "Jehová es paz" (Jue. 6:24).

B. Nombres Compuestos

Dos nombres compuestos no relacionados con lugares, ayudan a ampliar y enriquecer la connotación de *Yahweh*. Uno es *Yahweh Mekaddishkem* traducido en "Jehová que os santificó" (Ex. 31:13; Lv. 20:8). El nombre ocurre diez veces, cada vez como "Yo *Yahweh Mekaddishkem*" dicho directamente por Dios. A Moisés se le instruyó hablar "a los hijos de Israel diciendo: 'en verdad vosotros guardaréis mis días de reposo; porque es señal entre mí y vosotros por vuestras generaciones, para que sepáis que yo soy Jehová que os santifico [*Yahweh Mekaddishkem*]'" (Ex. 31:13). Israel fue amonestado: "Santificaos, pues, y sed santos, porque yo Jehová soy vuestro

Dios. Y guardad mis estatutos, y ponedlos por obra. Yo Jehová que os santifico *(Yahweh Mekaddishkem)"* (Lv. 20:7-8; ver Lv. 20:9-21; 21:9; Ez. 20:12-13; 37:23).

Un segundo nombre compuesto que se encuentra primero en 1 Samuel 1:3 y 278 veces después, es *Yahweh Sabaoth,* "Jehová de los ejércitos." Ocasionalmente en los Salmos y muy raramente en otra parte, se da como *Yahweh Elohim Sabaoth,* "Señor Dios de los ejércitos." Aunque la frase misma aparece primero en Samuel, la idea es más antigua. Se encuentra en pasajes en que a Dios se describe como el General de Israel, el Líder invisible luchando en favor y juntamente con su pueblo (e.g., Ex. 14:1-3; Jos. 5:14; Nm. 21:14).

Jehová de los ejércitos en "Jehová el fuerte y valiente, Jehová el poderoso en batalla" (Sal. 24:8, 10). Entre los ejércitos de Dios junto con los ejércitos de Israel se incluyen ángeles, los "hijos de Dios" y aun las estrellas. Los ejércitos incluyen "los cielos y la tierra —la naturaleza (Gn. 2:1), el poderío militar (1 S. 4:4 sig., ver Sal. 44:9), las estrellas (Dt. 4:19; ver Sal. 33:6), y los ángeles (Jos. 5:14; 1 R. 22:19, ver Sal. 103:21)."[44] *Yahweh Sabaoth* es, por tanto, un nombre en extremo expresivo de la soberanía de Dios.

El Antiguo Testamento abunda en nombres humanos en que se emplea la raíz *Yah.* Ejemplos al acaso incluyen *Jehoida,* "Jehová sabe"; *Jehoiakim,* "el Señor lo arreglará"; *Jehu,* "Jehová es El"; *Jotham,* "Jehová es recto"; y el más significativo de todos, *Joshua,* "Jehová es salvación" o "Jehová el Salvador"—nombre que se convierte en "Jesús" en el Nuevo Testamento.

C. Adonai (Señor)

Estrechamente relacionado con *Yahweh* está el tercer nombre más conocido para nombrar a Dios, *Adonai.* Traducido en "Señor" se usa para la Deidad como 340 veces. La raíz, *Adon,* significa "amo," "señor," "dueño," y "señor." *Adon* mismo se usa generalmente para hombres de rango o dignidad, pero se aplica muchas veces a Dios. *Adonai* es una forma posterior que se usa generalmente para Dios (pronunciada distintivamente como "Adonoy") pero ocasionalmente como plural para hombres.

El significado especial de *Adonai* consiste en indicar la dependencia del hombre en Dios y el derecho de Dios para ser Maestro de hombres. Su uso frecuente con *Yahweh* (Ex. 23:17; 34:23; Is. 1:24; 3:15; 10:16; Am. 8:1; y frecuentemente en Ezequiel) demuestra que indica que el señorío divino como *Yahweh* solamente, no basta.

Debido a la manera inaceptable de traducirla en "Señor Señor," la versión castellana usa la frase "Señor Dios" para *Adonai Yahweh.* Otras versiones usan "Señor Jehová."

V. Antropomorfismos

En adición a los nombres para Dios, se recalca aun más la personalidad divina por el uso de lo que hemos dado en llamar "antropomorfismos" (de *morphos,* forma; y *anthropos,* hombre). Desde los primeros capítulos, las Escrituras abundan en declaraciones acerca de Dios tomadas de la experiencia humana concreta y de la naturaleza humana.

Se dice que Dios habla (Gn. 1:3; 8:15), descansa y se sienta (Gn. 2:2; Sal. 47:8), ve y oye (Gn. 6:12; Ex. 16:12), huele (Gn. 8:21; 1 S. 26:19)—"descendió" Jehová para ver (Gn. 11:5), y tener rostro y espalda (Ex. 33:20, 23; Nm. 6:25; Sal. 104:29). Dios se contrista (Gn. 6:6), se enoja (Ex. 15:7), es celoso (Ex. 20:5; 34:14—o celoso de su gloria), [45] odia el pecado (Dt. 12:31), y se regocija (Dt. 28:63).

Se nos dan cuadros gráficos de la actividad de Dios. Forma El al hombre del polvo de la tierra y respira en él el soplo de vida (Gn. 2:7). Planta un jardín (Gn. 2:8) anda en el huerto en la frescura del día (Gn. 3:8). Cierra la puerta del arca (Gn. 7:16). Hay muchos más.

A. Metáfora en Antropomorfismo

Muchas expresiones antropomórficas son claramente metafóricas. Los brazos de Dios representan la seguridad que da su pacto (Dt. 33:27). Sus manos describen tanto sus dones generosos como sus actos de castigo (Esd. 7:9; 1 S. 5:11). El contemplar el rostro de Dios es adorarlo en verdad (Sal. 17:15). Hacer que su rostro resplandezca sobre uno es recibir su favor y bendición (Nm. 6:25; Sal. 31:16). La lista podía extenderse hasta cubrir virtualmente todos los antropomorfismos. La poesía puede hablar de que Dios tiene alas, plumas, que es una roca, una fuente, sin intentar en ningún sentido dar una comprensión literal de tal lenguaje (Sal. 91:2, 4).

El antropomorfismo ha sido criticado como un esfuerzo crudo por "hacer de Dios a la imagen del hombre." Sin embargo, que tales expresiones antropomórficas no se entendían literalmente, se indica con claridad por otros pasajes que comparan a Dios con los animales: una águila (Os. 8:1), un león (Os. 11:10; Am. 1:2), un leopardo o un oso (Os. 13:7-8), una ave (Sal. 17:8; 91:4), etc. Otros pasajes declaran definidamente que Dios carece de forma humana, percepción de los sentidos, o emociones humanas: "Dios no es hombre para que mienta; ni hijo del hombre para que se arrepienta. El dijo, ¿y no hará? Habló, ¿y no lo ejecutará?" (Nm. 23:19). "Mas ¿es verdad que Dios habitará con el hombre en la tierra? He aquí, los cielos y los cielos de los cielos no te pueden contener; ¿cuánto menos esta casa que he edificado?" (2 Cr. 6:18; ver 1 S. 15:29; Job 10:4; Sal. 121:4; Is. 40:28; Os. 11:9, etc.).

B. El Valor Religioso del Antropomorfismo

Los antropomorfismos no fueron los modos primitivos de expresión que dejaron de existir más tarde en el período profético. De hecho, lo opuesto es cierto: Los profetas abundaron en expresiones cálidas e íntimas de la cercanía y accesibilidad de Dios.[46] "El antropomorfismo no intenta humanizar a Dios, sino... acercar a Dios hacia el hombre como una persona viviente y amorosa, y en esa forma preservar y fortalecer la vida religosa."[47]

Como G. Ernest Wright lo describió: "El lenguaje de la fe era inevitablemente antropomórfico, esto es, lleno de palabras humanas para describir la deidad... sin embargo este lenguaje no es un lujo ni un primitivismo que fases posteriores de la fe hicieron desaparecer. Fue y es una necesidad de la fe. La relación de Dios para con el pueblo y la del pueblo para con Dios no puede describirse en otra forma, cuando el pacto como el marco de comprensión es central en la fe."[48] Jacob nos recuerda que "una línea no es siempre recta, sin embargo, es continua, lleva del antropomorfismo de las primeras páginas de la Biblia a la encarnación de Dios en Jesucristo."[49]

El concepto de Dios del Antiguo Testamento es siempre religioso, no filosófico ni metafísico. Los escritores del Antiguo Testamento nada sabían del "Dios" moderno impersonal del panteísmo religioso o filosófico por un lado y del cientismo secular por el otro. Para ellos, Dios era una Persona divina con inteligencia racional, capaz de propósito y escogimiento, y con capacidad para valorar.

Tanto la creación como el pacto apuntan a un Dios personal. En la creación, a Dios se le contrasta con el orden creado como una razón consciente de sí misma, y como una voluntad libre, sabia y moral. De la misma manera, en el pacto, hay una relación establecida de una Persona a la gente. Hermann Schultz escribió: "En contraste con el ser material, esto es, dependiente y necesitado, ávido de regocijo y satisfacción externa, y amarrado a una forma definida externa, Dios es espiritual, *Elohim;* esto es, perfecto, independiente, y sin necesidad de nada. Es el Dios viviente, el Dios de la vida, en quien la vida está presente como una propiedad, y eso también, una propiedad inalienable (Dt. 5:26; 32:40; Jer. 10:10)."[50]

El lenguaje hebreo es pródigo en experiencias concretas, pero pobre en abstracciones. Los hombres del tiempo del Antiguo Testamento hablaron y pensaron concretamente antes que abstractamente. Mas sí reconocieron los límites del antropomorfismo. La prohibición contenida en el segundo mandamiento lo demuestra (Ex. 20:4). La manufactura de cualquiera representación de lo divino, se prohíbe. Donde se usaron los antropomorfismos, habrían de entenderse simbólicamente tal como lo revela una gran cantidad de referencias.[51] El personaje del Antiguo Testamento siempre estaba al tanto de la verdad que Isaías declaró: "Porque mis pensamientos, no son vuestros pensamientos, ni vuestros caminos mis caminos, dijo Jehová. Como son más altos los cielos que la tierra, así son mis caminos más altos que vuestros caminos, y mis pensamientos más que vuestros pensamientos" (Is. 55:8-9).

NOTAS BIBLIOGRÁFICAS

[1]G. Ernest Wright y Reginald H. Fuller, *The Book of the Acts of God* (Nueva York: Doubleday and Co., Inc., 1957), p. 54.

[2]*Christian Theology* (Kansas City: Beacon Hill Press, 1940), 1:217.

[3]*Theology of the OT,* p. 180.

[4]*Ibid.,* pp. 63-67; Gelin, *Key Concepts of the OT,* pp. 22-24.

[5]Jacob, *Theology of the OT,* pp. 37-38.

[6]*Preface to Bible Study,* p. 40; citado por J. K. S. Reid, *The Authority of Scripture: a Study of the Reformation and Post-Reformation Understanding of the Bible* (Londres: Metheun and Co., Ltd., 1957), p. 269.

[7]Eichrodt, *Theology of the OT,* 1:207.

[8]Thomson, *OT View of Revelation,* p. 187.

[9]J. Barton Payne, *The Theology of the Older Testament* (Grand Rapids, Mich.: Zondervan Publishing House, 1962), p. 144.

[10]Sauer, *Dawn of World Redemption,* p. 187.

[11]Eichrodt, *Theology of the OT,* p. 207.

[12]Payne, *loc. cit.*

[13]*Theology of the OT,* p. 83; cf. Sauer, *Dawn of World Redemption,* p. 187.

[14]Francis A. Schaeffer, *Genesis in Space and Time* (Downers Grove, Ill.: Intervarsity Press, 1972), p. 18.

[15]Robert Baker Girdlestone, *Synonyms of the Old Testament* (Grand Rapids, Mich.: William B. Eerdmans Publishing Co., en 1956 se reimprimió de la edición 1897, segunda edición) p. 19.

[16]*Theology of the OT*, p. 99. Algunos creen que tanto aquí, como en los pronombres plurales de Génesis 1:26; 3:22; e Isaías 6:8 se comienza a vislumbrar la Trinidad.

[17]C. F. Burney, *Outlines of Old Testament Theology* (Nueva York: Edwin S. Gorham, 1902), pp. 11-18.

[18]Thomson, *OT View of Revelation*, pp. 52-53.

[19]Girdlestone, *Synonyms of the OT*, p. 32.

[20]Thomson, *OT View of Revelation*, pp. 81-82.

[21]Schultz, *OT Theology*, 2:180-82.

[22]*Theology of the OT*, pp. 138-139.

[23]Kohler, *OT Theology*, p. 89; cursivas en el original. Es falacia el poner en lados opuestos a la Biblia y la ciencia. Los puntos de vista son enteramente diferentes. La ciencia tiene que ver con el hombre físico bajo la ley física—una idea muy desconocida al Antiguo Testamento en que los principios morales son las guías de interpretación. Cf. Davidson, *Theology of the OT*, p. 496.

Agustín escribió en el siglo IV de la era cristiana:

"Es impropio a la vez que frívolo que cualquier cristiano verse sobre tales asuntos como si fuera autorizado por las Escrituras y a la vez hablar tan tontamente que el inconverso, observando la extravagancia de sus errores, apenas si puede contener la risa. Y el verdadero problema no es tanto que se rían del hombre por sus faltas, sino el dar a creer que los escritores de la Biblia enseñaron tales cosas, condenándolos y rechazándolos así como ignorantes por gente extraña a la iglesia, para pérdida notable de aquellos cuya salvación tanto deseamos.

"Encuentran a uno que pertenece al cuerpo de la iglesia tan equivocado sobre un asunto que ellos conocen tan bien; y, para acabar de arruinarlo, lo encuentran forzando sus opiniones sin base sobre la autoridad de nuestra Santa Biblia. Así que llegan a considerar las Escrituras como inseguras sobre materias que ellos han aprendido por observación o evidencia incuestionable. ¿Lograrán, por tanto, poner su confianza en las Escrituras cuando hablan sobre la resurrección de los muertos, la esperanza de la vida eterna, y el Reino de los cielos?" Citado por J. Edwin Orr en *One Hundred Questions About God* (Glendale, Ca.: Regal Books, 1966), p. 82.

[24]*Christian Theology*, 1:449-54.

[25]George a. F. Knight, *A Christian Theology of the Old Testament* (Richmond, Va.: John Knox Press, 1959), p. 110.

[26]Citado por John Wick Bowman, *Prophetic Realism and the Gospel* (Filadelfia: The Westminster Press, 1955), p. 85.

[27]*Theology of the OT*, pp. 142-43.

[28]"The Christian Intellectual", *Religious Perspectives*, vol. 14 (Nueva York: Harper and Row, 1965), p. 40.

[29]Además de *bara* y *asah*, se usan otros dos términos para describir el origen de las existencias terrenales: *yatsar* (para formar, Am. 4:13; Is. 43:1; 45:18); y *kun* (para

establecer Is. 45:18; Ez. 28:13). Los cuatro términos se encuentran en Isaías 45:18.

Porque así dijo Jehová,
que creó [*bara*] los cielos;
él es Dios,
el que formó [*yatsar*] la tierra, el que la hizo [*asah*]
y la compuso [*kun*];
no la creó [*bara*] en vano,
para que fuese habitada [*yatsar*] la creó.

Cf. Lehman, *Biblical Theology,* 1:48:49.

[30]*Christian Theology,* 1:456. Cf. Lehman, *Biblical Theology,* 1:48-49.

[31]*The Christian View of Science and Scripture* (Grand Rapids, Mich.: William B. Eerdmans Publishing Co., 1954), p. 225.

[32]Lehman, *Biblical Theology,* 1:51.

[33]*Ibid.* Francis A. Schaeffer cita a Benjamin B. Warfield: "A la teología, como tal, le es indiferente el estudio de la antigüedad de la existencia del hombre en la Tierra (*Genesis in Space and Time,* pp. 161-162).

[34]"The Old Testament and Archaeology", *Old Testament Commentary,* ed. Herbert C. Alleman y Elmer E. Flack (Filadelfia: Muhlenberg Press, 1948), p. 135.

[35]*Christian Holiness* (Nueva York: Harper and Brothers, Publishers, 1960), p. 16.

[36]"Jehová" no es el mejor equivalente de *Yahweh.* "Jehová" tampoco es nombre bíblico. Lo comenzó a usar Galatino en siglo XVI, como combinación de las vocales de *Adonai* con las consonantes de la *Tetragrammation.* Cf. Knight, *Christian Theology of the OT,* p. 50.

[37]Schultz, *OT Theology,* 2:144; Burney, *OT Theology,* pp. 19-26; Kohler, *OT Theology,* p. 43.

[38]W. F. Albright, "Recent Discoveries in Bible Lands", *Young's Analytical Concordance to the Bible* (Nueva York: Funk and Wagnals Co., 1955), p. 35.

[39]Martin Buber, *Moses: the revelation and the Covenant* (New York: Harper and Brothers, 1958), p. 53; Vriezen, *Outline of OT Theology,* pp. 235-236; Jacob, *Theology of the OT,* p. 52; Knight, *Christian Theology of the OT,* pp. 44-45; Payne, *Theology of the Older Testament,* pp. 148 ss. Eichrodt, *Theology of the OT,* 1:189; Gerhard von Rad, *Old Testament Theology.* Traducido por D. M. G. Stalker (Nueva York: Harper and Brothers Publishers, 1962), 1:180.

[40]Exodo 3:13; cf. Buber, *Moses,* p. 48.

[41]*Theology of the OT,* pp. 45-58.

[42]Sauer, *Dawn of World Redemption,* p. 187.

[43]*Theology of the Older Testament,* p. 148. Esta es una explicación del cambio de *Elohim* a *Yahweh,* por lo menos como digno de consideración por la ampliamente publicada y ahora críticamente cuestionada Hipótesis Documental con su fórmula J, E, D, P. Compárece con Cyrus H. Gordon, "Higher Critics and Forbidden Fruit", en Frank E. Gaebelein, ed., *Christianity Today Reader* (Nueva York: Meredith Press, 1966), pp. 67-73. El Dr. Gordon, un erudito judío, profesor de Estudios acerca del Cercano Oriente y presidente del departamento de estudios acerca del Mediterráneo de la Universidad Brandeis, critica altamente la Hipótesis Documental.

[44]Thomson, *OT View of Revelation,* p. 56.

[45]Vriezen, *Outline of OT Theology,* pp. 153-154.

[46]Eichrodt, *Theology of the OT,* 1:211-212.

[47]Paul Heinish, *Theology of the Old Testament* (Collegeville, Minn.: The Liturgical Press, 1950), p. 67.

[48]*The Book of the Acts of God* (Nueva York: Doubleday and Co., Inc., 1957), p. 93.

[49]*Theology of the OT*, p. 32.

[50]*OT Theology*, 2:112. Cf. también pp. 103 ss.

[51]Jacob, *Theology of the OT*, pp. 41-42; Thomson, *OT View of Revelation*, p. 84.

3

La Naturaleza del Hombre

Inmediatamente después de considerar a Dios y su creación, la Biblia trata sobre la naturaleza y significado del hombre. Las Escrituras son la Palabra *de* Dios y la Palabra *acerca* del hombre. El Génesis dedica dos capítulos a la creación y 12 a Abraham.

La importancia de una comprensión correcta de la naturaleza humana apenas si puede exagerarse. La verdad acerca de la naturaleza y el destino del hombre es crucial en las grandes luchas de la última parte del tercer siglo. Las "ideologías" acerca de las cuales oímos tanto, son de hecho antropologías—respuestas a la pregunta bíblica, "¿Qué es el hombre?" (Job 7:17; Sal. 8:4; 144:3).[1]

Los puntos de vista seculares acerca del hombre se equivocan por cuanto son o demasiado optimistas o indebidamente pesimistas en su evaluación de la naturaleza humana. El punto de vista bíblico del hombre es completamente realístico. Mantiene el equilibrio entre la dignidad y la degradación de la creatura que es, según la frase de Francis Thompson, prima tanto del patán como del querubín. Un cierto sicólogo popular antiguo escribió: "El mayor y más auténtico libro de texto sobre la personalidad sigue siendo la Biblia, y los descubrimientos que los sicólogos han hecho más bien confirman antes que contradicen la codificación que de la personalidad se encuentra en ella."[2]

I. Vocablos Generales para el Hombre

El Antiguo Testamento usa cuatro vocablos mayores para designar a la especie humana y a sus miembros. Estos no son términos técnicos usados en consistencia rígida, pero sí reflejan sombras de significado fácilmente discernibles.

1. El término más importante relacionado con el hombre es *adam* (Gn. 1:26-27; 2:5, 7-8; un total de 15 veces en Gn. 1:26—3:24). *Adam* se derivó de *adamah*, "tierra," y recalca el origen del cuerpo así como su destino al final de esta vida: "Entonces Jehová Dios formó al hombre [Heb., *ha-adam*, "el hombre"] del polvo de la tierra, y sopló en su nariz aliento de vida, y fue el hombre [*ha-adam*, "el hombre"] un ser viviente" (Gn. 2:7). "Con el sudor de tu rostro comerás el pan hasta que vuelvas a la tierra [*ha-adamah*], porque de ella fuiste tomado; pues polvo eres, y al polvo volverás" (3:19).

En la Biblia hebrea, *adam* aparece como nombre personal desde Génesis 3:17 en adelante. La versión del 60 traduce *ha-adam* ("el hombre") como Adán desde el 2:19 en adelante.

2. *Ish* (Gn. 2:23-24; 4:1) expresa la idea del hombre en ejercicio de su poder de voluntad y escogimiento. Es el término usado en el matrimonio: un hombre es el *ish* o esposo de quien él ha escogido. *Ish* ocurre en nombres compuestos como: Ishbosheth, hombre de vergüenza; Ishhold, hombre de fama; Ishtob, hombre de Tob.

3. *Enosh* (Gn. 6:4; 12:20) representa lo opuesto de *ish* y se refiere al hombre en su debilidad y mortalidad. Es un vocablo que con frecuencia se encuentra en paralelo con *adam* en los escritos poéticos: "¿Qué es el hombre [*enosh*] para que tengas de él memoria, y el hijo del hombre [*bene adam*] para que lo visites?" (Sal. 8:4). "Vuelves al hombre [*enosh*] hasta ser quebrantado y dices: Convertíos, hijos de los hombres [*bene adam*]" (Sal. 90:3; ver Job 10:4-5, etc.).

4. *Geber,* como *ish,* recalca la fuerza y con frecuencia se usa para distinguir al hombre de una mujer o un niño.[3] Prometiendo retener a las mujeres y a los niños, Faraón le hizo un ofrecimiento a Moisés, "Id ahora vosotros los varones [*geberim*], y servid a Jehová, pues esto es lo que vosotros pedisteis" (Ex. 10:11). El pueblo de Israel llegaba hasta "como seiscientos mil hombres [*geberim*] de a pie, sin contar los niños" (Ex. 12:37).

Los mismos términos usados para describir al hombre muestran en el Antiguo Testamento la tensión entre la humildad y el honor en el estado humano. El hombre en su humildad es *adam, enosh.* En su dignidad y honor, es *ish* y *geber.* Jacob comenta: "Junto con la declaración de la naturaleza efímera y limitada del hombre, el Antiguo Testamento proclama constantemente la eminente dignidad conferida sobre él por causa de su asociación peculiar con Dios." Esta connexión, dice Jacob, "no es una relación de parientes; el hombre no es un dios caído; no es como en la mitología babilónica un compuesto de substancia divina; se ha puesto por Dios como una creatura independiente y autónoma, a quien como imagen de Dios se le encargó dominio sobre el resto de la creación."[4]

II. "SICOLOGÍA" EN EL ANTIGUO TESTAMENTO

En el Antiguo Testamento se usan varios términos específicos para los constituyentes de la personalidad humana.

1. Al elemento material se le llama polvo (*aphar*—que también se traduce en "tierra," "lodo," "cenizas," y "suelo"). Génesis 2:7 es un versículo clave en la antropología del Antiguo Testamento: "Entonces Jehová Dios formó al hombre del polvo de la tierra, y sopló en su nariz aliento de vida, y fue el hombre un ser viviente."

Habiendo sido tomado del polvo, el cuerpo está destinado a volver al polvo (Gn. 3:19; Job 34:15; Sal. 30:9; Ec. 3:20; 12:7). Además de su uso en relación al cuerpo, *aphar* se usa en el Antiguo Testamento para describir a un gran número ("como el polvo de la tierra por multitud") y para hablar de humillación, debilidad y agonía ("polvo y cenizas"). Junto como *adamah, aphar* se usa también para nombrar la tierra física (Gn. 26:15; Job 8:19; 19:25; 28:2; *passim*).

2. El polvo mezclado con aliento *(neshamah)* se convierte en carne *(basar). Neshamah,* junto con la palabra "spirit" *(ruach)* frecuentemente usada en connexión con ella, representa el aspecto non-físico de la vida. El hombre no es *neshamah,* pero lo tiene.[5] Aliento es algo que Dios da al hombre (Gn. 2:7; Job 12:10) y que El quita: "Escondes tu rostro, se turban; Les quitas el hálito, dejan de ser, Y vuelven al polvo" (Sal. 104:29).

Tanto el hombre como la bestia tienen hálito. Se escribió en relación con el diluvio que; ". . . murió toda carne que se mueve sobre la tierra, así de aves como de ganado y de bestias, y de todo reptil que se arrastra sobre la tierra, y todo hombre. Todo lo que tenía aliento de espíritu de vida en sus narices, todo lo que había en la tierra, murió" (Gn. 7:21-22; ver Ec. 3:19). *Neshamah* casi llega a ser lo que habríamos de llamar el fenómeno físico de la vida. En la visión que Ezequiel tuvo del valle de los huesos secos, aun después de que la carne fue restaurada al esqueleto, ". . . no había en ellos espíritu. Y me dijo: Profetiza al espíritu, profetiza, hijo de hombre, y dí al Espíritu: ven de los cuatro vientos, y sopla sobre estos muertos, y vivirán. Y profeticé como me había mandado, y entró espíritu en ellos, y vivieron, y estuvieron sobre sus pies; un ejército grande en extremo" (Ez. 37:8-10).

3. **Carne** (*basar*—Gn. 2:21, 23-24; 6:3, 12-13) es el vocablo hebreo que mejor expresa en castellano la palabra *cuerpo* (se traduce así en la versión del 60 en Is. 10:18; y Ez. 10:12). Carne es "sustancia viviente, dentro del alma."[6] No es sólo una substancia material. Es una estructura orgánica, animal—generalmente viviente—pero aun así descrita como "carne" entre el tiempo de la muerte y la disolución.

Aunque carne y espíritu con frecuencia se consideran antitéticos, no constituyen una antítesis moral. El Antiguo Testamento no contiene ni siquiera la idea de que la carne sea éticamente maligna. Con frecuencia la palabra espíritu se usa para significar poder y carne para debilidad: "Y los egipcios hombres son, y no Dios; y sus caballos carne, no espíritu" (Is. 31:3). La carne puede ser débil, pero no pecadora por herencia o de por sí. Su uso en los sacrificios indica que no es inmunda o carente de santidad. Es la creación de Dios, y el Hijo Eterno fue más tarde hecho "carne" (Jn. 1:14). El uso técnico que Pablo da a "carne" en Romanos y en Gálatas contrastándola con el Espíritu no tiene su analogía en el Antiguo Testamento.[7]

Carne se usa (1) para referirse al cuerpo físico individual. Adán dijo acerca de Eva, "Esta es ahora hueso de mis huesos y carne de mi carne" (Gn. 2:23; ver v. 21); (2) para humanidad genérica: "Y miró Dios la tierra, y he aquí que estaba corrompida; porque toda carne había corrompido su camino sobre la tierra" (Gn. 6:12); (3) para la probación limitada del hombre: "Y dijo Jehová: No contenderá mi espíritu con el hombre para siempre, porque ciertamente él es carne" (Gn. 6:3); (4) para la solidaridad de la relación familiar: Judá pidió a sus hermanos que preservaran la vida de José "porque él es nuestro hermano, nuestra propia carne" (Gn. 37:27); y (5) para referirse a un cuerpo muerto como cuando José le dijo al sentenciado panadero en la prisión de Faraón, "Al cabo de tres días quitará Faraón tu cabeza de sobre ti, y te hará colgar en la horca, y las aves comerán tu carne de sobre ti" (Gn. 40:19).

4. **Espíritu** (*ruach*) unido con carne (*basar*) resulta en alma (*nephesh,* ver lo que sigue). Tal como Otto Baab hace notar, el espíritu es

aquel elemento en la naturaleza humana que está más estrechamente relacionado con la naturaleza de Dios. Es el conferir al hombre la energía y la capacidad para la actividad religiosa. Al poseerla, el hombre puede elevar su rostro de entre lo plebeyo y volverse hacia las realidades eternas de la verdad, belleza y bondad. El espíritu en el hombre lo capacita para mantener comunión con el Espíritu de Dios. Este término sugiere más que cualquier otro el contenido y significado de la frase 'a la imagen de Dios.'[8]

Sólo Dios posee el espíritu en su plenitud. Para el hombre, el espíritu le viene de arriba.[9] Aunque no es un término tan comprehensivo, *spirit* se usa con frecuencia para denotar el alma.[10] *Ruach* se usa en ocasiones como el equivalente del yo, como en Job 19:17 donde el sufriente se queja, "Mi *ruach* vino a ser extraño a mi mujer" (la versión del 60 traduce *ruach* en "aliento"—ver también Gn. 45:27; Jue. 15:19). En el uso general, el hombre comparte "alma" con los animales o formas inferiores de vida; comparte "espíritu" con Dios, de quien lo recibe (Zac. 12:1) y hacia donde va cuando muere: "Y el polvo vuelva a la tierra, como era, y el espíritu vuelva a Dios que lo dio" (Ec. 12:7).

La variedad de las manifestaciones del espíritu humano se ve en que pueden inquietarse (Gn. 41:8), revivirse (45:27), sufrir angustia (Ex. 6:9), expresar sabiduría (31:3), estar dispuesto (35:21), tener celo (Nm. 5:14), entristecerse (1 S. 1:15), ser conmovido (Esd. 1:1), entender (Job 20:3), y carecer de engaño (Sal. 32:2).

5. Alma *(nephesh)* se define como la "vida consciente de sí misma con sentimientos y deseos. . . la vida consciente individual."[11] "El *nephesh* es el ego, y todo lo que el yo abarca."[12] "Entonces Jehová Dios formó al hombre del polvo de la tierra, y sopló en su nariz aliento de vida; y fue el hombre un ser viviente [*nephesh*]" (Gn. 2:7).

Nephesh se usa 756 veces en el Antiguo Testamento, y la versión del 60 usa 42 términos diferentes en traducirla—de los cuales el vocablo más común es "alma" (428) y "vida" (117). Brown, Driver y Briggs dan una lista de nueve significados: alma, ser viviente, vida, el yo, persona, deseo, apetito, emoción y pasión.

"El alma es la naturaleza del hombre, no su posesión."[13]

> El alma [es] un símbolo conveniente para la identificación de la vida toda del hombre, más particularmente en su forma afectiva e incorpórea. Esta vida es el yo, distinguido no tanto por su memoria, reflexión, o integridad moral, como por tener el principio de vitalidad, que desaparece en la muerte. El término significa tanto la vida biológica como la síquica.[14]

Polvo, más aliento suman la carne; carne, más espíritu, suman el alma.

Nephesh es tanto el principio de la vida biológica como el de la vida síquica. Sus aplicaciones mayores indican vida en oposición a la muerte; designar lo que llamaríamos *un hombre* o *gente* (Gen. 2:7; 12:5); y describir el centro de la experiencia personal sea que pertenezca en el nivel del conocimiento, la voluntad o el sentimiento—con énfasis sobre el sentimiento.[15]

El alma bendice a otros (Gn. 27:4), peca (Lv. 4:2), se aflige (23:27), ama (Dt. 6:5), puede convertirse (Sal. 19:7), experimenta hambre física y sed (Sal. 107:9; Pr. 25:25)—y así sucesivamente, experimentando cada emoción y determinando cada acción posible al hombre. Aunque hay un sentido inescapable de dualismo en la sicología bíblica, el alma está mucho más íntimamente relacionada con el cuerpo en el uso hebreo que lo que estaría, por ejemplo, con la aguda dicotomía cuerpo-alma del pensamiento griego. Es lo total de la vida interna (Sal. 103:1).

6. Se usa un término más para denotar la vida interna personal del hombre. Es el vocablo "corazón" *(leb, lebab),* que se define en el *Lexicon* de Brown, Driver y Briggs como "hombre interno, mente, voluntad, corazón." Como en el caso del alma, el corazón puede usarse refiriéndose a cualquier experiencia mental. "El corazón parece ser para ellos (los hebreos) una concentración de todas las facultades vitales como Johs. Pedersen fue impelido a escribir: '*Nephesh* es el alma en la suma de su totalidad, tal como aparece; el corazón es el alma en su valor interno.' "[16]

De las más de 850 veces que *leb* y *lebab* aparecen en el Antiguo Testamento, la versión del 60 las traduce en "corazón" 718 veces, "entendimiento" 23, "mente" 15, "sabiduría" 6, y una docena más de términos para referirse a las otras. El corazón "no sólo incluye los móviles, sentimientos, afectos, y deseos, sino también la voluntad, los objetivos, los principios, los pensamientos y el intelecto del hombre interno."[17]

Como una contradicción a nuestra forma popular de hablar, alma se refiere más comúnmente al lado afectivo o sentimiento de la vida interna, en tanto que corazón se usa más bien para referirse al aspecto pensante o intelectual del hombre interno.

El corazón es el centro del conocimiento. Desarrolla planes: "Anda, y haz todo lo que está en tu corazón, porque Jehová está contigo" (2 S. 7:3); "Y dijo David a Salomón: Hijo mío, en mi corazón tuve el edificar templo al nombre de Jehová mi Dios" (1 Cr. 22:7).

Se dice del corazón que es—

sabio: "He aquí lo he hecho conforme a tus palabras; he aquí que te he dado corazón sabio y entendido [*leb*], tanto que no ha habido antes de ti otro como tú, ni después de ti se levantará otro como tú" (1 R. 3:12);

puro: "Crea en mí, oh Dios, un corazón limpio, y renueva un espíritu recto dentro de mí" (Sal. 51:10);

sencillo y justo: Dios le dijo a Abimeleh refiriéndose a Abraham cuando lo engañó respecto a Sara, "Yo también sé que con integridad de tu corazón has hecho esto; y yo también te detuve de pecar contra mí" (Gn. 20:6);

circuncidado: "Y circuncidará Jehová tu Dios tu corazón, y el corazón de tu descendencia, para que ames a Jehová tu Dios con todo tu corazón y con toda tu alma, a fin de que vivas" (Dt. 30:6). Esta frase ocurre en el Nuevo Testamento en Romanos 2:29 en relación con los descendientes espirituales de Abraham por la fe, "con circuncisión no hecha a mano, al echar de vosotros el cuerpo pecaminoso carnal, en la circuncisión de Cristo" (Col. 2:11);

perverso: "Corazón perverso se apartará de mí; No conoceré al malvado" (Sal 101:4);

malvado y duro: "Ni andarán más tras la dureza de su malvado corazón" (Jer. 3:17);

enaltecido: "Dí al príncipe de Tiro: Así ha dicho Jehová el Señor: Por cuanto se enalteció tu corazón, y dijiste: Yo soy un Dios, en el trono de Dios estoy sentado en medio de los mares (siendo tú hombre y no Dios), y has puesto tu corazón como corazón de Dios" (Ez. 28:2);

depravado: "Y vio Jehová que la maldad de los hombres era mucha en la tierra, y que todo designio de los pensamientos del corazón de ellos era de continuo solamente el mal" (Gn. 6:5; ver 8:21);

engañoso: "Engañoso es el corazón más que todas las cosas, y perverso; ¿quién lo conocerá?" (Jer. 17:9);

puede endurecerse: "Entonces Jehová dijo a Moisés: el corazón de Faraón está endurecido, y no quiere dejar ir al pueblo" (Ex. 7:14; ver 8:15; *passim*).

Toda acción, pensamiento, sentimiento o propósito del hombre puede atribuirse al corazón.

En un sentido especial, el corazón es el centro de la vida moral. Sólo a medida que el hombre guarda su corazón experimentará la vida en su sentido más completo: "Sobre toda cosa guardada, guarda tu corazón; porque de él mana la vida" (Pr. 4:23).[18]

7. Un término menor *(kelayoth)* usado 13 veces en relación con la vida interna del hombre en el Antiguo Testamento se traduce en "asientos" en algunas versiones. Traducciones recientes usan "corazón," "alma," o "emociones" y "actitud" (Berk.).

Como sucede en el caso de "corazón," "asientos" tiene un significado anatómico. Era el término hebreo que se usaba para riñones —una connección que todavía se halla hoy día en medicina, en tanto que renal describe las funciones relacionadas con el *riñón*. Cuando el Antiguo Testamento usa *kelayoth* en relación con la vida interna del hombre, casi siempre se refiere a "tratar" o a "investigar" (Sal. 7:9; 26:2; Jer. 11:20). Ryder Smith concluye, "probablemente hay siempre una referencia directa o indirecta a la búsqueda de Dios de lo que nosotros llamamos la conciencia."[19] "Mi conciencia me enseña en las noches" (Sal. 16:7, Versión 60) implica al menos un impulso interno hacia lo que es moralmente recto.

III. Tensiones Sobre el Concepto del Hombre en el Antiguo Testamento

Debe reconocerse que el interés bíblico sobre el hombre no es analítico o científico, sino espiritual y moral. Ya se ha hecho notar una ausencia de términos técnicos. Se usan vocablos sin esfuerzo de precisión mecánica en significado. Se aceptan la paradoja y la tensión entre términos opuestos. La sicología bíblica y la antropología bíblica se expresan en términos tomados del lenguaje popular y teniendo mayormente el interés religioso en mente.

A. Individualismo y Colectivismo

Una de las tensiones mayores en el concepto del hombre en el Antiguo Testamento es la tensión entre un punto de vista colectivo por un lado, y un sentido de responsabilidad individual por el otro. A veces se ha dado por sentado que los conceptos primitivos en el Antiguo Testamento eran colectivistas y que el individualismo se desarrolló sólo con el desmembramiento de la vida política y social de Israel durante el período del exilio babilónico. Tal generalización es sólo parcialmente correcta.

Cierto que había un fuerte sentido de solidaridad de la familia, el clan, y más tarde la nación entre los hombres del Antiguo Testamento. Desde el principio se vio que con frecuencia todo el grupo sufriría por los pecados de unos cuantos. Bien podemos leer que "los hijos de Israel cometieron una prevaricación en cuanto al anatema; porque Acán. . . tomó del anatema" (Jos. 7:1), en que el pecado de Acán se tomó como si fuera el pecado de la nación. El pacto no fue hecho de por sí con individuos de uno en uno, sino con la nación *(goy, am)* colectivamente (Ex. 19:5-6).

No obstante, desde tiempos primitivos, junto con el colectivismo había una manera de pensar individualista. Aunque el hombre pudiera implicar a otros por sus actos, a cada persona se le consideraba como un individuo responsable ante Dios. La forma misma de los mandamientos del pacto (Ex. 20:1-17) indica esto. Ninguno de los mandamientos del Decálogo tienen que ver con cuestiones sociales. Todos se relacionan con la conducta del individuo.[20]

Deuteronomio 24:16 prohibe explícitamente el castigo de otros miembros de la familia por causa de los pecados de los padres o de sus hijos, prohibición que tiene su eco en 2 Reyes 14:6; 2 Crónicas 25:4; Jeremías 31:29-30; y Ezequiel 18:20: "No matarán a los padres por los hijos, ni a los hijos por los padres, sino que cada uno morirá por su propio pecado." De hecho, los individuos bien pueden actuar en forma semejante o influir entre ellos mutuamente por sus acciones, estando así sujetos al mismo castigo. Pero el que la ley misma considere el móvil (Ex. 21:29, 36) y el conocimiento y la intención determinen la culpa, demuestra que cada individuo es juzgado delante de Dios sobre la base de sus propios propósitos.

B. Monismo y Dualismo

Aunque hay también un sentido en que el dualismo de materia y espíritu, cuerpo y alma, tan bien conocido por los estudiantes del pensamiento griego está ausente del pensamiento del hombre bíblico, todavía se da el caso de que sea casi inevitable que el dualismo aparezca. En realidad, el Antiguo Testamento conserva un sentido ineludible de la unidad sicofísica del ser humano. El sentido de necesidad de la resurrección del cuerpo en una experiencia completa de la vida del más allá, se encuentra aun en los tiempos del Antiguo Testamento (véase capítulo 8). No obstante, el que una persona sobreviva la muerte en *Sheol* en tanto que su cuerpo se sepulta en la tierra sin ningún cuidado especial para su preservación da un cierto argumento en favor del dualismo.

Es digno de notar que no había "culto para los muertos" en

Israel tal como el que floreció en Egipto y en otras culturas orientales antiguas en que se proveía el mayor cuidado posible a la preservación del cuerpo. Las pirámides no fueron originalmente construidas como maravillas de habilidad arquitectónica. Eran tumbas de reyes egipcios y de sus familias. En Israel no había pirámides.

IV. LA IMAGEN DE DIOS

Un concepto básico en el punto de vista bíblico del hombre se encuentra en la frase "la imagen de Dios." Ocurre primero en Génesis 1:26-27 y otra vez en 9:6, con el sinónimo "semejanza" en Génesis 1:26 y 5:1. "Entonces dijo Dios: Hagamos al hombre a nuestra imagen, conforme a nuestra semejanza; y señoree en los **peces del mar, en las aves de los cielos, en las bestias, en toda la tierra,** y en todo animal que se arrastra sobre la tierra. Y creó Dios al hombre a su imagen, a imagen de Dios lo creó; varón y hembra los creó" (1:26-27). "El día en que creó Dios al hombre, a semejanza de Dios lo hizo" (5:1). "Porque a imagen de Dios es hecho el hombre" (9:6).

A. La Naturaleza de la Imagen Divina

Con frecuencia se hace una distinción entre la imagen "natural" y "moral" de Dios en el hombre. En la imagen "natural" se sitúan tales capacidades como la razón, la memoria, la dirección propia o voluntad y la inmortalidad. En la imagen "moral" se identifican la santidad, una relación adecuada con Dios, y la libertad de las tendencias pecaminosas y disposiciones de ánimo. Con frecuencia se sostiene que después de la Caída, la imagen "natural" permaneció más o menos intacta en tanto que la imagen "moral" fue arruinada—para restaurarse en la completa redención a través de Jesucristo.

Probablemente sea más bíblico decir que la imagen de Dios en su totalidad se encuentra pervertida y corrompida en el hombre caído, pero que el hombre es, en un sentido importante, una criatura que lleva la imagen de su Creador. Aun después de la Caída y del Diluvio, se prohibía el asesinato "porque a imagen de Dios es hecho el hombre" (Gn. 9:6). "Esta imagen está empañada por el pecado y... es restaurada por la salvación divina."[21] Es el *imago dei* lo que es nuestra hombría. Lo que significa el ser hombre y no sólo una clase más compleja de animal es lo que se incluye en la imagen de Dios.

Hay todavía oportunidad para distinguir entre la "imagen-

creación" y la "imagen-redención" que es Cristológica y escatológica. Carl F.H. Henry hace en este caso, ciertas distinciones que
mucho nos ayudan:

> (1) La imagen-creación se dio totalmente de una vez por todas
> en la creación del primer Adán; la imagen redención se va forman-
> do gradualmente. (2) La imagen-creación se confiere en cierto
> sentido sobre toda la raza humana; la imagen-redención sólo sobre
> los redimidos. (3) La imagen-creación diferencia al hombre de los
> animales; la imagen-redención distingue la familia regenerada de la
> fe de la humanidad no regenerada.[22]

El término "imagen" *(tselem)* se usa consistentemente en otros
lugares del Antiguo Testamento en el sentido de "representación
visible." Una imagen representa la realidad que existe en su trasfondo.[23] Es un término común para los ídolos de los paganos (Nm.
33:52; 1 S. 6:5, 11; 2 R. 11:18), y se usa varias veces en Daniel 2 y 3
tanto para la figura que Nabucodonosor vio en su visión como la que
construyó para que fuera motivo de adoración por parte del pueblo.
El término hebreo para "semejanza" *(demuth)* es virtualmente
sinónimo de "imagen" pero lleva consigo más que una sugestión de
parecido, en tanto que *tselem* connota más apropiadamente la
representación.

"El hombre es 'teomórfico,' como Dios, antes que Dios 'antropomórfico,' como el hombre. La humanidad fue hecha como Dios
para ejercer su autoridad sobre todos los seres creados."[24] Esto
incluye la percepción humana de Dios como Uno, demandando el
rendimiento completo de la vida—una relación especial para con
Dios que consiste en una capacidad para responder hacia lo divino.[25]

B. Implicaciones de la Imagen Divina

Se siguen dos ideas adicionales aunque paradójicas de la comprensión bíblica de la imagen de Dios.

1. Dios y el hombre no son idénticos; ni son, por el otro lado,
totalmente Dios y totalmente hombre. C. Ryder Smith señala:

> No puede haber compañerismo entre dos personas que son
> completamente semejantes—ni entre dos que son completamente
> diferentes. De hecho, ambos conceptos son artificiales, porque
> todo hombre es, en cierta forma, como otro y en otras formas
> diferente a los demás. Es desde esta analogía humana que mejor
> podemos principiar a comprender el compañerismo de Dios con el
> hombre. Entre ellos hay la diferencia entre lo infinito y lo finito-en

poder, sabiduría, santidad, amor, etc.—por tanto hay entre ellos un golfo junto al cual la diferencia entre el sol y un grano de arena es pequeña. La frase 'Santos seréis, porque santo soy yo Jehová vuestro Dios' (Lv. 19:2) está muy lejos de querer decir 'seréis *tan santos* como el Señor vuestro Dios.' Por el otro lado, Dios no es 'totalmente otro' en el sentido de ser 'completamente diferente', de otra manera el hombre nunca podría conocerlo. Hay semejanzas entre el hombre y Dios, así como hay semejanzas entre el sol y el grano de arena. Hay un ejemplo en el texto: 'Con el misericordioso te mostrarás misericordioso, Y recto para con el hombre íntegro. Limpio te mostrarás para con el limpio, y severo serás para con el perverso' (Sal. 18:25 y sig.).[26]

Sobre el mismo punto, escribió anteriormente al arzobispo William Temple:

> Hasta el punto en que Dios y el hombre son espirituales, son de una clase; hasta el punto en que Dios y el hombre son racionales, son de una clase. Pero hasta el punto en que Dios crea, redime y santifica, en tanto que el hombre es creado, redimido y santificado, son de dos clases. Dios no es criatura; el hombre no es creador. Dios no es un pecador redimido; el hombre no es un redentor del pecado. En este punto la diferencia es completa.[27]

2. Por tanto, el hombre nunca puede ser identificado o sumergido o hacerlo parte de la naturaleza. La imagen de Dios lo distingue para siempre de los órdenes inferiores de vida. Se presenta delante de Dios en su unicidad como el "tú" (Gn. 3:9). Aunque el Antiguo Testamento no pesa los problemas de libertad y determinismo como tales, por dondequiera da por hecho que el hombre puede escoger, aun al grado de escoger entre Dios y los dioses (Jos. 24:15).[28]

Al lado de la pregunta "¿Qué es el hombre?" el Antiguo Testamento está interesado en la pregunta "¿Qué es bueno?" (Mi. 6:8). El interés sicológico queda oscurecido por el interés ético más inclusivo. A la pregunta, "¿Qué debe ser el hombre?" los escritores bíblicos contestan, "Un hombre es lo que él debe ser cuando hace lo que el Señor le manda hacer."[29]

NOTAS BIBLIOGRÁFICAS

[1]J. S. Whale, *Christian Doctrine* (Nueva York: The Macmillan Co., 1942), p. 35.
[2]Henry C. Link, *The Return to Religion* (Nueva York: The Macmillan Co., 1937), p. 103.

[3]Jacob, *Theology of the OT*, pp. 156-157.

[4]*Ibid.*, p. 152.

[5]Smith, *Bible Doctrine of Man*, p. 6 ss.

[6]Davidson, *Theology of the OT*, p. 203.

[7]Smith, *Bible Doctrine of Man*, pp. 24-25; Otto J. Baab, *Theology of the Old Testament* (Nueva York: Abingdon-Cokesbury, 1949), p. 68.

[8]*Theology of the OT*, p. 65.

[9]Jacob, *Theology of the OT*, pp. 161-62.

[10]Knight, *Christian Theology of the OT*, p. 36.

[11]Schultz, *OT Theology*, 2:246.

[12]Jacob, *Theology of the OT*, p. 161.

[13]Kohler, *OT Theology*, p. 142.

[14]Baab, *Theology of the OT*, p. 66.

[15]Smith, *Bible Doctrine of Man*, c. 13.

[16]Jacob, *Theology of the OT*, p. 163.

[17]Girdlestone, *Synonyms of the OT*, pp. 65-66.

[18]Cf. Gustave F. Oehler, *Theology of the Old Testament*, traducido por George E. Day (Grand Rapids, Mich.: Zondervan Publishing House, reimpresión de la edición 1889), pp. 152-154.

[19]*Bible Doctrine of Man*, p. 23.

[20]Walther Eichrodt, *Man in the Old Testament* (Chicago: Henry Regnery Co., 1951), pp. 7-16; Jacob, *Theology of the OT*, pp. 154-155.

[21]Carl F. H. Henry, "Man", *Baker's Dictionary of Theology*, p. 338.

[22]*Ibid.*, p. 340.

[23]Jacob, *Theology of the OT*, pp. 169-171.

[24]J. N. Schofield, *Introducing Old Testament Theology* (Naperville, Ill.: SCM Book Club, 1964), p. 29.

[25]Cf. Emil Brunner, *The Christian Understanding of Man*, vol. 2 del reporte de la conferencia en Oxford acerca de la iglesia, la comunidad y el estado (Londres: George Allen and Unwin, Ltd., 1938), pp. 141-78.

[26]*Bible Doctrine of Man*, pp. 36-37.

[27]*Nature, Man, and God*, p. 396; cf. H. H. Rowley, *The Faith of Israel: Aspects of Old Testament Thought;* (Filadelfia: The Westminster Press, 1956), pp. 83-84; Vriezen, *Outline of OT Theology*, p. 147; y Eichrodt, *Man in the OT*, pp. 29-30.

[28]Eichrodt, *Man in the OT*, pp. 29-30.

[29]Smith, *Bible Doctrine of Man*, p. 31.

4

El Origen del Pecado

El grandioso drama de la Caída se actuó en Génesis 3. Sin lugar a duda este es uno de los pasajes claves de toda la Biblia. Génesis 3 es "una de las más profundas comprensiones del predicamento humano que se hayan escrito."[1] Después de Dios y el hombre, el pecado llega a ser el tercer más importante tema de las Escrituras.

Teológicamente, la doctrina del pecado conserva un lugar crucial. Tal como Richard S. Taylor lo demuestra en *Un Concepto Correcto acerca del Pecado* ("A Right Conception of Sin"), se revela, en su entendimiento de la naturaleza del pecado, el tenor completo de un sistema teológico. Ryder Smith escribe:

> Históricamente, han habido dos definiciones principales del (pecado)... y, aunque al parecer no hay mucha diferencia entre ellas, son de hecho tan grandes como para requerir dos teologías diferentes. Una escuela de teólogos ha definido el pecado como 'todo aquello que es contrario a la voluntad de Dios', en tanto que otra prefiere decir que es "todo aquello que es contrario a la voluntad *conocida* de Dios.'. La segunda escuela ha pasado a recalcar el elemento de escogimiento o voluntad.[2]

Aunque el Antiguo Testamento no define formalmente el pecado, el peso de su evidencia es un tanto decisivo hacia el concepto de que el pecado es "todo lo que es contrario a la voluntad *conocida* de Dios."

I. EL PECADO COMO INTRUSIÓN

Génesis 1—3 aclara que el pecado no es inherente en la naturaleza humana, como si hubiera salido de la mano de Dios. Tanto en obra como en disposición, el pecado es una intrusión en la vida del hombre. Adán y Eva eran parte de la creación en la que Dios puso su sello de aprobación: "Y vio Dios todo lo que había hecho, y he aquí que era bueno en gran manera" (Gn. 1:31). "El Antiguo Testamento habla del hombre como un pecador, no porque sea de la raza humana, sino porque se ha rebelado en contra de su Dios."[3] La pecaminosidad es un hecho de la condición del hombre, no de su naturaleza como hombre.

Esta verdad se dramatizó tanto por el gesto de Adán de esconderse de Dios después de su acto de pecado al comer del fruto prohibido (Gn. 3:8) como por su expulsión del Jardín (3:23-24). "Pecado es la violación del pacto y rebelión en contra del Señorío personal de Dios. Es más que una aberración o un fracaso que un mejor conocimiento puede corregir. Es una violación de relación, una traición a la confianza."[4]

Ni tampoco puede atribuirse el pecado a la finitud. La proposición, "Todos los pecadores son seres finitos" no puede convertirse en la proposición "Todos los seres finitos son pecaminosos." Jacob dice: "Lo que se ha mencionado como la finitud del hombre es distinto de su culpa, aun cuando preparó el terreno favorable a la culpa. La finitud se basa en la diferencia entre Dios y el hombre en el orden de la creación, en tanto que la culpa consiste en la antítesis que existe entre santidad y pecado."[5]

Creados en rectitud, hechos conforme al propósito de Dios, santos y buenos, Adán y Eva vivieron en armonía con Dios y con la naturaleza en el Jardín del Edén. Esta fue una condición que bien pudo haberse extendido a todo el nivel de la naturaleza si el pecado no hubiera entrado a la escena terrenal. La naturaleza misma fue sujeta a maldición en el tiempo de la Caída. Un ambiente propicio al desarrollo moral del hombre en su rebelión en contra de Dios fue, obviamente, muy diferente de la clase de ambiente propicio para el hombre en armonía con Dios. Los pasajes posteriores del Antiguo Testamento (Is. 11:1-9; 35:1-2, etc.) y los del Nuevo Testamento (Hch. 3:20-21; Ro. 8:19-23; 2 P. 3:13) hablan de la restauración de la naturaleza como parte de la final redención divina.

La inmortalidad en el sentido de existencia sin muerte se implica como una posibilidad en el estado no caído de Adán y Eva. El pecado y la muerte humana están relacionados como causa y consecuencia. La presencia del "árbol de la vida" en el Jardín y la exclusión del hombre de tener acceso a El después de su pecado (Gn. 3:22-24) parecen relacionarse a alguna provisión en el Edén para vivir una vida sin morir. Como Arnold Rhodes escribió: "Génesis 3 hace muy claro que hay una conexión entre el pecado y la muerte (compare Ez. 18; Sal. 41, 107). La muerte, como el hombre la experimenta, es lo que es, porque el hombre ha pecado. 'El aguijón de la muerte es el pecado' (1 Co. 15:56). La muerte, en su dimensión más profunda, no es lo opuesto de la vida biológica, sino de la vida eterna (Ef. 2:1, 5; Col. 2:13; Ap. 3:1)."[6]

Ni tampoco fue necesario el pecado para la aserción moral del hombre. El ser creado a la imagen de Dios era tener la capacidad de dirigirse por sí mismo o escoger. Tal libertad de escogimiento era esencial al desarrollo del carácter moral, ya fuera bueno o malo. La capacidad de amar a Dios implica la capacidad de resistir o rechazar el amor. En ningún sentido es el pecado necesario para el carácter moral, pero el escogimiento sí lo es; y el escogimiento siempre implica la posibilidad de pecar.[7] Jacob escribió:

> En el Jardín del Edén, el hombre pudo normalmente haber escuchado y debió haber escuchado la voz de Yahweh, cuya prohibición en contra de comer del fruto de un árbol era una cosa muy pequeña en comparación con los placeres que se le habían entregado; y la tentación de la serpiente, a pesar de su poder seductivo, no era ineludible. Al pecado se le presenta como una rebelión: el sentirse imposibilitado de verse contento con lo mucho que se le había dado cuando sintió que era posible tenerlo todo. El hombre se rebeló en contra de su socio divino a fin de capturar como su botín, el don que se le había negado.[8]

II. LA CAÍDA

En el primer pecado aparecen dos elementos.

A. Una Ley Objetiva

Uno, era el establecimiento y conocimiento previos de una ley objetiva que incluía un mandamiento específico. La forma del mandamiento era negativa. Antes que ser una limitación, tuvo el efecto de una acción consumada, e iniciativa en toda área excepto la que se había prohibido. El haber promulgado un árbol "fuera de límite" hizo que todo el resto de los árboles del Jardín fueran objetos legítimos para la acción humana. "De todo árbol del huerto podrás comer; mas del árbol de la ciencia del bien y del mal no comerás; porque el día que de él comieres, ciertamente morirás" (Gn. 2:16-17).

La obediencia al mandamiento era tanto razonable como

posible. El Antiguo Testamento nada dice del pecado como el fracaso del hombre de conformarse a la norma perfecta de rectitud más allá de su capacidad. Los actos de pecado resultan de la libertad de la voluntad humana. "Dios prohíbe el pecado. De aquí que nunca pueda explicarse que fue causado por la voluntad de Dios. Dios lo castiga. De aquí que nunca pueda decirse que ha sido decretado por Dios."[9] H. H. Rowley escribió:

> Cuando el hombre escucha las voces seductoras que lo llaman a apartarse de Dios, su acto es esencialmente suyo. Pero el carácter fundamental del pecado se ve en que se interpone entre el hombre y Dios, y lo aísla de su Hacedor. En la profundamente penetrante historia del Jardín del Edén esto se presenta con claridad. Después de su acto de desobediencia Adán se escondió del rostro de Dios. Antes de que Dios lo echara del Jardín ya él mismo se había expulsado de Dios y estaba consciente de una barrera que no era creación de Dios sino de él mismo.[10]

B. La Naturaleza de la Tentación

El segundo elemento en el primer pecado del hombre fue la presencia en el Jardín de la serpiente *(nahash),* que no era un mero animal, sino una encarnación de Satanás. El apóstol Pablo escribió: "Pero temo que como la serpiente con su astucia engañó a Eva, vuestros sentidos sean de alguna manera extraviados de la sincera fidelidad a Cristo... Y no es maravilla, porque el mismo Satanás se disfraza como ángel de luz" (2 Co. 11:3, 14). Hay una referencia clara al engaño de Adán y Eva en el Jardín en Apocalipsis 12:9, "Y fue lanzado fuera el gran dragón, la serpiente antigua, que se llama diablo y Satanás, el cual engaña al mundo entero" (ver también Jn. 8:44).[11] La Biblia guarda silencio en el punto del origen de Satanás ("el adversario") y del mal moral en el universo. Pero el pecado en el Jardín obviamente no era el primer acto de rebelión en contra de Dios por una criatura finita.

El método del adversario con Eva fue el de insinuar duda en su mente. Cuando Eva le informó sobre las instrucciones de Dios, "Pero del fruto del árbol que está en medio del huerto dijo Dios: No comeréis de él, ni le tocaréis, para que no muráis," la serpiente dijo: "No moriréis" (Gn. 3:2-4). Hubo también una invitación a la curiosidad que es parte legítima de la naturaleza humana, la sed de conocimiento. Finalmente, se le dijo a la mujer que si ella comiera, ella y su esposo serían "como dioses"—o como puede traducirse el hebreo propiamente, "como Dios" (Gn. 3:5)—igual a, y por tanto, independiente de Dios.

El relato de la Caída expresa claramente que un corazón sin pecado puede sufrir tentación y puede acceder a esa tentación. La posibilidad de la pureza de corazón en la vida cristiana es a veces rechazada bajo el argumento de que si no hubiera mal interior, la tentación no tendría nada con qué corresponder. Siendo que todos están expuestos a la tentación y son capaces de transgresión, se arguye que, por tanto, no hay persona en esta vida que esté libre de pecado interior a pesar de las afirmaciones del Nuevo Testamento de una limpieza redentora de este pecado (Mt. 5:8; Hch. 15:8-9; 1 Jn. 1:7).

Pero Adán y Eva no tenían pecado interior antes de su transgresión. La tentación vino a través de la presentación de un objeto que "era bueno para comer y... agradable a los ojos, y... codiciable para alcanzar la sabiduría" (Gn. 3:6). Primero Eva y después Adán dieron el consentimiento de su voluntad a un deseo que no era pecaminoso en sí, pero la satisfacción del cual incluía desobediencia a un mandamiento específico. El pecado puede, y de hecho origina, en el asentimiento de la voluntad para la satisfacción de un deseo natural en una forma o bajo condiciones contrarias al mandamiento de Dios (Stg. 1:14-16).

III. El Pecado Como Acción

Las referencias bíblicas al pecado son en general de dos clases. El pecado es asunto de la condición del hombre, su estado moral. Es también asunto de su acción, lo que él hace. Aunque el Antiguo Testamento no define formalmente el pecado como una obra o acción, su variada terminología y sus descripciones del mal moral hacen aparente la naturaleza de tal pecado. Los actos de pecado son, en esencia, violaciones de la ley de Dios.[12] "La raíz principal del pecado es incredulidad que ve en el don del amor de Dios una limitación no amistosa,"[13] y por tanto, el pecador actúa en rebelión contra la voluntad reconocida de Dios.

El pecado pone en el centro mismo de la vida una voluntad humana que busca su propio bien en lugar de la voluntad de Dios que se entrega a sí misma. Ryder Smith lo hace notar, "La definición final de 'pecado' en el Antiguo Testamento es *ética*, y... esta definición continúa a través del Nuevo. Sin embargo, esta definición de 'pecado' es un *resultante* de la definición de 'rectitud.' Si 'rectitud' es totalmente ética, entonces, *ipso facto*, también es 'pecado'. Las dos definiciones van inevitablemente juntas como lo cóncavo y lo convexo de una curva."[14] Trataremos más extensamente este asunto después en el capítulo 7, "Conceptos Profundizantes del Pecado y del Sufrimiento Humano."

La referencia a "pecados de ignorancia" en Levítico 4:2; 5:14-17; 22:14; y Números 15:27-29 no invalidan la conclusión general de que el pecado, para el Antiguo Testamento así como para el Nuevo, involucra un elemento ético de conocimiento y volición. El contexto de la frase "pecado de ignorancia" se interesa principalmente en la ley ritual. Y en donde este no es el caso, como Eichrodt lo señala, tales ofensas como el negar el conocimiento de "dinero de confianza," perjurio y extorsión "apenas si pueden considerarse pecados no intencionales o pecados de inadvertencia."[15]

Por eso, dice Eichrodt

> Puede ser que el significado generalmente adscrito al término *bisgaga*, 'inadvertente' deba abandonarse por el sentido más general 'en flaqueza humana', reservando la frase opuesta *beyad rama*, 'con mano alta' no tanto para las ofensas deliberadas como la apostasía abierta y el desprecio impenitente de la Ley. La diferencia entre las dos clases podía probarse por el deseo de la persona de confesar su pecado y por su esfuerzo en hacer reparaciones.[16]

IV. LA PECAMINOSIDAD RACIAL

El hecho de la pecaminosidad como un estado o condición, así como el hecho de pecar como un acto u obra, encuentra expresión en los primeros capítulos del Génesis. "Pecaminosidad racial," "pecado original o innato," y "depravación" son nombres dados a la misma realidad en la experiencia humana. Se enlaza a lo que se describe sutil pero efectivamente como el hecho de que en tanto que Adán fue creado a la imagen de Dios (5:1), Adán mismo "engendró un hijo a su semejanza, conforme a su imagen" (5:3). La imagen en que Adán engendró a sus hijos era la imagen de Dios, pero esa imagen había sido privada de su armonía creada con la divina y por tanto "depravada"—echada a perder, descompuesta, rota, sucia, enferma o manchada.

"El pecado es buscar el ser el propio Dios de uno, y al mismo tiempo es una cuestión familiar; por el pecado toda la vida está bajo maldición."[17] Aunque es una cuestión debatida entre los teólogos del

Antiguo Testamento,[18] A. B. Davidson presenta el caso con nitidez:

> Las conclusiones posteriores a las que los pasajes del Antiguo Testamento nos llevan son éstas: *primero,* que lo que se llama específicamente *pecado original* se enseña allí muy claramente, i.e., 'Aquella corrupción de toda la naturaleza del hombre que comúnmente se llama pecado original,' y que también se enseña que el pecado es heredado; *segundo,* que en el Antiguo Testamento no se da explicación a la razón de esta corrupción heredada más allá de dar por sentado que la raza es una unidad, y cada miembro de la raza es pecador porque la raza es pecaminosa.[19]

El efecto de tal pecado racial se describe vívidamente en dos pasajes claves: "y vio Jehová que la maldad de los hombres era mucha en la tierra, y que todo designio de los pensamientos del corazón de ellos era de continuo solamente el mal" (Gn. 6:5); y "porque el intento del corazón del hombre es malo desde su juventud" (Gn. 8:21). El término traducido en "juventud" es *nourah*—de *na'ar* usado para los niños desde la infancia a la adolescencia y traducido en varias formas como "bebé, niño, pequeño, jovencito, sirviente, joven." Se usa en Exodo 2:6 del niño Moisés y de Samuel antes de que fuera presentado a Elí en el tabernáculo (1 S. 1:22).

Los hombres no sólo son individualmente pecadores; son pecadores colectivamente a la luz de su compartimiento corporativo en la raza humana. Refiriéndose a Génesis 6:5, Vriezen dice, "Vemos cómo el pecado envenena el corazón humano... Una declaración más enfática de la maldad del corazón humano apenas si se puede concebir. Esto se recalca una vez más porque en 8:21 se pronuncia el mismo juicio sobre la humanidad después del diluvio."[20]

El término "imaginación" tal como se usa aquí significa más que "un sueño, fantasía, idea" o aun "pensamiento." El vocablo hebreo *yetser* se deriva de un verbo que significa "oprimir, apretar, moldear, determinar." Se usa en el sentido de propósito, propensidad, tendencia, dirección, movimiento, motivación (observe el uso en Dt. 31:21; 1 Cr. 28:9; Is. 29:16, "diseño" y en Sal. 103:14, "condición" o Hab. 2:18 "hacedor"). *Ha ra-yetser* ("la tendencia maligna") vino a ser la expresión rabínica para denotar pecado original.

V. El Pecado Radical Como Privativo

Girdlestone señala que aun donde no se usan términos específicos para representar el pecado original o racial, los escritores del Antiguo Testamento reconocen

> que la naturaleza humana, en sus aspectos personal y social, está deformada y fuera de curso; que el vínculo del amor que debe unir a la gran familia en uno, ha sido cortada; que el aislamiento y la desolación han substituido la unidad y la felicidad; que la relación entre el hombre y su Hacedor se ha opacado, y que aun cuando el hombre conoce la voluntad de Dios, hay algo en su naturaleza que lo compele a rebelarse contra ella;... y que este estado de cosas no es original, sino opuesto a los mejores instintos humanos, frustrando el diseño original de su creación.[21]

Aunque el Antiguo Testamento no es explícito respecto a la naturaleza exacta de esta "distorsión," su evidencia se inclina hacia las categorías dinámicas, relacionales y privativas. El pecado origina en el yo humano corrupto, enfermo, febril, o descompuesto— condición a la que se ha llegado por separarse de Dios. La "deprivación" con respecto a la tendencia inicial de la naturaleza del hombre hacia el compañerismo con Dios y la obediencia a El, se convierte en depravación en que la sique humana se condiciona hacia la satisfacción del yo y al acto de la negación de Dios. El hecho se indica con claridad. El cómo y porqué no. La Biblia está menos interesada en la enfermedad que en el remedio.

Es la separación de nuestra humanidad de su vida espiritual lo que causa el desorden moral del hombre y es a la vez su constituyente esencial. No es sino hasta que la gracia divina purifica la corrupción, reduce la fiebre, sana la enfermedad, y endereza lo torcido, que la muerte queda reemplazada por la vida, las tinieblas por la luz, la pobreza espiritual por la abundancia y la enfermedad del alma por la salud moral.

El Antiguo Testamento considera la pecaminosidad del hombre como un mal positivo. Pero es un mal positivo que cae sobre él por razón de lo que se ha perdido. En la metáfora de la Vid y los pámpanos, la corrupción y muerte de la rama cortada es un mal real y positivo (Jn. 15:1-6). Pero el mal positivo y real viene por causa de que fue cortada de la Vid y de su vida.

La depravación, el pecado original, el pecado innato, o la carnalidad—según sea el nombre que describa el hecho—se define mejor no como una cosa, una entidad o cantidad que tiene un *status* óntico, sino como la condición moral de un ser personal. Su causa es la separación, el aislamiento, el distanciamiento, la "deprivación", o la pérdida. Se manifiesta por medio de actitudes, disposiciones, tendencia, o propensidades—usando la terminología sicológica, un estado de condicionamiento o preparación. Hablando, como Pablo, como los hombres lo hacen (Ro. 6:19; 1 Co. 15:32; Gá. 3:15), uno puede decir que el pecado original es más bien una enfermedad, pobreza, ceguera, oscuridad, o la corrupción de una rama separada que una raíz, un cáncer, o la carie de una muela.

El Antiguo Testamento no especula respecto al "modo" por el que la infección universal de la pecaminosidad se transmite de una generación a otra. El hecho fue observado; su explicación no se intentó. El comentario de que la imagen de Adán que pasó a sus descendientes fue en algún sentido "su imagen" (Gn. 5:3) así como la imagen de Dios (Gn. 9:6) sugiere un punto de vista "genérico." En este caso, como en el de muchos otros en la teología bíblica, los hechos hablan más alto que sus explicaciones.

NOTAS BIBLIOGRÁFICAS

[1]Arnold B. Rhodes, "The Message of the Bible", introducción al *The Layman's Bible Commentary,* Balmer H. Kelly, ed. (Richmond, Va.: John Knox Press, 1959), 1:76-77.

[2]*The Bible Doctrine of Salvation* (Londres: The Epworth Press, 1941), pp. 2-3. Uno de los valores del estudio completo de Smith en el volumen complementario, *The Bible Doctrine of Sin,* p. 2 y subsiguientes, consiste en que conclusivamente muestra que el concepto ético del pecado, es el concepto bíblico definitivo tanto en el Antiguo como en el Nuevo Testamentos.

[3]Jacob, *Theology of the OT,* p. 283.

[4]Wright, *Book of the Acts of God,* p. 94.

[5]*Theology of the OT,* p. 283, nota de pie.

[6]"Message of the Bible", pp. 76-77.

[7]Cf. Schultz, *OT Theology,* 2:303; Rowley, *Faith of Israel,* pp. 88-89.

[8]*Theology of the OT,* pp. 282-83.

[9]Schultz, *ibid.*

[10]*Faith of Israel,* pp. 88-89.

[11]Cf. Gelin, *Key Concepts of the OT,* p. 88.

[12]Cf. Schultz, *OT Theology,* 2:292-304.

[13]*Ibid.,* p. 305.

[14]Smith, *Bible Doctrine of Sin,* p. 2.

[15]Theology of the OT, 1:161 nota de pie.

[16]*Ibid.*

[17]Rhodes, "Message of the Bible", p. 77.

[18]Cf. Smith, *Bible Doctrine of Sin,* pp. 37 ss.; y Vriezen, *Outline of OT Theology,* p. 211.

[19]*Theology of the OT,* p. 225. La drástica contradicción entre Smith y Vriezen por un lado y Davidson por el otro, se puede explicar en cierto grado. Smith y Vriezen han buscado la doctrina del pecado original en el Antiguo Testamento y no la han hallado. Davidson busca la evidencia sobre la cual pueda basar legítimamente su doctrina y la encuentra en abundancia. Es pertinente decir que la doctrina del pecado original fue asumida por los escritores del Antiguo Testamento, aunque no la declararon explícitamente.

[20]*Outline of OT Theology,* p. 210.

[21]*Synonyms of the OT,* p. 76.

5

El Pacto y El Culto

Así como las ideas de Dios, hombre y pecado aparecen muy al principio de los Escritos sagrados, la idea de salvación también aparece muy en el comienzo. El relato de La Caída misma no carece de una nota de redención. Hay un pequeño vistazo a la redención y a su costo en lo que ha venido a conocerse como el *protevangelium*. El lenguaje es un tanto restringido y preciso: "Y pondré enemistad entre ti [la serpiente] y la mujer, y entre tu simiente y la simiente suya; ésta te herirá [aplastará, pisará—Ro. 16:20] en la cabeza, y tú le herirás en el calcañar" (Gn. 3:15).

La predicción no es acerca de la simiente de Adán, sino de "la simiente suya" (la mujer)—una pista o idea sobre el nacimiento virgíneo de Jesús, idea que se recoge también en Gálatas 4:4. El aplastará la cabeza de la serpiente aun al costo de resultar herido (Is. 53:4). E. F. Kevan escribió:

> Hay una sugestión natural en la figura que aquí se usa. La serpiente ataca hiriendo el calcañar del hombre, pero el hombre destruye a la serpiente triturándole la cabeza... Notad la transición de la 'simiente' de la serpiente, a la serpiente misma, y también el hecho de que la 'simiente' de la mujer está en singular. Sólo en Cristo, 'la simiente de la mujer', podía obtenerse esta victoria (ver 1 Jn. 3:8), y en El, esto resultaría cierto para la humanidad (Ro. 16:20; 1 Co. 15:57).[1]

Tal como hemos visto, se ha buscado en diferentes direcciones un tema unificador en la Biblia. El pacto, la doctrina de Dios, el Reino, la Cristología, y otros temas, han tenido sus partidarios. Todos estos temas son básicos e importantes. Por sobre todos ellos, sin embargo, está el concepto de la salvación. La Biblia es el Libro acerca de la salvación. Dios es el "Dios de salvación." A Cristo le fue dado el nombre humano de *Jesús* tomado de *Yeshua* o *Yehoshuah,* "salvación" o "el Señor de nuestra salvación."

La historia bíblica es la historia de salvación. El altar de sacrificio del Antiguo Testamento con su cumplimiento en el Nuevo Testamento sobre la cruz fuera del real es el medio de salvación. El Espíritu de Dios, el Espíritu Santo, es el Agente de la salvación. El cielo es el objetivo final de la salvación así como el infierno es el rechazamiento de la salvación. Sin negar ni opacar la variedad de temas y énfasis de todas las Escrituras, hemos de conservar en mente la idea dominante y siempre presente de la salvación.

I. Preparación para el Pacto

La nota de redención o salvación se hace más prominente en la idea del pacto. Todos los pactos de Dios son pactos de salvación.

A. El Pacto con Noé

El término "pacto" *(berith)* ocurre primero en los tratos de Dios con Noé en la víspera del Diluvio: "Mas estableceré mi pacto contigo, y entrarás en el arca tú, tus hijos, tu mujer, y las mujeres de tus hijos contigo" (Gn. 6:18). Esto se repite otra vez cuando las aguas se habían secado por sobre la tierra: "He aquí que yo establezco mi pacto con vosotros, y con vuestros descendientes después de vosotros; y con todo ser viviente que está con vosotros; aves, animales y toda bestia de la tierra que está con vosotros, desde todos los que salieron del arca hasta todo animal de la tierra" (Gn. 9:9-10). Esto es "el pacto perpetuo entre Dios y todo ser viviente, con toda carne que hay sobre la tierra" (v. 16).

El pacto con Noé a veces se identifica como un "pacto con la raza humana." Sus términos son sencillos, pero incluyen todo. Al hombre le fue dado el deber de multiplicar y gobernar la tierra. Todos los animales podían servir como alimento excepto que la sangre no debería comerse junto con la carne. Se prohibió el asesinato sobre la base de la "imagen" de Dios en el hombre (Gn. 9:2-7). Por su parte, Dios prometió nunca más destruir la tierra por diluvio. Como demostración de esto puso el arco iris en el cielo (ver también Gn. 8:22). "La última palabra no descansa en las aguas del Diluvio, sino en el arco iris de la promesa."[2]

B. El Pacto con Abraham

Una segunda fase en el desarrollo del concepto de pacto se ve en el llamamiento y en el pacto con Abram de Ur. En este caso, el pacto principia a tomar una forma específica y al frente aparece la idea de elección.

Génesis 12 marca una transición de un relato de la historia general de la humanidad a la historia de una sola tribu y nación. Los hijos de Sem, conocidos como semíticos, viajaron a los llanos de Babilonia asentando cerca de la boca del Eufrates en Ur. Las excavaciones arqueológicas extensas han descubierto allí una antigua civilización avanzada.

Se describe también otra migración. Su razón no se explica en las Escrituras, pero la tradición la relaciona a la adoración de un Dios verdadero en contraposición al politeísmo prevalente en Ur. El semita Terah, su hijo Abram, su sobrino Lot, y Sarai, esposa de Abram, viajaron hacia el oeste hasta Aram (más tarde Asiria y la Turquía moderna) en camino a la tierra de Canaán (Gn. 11:31). Por alguna razón inexplicable, asentaron en Harán (nombrado en memoria del finado hijo de Terah), lugar donde más tarde muere Terah. Fue aquí donde Dios le dijo a Abram, "Vete de tu tierra y de tu parentela, y de la casa de tu padre, a la tierra que te mostraré" (Gn. 12:1).

El pacto hecho en esa ocasión con Abram tenía como condición su respuesta obediente a salir sin saber dónde iba. Incluyó la promesa de una posteridad numerosa, un nombre grandioso, y una bendición a todos los que lo bendijeran a la vez que una maldición a quienes lo maldijeran. Lo más importante de la promesa era "te bendeciré, y engrandeceré tu nombre y serás bendición. . . y serán benditas en ti todas las familias de la tierra" (Gn. 12:2-3). L. R. Ringenberg hace notar: "El pacto era sencillo, pero tan inclusivo como el propósito de redención de Dios para las naciones. Consistía en un mandamiento y en una promesa. El mandamiento tenía dos partes. Debería dejar su tierra. Debería ir donde Dios lo llevara. La promesa tenía tres partes. Dios haría de él una nación; le proveería tierra; y lo bendeciría haciendo que en él fueran benditas todas las familias de la tierra."[3]

C. Melquisedec

Una incursión de aventureros *sheiks* sobre Sodoma y Gomorra y las ciudades en las llanuras del bajo Jordán (Gn. 14) puso a Abram en contacto con un sacerdote-rey hasta entonces desconocido, y que se llamaba Melquisedec. Se le describió como "sacerdote del Dios Altísimo" (v. 18)—una designación para el verdadero Dios usada más frecuentemente por los que están fuera del linaje del pacto que principió con Abram (ver Nm. 24:16; Dn. 3:26). Esta es la primera vez que el vocablo "sacerdote" ocurre en las Excrituras, y tal como E. F. Kevan hace notar, "El concepto bíblico del sacerdocio no se puede captar adecuadamente si se ignora este hecho singular."[4]

D. Elección y el Pacto

La importancia del Pacto con Abram se explica más adelante en Génesis 15. G. Ernest Wright comentó que este pacto viene a ser el significado central de la historia de Abraham, y todo lo que sigue se considera como el cumplimiento de esta promesa.[5]

En el pacto se incluye el concepto de elección. Una línea particular de los descendientes de Abram llegó a ser el pueblo escogido. Fueron escogidos no sólo al privilegio, sino también a la responsabilidad. La elección se entendía en el judaísmo posterior en un sentido muy exclusivo. Pero su propósito era inclusivo, no exclusivo. Fue a través de los descendientes de Abraham, particularmente Uno, que la bendición habría de llegar a todos los hombres. A fin de que el amor divino se demostrara a todos, debe revelarse primero a algunos. Una idea debe enraizar en algún lado antes de que pueda reproducirse en todas partes. Antes que un amor electivo de Dios para Israel (Dt. 7:6-8) lo que sería decir que no amaba a todos, significaba lo opuesto. Dios demostró su amor a Israel para que Israel a su vez lo hiciera saber a todos los humanos. Fue plan de Dios el que "todas las familias de la tierra fueran benditas" (Gn. 12:3, mg.).[6]

Wright hizo notar también que el pacto con Abraham consistía en una promesa y miraba hacia el futuro para su cumplimiento. Este cumplimiento vino parcialmente en la nación de Israel y a través de ella. "No obstante, al final del Antiguo Testamento, la nación escogida estaba todavía esperando el cumplimiento de la promesa. La Iglesia Cristiana entendía que sólo en Cristo se había cumplido el pacto. El es la plenitud de Israel y el cumplimiento de las promesas de Dios a su pueblo."[7]

E. El Angel del Señor

En los tratos de Dios con Abraham (nombre al que Abram fue cambiado—Gn. 17:5) y con su familia, el "ángel del Señor" aparece primero (Gn. 16:7; Gn. 18). E. F. Kevan escribe:

> Como en varios lugares se identifica aparentemente con Jehová, brotan un buen número de preguntas. ¿Es El sólo uno de los ángeles creados? Pero el ángel habla en primera persona indis-

tintamente como Jehová. ¿Es El una teofanía directa? Pero no hace
justicia a la distinción hecha entre Jehová y el ángel. ¿Es El una
distinción propia de Jehová? Esto significa considerar la revelación
a través del ángel como si apuntara a una distinción real en la
naturaleza de Dios tal como se encuentra en el Nuevo Testamento
'Logos' o 'Hijo'. Mientras evitemos leer el Nuevo Testamento de
acuerdo con los conceptos del Antiguo, estamos justificados, a la
luz del Nuevo Testamento, en notar una pista y reconocimiento de
una riqueza dentro de la unidad de la Deidad. Contando ya con la
revelación de Dios en Cristo, podemos considerar el ángel como la
Segunda Persona de la Santísima Trinidad.[8]

F. Circuncisión

Al menos se debe hacer una referencia rápida a la circuncisión,
apareciendo primero como una señal del pacto de Dios con Abraham
(Gn. 17:11). El rito fue ordenado para todos los varones de la
progenie de Abraham (vrs. 12-14; Ex. 4:24 y sig.; Jos. 5:2 sig.). Aun en
el Antiguo Testamento, la circuncisión principia a tomar un significado más profundo que el hecho físico mismo. Ha de llegar a ser el
símbolo de un cambio interno (Dt. 10:16; 30:6). Su significado principal en la Biblia se recapitula por Eric Sauer:

> La circuncisión, en realidad, no es un *medio* para la justifica-
> ción (Ro. 4:9-12) o la santificación (Gá. 5:2-12), sin embargo, es un
> *símbolo,* o para ser más exactos, un *tipo,* de la santificación, y más
> especialmente del principio de rendimiento de la naturaleza del yo
> pecaminoso a la muerte, el 'quedar cortado' de la vida extraña a
> Dios y de todos sus impulsos. Por tanto, la 'circuncisión no hecha
> con manos' consiste en 'despojarse del cuerpo de la carne,' esto es,
> el ser crucificado y muerto juntamente con Cristo (Col. 2:11, comp.
> Ro. 6:2-4).[9]

G. Descendientes de Abraham

Aunque es en el Exodo y en la promulgación de la ley en el Monte
Sinaí donde el pacto encuentra su declaración definitiva, algunas de
las implicaciones de la elección resaltan en situaciones históricas
concretas en las vidas de Isaac, Jacob y José. La naturaleza de la
elección se ilustra en el escogimiento de Isaac por sobre Ismael y los
otros hijos de Abraham, y en la selección de Jacob en lugar de Esaú
(Gn. 25).

Algo de la dualidad en la experiencia que el hombre tiene de Dios en la conversión y en la entera santificación en el Nuevo Testamento, se ilustra en la vida de Jacob (Gn. 28:10-22 comparado con 32:24-30)—como lo fue en la vida de su abuelo (Gn. 12:1-5 en conexión con 17:1-8). La naturaleza y alcance de la providencia divina se ilustra en los eventos conmovedores de la vida de José (Gn. 37; 39—47). Su significado total principia a tomar forma en los actos poderosos de Dios en Egipto, en el Mar Rojo y en el Sinaí.

II. EL ÉXODO

Génesis, el libro de los principios, se sigue por lo que propiamente podría llamarse "el libro de la redención." Exodo nos dice cómo Dios no sólo sacó a su pueblo de la esclavitud en Egipto, sino también cómo los condujo a una relación especial de pacto con El mismo en que ellos se convirtieron en su posesión comprada, su "pueblo peculiar," su "especial tesoro sobre todos los pueblos" (Ex. 19:5).

A. La importancia Clave del Exodo

El Exodo (del griego, "salida") de Egipto fue más que un evento importantísimo en la historia. Vino a ser el centro mismo de la fe de Israel. Una y otra vez el Señor se identificó como "... tu Dios, que te saqué de la tierra de Egipto, de casa de servidumbre" (Ex. 20:2; 29:46; Lv. 11:45, etc.). G. Ernest Wright dice:

> En el centro de la fe de Israel estaba este supremo acto de amor y gracia divina. La existencia misma de la nación se debía únicamente a este evento milagroso. En las confesiones de la fe está la afirmación central. (Notemos tales confesiones en Deuteronomio 6:20-25; 26:5-10). ¿Quién es Dios? Para Israel no era necesario elaborar términos abstractos y frases como lo hacemos en nuestras confesiones. Sólo era necesario decir que El es el 'Dios, que te saqué de la tierra de Egipto, de casa de servidumbre' (Ex. 20:2). ¿Qué más se necesitaba para identificar o para describir a Dios que eso? Su dominio completo sobre la naturaleza y sobre el hombre se implica adecuadamente en la declaración; su acción de propósito en la historia al luchar contra la injusticia de los fuertes y aun hacer que su pecado le sirva y lo alabe se implica también directamente; así también es su amor redentor, que salva y usa lo débil del mundo para llevar a cabo su propósito aun entre los poderosos.[10]

Es con buena razón que H. H. Rowley ve en la historia del Exodo una prefigura en el Antiguo Testamento de la muerte y resurrección de Cristo y lo considera como el punto central en la unidad de la Biblia.[11]

B. El Libro de Redención

El libro del Exodo es por tanto, el libro de la redención (6:6; 15:13). "Redimir" (He. *gaal,* traducido en "librar," "rescatar," "redimir") es literalmente "servir como pariente en favor de," como un miembro de la familia redimiría la propiedad o persona de alguien que no podía hecerlo de por sí. Incluye en su alcance las ideas básicas de redención desarrolladas en otras porciones de las Escrituras: libertad de la servidumbre por la intervención personal del Redentor, y conducir al redimido a una relación especial con su redentor. Esta primera idea en la redención alcanza su culminación en la Pascua (Ex. 12). La segunda subraya la inauguración del pacto en el Sinaí (Ex. 19).

El Nuevo Testamento usa "lenguaje del Exodo" para describir la obra salvadora de Cristo. En Lucas 9:31, se presenta a Jesús hablando con Moisés y Elías acerca de "su partida [griego, *exodus*], que iba Jesús a cumplir en Jerusalén." Tanto Jesús como Pablo hablaron de expiación como la pascua de Cristo (Lc. 22:15, "pascua" de *pascha,* "sufrir" de *pascho:* 1 Co. 5:7). Juan 19:36 aplica a la muerte de Cristo un requisito de la Pascua: no "quebraréis hueso suyo" (Ex. 12:46). Se ve la vida cristiana a la luz de la liberación en el Mar Rojo (1 Co. 10:1-13). Jesús fue el "profeta... conforme" a Moisés (Dt. 18:15-19). El era el "nuevo Moisés" quien dio a su pueblo una ley nueva desde un nuevo monte, y quien usó el mismo vocablo "rescate" (Mr. 10:45; ver Ex. 6:6; 15:13) para describir su misión.

Gabriel Hebert escribió:

> El Segundo Exodo tal como fue cumplido en Cristo Jesús, en nada se parecía a la liberación política, sino más bien era la liberación de un Pueblo del Señor redimido del verdadero enemigo del hombre, el Maligno y todos sus ejércitos, a una libertad con los hijos de Dios: una libertad que ha de gozarse ya en la Iglesia del Nuevo Pacto, pero que ha de ser perfeccionada completamente sólo en la Vida del Mundo Venidero.[12]

III. EL SIGNIFICADO DEL PACTO EN EL SINAÍ

El alcance de la redención obtenida en el Exodo se deletrea en el pacto dado en el Sinaí. El término para "pacto" *(berith)* es una derivación incierta. Viene o de una raíz asiria *baru* que significa "atar" y por tanto quiere decir un vínculo u obligación,[13] o del verbo "cortar," siendo que era muy común hablar de "cortar" un pacto.[14] En cualquier caso, significa "un acuerdo solemne entre dos personas que antes no se habían relacionado; en que se aceptan ciertas obligaciones mutuas, para recibir ciertos beneficios, mutuos generalmente, que han de ser el resultado de esta relación."[15] Fue un acuerdo convenido con ceremonias solemnes de sacrificio.

Los eruditos del Antiguo Testamento han notado parecidos notables entre el pacto del Sinaí y los tratados del mundo antiguo entre el emperador y reyes de menor categoría que le eran tributarios. La forma de estos "suzerain" tratados, identificaban al "gran rey"; detallaban el antecedente histórico en las relaciones entre el gran rey y sus vasallos, recalcando el espíritu benevolente del gran rey; definía las obligaciones del vasallo, incluyendo siempre la lealtad exclusiva al emperador; estipulaba que el documento sería depositado en el santuario del vasallo y que sería leído públicamente en intervalos regulares; y enumeraba las recompensas o castigos que vendrían como resultado de la violación del pacto. Todos estos elementos pueden verse en el pacto que Dios hizo con su pueblo (ver Ex. 20:1-2; Jos. 24:2-13; Ex. 34:13; Dt. 31:9-13; Jos. 24:26; Ex. 23:20-33; Lv. 26; Dt. 27—28; Jos. 8:34—léanse en este orden).[16]

La importancia del pacto se ve en el hecho de que concuerda sobre la base de salvación tanto en el Antiguo Testamento como en el Nuevo. Ryder Smith escribió: "La idea predominante del Antiguo Testamento es la idea del Pacto. El término se encontró en los documentos de todos los períodos, pero aun en los casos en que no aparece el vocablo, la idea está presente. Aparte de uno o dos pequeños libros como el Cantar de los Cantares, es la presuposición básica de cada uno de los libros del Antiguo Testamento. Sin esta idea, ninguna historia hebrea tendría un *motif,* ningún profeta hebreo un mensaje, ningún salmista hebreo una excusa."[17]

El pacto, por tanto, no era meramente un contrato legal o una transacción comercial con la ganancia como su móvil. Se parecía más bien a un matrimonio en dos importantes particulares: era el resultado del escogimiento de Dios, su iniciativa; y se basaba sobre el amor, la confianza, el servicio y el compañerismo.[18]

La iniciativa para el pacto descansa con Dios. "El responsable por este acuerdo es siempre Dios solamente. Siempre se dice que Dios hace un pacto con alguien, nunca que Dios y ese alguien hicieron un pacto."[19] Pero la respuesta del pueblo es por su propio escogimiento. Esto se declara enfáticamente (ej. Jos. 24:14, 21-22).[20] Vriezen declara:

> El Pacto es, por tanto, "unilateral", no bilateral en origen; es una relación que origina en uno de los socios, aunque esto no quiere decir que a Israel no se le considerara como un socio y que la voluntad de Israel no fuera suceptible de influencia. Se espera que Israel obedezca las leyes del Pacto determinadas por Dios y por *El* solamente.[21]

IV. LA LEY

La promulgación de la ley fue una parte esencial para el establecimiento del pacto. La ley fue la cartilla o el permiso del pacto. Tan estrecha es la relación entre "pacto" y "mandamientos" que fueron términos intercambiables. Moisés dijo al pueblo de Israel, "Y él os anunció su pacto, el cual os mandó poner por obra; los diez mandamientos, y los escribió en dos tablas de piedra" (Dt. 4:13; ver 5:1-2). Las tablas de piedra conteniendo los Diez Mandamientos se pusieron en el arca sagrada cubierta con el "asiento de la misericordia" y conocida como "el arca del pacto" (Nm. 10:33; Dt. 31:26; Jos. 4:7; Jue. 20:27, *passim*). 1 Reyes 8:9 se refiere a los mandamientos como el "pacto [hecho] con los hijos de Israel, cuando salieron de la tierra de Egipto." Transgredir los mandamientos era violar el pacto. Guardar los mandamientos era mantener la relación del pacto.

A. La Naturaleza de la "Ley"

La estructura del pacto y la promulgación de la ley que lo selló fue un acto de la amante gracia de Dios para con su pueblo. La ley nunca fue el medio para ganarse el favor de Dios. Era el medio por el cual los humanos podían demostrar su gratitud por el favor de Dios.

El mismo término hebreo para ley *(torah)* significaba más que legislación. Expresaba "instrucción, enseñanza, dirección, consejo," la "palabra de la revelación."[22] La ley fue la manera que Dios tenía de demostrar a su pueblo lo que se involucraba en vivir dentro de una relación de pacto con el Señor. Tal como Donald Miller lo expresó, "Los mandamientos no eran tanto prohibiciones como declaraciones sobre lo que no se hace en las relaciones de pacto. Proveen un cuadro de la forma en que el hombre desearía vivir al estar en relación correcta con Dios."[23]

La ley dada en el Sinaí difiere en mucho con otros códigos orientales, de los cuales muchos se han descubierto y descifrado. La ley entera se refiere a Dios como su Autor—en contraste por ejemplo, con el Código de Hammurabi en que todo el contenido de las leyes, desde el principio hasta el fin, se considera la obra del rey. Se le atribuye un valor más elevado a la vida humana que a los valores materiales. No hay pena de muerte por las ofensas contra la propiedad, en tanto que en la ley babilónica la pena capital se usaba frecuentemente para crímenes que tenían que ver con la propiedad.

En la ley hebrea se excluía la brutalidad grave en el castigo. Aun la llamada *"lex talionis"*—"ojo por ojo y diente por diente" (ver Ex. 21:23-25)—era una limitación al castigo que bien pudiera darse por ofensas contra la persona. El castigo no podía ser más que el daño inflingido. En la ley del Sinaí había una elevación del sentido moral en las relaciones entre los sexos.

B. Moralidad y Religión

La diferencia más fundamental entre la ley de Israel y los códigos de las naciones circunvecinas era la relación directa entre la moralidad y la religión en la ley bíblica. Los preceptos morales se dan como los mandatos de Dios. Walther Eichrodt escribe:

> En realidad, la característica más notable del Decálogo es *la conexión definida de los preceptos morales y los mandamientos básicos religiosos*. Es la expresión de una convicción de que la acción moral está inseparablemente unida con la adoración de Dios. Esto significa, sin embargo, que Dios cuya ayuda busca el hombre, considera la obediencia a las normas morales igualmente importantes que la adoración exclusiva de o para él mismo; y en consecuencia, toda su voluntad y propósito se dirige hacia aquello que es moralmente bueno.[24]

La ley es la expresión de la demanda de Dios hacia su señorío. Para Israel, substituyó las muchas maneras de determinar la voluntad de los dioses que prevalecía entre los vecinos paganos de Israel—astrología, adivinación, inspección de los hígados de animales sacrificados, para mencionar los más comunes.[25] No obstante, la ley en sí misma ni era suficiente, ni se intentaba que fuera, para cubrir todos los detalles de la vida. Legalmente, los mandamientos bíblicos se clasificarían como casos de ley antes que como códigos legales. Teológicamente, eran en su mayor parte un grupo de ejemplos que contenían principios antes que cuestiones estrechas específicas.

Además, la voluntad de Dios para su pueblo podía conocerse aun cuando no se expresara en palabras. Se habla del "corazón" en ocasiones como si fuera equivalente a la conciencia en el sentido de intuición moral. Castigaría a un hombre o lo aprobaría por actos específicos (ej. 1 S. 24:5, 2 S. 24:10).[26]

V. La Ley Ceremonial

Estrechamente relacionada con el pacto y la ley moral sobre la que se basaba, está lo que se ha dado en llamar la "ley ceremonial." En el uso técnico del término, esto se conoce como el "culto," un modo prescrito de adoración.

El plan básico característico del Libro del Exodo ilustra la relación del pacto, la ley, y la adoración. La redención vino primero en la liberación de la servidumbre en Egipto (Ex. 1—18). Se siguió la ley (caps. 19—23), determinando la clase de conducta y carácter que convenía a los redimidos que habían sido traídos a un pacto de relación con Dios. "Después se instituyó la adoración, no sólo para recordarles la redención, sino para ayudar a asegurar y mantener un carácter digno del acto salvador de Dios (Ex. 24-40). La adoración significaba la ofrenda del alma redimida a Dios para su servicio, y la dedicación de uno a la conducta ética que el pacto demandaba."[27]

A. Ritual como Simbolismo

El ritual y los sacrificios no tenían de por sí un valor sacramental. No eran canales por los cuales se transmitiera la gracia a los individuos y a la nación. No fueron diseñados para ganarse el favor de Dios. Eran un reconocimiento abierto del hecho de que ya Dios, por su propia iniciativa, había extendido su misericordia y su gracia a la gente. Los sacrificios y ofrendas mismas no eran algo que el hombre daba a Dios. Eran el regresar a Dios de lo que El primero había dado al hombre. Eran, en intento y propósito, la respuesta de la fe obediente a la gracia divina.[28]

Muchos in Israel sin duda consideraban que los sacrificios mismos tenían una cierta eficacia mágica. Fuera de Israel dicho concepto era casi universal. Pero la ley misma así como los profetas posteriores, continuamente desafiaron la idea de que los actos formales de sacrificio tenían algún mérito intrínseco.

Al lado del sacrificio, la ley demandaba la confesión del pecado y la humilde penitencia de espíritu. En el caso en que el pecado era en contra de alguien y era de tal clase que admitiera restitución, se requería pago. En el ritual del Día de la Expiación, se hacía confesión a la vez que sacrificio (Lv. 16:21). En una declaración inclusiva Ryder Smith dijo, "El judío inteligente, por tanto, pensaba que cuando en un sacrificio (ver Lv. 1:4), se ofrecía la sangre, simbolizaba tanto el el hecho del Pacto, la verdad de que se había traspasado, y además la verdad de que en vista de que ahora llegaba hasta Dios con un corazón arrepentido y en el día señalado, el pacto se renovaba y continuaba válido para él."[29]

B. El Propósito del Sacrificio

Schultz señala una base de tres aspectos para el ritual y los sacrificios establecidos en conexión con el pacto. Puede agregarse un cuarto aspecto.[30]

1. El primer propósito era el de enseñar la santidad de Dios. El sacerdocio y las leyes de sacrificio eran un recuerdo de que el servicio de Dios requiere santidad en el sentido de libertad de la inmundicia.[31] En forma similar, W. H. Griffith Thomas escribió, "El punto clave del libro (Levítico) es 'santidad', en su significado primario de Separación, que incluye la separación *del* mal y separación *hacia* Dios."[32]

Este valor espiritual positivo se recalcó por Vriezen:

> En Israel, el culto existe a fin *de mantener y purificar la comunión entre Dios y el hombre* (pues fundamentalmente la relación entre Dios y el hombre es buena): *el culto existe como medio para integrar la comunión entre Dios y el hombre que Dios ha instituido en su Pacto; en otras palabras, el culto existe por causa de la expiación* (tomando esta palabra en el sentido general de 'reconciliación')... *El Dios de Israel no demanda un culto del que El pueda derivar beneficio, al contrario, da a su pueblo un culto que lo capacita para mantener comunión con él por medio de la expiación* (Lv. 17:11). En Israel, el culto preserva la comunión con Dios, ayuda a establecer la relación entre Dios y el hombre; asegura, por decirlo así, que esta relación debería continuar. El culto es, por tanto, un camino para tráfico en dos sentidos: en el culto Dios se acerca al hombre, pero el hombre también viene a Dios. Es así que Dios viene al hombre como un Dios perdonador y le da la oportunidad de limpiarse a sí mismo de sus pecados en forma regular; y en el culto el hombre se acerca a Dios con su confesión de culpa, con sus símbolos de agradecimiento y con adoración.[33]

2. Un segundo propósito para el ritual era el hacer cumplir los

principios de sanidad. Esta era la razón de las muchas ordenanzas en relación con los alimentos que formaban parte de la ley ceremonial.[34]

3. Una tercera razón era la de preservar la separación de Israel del paganismo. En relación con esto Knight señala que "las leyes sacrificiales mantuvieron a Israel en contacto con Yahweh en aquellos puntos en su vida en que fue tentado a seguir el ejemplo de sus vecinos cananitas en la adoración de sus dioses de la fertilidad."[35]

4. La prominencia de los sacrificios de sangre indica una cuarta razón en favor del culto en el Antiguo Testamento. Apuntaba hacia el futuro hacia "el Cordero de Dios que quita los pecados del mundo" (Jn. 1:29). Este punto es muy importante en las declaraciones del Nuevo Testamento acerca de la crucifixión de Jesús.

El Antiguo Testamento carece de explicación razonable para el significado del derramamiento de sangre en el sacrificio ritual, aunque sí señala su necesidad. "Porque la vida de la carne en la sangre está, y yo os la he dado para hacer expiación sobre el altar por vuestras almas; y la misma sangre hará expiación de la persona" (Lv. 17:11).

En términos del Antiguo Testamento mismo se ha especulado que la prominencia de la sangre en el ritual del sacrificio era que se pensaba la sangre era el vínculo de unidad entre los miembros del grupo o familia. Los ritos de sangre se usaban para presentar a los individuos como miembros de la familia o grupo. El rociamiento de sangre indicaba que toda enemistad o barrera al compañerismo sería removida y que así el individuo tenía todos los privilegios y responsabilidades como miembro del grupo. Cuando un animal que se había dedicado a Dios era sacrificado, se le daba a su sangre el mismo significado que la sangre de Dios (ver Hch. 20:28). El rociamiento de la sangre quitaba las barreras y limpiaba los pecados, y por la sangre los hombres se volvían uno con Dios. J. N. Schofield escribe, "Deuteronomio 12:23 dice que la sangre es la vida; compartir la sangre significa compartir la vida; en el pensamiento hebreo no había ficción o engaño acerca de esto, de hecho sucedía. Este pensamiento se usó en el Nuevo Testamento para expresar algo del significado de la muerte del Señor Jesús."[36]

Muchas de las leyes enumeradas en el Libro de Levítico eran puramente ceremoniales y de culto. Sin embargo, aun las leyes ceremoniales tenían un significado simbólico. Oswald T. Allis escribió:

Este es el evangelio del Nuevo Testamento para los pecadores expresado en términos del Antiguo Testamento y enclavados en el ritual del sacrificio; y encuentra su expresión más completa en el ritual del día de la expiación. 'Para un parecido del Día de la expiación en vano buscamos entre otros pueblos. Si todo sacrificio señalaba hacia Cristo, éste lo señalaba con mayor iluminación. Lo que el capítulo cincuenta y tres de Isaías es a la profecía mesiánica, podemos decir es el capítulo diez y seis de Levítico a todo el sistema de tipos mosaicos: la flor más consumada del simbolismo mesiánico' (S. H. Kellog). Para entender el Calvario, y para verlo en su gloria trágica, hemos de verlo con toda la luz del relato sagrado que lo tiene por centro.[37]

C. Los Sacrificios y la Expiación

Es Dios mismo quien expía o cubre el pecado del hombre. "Porque la vida de la carne en la sangre está, y yo os la he dado para hacer expiación sobre el altar por vuestras almas" (Lv. 17:11). El animal pertenece a Dios; su sangre es su donativo, derramado por mandato suyo. A. B. Davidson vio dos líneas en el concepto de la expiación en el Antiguo Testamento:

1. Para los pecados fuera de la relación del pacto—los llamados "pecados de alevosía"—voluntarios y totalmente culpables, Dios mismo proveía la "cubierta." En este caso la expiación tiene el significado de invalidar la pena del pecado así cubierto. Siempre se usa en relación al pecado, no en relación a Dios. Tiene el efecto de purgar o de hacer a un lado la iniquidad.

2. Para los pecados de fragilidad o flaqueza dentro del pacto, se requería también la sangre del sacrificio. La expiación (de *at-one-ment,* la palabra inglesa para expiación o reconciliación) es para las personas o almas de los que adoran antes que para los pecados como tales.

Davidson sugiere además que en el Nuevo Testamento todo pecado se ve como voluntario, culpable y merecedor del castigo de Dios, y que toda expiación requiere un sacrificio de sangre.[38]

VI. EL SACERDOCIO

La ley básica que gobierna el sacerdocio se da en Levítico 8—10. La fecha de su principio se encuentra en Números. La naturaleza de este oficio no puede verse en su luz total, sin embargo, hasta que estemos en posición de compararla con el orden profético. Es suficiente por ahora hacer notar que el sacerdote, que ejemplifica el aspecto "institucional" de la religión de Israel, servía un papel de capital importancia.

Era el sacerdote el que representaba al pueblo ante el altar del Dios santo. Era el sacerdote quien interpretaba el significado de la ceremonia y del sacrificio al pueblo. Dar instrucción sobre las leyes morales y religiosas era parte importante de la función sacerdotal. Los sacerdotes eran los custodios de los anales escritos a medida que estos se producían. Eran ellos quienes aplicaban la ley a la vida diaria de la gente. Por cuanto el sacerdocio era un orden hereditario, fácilmente se volvía corrupto. Pero en cuanto a su propósito y en mucho de su práctica, era esencial a la estabilidad de la vida religiosa de Israel.[39]

VII. El Pacto en la Historia de Israel

A. En Números y Deuteronomio

La historia de Israel bajo el pacto principia de hecho en Números. La historia es un continuo alternar entre victoria y fracaso. Pero en esto encuentra expresión la verdad de que las causas básicas en la historia no son geográficas, económicas, sociológicas ni militares; son espirituales y morales.

El Libro de Deuteronomio (literalmente, "segunda ley") es una aplicación profunda del principio del pacto tanto al pasado como al futuro del pueblo de Israel. El pacto se presupone también en los libros de Josué, Jueces, Samuel y Reyes; y subraya el énfasis de los profetas posteriores en la historia de la nación.

Deuteronomio se compone principalmente de tres discursos de Moisés: respecto al pasado, un retrospecto (1:1—4:40); deberes presentes y exhortaciones (4:44—26:19); y un prospecto o mirada hacia el futuro—de hecho el propósito del todo (27:1—30:20). Se revisa el pasado y se examina el presente como parte de la preparación para la invasión y conquista de la Tierra Prometida. El énfasis sobre el pacto se ve en 27 referencias que este libro tiene sobre el importante tema.

B. El Período de los Jueces

La lección enseñada en Números y expuesta en Deuteronomio se refuerza una y otra vez por todo el período de la historia de Israel como una especie de confederación de tribus. La historia se da en Josué, Jueces, Ruth y en los primeros capítulos de 1 Samuel. Esta es la historia en el sentido de "su historia." Es una relación altamente selectiva ilustrando la solución de las implicaciones del pacto.

Se puede ver en la forma cíclica de los Jueces un ejemplo de la naturaleza estructurada de la historia bíblica. En este libro, por seis ciclos diferentes, el modelo de lealtad a Dios, desobediencia, servidumbre a algún poder extranjero, arrepentimiento y oración, y liberación se señalan repetidamente. Los "jueces" (del hebreo *shophetim*—gobernantes para dirigir al pueblo y ejecutar el castigo divino en representación de ellos) muy bien pudieran llamarse "campeones."[40]

G. Ernest Wright declaró que para el autor del Libro de los Jueces "la seguridad de Israel descansaba completamente en el pacto y en la entera lealtad a su Señor."[41] La atracción del paganismo era "sutil y llamativa." Los dioses cananitas hacían pocas demandas, se seguían según la conveniencia y prometían mucho. Pero cuando Israel se volvía a los baales (como se conocían a las divinidades locales), no solamente perdía el favor de Dios, sino también el lazo que unía a las tribus. Bajo tales circunstancias, el pueblo se volvía presa fácil de los incursionadores.[42]

El Libro de Rut es un pequeño pastoral quieto que demuestra un lado diferente al período turbulento de los Jueces. Se consideraba parte de la tercera división del canon judío, los Escritos, y se usa en conexión con la observancia de la Fiesta de Pentecostés debido a la escena de cosecha que es parte tan importante de la historia. Siendo que el homónimo del libro es una moabita, Rut (juntamente con Job y Jonás) rinde un claro testimonio al hecho de que la exclusividad desarrollada más tarde en el judaísmo no era parte esencial del mensaje del Antiguo Testamento.

C. El Reino

Los eventos de los principios del período de los reyes ilustran con claridad la verdad de que la seguridad de Israel dependía de la lealtad hacia el pacto. El éxito inicial de Saúl y la carrera de David se debían a la obediencia al Dios del pacto. El desastre que marcó el fin de la vida de Saúl y las derrotas ocasionales en la vida de David se deben a la rebelión o a la desobediencia. F. F. Bruce escribió:

> Los historiadores desde Josué hasta 2 Reyes, según algunos, despliegan la filosofía Deuteronómica de la historia, así llamada porque encuentra su expresión más clara en Deuteronomio. La causa de la prosperidad se encuentra en obediencia a la voluntad de

Dios, y especialmente en evitar el baalismo nativo de Canaán, con sus cultos desmoralizadores de fertilidad; la adversidad parece ser el resultado seguro de la separación de la senda estrecha.[43]

A través de los años de éxitos y fracasos, victorias y derrotas, dominación y sujeción, resultó completamente claro que la elección de Israel no era ni incondicional ni indestructible. Lo opuesto de elección era rechazamiento. La elección era más bien hacia el servicio antes que al privilegio. "Israel no es electa para el privilegio, i.e. para ser servida por otras naciones, sino para servirlas a ellas (ver Mr. 10:45); fue redimida de Egipto y hecho *laos hagios Kurio* (Dt. 7:6) a fin de que pudiera servir a Dios (7:11) y su propósito para las naciones (e.g. Is. 45:4-6)."[44]

D. Puntos de Vista Históricos de las Profecías y el Sacerdocio

Deuteronomio, Josué, Jueces, 1 y 2 Samuel y 1 y 2 de Reyes forman una historia continua del pueblo del pacto desde el Sinaí hasta el Exilio. Representan lo que propiamente puede llamarse el punto de vista "profético" de la historia. 1 y 2 Crónicas, Esdras y Nehemías, de la misma manera, presentan una historia continua del pueblo del pacto desde David (con una introducción compuesta de extensas genealogías que datan desde Adán, 1 Crónicas 1—9) hasta el regreso del Exilio. Representan el punto de vista sacerdotal.

Crónicas—Nehemías están más interesados con lo que Dios ha ordenado—el ideal. Su énfasis es sobre dos instituciones divinas, el Templo y el trono de David. Se describe la vida de Israel como una comunidad religiosa. Aunque Crónicas no deja de mencionar los fracasos de gobiernos y gente, su énfasis primordial es sobre el aspecto religioso de la vida nacional en contraste con los aspectos civiles de la historia.

E. Guerras de Aniquilamiento

La consciencia cristiana, informada como lo es por el interés cuidadoso del Nuevo Testamento hacia la vida humana individual, se preocupa a veces con los relatos del Antiguo Testamento de guerras de exterminación y la "prohibición" o maldición sobre toda la población por lo que claramente se conceptuaba como la voluntad inmediata de Dios. Los eruditos conservadores del Antiguo Testamento no tienen escape de este dilema como lo tienen los pensadores liberales—que los hebreos en sus conquistas, atribuían a Dios lo que de hecho era su propio deseo de seguridad y un lugar debajo del sol.

El problema no es fácil y las respuestas tampoco lo son. Hugh J. Blair hace dos sugerencias dignas de notar:

1. La destrucción de los cananitas fue un castigo divino sobre el abandono moral y el casi indescriptible vicio de la sociedad pagana.

[Los israelitas] eran los instrumentos por los cuales Dios declaró juicio sobre la maldad del pueblo de la tierra. Así como había destruido a Sodoma y a Gomorra por el mismo tipo de corrupción indecible, sin la instrumentalidad de manos humanas, el usó también a los israelitas para castigar y desarraigar la depravación cancerosa de los cananitas. Y si en el mundo hubiera un verdadero gobierno moral, tal posibilidad triste de castigo y cirugía divina, en cualquier forma que se ejecutara, no quedaría excluida.[45]

En esta conexión, uno debe notar que la "prohibición" (*cherem,* traducida usualmente en "maldición") se consideraba que imponía un deber religioso sobre los vencedores y restringía el saqueo y los más terribles aspectos de las batallas de los tiempos. "Esto no era lascivia por botín o por sangre; era un deber divino que habría de cumplirse."[46]

2. La restricción era "profiláctica" por cuanto protegía la religión de los israelitas de infectarse con las abominaciones de los paganos. Por causa de la alta misión de Israel como vehículo de la verdadera revelación al mundo, era necesaria una acción drástica. Era la extracción de un tumor canceroso a fin de que el cuerpo que lo tenía pudiera vivir.[47]

No debería ser necesario agregar que los mandatos definidos de Dios de participar en tales conflictos religiosos nunca pueden usarse para justificar bajo ninguna consideración las guerras agresivas modernas. En este caso el Nuevo Testamento debe ser nuestro guía, no las generalizaciones basadas en ejemplos específicos en el Antiguo Testamento.

Capítulo 5

NOTAS BIBLIOGRÁFICAS

[1]"Genesis", *The New Bible Commentary,* ed. F. Davidson, A. M. Stibbs, y E. F. Kevan (Grand Rapids, Mich.: William B. Eerdmans Publishing Co., 1956), p. 80.

[2]Knight, *Christian Theology of the OT,* p. 142. Cf. Lehman, *Biblical Theology,* Lehman, 1:77-79.

³*The Word of God in History* (Butler, ind.: the Higley Press, 1953), p. 48.

⁴*NBC*, p. 89.

⁵*Book of the Acts of God*, p. 72.

⁶Donald G. Miller, *The People of God* (Naperville, Ill.: SCM Book Club, 1959), p. 46.

⁷*Book of the Acts of God*, p. 75.

⁸*NBC*, p. 90; cf. también Oehler, *Theology of the OT*, pp. 129-134; y con Everett F. Harrison, *A Short Life of Christ*, (Grand Rapids, Mich.: William B. Eerdmans Publishing Co., 1968), pp. 34-35.

⁹*Dawn of World Redemption*, p. 105.

¹⁰*Book of the Acts of God*, p. 77.

¹¹*Unity of the Bible*, *passim*.

¹²*When Israel Came out of Egypt* (Naperville, Ill.: SCM Book Club, 1961), pp. 116-117.

¹³Burney, *Outlines of OT Theology*, p. 49.

¹⁴Davidson, *Theology of the OT*, pp. 238-242.

¹⁵Burney, *Outlines of OT Theology*, *loc. cit.*

¹⁶Cf. George Mendenhall, *Law and Covenant in Israel and the Ancient Near East*; citado por Wright, *Biblical Archaeology*, pp. 56-57; y por *Book of the Acts of God*, pp. 89-91.

¹⁷*Bible Doctrine of Salvation*, p. 16.

¹⁸Smith, *loc. cit.*

¹⁹Kohler, *OT Theology*, p. 62.

²⁰*Ibid.*, p. 68.

²¹*Outline of OT Theology*, p. 141; cursivas en el original.

²²*Ibid.*, p. 256.

²³*People of God*, p. 44.

²⁴*Theology of the OT*, 1:76-77; cursivas en el original. Compárese con el tratado completo de Eichrodt, pp. 74-82.

²⁵Vriezen, *Outline of OT Theology*, p. 254.

²⁶Kohler, *OT Theology*, p. 202.

²⁷Miller, *People of God*, p. 49.

²⁸*Ibid.*, pp. 84-85.

²⁹*Bible Doctrine of Salvation*, pp. 78-79; compárese con *Faith of Israel*, Rowley, p. 95.

³⁰*OT Theology*, 2:65-68.

³¹Cf. Davidson, *Theology of the OT*, págs. 306-311.

³²*Through the Pentateuch Chapter by Chapter* (Grand Rapids Mich.: William B. Eerdmans Publishing Co., 1957), p. 108.

³³*Outline of OT Theology*, págs. 380-381; itálicas en el original.

³⁴Véase la declaración moderna de ello en S. I. McMillen, *None of These Diseases* (Westwood, N. J.: Fleming H. Revell Co., 1963).

³⁵*Christian Theology of the OT*, p. 231.

³⁶*Introduction to OT Theology*, p. 13. Se ha de observar, sin embargo, que en el caso de los muy pobres, se aceptaba una ofrenda de comida en lugar de sangre (Lv. 5:11).

³⁷"Leviticus", *NBC*, p. 135. Compárese con *Theology of the OT*, MacKenzie, pp. 37-57.

³⁸*Theology of the OT*, pp. 324-27.

[39]Compárese con *Outline of OT Theology,* Vriezen, pp. 265-266; Eichrodt, *Theology of the OT,* 1:435-436.

[40]Kohler, *OT Theology,* p. 164.

[41]*Book of the Acts of God,* p. 110.

[42]*Ibid.*

[43]"Judges," *NBC,* p. 237.

[44]Alan Richardson, *An Introduction to the Theology of the New Testament* (Nueva York: Harper and Brothers, 1959), p. 272.

[45]"Joshua," *NBC,* p. 224.

[46]*Ibid.*

[47]*Ibid.* Compárese con *Biblical Theology,* Lehman, 1:176.

Sección Dos

Devoción y Deber

El Lado Humano de la Salvación

6

La Etica del Antiguo Testamento

Siguiendo al Pentateuco y los escritos históricos en nuestro Antiguo Testamento, hay un material conocido como la literatura poética y de la sabiduría: Job, Salmos, Proverbios, Cantar de los Cantares y Eclesiastés. Hay diferencias significativas entre estos libros, pero todos representan lo que pudiera llamarse el aspecto personal de la fe de Israel comparado con sus aspectos histórico e institucional. El énfasis es devocional y ético. Tiene que ver con los principios más duraderos de la religión bíblica y con algunos de los perennes problemas de la mente humana. Aquí está el lado humano de la salvación.

I. La Naturaleza de la Sabiduría

La literatura de la sabiduría del Antiguo Testamento consiste en los libros de Job, Proverbios y Eclesiastés. A éstos deben agregarse algunos salmos clasificados generalmente como "salmos de la sabiduría" (1; 19; 37; 49; 73; 112; 119; 127—128; 133). La sabiduría hebrea se reconoce en la Biblia como parte del todo completo: "La sabiduría de Salomón sobrepasaba la sabiduría de todos los pueblos del oriente, y toda la sabiduría de Egipto. El era más sabio que todos los demás, más sabio que Etán esraíta, y que Hemán, Calcol y Darda, hijos de Mahol" (1 R. 4:30; ver Abd. 8 y Jer. 49:7).

J. C. Rylaarsdam condensa los puntos esenciales de acuerdo entre sabios maestros del antiguo Medio Oriente: (1) La convicción de que la existencia es fundamentalmente racional y moral; (2) el sentimiento seguro de que el hombre es una creatura en un mundo moral y racional a la vez; (3) como resultado, a veces se notaba el pesimismo y la preocupación; pero (4) nunca prevalecieron ni el desaliento ni la irresponsabilidad moral.[1] Sin embargo, en Israel especialmente, la sabiduría se centralizaba en un Dios verdadero y viviente, y se consideraba que venía de parte de El, de ahí su revelación directa.[2]

A. "El Sabio"

El Antiguo Testamento reconocía una clase distinta, o un grupo *elite* de maestros conocidos como "los sabios" *(chakhamim),* quienes transmitían su sabiduría de generación a generación (Pr. 1:6; 22:17; 24:23; Ec. 9:17; 12:11; Is. 29:14; Jer. 8:8 sig.; 18:18; Ez. 27:8-9). Así que juntamente con las funciones de sacerdote y profeta, el Antiguo Testamento habla de la obra del sabio o de la sabiduría del maestro. Todos los tres grupos existían juntos y con énfasis diferentes comunicaban la voluntad y propósito de Dios para su pueblo.[3]

Los sabios o adivinos del Antiguo Testamento estaban fundamentalmente de acuerdo con los sacerdotes y profetas. "Podían sentarse donde la gente ordinaria se sentaba y por ello 'dividían en partes pequeñas' el mensaje sublime de los profetas para que la verdad lograra entrar por las puertas más bajas. Eran intermediarios religiosos y hacían más fácil la palabra profética al hombre de la calle."[4] De la misma manera, aunque los sabios poco decían acerca del ritual, se creía que su sabiduría tenía la validez de adoración divina tal como se llevaba a cabo en el templo y en la sinagoga.

El tema de la literatura de la sabiduría se deletrea en Proverbios, que es el libro típico: "El temor de Jehová es el principio de la sabiduría" (Pr. 9:10; ver 1:7; 15:33). "Principio" *(reshith)* significa aquí "fundamento" o "elemento primario." "El propósito de los magos era demostrar que la religión se interesaba en la totalidad de la vida del hombre y que incluía una entrega total... La vida toda habría de ser integrada en su servicio y todos los aspectos no redimidos de la vida habrían de traerse en relación con la esfera religiosa."[5]

B. Características de la Sabiduría Hebrea

Lo que la Biblia contiene acerca de filosofía se encuentra principalmente en los libros de la sabiduría. No es la filosofía analítica del racionalismo griego; es el conocimiento suscinto que resulta de la intuición y del reflexionar iluminado sobre el significado de la vida. La filosofía hebrea era más bien intuitiva que especulativa. Como tal, se interesaba en transmitir los "dichos" tradicionales y las máximas populares que cristalizaron las costumbres de los tiempos antiguos. Era una reflexión sobre "los misterios de la experiencia humana" practicada por los humanos "quienes eran muy sensibles al impacto de los hechos últimos del pecado, la tristeza y la muerte."[6]

Muy distinguible en la sabiduría hebrea está también la convicción de que el hombre no descubre la sabiduría; Dios la da. La Fuente principal de la sabiduría es divina. Se habla de la sabiduría en tal forma como para indicar que es casi un ser independiente, intermediario entre Dios y su creación, preexistente y participando con Dios en la obra de la creación (Pr. 8—9; ver 8:27-31). Edgar Jones llega hasta el grado de sugerir que la Sabiduría en Proverbios 8 juega el mismo papel que el Logos en Juan 1:1-18 y que contiene el germen del desarrollo de los conceptos trinitarianos del monoteísmo judío.[7]

II. EL IDEAL ÉTICO

El Antiguo Testamento sostiene en equilibrio cuidadoso las verdades contrastables de que el hombre vive en comunidad, y que es responsable individualmente de sus escogimientos y acciones. Ambas intuiciones han de tener el énfasis apropiado si ha de entenderse la ética del Antiguo Testamento. Aunque había una tendencia en el período del reino tribal y primitivo de recalcar la "personalidad corporativa" de la gente, la idea de responsabilidad personal nunca dejó de estar presente. Ni los profetas posteriores—particularmente Jeremías y Ezequiel, con su fuerte énfasis sobre el individuo— olvidaron jamás que cada hombre está implicado en la vida de la comunidad en forma tal que no puede escapar.

Para el pensamiento moderno, el problema descansa en entender cómo los individuos crean una verdadera comunidad. Para el hombre bíblico, la situación era precisamente lo opuesto. Su cuestión no era en relación con la creación de la comunidad. La comunidad con la que habría de principiar, le era "dada." El problema era "la emergencia dentro de la comunidad de individuos con valores personales y responsabilidad personal."[8]

La ley misma fue comunicada a los individuos así como a la nación (e.g. los Diez Mandamientos).[9] No obstante, la piedad y responsabilidad ética individual viene a ser el punto focal en los libros proféticos y de la sabiduría.[10]

La ética bíblica encuentra su expresión básica en el contenido moral de la ley. En la Biblia, la teoría ética nunca se ve desde el punto de vista humanístico. La fuente del bien del hombre descansa en la naturaleza de Dios, no en la naturaleza del hombre como su fuente última. La rectitud, la justicia, la misericordia y la bondad no son abstracciones aparte de la voluntad de Dios, ni tampoco el resultado de los impulsos internos. Son respuestas a las direcciones de arriba. Esto se expresó en el *dictum* ya citado como el fundamento de la sabiduría de la vida: "El temor de Jehová es el principio de la sabiduría" (Pr. 1:7; ver Job 28:28; Pr. 9:10).

Edmond Jacob escribió:

> Si la naturaleza del hombre puede definirse por el tema de la imagen de Dios, su función puede considerarse como una imitación de Dios. Esto involucra una doble obligación para el hombre, pudiéramos llamarla una doble perspectiva: un ojo hacia Dios y el otro hacia el mundo. El Antiguo Testamento repite tanto una piedad en que la comunión con Dios alcanza una intensidad elevada (Salmos 73) como un realismo que se encuentra en la base de una gran parte de la legislación social.[11]

Esta mezcla de religión y ética en la Biblia es única en tiempos antiguos. La "Sabiduría de Amen-em-ope," un autor que se creía que había vivido en Egipto entre el 1500 y el 1300 A.C., contiene muchas de las mismas enseñanzas éticas que se encuentran en el Libro de los Proverbios y la literatura de la sabiduría del Antiguo Testamento. Pero las motivaciones están completamente separadas.

No puede decirse que las máximas de Amen-em-ope carezcan completamente de sentimiento religioso. No obstante, las sanciones a las que se relacionan se limitan a lo pragmático y prudencial. Son humanísticas más bien que teístas. Una de las limitaciones de Amen-em-ope sobre la honestidad es "no pongas más peso en la balanza, ni falsifiques los pesos, ni eches a perder las fracciones de la medida" (cap. 16). Un cierto paralelo en Proverbios dice, "Pesa falsa y medida falsa, ambas cosas son abominación a Jehová" (20:10). W. A. Rees Jones y Andrew F. Walls comentan, "Eso es lo que establece totalmente la diferencia."[12]

A. Conducta Personal

Job y el Libro de los Proverbios condensan la enseñanza del Antiguo Testamento acerca de las normas para la ética personal.

1. Job 31 ha sido llamado "la marca hasta donde llegó el agua de la ética del Antiguo Testamento."[13] Está en la forma de un "juramento de purgación" o "juramento de inculpabilidad" en que un acusado apelaría a Dios so pena de recibir él mismo un castigo en caso de ser hallado en mentira, para vindicar su inocencia. H. Wheeler Robinson escribió que este capítulo "debería ser estudiado cuidadosamente por quienes deseen saber cuáles eran los ideales éticos de los hebreos... Se ha dicho con propiedad que 'si queremos un sumario de deberes morales del Antiguo Testamento, sería mejor encontrarlo en el soliloquio de Job al apartarse de sus amigos y pasar revista a su vida anterior, antes que en los Diez Mandamientos.'"[14] Al pasaje "se le ha llamado 'El Sermón del Monte del Antiguo Testamento,' pues nos recuerda las enseñanzas de Jesús. ¡En ningún lugar del Antiguo Testamento tenemos una declaración de puntos de vista éticos más elevados!"[15]

Los ideales expresados en Job 31 incluyen pureza sexual (vrs. 1-4, 9-12), veracidad (vrs. 5-6), integridad (vrs. 7-8), corrección en el trato de subordinados (vrs. 13-15), compasión y caridad hacia los pobres e indefensos (vrs. 16-23, 31-32), independencia de mente con respecto a posesiones materiales (vrs. 24-25), magnanimidad hacia los enemigos personales (vrs. 29-30), franqueza en la confesión de malas obras (vrs. 33-34), y honradez en los negocios (vrs. 38-40).

2. El Libro de Proverbios tiene también mucho que decir acerca de la conducta personal. Aunque en los Proverbios hay ética social y de la comunidad, tal como notaremos en la siguiente sección, el énfasis es sobre el individuo antes que sobre la comunidad. Prueba de esta contención podrá verse en que el término "Israel" no ocurre una sola vez, en tanto que la palabra "humanidad" *(adam)* se usa 33 veces.[16]

La conducta personal, no la experiencia religiosa es el asunto principal de Proverbios. "La sabiduría y conocimiento de los cuales 'los sabios' están para discurrir, no tienen que ver principalmente con lo que llamamos 'la vida interna'; tienen que ver principalmente con la conducta. El hombre sabio profesa enseñar la más difícil de las lecciones, cómo dominar con maestría los secretos, satisfacer los deberes, y vencer las tentaciones que todos confrontan en la vida actual."[17]

Las características del hombre bueno son muy similares a la lista que se encuentra en Job 31:

a. Honradez—"El peso falso es abominación a Jehová; mas la pesa cabal le agrada" (11:1); "Pesas diferentes y medidas diferentes (según dice la versión inglesa Moffatt), "el Eterno las abomina": (20:10 Moff.; ver también 1:10-19; 15:27; 16:11; 20:14, 23).

b. Integridad—"La integridad de los rectos los encaminará; Pero destruirá a los pecadores la perversidad de ellos" (11:3); "Mejor es el pobre que camina en integridad, Que el de perversos labios y fatuo" (19:1; ver 11:3; 20:7). *Integridad* es el término castellano en que se traduce la raíz hebrea, *tam,* "entero, perfecto, completo."

c. Veracidad—uno de los más importantes tópicos de Proverbios—"Aparta de ti la perversidad de la boca, Y aleja de ti la iniquidad de los labios" (4:24); "El que habla verdad declara justicia; Mas el testigo mentiroso, engaño. Hay hombres cuyas palabras son como golpes de espada; Mas la lengua de los sabios es medicina. El labio veraz permanecerá para siempre; mas la lengua mentirosa sólo por un momento" (12:17-19; ver 6:19; 10:13, 18-21, 31-32; 11:9, 13; 12:6, 13-14; 13:5; 14:5, 25; 15:2, 4, 28, *passim*).

d. Humildad—"El temor de Jehová es aborrecer el mal; La soberbia y la arrogancia, el mal camino, Y la boca perversa, aborrezco" (8:13); "El temor de Jehová es enseñanza de sabiduría; Y a la honra precede la humildad" (15:33); y por supuesto el pasaje familiar "Antes del quebrantamiento es la soberbia, y antes de la caída la altivez de espíritu" (16:18; ver también 11:2; 13:10; 15:25; 16:5, 19; 18:12; 21:4, 24; 26:12).

e. Sobriedad—"El vino es escarnecedor, la sidra alborotadora, Y cualquiera que por ellos yerra no es sabio" (20:1).

> *¿Para quién será el ay? ¿Para quién el dolor?*
> *¿Para quién las rencillas? ¿Para quién las quejas?*
> *¿Para quién las heridas de balde?*
> *¿Para quién lo amoratado de los ojos?*
> *Para los que se detienen mucho en el vino,*
> *Para los que van buscando la mistura.*

> *No mires al vino cuando rojea,*
> *Cuando resplandece su color en la copa.*
> *Se entra suavemente;*
> *Mas al fin como serpiente morderá,*
> *Y como áspid dará dolor* (23:29-32).

Ver también 23:20-21, 33-35.

f. Prudencia—la virtud de sagacidad, sentido común y criterio sano—reciben una calificación alta en Proverbios—"El hombre cuerdo encubre su saber; Mas el corazón de los necios publica la necedad" (12:23); "La ciencia del prudente está en entender su camino; mas la indiscreción de los necios es engaño" (14:8; ver también 6:1-5; 11:15; 13:16; 15:5; 16:20; 18:13, 15; 20:16; 21:20; 22:3).

g. La pureza sexual recibe alabanza en los más elocuentes pasajes de Proverbios.

> Porque los labios de la mujer extraña destilan miel,
> Y su paladar es más blando que el aceite;
> Mas su fin es amargo como el ajenjo,
> Agudo como espada de dos filos (5:3-4).

"El proceder de la mujer adúltera es así: Come y limpia su boca Y dice: No he hecho maldad" (30:20; ver 2:16-19; 5:5-20; 6:23-35; 7:4-27; 9:13-18; 12:4; 23:27-28).

h. Liberalidad—"Hay quienes reparten, y les es añadido más; Y hay quienes retienen más de lo que es justo, pero vienen a pobreza. El alma generosa será prosperada; y el que saciare, él también será saciado" (11:24-25; ver 21:26; 22:9).

i. Dominio propio—especialmente el control de la palabra y del espíritu—"El que guarda su boca guarda su alma; Mas el que mucho abre sus labios tendrá calamidad" (13:3); "Mejor es el que tarda en airarse que el fuerte; Y el que se enseñorea de su espíritu, que el que toma una ciudad" (16:32; ver 14:17, 29; 17:28; 19:19; 21:17, 23; 25:28; 29:11).

j. Laboriosidad, es, como veracidad, un tema principal—"El alma del perezoso desea, y nada alcanza; mas el alma de los diligentes será prosperada" (13:4); "Pasé junto al campo del hombre perezoso, Y junto a la viña del hombre falto de entendimiento; Y he aquí que por toda ella habían crecido los espinos, ortigas habían ya cubierto su faz, y su cerca de piedra estaba ya destruida. Miré, y lo puse en mi corazón; lo vi, y tomé consejo. Un poco de sueño, cabeceando otro poco, Poniendo mano sobre mano otro poco para dormir;—así vendrá como caminante tu necesidad, Y tu pobreza como hombre armado" (24:30-34; ver 6:6-11; 10:4-5, 26; 12:11, 24, 27; 14:23; 15:19; 16:26; 18:9; 19:15, 24; 20:4, 13; 21:5, 25; 26:13-15).

k. Compasión por los que están en necesidad y aun hacia los enemigos de uno—"No te niegues a hacer el bien a quien es debido, Cuando tuvieres poder para hacerlo" (3:27); "A Jehová presta el que da al pobre, Y el bien que ha hecho, se lo volverá a pagar" (19:17); "Si el que te aborrece tuviere hambre, dale de comer pan, Y si tuviere sed, dale de beber agua; porque ascuas amontonarás sobre su cabeza, y Jehová te lo pagará" (25:21-22; ver 3:31; 11:17; 12:10; 14:31; 16:6; 17:5; 21:13; 28:27).

l. Justicia, equidad—"Hacer justicia y juicio es a Jehová Más agradable que sacrificio" (21:3; ver 3:29; 17:26; 18:5; 21:7).

m. Pacificación—vivir en armonía con los compañeros de uno—es otra virtud primaria para el hombre bueno en Proverbios—"No tengas pleito con nadie sin razón, Si no te han hecho agravio" (3:30); "El carbón para brasas, y la leña para el fuego; Y el hombre rencilloso para encender contienda" (26:21; ver 11:29; 12:16; 15:1, 18; 16:14, 24, 28; 17:1, 14, 19; 18:19; 20:3; 21:14).

Aunque los sabios dieron en detalle los deberes prácticos, quedó para uno de los profetas el dar el gran sinopsis del Antiguo Testamento en referencia a la ética religiosa individual: "Oh hombre, él te ha declarado lo que es bueno, y qué pide Jehová de ti: solamente hacer justicia, y amar misericordia, y humillarte ante tu Dios" (Mi. 6:8).

Más se dirá después acerca de la libertad del hombre sobre escogimiento ético. Será suficiente observar aquí que el Antiguo Testamento da por sentado el que un hombre viva en tal forma que cumpla los requisitos de la ley de Dios tanto en su propio carácter y conducta como en la comunidad. "El hecho mismo de que los líderes sobre ética en Israel—los profetas, los sabios, y los legisladores—incitaran al pueblo a obrar el bien, demuestra su creencia en su posibilidad."[18]

B. Etica Social

El énfasis del Antiguo Testamento sobre la comunidad o la ética social se mueve alrededor de dos puntos focales: la institución de la familia y el hogar; y la justicia en el ejercicio de autoridad civil.

1. Los escritores de la sabiduría, especialmente en Proverbios, exaltan el matrimonio y la vida de hogar. "El que halla esposa halla el

bien, Y alcanza la benevolencia de Jehová" (Pr. 18:22). Cierto que la vida hogareña pudiera ser menos que ideal: "Dolor es para su padre el hijo necio, Y gotera continua las contiendas de la mujer. La casa y las riquezas son herencia de los padres; Mas de Jehová la mujer prudente" (19:13-14; ver 21:9, 19). No se ha rendido mejor tributo a las mujeres como amas de casa que el poema alfabético que está al fin de la sección de Proverbios (31:10-31).

La instrucción de los hijos es fundamental a la vida de hogar. Esto se ha escrito sobre la naturaleza misma del pacto y las leyes que lo sostienen: "Y estas palabras que yo te mando hoy, estarán sobre tu corazón; y las repetirás a tus hijos, y hablarás de ellas estando en tu casa, y andando por el camino, y al acostarte, y cuando te levantes" (Dt. 6:6-7; ver 4:9-10; 11:18-21; 32:46-47; *passim*).

Por tanto la instrucción de los hijos es un tema principal en Proverbios: "Instruye al niño en su camino, Y cuando fuere viejo no se apartará de él" (22:6); "La vara y la corrección dan sabiduría; mas el muchacho consentido avergonzará a su madre" (29:15; ver 13:24; 19:18; 23:13-14, 24-25).

Por su parte, los hijos han de tener respeto para sus padres: "Al que maldice a su padre o a su madre, Se le apagará su lámpara en oscuridad tenebrosa" (20:20); "Oye a tu padre, a aquel que te engendró; Y cuando tu madre envejeciere, no la menosprecies" (23: 22. ver 19:26).

Bajo ciertas condiciones se había hecho provisión en la "segunda ley" para el divorcio (Dt. 24:1-4). No obstante, el Antiguo Testamento deja entrever y Jesucristo lo declaró más tarde (Mt. 19:3-9), que esta provisión se apartaba del propósito de Dios respecto al matrimonio: "... Jehová ha atestiguado entre ti y la mujer de tu juventud, contra la cual has sido desleal, siendo ella tu compañera, y la mujer de tu pacto... Guardaos, pues, en vuestro espíritu, y no seáis desleales para con la mujer de vuestra juventud. Porque Jehová Dios de Israel ha dicho que él aborrece el repudio, y al que cubre de iniquidad su vestido, dijo Jehová de los ejércitos. Guardaos, pues, en vuestro espíritu, y no seáis desleales" (Mal. 2:14-16).

2. **La justicia hacia los pobres y oprimidos** era una demanda mayor sobre los gobernantes—reyes, príncipes, jueces y ricos. Entre los profetas, Amós fue incansable en sus denuncias de quienes esclavizaban al pobre y explotaban al débil (2:6-7; 4:1; 5:11-12; 8:5).

Aquellos antes quienes los necesitados habrían de acudir pidiendo ayuda se corrompían con el cohecho (Mi. 3:11). Otto Baab comenta:

> En todos estos agudos clamores proféticos hay un vestigio de una visión social magnificente. En ellos se tipifica la venida de la justicia para el inocente y la ayuda para los pobres, la corrección personal y responsabilidad social de los ricos, de honor y buena fe para los jueces, de honradez de los comerciantes, y de un sentido de integridad para los comisionistas en casas. Cuando la justicia venga, los que detentan el poder por causa de su riqueza y posición la usarán con un alto sentido de obligación al bien común. Los líderes religiosos, sean profetas, o sacerdotes, o maestros, usarán su oficio eclesiástico de una manera generosa para adelantar los buenos propósitos de Dios en el mundo y evitar maniobras en favor de ganancias o ventajas personales. Y los laicos no usarán las fórmulas ni las observancias formales de la religión como substitutos a la obediencia ética a la ley moral.[19]

III. SOBERANÍA DIVINA Y LIBERTAD HUMANA

El Antiguo Testamento da por hecho que la conducta recta es cosa que el hombre puede observar porque está en su poder hacerlo. Puede arrepentirse, lavar sus manos de la sangre de la violencia, ayudar a la viuda y al huérfano, substituir la justicia a favor del derramamiento de sangre, y modelar su vida de manera de agradar a su Dios.

Así como la Biblia equilibra los aspectos colectivo e individual de la vida humana, equilibra también la soberanía de Dios con la libertad del hombre. La voluntad soberana de Dios establece los límites y consecuencias del escogimiento humano. Pero dentro de esos límites y a la luz de esas consecuencias, esa misma soberanía garantiza la responsabilidad del escogimiento del hombre.[20]

La soberanía de Dios no es arbitraria. Dios hace lo que a El le place, pero lo que El desea es recto y moralmente bueno.[21] Tanto la soberanía de Dios como la responsabilidad del hombre se reconocen claramente en el Antiguo Testamento por los escritores del Antiguo Testamento. Schultz escribe:

> El aspecto más difícil de esta cuestión es comprender la relación de la actividad divina a los seres personales conscientes de sus propias acciones. La piedad demanda tal énfasis en la acción de Dios que lógicamente le quitaría al hombre su libertad. Por el otro lado, la consciencia moral, demanda una libertad que, vista de por

sí, exluye toda cooperación y orden divino. Puede ser imposible que la filosofía resuelva esta contradicción, basada, tal como está, en la incapacidad del pensamiento finito para comprender una actividad divina que opera en forma diferente a todo lo demás en este mundo presente. Pero el Antiguo Testamento nada sabe acerca del golfo o distanciamiento—o diremos, de toda esta dificultad—como lo es invariablemente en el caso de la fe sencilla. Se aferra al precepto moral. El énfasis que da al deber moral y la providencia que da a la responsabilidad que cada uno tiene para su propio destino, lo comprueban claramente.[22]

Lo que no se expresa en palabras claras se da por sentado en todo el Antiguo Testamento. A los hombres se les manda escoger. Se les trata como responsables moralmente. Aunque su libertad es una libertad dentro de ciertas limitaciones, y los límites son dictados por la voluntad divina, la libertad dentro de esos límites es real. Albert C. Knudson escribió: "Si los hebreos hubieran creído necesario escoger entre la libertad humana y la soberanía divina, es posible que su escogimiento haya descansado en ésta. Pero a su mente no se le confrontó esta necesidad."[23]

A. El Simbolismo de Soberano y Vasallos

Aun cuando no había intención de reconciliar los términos de la paradoja, el concepto que los hebreos tenían de Dios nos ayuda. El que Dios es Rey aun cuando su gobierno no sea reconocido (2 Cr. 20: 6; Sal. 22:28) es un hecho que se menciona 50 veces en el Antiguo Testamento, más frecuentemente en los Salmos (5:2; 44:4; 68:24; 74:12; 84:3; 98:6; 145:1; ver 1 S. 12:12; Is. 33:22; 43:15; Ez. 20:33). Aunque Dios es particularmente Rey de Israel, en realidad su gobierno es mundial: "Tuya es, oh Jehová, la magnificencia y el poder, la gloria, la victoria y el honor; porque todas las cosas que están en los cielos y en la tierra son tuyas. Tuyo, oh Jehová, es el reino, y tú eres excelso sobre todos. Las riquezas y la gloria proceden de ti, y tú dominas sobre todo" (1 Cr. 29:11-12; ver Dn. 2:44; 4:31, 34).[24]

El monarca oriental era un soberano absoluto. Sin embargo, con frecuencia tenía que tratar con vasallos rebeldes. La soberanía no se concebía en la forma en que un marioneta mueve a sus títeres, o un mecánico un robot, sino en forma de un rey con sus súbditos. El gobernante que puede dominar la rebelión y ganarse el amor y la lealtad de su pueblo es mejor y verdaderamente soberano que el que controla a sus títeres.[25]

B. Libertad y Responsabilidad

La soberanía de Dios es tal que El usa los escogimientos libres y responsables de los hombres para ejecutar sus propósitos en la vida humana. Un ejemplo de esto, en los principios, se encuentra en la historia de José. Cuando José se dio a conocer a sus hermanos, les dijo refiriéndose a la traición que ellos habían cometido: "Vosotros pensasteis mal contra mí, mas Dios lo encaminó a bien, para hacer lo que vemos hoy, para mantener en vida a mucho pueblo" (Gn. 50:20).

En la confrontación que Faraón tuvo con Moisés hizo lo que él personalmente quería al endurecer su corazón (Ex. 8:15, 32; 9:34). Como resultado, se dijo que el corazón de Faraón "se había endurecido" (7:14, 22; 8:19; 9:7, 35) y que "Dios endureció" el corazón de Faraón (7:3; 9:12; 10:1, 20, 27; 14:4, 8). Estas son tres formas de describir el mismo hecho. Pero Dios dijo que usaría la decisión de Faraón "para mostrar... mi poder, y para que mi nombre sea anunciado en toda la tierra" (Ex. 9:16).

Los asirios fueron víctimas de su propia ambición por poder y saqueos, y sus escogimientos fueron conscientemente los suyos propios (Is. 10:7). No obstante, fueron la vara de castigo de la ira de Dios, el hacha y el serrucho en su mano, llevando a cabo sus propósitos morales en la historia de Israel (vrs. 5-6, 12, 15).

"La ira del hombre" es ira del hombre mismo, y él es completamente responsable de sus resultados. A la vez, el Dios soberano hace que esa ira le "alabe" (derivada de la raíz hebrea que también significa "confiese" o "sirva") (Sal. 76:10).

Pasajes como éstos han sido interpretados en favor de una soberanía arbitraria de parte de Dios aplicada sin respeto al escogimiento humano. Estos, juntamente con expresiones similares en el Nuevo Testamento, describen más bien "la ley del hábito—la ley de que un hombre bueno mejora y que un hombre malo empeora cuando ejercita su escogimiento correcto o equivocado—y esta es una ley que Dios *ha impuesto* sobre el hombre."[26] De la misma manera, la parábola actuada del alfarero y el barro (Jer. 18:1-6) demuestra sencillamente que Dios puede rehacer a un pueblo desobediente—de otra manera el alfarero hubiera dejado la vasija como estaba: echada a perder.[27]

C. Dios Es Señor de Todo

Que Dios es el Señor soberano "*es la declaración fundamental en la teología del Antiguo Testamento*... Todo lo demás deriva de ello."[28]

Es por eso que la relación entre Dios y el hombre en la Biblia *"es la relación entre mandamiento y obediencia.* Es una relación de voluntades: la sujeción del gobernado a la voluntad del gobernante."[29]

Leon Roth explicó que ha sido costumbre hablar de la relación entre Dios y el hombre como si fuera un diálogo. Al menos debe reconocerse que el "diálogo" no es la conversación vana de una ocasión social. "Es más bien un llamado, un llamado a dar cuenta; y resulta curioso observar, por el relato, cómo algunos de los que han sido llamados, sintieron terror y sufrimiento, en tanto que otros, por varias razones, trataron de evadirlo."[30]

En el ejercicio de su soberanía, ha de notarse que Dios permite lo que no es necesariamente en cumplimiento de su propósito. Permite lo que no intenta hacer El. Mas aun el mal que Dios permite no es "incontrolable." Está bajo su dominio. La convicción expresada por San Pablo en Romanos 8:28 resulta cierta respecto a los escritores del Antiguo Testamento: "Y sabemos que a los que aman a Dios, todas las cosas les ayudan a bien, esto es, a los que conforme a su propósito son llamados."

Capítulo 6

NOTAS BIBLIOGRÁFICAS

[1]*Revelation in Jewish Wisdom Literature* (Chicago: The University of Chicago Press, 1946), pp. 14-15).

[2]F. F. Bruce y Francis Davidson, "The Wisdom Literature of the Old Testament", *NBC,* p. 43.

[3]Compárese con Edgar Jones, *Proverbs and Ecclesiastes,* "Torch Bible Commentary" (Nueva York; The Macmillan Co., 1961), p. 31.

[4]John Paterson, *The Wisdom of Israel: Job and Proverbs* (Nashville: Abingdon Press, 1961), pp. 57-58.

[5]*Ibid.,* pp. 56-57.

[6]Jones, *Proverbs and Ecclesiastes,* p. 28.

[7]*Ibid.,* p. 44.

[8]Kohler, *OT Theology,* p. 161.

[9]Véase cap. 6, III, A, "Individualism and Collectivism".

[10]Compárese con Vriezen, *Outline of OT Theology,* p. 324; Baab, *Theology of the OT,* p. 72.

[11]*Theology of the OT,* p. 173.

[12]*NBC,* p. 516.

[13]*Ibid.,* p. 403.

[14]*The Cross in the Old Testament* (Filadelfia: The Westminster Press, 1955), p. 30.

[15]William B. Ward, *Out of the Whirlwind* (Richmond, Va.: John Knox Press, 1958), p. 76.

[16]Jones, *Proverbs and Ecclesiastes*, pp. 44-45.

[17]W. T. Davidson, *The Wisdom Literature of the Old Testament* (Londres: Charles H. Kelly, 1894), p. 133.

[18]Baab, *Theology of the OT*, p. 69.

[19]*Ibid.*, pp. 71-72.

[20]Cf. E. L. Cherbonnier: "El argumento que más se esgrime en favor de la predestinación consiste en que, si el hombre fuera libre, le restaría mérito a la majestad de Dios. Cualquier defensa de la libertad se condena automáticamente a sí misma a un atentado presuntuoso de usurpación de las prerrogativas divinas. Pero ¿qué si [Dios] deseara crear individuos independientes de El mismo y capaces de responder libremente a El? Dentro de los términos del argumento bajo consideración, tendría que pedirle permiso antes al teólogo... ¡Y se le negaría tal permiso!"—*Hardness of Heart*. A Contemporary Interpretation of the Doctrine of Sin. Christian Faith Series. Reinhold Niebuhr, ed. consultor (Garden City, N. Y.: Doubleday and Co., Inc., 1955), p. 37.

[21]Davidson, *Theology of the OT*, pp. 130-132.

[22]*OT Theology*, 2:196.

[23]*The Religious Teaching of the Old Testament* (Nueva York: Abingdon-Cokesbury Press, 1918), pp. 237-238.

[24]Cf. Kohler, *OT Theology*, p. 31; y Eichrodt, *Theology of the OT*, 1:199.

[25]Cf. Smith, *Bible Doctrine of Man*, pp. 25-27.

[26]*Ibid.*, p. 27.

[27]*Ibid.*, p. 26.

[28]Kohler, *OT Theology*, p. 30; importancia o fuerza original.

[29]*Ibid.;* importancia o fuerza original.

[30]*God and Man in the Old Testament* (Nueva York: The Macmillan Co., 1955), p. 19.

7

Conceptos Profundizantes del Pecado y del Sufrimiento Humano

La acentuada sombra del pecado oscureció la vida humana después de la Caída. Esto se nota con frecuencia en los más antiguos libros del Antiguo Testamento. Sin embargo, el concepto del pecado se intensifica inmensurablemente en los escritos posteriores. Las primeras referencias se hicieron en términos de actos específicos y sus consecuencias. Más tarde, se desenvuelve un extenso vocabulario.

Hay muchos términos bíblicos para el mal moral, pero todos convergen en un concepto: "Desobedecer a Dios es pecar."[1] Ryder Smith escribió: "Son numerosos los términos que en hebreo denotan 'mal'—más numerosos que los términos que denotan 'bien', pues en tanto que hay sólo una manera de hacer lo correcto, hay muchas formas de hacer el mal."[2]

Debe recordarse que bien y mal son términos personales. Son cualidades y actos de individuos, no de abstracciones con existencia independiente. H. H. Rowley escribió: "Sólo la bondad es eterna, porque Dios es bueno, y sólo El existe desde la eternidad. Su correlativo, mal, principió a existir en la primera persona mala que se opuso a la voluntad de Dios, y continúa en personas malignas mientras tanto sigan existiendo personas malas. Nada hay aquí que amenace al monoteísmo, o nuestro deseo filosófico de unidad última."[3]

I. El Pecado en la Conducta

Ryder Smith hace una clasificación provechosa de los vocablos para pecado en el Antiguo Testamento. Los divide en tres categorías: términos genéricos, metáforas, y términos de contraste moral.[4]

A. Términos Genéricos

Hay términos genéricos principales para el mal moral en el Antiguo Testamento.

1. El primero es *ra* con sus derivados y que se usa como 800 veces. *Ra* es amplio en significado como "malo" es en castellano. La versión de Valera usa un total de 33 términos diferentes para traducir *ra,* incluyendo adversidad, aflicción, malo, calamidad, mal (444 veces), tristeza, daño, herida (20 veces), travesura (22 veces), dificultad, maligno (31 veces), malignidad (54 veces), y equivocado o incorrecto.

Ra puede usarse en relación con todo lo que es dañino, sea en un sentido moral o non-moral. En el sentido non-moral, las Escrituras hablan de una "mala bestia" (Gn. 37:20), "mal" o "mala yerba" (2 R. 4:41); e "higos malos" (Jer. 24:8). En un sentido moral, se aplicó primero a Er que "fue malo ante los ojos de Jehová" (Gn. 38:7), y es particularmente prominente en la literatura poética y de la sabiduría (e.g. Job 1:1; 42:11; Sal. 23:4; 34:13-14; 51:4; Pr. 8:13).

2. *Rasha* es otro término cuyo significado genérico es mal. *Rasha* y sus derivados ocurre aproximadamente 350 veces. Se traduce en "malvado" o "malignidad" más de 300 veces. En tanto que *ra* ocurre frecuentemente en un sentido nonmoral, *rasha* siempre lleva consigo el significado de mal moral. Cuando se usa en relación con una persona, su significado literal es, "uno que ha sido probado culpable de lo que se le acusa."[5]

Rasha se usa tanto para aquellos que hacen mal a alguien como para quienes hacen mal contra Dios (Ex. 2:13; Sal. 9:16). Se usa en relación con acciones individuales, y en sentido colectivo para gente de carácter pecaminoso. Los enemigos de Dios son *rasha,* "los malvados." El hombre malvado es lo opuesto del hombre justo (e.g. Sal. 1)—el que rehusa vivir de acuerdo con la ley de Dios.[6]

3. Un tercer término genérico, *asham,* ocurre como 100 veces. De éstas, 35 se refieren a una cierta clase de sacrificio y se traducen en "ofrenda de transgresión" u "ofrenda de culpa"—textos que por lo general se refieren al ritual en Levítico, Números y Ezequiel.

Asham de por sí, generalmente significa "culpa, culpable" y también se traduce en "transgredir," "defectuoso," "desolado," y "ofender." La idea esencial es teológica—la de ser culpable delante de Dios (Sal. 68:21; 34:22).

B. Metáforas

Una segunda clase de términos en el Antiguo Testamento para mal incluye palabras usadas como metáforas. Para fines de conveniencia, las metáforas también se pueden dividir en tres grupos.

1. El primer grupo de metáforas son palabras cuyo significado literal es "errar, desviarse, o errar al blanco." Pueden usarse negativamente, en el sentido de error; o positivamente, en sentido de un acto voluntario y culpable.

a. La metáfora más común para "errar al blanco" es *chata.* Es casi equivalente exacto a *hamartano* en el Nuevo Testamento— "errar al blanco." Significa "perder el camino correcto, (el seguir) lo opuesto de una trayectoria recta."[7]

Chata se traduce ocasionalmente en un sentido literal, como en Jueces 20:16 donde se nos dice de "... zurdos, todos los cuales tiraban una piedra con la honda a un cabello, y no erraban"; y Proverbios 19:2, "aquel que se apresura con los pies, peca."

Chata se usa sólo 30 veces en el Antiguo Testamento para referirse a los pecados en contra del hombre. Se usa más de 500 veces para hablar del pecado en contra de Dios. Las referencias son especialmente numerosas en Job, Salmos y Proverbios donde se usa *chata.*

Aun cuando *chata* pudiera usarse ocasionalmente en relación con "pecado inconsciente" en el códice ritual, el uso más típico del término tiene una definida referencia a los pecados conscientes y voluntarios. Por eso es que Ryder Smith está completamente justificado cuando dice, "Los centenares de ejemplos del uso *moral* de la palabra requieren que el hombre maligno 'yerre la senda correcta' *por cuanto deliberadamente sigue la equivocada.*"[8] Esto es, no da la la idea en *chata* de un error inocente, o el pensamiento negativo de un fallo involuntario.

b. Avon es otra metáfora para mal derivada de idea de desviación de la norma. Viene de una raíz que significa "torcer, tener inclinación, doblar o hacer torcido." Se traduce en "iniquidad" 220 veces en la versión de Valera, y menos frecuentemente en "falta," "travesura," y "pecado." Schultz ve en *avon* una descripción de pecado como condición, un estado contrario a la rectitud divina o "derechura."[9] Este es el término usado por el serafín en la visión que Isaías tuvo en el templo, traducido más correctamente en unas versiones que en otras, "es quitada tu iniquidad y purgado tu pecado" (Is. 6:7).

c. Avlah ocurre 29 veces en el Antiguo Testamento. Viene de una raíz que significa "apartarse" y contiene el sentido de darle las espaldas a la senda correcta. La versión castellana traduce *avlah,* "iniquidad" 18 veces, "malignidad" 6 veces, y casionalmente usa "perversidad" y "falta de rectitud." Baab sugiere que "injusticia" o "falta de rectitud" son mejor traducción, y cita Deuteronomio 25:16; Job 36:23; Salmos 58:2-3; Isaías 59:3 ("mentira"); y Malaquías 2:6 como usos típicos.[10]

d. Abar significa literalmente "pasar por sobre." Cuando se usa en un sentido moral, se traduce en "transgredir", palabra derivada del latín que también significa "cruzar al otro lado." Casi siempre se usa en conexión con la ley, el pacto, o los mandamientos de Dios (e.g. Is. 24:5; Os. 8:1).

e. Shagah, shagag significa "perdiéndose, vagando." Estos términos y sus derivados pueden usarse para transgresión inconsciente y generalmente se traducen en "errar." En el sentido de un error inconsciente, los términos se encuentran más frecuentemente en la literatura ritual. Pero Ryder Smith cita numerosos ejemplos en que se usan para acción moral o pecado consciente (e.g. 1 S. 26:21; Job 6:24; 19:4; Sal. 119:21, 118; Pr. 5:23; 19:2).[11]

f. Taah "vagar perdido," concluye el examen de metáforas derivadas de errar al blanco o equivocar el camino. Se traduce en "perderse," "errar," "vagar," y "hacerse a un lado." Ryder Smith asegura que cuando se usa en relación con los actos del hombre *taah* siempre indica un andar errante deliberado y no accidental—pecado que es consciente y deliberado. Aunque uno *puede* vagar sin darse cuenta, también puede hacerlo por escogimiento. La idea total es que un hombre peca porque hace algo por lo que es responsable, sea que lo haga por escogimiento o por negligencia. "No hay pecado que sea en realidad un error inocente."[12]

2. Un segundo grupo de metáforas para mal moral lo componen las palabras que denotan enemistad, rebelión o traición en una forma u otra. El pensamiento que lo subraya es que el desobedecer al rey hace del ciudadano su enemigo.

a. El término más común, de aquí que el más importante de este grupo, es *pesha* (nombre que se usa 130 veces) y *pasha* (el verbo usado 41 veces). El nombre se traduce generalmente en "transgresión," pero la raíz significa "rebelión." El término ocurre unas cuantas veces en conexión con la rebelión en contra de un rey humano, pero generalmente se habla de rebelión en contra de Dios.

Ludwig Kohler dice que *pesha* es "el término más profundo que

el Antiguo Testamento tiene para pecado." Dice que se demuestra
con toda claridad que

> esencialmente y en último análisis, en la revelación del Antiguo
> Testamento el pecado no es la violación de mandamientos y
> prohibiciones objetivas, ni tampoco las iniquidades de los hombres
> lo que demuestran su locura (1 Cr. 21:8) y perversidad. *Pecado es la
> rebeldía de la voluntad humana en contra de la voluntad divina:* los
> hombres son *theostugeis* (odiadores de Dios), Romanos 1:30.[13]

Oehler, de la misma manera, asegura que en el uso de *pesha* "siempre
se implican el *designio* y el *propósito definido*."[14]

   b. Marah y *marad* son otros términos de este tipo (rebelión, pero
más exactamente terquedad—derivados de verbos que significan
"ser refractario, contencioso"—Job 24:13; Sal. 5:10; 78:8; 105:28);
sarar (reacio, terco, retrógrado, "hacerse a un lado, apostasía,
defección"—Sal. 78:8; Is. 1:4-5; 31:6-7); *maal* (traición, generalmente
en contra de Dios) y *bagad* (traición, usualmente en contra del
hombre pero con la implicación de que el tratar traidoramente con
los hombres es ser culpable de traición en contra de Dios); y *chamas*
("violación de conducta honorable y correcta por parte del ciudadano"[15]—traducido en varias formas como "violencia," "equí-
voco," "injusticia," o "cruel, falso, no correcto").

   3. Un tercer grupo, aunque menor, de matáforas para mal
incluye:

   a. Aven, literalmente "dificultad," pero usado casi siempre en
un sentido moral y traducido más frecuentemente en "iniquidad." Su
idea principal es que el pecado del hombre inevitablemente acarrea
dificultades sobre él (Sal. 5:5; 6:8; típicos de los muchos usos de
"obradores de *aven*").

   b. Beli-ya'al, un nombre compuesto que significa "el no valer
nada" o "desorden." Se usó posteriormente como nombre propio,
transliterado en Belial (ver "hijos de *beli-ya'al,*" Jue. 19:22, "compañeros inmundos").

   c. Shiqqutz y *to'ebah,* sinónimos que significan "lo que le
provoca a uno náuseas," de allí "abominación." Estas palabras se
usan generalmente para describir la idolatría y las prácticas que le
acompañan como abominación para Dios.

C. Opuestos Morales

Finalmente, hay un grupo de términos en el Antiguo Testamento
que expresan los opuestos morales de lo que el hombre debe ser.[16]

1. *Chalel,* de la raíz "aflojar, librar," lo opuesto de santidad. se traduce mejor en "profanar," aunque algunas versiones con frecuencia traducen en "hacer inmundo" o "ensuciar." *Chalel,* que con frecuencia se halla en la literatura sacerdotal, está casi en la línea que divide lo ritual y lo ético. "El nombre de Dios puede hacerse inmundo tanto por corrupción de culto como por corrupción ética."[17]

2. *Tamé,* "suciedad," es lo opuesto de pureza, y también se usa mucho en los pasajes rituales. La traducción usual es "inmundo." En este caso también, hay muy poca diferencia entre las ofensas rituales y las éticas. Un templo puede ser inmundo debido a que los que adoran allí son inmundos moral y ritualmente (Lv. 16:16). Dios purificará a Israel de su inmundicia y de sus ídolos (Ez. 36:25-29).

3. Los vocablos hebreos que se traducen en "locura" e "insensatez" son *kesil, 'evil, nabal,* y *sakal.* Juntos, representan lo opuesto de sabiduría. Junto con *pethi,* y traduciéndose todos en "locura" e "insensatez," ocurren más de 100 veces en Proverbios solamente. El *pethi* es el insensato que "puede ser enseñado." El término significa "simple" y se deriva de "abierto." El *pethi* no ha determinado su criterio en contra de la sabiduría.[18] *Kesil* y *'evil* proceden de las raíces que tienen significado análogo, "estar grueso u obeso" en el sentido negativo de duro de cabeza o encallecido. Es el *nabal* quien dice en su corazón "No hay Dios" (Sal. 14:1).[19] "Para los hebreos 'sabiduría' e 'insensatez' no son un mero conocimiento o ignorancia. Describen dos maneras de escoger cómo vivir."[20] La misma verdad se expresa a través del Nuevo Testamento, por ejemplo en Mateo 25:1-13.

4. Hay otro grupo de sinónimos que se recapitula en el término *bosheth,* "vergüenza," lo opuesto de gloria. Vergüenza es el sentimiento que un hombre debe tener cuando peca, pero que bien puede no tener (Jer. 6:15). *Bosheth* puede usarse para el desprecio que una opinión pública sana demuestra en contra de los que pecan sin sentido de vergüenza. Así que, "se avergonzarán... mis enemigos" o "serán avergonzados" son frases usadas con frecuencia (Sal. 6:10; 25:3; 31:17; 35:26; *passim;* y Sal. 44:7; 53:5; 119:21; Pr. 25:10).

Ryder Smith declara en forma de condensación general: "De esta larga discusión pueden deducirse tres conclusiones generales,— que fundamentalmente, 'pecar' es desobedecer a Dios; que, aunque la 'desobediencia' incluye tanto ideas positivas como negativas, el énfasis está en el rechazo positivo y no en la omisión negativa; y que este rechazo puede tomar múltiples formas."[21]

II. PECADO EN EL CARÁCTER

Como característico de la mente hebrea, el Antiguo Testamento generalmente habla de pecado en términos de actos o acciones, usando verbos en forma activa. De esta discusión, sin embargo, resalta el reconocimiento de que el problema de la separación del hombre de Dios es más que el mero asunto de lo que él hace. Es cuestión de lo que él *es*—la pecaminosidad de su carácter. Desde la historia de la Caída, la pecaminosidad o depravación de la raza se reconoce con claridad. Schultz dice que el término "pecado" no se limita a los actos individuales, sino que se considera una predisposición heredada como parte de la naturaleza humana caída.[22]

A. En los Salmos

En los Salmos se describe que el pecado es interno (especialmente 32; 51; 130; y 143) "con tal penetración, que se han descrito justamente como 'paulinos'."[23]

Principalmente en el Salmo 51 tenemos la amonestación en favor de un cambio de corazón. "En este salmo el Antiguo Testamento, al fin, dice toda la verdad acerca del pecado."[24] La oración en busca del perdón se mezcla con el lamento por una limpieza más profunda. "Lávame más y más de mi maldad, Y límpiame de mi pecado... He aquí, en maldad he sido formado, Y en pecado me concibió mi madre. He aquí, tú amas la verdad en lo íntimo, Y en lo secreto me has hecho comprender sabiduría. Purifícame con hisopo, y seré limpio; Lávame, y seré más blanco que la nieve... Crea en mí, oh Dios, un corazón limpio, y renueva un espíritu recto dentro de mí. No me eches de delante de ti, Y no quites de mí tu santo Espíritu" (vrs. 2, 5-7, 10-11).

El sitio de la pecaminosidad del hombre no es el cuerpo físico. No es la debilidad de la carne en contraste con el espíritu. No es la reproducción sexual, aunque Salmos 51:5 la encuentra allí desde el momento de la concepción. Es, como Otto Baab lo ha notado, "en la mente y voluntad del hombre, que se ha corrompido por el orgullo y la arrogancia humana. Esta voluntad es el espíritu de apostasía y desafío aborrecido por los profetas; es la rebelión no resignada del hombre que ha sentido el sabor del poder y para quien el reconocimiento de un poder más elevado es completamente repugnante."[25]

B. Términos Específicos

El mayor interés del Antiguo Testamento con el problema del pecado tiene que ver con los actos externos. Hay, sin embargo, un buen número de conceptos que tratan específicamente con la naturaleza intrínseca que gobierna o cuando menos condiciona la conducta del hombre.

Las primeras indicaciones del "pecado original," o pecaminosidad del carácter del hombre, se dan en términos sencillos. La imagen de Dios fue modificada para que fuera en algún sentido también la imagen de Adán (Gn. 5:1, 3). *Ha rayetser,* la tendencia al mal desde los primeros años del hombre, se hace notar en Génesis 6:5 y 8:21.[26]

Así como se desarrolló un vocabulario más extenso para describir los actos pecaminosos, se usaron algunos términos significativos posteriormente para definir la pecaminosidad como una disposición permanente en la condición humana. Los más importantes son:

1. *Avah,* "perversidad," lo torcido o distorción de la naturaleza se lamenta en 1 Samuel 20:30; 2 Samuel 19:19; Isaías 19:14; Lamentaciones 3:9. "Según su sabiduría es alabado el hombre; Mas el perverso de corazón será menospreciado" (Pr. 12:8). "Voz fue oída sobre las alturas, llanto de los ruegos de los hijos de Israel; porque han torcido su camino, de Jehová su Dios se han olvidado" (Jer. 3:21). Aunque no se dice de dónde vino esta perversión, von Rad nota que "tiene su raíz en una disposición maligna."[27]

2. *Sheriruth,* "terquedad" ("imaginación" en otras versiones), es interés especial de los profetas. Particularmente Jeremías recalca esto como la razón de la delincuencia de su nación: "En aquel tiempo llamarán a Jerusalén: Trono de Jehová, y todas las naciones vendrán a ella en el nombre de Jehová en Jerusalén; ni andarán más tras la dureza de su malvado corazón" (3:17); "Y no oyeron ni inclinaron su oído; antes caminaron en sus propios consejos, en la dureza de su corazón malvado, y fueron hacia atrás y no hacia adelante" (7:24; ver también 9:14; 11:8; 13:10; 16:12; *passim. Sarar,* un vocablo con un significado un tanto similar, se usa en Dt. 21:18, 20; Sal. 78:8; Pr. 7:11).

3. *Machashebeth* en el sentido de "propósito maligno" implica también la condición pecaminosa del corazón. Una de las seis cosas que Dios aborrece es "el corazón que maquina pensamientos inicuos" (Pr. 6:18). "Has visto toda su venganza, todos sus pensamientos contra mí" (Lm. 3:60). El mismo término se traduce en "pensamiento" (Gn. 6:5; Job 21:27; Sal. 56:5; 94:11; Pr. 15:26) y en "perverso designio" (Est. 9:25; Sal. 33:10; Jer. 18:12, 18) en la versión

del 60—generalmente indicando claramente una disposición maligna.

4. *Iqqesh*, "perverso," "torcido o doblado," por lo general se traduce en "desobediente" o "intratable." Habitualmente significa inclinado a la oposición o desobediencia. "Corazón perverso se apartará de mí; no conoceré al malvado" (Sal. 101:4); "Abominación son a Jehová los perversos de corazón; Mas los perfectos de camino le son agradables" (Pr. 11:20; ver Dt. 32:5; Sal. 18:26; Pr. 8:8; 17:20; 19:1; 22:5).

George Allen Turner recapitula diciendo: "Los muchos sinónimos para una disposición pecaminosa prueban el interés de la fuente así como los actos de pecado. Estas ideas son la base para la doctrina cristiana del 'pecado original' o depravación innata."[28]

C. El Problema del Sufrimiento

En la literatura de la Sabiduría del Antiguo Testamento, el problema de lo que se conoce como el "mal natural" se enfoca con claridad. El Antiguo Testamento, así como los filósofos de edad posterior, distinguen entre los males que el hombre hace ("mal moral") y los males que sufre ("mal natural"). La cuestión del sufrimiento individual se vuelve crítico en la tensión que se sentía entre la doctrina de las recompensas que se encuentra en Deuteronomio, Proverbios y muchos de los Salmos—y el hecho innegable de que hombres buenos sufren (como en el Libro de Job y en algunos de los salmos de la Sabiduría).

El Antiguo Testamento reconoce que el mal natural resulta por causa de la existencia del mal moral. Este es al menos un significado de la "maldición" sobre la naturaleza a la que se alude en Génesis 3:17-19 y en Romanos 8:19-23.

El Antiguo Testamento reconoce también que el mal natural de algún individuo (lo que él sufre) puede causarse por el mal moral de otro (lo que él hace). Esto se refleja en los salmos de persecución y conflicto en casos como cuando las conquistas sedientas de sangre de Asiria vinieron a ser la ocasión del sufrimiento y castigo de Israel (Is. 10:5-7).[29]

1. *El Sufrimiento del Justo.* La posición general de una gran parte de los Salmos, Proverbios, y el resto del Antiguo Testamento, ha llegado a llamarse "la doctrina de las recompensas." Es la convicción de que el resultado normal de la bondad y la piedad son salud, felicidad, y prosperidad. El pecador y rebelde, por el otro lado, encuentra que su suerte es enfermedad y sufrimiento.

Los "salmos de contraste moral" tales como 1; 15; 34; 37; 52; etc., expresan, sin reservación alguna que el hombre que se deleita en la ley de Dios "Será como árbol plantado junto a corrientes de aguas, Que da su fruto en su tiempo, Y su hoja no cae; Y todo lo que hace, prosperará" (1:2-3). El piadoso "no resbalará jamás" (15:5). ". . . el bien y la misericordia (le) seguirán todos los días de (su) vida" (23:6). "El ángel de Jehová acampa alrededor de los que le temen, Y los defiende... nada falta a los que le temen. Los leoncillos necesitan, y tienen hambre; Pero los que buscan a Jehová no tendrán falta de ningún bien" (34:9-10). "Caerán a tu lado mil, Y diez mil a tu diestra; Mas a ti no llegará" (91:7).

En forma similar los valores prudenciales de Proverbios se refuerzan una y otra vez más con la promesa de prosperidad, riqueza, y todo lo que se entiende como felicidad humana (3:13-18; 4:18; 10:2—22:16).

Por el otro lado, los malos son "como el tamo que arrebata el viento." No resistirán; su camino perecerá (Sal. 1:4-6). Dios enviará calamidades, fuego y azufre, y un viento abrasador caerá sobre el maligno: esa será la ". . . porción del cáliz de ellos" (Sal. 11:6).

"El camino de los impíos es como la oscuridad; No saben en qué tropiezan" (Pr. 4:19). La forma característica de los 374 proverbios titulados "Los Proverbios de Salomón" (10:1—22:16) es afirmar la felicidad y prosperidad del recto y a la vez la miseria y sufrimiento del malo. "El camino de los transgresores es duro" (13:15) es una declaración sinóptica que caracteriza al todo.

El Libro de Job se arregló y Salmos 37, 49, 73 y 94 se escribieron, precisamente en contra de una aplicación miope y superficial o no meditada de esta ortodoxia. Lo que tiende a ser cierto "al final de cuentas" en términos generales, bien puede fracasar trágicamente en casos individuales.

De la misma manera el Libro de Eclesiastés es un examen de la "doctrina de recompensas" desde un punto de vista opuesto. Job, y los Salmos arriba mencionados, dan una prueba a la doctrina de las recompensas desde el punto de vista de un hombre recto que sufre cuando los malignos que le rodean gozan prosperidad. Eclesiastés, al menos en parte, examina la doctrina desde el punto de vista de un individuo quien desde sus primeros años fue cínico y entregado al placer y a los caminos del mundo—no obstante, era rico y tenía la facultad de vivir como él quisiera.

2. *Intento de Soluciones.* Debe decirse que el Antiguo Testamento no "resuelve" el problema del sufrimiento, y a la vez debe

declararse que ofrece prácticamente toda solución de importancia concebida más tarde por la mente humana para este fin.

a. En los Salmos. El Salmo 37 nota que la prosperidad del maligno es tal que el recto se siente tentado a envidiarla. No obstante, tal prosperidad es temporal y pronto dará lugar a la miseria. El recto, por el otro lado, al final gozará su recompensa.

El Salmo 49 resuelve el problema de la disparidad de circunstancias externas y del carácter interior haciendo notar que la muerte da al traste con el sueño del maligno. El sabio, el insensato y el "necio" todos perecen y "dejan a otros sus riquezas" (v. 10). El recto, por el contrario, tiene la esperanza de que Dios redimirá su alma del poder de *Sheol,* el lugar de los muertos: "Porque él me tomará consigo" (v. 15).

Los Salmos 73 y 94 epitomizan la respuesta de Job. En el Salmo 73, el poeta confiesa su perplejidad respecto a la prosperidad, salud y aparente felicidad del maligno (vrs. 2-13). Su propio sufrimiento y privación están en contraste directo (vrs. 14-15). Encontró comprensión al entrar "en el santuario de Dios." El maligno será traído a desolación. Pero el recto tendrá la seguridad de la presencia de Dios, dirección y gloria futura (vrs. 16-28). La misma nota se escucha en el Salmo 94.

b. En el Libro de Job. El Libro de Job, en el Antiguo Testamento, es clásico en el tratamiento con el problema que presenta el sufrimiento del piadoso. En tres ocasiones se expresa que Job era "perfecto y recto" (1:1, 8; 2:3), temeroso de Dios y apartado del mal. El trasfondo religioso del Libro de Job es el de la era patriarcal antes de la promulgación de la ley y el establecimiento del sacerdocio. Job es quien, como cabeza del *"clan"* ofrecía sacrificios y actuaba como sacerdote en una forma de adoración sencilla aceptable a Dios.

La lucha entre Dios y Satanás (o "el satanás," el adversario) fue respecto a la lealtad para con Dios sin la prosperidad como recompensa. Job había sido fiel en su adoración, pero era muy rico y según todo concepto humano, era feliz. La cuestión era si serviría a Dios cuando no fuera en tal forma recompensado por su piedad. Despojado sucesivamente de su propiedad (1:13-17), de sus hijos (1:18-19), de su salud (2:7-8), y de la condolencia y apoyo de su esposa (2:9), Job todavía mantuvo su integridad y "no pecó. . . con sus labios" (2:10).

El poder dramático del Libro de Job se recalca por la naturaleza de la enfermedad de Job. Se concede generalmente que esta enfermedad era cierta forma de lepra, quizá elefantiasis—pero de cierto humanamente incurable y finalmente fatal. La prueba de Job aumentó con la visita de sus tres amigos y su insistente mención de la doctrina ortodoxa de las recompensas que Job mismo había sostenido.

Ni Job ni sus amigos conocían las causas de su sufrimiento. Los amigos dedujeron las conclusiones, obvias para ellos, pero no para Job—los sufrimientos de Job sin duda se deben a algún pecado secreto en su vida. Elifaz representaba la crema del misticismo judío (4:12-21). Bildad presentó el caso de la tradición (8:8-10), mientras que Zofar habló con el dogmatismo del "sentido común" (11:1-20). Eliú, descrito como un "joven airado" habló cuando sus mayores hubieron concluido. Agregó la idea de que el sufrimiento tenía valor como disciplina. Cuando haya alcanzado su propósito, el sufrimiento terminará (32:6—37:24). Ninguno de los "consoladores" fueron ayuda, y su complacencia barata irritó, antes que consoló (16:1-5).

La teofanía (aparición de Dios) en los capítulos 38 al 41, en realidad no contestó las preguntas que Job había enderezado con frecuencia. Más bien aseguró al sufriente la soberanía de Dios y su totalmente inclusiva sabiduría comparadas con la ignorancia y debilidad de lo mejor de los hombres. La reacción de Job consistió en afirmar su fe y sujeción a Dios—satisfecho de que antes lo había oído de oídas pero que ahora sus ojos habían visto al Señor (42:1-6). Job no encontró la respuesta; pero llegó a confiar más completamente en Quien da las respuestas. T. H. Robinson escribió:

> Pero ¿qué del problema de Job? Dios no ha dicho palabra acerca de ello, y Job mismo está satisfecho de dejar el asunto sin mencionarlo después. Una vez más, la experiencia sobrepujante del contacto directo con Dios no ha dejado lugar para el problema. Dios, siendo lo que Job ha visto que es, debe tener una solución, y eso es suficiente. No es del todo importante que Job tenga respuesta a su pregunta; tampoco importa que él pudiera comprender la respuesta si la tuviera. El ha estado ante la presencia directa de Dios, y esa experiencia no ha dejado lugar para nada más. El problema puede permanecer como un ejercicio intelectual, pero ya no más logrará tocar el corazón del sufriente ni repetir la tortura por la que Job ha pasado. El ha visto a Dios, y su alma nada más necesita.[30]

En el epílogo (42:7-16), Job oró por sus amigos. Se le restauró el doble de la prosperidad de su vida anterior. Se le concedió igual número de hijos al que había perdido. Algunos han tenido dudas respecto a la propiedad del epílogo. Pero sirve para reivindicar la rectitud de Job en los términos únicos que pudieran ser significativos a sus contemporáneos. Para Job mismo, tal como Walther Eichrodt ha dicho, la integridad interna y la experiencia de una esperanza en la reivindicación final divina (19:23-27) eran de mayor valor que lo que pudieran haber sido la prosperidad externa y la felicidad.[31]

NOTAS BIBLIOGRÁFICAS

[1]C. Ryder Smith, *The Bible Doctrine of Sin*, p. 1.

[2]*Ibid.*, p. 15; cf. von Rad, *OT Theology*, 1:263.

[3]*The Relevance of Apocalyptic*, segunda edición (Londres: Lutterworth Press, 1947), pp. 159-160.

[4]*Bible Doctrine of Sin*. Se sigue la clasificación de Smith, pero no necesariamente su análisis.

[5]Kohler, *OT Theology*, p. 171.

[6]Cf. Schultz, *OT Theology*, 2:281-291.

[7]*Ibid.*, p. 281 s.

[8]*Bible Doctrine of Sin*, p. 17.

[9]*OT Theology*, 2:306.

[10]*Theology of the OT*, p. 89.

[11]*Bible Doctrine of Sin*, pp. 19-20.

[12]*Ibid.*, p. 20.

[13]*OT Theology*, p. 170.

[14]*Theology of the OT*, p. 160. Cf. Davidson: "Este es el punto de vista en general del Antiguo Testamento: El pecado tiene referencia a Dios como Persona, no a su voluntad o a su ley como si fuera formulada externamente. Y ante tal punto de vista el término *pasha* constituye una definición más exacta de ello que *chata*, aunque éste también se usa comúnmente para referirse a pecar contra una persona" (*Theology of the OT*, p. 213).

[15]Schultz, *OT Theology*, 2:281.

[16]Smith, *Bible Doctrine of Sin*, p. 22.

[17]Baab, *Theology of the OT*, p. 90.

[18]Paterson, *Wisdom of Israel*, p. 64.

[19]*Ibid.*, p. 65; cf. Knight, *Christian Theology of the OT*, p. 260.

[20]Smith, *Bible Doctrine of Sin*, p. 25.

[21]*Ibid.*, p. 28.

[22]*OT Theology*, 2:292 ss.

[23]Gelin, *Key Concepts of the OT*, p. 85.

[24]Ryder Smith, *Bible Doctrine of Salvation*, p. 62.

[25]*Theology of the OT*, p. 110.

[26]Cf. George Allen Turner, *The Vision Which Transforms* (Kansas City: Beacon Hill Press of Kansas City, 1964), pp. 29-31.

[27]*OT Theology*, 1:263.

[28]*Vision Which Transforms,* p. 31.
[29]Cf. Baab, *Theology of the OT.* p. 246.
[30]*Job and His Friends* (Londres: SCM Press, Ltd., 1954), pp. 123-124.
[31]Cf. la extensa discusión en *Man in the OT,* pp. 40-63.

8

Los Angeles, Satanás, y la Vida
Después de la Muerte

El drama de Job, tal como se consideró en el capítulo anterior, nos ayuda a captar el meollo de la enseñanza del Antiguo Testamento sobre dos temas adicionales: (1) la naturaleza de los ángeles, y (2) la vida después de la muerte.

I. LOS ÁNGELES

Los seres angelicales están presentes en el Antiguo Testamento desde el Jardín del Edén (Gn. 3:24) en adelante. Algunos eruditos han sostenido que la idea de ángeles como intermediarios entre Dios y los hombres se introdujo en el período postexílico. Pero Knight está enteramente correcto cuando dice que no hay evidencia en el Antiguo Testamento de que el concepto de los ángeles haya aparecido muy tarde. Aunque la literatura apócrifa multiplicó el número y rangos jerárquicos de los ángeles, "la concepción de que Dios pudiera estar representado en la tierra por un ángel es tan antigua como algunos de los existentes documentos literarios más antiguos que poseemos del Antiguo Testamento."[1]

A. El Significado del Término

El vocablo hebreo para "ángel" es *malak*. Significa "mensajero" así como la palabra griega *angelos* (traducida en "ángel") en el Nuevo Testamento. *Malak* se usa 209 veces en el Antiguo Testamento. En la versión del Rey Santiago se traduce en "ángel" 111 veces y en "mensajero" 98 veces. A veces hay duda sobre si se habla de un ser sobrenatural o de un mensajero humano. Pero no hay duda de que los visitantes que llegaron a la tienda de Abraham (Gn. 18:2; 19:1), las figuras que aparecieron en la escalera de Jacob (Gn. 28:12), el "varón" que se encontró con Josué en la llanura cerca de Jericó (Jos. 5:13), y el "varón" que apareció a Gedeón (Jue. 6:11-12) y a los padres de Sansón (13:3) eran ángeles en el sentido completo de la palabra. Kohler escribió: "Se ven como hombres (no hay ángeles mujeres en el Antiguo Testamento) y carecen de alas, de otra manera no hubieran necesitado escalera."[2]

Los ángeles son seres personales creados (Ex. 20:11; Sal. 148:2-5) traídos a existencia antes de la creación de la tierra (Job 38:7). Se dice que componen una hueste numerosa (1 R. 22:19; Sal. 68:17; 148:2; Dn. 7:9-10). Se conocen como *elohim* ("dioses," "poderosos," "seres sobrenaturales") y *bene elohim* ("hijos de Dios"). Poderosos en fortaleza (Sal. 103:19-21), generalmente son invisibles a los humanos (2 R. 6:17).

En general, los ángeles representan en forma personal el cuidado de Dios para su pueblo. Dondequiera que aparecen, ejecutan alguna comisión divina. Son también agentes de Dios para castigo y destrucción (Gn. 19:1-22; 2 R. 19:35 y sus paralelos en Is. 37:36; Sal. 78:49). Por medio de ángeles vendrían manifestaciones especiales de lo divino y comunicaciones de Dios.

Hay, en el Antiguo Testamento, énfasis particular en "*el* ángel del Señor" comparado con "*un* ángel del Señor." El primero aparece en los tratos de Dios con Abraham (ver Cap. 5). Muchos eruditos del Antiguo Testamento—incluyendo a Davidson, Schultz, Oehler, y Payne—consideran "el ángel del Señor" como una aparición preencarnada de la Segunda Persona de la Trinidad, el *Logos* de Juan 1:1-14. Davidson habla de "el ángel del Señor" como "Jehová totalmente manifiesto."[3] Schultz dice que el ángel del Señor está tan estrechamente identificado con su revelación como sería correcto pensar respecto a la Palabra preencarnada.[4] En Malaquías 3:1, el "ángel del pacto" es claramente el Mesías que habría de venir. El ángel del Señor se distingue de Dios y sin embargo habla como Dios (ver Gn. 18:1-33; Ex. 3:2-6; Jue. 6:12-16).

B. Querubín y Serafín

Cherubim (el plural de *cherub*) son agentes de la manifestación personal de Dios en los asuntos terrenales. No son ángeles, sino figuras simbólicas que combinan "las más nobles cualidades del mundo creado,—un hombre representando el símbolo de la inteligencia, un león de soberanía, un buey de fuerza, y una águila de la rapidez."[5] El *seraphim* (plural de *seraph*) de Is. 6:2, 6 parece ser una variación de *cherubim*. Las alas son parte esencial del simbolismo de *cherubim* y del *seraphim* (Ex. 25:18-20; 37:7-9; 1 R. 6:23-27; etc.).

II. SATÁN

Satán es una figura sobrenatural que aparece ocasionalmente en el Antiguo Testamento, aunque con menor indicación clara de origen y naturaleza que en el Nuevo Testamento. El nombre "satán" viene de una raíz que "expresa el acto de ponerse en contra."[6] Se usa en su forma verbal seis veces en el Antiguo Testamento y se traduce en "ser adversario de" o "resistir." "Los que pagan mal por bien me son contrarios [lit., "se satán"], por seguir yo lo bueno" (Sal. 38:20). "Me mostró el sumo sacerdote Josué, el cual estaba delante del ángel de Jehová, y Satán estaba a su mano derecha para acusarle [lit., "para satán-le"] (Zac. 3:1).

A. Uso en el Antiguo Testamento

La forma sustantiva *s-t-n* aparece en el Antiguo Testamento hebreo 26 veces. Siete veces se traduce en la versión del 60 como "adversario." A los seres humanos se les llama "satanás": "Ahora Jehová mi Dios me ha dado paz por todas partes; pues ni hay adversarios [heb. *satan*], ni mal que temer" (1 R. 5:4); "Sean avergonzados, perezcan los adversarios de mi alma; sean cubiertos de vergüenza y de confusión los que mi mal buscan" (Sal. 71:13). En una ocasión se dice que "el ángel del Señor" es *satanás* al errante Balaam: "Y la ira de Dios se encendió porque él iba; y el ángel de Jehová puso en el camino por adversario suyo [*satán*]. . . Y el ángel de Jehová le dijo: ¿Por qué has azotado tu asna estas tres veces? He aquí yo he salido para resistirte [lit., "a satan-arte"], porque tu camino es perverso delante de mí" (Nm. 22:22, 32).

B. Como Nombre Propio

El hebreo *s-t-n* se traduce en "Satán" 19 veces en la versión del 60 como nombre propio. La primera vez en 1 Crónicas 21:1, "Pero Satanás se levantó contra Israel, e incitó a David a que hiciese censo de Israel." Satanás apareció "también" entre "los hijos de Dios" en Job 1:6-12 y 2:1-7.

Siendo que el hebreo *s-t-n* característicamente aparece en el original con el artículo definido "el satanás"; siendo que "el satán" andaba en el cielo entre "los hijos de Dios"; y siendo que 1 Crónicas 21:1 atribuye un acto a "el satán" que 2 Samuel 24:1 atribuye al Señor, algunos eruditos conservadores han concluido que el Satán del Antiguo Testamento es todavía "un ángel de Dios, un ministro de Dios, un ser que tiene sólo la cantidad de poder que Dios le confía."[7] Probablemente sería mejor, sin embargo, aceptar la evidencia del Nuevo Testamento para aclarar la ambigüedad del Antiguo, y sostener que a través de las Escrituras, Satanás es el enemigo cósmico de Dios y de su pueblo—aunque originalmente fue uno de los ángeles creados. No hay mucho que decir, sin embargo, sobre cualquiera identificación literal de Satán con Lucifer en Isaías 14:4-23 donde el contexto indica claramente que se refería a Nabucodonosor o al rey de Tiro según se describe en Ezequiel 28:11-19.

El Nuevo Testamento provee garantía para identificar la serpiente de Génesis 3:1 con Satán (Jn. 8:44; 2 Co. 11:3, 14; Ap. 12:9; 20:2). El griego *diabolos*—de cuya contracción derivamos la palabra castellana "diablo"—se usa en la Septuaginta y en el Nuevo Testamento como equivalente del hebreo *s-t-n* en el Antiguo Testamento. "Belial" en el Antiguo Testamento y "Abaddon," "Apollyon," y "Beelzebub" en el Nuevo, son otros nombres usados para identificar esta maligna personificación del mal en el universo.

La Biblia dice poco acerca del origen de Satanás; pero no deja lugar a duda acerca de su fin. El, junto con los que le siguen, será echado al "lago de fuego y azufre" (Ap. 20:10; ver Mt. 25:41).

III. LA VIDA DESPUÉS DE LA MUERTE

La actitud del Antiguo Testamento hacia la muerte revela dos elementos. El primero es el reconocimiento de que la muerte es natural y que llega a todos los humanos. El segundo es la convicción de que la muerte humana es, en el mundo, una consecuencia del pecado.

La muerte es natural. Viene a todos los humanos. La Biblia es un libro de vida; es también un libro de muerte. La presencia del "de la guadaña" se puede ver dondequiera desde el Huerto del Edén en adelante.

Hay un pequeño indicio de que la muerte humana pudo no haber ocurrido si no hubiera sido que el virus del pecado penetró en la circulación sanguínea moral de la raza. El fin de la existencia terrenal del hombre pudiera haber sido como la de Enoc (Gn. 5:24). O virtualmente, hubiera sido posible una vida sin fin en una situación como la del Huerto del Edén con su accesibilidad al "árbol de la vida" (Gn. 2:9; 3:22). Pero como son las cosas, el cuerpo humano está destinado a volver al polvo de donde fue tomado. Toda vida terrenal termina en muerte.

Otto Baab señala la indiferencia general hacia la muerte por los escritores del Antiguo Testamento. Se informaba casi sin darle mucha importancia. Poco se medita acerca de su significado, al menos en los primeros escritos. La oposición a la muerte se nota en la forma de evitar la muerte de personas en particular y de prohibiciones legales en contra de quitar la vida humana por homicidio. Nunca se nota la tendencia a aprobar el suicidio, y éste es muy raro en el Antiguo Testamento. Por lo general, el hombre bíblico tenía un "sentido común," una actitud sobre acabar con la vida terrenal.[8] Jacob escribió: "Junto con el pueblo semítico como un todo, Israel comparte la creencia en el carácter fatal e inevitable de la muerte."[9]

Hay una muerte regular cuando uno es "viejo y acabado de años." "Morir la muerte del justo" es de desearse (Nm. 23:10). Lo que se teme es la muerte temprana, la que llega por sorpresa.[10]

A. Muerte Relacionada al Pecado

Junto con el reconocimiento de que el hombre es mortal porque es terreno, hay la convicción de que la muerte es "algo contrario a la esencia interna de la personalidad humana, un castigo; y dondequiera que esta personalidad ha alcanzado su ideal puro y perfecto, ha de concebirse al mismo tiempo que se ha elevado por sobre la muerte."[11]

La muerte humana es consecuencia del pecado. "El día que de él comiereis, moriréis" fue la advertencia de Dios a Adán y Eva en el Jardín (Gn. 2:17). La muerte puso su pesada mano sobre la raza entera como cosecuencia del primer pecado. Vriezen escribió:

> El hombre no quería vivir con Dios como su hijo, sino quería enfrentarse a Dios como su igual, y este pecado original le trajo la muerte. Pero el hombre mismo, hecho del polvo de la tierra, ya es mortal; el hecho de que él deba morir se debe al castigo del pecado inflingido por Dios, pues esa es la razón por la que debió salir del jardín del Edén donde estaba el árbol de la vida. De aquí que San Pablo esté en lo correcto cuando dice que la paga del pecado es muerte.[12]

Algo de este aspecto de la muerte se ve en que el Antiguo Testamento nunca habla de la muerte como liberación de la esclavitud del cuerpo. Nunca se ve como la entrada a una existencia mejor. Sin embargo, ambas ideas eran aceptadas por los griegos y por otros pueblos antiguos como cosa natural.[13]

La relación entre el pecado y la muerte puede verse también en que del contacto con toda cosa muerta resultaba una inmundicia ritual (Nm. 5:2; 6:6, 9). Por todo el Antiguo Testamento, la bondad se identifica con la vida—"la senda de vida," la plenitud de la vida. El pecado y la insensatez, por el otro lado, conducen a la muerte.

B. Indicios de que Hay Vida Después de la Muerte

Aun cuando hay muy poca reflexión consciente sobre el significado de la muerte en el Antiguo Testamento, hay algunas indicaciones de vida después de la tumba.

Debe reconocerse que en el Antiguo Testamento no había una historia sobre la mañana de pascua. Nada hay que se compare con 1 Corintios 15. Fue Cristo quien "sacó a la luz la vida y la inmortalidad por el evangelio" (2 Ti. 1:10).

1. *Una Revelación Parcial.* Por el otro lado, no había "culto a los muertos" en Israel tal como el que florecía en Egipto y que llevó a la práctica de embalsamar el cuerpo para preservarlo de destrucción y construir pirámides como tumbas para los reyes. No obstante, era universal la convicción de que la muerte no significa el fin de la existencia. A. B. Davidson escribió:

> La vida y la inmortalidad mencionadas en el evangelio se alcanzan por varios lados, en fragmentos, y muchas veces sólo por el brazo de la fe extendido y buscando asirse de ellos como de las formas brillantes del arco iris. En el Antiguo Testamento, la verdad no ha alcanzado todavía su unidad. Pero por todo él, se nota una base de esperanza o seguridad de que es el compañerismo espiritual que se goza con Dios. El argumento de nuestro Señor de que 'Dios no es Dios de muertos, sino de vivos,' es la expresión de todo el tenor del Antiguo Testamento sobre este gran asunto. El templo de la verdad no se ha preparado; quizá la idea no se haya concebido todavía en su proporción total. No obstante, por dondequiera trabajan los obreros empleados para prepararlo, y por todo su derredor descansan los productos exquisitos de su labor; aquí bien podemos ver alguno poniendo el fundamento, allá alguno tallando su capitel, y otro más allá arreglando una columna o dando brillo a una piedra angular, la mayoría trabajando solos, capaces sólo de

tomar una idea de la pieza en que ellos trabajan, hasta que el maestro constructor venga, en cuya mente la idea total del templo encuentra su forma, y por cuyo mandato, cada pieza pequeña de trabajo se levanta y toma su lugar.[14]

Tales vistas así dadas no resultan de una filosofía que considera al hombre demasiado grande para morir, o una vida demasiado rica para terminar en la tumba. Lo que tenemos es la convicción de que una vida recta se centraliza en Dios. En alguna forma no vista claramente, pero bien esperada por la fe, se cree que Dios capacitará al hombre que anda con El, a trascender o "pasar de un salto" el *sheol* escapando así de su realidad triste y sombría. "Es Dios quien ofrece la vida que es digna de llamarse vida, tanto aquí como en el más allá, y él ofrece la vida porque se ofrece a sí mismo. Es porque el Dios permanente es la fuente de esa vida que la vida misma es permanente. Tal pensamiento está muy de acuerdo con lo que encontramos en algunos pasajes del Nuevo Testamento."[15] Hombres devotos en los tiempos del Antiguo Testamento "tenían vida con Dios, y ellos sentían que la inmortalidad estaba involucrada en su comunión con El."[16]

2. *Desarrollo de Conceptos.* Fe en la vida para el individuo más allá de la muerte se fortalece más a medida que la luz de la revelación va aumentando y se aclara mejor. Las ideas primitivas sobre la inmortalidad estaban relacionadas a la continua existencia de la comunidad o la familia. Esta es la razón por la que morir sin progenie se consideraba una calamidad. Mucho de la vida del Antiguo Testamento estaba íntimamente enlazada con la vida del clan o de la nación. A medida que se desarrollaba el sentido de responsabilidad individual y se veía más claramente, la esperanza de la supervivencia del individuo más allá de la muerte se volvía más clara e importante.[17]

No todos los eruditos están dispuestos a conceder mucho de lo que aquí se asegura.[18] Pero a pesar de todas las vacilaciones e incertidumbres, encontramos evidencia potente para la fe en la supervivencia individual. Esto resulta especialmente cierto en los Salmos y en Job.

La conducta de David en la muerte de su hijo demuestra la consciencia de una comunidad de existencia más allá de la muerte. Mientras el niño vivía, su padre ayunaba y oraba. Cuando el niño murió, David dejó de suplicar. Cuando sus siervos le preguntaron porqué, él dijo: "Viviendo aun el niño, yo ayunaba y lloraba, diciendo: ¿Quién sabe si Dios tendrá compasión de mí, y vivirá el niño? Mas ahora que ha muerto, ¿para qué he de ayunar? ¿Podré yo hacerle volver? *Yo voy a él,* mas él no volverá a mí" (2 S. 12:22-23).

3. *En los Salmos.* Salmos 17:15, de un salmo titulado "oración de David," dice: "En cuanto a mí, veré tu rostro en justicia; estaré satisfecho cuando despierte a tu semejanza." Respondiendo a la contención de que el salmista tenía en mente sólo el despertar hacia un nuevo día del sueño de la noche, W. O. E. Oesterley escribió:

> Es difícil comprender estas palabras en el sentido de despertar de un sueño natural; el salmista demuestra que está en constante comunión con Dios, y experimenta la constante cercanía de Dios; nunca espera separarse de Dios; ¿por qué entonces, habría de satisfacerse con la apariencia divina solamente, al despertar de su sueño natural?... no es de dudarse, por tanto, que el salmista esté aquí pensando en despertar del sueño de la muerte, y en esa forma exprese su creencia en la vida del más allá.[19]

En el Salmo 49 el poeta toca lo que siempre ha sido una de las razones principales para la creencia en la vida después de la tumba. Este es uno de los muchos salmos que tratan con el problema de la disparidad entre la rectitud y las recompensas. El Salmista escribe acerca de los malignos que prosperan en esta vida: "Como a rebaños que son conducidos a Seol, la muerte los pastoreará, y los rectos se enseñorearán de ellos por la mañana; se consumirá su buen parecer, y el Seol será su morada" (v. 14).

Como contraste, vemos la esperanza del justo: "Pero Dios redimirá mi vida del poder del Seol, porque él me tomará consigo" (v. 15). La justicia de Dios será reivindicada en el más allá. Fue esta clase de razonamiento que hizo que Immanuel Kant postulara la existencia de Dios, así como la libertad del hombre, y la inmortalidad del alma en su *Crítica de la Razón Práctica.* Un universo moral demanda eso al menos. H. H. Rowley escribió: "El malvado bien puede gozar buena fortuna aquí, pero las miserias del Seol es todo lo que él espera tener en el futuro; mientras que el recto bien pudiera tener aquí sufrimientos, pero tendrá alegría en el más allá, pues Dios lo tomará consigo."[20]

Rowley agregó: "C. F. Burney dice 'Mientras más examino este salmo, más se refuerza en mí la convicción de que el escritor tenía en mente algo más que la mera recompensa temporal del justo durante su vida terrenal.' Con este punto de vista me hallo en completo acuerdo."[21]

El Salmo 73 se cita por Jacob como una de las dos "más adelantadas expresiones" de fe en una vida futura en el Antiguo Testamento.[22] Su esperanza se basa en la realidad de la comunión presente con Dios gozada por el Salmista:

> *Me has guiado según tu consejo,*
> *   y después me recibirás en gloria.*
> *¿A quién tengo yo en los cielos sino a ti?*
> *   Y fuera de ti nada deseo en la tierra.*
> *Mi carne y mi corazón desfallecen;*
> *   Mas la roca de mi corazón y mi porción*
> *   es Dios para siempre* (vrs. 24-26).

Esto significa, según Oesterley, que "la unión con el Dios eterno e inmutable, no puede interrumpirse por la muerte. Así como en vida Dios está con su siervo en esta tierra, en el mundo venidero Dios estará con él. En la presencia de Dios hay vida."[23]

4. *En Job.* Como en los Salmos 49 y 73, la disparidad de recompensas y rectitud en esta vida hizo que también Job tuviera expresiones de fe en su vindicación en una vida después de la muerte. Aunque resulta muy difícil traducir poesía y hay problemas textuales en Job 19:25-27, Edmond Jacob está muy correcto en señalar que este pasaje es una de las dos "expresiones más avanzadas" de la creencia en la vida después de la muerte.[24]

> *Yo sé que mi Redentor vive,*
> *   y al fin se levantará sobre el polvo;*
> *Y después de deshecha esta mi piel,*
> *   En mi carne [marginal desde mí] he de ver a Dios;*
> *Al cual veré por mí mismo,*
> *   y mis ojos lo verán, y no otro.*

"Y no otro" se traduce expresivamente en el margen de la Versión Moderna, "y no como un extraño."

Esta es la gran afirmación de fe de Job. En ella, alcanza un punto culminante. Tal como T. H. Robinson ha escrito: "No puede haber duda respecto al significado real del v. 27. La última cláusula contiene la palabra más concluyente y final en el lenguaje hebreo. 'Desfallece,' o 'consumido,' implica que una cosa ha cesado de existir absoluta e irrevocablemente. Sólo puede haber una interpretación que satisface este término: Job espera alguna experiencia que le vendrá después de que su cascarón físico se haya desintegrado completamente."[25]

La experiencia de Job es casi una epítome de la experiencia del hombre en el Antiguo Testamento. Robert Dentan escribió:

> Israel tuvo primero que aprender el significado total de la vida con Dios en el mundo presente. Después, con el paso del tiempo, la idea de vida eterna resultó una consecuencia natural y casi inevitable. Pero aun entonces, el contenido esencial de la vida eterna nunca se convirtió meramente en la supervivencia de la identidad personal; para el hombre bíblico, vida eterna quiere decir una vida vivida en tan firme comunión con Dios que aun la muerte no puede destruirla.[26]

C. La Naturaleza del Sheol

El término hebreo característico para el lugar de los muertos, tanto de los justos como de los malvados, es *sheol*. Quizá se derive de *shaal*, "ser hueco" (como el alemán *Hohle*, "una gruta," es la fuente probable del inglés *hell*); o de *shul*, "un barranco o abismo."

1. *Su uso en el Antiguo Testamento.* Sheol se usa 65 veces en el Antiguo Testamento. Algunas versiones traducen *sheol* en "tumba" o "sepulcro" 31 veces, "infierno" 31 veces y "hoyo" tres veces. La tendencia de algunas traducciones modernas es la de transliterar el término y usar "Seol." Moffatt usa "muerte" o "tierra de muerte."

Resulta razonablemente claro que *sheol* no significa "sepulcro" en el sentido de una tumba. La frase "reunido a los padres" se usa frecuentemente en tal forma como para indicar claramente una comunidad de existencia después de la muerte que ningún sepulcro o tumba individual podría proveer.[27]

El concepto *sheol* es también otra manera en el Antiguo Testamento, de expresar la convicción de que la muerte no termina la existencia personal.

Sheol está en las profundidades. Uno siempre "baja" al *sheol* (Nm. 16:30; Dt. 32:22; Sal. 63:9; Is. 14:15; Ez. 31:14; 32:18). Es un lugar de tinieblas y olvido (Job 10:21-22; Sal. 88:12). Es un lugar de silencio (Sal. 94:17), aunque en ocasiones bien puede haber comunicación entre los que están allí (Is. 14:4-12). Es como un monstruo insaciable y horrible (Pr. 30:15-16; Is. 5:14). Es la "tierra de donde no se vuelve más" (Job 7:9-10), una prisión con puertas de reja (Job 17:16; 38:16-17; Sal 107:18), lo que hay que temer y evitar lo más posible (Sal. 28:1; 88:11; Ec. 9:10)—aunque en ciertos casos pueda ser preferible a la miseria extrema en esta vida (Job 3:17-19).[28]

2. *Distinciones Morales en Sheol.* En la mayor parte del Antiguo Testamento, no se habla de distinciones morales en el *sheol*. La

aparición de Samuel puede decirle al rey Saúl, quien está a punto de suicidarse, "Mañana estaréis conmigo, tú y tus hijos" en *sheol* (1 S. 28:19). *Sheol* no es un lugar ni de bendición ni de miseria punitiva. Es un estado de existencia mínima.[29] Es la condición de los muertos en contraste con lo que ellos conocieron en el reino de la luz y de la vida (Pr. 15:24; Ez. 26:20).

Sin embargo, en su punto más bajo el *sheol* era un abismo (Job 33:18; Sal. 28:1; 30:9; 40:2; Is. 14:15) que sugiere un concepto primitivo de estados diferentes en *sheol* análogos a la distinción entre *hades* y "el seno de Abraham" del Nuevo Testamento (Lc. 16:19-31). El concepto del *gehenna*-infierno lugar de castigo final para el que no se arrepiente, es una verdad del Nuevo Testamento antes que un hecho derivado del Antiguo Testamento.

A. B. Davidson ha argüido que el tenor del Antiguo Testamento es consistente con el punto de vista claramente presentado en el Nuevo Testamento de que el estado eterno es una extensión de la dicotomía moral del presente. Se admite, sin embargo, que el interés principal del Antiguo Testamento es sobre el justo antes que sobre el malvado. Muy poca indicación hay de una agravación de la miseria de los perdidos más allá de lo que es parte de estar en el *sheol*.[30] En el Antiguo Testamento, el castigo por el pecado es principalmente en esta vida. El castigo por el pecado en la vida futura es más sobre base de privación que de castigo positivo—aunque puede indicarse una excepción a este punto de vista general en el "desprecio eterno" (que en español se traduce "vergüenza perpetua") (del hebreo, "un objeto de aversión, aborrecimiento") al que algunos despiertan (Dn. 12:2).

D. Resurrección en el Antiguo Testamento

Aunque se observa que el cuerpo vuelve al polvo de donde fue tomado (Gn. 3:19; Ec. 12:7), tal disolución no es su destino final. "Tus muertos vivirán; sus cadáveres resucitarán. ¡Despertad y cantad moradores del polvo! porque tu rocío es cual rocío de hortalizas, y la tierra dará sus muertos" (Is. 26:19; ver 25:8). La palabra de Dios a su pueblo es "De la mano del Seol los redimiré, los libraré de la muerte. Oh muerte, yo seré tu muerte; y seré tu destrucción, oh Seol; la compasión será escondida de mi vista" (Os. 13:14). El apóstol Pablo comprendió este indicio del poder de Dios sobre la muerte, de estar relacionada a la resurrección (1 Co. 15:51-57). Hay un elemento de poesía y expresión metafórica muy cierto en estos pasajes. No obstante, hay en ellos, la idea de resurrección en un sentido literal.

Cierto que la resurrección en el "valle de los huesos secos" de Ezequiel (37:1-14) implica una resurrección nacional y espiritual. Pero ese pasaje quedaría sin significado si no hubiera el concepto de resurrección del cuerpo. Daniel 12:2-3 anticipa la enseñanza del Nuevo Testamento: "Y muchos de los que duermen en el polvo de la tierra serán despertados, unos para vida eterna, y otros para vergüenza y confusión perpetua. Los entendidos resplandecerán como el resplandor del firmamento; y los que enseñan la justicia a la multitud, como las estrellas a perpetua eternidad."

NOTAS BIBLIOGRÁFICAS

[1]*Christian Theology of the OT*, pp. 74-75.
[2]*OT Theology*, p. 158.
[3]*Theology of the OT*, pp. 291-300.
[4]*OT Theology*, 2:214-237.
[5]*Ibid.*, p. 236; cf. Exodo 25:20; Ezequiel 10:1-22.
[6]Jacob, *Theology of the OT*, p. 70.
[7]H. L. Ellison, "I and II Chronicles", *NBC*, p. 349.
[8]*Theology of the OT*, pp. 198-204.
[9]*Theology of the OT*, p. 299.
[10]Vriezen, *Outline of OT Theology*, p. 203.
[11]Schultz, *OT Theology*, 2:313.
[12]*Outline of OT Theology*, p. 204.
[13]Jacob, *Theology of the OT*, p. 299.
[14]*Theology of the OT*, p. 532.
[15]Rowley, *Faith of Israel*, p. 175.
[16]Davidson, *Theology of the OT*, p. 417.
[17]*Ibid.*, p. 244.
[18]Cf. Snaith, *Distinctive Ideas of the OT*, pp. 9 y las notas de pie 112-113, donde se niega la creencia del Antiguo Testamento sobre la vida después de la muerte.
[19]*The Psalms* (Londres: S. P. C. K., 1953), p. 90.
[20]*Faith of Israel*, p. 171.
[21]*Ibid.*
[22]*Theology of the OT*, p. 308.
[23]*Psalms*, p. 91.
[24]*Theology of the OT*, p. 308.
[25]*Job and His Friends*, p. 103.
[26]*Design of the Scriptures*, p. 174.
[27]Cf. Schultz, *OT Theology*, 2:322-332.
[28]Cf. Gelin, *Key Concepts of the OT*, pp. 71-72.
[29]Cf. Davidson, *Theology of the OT*, pp. 425-432.
[30]*Theology of the OT*, p. 530-531.

Sección Tres

La Visión Profética

9

El Dios de los Profetas

Según el arreglo de los libros en nuestra Biblia castellana, la tercera
división principal del Antiguo Testamento se dedica a los profetas.
Estos son "los profetas posteriores" del canon judío con la adición de
Lamentaciones y Daniel. El arreglo en la Biblia judía coloca a los
profetas, "Primeros" y "Posteriores," junto al Torah. Pone los
Escritos—los libros poéticos y de la sabiduría además de Ruth,
Lamentaciones, Ester, Daniel, Esdras-Nehemías y 1 y 2 Crónicas—
en último lugar. Sin embargo, en el arreglo más amplio de la Biblia
como un todo, hay razón para considerar los profetas como una
piedra angular importante en el arco que se extiende para incluir las
centurias que pasaron hasta el Nuevo Testamento.

I. La Naturaleza del Oficio Profético

A riesgo de simplificar demasiado, puede decirse que hay tres
grandes fases en la historia del Antiguo Testamento caracterizadas
por la preeminencia de patriarcas, sacerdotes, y profetas, respectivamente. Los patriarcas no sólo eran gobernates tribales; en la línea de
elección que se extiende desde Seth hasta Jacob eran también jefes

religiosos de sus grupos o clanes. Llevaban a cabo la función de sacrificio más tarde delegado a los sacerdotes. Representaban delante de Dios a sus familias y transmitían la "bendición" que normalmente pertenecía al varón de mayor edad—aunque en instancias notables, esta regla de "primogenitura" podía dejare sin efecto (Gn. 25:23; 48:13-20). Las visitaciones divinas en la era anterior a Moisés casi siempre se hacían a los patriarcas.

Con la promulgación de la Ley en el Sinaí, la función sacerdotal de patriarca pasó a la tribu de Leví—y en particular a la familia de Aarón en el linaje de Kogath. El linaje sacerdotal, así como el patriarcal era hereditario. Como cualquiera otra orden hereditaria, tenía la tendencia de ser corrompida. Aunque los sacerdotes retuvieron su función institucional y conservadora en los tiempos del Nuevo Testamento, la verdadera dirección moral y espiritual de la nación en el período del reino pasó a los profetas.

A. La Importancia de los Profetas

En la superficie, la importancia de los profetas en la historia bíblica es aparente. Lo que los apóstoles son en el Nuevo Testamento, los profetas lo eran en el Antiguo. Fueron los profetas los responsables de la creación y preservación de muchos de los libros del Antiguo Testamento. Aunque Abraham fue la primera persona identificada con el término "profeta" (Gn. 20:7), Moisés, el legislador, se consideraba como el prototipo de todos los profetas que habrían de seguir y el antetipo del Profeta-Mesías que habría de venir (Dt. 18:15-18; 34:10). Samuel, el último de los jueces, es también el primero en un orden profético reconocido como un elemento distinto en la vida religiosa hebrea.

La importancia de los profetas como los archivistas de historia sagrada se ve en el título aplicado en el canon judío a lo que describiríamos como típicamente libros históricos, a saber, "Los Primeros Profetas" (Jos., Jue., 1 y 2 S., y 1 y 2 R.). Eric Sauer condensó el alcance de la obra del profeta en forma de bosquejo:

En tres esferas principales la profecía completa en detalle el cumplimiento de su llamado.

i. Iluminación del pasado, especialmente como escrito histórico;

ii. Juicio del presente, especialmente como admonición y llamado al arrepentimiento;

iii. **Predicción del futuro,** especialmente como precaución y consuelo, a saber,
    (1) castigo sobre Israel;
    (2) castigo sobre las naciones del mundo;
    (3) la conversión de Israel;
    (4) la conversión de las naciones del mundo;
    (5) el Mesías y su reinado.[1]

B. Términos Descriptivos

Se usan dos conceptos básicos hebreos para describir la naturaleza del oficio profético. El primero, expresado en los sinónimos *roeh* y *chozeh,* tenía que ver con la visión del profeta. Tanto *roeh* como *chozeh* se derivan de términos que significan "ver, notar, fijar la vista, percibir, contemplar o tener visiones de." La declaración, "... al que hoy se llama profeta, entonces se le llamaba vidente" (1 S. 9:9) indica que el término *roeh* (vidente) era un término usado en el principio, pero que posteriormente perdió su uso común, y por tanto necesita explicarse. El profeta era uno que vio, y el mensaje del profeta con frecuencia recibía el nombre de "visión" (1 S. 3:1; Pr. 29:18; Is. 1:1; Lm. 2:9; Abd. 1; Nah. 1:1; Hab. 2:2-3).

El segundo concepto es por lo regular el más común. La palabra posterior en más uso para profeta era *nabi.* El *roeh* o *chozeh* era uno que ve. El *nabi* era uno que habla. Un *nabi* era "uno que anuncia," o más exactamente, "uno que habla por otro." Por cuanto Moisés era "tardo en su habla," su hermano Aarón fue enviado para ser la boca de Moisés o *nabi,* su "profeta": Aarón "hablará por ti al pueblo; él te será a ti en lugar de boca, y tú serás para él en lugar de Dios... Jehová dijo a Moisés; Mira, yo te he constituido Dios para Faraón, y tu hermano Aarón será tu profeta" (Ex. 4:16; 7:1).

La distinción entre el profeta falso y el verdadero era que el verdadero profeta hablaba lo que Dios le daba que hablara; el falso profeta hablaba de su propia imaginación: "El profeta que tuviere la presunción de hablar palabra en mi nombre, a quien yo no le haya mandado hablar, o que hablare en nombre de dioses ajenos, el tal profeta morirá. Y si dijeres en tu corazón: ¿Cómo conoceremos la palabra que Jehová no ha hablado?; si el profeta hablare en nombre de Jehová, y no se cumpliere lo que dijo, ni aconteciere, es palabra que Jehová no ha hablado; con presunción la habló el tal profeta; no tengas temor de él" (Dt. 18:20-22; ver 1 R. 22:6-28; Is. 9:15; Jer. 6:13; 8:10; 28:15-17; *passim*).

El hablar la palabra del Señor con frecuencia incluía predicción, el profetizar el futuro. Con mayor frecuencia quería decir proclamación, "decir de antemano" un mensaje de parte de Dios.

A Jeremías se le aseguró que Dios pondría sus palabras en la boca del profeta (Jer. 1:9). Al profeta se le dio el privilegio de aparecer ante el concilio de Dios (Jer. 23:18, 22; Am. 3:7). Su función consistía en impartir la palabra de Dios al pueblo, hablarles en nombre de su Dios. Su prefacio típico era "Así dijo el Señor."

C. La Inspiración del Profeta

El profeta recibía la palabra por inspiración divina, pero la comunicaba a través de su propia personalidad. La comunicación, por tanto, llevaba la marca de la personalidad del profeta así como las credenciales de su autor divino.[2] Los profetas eran "varones que conocían la intimidad del compañerismo con Dios a quienes algo de su espíritu se les había dado, varones que veían el mundo a la luz de lo que ellos habían visto en el seno de Dios, hombres que hablaban porque tenían que hacerlo, y no porque querían hacerlo, sobre los cuales había descansado el constreñimiento de Dios, y quienes trasmitían una palabra no sólo relevante a las necesidades de la hora sino de importancia permanente para los humanos."[3] Eric Sauer escribió:

> La profecía del Antiguo Testamento no es sólo una línea aérea que no toca el suelo. Más bien, en muchos puntos, hay una alusión a eventos y personas del presente de entonces o del futuro cercano. Desde una situación definida los profetas hablan a los hombres en una situación definida. Con frecuencia captan de su medio ambiente las formas y colores para la presentación de su mensaje. Todo está históricamente condicionado y a la vez interpenetrado con la eternidad. Todo es a la vez humano que divino, temporal y super-temporal.[4]

Kohler usa el término "carismático" para describir el oficio de profeta. El profeta, a diferencia del sacerdote, no fue nacido en el oficio. Fue llamado a esta ocupación y especialmente capacitado con el Espíritu del Señor para llevar a cabo sus propósitos. Su experiencia de lo divino nunca era por causa de su propio gozo místico. Era siempre en favor del servicio de Dios para la salvación de su pueblo.[5]

Como el mensajero del Señor, el profeta transmitía el mensaje en la forma en que lo recibía. Cuando Dios hablaba en primera persona, el profeta entregaba su mensaje en primera persona. Tal como Vriezen ha notado, esto no quiere decir que el profeta se identificara con Dios, un punto de vista que muchos han favorecido. El "oráculo"—el mensaje en primera persona hablado directamente como venido del Señor—se da así porque el profeta es "un fiel siervo y mensajero de Dios."[6]

La misión de los profetas era presentar una comprensión de la voluntad de Dios tal como se aplica a la vida toda. Los profetas eran enemigos acérrimos de la piedad en claustro, una religión limitada al ritual del Templo. La política, el comercio, la justicia y los tratos diarios del hombre con el hombre todos se traían bajo el juicio de Dios.

Generalmente, los profetas predicaban contrario al modo de sentir popular. Cuando todo iba bien y en tiempos de optimismo universal, los profetas eran heraldos de castigo y maldición. Pero cuando venía el jucio y el modo de sentir de la nación era de desconsuelo, los profetas hablaban acerca de un futuro glorioso. "Su mensaje se convertía en un mensaje de esperanza y estímulo evangélicos."[7]

Los profetas eran los proponentes de la religión personal. "Lo que elevaba la relación individual divino-humana a un nuevo nivel, haciéndola una realidad completa y viviente, era la manera en que los profetas llevaban a su conclusión lógica la creencia de que *las relaciones del hombre con Dios eran explícitamente personales en carácter.*"[8]

II. LA VISIÓN PROFÉTICA DE DIOS

En ningún sentido pensaban los profetas que eran innovadores. Eran hombres inspirados con una visión del Dios de Abraham, Isaac, y Jacob. Veían que su tarea era la de hacer volver al pueblo a la fe que estaban demasiado inclinados a dejar. No obstante, los profetas ensanchaban inmensurablemente la revelación de Dios de sí mismo que se había dado anteriormente. Continuando desde la fundación de los actos poderosos de Dios en la historia de Israel y en las intuiciones de poetas y hombres sabios, los profetas enriquecieron y profundizaron la comprensión del hombre del Antiguo Testamento respecto a su Señor divino.

Los profetas no hablan de los "atributos" de Dios como lo haría un teólogo sistemático. Los nombres abstractos casi no existen en el hebreo bíblico. Al contrario, el Antiguo Testamento abunda en verbos y participios activos cuando habla Dios. No sólo son términos como "ominipresencia," "omnisciencia," e "inmutabilidad" desconocidos en el lenguaje del Antiguo Testamento, sino que las ideas mismas son extrañas al pensamiento hebreo. En su lugar, hay descripciones respecto a Dios ricas y de significado.[9]

A. "No Otro Dios"

Confrontados con la idolatría de su propio pueblo y el paganismo de sus vecinos, los profetas insistieron incansablemente como lo habían hecho los que los habían precedido en que "Jehová es Dios" (Dt. 4:35; 6:4; 32:39; Sal. 86:10) y "ni hay Dios fuera de ti" (2 S. 7:22; 2 R. 19:15).

> *Así dice Jehová Rey de Israel,*
> *y su Redentor, Jehová de los ejércitos:*
> *"Yo soy el primero, y yo soy el postrero,*
> *y fuera de mí no hay Dios.*
> *¿Y quién proclamará lo venidero, lo declarará*
> *y lo pondrá en orden delante de mí,*
> *como hago yo desde que establecí el pueblo antiguo?*
> *Anúncienles lo que viene, y lo que está por venir.*
> *No temáis, no os amedrentéis;*
> *¿No te lo hice oír desde la antigüedad, y te lo dije?*
> *Luego vosotros sois mis testigos.*
> *No hay Dios sino yo.*
> *No hay Fuerte; no conozco ninguno"*

(Is. 44:6-8; ver 45:5, 21-22; Jer. 2:5, 11; *passim*).

Aquí, como en otros casos, los profetas no eran innovadores. El suponer que fueron los creadores del monoteísmo de Israel es equivocar el significado del Antiguo Testamento. En ninguna parte introducen ellos la idea de un verdadero Dios como cosa nueva. Dondequiera demandaban simplemente "que la gente se adhiriera a Yahweh, cuya voluntad ya les era conocida."[10]

La aserción "no hay otro Dios" que el Dios de Israel (Is. 45:21) contradice el politeísmo, la creencia en dos deidades eternalmente antagonistas, el "dios de luz" y el "dios de tinieblas." El Satán del Antiguo Testamento, aunque era un espíritu personal real y maligno y con gran poder, era aún así, una criatura del solo Dios y sujeto a las limitaciones de la voluntad de este Dios. Ni tampoco hay un vestigio en el Antiguo Testamento de la desintegración de la deidad en principios masculinos y femeninos como se notaban en otras religiones semíticas. El Señor Dios no necesitaba el ser complementado en ninguna forma. El lenguaje hebreo no tiene la palabra "diosa."[11]

B. "El Dios Eterno"

Tan positivo como puede decirse en palabras, el Antiguo Testamento afirma que Dios es el Eterno, sin principio ni fin, transcendiendo las limitaciones de tiempo. La evidencia de esto no puede equivocarse. No hay una especie de "teogonía" en el Antiguo Testamento—no hay relato del "nacimiento" u origen de los dioses—tal como se encuentra en otras religiones antiguas. Dios no tiene principio ni tampoco tiene fin. El es "el primero y el último" (Is. 44:6), "el Alto y Sublime, el que habita la eternidad" (57:15).[12]

Que Dios es eterno, es un corolario necesario de la idea de la creación. La existencia del mundo en el tiempo es un indicio de la eternidad de Dios. Henry Ralston lo expresó suscintamente cuando dijo, "Si algo existe ahora, algo debió haber sido eterno."[13] Todo pensamiento acerca de los orígenes debe necesariamente principiar con lo no derivado y propiamente existente. Es concebible que algo no pudo haber venido de la nada.

Al Antiguo Testamento no se opone al materialismo sencillamente sobre la base de que la materia no puede ser eterna. El problema no es si hay algo o alguien eterno. La cuestión es qué tan adecuado es el concepto de lo eterno al explicar lo temporal. "Antes que naciesen los montes y formases la tierra y el mundo, desde el siglo y hasta el siglo, tú eres Dios" (Sal. 90:2; ver 93:2; 102:24, 27; 106:48; Dt. 33:27; Is. 26:4, 33:14; Jer. 10:10). El es "el Dios eterno" (Is. 40:28).

C. Perfecto en Conocimiento e Infinito en Sabiduría

1. *Conocimiento de Dios.* Dios conoce todo, lo más recóndito del alma humana así como los eventos de sobre la tierra. "Porque Jehová escudriña los corazones de todos, y entiende todo intento de los pensamientos" (1 Cr. 28:9); "Y vino sobre mí el Espíritu de Jehová, y me dijo: Dí: Así ha dicho Jehová: Así habéis hablado, oh casa de Israel, y las cosas que suben a vuestro espíritu, yo las he entendido" (Ez. 11:5; ver también 2 Cr. 16:9; Job 34:21-22; Pr. 15:3, 11; 24:11-12).

Dios es "perfecto en conocimiento" (Job 37:16). Las tinieblas y la luz son iguales para El (Sal. 139:1-6, 12; Dn. 2:22). Su entendimiento es infinito (Sal. 147:5). Fue el conocimiento de Dios de los pensamientos de los hombres y de sus intenciones lo que parecía ser lo más importante para los hombres de la Biblia. "Parecía hermoso que el Señor supiera todos los secretos del universo; pero era aún más hermoso que El pudiera ver hasta el interior del corazón humano y entender todos los pensamientos escondidos y los impulsos del hombre."[14]

Los escritores del Antiguo Testamento no especulan acerca del conocimiento previo de los eventos no determinados en el propósito de Dios. Pero sí afirman que el Señor conoce el futuro. "He aquí se cumplieron las cosas primeras, y yo anuncio cosas nuevas; antes que salgan a luz, yo os las haré notorias" (Is. 42:9); "Acordaos de las cosas pasadas desde los tiempos antiguos; porque yo soy Dios, y no hay otro Dios, y nada hay semejante a mí, que anuncio lo por venir desde el principio, y desde la antigüedad lo que aún no era hecho; que digo: 'Mi consejo permanecerá, y haré todo lo que quiero'" (46: 9-10).

2. *Sabiduría de Dios.* La sabiduría de Dios es también alabada. "El que hizo la tierra con su poder, el que puso en orden el mundo con su saber, y extendió los cielos con su sabiduría" (Jer. 10:12). "Y Daniel habló y dijo: Sea bendito el nombre de Dios de siglos en siglos, porque suyos son el poder y la sabiduría... El da la sabiduría a los sabios, y la ciencia a los entendidos. El revela lo profundo y lo escondido; conoce lo que está en tinieblas, y con él mora la luz" (Dn. 2:20-22). La sabiduría se define como la combinación de conocimiento y benevolencia. Es la capacidad de escoger medios apropiados a sus fines. Es la disposición a usar correctamente el conocimiento.

La sabiduría de Dios se manifiesta en su poder para usar las fuerzas de la naturaleza a fin de que cumplan con su voluntad sin hacerlas menos naturales. Se ve en la habilidad de usar los pensamientos y acciones de los hombres sin hacerlos menos humanos. El asirio sirve como la vara de la ira de Dios (Is. 10:5) aunque él no se dé cuenta de ello (10:7) y al mismo tiempo que sigue la tendencia maligna de su propia naturaleza. "En su paciencia y longanimidad Dios usa los deseos y propósitos conflictivos de los hombres para llevar a cabo su voluntad, sin destruir la libertad humana o convertir al hombre en un mero títere en sus manos."[15] Dios es la Fuente de toda sabiduría (Job 28) y el hombre no puede comprender totalmente sus caminos (Is. 55:8-9).

D. El Señor es "Dios Todopoderoso"

El poder irresistible de Dios se afirma a través de todas las Escrituras.

A Abraham, el Señor le dijo, "Yo soy el Dios Todopoderoso *(El Shaddai):* anda delante de mí y sé perfecto" (Gn. 17:1; 35:11). Lo que El quiere hacer, lo hace. "... yo soy Dios. Aun antes que hubiera día, yo era; y no hay quien de mi mano libre. Lo que hago yo, ¿quién lo estorbará?" (Is. 43:13). "Todos los habitantes de la tierra son considerados como nada; y él hace según su voluntad en el ejército del cielo, y en los habitantes de la tierra, y no hay quien detenga su mano, y le diga: '¿Qué haces?'" (Dn. 4:35; ver Job 9:10; Hab. 3:3-6).

La creación misma es la evidencia primaria del poder de Dios. "El que hizo la tierra con su poder, el que puso en orden el mundo con su saber, y extendió los cielos con su sabiduría; a su voz se produce muchedumbre de aguas en el cielo, y hace subir las nubes de lo postrero de la tierra; hace los relámpagos con la lluvia, y saca el viento de sus depósitos" (Jer. 10:12-13). "¡Oh Señor Jehová! he aquí que tú hiciste el cielo y la tierra con tu gran poder, y con tu brazo extendido, ni hay nada que sea difícil para ti" (32:17; ver Job 26:14).

Corrigiendo el mito de que el hombre bíblico fue atemorizado por la grandeza de la tierra, Eric Sauer escribió,

> Lejos de ver en esta tierra pequeña '*el* mundo,' constituyendo el centro matemático y punto principal de la creación entera, para la Biblia las naciones no son más que 'una insignificancia,' como un 'grano de arena que queda en las balanzas' (Is. 40:15); y para ella, las islas no son más que 'menudo polvo,' y toda la humanidad como 'langostas' (Is. 40:22). De hecho, el globo entero es para la Biblia sólo un 'estrado' del trono celestial (Mt. 5:35; Hch. 7:49). 'El cielo es mi trono, y la tierra estrado de mis pies' (Is. 66:1).[16]

El poder de Dios implica su soberanía sobre los hombres y las naciones. Todas las manifestaciones de su poder están dirigidas a fines morales (Sal. 50:21-22).[17] Es el poder soberano de Dios lo que hace de la providencia y los milagros algo muy natural en el mundo bíblico. Dios nunca puede ser excluido de su creación. "En la fe de Israel Dios era muy real y personal para reducirse a la impotencia en su propio mundo, o considerarse como quien vigila perezosamente mientras los humanos labran su propio destino, y esta fe es integral a cualquiera fe digna en Dios."[18]

E. El Señor Está en Todas Partes

Dios está presente dondequiera, no por ser difuso o extendido por todo el espacio, sino por su naturaleza esencial. "Los cielos, los cielos de los cielos, no te pueden contener" (1 R. 8:27; 2 Cr. 6:18). Es imposible escapar su presencia. El Salmista escribió:

> *¿A dónde me iré de tu Espíritu?*
> *¿Y a dónde huiré de tu presencia?*
> *Su subiere a los cielos, allí estás tú;*
> *Y si en el Seol hiciere mi estrado, he aquí, allí tú estás.*
> *Si tomare las alas del alba*
> *Y habitare en el extremo del mar,*
> *Aun allí me guiará tu mano,*
> *Y me asirá tu diestra.*
> *Si dijere: "Ciertamente las tinieblas me encubrirán;"*
> *Aún la noche resplandecerá alrededor de mí,*
> *aun las tinieblas no encubren de ti,*
> *Y la noche resplandece como el día;*
> *lo mismo te son las tinieblas que la luz* (Sal. 139:7-12; ver Amós 9:2-3).

Los ojos de Dios están en todo lugar (Pr. 15:3). "El cielo es mi trono, y la tierra estrado de mis pies" (Is. 66:1). "¿Se ocultará alguno, dice Jehová, en escondrijos que yo no lo vea? ¿No lleno yo, dice Jehová, el cielo y la tierra? (Jer. 23:24). Este lenguaje no pasa por alto las referencias a la "localización"—e.g., la presencia de Dios en su casa o en el cielo. Pero Dios está donde El actúa, y en vista de que todas las cosas son sostenidas por la palabra de su poder (He. 1:3), El está en todas partes.

Implicada en la presencia universal de Dios está su "incorporealidad" o "espiritualidad." Dios no es una forma física, y carece de un "cuerpo." Aunque le tocó al Señor Jesús asegurar sin ambage alguno que "Dios es Espíritu" (Jn. 4:24), el Antiguo Testamento presenta evidencia substancial en esta dirección. Esto incluye (1) la "delocalización" de la adoración del Señor (Dt. 26:15; Jer. 7:12-14); (2) la prohibición de toda clase de representación del Señor (Dt. 4:15-19); (3) el reconocimiento de "antropomorfismos" como símbolos y no literales (Nm. 23:19); (4) la transcendencia (Sal. 99:5) y la cercanía (Sal. 69:13; 73:23) de Dios; (5) el contraste entre la carne y el espíritu (Is. 31:3); y (6) la invisibilidad de Dios (Job 9:11). Toda esta evidencia requiere que entendamos las referencias al rostro, manos, voz, su andar, y su "imagen" divinos como lo que son—acomodamientos a las limitaciones de nuestra comprensión humana.[19]

F. El Señor es Digno de Confianza

Que el Señor no cambia (Job 23:13; Sal. 102:27; Mal. 3:6) significa que se puede depender de El y que es un Objeto digno de nuestra confianza continua. En relación a sus criaturas, viviendo bajo las formas de tiempo y del espacio, el Señor es un Dios viviente. Su acción en el mundo está condicionada por eventos históricos. Ezequías envió a Isaías para que orara en favor de la liberación de mano de los asirios—"Quizá oirá Jehová tu Dios las palabras del Rabsaces, al cual el rey de Asiria su señor envió para blasfemar al Dios vivo, y para vituperar con las palabras que oyó Jehová tu Dios; eleva, pues, oración tú por el remanente que aún ha quedado" (Is. 37:4).

Jeremías contrasta al Dios de Israel con los dioses de los paganos: "Mas Jehová es el Dios verdadero; El es Dios vivo y Rey eterno; a su ira tiembla la tierra, y las naciones no pueden sufrir su indignación" (Jer. 10:10; ver vrs. 1-16; Dt. 5:26; Jos. 3:10; 1 S. 17:26, 36; 2 R. 19:4, 16; Sal. 42:2; 84:2; Jer. 23:36; Dn. 6:26; Os. 1:10).

El ser de Dios no es inmutabilidad estática. Pero su carácter y sus propósitos son seguros. Por eso Isaías puede decir, "Confiad en Jehová perpetuamente, porque en Jehová el Señor está la (Roca) fortaleza de los siglos" (26:4).

Este es también el punto de frecuentes referencias a Dios como el Dios de "verdad". Los vocablos hebreos usuales traducidos en "verdad" *(emunah, emeth)* significan "seguridad, estabilidad, fidelidad." Cuando el Salmista dice, "Todas las sendas de Jehová son misericordia y verdad, para los que guardan su pacto y sus testimonios" (Sal. 25:10); cuando Isaías declara que el trono será afirmado en misericordia y que Dios "se sentará firmemente, en el tabernáculo de David [como uno] quien juzgue y busque el juicio, y apresure la justicia" (16:5); cuando Jeremías afirma que "Vive Jehová, en verdad, en juicio y en justicia" (4:2)—están declarando la dependabilidad y fidelidad de Dios (ver Sal. 96:13; 100:5). El es digno de la confianza y fe de su pueblo.

G. Rectitud y Justicia

La rectitud y la justicia de Dios se enseñan continuamente a ... del Antiguo Testamento. "Proclamad, y hacedlos acercarse, y entren todos en consulta; ¿quién hizo oír esto desde el principio, y lo tiene dicho desde entonces, sino yo Jehová? Y no hay más Dios que yo; Dios justo y Salvador; ningún otro fuera de mí" (Is. 45:21). "Jehová en medio de ella es justo, no hará iniquidad; de mañana sacará a luz su juicio, nunca faltará;. pero el perverso no conoce la vergüenza" (Sof. 3:5; ver también Gn. 18:25; Dt. 32:4; Job 8:3; 34:12; Sal. 89:14).

La justicia es esencial al gobierno divino del mundo. Es legislativa al prescribir lo que es recto, y judicial al aplicar la ley a la conducta humana, recompensando y castigando. En este último sentido, la justicia de Dios es imparcial—sin "acepción de personas": "Sea, pues, con vosotros el temor de Jehová; mirad lo que hacéis, porque con Jehová vuestro Dios no hay injusticia, ni acepción de personas, ni admisión de cohecho" (2 Cr. 19:7; ver Pr. 24:23; 28:21).

La rectitud y la justicia de Dios están más interesadas en la vindicación de los oprimidos antes que en la retribución del opresor. Claro que la idea de castigo por lo malo no está ausente. Pero tal como Jacob señala,

> Nunca en el Antiguo Testamento aparece la justicia como distributiva en el sentido estricto del término. La justicia de Yahweh no es el tipo de la mujer vendada sosteniendo la balanza en su mano; la justicia de Yahweh extiende un brazo hacia el miserable que se encuentra tirado en el suelo a la vez que con la otra aparta a quien ha sido causa de su desgracia, y en esa forma su aspecto salvador, no excluye todo elemento distributivo.[20]

H. Dios de Misericordia y Amor

La longanimidad y tiernas mercedes del Señor son un tema constante a través del Antiguo Testamento. "De las misericordias de Jehová hará memoria, de las alabanzas de Jehová, conforme a todo lo que Jehová nos ha dado, y de la grandeza de sus beneficios hacia la casa de Israel, que les ha hecho según sus misericordias, y según la multitud de sus piedades" (Is. 63:7). "Mas alábese en esto el que se hubiere de alabar: en entenderme y conocerme, que yo soy Jehová, que hago misericordia, juicio y justicia en la tierra; porque estas cosas quiero, dice Jehová" (Jer. 9:24; ver Dt. 4:37; 7:7-8; 10:15; 23:5; *passim*).

Se ha sostenido que el Dios del Antiguo Testamento es un Dios de ira en tanto que el Señor del Nuevo Testamento es el Dios de amor. Tal contraste es falso bíblicamente. Ryder Smith escribió, "Resulta claro que no se dejó al Nuevo Testamento declarar que Dios *ama a los pecadores*. Su disitinción es que demuestra *cuánto* los ama."[21]

El sentido moderno de contradicción entre el amor y la ira de Dios no aparece en ninguna parte en la Biblia. Tal como veremos, el amor de Dios es el amor del Dios santo. Por el otro lado, como Emil Brunner ha comentado, "La Santidad que enseña la Biblia es la Santidad del Dios que es Amor, por tanto, la verdad de la Santidad de Dios se completa en el conocimiento de su Amor."[22]

Notando una cierta reticencia en las primeras porciones del Antiguo Testamento a hablar directamente acerca del amor de Dios, Walther Eichrodt declara que fueron los profetas los que primero hablaron libremente acerca del amor de Dios "bajo el impacto de una revelación directa divina de sí mismo."[23] Oseas especialmente, desarrolló la metáfora usada frecuentemente más tarde en la Biblia y más completamente en el Nuevo Testamento.

Dos términos hebreos transmiten principalmente la verdad del amor de Dios. Uno es *chesed,* amor de pacto. El otro es *ahabah,* sustantivo usado aproximadamente 30 veces en el Antiguo Testamento; y la forma verbal *aheb,* usada un total de 163 veces expresando la idea de amor incondicional.

1. *Amor incondicional. Aheb* y *ahabah* son aproximadamente tan amplios en su uso como el término castellano amor. Significan "afecto, deseo, inclinación." Describen el amor de los hermanos (2 S. 1:26); el amor sexual bueno y el malo (Gn. 29:20; 2 S. 13:15; Cnt. 2:4; *passim*); amor entre esposos (Pr. 5:19; Ec. 9:9); así como la inclinación para ciertas cosas como alimento y lugares (Gn. 27:14; Jer. 22: 20, 22). Se usan tanto para el amor de Dios hacia el hombre (Is. 63:9; Os. 3:1; 11:4) como para el amor del hombre para con Dios (Sal. 109: 4-5; 116:1; Dn. 9:4).

En contraste con *chesed, ahabah* es amor sin condiciones. Norman Snaith escribió: "No está limitado a las condiciones de ningún pacto, pero es la única causa de la existencia del Pacto entre Dios e Israel. *Ahabah* es la causa del Pacto; *chesed* es el medio de su continuidad. Es así que *ahabah* es el Amor-electivo de Dios, en tanto que *chesed* es su Amor-pacto."[24]

El amor de Dios para Israel es un amor soberano que no depende de condiciones previas. El amor de Israel por Dios es en respuesta al amor que Dios ya ha demostrado en ofrecimiento del pacto.[25] Para el Antiguo Testamento así como para el Nuevo, "Le amamos porque El nos amó primero" (1 Jn. 4:19).

Es naturaleza del amor de Dios el escoger. Escoge no con el fin de excluir a los demás, sino a fin de proveer una cabeza de puente de donde pueda darse a conocer el amor de Dios por la humanidad. El amor de Dios fue manifestado especialmente a Israel a fin de que pudiera demostrarlo a todos. "No por ser vosotros más que todos los pueblos os ha querido Jehová y os ha escogido, pues vosotros erais el más insignificante de todos los pueblos; sino por cuanto Jehová os amó, y quiso guardar el juramento que juró a vuestros padres, os ha sacado Jehová con mano poderosa, y os ha rescatado de servidumbre, de la mano de Faraón rey de Egipto" (Dt. 7:7-8; ver también 1 R. 10:9; 2 Cr. 2:11; 9:8).

2. *Amor de Pacto.* *Chesed* expresa la idea de amor fiel dentro de una relación establecida. Es amor basado en un pacto previo. Cuando se usa respecto al hombre, lleva consigo el significado de piedad. Cuando se usa respecto a Dios, lleva en sí el significado de gracia. Oesterley nota que *chesed*

> no es meramente un modo de acción o una emoción. Es una cualidad esencial del alma, una capacitación espiritual que llega muy profundo en la naturaleza misma del que lo tiene. Implica un reconocimiento completo del valor de la personalidad, agregando a ese reconocimiento la consagración del uno para con el otro. No hay otra palabra que signifique tanto al oído hebreo, y su cultivo en el corazón humano es la más alta demanda de la moralidad profética. En toda su extensión y totalidad puede verse sólo en Yahweh.[26]

Por cuanto no hay una palabra en castellano que cubra la amplitud total del significado de esta clase de amor, los traductores del Antiguo Testamento han empleado diferentes términos. La Septuaginta generalmente la traduce con el griego *eleos,* "misericordia." Algunas traducciones modernas castellanas han empleado "amor," "bondad," "longanimidad," "gracia," "fidelidad," y "amor firme." Thomson lo llama "el gran vocablo del Antiguo Testamento para la gracia de Dios," y dice que "significa una longanimidad que es firme por naturaleza, inalterable, fiel."[27]

Uno de los significados de la raíz de *chesed* es "fortaleza," y frecuentemente se usa con *'emeth,* "verdad," en el sentido de estabilidad, fidelidad, y dependabilidad. "Estabilidad" y "lealtad" son otros intentos de transmitir su significado. Vriezen escribió: "Las palabras *chesed* (unión) y *'emeth* (fidelidad, firmeza) se encuentran juntas una y otra vez constituyendo con frecuencia una sola idea: una unión firme y fiel que es indisoluble."[28]

La conexión esencial entre *chesed* y pacto se ha hecho notar también. *Chesed* es amor en relación. La conexión con el pacto no se pierde en la literatura profética, sino que la sobrepasa. No es el pacto lo que resulta en *chesed,* sino el *chesed Yahweh* el que lleva a la restauración del pacto después de que el pueblo lo ha violado por causa de sus pecados (Jer. 31:3). De hecho, es el amor perenne de Dios que se presenta en la promesa del "nuevo pacto" (Jer. 31: 31-34).

Hemos hecho notar que en Oseas, la transición se sucede de la imagen de amor en una relación de pacto a la del amor en la relación matrimonial. Más exactamente, la naturaleza del pacto se vuelve a definir desde la base de un contrato político a un vínculo de matrimonio cuya esencia es el amor leal. El vínculo de matrimonio viene a ser la demostración suprema del amor de Dios para Israel. Esta fue una metáfora que Oseas "adquirió el derecho de usar sólo al costo de la propia sangre de su corazón."[29] Dios da su palabra a su pueblo: "En aquel tiempo, dice Jehová, me llamarás Ishi (mi marido), y nunca más me llamarás Baali... Y te desposaré conmigo para siempre; te desposaré comigo en justicia, juicio, benignidad [*chesed*], y misericordia. Y te desposaré comigo en fidelidd, y conocerás a Jehová" (Os. 2:16, 19-20).

Isaías y Jeremías usan también esta metáfora, y también en la misma forma—en relación al amor benigno de Dios. "Por que tu marido es tu Hacedor; Jehová de los ejércitos es su nombre; y tu Redentor, el Santo de Israel; Dios de toda la tierra será llamado" (Is. 54:5; ver 62:5). "Convertíos, hijos rebeldes, dice Jehová, porque yo soy vuestro esposo; y os tomaré uno de cada ciudad, y dos de cada familia, y os introduciré en Sion" (Jer. 3:14; ver 2:2; 31:32).

3. *Dios como Padre.* Así como se afirma el amor de Dios, la idea de la paternidad divina encuentra también expresión en el Antiguo Testamento (Is. 63:16; Jer. 3:4; Os. 11:1-7). Generalmente, la verdad recalcada es la autoridad y valor del padre—la obligación del hijo de ser obediente para con su padre (Mal. 1:6; 3:17). "¿Así pagáis a Jehová, pueblo loco e ignorante? ¿No es él tu padre que te creó? El te hizo y te estableció" (Dt. 32:6).

Más frecuentemente se habla de la paternidad de Dios en conexión con la nación como un todo. No es generalmente Israel quien llama a Dios su Padre, sino Dios quien llama a Israel su hijo.[30]

"...porque soy a Israel por padre,
    y Efraín es mi primogénito" (Jer. 31:9).
"Ahora pues, Jehová, tú eres nuestro padre;
    nosotros barro, y tú el que nos formaste;
    así que obra de tus manos somos todos nosotros" (Is. 64:8).

Sin embargo, dentro de la nación como un todo, el cuidado de Dios para los individuos se describe como paternidad. "Padre de huérfanos y defensor de viudas es Dios en su santa morada" (Sal. 68:5; ver 89:26). El pasaje más querido es "Como el padre se compadece de los hijos, se compadece Jehová de los que le temen" (Sal. 103:13).

Es probable que el uso de la relación Padre-hijo en el Antiguo Testamento sea tan rara debido a las ideas tan literales y groseramente físicas de una paternidad divina corriente entre los vecinos paganos de Israel. "El concepto de la paternidad de Dios es muy natural en el Antiguo Testamento, aunque no tan pronunciada como pudiera haber sido si el baalismo de esos tiempos no hiciera designación similar respecto a su deidad masculina (Jer. 2:27)."[31]

4. *Dios como Salvador.* El término usado más comúnmente para describir a Jesús en el Nuevo Testamento se usa libremente respecto a Dios en el Antiguo Testamento. El es *Yeshua,* el Salvador, quien es la Luz y la Salvación de su pueblo (Sal. 27:1) y cuya salvación está cerca de los que le temen (Sal. 85:9). Dios es el "eterno Dios de justicia, poder creativo, y santidad a medida que procura salvar a los hombres de sus pecados y ayudarles a vivir una nueva vida."[32]

Que Dios es el Salvador de su pueblo es un concepto hallado frecuentemente en la literatura profética. "Porque yo Jehová, Dios tuyo, el Santo de Israel, soy tu Salvador; a Egipto he dado por tu rescate, a Etiopía y a Seba por ti... Yo, yo Jehová, y fuera de mí no hay quien salve" (Is. 43:3, 11; ver 35:4; 45:15, 21; *passim*). "Yo salvaré a mis ovejas, y nunca más serán para rapiña" (Ez. 34:22). "Mas yo soy Jehová tu Dios desde la tierra de Egipto; no conocerás, pues, otro dios fuera de mí, ni otro salvador sino a mí" (Os. 13:4).

5. *Dios como Redentor.* La palabra más típica para describir a Dios como el Redentor de su pueblo es *ga'al.* Es un término para el cual no hay equivalente exacto en castellano. Significa "hacer el papel de un pariente" como en Ruth 3:13. Como Kohler ha hecho notar: "El significado original de *ga'al,* hacer el deber de uno como pariente donde se ha derramado sangre, o donde dejará de perpetuarse un nombre, o cuando la tierra ha caído en manos extrañas, no está más presente en los casos en que a Dios se le llama *ga'al.* En este caso la palabra siempre significa que Dios liberta a la persona redimida del poder y autoridad de otro."[33]

El término *ga'al* se usa con frecuencia en relación con libertad de la muerte y el *sheol.* "De la mano del Seol los redimiré, los libraré de la muerte. Oh muerte, yo seré tu muerte; y seré tu destrucción, oh

Seol; la compasión será escondida de mi vista" (Os. 13:14; ver Sal.
103:4). Isaías hizo un uso más frecuente de la idea de redención en sus
predicciones del exilio y en la liberación de manos de Babilonia,
usualmente en relación con el "Santo de Israel." "No temas, gusano
de Jacob, oh vosotros los pocos de Israel; yo soy tu socorro, dice
Jehová; el Santo de Israel es tu Redentor" (Is. 41:14; 43:14; ver 44:6,
24; 48:17; 49:7, 26; *passim*).

I. La Ira de Dios

Estrechamente relacionado con el amor de Dios es su reverso el
concepto de su ira. El Dios que ama también se enoja con todos los
que quieren destruir los objetos de su amor.

La ira de Dios es el otro lado de su amor, no su opuesto. Lo
contradictorio del amor es odio. El odio se describe como la actitud
de Dios hacia el hombre sólo como una expresión semítica de una
estimación menor, o de un lugar secundario en el afecto (Mal. 1:2-3
en relación con Lucas 14:26).

Son precisamente aquellos profetas que recalcan el amor de Dios
con más fuerza—esto es, Oseas y Jeremías—quienes también
recalcan la ira divina.[34] "La Biblia nada sabe de un universo que
incluya el cielo y no el infierno; ni una teología de un Dios amante
que no destruya el mal."[35] En las palabras de Schofield:

> La ira de Dios es el corolario necesario para el amor de Dios.
> Su misericordia benigna es parte del carácter permanente de Dios,
> pero su ira resplandece por un momento en contra de todo lo que
> envía un rastro de mal a través de su creación o la destruya, o en
> contra de todo aquel que persistentemente se identifique con el
> mal. Su clamor constante es, 'Volveos, volveos, ¿por qué mori-
> réis?'; el camino está siempre abierto fuera del círculo de su ira
> hacia el amor de Dios que es abundante en misericordia y longani-
> midad si el pecador se vuelve hacia él.[36]

El propósito de la ira de Dios es destruir el mal del mundo que El
ama. Si nos identificamos con ese mal, su amor debe convertirse en
ira y destruirnos.[37]

La ira de Dios, sin embargo, no es un elemento permanente de su
carácter tal como son su santidad, su rectitud y su amor. Es "la santa
intolerancia de Dios de lo que no es meramente antitético a su propio
carácter, sino hostil a los intereses más profundos del hombre."[38] La
ira de Dios habrá cumplido su objetivo cuando el mal haya desaparecido y los que El ama estén reconciliados con El. La ira de Dios

"sólo puede entenderse, por así decirlo, como una nota al calce al deseo de compañerismo del Dios del pacto."[39]

La ira de Dios es siempre personal. Nunca es, como C. H. Dodd ha especulado respecto a "la ira" en el Nuevo Testamento, un principio abstracto de acción en un orden impersonal de justicia— una ley universal objetivamente necesaria. Ni, por el otro lado, es caprichoso e impulsivo. Rowley escribió: "La ira de Dios y su amor no han de ponerse en conflicto mutuo. Su ira fue la expresión de su amor, no menos que lo que su justicia lo fue, pues el amor no es una concesión o aprobación blanda, ni tampoco la ira de Dios es una manifestación de mal genio."[40] "No hay nada caprichoso acerca de su ira destructiva. Es terrible porque es el reverso de su amor, y es tan grande como su amor."[41]

No importa qué tan grande sea la ira de Dios, el pueblo que se arrepiente siempre encuentra misericordia. La última palabra no es enojo, sino perdón. Hermann Schultz escribió:

> La creencia de que el pacto de Dios con Israel sobrepasará toda su ira es la nota principal del método profético de escribir historia... Es la expresión de la creencia de que Dios es la vida de su pueblo, y su amor la inamovible piedra de la esquina tanto de su presente como de su futuro; que el pueblo no merecía más que ira y castigo, pero que la misericordia de Dios es más grande que el pecado de Israel.[42]

J. La Santidad de Dios

Un aspecto principal de la visión de Dios del Antiguo Testamento es su énfasis sobre la santidad divina. La santidad de Dios está implícita en la Biblia desde el principio. Encuentra su declaración explícita en Exodo y la institución del pacto. En el Cántico de Moisés al librar a Israel de Egipto, encontramos por primera vez el uso del término tantas veces repetido por todo el resto del Antiguo Testamento: "¿Quién como tú, oh Jehová, entre los dioses? ¿Quién como tú, magnífico en santidad, terrible en maravillosas hazañas, hacedor de prodigios?" (Ex. 15:11).

El tema se continúa a través de las provisiones para adoración y sacrificio en el resto del Exodo y Levítico. Corre a través de la recapitulación de la ley y del pacto en Deuteronomio. Subraya la filosofía de la historia en Josué, Jueces, Samuel, Reyes y Crónicas. Es una nota persistente en la literatura poética. Con los profetas, sin embargo, la santidad de Dios se ve en su luz vedadera como mezcla con la rectitud y saturadamente ética en sus implicaciones de adoración y conducta humana.

1. *La Naturaleza de Dios.* La teología bíblica no se interesa en el debate sobre si la santidad de Dios es un atributo divino entre otros, o si es la suma total de los atributos. El Antiguo Testamento habla de la santidad tan completamente relacionada con el concepto de deidad, que constituye la naturaleza misma de Dios, "la bondad de Dios." La santidad es la gloria y majestad del ser revelado de Dios, la perfecta plenitud de su deidad.[43]

No hay término descriptivo que se use para Dios en el Antiguo Testamento en la misma forma en que se usan "santo" y "santidad." El es "el santo [el único] de Israel," el *qadosh* (2 R. 19:22; Sal. 71:22; 78:41; 89:18; Is. 1:4; 5:19—y un total de 30 veces en Isaías; Jer. 50:29; 51:1; Ez 39:7; Os. 11:9; Hab. 1:12; 3:3). *Qadosh* (santo) se usa tanto en "oráculo"—"Yo soy el Señor tu Dios, el Santo de Israel, tu Salvador" (Is. 43:3)—como en atribución—"Dejaron a Jehová, provocaron a ira al Santo de Israel" (Is. 1:4). En inglés se usa la expresión al "Holy One" pero el hebreo sólo usa "el Santo" de Israel sin incluir ningún otro sustantivo.

Tanto como el Nuevo Testamento afirma que "Dios es amor" antes que "amoroso" (1 Jn. 4:8, 16), el Antiguo Testamento también afirma que Dios es santidad antes que simplemente "santo" como una cualidad o atributo. Davidson dice: "Parece claro, por tanto, que *Kadosh* (santo) no es una palabra que exprese algún atributo de la deidad, sino la deidad misma."[44] Es un término que describe la la naturaleza esencial de Dios, lo que es más íntimamente divino, antes que uno de sus atributos o cualidades. El Dios de la Biblia es, usando la frase de Peter Forsyth, "el Dios del amor santo."[45]

2. *El Significado de la Santidad.* "Santidad" (*qodesh*) y "santo" (*qadosh*) y sus parecidos ocurren 605 veces en el Antiguo Testamento. Aproximadamente 450 veces, los términos se usan en relación con cosas generalmente asociadas con el culto o ritual. Cuando se atribuyen a Dios, santidad es su naturaleza. Cuando se adscribe a los hombres y a las cosas, santidad es una relación, no principalmente una propiedad o cualidad. Gerhard von Rad dice: "Si un objeto o un lugar o un día o un hombre son 'santificados,' esto quiere decir, en primer lugar, que está separado, asignado a Dios, pues Dios es la fuente de todo lo que es santo. . . considerando que, al fin de cuentas la santidad de todo lo que es santificado deriva solamente del hecho de haber estado en contacto con Yahweh, se ha observado, con

propiedad, que el término indica una relación antes que una cualidad."[46]

Esto no es negar que la santidad en el Antiguo Testamento contenga un fuerte elemento ético cuando se aplica a los hombres. Pero el significado más antiguo y predominante en el Antiguo Testamento es "posicional" antes que "ético." Es siempre posicional, por supuesto, cuando se aplica a objetos impersonales tales como días, montañas, vestuario, altares y el Tabernáculo o el Templo (Ex. 3:5; 16:23; 28:2; Lev. 6:30; 8:9; Sal. 11:4; Is. 11:9; Ez. 20:40; *passim*).[47] G. Ernest Wright nota que

> santidad sencillamente se refiere a aquel misterio en el Ser Divino que lo distingue de Dios. Se posee por criaturas y objetos sólo en un sentido derivado, cuando éstos están separados por Dios mismo para una función especializada. De todos los 'atributos' divinos, la santidad describe mejor el ser de Dios antes que su actividad. No obstante, no es estática, ni es una 'cualidad' definible como la verdad griega, belleza y bondad, pues es un misterio indefinible en Dios que lo distingue de todo lo que El ha creado; y su presencia en el mundo es señal de su dirección activa en sus asuntos.[48]

3. *Constituyentes de la Santidad de Dios.* Tres elementos tienen que identificarse en la santidad de Dios:

a. El primero es la majestad transcendente de Dios. El es Señor sobre todo, "Dios soy, y no hombre, el Santo en medio de ti" (Os. 11:9). Cuando Isaías tuvo la visión de la santidad de Dios, "el Señor [era] alto y sublime," "sentado sobre un trono" con "faldas[49] [que] llenaban el templo" (6:1).

La santidad aparece como poder, canalizada aún por objetos innanimados con los que estaba investido (e.g. el monte que no podía tocarse, Ex. 19:12-13; y más claramente, la muerte de Uza, 2 S. 6:6-7). Cuando los hombres de Bet-semes murieron porque habían desecrado el arca del Señor, los sobrevivientes preguntaron, "¿Quién podrá estar delante de Jehová el Dios santo?" (1 S. 6:19-20).

b. El segundo elemento en la santidad de Dios es la irradiación de su ser que no podía uno tener de cerca—el *shekinah*, la gloria que era el "poder radiante de su ser,"[50] el "esplendor de luz impenetrable por la que Dios se revela y se esconde a la vez."[51] El es un "fuego devorador" (Ex. 24:17), y su esplendor es tal que tenía que ser escondido dentro de una nube (Ex. 40:34-38).

c. El tercer elemento en la santidad de Dios es la pureza absoluta de su naturaleza. El es "muy limpio de ojos para ver el mal" (Hab.

1:13). Es este último elemento lo que resalta en primer lugar como santidad cuando se relaciona con los seres huanos. El mandato de Dios, "Santos seréis, porque santo soy yo Jehová vuestro Dios" (Lv. 19:2) no se refiere a la majestad o gloria de lo divino, sino a la separación y libertad de todo lo que deforma.

El que la santidad y rectitud sean para nosotros vocablos de tal significado similar, es un tributo a los profetas desde Amós en adelante. Estos hombres recalcaron con claridad que las demandas morales y espirituales del servicio a Dios son mucho más importantes que los significados de culto y ritual de la santidad.

Este concepto profético de santidad como rectitud ética sigue hasta el Nuevo Testamento y viene a ser el trasfondo para la comprensión de la raíz griega *hagios* y sus derivados ("santo," "santificado," "hacer santo," "santificar"). Por cuanto *qodesh* se había convertido en un término con significado moral así como con el más primitivo significado relacionado a culto, los traductores del Antiguo Testamento al griego (la Septuaginta) escogieron *hagios* como el término con intentos de significado ético en lugar del término griego más común *hieros. Hagios* tiene un significado moral de que *hieros* carece.[52]

III. EL ESPÍRITU DE DIOS Y EL ESPÍRITU DEL SEÑOR

Una gran cantidad, y muy importante, de enseñanza respecto al Espíritu de Dios y el Espíritu del Señor se encuentra en el Antiguo Testamento. Hay un total de 86 referencias, de las cuales una tercera parte o más, se encuentran en Isaías y Ezequiel.

El término hebreo *ruach* se usa para ambos, el espíritu humano y el Espíritu divino—así como en su significado primario de "hálito," "aire," y "viento." En esto, *ruach* es casi una réplica exacta del término griego *pneuma* en el Nuevo Testamento—traducido también en "espíritu" o "Espíritu," y con menos frecuencia en "hálito" o "viento."

La idea dominante de *ruach* es la de poder, fuerza, y aún violencia.[53] Isaías contrasta el poder de Dios con la fuerza de los hombres: "Y los egipcios hombres son, y no Dios; y sus caballos carne, y no espíritu; de manera que al extender Jehová su mano, caerá el ayudador y caerá el ayudado, y todos ellos desfallecerán a una" (Is. 31:3).

Al considerar la enseñanza del Antiguo Testamento respecto al Espíritu del Señor, nos confrontamos inmediatamente con la relación de estas ideas al completo concepto trinitariano respecto a Dios tal como se implica en la información del Nuevo Testamento. Tan grande era el peligro del politeísmo en los tiempos del Antiguo Testamento, que su énfasis principal es sobre la unidad de la Deidad. Aunque las referencias del Antiguo Testamento pueden ser interpretadas en algunos lugares como si expresaran la idea de Espíritu como una hipóstasis distinta o Persona, tal idea probablemente no se le hubiera ocurrido al estudiante hebreo de las Escrituras. Sólo en los Discursos de Jesús de la Ultima Cena (Jn. 14—16) se revela con la luz plena de la personalidad y deidad del Espíritu de Dios.

Sin embargo, Davidson está sin duda en lo correcto cuando dice que el concepto del Antiguo Testamento prepara el camino para la doctrina del Nuevo Testamento.[54] Algunos ejemplos de pasajes del Antiguo Testamento que se inclinan hacia la comprensión trinitariana del Espíritu son: "Mas ellos fueron rebeldes, e hicieron enojar su santo espíritu; por lo cual se les volvió enemigo, y él mismo peleó contra ellos. Pero se acordó de los días antiguos, de Moisés y de su pueblo, diciendo: '¿Dónde está el que les hizo subir del mar con el pastor de su rebaño? ¿dónde el que puso en medio de él su santo espíritu?" (Is. 63:10-11). El que el Espíritu pueda ser "contristado" sugiere una dimensión personal al menos latente en la idea. "Mi Espíritu estará en medio de vosotros, no temáis" (Hag. 2:5). "Esta es palabra de Jehová a Zorobabel, que dice: No con ejército, ni con fuerza, sino con mi Espíritu, ha dicho Jehová de los ejércitos" (Zac. 4:6).

El Antiguo Testamento se refiere al Espíritu como "santo" tres veces, dos en el pasaje de Isaías 63 mencionado arriba, y uno en Salmos 51:11.

En términos del uso del Antiguo Testamento, el Espíritu es Dios activo en su mundo. El Espíritu es "el poder de Dios que da vida y crea energía."[55] Aun cuando no se puede asentar una regla fija, las referencias al Espíritu de Dios *(Ruach Elohim)* y al Espíritu del Señor *(Ruach Yahweh)* tienden a conservar la distinción notada anteriormente entre Elohim, Dios como Creador, y Yahweh, el Señor como Redentor. "El Espíritu de Dios" se refiere a la fuerza, el poder y la majestad del Dios Creador. "El Espíritu del Señor" se relaciona al amor, favor, y ayuda del Dios Redentor.[56] De los dos, "el Espíritu del Señor" es la frase usada con mayor frecuencia. En los libros históricos y proféticos, se usa casi exclusivamente.

William M. Greathouse divide las referencias del Antiguo

Testamento al Espíritu, en tres grupos que son una clasificación útil. Primero, están las que se relacionan a la actividad del Espíritu en el mundo en general. Segundo, están las que hablan acerca de Dios actuando redentivamente por su Espíritu en y a través de su pueblo. Tercero, están las referencias a la venida del Mesías y a la edad del Espíritu que El habría de introducir.[57]

A. El Espíritu y el Cosmos

En la creación, "el Espíritu de Dios se movía sobre la faz de las aguas" (Gn. 1:2). Los cielos y todas las huestes que los cielos contienen fueron hechos por la palabra de Dios y el soplo (*ruach* o espíritu) de su boca (Job 26:7-13; Sal. 33:6). El Espíritu es la Fuente de la vida animal (Gn. 6:17; 7:15, 22) y de la vida humana (Gn. 6:3; Sal. 104: 29-30).

El Espíritu de Dios confiere conocimiento sobrenatural y sabiduría (Gn. 41:38); da capacidad artística especial (Ex. 35:31-32) y sabiduría para gobernar (Jue. 3:10). El Espíritu es omnipresente en el orden creado (Sal. 139:7-10). El Dr. Greathouse escribe: "El es Espíritu personal, saturando y a la vez distinto de su creación. Además, El está presente no sólo como el poder sustentador del mundo, sino también como una influencia moral perturbadora en las vidas de los pecadores."[58]

B. El Espíritu del Señor en la Redención

Hay referencias frecuentes al Espíritu en relación a la actividad redentora de Dios entre su pueblo. Estas ocurren con frecuencia en el contexto de libertad de la opresión y del peligro. En Jueces y en 1 Samuel particularmente, el Espíritu se menciona frecuentemente diciendo que "viene sobre" o que "viene con poder" sobre jueces y líderes específicos como un poder sobrenatural que se posesiona de ellos y los capacita para hacer proezas que van más allá de lo ordinario. Se mencionan a Otoniel (Jue. 3:10), a Gedeón (Jue. 6:34), a Jefté (Jue. 11:29), a Sansón (Jue. 13:25; 14:6, 19; 15:14), a Saúl (1 S. 10:6), y a David (1 S. 16:13) en conexión con tales proezas. La idea común es que el Espíritu es el "dador de fortaleza."[59]

En el Antiguo Testamento se le da crédito al Espíritu cuando se habla de profecía. "Ojalá todo el pueblo de Jehová fuese profeta, y que Jehová pusiera su espíritu sobre ellos" (Nm. 11:29; ver vrs. 25-28; también 1 S. 19:20; Ez. 2:1-3; 3:13-14; 8:3; 11:1).

Los dos pasajes que hablan del "santo Espíritu" se encuentran dentro del marco de la redención moral y espiritual (Sal. 51:11; Is.

63:10-11). No se quiere decir que estos pasajes enseñen una obra regeneradora o santificadora del Espíritu Santo en el Antiguo Testamento que fue exactamente el equivalente de lo que encontramos en el Nuevo Testamento. La edad del Espíritu estaba por venir todavía. Juan comenta respecto a la promesa de Jesucristo acerca del Espíritu diciendo que "aún no había venido el Espíritu Santo, porque Jesús no había sido aún glorificado" (Jn. 7:39). Estos pasajes del Antiguo Testamento más bien testifican al hecho de que las obras redentoras de Dios en favor de los suyos y los impulsos y respuestas del alma en la adoración son provincia del ministerio del Espíritu por todas las edades, tanto antes como después del Pentecostés.

C. El Espíritu y las Profecías Mesiánicas

Una tercera clase de referencias del Antiguo Testamento sobre el Espíritu tienen que ver con la venida del Libertador y una era del Espíritu que caracterizará su venida. Especialmente Isaías, habló del Espíritu que "reposaría sobre el vástago" (11:2) y ungiría al Siervo de Jehová (42:1). Repite la comisión que Jesús aceptó como suya (Lc. 4:18): "El Espíritu de Jehová el Señor está sobre mí, porque me ungió Jehová; me ha enviado a predicar buenas nuevas a los abatidos, a vendar a los quebrantados de corazón, a publicar la libertad a los cautivos, y a los presos apertura de la cárcel; a proclamar el año de la buena voluntad de Jehová, y el día de venganza del Dios nuestro" (61:1-2).

La era mesiánica habría de ser peculiarmente la era del Espíritu.

Porque los palacios quedarán desiertos,
la multitud de la ciudad cesará;
las torres y fortalezas
se volverán cuevas para siempre,
donde descansen asnos monteses,
y ganados hagan majada.
hasta que sobre nosotros sea derramado el Espíritu de lo alto,
y el desierto se convierta en campo fértil,
y el campo fértil sea estimado por bosque (Is. 32:14-15).
Porque yo derramaré aguas sobre el sequedal,
y ríos sobre la tierra árida;
mi Espíritu derramaré sobre tu generación,
y mi bendición sobre tus renuevos (Is. 44:3; ver también
59:19; Ez. 36:25-27; Jl. 2:28-29; y Zc. 12:10).

El ministerio del Espíritu ha de ser universal e interno.

Mucho después del fin del canon del Antiguo Testamento, los rabinos judíos sostenían que por causa de los pecados de la nación, el Espíritu había sido retirado, pero que regresaría al tiempo del Mesías para ser difundido sobre todos, tanto judíos como gentiles. El Rabí Simeón b. Johai da una paráfrasis interesante de Ezequiel 36:24, "Y Dios dijo, 'en esta edad, por cuanto el impulso maligno existe en vosotros, habéis pecado en contra mía, pero en la edad por venir, yo lo desarraigaré de vosotros.'"[60]

NOTAS BIBLIOGRÁFICAS

[1]*Dawn of World Redemption*, p. 148.

[2]Cf. Rowley, *Faith of Israel*, p. 38-39.

[3]*Ibid.*

[4]*Dawn of World Redemption*, p. 145.

[5]*OT Theology*, pp. 165-166.

[6]*Outline of OT Theology*, p. 258.

[7]Dentan, *Design of Scripture*, p. 47.

[8]Eichrodt, *Theology of the OT*, 1:356-357.

[9]Cf. Knight, *Christian Theology of the OT*, p. 88, 101 ss.; Stephen Neill, ed., *Twentieth Century Christianity* (Garden City, N. Y.: Doubleday and Co., Inc., 1963), p. 273; y lo siguiente:

"El idioma hebreo clásico, y la mente que lo produjo, trabajó casi exclusivamente con sustantivos y verbos, es decir, con cuadros de cosas y descripciones de acciones. Los escritores de la Biblia tienen ojo fotográfico, pero no significa que también tengan cerebro fotográfico. Sus pensamientos son tan profundos como los nuestros. Pero la forma en que los expresan no es igual que la nuestra.

"Ellos usaron la información de sus sentidos—sonidos, visiones y olores del mundo—para comunicar su mensaje. No podían darse el lujo del lenguaje teológico, la abstracción vaga ni los términos de conveniencia. Nosotros hablamos de 'autocongratulación prematura ante la ausencia de las capacidades físicas y mentales indispensables para realizarlo en las exigencias concretas de la experiencia vital'. El idioma hebreo desconoce tal mezcla de adjetivos y abstracciones, por lo que prefiere expresar la misma idea así: 'No se alabe tanto el que se ciñe las armas, como el que las desciñe' (1 R. 20:11)."
—Lawrence Toombs, *The Old Testament in Christian Preaching*, (Filadelfia: The Westminster Press, 1961), pp. 37-38.

[10]Vriezen, *Outline of OT Theology*, p. 178-179.

[11]Cf. Eichrodt, *Theology of the OT*, 1:223.

[12]Cf. Vriezen, *Outline of OT Theology*, pp. 181-182.

[13]*Elements of Divinity* (Nashville: Publishing House of the M. E. Church, South, 1919), p. 22.

[14]Dentan, *Design of Scripture*, p. 99.

[15]Rowley, *Faith of Israel*, p. 61.

[16]*Dawn of World Redemption*, p. 25.

[17]Cf. Davidson, *Theology of the OT*, pp. 160-169.

[18]Rowley, *Faith of Israel*, p. 58; cf. Schultz, *OT Theology*, 2:194-195.

[19]Cf. Gelin, *Key Concepts of the OT*, pp. 24-35.

[20]Jacob, *Theology of the OT*, pp. 99-100.

[21]*Bible Doctrine of Sin*, p. 56; itálicas en el original.

[22]*The Christian Doctrine of God*, traducido por Olive Wyon; *Dogmatics* (Filadelfia: The Westminster Press, 1950), 1:183.

[23]*Theology of the OT*, 1:251.

[24]*Distinctive Ideas of the OT*, p. 119.

[25]*Ibid.*, p. 172.

[26]W. O. E. Oesterley, *The Psalms* (Londres: SPCK, 1953), p. 80.

[27]*OT View of Revelation*, p. 103; cf. también Jacob, *Theology of the OT*, p. 103.

[28]*Outline of OT Theology*, p. 164.

[29]Eichrodt, *Theology of the OT*, 1:251.

[30]Cf. Jacob, *Theology of the OT*, p. 62. La declaración no aprobada de Jacob debe modificarse por "usualmente".

[31]Baab, *Theology of the OT*, p. 123.

[32]Ibid., p. 17.

[33]*OT Theology*, p. 234.

[34]Vriezen, *Outline of OT Theology*, p. 157.

[35]Schofield, *Intro. OT Theology*, p. 157.

[36]*Ibid.*, p. 44.

[37]*Ibid.*, p. 54.

[38]Rowley, *Faith of Israel*, p. 65.

[39]Eichrodt, *Theology of the OT*, 1:262. ·

[40]*Faith of Israel*, p. 65.

[41]Schofield, *Intro. OT Theology*, p. 54.

[42]Schultz, *OT Theology*, 2:30.

[43]*Ibid.*, pp. 167-177; Snaith, *Distinctive Ideas of the OT*, pp. 199 ss.

[44]*Theology of the OT*, p. 151.

[45]Cf. Vriezen, *Outline of OT Theology*, p. 151: "La santidad de Dios no es sólo la idea central de la fe en Dios del Antiguo Testamento, sino también la base continua del mensaje de amor en el Nuevo Testamento. En este sentido ambos están totalmente de acuerdo, y aquí la fe cristiana se basa sobre la revelación de Dios en el Antiguo Testamento." Cf. también Thompson, *OT View of Revelation*, p. 90.

[46]*OT Theology*, 1:205.

[47]En el Nuevo Testamento se encuentran algunos rasgos del concepto "posicional" de la santidad o la santificación: por ejemplo, el templo que santifica al oro (Mt. 23:17, 19) y la esposa creyente que santifica a la familia incrédula (1 Co. 7:14).

[48]"God Who Acts; Biblical Theology as Recital", *Studies in Biblical Theology* (Londres: SCM Press, 1952), pp. 84-85.

[49]Capa o bata, falda—de una raíz que significa "colgar".

[50]Frase de Buber, citada por Vriezen, *Outline of OT Theology*, p. 246.

[51]G. F. Moore, citado por Thompson, *OT View of Revelation*, pp. 32-33.

[52]Cf. Snaith, *Distinctive Ideas of the OT*, pp. 56-57.

[53]*Ibid.*, p. 196.

[54]*Theology of the OT*, p. 125.

[55]Snaith, *Distinctive Ideas of the OT*, p. 196.

[56]Davidson, *Theology of the OT*, p. 125.

[57]*The Fullness of the Spirit* (Kansas City: Beacon Hill Press of Kansas City, 1958), pp. 41-46.

[58]*Ibid.*, p. 42.

[59]Dentan, *Design of Scripture*, p. 155.

[60]Cita de Greathouse en *Fullness of the Spirit*, pp. 45-46; cf. Turner, *Vision Which Transforms*, pp. 68-72.

10

La Piedad Personal en el Antiguo Testamento

En los tiempos del Antiguo Testamento la piedad personal era algo muy real. Es una tristeza que muchos hayan formado su concepto sobre la religión del Antiguo Testamento por lo que el Nuevo Testamento dice acerca del formulismo estéril del judaísmo posterior. La religión personal en el Antiguo Testamento era una expresión vital, alegre y feliz de devoción a Dios. El legalismo posterior no fue más que la hoja de mazorca de donde el maíz había desaparecido.

El calor personal de la fe en el Antiguo Testamento se refleja en los Salmos cuya expresión de devoción hace de ellos el himnario favorito de la iglesia a la vez que de la sinagoga. Los salmos reflejan un nivel de espiritualidad que muchos en la era cristiana fracasan en alcanzar, o alcanzan sólo en raras ocasiones. "Los Salmos demuestran claramente... que la religión daba al israelita piadoso, consuelo y seguridad, por cuanto lo llenaba de una fe profunda y ferviente en Dios, una fe que recibía expresión clásica en himnos como los Salmos 16 y 23, para mencionar sólo dos."[1]

No menos personal fue la fe de los profetas. Siendo ellos mismos participantes activos en los eventos que describían, profetas como Isaías, Jeremías, Ezequiel, Daniel, y los 12 profetas menores, ejemplificaron en su vida lo que los salmistas habían exaltado en la oración y la alabanza. En relación con la fe normativa del Antiguo Testamento han de considerarse tres tópicos principales.

I. LA SALVACIÓN

Salvación es un término que en el Antiguo Testamento y en el Nuevo incluye un significado amplio. Santidad, rectitud, y salvación en el sentido de una relación personal con Dios—su accesibilidad y participación en la vida e inmanencia en la experiencia—se implican claramente en el concepto del Antiguo Testamento acerca de Dios y de sus tratos con los hombres.[2] El *protevangelium,* elección, el pacto, y la Ley, están todos interesados en la salvación. Pero es en los Salmos y en los profetas que las dimensiones personales de la salvación se esclarecen progresivamente.

A. El Significado General del Término

Los actos salvadores de Dios son apropiados a la necesidad. No hay nada en el término "salvación" *(yasha')* que indique el modo o límite de alcance de la salvación. Toda clase de mal, espiritual y temporal a que el hombre pudiera estar sujeto, se incluye dentro del alcance de su liberación.[3] La intervención de Dios en el Mar Rojo fue un acto de salvación (Ex. 14:13), el primer uso específico del término en la Biblia (ver un uso general en Gen. 49:18). Salvación se menciona frecuentemente en relación con la libertad de los enemigos militares: "Oye, Israel, vosotros os juntáis hoy en batalla contra vuestros enemigos; no desmaye vuestro corazón, no temáis, ni os azoréis, ni tampoco os desalentéis delante de ellos; porque Jehová vuestro Dios va con vosotros, para pelear por vosotros contra vuestros enemigos, para salvaros" (Dt. 20:3-4; ver 1 S. 14:45; 19:5). El término se usaba también en relación a la longevidad y prosperidad: "Lo saciaré de larga vida, y le mostraré mi salvación" (Sal. 91:16).

B. Salvación del Pecado

Más importantes son las frecuentes referencias a la salvación en conexión con la libertad de la corrupción del pecado. "Con la percepción de que su compasión se humilló hasta el nivel físico del hombre a su condición espiritual, se pudo ver que su salvación llegó hasta el punto de su compasión. En ninguna parte vemos a un Dios incapaz. Sus recursos son siempre iguales a sus propósitos."[4]

Salvación se usa en relación a la rectitud (Sal. 24:5), a la verdad 25:5), a la fidelidad (40:10), al gozo (51:12), a los dones espirituales (68:19-20), al escuchar de la oración (69:13), y al perdón de los pecados (79:9).

Ryder Smith señala que "en la vasta mayoría de textos las palabras 'salvar' y 'salvación' se relacionan en alguna forma con el pecado de Israel o con la rectitud."[5] Uno de los fines de la salvación es la comunión con Dios y la renunciación personal de la voluntad propia, el orgullo, y el pecado—con la transformación del carácter que éstos implican.[6]

La salvación del pecado es una idea esencial en el pacto mismo. El pacto obligaba a Israel a la obediencia a su Dios transcendente. En el punto del fracaso, se concede perdón, expiación y reconciliación. El pecado es esencialmente una rebelión en contra del señorío de Dios. Sólo puede absolverse por el arrepentimiento humilde y el perdón divino. "El pagano... bien puede sentir culpa, tristeza y desconsuelo por haber sido falto en cuanto a lo que se le demandaba, pero nada sabe del sentido bíblico de pecado, contrición, arrepentimiento, y perdón, del gozo que viene de hacer la voluntad de Dios, o en alguna forma el sentirse inmerecedor de la bendición divina sobre él conferida."[7]

H. H. Rowley escribe:

> Hay muchos niveles en el Antiguo Testamento, pero en todos los niveles hay un común denominador. La salvación de la servidumbre egipcia o de los enemigos vecinos no está en el mismo nivel que la salvación del pecado, y la salvación del pecado involuntario no está en el mismo nivel que la salvación de los pecados del espíritu. No obstante, en todos los niveles se percibía que la salvación era un acto de Dios. Su condición está siempre presente como una rendición humilde y de fe, con arrepentimiento en dondequiera que ha habido pecado... Por todo el Antiguo Testamento se presenta el amor de Dios. Porque aunque el pecado humano es una ofensa hacia El, su deseo sincero por la restauración del compañerismo puede verse en su disciplina y en su amonestación, y en su respuesta rápida al deseo del hombre de la restauración del compañerismo a través del ejercicio de su poder divino para remover la barrera que el hombre había levantado.[8]

C. El Llamado al Arrepentimiento y a la Fe

Los profetas eran persistentes en su llamado al pueblo a "volverse" al Señor. El retorno hacia El implicaba el dejar los ídolos y regresar al pacto histórico con Dios así como la renunciación del pecado personal. Oseas se refirió a los ídolos de Israel como sus amantes: "Seguirá a sus amantes, y no los alcanzará; los buscará, y no los hallará. Entonces dirá: 'Iré y me volveré a mi primer marido; porque mejor me iba entonces que ahora'" (2:7). El clamor de Isaías era, "Buscad a Jehová mientras puede ser hallado, llamadle en tanto que está cercano. Deje el impío su camino, y el hombre inicuo sus pensamientos, y vuélvase a Jehová, el cual tendrá de él misericordia, y al Dios nuestro, el cual será amplio en perdonar" (55:6-7).

El término traducido en "volver" *(shub),* según lo hace notar

Baab, "es en realidad, extremadamente complejo, porque marca un reconocimiento profundo de las demandas de Dios, y la admisión de pecado, un acto de arrepentimiento, y una reorganización de la vida."[9]

Jeremías habría de decir a su pueblo, "Vuélvete, oh rebelde Israel, dice Jehová; no haré caer mi ira sobre ti, porque misericordioso soy yo, dice Jehová, no guardaré para siempre el enojo. Reconoce, pues, tu maldad, porque contra Jehová tu Dios has prevaricado, y fornicaste con los extraños debajo de todo árbol frondoso, y no oíste mi voz, dice Jehová" (Jer. 3:12-13).

La esperanza de Oseas para el futuro era que, "Después volverán los hijos de Israel, y buscarán a Jehová su Dios, y a David su rey; y temerán a Jehová y su bondad en el fin de los días" (3:5).

El acto de volverse de la idolatría y el pecado implicaban arrepentimiento (en el sentido estricto de renunciación del pecado) y fe. El volverse de los ídolos era, por ese acto mismo volverse "a Dios, para servir al Dios vivo y verdadero" (1 Ts. 1:9). El verdadero arrepentimiento y fe salvadora son los dos lados de un solo acto de volverse. Otto Baab escribe:

> Obviamente, la salvación debe incluir la llegada de un sentido de humildad y dependencia en Dios como consecuencia del rompimiento con el orgullo y la arrogancia. Requiere una admisión honesta de la "creaturidad" del hombre y un reconocimiento de la debilidad y limitaciones que esta condición impone sobre el hombre. Presupone el rendimiento de la voluntad a Dios y la aceptación total de la voluntad divina como determinativa de toda la vida. Demanda completa sumisión a Dios como el árbitro del destino del hombre y la reorganización de la vida de acuerdo con este rendimiento. Todo esto incluye adaptaciones de una naturaleza personal difícil y complicada, que requiere cambios sicológicos, entregas éticas radicalmente revolucionarias de un nuevo yo que ve los valores a través de una nueva luz, y una transformación de la naturaleza volitiva del hombre como una respuesta a las metas e influencias que se originan en el ser de Dios. Tal cambio es increíblemente fantástico cuando los recursos morales y sicológicos del hombre se toman en cuenta. La salvación del pecado parece ser imposible en vista de estas dificultades enormes … Sólo a través del acto de un Poder más elevado fuera del hombre mismo se llega a esa humildad final que es base y punto de partida de la salvación.[10]

D. Perdón de Dios

La respuesta de Dios al retorno del hombre es perdón. ". . . vuélvase a Jehová, el cual tendrá de él misericordia, y al Dios nuestro, el cual será amplio en perdonar" (Is. 55:7). Cuatro vocablos principales del Antiguo Testamento expresan la idea de perdón.

1. El primero es *salach,* "perdonar, pasar." Fue la palabra usada en la oración de Moisés después de la idolatría del pueblo (Ex. 34:9). Se usa frecuentemente en los Salmos, con su creciente sentido de "pecaminosidad excesiva" (e.g. Sal 25:11; 103:3). Los profetas lo usaban seguido en promesa y petición (Is. 55:7; Jer. 33:8). El perdón quita la sentencia de castigo. Libra de algunas de las consecuencias de pecado—aunque no necesariamente de todo pecado (2 S. 12: 13-14).

Algunos han deducido de Números 15:30 que el pecado delibe- rado en contraste con el pecado ritual o pecados de flaqueza no podía ser perdonado. Pero el "pecado con premeditación," o "pecado con altivez" como la frase hebrea lo expresa, casi seguramente tenía que ver con el pecado como expresión de una disposición de alma definida y permanente en que el Dios del pacto mismo era rechazado (como en Nm. 15:31). Era pecado del cual no había arrepentimiento, y que resultaba de despreciar la palabra del Señor. El cortarse o separarse de la palabra de Dios es desconectarse de la única Fuente de fe obediente. Otros pasajes del Antiguo Testamento prometen perdón para ofensas más serias: "Venid luego, dice Jehová, y estemos a cuenta: si vuestros pecados fueren como la grana, como la nieve serán emblanquecidos; si fueren rojos como el carmesí, vendrán a ser como blanca lana" (Is. 1:18; ver 55:6-7). "Pecado con alevosía" es casi lo mismo que "la blasfemia en contra del Espíritu Santo" (Mt. 12:31-32) que separa de la única Fuente de perdón identificando a esta fuente como Belzebú (Mt. 12:27). "Por esto mismo, toda persona que sinceramente se preocupa por el pecado imperdonable, ya sea en el Antiguo Testamento o en el Nuevo Testamento, no puede haberlo cometido!"[11]

En el lado positivo, *salach* representa el proceso todo por el cual el que ofende es restaurado al favor divino. Girdlestone reconoce la estrecha conexión entre perdón y expiación: "Aunque el perdón no es idéntico con la expiación, los dos están estrechamente relacio- nados. De hecho, el expiar el pecado y el perdón del pecador sólo pueden entenderse como dos aspectos de una verdad; pues ambos fundan su plenitud en la provisión de misericordia de parte de Dios por medio de Cristo."[12]

2. El segundo término que describe el perdón divino es *padhah,* "comprar, entregar, redimir, rescatar." Este es un vocablo que

significa "sacar una cosa o un hombre de la posesión y propiedad de otro para ser posesión y propiedad de uno, entregando su equivalente... [aunque] en todos los 33 pasajes del Antiguo Testamento en que Dios es el que rescata... no se menciona equivalente."[13]

Aunque *padhah*, el vocablo hebreo paralelo *ga'al* ("el ser pariente de"), y el equivalente griego en el Nuevo Testamento *lutroo* eran la base de la teoría del "rescate" patrístico sobre la expiación, la idea de "pagar un precio por" a alguien no es prominente en las Escrituras. El término implica libertad del antiguo estado de servidumbre hacia una nueva relación de libertad por el esfuerzo personal o intervención del redentor.[14]

3. El tercer término para perdón es *nasa*, "quitar la culpa, aceptar, cargar, llevar, levantar, perdonar." Se encuentra en todo el Antiguo Testamento. Algunas de las referencias típicas son Exodo 10:17; 32:32; 1 Samuel 25:28; Job 7:21; Salmos 25:18; 32:1, 5; 85:2; 99:8; Isaías 2:9.

4. *Kipper*, el cuarto vocablo en este grupo, significa "cubrir"; de *kaphar*, "tapar sobre." Generalmente se traduce en "expiación" y el "proveer expiación." El término relacionado Akkadian, significa "lavar." Se encuentra extensivamente en las secciones en pasajes como Deuteronomio 32:43; Salmos 32:1; 65:3; Isaías 6:7; 22:14; 27:9; Jeremías 18:23 (traducido en "perdonar"); Ezequiel 43:20, 26; 45:15, 17; ("hacer expiación"); Daniel 9:24 ("expiar").

E. La Vida de Piedad

La vida a la cual Dios llama a su pueblo se define en el "Texto Aureo del Antiguo Testamento," Miqueas 6:8: "Oh hombre, él te ha declarado lo que es bueno, y qué pide Jehová de ti; solamente hacer justicia, y amar misericordia, y humillarte ante tu Dios."

El volverse a Dios lleva hacia el conocimiento de Dios en el sentido de acuerdo con su voluntad y conformidad con ella. Oseas es, principalmente, el profeta del "conocimiento de Dios." "Te desposaré conmigo en fidelidad, y conocerás a Jehová" (2:20). "Y conoceremos, y proseguiremos en conocer a Jehová; como el alba está dispuesta su salida, y vendrá a nosotros como la lluvia, como la lluvia tardía y temprana a la tierra" (6:3; ver 4:1, 6; 5:4; 6:6).

El conocimiento de Dios como este, se traduce en fe y confianza: "En descanso y en reposo seréis salvos; en quietud y en confianza será vuestra fortaleza" (Is. 30:15). Trae paz: "Tú guardarás en completa paz a aquel cuyo pensamiento en ti persevera; porque en ti ha confiado" (Is. 26:3). Imparte gozo: "Y los redimidos de Jehová volverán, y vendrán a Sion con alegría; y gozo perpetuo será sobre sus cabezas; y tendrán gozo y alegría, y huirán la tristeza y el gemido" (Is. 35:10; ver 12:3; 29:19; 51:11).

F. La Piedad como algo Personal

Las condiciones cambiadas por causa del exilio hicieron cambios profundos en la naturaleza de la religión del Antiguo Testamento. Los ritos del templo no eran posibles ya más. Aunque la adoración y la enseñanza en la sinagoga estaban todavía un tanto limitadas al pueblo de Israel, la participación se convirtió más y más en cuestión de escogimiento individual. "En lugar de la membresía por decisión libre y responsable."[15] Kholer escribió: "La única comunidad de los fieles exiliados a Jahweh consiste de muchas comunidades locales pequeñas; y cada comunidad local tiene su propia sinagoga: cada sinagoga tiene sus reuniones, sus rollos de la Escritura, sus exposiciones, sus instructores y sus alumnos. El templo se convirtió en escuela, el sacrificio en la Escritura, el sacerdote en el rabino, la peregrinación en el sabbath y el camino en la sinagoga en sábado."[16]

Estos cambios tuvieron su principio anteriormente en las instrucciones de los sabios y en la predicación de los profetas. La religión profética era no solamente personal y voluntaria, sino profundamente moral. Lo que los profetas recalcaban no era nada nuevo. Era más bien un énfasis creciente. "En Israel, se percibía en germen en el principio, y con claridad mayor a medida que pasaba el tiempo, que quien adora a Dios, tiene que volverse como El. Es así que la religión de Israel es ética en esencia, y no solamente en sus demandas."[17]

La relación adecuada al Señor Dios dependía en la integridad moral y devoción a la justicia, bondad, y verdad. Cuando la existencia misma del templo estaba amenazada, Jeremías predicó el primero de sus grandes "Sermones sobre el Templo":

> Oíd palabra de Jehová, todo Judá, los que entráis por estas puertas para adorar a Jehová. Así ha dicho Jehová de los ejércitos, Dios de Israel: Mejorad vuestros caminos y vuestras obras, y os haré morar en este lugar. No fiéis en palabras de mentira, diciendo: Templo de Jehová, templo de Jehová, templo de Jehová es este. Pero si mejorareis cumplidamente vuestros caminos y vuestras obras; si con verdad hiciereis justicia entre el hombre y su prójimo, y no oprimiereis al extranjero, al huérfano y a la viuda, ni en este

lugar derramareis la sangre inocente, ni anduviereis en pos de dioses ajenos para mal vuestro, os haré morar en este lugar, en la tierra que di a vuestros padres para siempre (7:2-7).

Ezequiel dio voz a una norma similar:

Y el hombre que fuere justo, e hiciere según el derecho y la justicia; que no comiere sobre los montes, ni alzare sus ojos a los ídolos de la casa de Israel, ni violare la mujer de su prójimo, ni se llegare a la mujer menstruosa, ni oprimiere a ninguno; que al deudor devolviere su prenda, que no cometiere robo, y que diere de su pan al hambriento y cubriere al desnudo con vestido, que no prestare a interés ni tomare a usura; que de la maldad retrajere su mano, e hiciere juicio verdadero entre hombre y hombre, en mis ordenanzas caminare, y guardare mis decretos para hacer rectamente, éste es justo; éste vivirá, dice Jehová el Señor (18:5-9).

Condensando estos y otros pasajes, Hermann Schultz escribió: "Ante los ojos de Dios, las formas sagradas carecen absolutamente de valor, excepto como expresiones de fe, humildad y obediencia. Tal es la carga de los mensajes proféticos desde Amós hasta Oseas y hasta llegar al Exilio."[18]

La profecía de Jeremías acerca del nuevo pacto demuestra claramente un profundo concepto de pecado junto con un sentido de necesidad para la conversión individual y un cambio radical interno: "Este es el pacto que haré con la casa de Israel después de aquellos días, dice Jehová: Daré mi ley en su mente, y la escribiré en su corazón; y yo seré a ellos por Dios, y ellos me serán por pueblo. Y no enseñará más ninguno a su hermano, diciendo: 'Conoce a Jehová'; porque todos me conocerán, desde el más pequeño de ellos hasta el más grande, dice Jehová; porque perdonaré la maldad de ellos, y no me acordaré más de su pecado" (31:33-34). "Jeremías dice que ningún mero intento de alterar la conducta externa valdrá la pena, pues el hombre sólo puede dejar el pecado cuando su corazón ha cambiado."[19]

II. La Santidad en el Antiguo Testamento

La piedad personal en el Antiguo Testamento se describe frecuentemente en términos de santidad. Israel había sido llamada anteriormente a ser una "nación santa" (Ex. 19:6; Lv. 19:2; 20:26). Esto incluía tanto la santidad de culto como de ritual, y la conducta moral o la santidad ética.[20]

A. El Elemento Moral en la Santidad

El mandato "Sed santos" se aplica tanto a lo moral como a lo ritual —y con frecuencia a ambos al mismo tiempo como en el código de santidad del Levítico 17—26 (ver especialmente Lv. 19:1-37). En esta instancia, en 19 versículos se habla sobre el respeto a los padres, la observancia del sábado, la idolatría, las ofrendas, la compasión hacia los pobres, la honradez y la verdad, el extender rumores, odio, y mala voluntad, venganza, la moralidad del sexo y el ritual de la expiación (19:2-20).

Los elementos de culto o ritual tendían a empobrecer lo ético en el énfasis anterior del Antiguo Testamento. Pero lo ético nunca había estado completamente ausente. En los profetas, el énfasis estaba sobre los aspectos moral y ético de la santidad, pero nunca está el ritual completamente perdido. Los profetas vinieron a definir la vida a la cual Dios llama a su pueblo en términos de semejanza a El y participación de su naturaleza.[21] "Aunque la doctrina de la santidad de Israel describía al principio una forma de vida distintiva en que lo ritual y lo ético se mezclaban indistintamente, posteriormente denotaba una manera de vida en que los dos se mezclaban pero en los que la ética era el elemento esencial y sobresaliente."[22]

Alfred Edersheim hizo una antigua declaración sobre el contenido moral de la santidad:

> El término hebreo para 'Santo' se suponía generalmente que quería decir 'separado, apartar.' Pero este es sólo su significado secundario, derivado del propósito hacia lo cual es santo. Su significado primario es espléndido, hermoso, puro, y sin contaminación. Dios es santo—Absolutamente puro, Esplendente, y Glorioso. De aquí que esté simbolizado por la luz. Dios habita en luz que es imposible de tolerarse; El es el 'Padre de las luces en el cual no hay ni una sombra de variación'—luz que nunca puede opacarse, ni dar lugar a la oscuridad. Cristo es la luz que alumbra en las tinieblas del mundo, 'la luz verdadera que alumbra a todo hombre.' E Israel habría de ser un pueblo santo como si habitara en la luz, a través de su relación-pacto con Dios.
>
> No fue la selección de Israel de entre todas las naciones lo que la hacía santa, sino la relación para con Dios a la que condujo al pueblo. El llamado a Israel, su elección y selección, fueron sólo los medios. La santidad misma habría de ser alcanzada a través del pacto, que proveía perdón y santificación, y en que por la disciplina de su ley, y la dirección de su Brazo Santo, Israel habría de ser

guiada hacia adelante y hacia arriba. Así que, si Dios demostraba la excelencia de su nombre o su gloria en la creación, la manera de su santidad descansaba en Israel.[23]

John Wick Bowman distingue entre lo que él llama el significado sacerdotal y profético de la santidad. El significado sacerdotal de la santidad era ceremonial en el sentido de apartar, dedicar, separar. El significado profético de la santidad es aquel en que sobresale el elemento ético, como en la visión de Isaías 6. Tal como hemos visto, ambos significados se combinan en el "código de la santidad" de Levítico 19. "Finalmente, el Nuevo Testamento, toma sólo el lado profético del término y lo perpetúa. Todos los cristianos han de ser 'santos' (los santos—Ro. 1:7), esto es, éticamente santos, separados, consagrados al servicio de Dios (Mr. 6:20; Jn. 17:17; Ap. 3:7), para que tengan compañerismo con un Dios santo (Hch. 9:13; Ro. 1:7; He. 6:10; Ap. 5:8)."[24]

Walther Eichrodt recalca más o menos el mismo punto:

> Se demuestra que el elemento decisivo en el concepto de la santidad es el de pertenecer a Dios—no el de separación que es secundario—sino que la santidad misma, de ser un concepto relacional, se convierte en una condición, una cualidad personal. El individuo que pertenece a Dios debe poseer una clase particular de naturaleza, que por el hecho de incluir al mismo tiempo la pureza externa o interna, ritual y moral, corresponderá a la naturaleza del Dios santo.[25]

B. La Visión de Isaías en el Templo

La visión de Isaías en el Templo descrita en 6:1-8 revela claramente la naturaleza ética de la santidad tal como se relaciona a la experiencia humana. Isaías no fue asombrado principalmente con un sentido de debilidad y humanidad en contraste con el poder y la soberanía de Dios. Fue confrontado con el sentido de su pecaminosidad interna. Clamó diciendo, "Ay de mí, que soy muerto"—literalmente, "estoy liquidado."

La convicción de Isaías tampoco estaba relacionada a lo que él había estado haciendo. El problema de su rebelión primera en contra del Señor se había resuelto antes de que recibiera el manto de profeta (ver 1:1 que indica que el ministerio profético de Isaías, había principiado durante los últimos años de la vida de Uzías). Su sentido de convicción se relacionaba a lo que él era: "... siendo hombre inmundo." Sus labios reflejaban el estado de su naturaleza interna: "De la abundancia del corazón habla la boca" (Mt. 12:34; 15:18).

Ludwig Kohler dice respecto a esta confesión: "Aquí, la santidad es lo opuesto de pecaminosidad. Dios es santo porque no tolera el pecado, lo descubre, lo reprende, rehúsa establecer compromiso con él, lo castiga o al expiarlo, lo perdona. El pecado separa al individuo de la Persona de un Dios santo."²⁶

El resultado de la confesión de Isaías fue inmediato. El serafín voló con un carbón encendido, tocó los labios del profeta, y dijo, "He aquí que esto tocó tus labios, y es quitada tu culpa [*avon* "perversidad," "pecado como estado o principio"], y limpio tu pecado [*kaphar, pual*, "limpio, purgado"]" (v.7). Ryder Smith escribe:

> El hombre total es limpio de pecado, no sólo sus labios. La palabra que se traduce en 'limpio' o 'purgado' es *kipper*. En este punto no hay necesidad de discutir la tan debatida cuestión de su origen y significado, pues la Visión toda demuestra que cualquiera que sea el significado de la palabra, es limpieza del pecado. Entre los hebreos, por supuesto, se practicaban las artes de fundir y refinar, y en ambos el fuego purifica y limpia. Malaquías usa la palabra 'refinar' *(zaqaq)* para denotar la 'purificación' y salvación de los hijos de Leví (Mal. 3:3). En Isaías, la traducción de *kipper* en 'purgar' expresa en mejor forma el significado del pasaje.²⁷

Fue después de esta purificación que el profeta oyó al Señor hablar, y su misión profética fue afirmada y aumentada.

C. Sumario

Davidson proporciona un sumario de valor sobre la santidad en el Antiguo Testamento tanto en relación con Dios como en relación con el hombre:

> (1) Vemos a *Santo* como una designación de Jehová; haciendo referencia a su Deidad, o a todo aquello que era una manifestación de su Deidad.

> (2) Lo vemos usándose para hombres y para objetos. Describe éstos como perteneciendo a Jehová, dedicados a El, entregados o apartados para El. Primordialmente, por tanto, solamente expresaba la relación.

> (3) Pero naturalmente, el concepto de dedicación a Jehová trajo a la vista el carácter de Jehová, que se reflejaba en las cosas o personas dedicadas a El. De aquí que haya tenido lugar una acción de dos factores al completar la circunferencia de la palabra "santo."

> *(a)* Por lo que respecta a los individuos dedicados a El,

192 / *Dios, Hombre, y Salvación*

ellos deben participar de su carácter, de manera que el término 'santo' adquirió una connotación moral.

(b) Por lo que respecta a objetos, deben ser adecuados para ser de Jehová. Aun cuando los profetas usan 'limpio' en estos casos, denotan pureza moral.[28]

III. LLAMADO EN FAVOR DE LA JUSTICIA SOCIAL

Unido al énfasis profético sobre la religión personal está el llamado persistente en favor de la justicia social. Tanto el "primero" como el "segundo" mandamientos del Nuevo Testamento (Mr. 12:28-33), el amor de Dios y el amor del prójimo, se basan sobre las advertencias del Antiguo Testamento: "Y amarás a Jehová tu Dios de todo tu corazón, y de toda tu alma, y con todas tus fuerzas" (Dt. 6:5); y "Amarás a tu prójimo como a ti mismo" (Lv. 19:18). Ni el Nuevo Testamento ni el Antiguo Testamento dicen nada respecto a la desunión moderna entre un "evangelio personal" y un "evangelio social."

Aunque la mayoría de los profetas demuestran su interés por los tratos correctos entre el hombre y su prójimo, Amós es particularmente enfático en este supuesto. La "demanda de Amós de la justicia se basa en el principio fundamental de la ética hebrea—como actos de Dios hacia Israel para que los israelitas actuaran el uno con el otro."[29] El oprimir sin compasión a los pobres (2:6-8; 5:11), el lujo egoísta de los ricos (6:1-6), y la explotación desvergonzada económica de las masas (8:4-6) se cuentan entre los pecados que hicieron que el profeta hablara en nombre de Dios: "Aborrecí, aboriné vuestras solemnidades... Y si me ofreciereis vuestros holocaustos y vuestras ofrendas, no los recibiré, ni miraré a las ofrendas de paz de vuestros animales engordados" (5:21-22).

NOTAS BIBLIOGRÁFICAS

[1]Cf. Vriezen, *Outline of Tehology,* p. 303.
[2]Cf. Snaith, *Distinctive Ideas of the OT,* pp. 100 ss.
[3]Girdlestone, *Synonyms of the OT,* p. 125.
[4]Rowley, *Unity of the Bible,* p. 68.
[5]*The Bible Doctrine of Grace,* Londres: The Epworth Press, 1956), p. 17.
[6]Cf. Baab, *Theology of the OT,* p. 20.

[7]Wright, *God Who Acts,* p. 22.

[8]*Faith of Israel,* p. 98.

[9]*Theology of the OT,* p. 146.

[10]*Ibid.,* p. 20.

[11]Payne, *Theology of the Older Testament,* p. 353.

[12]*Synonyms of the OT,* p. 136.

[13]Kohler, *OT Theology,* p. 233.

[14]Cf. Vriezen, *Outline of the OT Theology,* p. 273.

[15]Kohler, *OT Theology,* p. 83.

[16]*Ibid.*

[17]Rowley, *Unity of the Bible,* p. 59.

[18]*OT Theology,* 2:53-54.

[19]Smith, *Bible Doctrine of Salvation,* p. 47.

[20]Cf. Payne, *Theology of the Older Testament,* p. 101.

[21]Cf. Davidson, *Theology of the OT,* pp. 152 ss.

[22]Smith, *The Bible Doctrine of Man,* p. 46.

[23]*Bible History: Old Testament* (Grand Rapids: Mich.: William B. Eerdmans Publishing Co., reimpresión de 1949), 2:110.

[24]*Prophetic Realism and the Gospel* (Filadelfia: Westminster Press, 1955), pp. 161-163.

[25]*Theology of the OT,* 1:137.

[26]*OT Theology,* p. 53; cf. Vriezen, *Outline of OT Theology,* p. 159.

[27]*Bible Doctrine of Grace,* pp. 18-19.

[28]*Theology of the OT,* p. 248.

[29]Lawrence E. Toombs, *The Old Testament in Christian Preaching* (Filadelfia: The Westminster Press, 1961), p. 139.

11

La Esperanza Mesiánica y la Escatología

El significado y aun la existencia en el Antiguo Testamento de lo que se ha conocido tradicionalmente como "la esperanza Mesiánica" ha sido cuestión muy debatida. El pensamiento judío liberal y el racionalismo cristiano han negado que haya un mesianismo genuino en el Antiguo Testamento. Sin embargo, no podrá negarse que el Antiguo Testamento es un libro de mirada hacia el futuro cuyo cumplimiento descansa más allá de su propio significado histórico. H. H. Rowley ha señalado a través de su volumen *La Unidad de la Biblia* ("The Unity of the Bible") que si el Antiguo Testamento no se cumplió en Cristo, en ninguna forma ha sido cumplido.

I. El Significado del "Mesías"

Aunque el término *Mesías* ocurre sólo una vez en el Antiguo Testamento (Dn. 9:25-27), el hebreo *meschiach,* de donde "Mesías" es una transliteración castellana, se usa mucho en la Biblia hebrea. *Meshiach* significa "el ungido." El ungimiento bien puede referirse a la inducción de los sacerdotes, de los profetas, o de los reyes a sus respectivos oficios. El vocablo tiene un gran significado para los cristianos. *Christos,* de donde tenemos la palabra "Cristo" es el equivalente griego del hebreo *meschiach* o "Mesías." En las primeras páginas del Nuevo Testamento, *Christos* ocurre con el artículo definido, "el Cristo" (e.g. Mt. 16:16; 27:22; Jn. 4:29; 1 Jn. 2:22; 5:1). Fue sólo después que "Cristo" pasó a funcionar como nombre antes que como un título.

Las referencias mesiánicas del Antiguo Testamento son declaraciones que se relacionan con un Libertador que vendría, el que con su propio sacrificio habría de llevar a cabo la redención del pueblo de Dios.[1] Edmond Jacob arguye que "una teología del Antiguo Testamento que se funda no sólo sobre ciertos versos aislados, sino en el Antiguo Testamento como un todo, sólo puede ser una Cristología, pues lo que fue revelado bajo el antiguo pacto, a través de una historia larga y variada, en eventos, personas e instituciones, es, en Cristo, unida y llevada a su perfección."[2] Gergard von Rad es igualmente enfático:

> No es necesario un método hermenéutico especial para ver todo el movimiento diversificado de los eventos salvadores del Antiguo Testamento, compuestos de las promesas de Dios y su cumplimiento temporal en Jesucristo. Esto puede decirse categóricamente. La venida de Jesucristo como una realidad histórica no le da al exégeta escogimiento alguno; debe interpretar el Antiguo Testamento como señalando a Cristo, a quien él debe comprender bajo su propia luz.[3]

Hay, desde el principio del Antiguo Testamento, insinuaciones acerca del Mesías, (e.g. Gn. 3:15; 49:10). Pero es en los Salmos y en los Profetas donde la visión queda enfocada con mayor claridad.[4] El énfasis mesiánico viene a ser, de hecho, un puente sobre el abismo que de otra manera separaría el Antiguo Testamento del Nuevo. Eichrodt dice:

> La cualidad distintiva de la actitud profética reside, por tanto, en esto; que aunque está ciertamente arraigada en aquella historia que es producto de la operación de Dios, no obstante, siente que está señalando más allá hacia una nueva perfección, en que el verdadero sentido y significado del presente ha de cumplirse, y que por tanto, pide una firme resistencia o tolerancia ante la fiera tensión entre el presente y el futuro.[5]

Aunque se admite que hay alguna variación en las expectaciones mesiánicas del Antiguo Testamento,[6] en general circulan alrededor de dos focos: (1) el Rey Davídico y la realización del reino de Dios sobre la tierra; y (2) el "Siervo Sufriente" como en Isaías y algunos de los salmos. Tanto la corona como la cruz están representadas.[7]

II. EL MESÍAS COMO EL REY DAVÍDICO

Desde Génesis 49:10, la tribu de Judá se identificó como la tribu de la cual "No será quitado el cetro de David. . . hasta que venga Siloh;

y a él se congregarán los pueblos." Siloh, el "que da descanso," describe un atributo recalcado en el Nuevo Testamento (Mt. 11: 28-30; He. 4:1-11). Judá era la familia real en Israel desde el tiempo de David en adelante, y la naturaleza de la promesa de Dios a la casa de David tiene incuestionablemente una aplicación mesiánica: "Y será afirmada tu casa y tu reino para siempre delante de tu rostro, y tu trono será estable eternamente" (2 S. 7:16; ver los vrs. 12-15 y 1 Cr. 22:10).

A. En los Salmos

El concepto del reinante Mesías es una nota común en los Salmos (2; 45; 72; 89:19-37; 110; 132:11). De éstos, el Salmo 110 es el más importante por cuanto es el salmo citado más frecuentemente en el Nuevo Testamento con referencia a Cristo: "Jehová dijo a mi Señor: Siéntate a mi diestra, hasta que ponga a tus enemigos por estrado de tus pies. Jehová enviará desde Sion la vara de tu poder; Domina en medio de tus enemigos... Juró Jehová y no se arrepentirá. Tú eres sacerdote para siempre según el orden de Melquisedec." La referencia a Melquisedec que unía en sí mismo los oficios de rey y de sacerdote, provee un eslabón crucial en el argumento de Hebreos 5 y 7 en el Nuevo Testamento.

Estos salmos eran tanto "reales" como mesiánicos. H. H. Rowley escribió: "Hay razón para creer que aunque pudiera haber salmos reales, usados en los ritos reales del templo, eran también 'mesiánicos.' Ante el rey presentaban al rey ideal, tanto en su inspiración y guía presente, como la esperanza del futuro."[8]

Helmer Ringgren recalcó el mismo punto:

> Desde muy al principio, la iglesia cristiana comprendió estos salmos (reales) como profecías de Cristo, y hasta cierto grado, la investigación moderna ha justificado esta interpretación. Se ha demostrado que la esperanza mesiánica en Israel nació de la idea del rey como el gobernante enviado por Dios. Los salmos reales preparan el camino para la creencia cristiana en el Mesías, formando así una parte importante y esencial de la historia de la revelación. De hecho, la creencia cristiana en Jesús como el Rey mesiánico y Salvador sería impensable e incomprensible aparte del Antiguo Testamento tal como se expresó en los salmos reales.[9]

B. En los Profetas

El Mesías real, se dibuja más claramente en los profetas. Isaías habla del "retoño del Señor" y de "una raíz de José" con respecto al reino venidero de rectitud sobre la tierra (4:2; 11:10). Tanto Jeremías (23:5-6; 33:15-26) como Zacarías (3:8; 6:12) hablan acerca del "Retoño," o "renuevo." "He aquí que vienen días, dice Jehová, en que levantaré a David renuevo justo, y reinará como Rey, el cual será dichoso, y hará juicio y justicia en la tierra. En sus días será salvo Judá, e Israel habitará confiado; y este será su nombre con el cual le llamarán: Jehová, justicia nuestra" (Jer. 23:5-6).

1. *Los Primeros Profetas.* La promesa de "Emmanuel" en Isaías 7:14 se aplica explícitamente al nacimiento virgíneo de Jesús en Mateo 1:23, donde la señal cronológica dada a Acab viene a ser una señal ontológica testificando al carácter único del Hijo de María. El que haya habido sólo una Virgen verdadera en la historia de la humanidad, debe hacer que los eruditos conservadores tengan mucho cuidado en luchar por una traducción de Isaías 7:14 que implique un "nacimiento de virgen" en el cumplimiento histórico de la promesa en tiempo de Acab (8:3-4; ver 2 R. 15:29-30).

El hebreo "profético perfecto" que se usa en Isaías 9:6-7 expresaba la certeza en la mente del profeta de que lo que Dios había hablado se cumpliría: "Porque un niño nos es [heb. ha sido] nacido, hijo nos es [ha sido] dado... Lo dilatado de su imperio y la paz no tendrán límite." Aquí se afirma la deidad del Mesías, así como su linaje real de la casa de David. Isaías 24:23 y 25:9 también declaran que "el Señor de los ejércitos reinará," y "se dirá en aquel día: He aquí, este es nuestro Dios, le hemos esperado, y nos salvará."

Isaías 28:16-17 predice la puesta "en Sion por fundamento (de) una piedra, piedra probada, angular, preciosa, de cimiento estable"—palabras que se aplican tres veces a Jesús en el Nuevo Testamento (Ro. 9:33; Ef. 2:20; 1 P. 2:6-8). Un rey gobernando en justicia cuya influencia será "como arroyos de aguas en tierra de sequedad, como sombra de gran peñasco en tierra calurosa" se predice en 32: 1-6—el "Rey en su hermosura" (33:17).

Ethelbert Stauffer ve una sombra de la Trinidad en Isaías 48: 16:[10] "Acercaos a mí, oíd esto: desde el principio no hablé en secreto; desde que eso se hizo, allí estaba yo; y ahora me envió Jehová el Señor, y su Espíritu." El "pacto eterno" de Dios [y] las misericordias firmes de David" son la base de la invitación universal de Dios a los que tienen hambre y sed espiritual (55:1-4). Isaías 61:1-3 es el pasaje citado por Jesús acerca de sí mismo en la sinagoga de Nazareth (Lc. 4:18-19).

Como Isaías, su contemporáneo Miqueas visualiza el reino de paz cuando "naciones poderosas... martillarán sus espadas para azadones, y sus lanzas para hoces" (4:1-4). Miqueas nombró a Bethlehem como el pueblo de donde habría de salir el que había de ser "el que será Señor en Israel; y sus salidas son desde el principio, desde los días de la eternindad" (5:2).

2. *Profetas del Exilio.* En adición a la alusión de Jeremías al renuevo justo y al Rey que habría de levantar "a David" (23:5-6; 33:15-26), el profeta habla también de un "David *redevivis*" en 30: 9—"Sino que servirán a Jehová su Dios y a David su rey, a quien yo les levantaré."

Ezequiel habla de "David" como el pastor principesco sobre el pueblo de Dios: "Y levantaré sobre ellas a un pastor, y él las apacentará; a mi siervo David, él las apacentará, y él les será por pastor. Yo Jehová les seré por Dios, y mi siervo David príncipe en medio de ellos. Yo Jehová he hablado" (34:23-24). Un lenguaje similar se usa en 37:24-25 y en Oseas 3:5.

Daniel es la fuente del concepto "Hijo del hombre" del Mesías. El punto de la profecía de Daniel no es la humanidad ni la humildad algunas veces asociadas con la frase "Hijo del hombre." Es más bien que "dominio, gloria y reino" le serán dados al Hijo del Hombre, "para que todos los pueblos, naciones y lenguas le sirvieran" (7:9-14). Daniel habla también explícitamente del "Mesías Príncipe" a quien "se le quitará la vida... mas no por sí" (9:25-27).

3. *Profetas del Postexilio.* Tal como se ha hecho notar, Zacarías, junto con Isaías y Jeremías, se refiere también al Mesías como el "Renuevo" (Zac. 3:8; 6:12). El habla acerca del Rey que habría de venir cabalgando sobre un pollino (9:9-16), la predicción de la Entrada Triunfal a Jerusalén citada en Mateo 21:5. El abolengo Davídico del que habría de venir se menciona en Zacarías 12:8. En 14:3-4 se hace una predicción de la venida del Mesías al Monte de los Olivos. David Baron escribió: "Quizá en ningún otro libro del Antiguo Testamento se enseñe la divinidad del Mesías como en Zacarías."[11]

Malaquías completa la lista de los profetas del Antiguo Testamento que hablan de la venida del Mesías en poder y juicio. "He aquí, yo envío mi mensajero, el cual preparará el camino delante de mí; y vendrá súbitamente a su templo el Señor a quien vosotros buscáis, y el ángel del pacto, a quien deseáis vosotros. He aquí viene, ha dicho Jehová de los ejércitos. ¿Y quién podrá soportar el tiempo de su venida? ¿o quién podrá estar en pie cuando él se manifieste? Porque él es como fuego purificador, y como jabón de lavadores. Y se sentará para afinar y limpiar la plata; porque limpiará a los hijos de Leví, los afinará como a oro y como a plata, y traerán a Jehová ofrenda en justicia. Y será grata a Jehová la ofrenda de Judá y de Jerusalén, como en los días pasados, y como en los años antiguos" (3:1-4). "Mas a vosotros los que teméis mi nombre, nacerá el Sol de justicia, y en sus alas traerá salvación; y saldréis, y saltaréis como becerros de la manada. Hollaréis a los malos, los cuales serán ceniza bajo las plantas de vuestros pies, en el día en que yo actúe, ha dicho Jehová de los ejércitos" (4:2-3).

C. El Cumplimiento del Nuevo Testamento

Que la naturaleza del Reino fue mal comprendida y llevada a un nivel político es el sentir del testimonio del Nuevo Testamento. Las profecías y promesas del Antiguo Testamento no son abrogadas sino transformadas. El hecho de que haya un "reino de gloria" que ha de venir no hace a un lado la realidad del "reino de gracia" que ahora existe dondequiera que el Rey reina en los corazones de los hombres (Mt. 18:3; Mr. 12:34; Jn. 3:3; 18:36). Gelin escribió:

> La Promesa, que aparentemente estaba interesada en la posesión de Canaán y el establecimiento de un reino terrenal, se transformó en la promesa de bendiciones espirituales (Mt. 5:5; Ro. 4:18); el Pacto con Moisés fue transformado en el Nuevo Pacto (2 Co. 3). El Reino de David fue transformado en el Reino de los cielos (Mt. 5:3); y la salvación de los exiliados vino a ser la justicia inherente en el alma (Ro. 1:16-17)—un desenvolvimiento maravilloso, guiado por la mano de Dios, y en un proceso maravilloso educativo, guiando gradualmente las almas de los hombres a un entendimiento de la naturaleza de las bendiciones 'mesiánicas', i.e., la totalidad de los valores eternos que habrían de venir al mundo con Cristo Jesús.[12]

Así como la idea del pacto en el Antiguo Testamento fue transformada en un nuevo pacto en el Nuevo Testamento, la idea del reino real del Mesías viene a ser infinitamente enriquecido y espiritualizado en el contexto del canon total.

III. EL MESÍAS COMO EL "SIERVO SUFRIENTE"

Junto con el concepto del Mesías como Rey—y en la mayoría de los mismos libros del Antiguo Testamento—está el cuadro del Mesías como sufriendo con y por causa de su pueblo.

El *protevangelium* de Génesis 3:15 habla de "simiente" de la mujer quien herirá la cabeza de la serpiente, mas lo hace a costo de la herida personal de él mismo. Dios le dijo a la serpiente, "Esta te herirá en la cabeza y tú la herirás en el calcañar."

A. En los Salmos

Más notables son las grandes referencias en los Salmos, que los Evangelios del Nuevo Testamento aplican directamente a la cruci-fixión de Jesucristo. Salmos 16:8-10 es el pasaje citado por Pedro como evidencia escritural de la resurrección de Cristo (Hch. 2:25-28): "Porque no dejarás mi alma en el Hades (el reino de los muertos), ni permitirás que tu Santo vea corrupción" (v. 10).

El Salmo 22 es en forma única, "El Salmo de la Cruz." Principia con el clamor de angustia, "Dios mío, Dios mío, ¿por qué me has desamparado?" (v. 1; Mt. 27:46; Mr. 15:34). Continúa haciendo referencia al escarnecimiento de los que lo ven (vrs. 7-8; Mt. 27:43), la sed horrible asociada con la crucifixión (v. 15; Jn. 19:28), la horada-ción de manos y de pies (v. 16; Jn. 20:25), y el triunfo en que se declara el nombre de Dios a la Iglesia (v. 22: He. 2:12).

Salmos 31:5 da el origen de la palabra de entrega sobre la cruz, "En tu mano encomiendo mi espíritu" (Lc. 23:46). Juan 19:36 cita Salmos 34:20 como si hubiera sido cumplido cuando la espada romana se clavó en el costado de Jesús en lugar del acostumbrado rompimiento de las piernas del crucificado. Salmos 40:6-8 se cita en Hebreos 10:5-7 caracterizando la sumisión de Cristo a la voluntad del Padre. Se da un indicio de la traición en 41:9 (Jn. 13:18). Salmos 68:18 según Pablo, indica la ascensión del Mesías hacia el Padre (Ef. 4:8).

El vinagre mezclado con hiel ofrecido en la cruz (Mt. 27:34, 48) se menciona en Salmos 69:21. Pablo ve en 69:22-23, una predicción de los resultados del rechazamiento del Mesías por su pueblo: "Sea vuelto su convite en trampa y en red, en tropezadero y en retribución; Sean oscurecidos sus ojos para que no vean, Y agóbiales la espalda para siempre" (ver Ro. 11:9-10). Salmos 109:8 se ve por Pedro en Hechos 1:20 como una referencia al traidor: "Sean sus días pocos; ¡Tome otro su oficio!" Salmos 118:22 se cita por todos los Evangelios sinópticos y por Pedro en referencia al rechazamiento de Cristo y la exaltación subsecuente: "La piedra que despreciaron los edificadores ha sido puesta por cabeza del ángulo' (ver Mt. 21:43; Mr. 12:10-11; Lc. 20:17; Hch. 4:11; 1 P. 2:7).

B. Los "Cánticos del Siervo" en Isaías

Los grandiosos "Cánticos del Siervo" de Isaías (42:1-7; 49:1-7; 50: 4-11; 52:13—53:12) han sido motivo de mucha discusión entre los eruditos del Antiguo Testamento. La identidad del "Siervo" se ha dado al profeta mismo, a la nación colectivamente, al pueblo de Israel como una personalidad corporativa, a la nación ideal, y al Mesías. H. Wheeler Robinson sostiene que la referencia inmediata es a Israel como una personalidad corporativa. Después agrega: "No es exageración retórica, sino una verdad sobria a la luz de la crítica, la historia y la sicología, describir los Cánticos del Siervo como el cuadro de Jesucristo en el Antiguo Testamento."[13]

Identificados y nombrados por B. Duhm en 1922, los "cánticos" han sido llamados "una de las secciones más sobresalientes de toda la revelación divina... En pensamiento y en enseñanza están unidas más estrechamente con el Nuevo Testamento que con cualesquiera otras escrituras en el Antiguo Testamento."[14] El primer pasaje (42: 1-7 o 9) describe el oficio al que es llamado el Siervo. El segundo cántico (49:1-7) anota la tarea del Siervo. En el tercer pasaje (50:4-9 o 11), el Siervo expresa su obediencia y confianza en el Señor Dios que lo ha llamado.[15]

El "cuarto Cántico del Siervo" (52:13—53:12) se considera, con todo derecho, el más famoso. Esta es la más nítida declaración en el Antiguo Testamento de un sacrificio substitucional. Todos los escritores principales del Nuevo Testamento describen la muerte de Cristo en lenguaje tomado de Isaías 53. H. Wheeler Robinson dice otra vez, "El hecho cardinal para el estudiante cristiano es que a estas ideas Jesús de Nazaret se ha considerado heredero y ha entremezclado los detalles del cuadro con El mismo. Solo este hecho es suficiente parta hacer que "el cincuenta y tres de Isaías sea la página más importante del Antiguo Testamento para el estudiante del Nuevo."[16] Hermann Schultz escribió: "Si es cierto en cualquier segmento de la historia y de la profecía, es también cierto que el escritor, siendo lleno del Espíritu, ha dicho más de lo que él mismo quería decir y más de lo que él mismo entendía."[17]

La tercera estrofa del Cántico (53:4-6) es, sin duda, la más grande descripción del sufrimiento vicario en la literatura del mundo: "Ciertamente llevó él nuestras enfermedades, y sufrió nuestros dolores; y nosotros le tuvimos por azotado, por herido de Dios y abatido. Mas él herido fue por nuestras rebeliones, molido por nuestros pecados; el castigo de nuestra paz fue sobre él, y por su llaga fuimos nosotros curados. Todos nosotros nos decarriamos como ovejas, cada cual se apartó por su camino; mas Jehová cargó en él el pecado de todos nosotros." Es sufrimiento aceptado sin queja (v. 7) como un resultado de lo cual muchos son justificados (v. 11).

El Siervo (52:13) lleva nuestras enfermedades, sufre nuestros dolores, es herido por nuestras transgresiones, molido por nuestros pecados. Fue azotado por las transgresiones del pueblo (v. 8), y en su muerte fue sepultado con los ricos (v. 9), habiendo sido contado entre los transgresores (v. 12; Mr. 15:28; Lc. 22:27). *"Es un Mesías que sufre vicariamente,"* escribió Ludwig Kohler. "La teología del Antiguo Testamento llega a su fin en este punto. En el Nuevo Testamento se hace la pregunta: '¿Entiendes lo que lees?' Hechos 8:30."[18] Las palabras de H. H. Rowley son dignas de citarse:

> No hay otro Cristo acerca del cual los términos del cuarto Cántico del Siervo puedan predicarse con una, aun cuando fuera una remota relevancia; sería muy difícil, aun para el más escéptico, decir que son absurdas en relación a El. Porque, sea que lo queramos o no, y ya sea que las podamos explicar o no, un sin número de hombres y mujeres, de entre muchas razas y naciones, y en toda edad desde su día hasta el nuestro, han experimentado un cambio radical de corazón y vida cuando han estado frente a frente con la cruz de Cristo, y han sentido que no hay palabras, excepto las de Isaías 53:5 que hayan sido adecuadas para expresar su pensamiento... Si la mano de Dios está en la promesa, debe tener su cumplimiento, y aquí es donde ha de verse el cumplimiento. Si se niega que la mano de Dios está en la promesa, es, entonces, una cosa extraña que tuviera su cumplimiento tan notable.[19]

C. La Enseñanza Profética Posterior

La nota de traición y sufrimiento para el Mesías ocurre también en el único pasaje en el Antiguo Testamento en que el término mismo se encuentra en castellano: "Sabe, pues, y entiende, que desde la salida de la orden para restaurar y edificar a Jerusalén hasta el Mesías Príncipe, habrá siete semanas, y sesenta y dos semanas; se volverá a edificar la plaza y el muro en tiempos angustiosos. Y después de las sesenta y dos semanas se quitará la vida al Mesías, mas no por sí; y el pueblo de un príncipe que ha de venir destruirá la ciudad y el santuario" (Dn. 9:25-26).

Zacarías 13:6-7 describe las heridas en las manos de Uno que fue "herido en la casa de" sus amigos: "Y le preguntarán: ¿Qué heridas son estas en tus manos? Y él responderá: Con ellas fui herido en casa de mis amigos. Levántate, oh espada, contra el pastor, y contra el hombre compañero mío, dice Jehová de los ejércitos. Hiere al pastor, y serán dispersadas las ovejas; y haré volver mi mano contra los pequeñitos." Mateo conecta la herida del Pastor y la dispersión de las ovejas con la crucifixión de Cristo (Mt. 26:31).

D. La Cruz y la Corona

El desenvolvimiento de las dos hebras mesiánicas del Antiguo Testamento en la tradición posterior es muy reveladora. Se predicen tanto la cruz como la corona. Sólo que la corona tiende a opacar a la cruz. Para el tiempo del Nuevo Testamento la idea del Mesías sufriente había casi desaparecido, convirtiéndose en algo completamente increíble. Es muy natural que el hombre se afirme de la corona y evite la cruz. De hecho este fue el principal obstáculo al reconocimiento de las pretensiones mesiánicas de la Iglesia Primitiva en relación con su Fundador y Cabeza. La predominancia del significado político de la corona en la mente del pueblo fue también la base probable para el "secreto mesiánico" que el Señor Jesucristo imponía consistentemente sobre sus discípulos (e.g. Mt. 16:20; 17:9; Mr. 3:12; 5:43).

Aunque la esperanza mesiánica en ningún sentido fue cosa secundaria en el Antiguo Testamento, su silueta se aclaró mejor con el paso de los siglos. Tanto el reinado como el sacrificio del Mesías tuvieron un más profundo significado cuando la soberanía de la nación se había perdido y las ofrendas de sacrificio del templo se habían suspendido. Schultz escribió:

> Ahora, precisamente cuando las formas externas del sacrificio principian a perderse entre las sombras, la edad empieza a iluminarse con el pensamiento preñado de un mejor sacrificio que habría de venir. El Siervo de Dios que representa el llamado de Israel, y quien, uniendo al pueblo pecador con su Dios, se convierte a sí mismo una expiación para Israel, sufre y muere en su vocación a fin de asegurar esta reconciliación. Su muerte, libremente tolerada por el pueblo, es un medio de reconciliación de una clase nueva, una ofrenda para el pecado muy diferente de la de las víctimas sacrificadas en el pasado. Así que, a medida que desaparecen las sombras, la profecía se ase de la substancia.[20]

El Antiguo Testamento termina con una palabra de amonestación. Pero la profecía de castigo es a la vez un vehículo de esperanza. "Mas a vosotros los que teméis mi nombre, nacerá el Sol de justicia, y en sus alas traerá salvación; y saldréis, y saltaréis como becerros de la manada" (Mal. 4:2).

IV. LA ESCATOLOGÍA DEL ANTIGUO TESTAMENTO

"Escatología" es el término técnico para la doctrina de los últimos días, el fin de la historia humana, y la transición del tiempo a la eternidad. Aunque la escatología en el Antiguo Testamento toma varias formas,[21] sus ideas principales se centralizan en el concepto complejo mismo de "el día del Señor."

A. El Día del Señor

En contraste con los escritores del oriente antiguo, los de Israel miraron hacia adelante así como hacia atrás. El tiempo, para ellos, no era cíclico, sino lineal. Tenía un principio—cuando Dios creó. Tendría un fin—y ese fin es más que el último momento en una larga secuencia de momentos. Es entonces cuando el hombre encontrará el significado y propósito de la extensión toda de la historia. El "día del Señor" es más que el último día en punto de tiempo. Es la meta y destino hacia lo cual todo se mueve.[22]

1. *Salvación y Castigo.* Cuando tomamos los libros en su orden probable de escritura, la primera referencia al día del Señor en el Antiguo Testamento ocurre en Amós 5:18, como por el 760 A.C.[23] Amós habló acerca del día del Señor como un asunto general de esperanza anticipada entre el pueblo. Pero es él quien toca las notas más características del tratamiento profético del tema: ". . . el día de Jehová (será) tinieblas, y no luz" (5:18-20). El pueblo pensaba en Dios sólo como la Fuente de bendición y el día de su venida como el tiempo de su reivindicación. Se olvidaron de su justicia y pasaron por alto sus pecados de idolatría y la opresión de los desvalidos y pobres.[24]

Aunque no se usa la expresión exacta "El día del Señor", Isaías 21:11-12 simboliza sus dos lados: "Me dan voces de Seir: Guarda, ¿qué de la noche? Guarda, ¿qué de la noche? El guarda respondió: La mañana viene, y después la noche." El justo bien puede esperar el día del Señor como el tiempo de su vindicación y bendición. Para ellos es mañana. Pero el maligno y el pagano deben ser amonestados a temer el día del Señor como la hora de su castigo. Para ellos es noche.

El día del Señor estaba siempre relacionado con la intervención personal de Dios en los asuntos humanos. Está conectado con su venida, tanto personal como objetivamente. Es así que se desarrolla a través de tres líneas generales: el castigo inminente sobre la nación; el reino mesiánico; y la consumación de la historia.

Es en relación con el día del Señor como la consumación de la historia, donde se encuentra su uso más generalizado. El aspecto doble de salvación y castigo se declara en forma regular. ". . . grande es el día de Jehová, y muy terrible; ¿quién podrá soportarlo?. . . El sol se convertirá en tinieblas, y la luna en sangre, antes que venga el día grande y espantoso de Jehová. Y todo aquel que invocare el nombre de Jehová será salvo; porque en el monte de Sion y en Jerusalén habrá salvación, como ha dicho Jehová, y entre el remanente al cual él habrá llamado" (Jl. 2:11, 31-32).

2. *La "Perspectiva de Largo Alcance."* Los profetas vivieron y escribieron con el sentido de que el día de juicio sobre su nación estaba cerca. Tenían también la tendencia de incluir tanto la catástrofe inminente a Israel como la era mesiánica con los eventos que habrían de ocurrir al final del tiempo. Por eso "el día del Señor" en el Antiguo Testamento así como en el Nuevo, incluye mucho de lo que hoy día reconoceríamos como relacionado a la segunda venida de Cristo.

Rowley describe lo que ha sido llamado como la "perspectiva de largo alcance" de los profetas: "Para la Iglesia, que existe entre la Primera y la Segunda Venida, hay un proceso larguísimo entre la una y la otra, pero para los profetas que vieron el futuro a la distancia, la duración del tiempo se perdía, pues la profundidad del espacio se pierde al ojo del que mira las estrellas, y la Primera Venida y la Segunda Venida se confunden en la profecía."[25] Es, por tanto, muy común encontrar lado a lado en el Antiguo Testamento lo que una luz más completa del Nuevo Testamento demuestra ser eventos separados por al menos 2,000 años (e.g., Jl. 2:28-31).

Se ha hecho mención del sentido profético de inminencia con respecto al día del Señor. Debe reconocerse que tanto en el Antiguo Testamento como en el Nuevo, las declaraciones de inminencia tienen un significado lógico así como un cronológico. Los escritores bíblicos hablan acerca de lo que ellos saben ser cierto, ya sea que haya ocurrido (el presente profético) o esté cercano. Los profetas del Antiguo Testamento y los apóstoles del Nuevo Testamento por tanto, no estaban, en todo caso, equivocados cuando afirmaban que el día del Señor estaba cerca. Expresaron su certidumbre de que habría de venir.

B. La Apocalíptica y el Escaton

Estrechamente asociada con el día del Señor había una forma de escribir conocida como "apocalíptica." La literatura apocalíptica forma una clase separada. En su mayor parte descansa en la Apócrifa —aquel grupo de libros que originan entre la escritura de Malaquías y la llegada de Jesús. Pero algunas porciones de Isaías, Ezequiel, Daniel, Joel y Zacarías—así como el libro del Apocalipsis en el Nuevo Testamento—son ejemplos de apocalíptica bíblica.

Los términos *apocalipsis* y *apocalíptico* derivan del griego *apokalypto*—literalmente, "descubrir, traer a la luz lo que está escondido; revelar; sacar a luz diáfana." El sustantivo *apokalypsis* significa "un descubrimiento, una revelación"; y metafóricamente, "iluminación, instrucción, manifestación, o aparición."

La apocalíptica es profecía encerrada en lenguaje críptico, empleando figuras simbólicas y eventos, tratando particularmente con el *eschaton,* los últimos días. Su tema universal es cómo intervendrá Dios para concluir los asuntos humanos, juzgar a sus enemigos, y establecer su reino.

La apocalíptica vino a la palestra durante los últimos días del período del Antiguo Testamento. Es, tal como H. H. Rowley dice, "el bebé de la profecía." La profecía tiende a perderse en la apocalíptica. La apocalíptica nació en la profecía a medida que la vida se volvió más y más difícil para el pueblo de Israel. La apocalíptica florece en tiempos de crisis nacional o de la comunidad.[26]

No obstante, la profecía se relaciona con la apocalíptica muy temprano en su historia. Hay aspectos apocalípticos en el anuncio típicamente profético del "día del Señor" desde el 760 A.C.[27] Isaías mueve su pluma en simbolismo apocalíptico en Isaías 24—27, pasaje que a veces se conoce como el Apocalipsis de Isaías.[28] Joel quizá haya llegado hasta un poco antes del 586 A.C.; no obstante, Joel 2:28—3:3 ilustra la facilidad con que la profecía converge en la apocalíptica.

Sin embargo, fue durante el Exilio y aun a través del segundo siglo de la era cristiana que la apocalíptica alcanzó madurez completa tanto en los escritos canónicos como en los extra-canónicos.[29] La apocalíptica extra-canónica, en contraste con la apocalíptica bíblica, tenía la tendencia de extenderse libremente y con muy pocos límites a la imaginación.

Hay también una conexión entre la apocalíptica y el movimiento de la sabiduría, tan diferentes como ambos aparecen. Daniel, por ejemplo, representa la sabiduría tanto en su preparación como en su posición (Dn. 1:3 sig.; 2:48; 5:11) y la misma conjunción entre sabiduría y apocalíptica aparece en algunos de los escritos extra-canónicos como en 1 Enoch y en el Apocalipsis de Enoch.[30]

Aunque es difícil definir la apocalíptica, sus principales características pueden notarse fácilmente. Algunas de estas son *differentia* de la profecía aunque todavía demuestran la relación entre profecía y apocalíptica.

La visión es característica de la apocalíptica en tanto que la audición es más característica de la profecía. El profeta informa la palabra del Señor que oye. El escritor apocalíptico describe la visión que recibe.[31] En esta conexión, la apocalíptica no está tan interesada en la ética como lo está la profecía. Su mensaje no es para las masas, como la palabra del profeta, sino para el remanente escogido, los electos en su lucha. En la apocalíptica no hay "evangelio"—no hay llamado al arrepentimiento, ni promesa de perdón y reconciliación.

Tal como hemos notado, los símbolos son un aspecto prominente de la apocalíptica. Como es característico del simbolismo, los significados no son siempre claros a quienes están fuera del círculo en que su uso es corriente. Los apocalípticos raras veces explican sus símbolos. Dan por hecho que sus lectores habrán de entender. Es posible, como sugiere Morris, que el uso de los símbolos por la apocalíptica se deba en parte a que lo que ellos están tratando de describir es demasiado largo para usar palabras.[32]

La literatura apocalíptica está saturada de un desaliento de suficiencia humana que raya en pesimismo. Los remedios humanos de nada valen. Esto es expresivo del ambiente de crisis en que floreció la apocalíptica. Sólo Dios es suficiente para tales tiempos.

No obstante, el fin último no es de dudarse. El triunfo de Dios está asegurado. Los apocalípticos comparten la Teocrática filosofía de la historia de los profetas. Uno puede estar desilusionado de este mundo, mas hay esperanza en la edad venidera. La muerte puede dominar al individuo en la edad presente, pero la luz de una futura resurrección y vida adquiere mayor importancia (e.g. Ez. 37:1-14; Dn. 12:1-4). La historia terminará en victoria segura para Dios y para su remanente fiel.[33]

Por toda la apocalíptica se nota un dualismo. Hay un continuo contraste entre la edad presente y la edad por venir. La edad venidera no es sólo una era próxima en sucesión de la edad presente. Es radicalmente diferente. Literalmente, es "un nuevo cielo y una nueva tierra" (fraseología que de hecho se encuentra en la extra-canónica 1 Enoch 45:4 sig. y 91:16). En vez de ser una edad saturada de mal y de sufrimiento del justo, la edad futura será tal en que la voluntad de Dios será obedecida.[34]

Los apocalípticos demuestran su desilusión de la historia. Para los profetas, la historia era todavía un proceso continuo del cual habría de emerger el triunfo de la justicia, sólo que los apocalíticos no más confían en la historia. Debe haber un rompimiento radical en algún tiempo del proceso histórico. Los escritores de la apocalíptica no confían en la política. "Según ellos, no hay futuro digno que pueda emerger de los procesos normales de la historia. Algo diferente ha sucedido. Dios no puede hacer nada más con el sistema presente. Debe deshacerlo y comenzar otra vez."[35]

Aunque es difícil definir la apocalíptica y los límites del movimiento son un tanto imprecisos, no hay duda del propósito de esta clase de escritos. El propósito es poner confianza en el acosado pueblo de Dios, inspirar fe y valor frente a la persecución y peligro. Con todo su pesimismo respecto a la sociedad como un todo, el propósito de la apocalíptica es consolar y estimular al justo. Siempre habrá necesidad de escribir de esta manera, especialmente en tiempos de persecución. Stanley Brice Frost concluye:

> Pero la última palabra debe ser lo que era central en el pensamiento del apocalíptico. En medio de un mundo falto de paz y lleno de inseguridad como el de ellos, con un futuro tan difícil de penetrar como el que ellos confrontan, con persecución sufrida por el pueblo de Dios en muchas naciones sin que nadie sepa dónde brotará después; en este tiempo cuando lo que fue edificado laboriosamente ha sido desmenuzado de la noche a la mañana, y los enemigos que creíamos vencidos han revivido mil veces más en número; en *este* mundo, el apocalíptico nos recuerda que hay justicia; que la verdad es eterna, y que la vida puede vivirse sin temor ni suspiros, sin pecado o muerte, y que el que persevera hasta el fin, éste será salvo.[36]

La apocalíptica *es* difícil para la mente moderna. Lo que hemos de buscar es la fe la cual ella expresa. Detrás de todos los indicios amenazadores de un futuro que parece empeorarse a medida que nos acercamos a él, vemos al Dios que reina sobre todo y cuya voluntad será últimamente hecha. John Bright recapitula la fe de los apocalípticos:

> Sin embargo, tan extraña como esta 'mente apocalíptica' es para nosotros, no hemos de olvidar que en ella residió una gran fe que aun los que se burlaban de ella harían bien en imitar. Pues a

pesar de todo su pesimismo fundamental acerca del mundo, en su sentido más profundo era optimista. En un tiempo en que la escena corriente sólo dejaba desaliento, cuando el poder del mal era invencible más allá de lo que el poder humano podía romper, vivía aquí la fe de que la victoria de Dios estaba segura: Dios controla las cuestiones de la historia; El es un Dios *cuyo Reino llega.* Que todos para quienes la oración 'Venga tu Reino' se ha convertido en un formulismo repetido sin significado alguno, que encuentran la apocalíptica divertida, y que a la vez tiemblan cada vez que un comunista dice un discurso—lo tomen en cuenta. La apocalíptica insiste además en que la lucha del mundo no es ni política ni económica, sino esencialmente del espíritu y cósmica en extensión. Detrás de toda la lucha terrenal ve un conflicto continuo entre el bien y el mal, entre la luz y las tinieblas, entre el Creador Dios y el poder destructivo del caos, que obliga a los humanos a tomar lados. Neutralidad no puede haber. Quien decide por lo recto, no importa qué tan humilde sea, ha dado un golpe en favor del Reino de Dios en un combate de significado decisivo. En cualquier caso, había en la apocalíptica una fe que fortalecía a miles de hombres pequeños a una obediencia hasta la muerte, confiados en que su recompensa estaba con Dios (Dn. 12:1-4). Que todos los que se burlan se pregunten a ellos mismos si su religión más cortés puede hacer lo mismo.[37]

La interpretación de la apocalíptica da dificultad especial a los occidentales afectos a lo literal. La tendencia consiste en alegorizar el relato—esto es, procurar encontrar significado específico en cada detalle. En esta clase de alegorización, la imaginación encuentra campo fértil para la especulación incontrolable. La variedad sorprendente en teorías de la tribulación, el rapto, "revelación," el milenio, Armagedón, y la batalla de Gog y Magog es un testimonio elocuente a la aridez de tal interpretación alegórica.

La apocalíptica ha de interpretarse como se interpretan las parábolas, con atención principal a la verdad central que se comunica. Del significado total de la apocalíptica no hay lugar a duda: el Señor Dios omnipotente reina, y el desenlace final de la historia humana no se decidirá en Moscú, en Peiping, en la Habana—ni siquiera en Washington o Londres. El reino de Dios no llega como una proeza humana—ni aun de los que pertenecen a la Iglesia—sino como el fruto de la victoria obtenida en el Calvario y en la tumba vacía (Col. 2:13-15).

La teología del Antiguo Testamento termina como el Antiguo Testamento mismo, con una mirada hacia el futuro. Los fundamentos se han puesto firmes y profundos. Su forma puede verse en la superestructura construida por encima de ellos. Adelante estaban los siglos silentes entre Malaquías y Mateo. No obstante, los siglos silentes están unidos por un puente de admonición y promesa que cierra el último libro del Antiguo Testamento según el arreglo de nuestras Biblias cristianas: "Acordaos de la ley de Moisés mi siervo, al cual encargué en Horeb ordenanzas y leyes para todo Israel. He aquí, yo os envío el profeta Elías, antes que venga el día de Jehová, grande y terrible. El hará volver el corazón de los padres hacia los hijos, y el corazón de los hijos hacia los padres, no sea que yo venga y hiera la tierra con maldición" (Mal. 4:4-6).

NOTAS BIBLIOGRÁFICAS

[1]Vriezen, *Outline of OT Theology*, p. 353.

[2]*Theology of the OT*, p. 12.

[3]*OT Theology*, 2:374.

[4]Véase la interpretación diferente de Young, en *Study of OT Theology Today*, p. 78.

[5]*Theology of the OT*, 1:389.

[6]Vriezen, *Outline of OT Theology*, p. 353.

[7]Cf. Davidson, *Theology of the OT*, pp. 365-367; y con Smith, *Bible Doctrine of Salvation*, pp. 34-43.

[8]*Faith of Israel*, p. 192.

[9]*The Faith of the Psalmists* (Filadelfia: Fortress Press, 1963), p. 114.

[10]*New Testament Theology*, traducido del alemán por John Marsh (Nueva York: The Macmillan Co., 1955), p. 327.

[11]*Rays of Messiah's Glory: Christ in the Old Testament* (Grand Rapids, Mich.: Zondervan Publishing House, reimpresión 1955), p. 77, nota de pie.

[12]*Key Concepts of the OT*, p. 47.

[13]*The Cross in the Old Testament* (Filadelfia: The Westminster Press, 1955), p. 57.

[14]W. Fitch, "Isaiah", *NBC*, p 591.

[15]*Ibid.*, pp. 591, 596, 598.

[16]*Cross in the OT*, p. 66.

[17]*OT Theology*, 2:432-433.

[18]*OT Theology*, p. 238, cursivas en el original.

[19]*Unity of the Bible*, p. 107.

[20]*OT Theology*, 2:96.

[21]Knight, *Christian Theology of the OT*, pp. 294-333.

[22]*Ibid.*, pp. 294-295.

[23]Cf. Payne, *Theology of the Older Testament*, p. 464.

[24]Kohler, *OT Theology*, p. 220.

[25]*Faith of Israel,* p. 200.

[26]Cf. Leon Morris *Apocaliptic,* (Grand Rapids, Mich.: William B. Eerdmans Publishing Co., 1972), pp. 25 ss.

[27]Cf. Stanley Brice Frost, *Old Testament Apocalyptic: Its Origins and Growth,* (Londres: The Epworth Press, 1952), pp. 46-56.

[28]*Ibid.,* pp. 143 ss.

[29]H. H. Rowley, *The Relevance of Apocalyptic: A Study of Jewish and Christian Apocalypses from Daniel to the Revelation* (Nueva York: Association Press, edición nueva y revisada, 1963), p. 166.

[30]Von Rad, *OT Theology,* 2:306; cf. también Morris, *Apocalyptic,* pp. 57-58.

[31]Cf. Morris, *Apocalyptic,* pp. 32-34.

[32]*Ibid.,* pp. 34-37.

[33]*Ibid.,* pp. 41-47.

[34]*Ibid.,* pp. 47-50.

[35]Henry McKeating, *God and the Future* (Naperville, Ill.: SCM Book Club, 1974), p. 37.

[36]*OT Apocalyptic,* p. 258.

[37]*Kingdom of God,* p. 169.

SEGUNDA PARTE

EL NUEVO
TESTAMENTO

Introducción

Nos volvemos ahora al Nuevo Testamento o Nuevo Pacto. No necesita decirse que existe una continuidad y una discontinuidad a la vez, entre el Antiguo y el Nuevo Testamento. El estudio de este problema de la relación entre los Testamentos se ha vuelto particularmente significativo con el énfasis creciente de la teología bíblica. (Véase la Introducción de este volumen.)

El elemento esencial en la discontinuidad entre el Antiguo y el Nuevo, descansa en la Persona de Cristo, la Persona Divina, quien ofrece a través de sus enseñanzas, muerte, resurrección e intercesión, la seguridad de salvación para todos los hombres. El es el *Nova Res* del Nuevo Testamento. Lo que se había esperado en forma de redención en el Antiguo Testamento por medio de sacrificios y en el judaísmo primitivo por medio de la guarda del Torah y las "tradiciones de los ancianos" se hace posible ahora sólo en la identificación-fe con Cristo. Por tanto, las enseñanzas acerca de Cristo en el Nuevo Testamento y las enseñanzas acerca de la salvación están entrelazadas. La teología del Nuevo Testamento es "Cristo-normativa," en cualquier forma que la consideremos. Y se espera que toda explicación del Nuevo Testamento se enfoque en esto.

ALGUNAS DIRECCIONES HERMENÉUTICAS GENERALES

Los escritos del Nuevo Testamento, como muchos del Antiguo Testamento, son composiciones "ocasionales." Cada uno fue escrito para satisfacer la necesidad de una ocasión en particular. No podemos considerarlos como tratados sistemáticos.

Esto no quiere decir que los libros del Nuevo Testamento no sean teológicos. Al contrario, contienen afirmaciones profundas relacionadas con cuestiones variadas de teología. Sin embargo, es necesario "leer entre líneas" y proponer presuposiciones a fin de entresacar lo

215

que pudiera designarse finalmente como "la teología de Juan," "la teología de Hebreos," o "la teología de Pablo." Nuestra tarea aquí, sin embargo, es un intento de tratar con estos libros como una unidad a fin de asegurarnos qué declaraciones ciertas hacen respecto a la salvación en Cristo. Concedemos que su unidad descansa en El y su relación a la obra redentora de Dios en la historia o lo que es conocido como *Die Heilsgeschichte.*

Concomitante a nuestra dedicación a Cristo como el principio interpretativo del Nuevo Testamento está nuestra confianza en la Palabra escrita, especialmente los Evangelios y el Libro de los Hechos. Cierto pensamiento corriente acerca del Nuevo Tetamento recalca la falacia de que estos escritos no son reales o verídicos, según lo que afirma el punto de vista conservador.[1] Se dice que los Evangelios en particular, escriben una tradición que representa el *Sitz im Leben* de la Comunidad Primitiva antes que el *Sitz im Leben* de Jesús de Nazareth. Se piensa que los discursos en el Libro de los Hechos son invenciones del autor del material Lucas-Los Hechos.

Tal escepticismo no tiene lugar en nuestro estudio. Nosotros entendemos que el Nuevo Testamento es la Santa Escritura, un libro acerca de la verdad, divinamente inspirado, dado por inspiración plenaria. Por inspiración plenaria queremos decir que todas y cada una de sus partes han tomado su existencia bajo dirección específica, y que como resultado de esa inspiración estos escritos son "la Regla de Fe autoritativa y final en la Iglesia" (ver 2 Ti. 3:16-17; 2 P. 1:20-21; 3:2, 16; ver también Jn. 3:31, 34; 10:35; He. 10:16-17).

En este punto conviene mencionar varias declaraciones posteriores. Aunque reconocemos la naturaleza *kerigmatica* y evangelística del evangelio de los Hechos, no es necesario dar por sentado que son creaciones originales de los que las compusieron. No obstante, detrás del escrito y en el escrito mismo, tenemos testigos de confianza acerca de la vida, ministerio, muerte y resurrección de Jesús. La misma seguridad histórica prevalece en relación con la vida y ministerio de la Iglesia en sus primeros días.

La Iglesia Primitiva no creó la tradición acerca de Jesús; simple y fielmente la predicó para su generación. Lo hizo con el fin de satisfacer las necesidades de quienes se detenían lo suficiente como para escuchar su mensaje y unirse a sus filas. Tal como T. W. Manson ha declarado tan correctamente, el criticismo de forma, que ha propalado esta fea cuestión, injustificablemente ha traspasado su dominio literario al intentar dar una decisión teológica sobre la validez de un relato bíblico. Su único derecho a existencia es el de analizar las formas literarias.[2]

Se reconoce aquí inmediatamente que el Nuevo Testamento posee un carácter supernaturalístico y escatológico.[3] Pero este elemento no detrae ni desacredita el récord. El supernaturalismo es de la misma esencia de la Palabra bíblica. En "estos últimos tiempos" Dios ha actuado en salvación por Cristo Jesús. La Palabra eterna, el Cristo de la promesa, ha llegado a nuestro orden para cumplir el propósito redentor de Dios. El elemento del milagro, y el humanamente inexplicable carácter de la vida de nuestro Señor y de la manera en que él ganó a sus primeros seguidores, son el genio de la fe. Por tanto, ningún humano puede esperar explicar la existencia de la fe recurriendo sólo al análisis literario o histórico. Las disciplinas bíblicas deben, tarde o temprano, confrontar el hecho sobrenatural, y su demanda en favor de una entrega. Estas disciplinas, por ellas mismas, caen bajo el juicio de la Palabra de Dios tal como se ha revelado en Cristo y escrito por autores designados por Dios.

Se reconoce, sin embargo, que así como la Iglesia cumplió su misión en el mundo, su comprensión de su fe alcanzó madurez tanto en experiencia como en expresión oral y escrita. Esta madurez vino en forma notablemente rápida debido a la riqueza de su herencia en la fe hebrea. Ella poseía las Escrituras antiguas a las que podía volverse, y de hecho lo hizo, para una comprensión de Cristo y de ella misma. Esencialmente, lo que ella gozaba, no era una nueva religión sino una fe antigua reconstituida, ahora basada, sin embargo, en *la Palabra de Dios personalizada y hecha histórica.*

El apóstol Pablo en particular, podía escribir con considerable profundidad de comprensión respecto a lo que había sucedido en la historia de Israel en la venida de Cristo. El podía también testificar lo que había pasado en su propia historia cuando se encontró con el Señor resucitado en el camino a Damasco y se volvió "una criatura en Cristo." En forma significativa, tal como Albert E. Barnett ha señalado con propiedad, este hombre de Tarso vino a ser "una influencia literaria."[4] Fue también una fuerza teológica. Muchos de sus conceptos sobre la fe tienen su paralelo en Hebreos y en 1 Pedro. Parece razonable concluir que el pensamiento paulino es una fuente primaria para una teología del Nuevo Testamento. De ser así, hemos de considerarla como parte de las obras del Espíritu en dar a luz la expresión más rica de la fe en el tiempo primerísimo, por medio de la mente informada y bien consagrada del apóstol Pablo.

Obviamente, no todo pasaje relacionado con el asunto bajo

consideración puede explicarse o aun mencionarse. Sin embargo, se hará un intento de transportar al lector a aquellas porciones del Nuevo Testamento que son pivotales a una comprensión ampliamente razonable de la fe.

NOTAS BIBLIOGRÁFICAS

[1]Cf. Edgar V. Mcknight, *What is Form Criticism?* (Filadelfia: Fortress Press, 1969); Norman Perrin, *What is Redaction Criticism?* (Filadelfia: Fortress Press, 1969). Este tipo de crítica de los Evangelios no ha permanecido estático; se han producido numerosas modificaciones y diversos giros desde las primeras obras de Bultmann, Schmidt y Dibelius. Sin embargo, ha habido la tendencia de minar la confianza en la historicidad del registro bíblico.

[2]Cf. T. W. Manson, *Studies in the Gospels and Epistles,* editado por Matthew Black (Manchester: The University Press, 1962), pp. 3-12. El ataque de Manson sobre la crítica de la forma lo hace sin misericordia alguna. "Si la crítica de la forma se hubiera apegado a lo que le correspondía, no hubiera causado ninguna conmoción. La hubiéramos tomado de la misma manera en que tomamos la forma de la poesía hebrea o las formas de composición musical."

[3]Cf. Frederick C. Grant, *An Introduction to New Testament Thought,* (Nueva York: Abingdon Press, 1950), p. 51; también con *The Pattern of New Testament Truth,* George Eldon Ladd (Grand Rapids, Mich.: Wm. B. Eerdmans Publishing Co., 1968), pp. 108-111.

[4]Albert E. Barnett, *Paul Becomes a Literary Influence* (Chicago: University of Chicago Press, 1941).

Sección Una

El Dios de Nuestra Salvación

12

El Conocimiento de Dios

El pensamiento del Nuevo Testamento, como el pensamiento del Antiguo Testamento, es teocéntrico.[1] Dios es tanto el Sujeto como el Objeto de lo escrito. El es el Actor principal en el relato. El trae a existencia el cosmos con todos sus habitantes y toma la iniciativa en redimir al hombre creado cuando éste último cae después en el pecado por causa de la desobediencia (Ef. 1:3-8). Al tiempo especificado por Dios, El nos "habló" *(elalesen)* por su Hijo, "que es el resplandor de la gloria" del Padre y "la imagen misma de su sustancia" (He. 1:1-3; ver Gá. 4:4-6).

En la vida activa de la nueva comunidad, traída a existencia por la palabra y obra del Hijo, hubo siervos especiales como el apóstol Pablo; que fueron "llamados por voluntad de Dios" para funcionar en formas redentoras por Dios (ver. 1 Co. 1:1; Ef. 1:1, 1 Ti. 1:1; Stg. 1:1). En esa forma, el Nuevo Testamento presenta su Figura Central en operación activa en una variedad de formas en favor de la humanidad. Lo que se había planeado en las eternidades distantes y profetizado por los profetas, ahora se estaba realizando en la actividad poderosa de Dios en Cristo.

Por otro lado, Dios es el Objeto de su propia acción. Cuando El actuó en Cristo, descubrió el carácter de su propia naturaleza como el infinitamente santo, recto, misericordioso, perdonador, creativo y justo. El resultado primordial de la obra redentora, era la recuperación del "conocimiento de Dios." Así que, los que responden a la obra gratuita de Dios en Cristo llegan a "conocer" a Dios. Pablo escribe a los gálatas: "Ciertamente, en otro tiempo, no conociendo a Dios, servíais a los que por naturaleza no son dioses; mas ahora, conociendo a Dios [*gnontes theon*], o más bien, siendo conocidos por Dios [*gnosthentes hupo theou*], ¿cómo es que os volvéis de nuevo a los débiles y pobres rudimentos, a los cuales os queréis volver a esclavizar?" (Gá. 4:8-9; ver Tit. 1:16).

La salutación de Pedro en su segunda epístola dice: "Gracia y paz os sean multiplicadas, en el conocimiento de Dios [*epignosei tou theou*] y de nuestro Señor Jesús" (2 P. 1:2).[2] Si Dios mismo es el Enfasis central de la Biblia y si el conocimiento de El constituye la esencia de la redención (Jn. 17:3), se hace necesario examinar minuciosamente lo que se quiere decir con el término conocimiento y en qué forma dicho conocimiento se relaciona a la redención que se ofrece en Cristo.

I. Términos del Nuevo Testamento que Denotan Conocimiento

Ya hemos notado el punto de vista del Antiguo Testamento del conocimiento en su relación con Dios.[3] El punto de vista del Nuevo Testamento es esencialmente el mismo. En el uso popular, el vocablo griego "conocer" *(ginoskein)* no ofrece ningún problema teológicamente, pues se refiere al conocimiento en el sentido ordinario: "detectar" (Mr. 5:29; Lc. 8:46); "notar" (Mr. 8:17; 12:12; 2 Co. 2:4; Jn. 5:42; 8:27); "reconocer" (Lc. 7:39; Mt. 12:25; Gá. 3:7); "aprender" (Mr. 5:43; 15:45; Lc. 9:11; Jn. 11:57; Hch. 17:13, 19; Fil. 1:12; 2:19); "confirmar" (Mr. 6:38; 13:28 sig; Lc. 1:18; Jn. 4:42; 7:51; 1 Co. 4:19; 2 Co. 13:6); "estar al tanto" (Mt. 24:50; Lc. 2:43; He. 10:34; Ap. 3:3); y "entender" (Lc. 18:34; Jn. 3:10; Hch. 8:30; 1 Co. 14:7, 9).

El tiempo compuesto *epiginoskein* se usa con frecuencia para rendir el mismo significado que *ginoskein*. En muchos casos no hay distinción general entre las formas simples y las compuestas. Este hecho se demuestra por una comparación de Marcos 2:8 con 8:17; Marcos 5:30 con Lucas 8:46; Marcos 6:33, 54 con Lucas 9:11; Colosenses 1:6 con 2 Corintios 8:9. "Aun en 1 Corintios 13:12 la alternación es puramente retórica; el compuesto se usa también como un equivalente de la forma simple en 1 Corintios 8:3; Gálatas

4:9. Así que *epiginoskein to dikaioma tou theou* de Romanos 1:32 corresponde a *ginoskein to thelema* del 2:18."⁴ Quizá se use a veces el compuesto para significar "confirmar" (ver Hch. 22:24; 23:28).

Aparece un significado especial en el uso de estas palabras donde los conceptos del Antiguo Testamento han influido en el pensamiento del Nuevo Testamento. En tales casos, el énfasis no es sobre la confirmación objetiva sino sobre "un conocimiento que acepta las consecuencias del conocimiento" (ver Mt. 24:43; Lc. 10:11; Ef. 5:5; Stg. 1:3, 5:20; 2 Ti. 3:1; 2 P. 1:20; 3:3). "Conocer" es tener intuición acerca de la voluntad de Dios, reconocerla, y ser obediente a ella (ver Ro. 3:17; 10:19; He. 3:10). Hay referencias al conocimiento de la voluntad de Dios (Ro. 2:18; Hch. 22:14), al conocimiento de la salvación cristiana (2 Co. 8:9), y al conocimiento de una gracia especial de Dios (Gá. 2:9; Ap. 3:9). En algunos ejemplos de *ginoskein* se sugiere un cierto elemento teorético, pero no en forma decisiva.⁵

Gnosis ocurre en numerosos lugares, pero generalmente lleva en sí el sentido del Antiguo Testamento de "reconocimiento obediente de la voluntad de Dios" (ver Ro. 2:20; 11:33). Lucas 1:77 es explícito: "Para dar conocimiento de salvación a su pueblo, para perdón de sus pecados." La definición de salvación en este versículo hace a un lado cualquier pensamiento de que se intentaba una especulación teorética. *Epignosis* se emplea casi en un sentido técnico para denotar el conocimiento decisivo de Dios que viene en la conversión a la fe cristiana. Las epístolas pastorales contienen varios ejemplos de *epignosis* (ver 1 Ti. 2:4; 2 Ti. 2:25; 3:7; Tit. 1:1; ver también He. 10:26). Aunque en algunos casos se implica un conocimiento teorético, generalmente "Se da por hecho que el conocimiento cristiano lleva consigo una manera correspondiente de vida."⁶

Recapitulando, la terminología del Nuevo Testamento para "conocimiento" está grandemente influenciada por el pensamiento del Antiguo Testamento. El mayor impacto de *ginoskein, gnosis,* y sus compuestos tiene que ver con el reconocimiento obediente de Dios al encontrarse con el hombre en su soberanía, misericordia y amor redentor. Este hecho sugiere que Dios está activamente obrando en la revelación del conocimiento de sí mismo. El conocimiento del cristiano o *gnosis* ha de considerarse como "un don de gracia que marca la vida del cristiano por medio de la determinación de su expresión" (1 Co. 1:5; 12:8; 2 Co. 8:7).⁷ Toda búsqueda reflectiva de elementos teoréticos en este conocimiento se basa en el amor que controla los patrones de conducta en la vida (Col. 1:9; 3:10; 1 P.

3:7). Los escritos Juaninos relacionan el "conocer," "creer" y "amar" en la expresión más completa de esta comprensión especial del conocimiento en el Nuevo Testamento.[8]

II. EL CARÁCTER REDENTOR DEL CONOCIMIENTO DE DIOS

Al hablar del conocimiento religioso en contraposición con otras formas de conocimiento, William L. Bradley señala que no se basa ni sobre los primeros principios ni sobre el sentido de percepción: no obstante, puede decirse que provee información. Siendo personal en naturaleza, rinde el tipo de información que uno recibe de otra persona como si fuera de reojo o por un movimiento inconsciente. Es así como uno llega a saber algo acerca de aquella persona en una relación intersubjetiva particular.[9]

Bradley pasa a asegurar que tal conocimiento no es "ni racional ni irracional." No obstante, conlleva un elemento potente de validez. No puede probarse como quien prueba una hipótesis científica o un hecho histórico reciente. Pero no es del todo contrario a otras formas de conocimiento. Muchas veces coincide con el análisis lógico y la investigación científica. No obstante, su verificación básica descansa en el encuentro mismo.[10] Este es un conocimiento existencial. Viene en los efectos únicos de un encuentro con otro en lo recóndito de la propia existencia de uno.[11]

Esto es lo que el Antiguo Testamento, así como el Nuevo, quieren decir cuando hablan del conocimiento de Dios.[12] Dios ha hecho posible un encuentro salvador con sus criaturas. Actuando como resultado de la plenitud de su personidad, ha visitado al hombre en Cristo; nos ha visitado con amor, misericordia, y con su deseo de perdonar y de vivir en sus criaturas. Quienes responden a su "llegada en Persona" lo conocen como el Dios de toda gracia y amor—y esta es la verdad que Dios ansía revelar acerca de El mismo.

Así que en este "saber" hay salvación así como una revelación de la naturaleza de Dios. La respuesta de la fe a la visitación de Dios produce una renovación de la persona porque la fe es un acto moral que incluye obediencia. La vida antigua de separación desaparece y se sucede una feliz entrada a la vida de mayor fruición ofrecida por Dios mismo. Además, esta relación redentora con su revelación más y más intensa de la naturaleza del Redentor y su riqueza de crecimiento personal se mantiene sólo por la continua obediencia a Aquel que la ha llamado a existencia. Este "conocimiento," por tanto, es en forma única, un "conocimiento salvador."

III. CONOCIMIENTO POR MEDIO DE CRISTO

Tal como se implicó arriba, el conocimiento de Dios es recibido por medio de Cristo. La declaración más expresiva de esto procede del Señor mismo. En un sorprendente versículo de Mateo, que se ha descrito como "una descarga eléctrica Juanina en el cielo sinóptico," Jesús dice, "Todas las cosas me fueron entregadas por mi Padre; y nadie conoce [*epiginoskei*] al Hijo, sino el Padre, ni al Padre conoce alguno, sino el Hijo, y aquel a quien el Hijo lo quiera revelar" (Mt. 11:27). Aunque la palabra "Padre" tiene un significado especial en el mensaje de Jesús, no es tanto la paternidad de Dios lo que aquí se revela por el Hijo, sino más bien el ser esencial de Dios. Los "sabios" *(sophoi),* por causa de su falta de sumisión, no conocen al Padre, pero los "niños" *(nepioi)* en su fe sencilla, reciben del Hijo una revelación de Dios mismo (11:25).

Tanto en palabra como en obra, Jesús da expresión en los Sinópticos a los atributos divinos y prerrogativas. Cuando le dice al paralítico, "Hijo, tus pecados te son perdonados," los religionistas que lo observan inmediatamente lo' acusan de blasfemia. En forma retórica le preguntan, "¿Quién puede perdonar pecados, sino sólo Dios?" (Mr. 2:5-7). A la vez Jesús asume autoridad divina en el Sermón del Monte donde repetidamente usa la imponente cláusula introductoria, "Mas yo os digo." La nota de Mateo sobre el efecto de la enseñanza de Jesús a las multitudes, ofrece mayor luz sobre los puntos delicados de la revelación divina a través de su ministerio. "Y cuando terminó Jesús estas palabras, la gente se admiraba de su doctrina; porque les enseñaba como quien tiene autoridad, y no como los escribas" (Mt. 7:28-29).

Juan, al escribir casi al fin del primer siglo, dio atención especial al papel revelador de Cristo. No se ha escrito sobre el asunto una frase más explícita que la que está en Juan 1:18: "A Dios nadie le vio jamás; el unigénito Hijo, que está en el seno del Padre, él le ha dado a conocer" (*exegesato*, "interpretado").

Una cierta sorpresa, por no decir grande, demostró nuestro Señor cuando Felipe le preguntó, "Señor, muéstranos al Padre y nos basta."

Jesús le contestó, "¿Tanto tiempo hace que estoy con vosotros, y no me has conocido, Felipe? El que me ha visto a mí, ha visto al Padre; ¿cómo, pues, dices tú: Muéstranos el Padre? ¿No crees que yo soy en el Padre, y el Padre en mí?" (Jn. 14:8-10a). Sin ambages, Jesús asegura que su palabra y sus obras son, simultáneamente, la palabra y obra del Padre (Jn. 10:31-39). La gloria, la presencia misma del Padre, se descubre en el Hijo (1:14). Cuando el Hijo es glorificado, esto es, cuando su verdadera naturaleza es revelada, el ser del Padre se revela al mismo tiempo (11:4, 40).[13]

El apóstol Pablo afirma este carácter revelador de la vida de Cristo. De hecho, es maravillosamente explícito. Por ejemplo, a los corintios les delcara, "Porque Dios, que mandó que de las tinieblas resplandeciese la luz, es el que resplandeció en nuestros corazones, para iluminación del conocimiento de la gloria de Dios en la faz de Jesucristo" (2 Co. 4:6). En respuesta a los intérpretes gnósticos, quienes buscaban separar al Padre del Hijo, Pablo asevera diciendo: "Por cuanto agradó al Padre que en él [Cristo] habitase toda plenitud" (Col. 1:19); "Porque en él habita corporalmente toda la plenitud de la Deidad [*somatikos*, "personalmente, substantivamente"], y vosotros estáis completos en él, que es la cabeza de todo principado y potestad" (Col. 2:9-10). Así que en Cristo tenemos una revelación completa del ser de Dios. Richardson escribe: "El Hijo es el medio designado divinamente para traer el conocimiento de Dios al mundo."[14]

En esencia, no puede haber conocimiento de Dios en el sentido del Nuevo Testamento aparte de la relación a Cristo. Es precisamente en este punto limitativo que el evangelio es un *skandalon*, una piedra de tropiezo (ver Ro. 9:33; 1 Co. 1:23; Gá. 5:11; 1 P. 2:6-8). La pregunta humana para la relación a la realidad última es vacua a menos de que nos conduzca finalmente al Hijo, pues sólo El puede darnos una vista al Padre. Dios ha determinado que El ha de ser conocido a través de la persona y obra de su Hijo.

Aunque hay una especie de visión de Dios mediada por la naturaleza y por la razón, ésta no es un conocimiento salvador. Por tanto, recibe poca atención por parte de los escritores bíblicos. Los indicios de la existencia de Dios que se cuelan hacia el hombre a través de este mundo, fallan con mucho en presentarlo como divino y merecedor de obediencia moral y recta. Olin Curtis comenta con agudez: "El hecho es que mientras más sabe el hombre acerca de la naturaleza, y mientras más descansa sobre ella, más agnóstico y sin esperanza se vuelve. Por principio de cuentas, a los hombres hay que decirles con claridad las cosas que tienen que ver con ellos mismos, con su origen, con su condición espiritual, y con su destino."[15]

Karl Barth tiene también una palabra de instrucción:

> Quién sea Dios y en qué consiste ser divino es algo que tenemos que aprender en donde Dios se ha revelado a Sí mismo y su naturaleza, la esencia de lo divino. Y si El se ha revelado en Jesucristo como el Dios que lleva a cabo esto (su obra reconciliadora), no nos queda a nosotros ser más sabios que El y decir que está en contradicción con la esencia divina. Hemos de estar listos a ser enseñados por El en el sentido de que hemos sido demasiado pequeños y pervertidos en nuestro pensamiento acerca de El dentro del cuadro de una idea falsa de Dios.[16]

La proclamación cristiana, cuando es válidamente cristiana, confronta al hombre con el Cristo encarnado, muriente y resucitado. A través de ese encuentro, viene una revelación de Dios como infinitamente amoroso y misericordioso. Tal revelación pone al hombre bajo un imperativo de responder en confianza y obediencia. El relato de la experiencia de Pablo en Atenas sostiene este acto con claridad. Todos los razonamientos de los filósofos de aquel antiguo centro del saber produjeron sólo un altar dedicado "al dios no conocido." Cuando Pablo principió a hablar acerca de la necesidad del arrepentimiento y de "un hombre" a quien Dios había designado y levantado de entre los muertos y quien ofrecía vida a los hombres, introdujo una nueva comprensión de la Deidad. Predominaron las reacciones negativas; sin embargo, unos cuantos dieron respuesta adecuada a la Palabra (Hch. 17:16-34).

La observación de Cullmann condensa el asunto: "El Nuevo Testamento, ni puede ni intenta dar información acerca de cómo hemos de concebir el ser de Dios más allá de la historia de la revelación, acerca de si solamente es un ser en el sentido filosófico... Las alusiones reticentes a algo más allá de la revelación, se hacen dentro de la periferia del testimonio del Nuevo Testamento."[17]

En conclusión, debido a que su interés descansa en el ramo de la redención, los escritores bíblicos están más interesados primordialmente con el conocimiento de Dios que pertenece a su naturaleza moral y espiritual. Esta revelación está medida por conducto del Hijo Encarnado, y conlleva una demanda moral; requiere una respuesta por parte del hombre, ya sea negativa o afirmativa. Y por cuanto esta revelación está iniciada por Dios, es prueba para sí misma y por tanto fuera de toda contradicción. Dios nunca se presenta falsamente, ni puede. Cuando el hombre tiene tal encuentro con Dios y le "conoce" como realmente es El, no puede finalmente negar el hecho de la realidad de Dios. Una respuesta negativa es rebelión, pero una respuesta positiva es tanto obediencia a la demanda moral implícita como confianza en el ser de Dios amoroso y misericordioso.

IV. EL CONOCIMIENTO GENERAL DE DIOS

La discusión anterior suscita naturalmente la pregunta de la posibilidad de conocer a Dios a través de una revelación difusa en la totalidad de la naturaleza. El término *general* es mejor que *natural* para describir este aspecto de la revelación divina. La teología natural para muchos ha presentado las posibilidades de una revelación inclusiva y de autenticación propia de las cosas divinas en el mundo de la naturaleza y del hombre.

Según el criterio de los escritores, no puede haber tal disciplina cristiana legítima como la "teología natural" por causa de las obras revelatorias de Dios por todo el curso de la historia de la humanidad que se mencionan en la Biblia. Dios ha actuado en formas especiales para revelar su carácter y su voluntad. El Antiguo Testamento presenta hasta la saciedad, las intervenciones intensamente convincentes de Dios en los asuntos de los israelitas; algunas veces para librarlos de sus enemigos, y a veces para ofrecerles un "pacto de una forma de vida" con El, sostenido a base de obediencia a su Torah especialmente promulgado.

Con respecto a la era del Nuevo Testamento, el cántico de Zacarías, padre de Juan el Bautista, expresa la verdad idéntica. Declara; "Bendito el Señor Dios de Israel, que ha visitado [*episkepsato*][18] y redimido a su pueblo, y nos levantó un poderoso Salvador de la casa de David su siervo" (Lc. 1:68-69). La revelación de Dios a través de obras poderosas en la historia—especialmente en el Exodo de Egipto y en la Encarnación—introduce una dimensión única en la revelación. Esta dimensión sobrepasa y limita el significado de cualquiera revelación que tenga al cosmos y al hombre como mediador. La teología cristiana está basada y controlada por esta dimensión especial de la revelación de Dios.

En varias declaraciones de fe en el Nuevo Testamento, se da un concepto de revelación general. En Cesarea, en la casa de Cornelio, Pedro predicó: "En verdad comprendo que Dios no hace acepción de personas, sino que en toda nación se agrada del que le teme y hace justicia" (Hch. 10:34-35). Pablo anunció en Listra que Dios "que hizo el cielo y la tierra, el mar, y todo lo que en ellos hay. En las edades pasadas él ha dejado a todas las gentes andar en sus propios caminos; si bien no se dejó a sí mismo sin testimonio, haciendo bien, dándonos lluvias del cielo y tiempos fructíferos, llenando de sustento y de alegría nuestros corazones" (Hch. 14:15-17).

En el prólogo de su evangelio, Juan habla acerca de Cristo como "la luz verdadera que alumbra a todo hombre" (1:9). Aunque hay un sentido en el que la Palabra da luz (comprensión) sólo a los que creen (Jn. 3:19 sig.), todos los hombres han sido iluminados moralmente en un sentido general. Dios ha revelado algo de sí mismo a todos los humanos (Ro. 1:20).[19] Los pasajes más significativos del Nuevo Testamento son Hechos 17:22-31 (el discurso de Pablo en el Areópago); Romanos 1:18-32; 2:12-16; 2 Corintios 4:6; Gálatas 4:8-10; y aquellos pasajes donde los escritores del Nuevo Testamento usan la palabra "conciencia" (*suneidesis*—Ro. 2:15; 13:5; 1 Co. 8:7; 1 Ti. 1:5; He. 10:22; 1 P. 3:16).

A. Hechos 17:22-34

F. F. Bruce comenta: "Si el discurso en Antioquía de Pisidia en 13:16 sig. se intentó como una muestra de la proclamación del evangelio por Pablo a los judíos y a los auditorios temerosos de Dios, el discurso presente bien pudo concebirse como un ejemplo de su manera de tratar a los paganos."[20] Como punto de contacto, el apóstol llama su atención al altar en que hay una inscripción "al dios no conocido" (17:23). Después asegura que lo que ellos adoran "como desconocido" *(agnoountes)* o "sin conocerlo" es Aquel acerca de quien él les predica. Su mensaje dice esencialmente que Dios es Espíritu y que no necesita imágenes ni sacrificios; El es el Creador del mundo, el que concede vida y las cosas buenas de la vida. El no está distante de sus criaturas y quiere que todos los hombres procuren encontrarlo. Los atenienses, sin embargo, según el criterio de Pablo, han actuado en forma contraria al propósito divino y han sido idólatras haciendo representaciones de Dios en piedra, oro y plata.[21]

La conclusión que Pablo deduce es que aunque Dios fue traído dentro del alcance de la mente de los atenienses con estas revelaciones, en realidad El no era conocido por ellos. Es así que B. Gartner escribe: "El todo de su ignorancia se manifestaba en su adoración, particularmente cuando erigieron un altar a un Dios quien ellos no conocían, pero a quien debieron haber conocido."[22] Su ignorancia es culpable, sin embargo, por cuanto Dios "manda a todos los hombres que se arrepientan" (17:30). Pablo anuncia que una razón para el arrepentimiento es que viene un día del juicio en el que todo el mundo será juzgado en rectitud por Cristo (17:31).

Hay que notar dos aspectos de este mensaje. Primero, el discruso no está interesado en "el conocimiento verdadero de Dios." Tal conocimiento no es "una mera disciplina intelectual; involucra responsabilidades morales y religiosas, y por no tener este conocimiento, a la medida en que a ellos les era dable tener, los hombres son llamados al arrepentimiento."[23] Pablo no presenta argumentos en favor de la existencia de Dios. Más bien, describe la forma de adoración que los humanos dan cuando rechazan lo que ellos saben acerca de Dios.

Segundo, la enseñanza de Pablo y su predicación, ha de verse siempre dentro del contexto de *Die Heilsgeschichte*. Pablo está interesado en qué hora es dentro del esquema de tiempo de la redención divina. El hecho se sugiere por la declaración de que Dios "ha pasado por alto los tiempos de esta ignorancia" (17:30). Cristo ha venido; Dios se ha revelado totalmente en Cristo. Todos los humanos pueden ahora saber con certeza respecto a la identidad de Dios y su voluntad. Por tanto, con ese conocimiento, toda persona pensante y seria debería arrepentirse de toda su adoración falsa e idolatría. La cuestión moral, antes que la filosófica es la cuestión central dondequiera que el mensaje se relaciona con la historia de los actos salvadores de Dios.

B. Romanos 1:18-32

El propósito de la epístola a los Romanos gobierna la interpretación de esta porción difícil. En los versículos 16 al 17 Pablo ha declarado en palabras inolvidables la naturaleza del evangelio como "el poder de Dios para salvación." Ahora prosigue a demostrar la necesidad de tal evangelio. En pocas palabras, "el mundo está perdido sin él." De hecho, como Sanday y Headlam comentan, ha habido una "completa devastación de justicia" entre los humanos (3:10, 19).[24] El camino de redención que Pablo propone, que es la senda del evangelio, consiste en la libertad del pecado por fe y no por obras (v. 17).

El mundo gentil debe someterse también a esta senda de fe, "porque lo que de Dios se conoce [*to gnoston tou theou*] les es manifiesto, pues Dios se lo manifestó" (v. 19).[25] *To gnoston tou theou* se define en el verso 20 como "las cosas invisibles de él, su eterno poder y deidad." Lo que se ve claramente es que "Dios es Dios y no hombre."[26] El universo tal como ha sido creado, nos da materia prima para el conocimiento de Dios. Pero Pablo procede a asegurar que aunque los gentiles habían "conocido [*gnontes*] a Dios, no le glorificaron [*edoxasan*] como a Dios, ni le dieron gracias" (v. 21). Y Stauffer aclara, "La revelación de la gloria divina en la creación contiene en sí una demanda. Su intención es estimular los corazones de los hombres para glorificar a Dios en agradecimiento y alabanza."[27]

La condición inexcusable de los gentiles, que los había traído bajo la ira de Dios, es el resultado de su rechazamiento del "conocimiento rudimentario de Dios que podían haber aceptado."[28] La cuestión en este caso no es el fracaso en reconocer la existencia o el ser de Dios, sino más bien el de no someterse a su señorío para vivir en obediencia grata a su voluntad. La gloria no se le rinde a Dios sino al hombre mismo (v.25).

No se puede explicar la declaración paulina de que alguna revelación de Dios nos viene a través del orden natural (ver v. 20). De hecho, los puntos de vista de Pablo en este caso resultan paralelos a las enseñanzas de los rabinos del judaísmo, quienes habían formulado una doctrina del conocimiento universal de Dios.[29] Sin embargo, la fuerza de Pablo en este pasaje no es tanto la enunciación de una teoría de religión natural como sobre dos elementos, a saber, (1) la base moral de la ira revelada de Dios (v. 18), y (2) la demostración de que en este punto de la historia del hombre la respuesta de Dios al pecado a través de Cristo es la única respuesta.

La tragedia moral de la humanidad, que evoca la ira de Dios, se expresa en la trágica caída del hombre de sus altas posibilidades de relación con Dios hasta el abismo de la idolatría, la vida sensual y la ira. El hombre ha pasado por los estados de: el conocimiento de Dios rechazado, la gloria para él mismo, el hacer a un lado a Dios, pecaminosidad, culpabilidad, y finalmente la vida bajo la ira de Dios. El hombre tal como es ahora, vive bajo el pecado y la muerte. El verso 32 prueba este hecho: "... quienes habiendo entendido el juicio de Dios, que los que practican tales cosas son dignos de muerte, no sólo las hacen, sino que también se complacen con los que las practican." Tres veces Pablo habla de "un *permissio* divino"; Dios "los dejó ir" en sus caminos pecaminosos (vrs. 24, 26, 28).

El segundo elemento mencionado arriba (que Cristo es la única Respuesta a la necesidad del hombre), se epitomiza en Romanos 3:21-26, pero se expresa más completamente en toda la epístola. Existe la presuposición de que las naciones pudieron haber respondido a la revelación limitada, obedecido a Dios, y haber gozado sus bendiciones. Pero en la historia moral de la humanidad, tal cosa no sucedió. Por tanto, la revelación especial de Dios mismo en Cristo con su provisión de redención del pecado fue preordenada, dándose a conocer de acuerdo con el reloj de Dios (Gá. 4:4; Ef. 1:3-10).

C. Romanos 2:12-16

En el párrafo anterior (2:1-11) Pablo concluye que los judíos y los gentiles son iguales ante Dios con respecto a asuntos morales. Tribulación, desilusión y juicio esperan a los que hacen mal pues "Dios no hace acepción [*prosopolempsia*] de personas" (2:11). La diferencia esencial entre los dos grupos no se relaciona a la raza sino a la revelación. Los judíos habían tenido la ley, cosa que no habían recibido los gentiles, o al menos, no se había proclamado a ellos. Así que, desde la perspectiva de la revelación de la ley, los judíos están "bajo la ley" *(ennomo)* en tanto que los gentiles están "sin ley" *(anomos)*. No obstante, ambos están sujetos a juicio en caso de que cometan pecado. Pablo asegura en el verso 13 que para los judíos la ley no es "un amuleto calculado para preservar a los que lo poseen. Es un instrumento de castigo, y el pecado no es menos pecado, sino más, cuando cae bajo la esfera de la ley (ver 7:13)."[30]

Pero Pablo todavía trata el asunto de los gentiles. ¿Sobre qué base se les puede hacer responsables si están "sin ley?" La respuesta del apóstol se encuentra en el verso 14: "Porque cuando los gentiles que no tienen ley, hacen por naturaleza lo que es de la ley, éstos, aunque no tengan ley, son ley para sí mismos."

Este versículo definitivo asevera varios hechos acerca de las formas religiosas y morales de los gentiles. Primero, a veces se conducen de acuerdo a las prescripciones de la ley mosaica.

Segundo, cuando se conducen de esa manera, lo hacen "por naturaleza" *(phusei)*.[31] La frase "por naturaleza" se aclara en el verso 15, que asegura que los gentiles tienen los requisitos *(to ergon ton nomou*, "lo que la ley requiere") escritos "en sus corazones."[32] El argumento de Pablo en este caso lleva a la conclusión de que "hay algo en el patrón mismo de la existencia creada que debería, y a veces lo hace, llevar a los gentiles hacia una actitud de creaturidad humilde, agradecida y dependiente. Cuando esto sucede, ellos son ley para ellos mismos."[33] La declaración "son ley para ellos mismos" puede traducirse, según Richardson diciendo, "son sus propios legisladores."[34] Pablo se refiere más tarde a que su conciencia da testimonio a sus acciones, y su criterio moral, o los acusa o los excusa a la luz de la reacción de la conciencia (2:15).

Tercero, si los gentiles no tienen "la ley," ¿qué es este "algo" moral que funciona en sus vidas? Los comentaristas responden inmediatamente sugiriendo alguna forma de ley moral universal, que data desde el tiempo de la creación y que fue renovada en el pacto con Noé (Gn. 9:1-7).[35] Este concepto descansa en las enseñanzas de los rabinos quienes estaban muy al tanto de que los gentiles mantenían ciertas normas éticas.

Sin embargo, no debe darse por hecho que los rabinos habrían de apoyar algún tipo de ley natural, en el sentido usual del término. Richardson dice: "Ellos percibían instintivamente que tal comprensión moral habría de venir, en último análisis, solamente del Dios de la justicia, cuya revelación especial de Sí mismo había sido dada en el Torah de Moisés."[36] Para Pablo, así como para los rabinos, el Torah representaba algo más que las prescripcions legalísticas. El *Torah,* en su carácter esencial, constituía el todo de la enseñanza divina, la voluntad divina, y por eso tenía un reclamo moral sobre todo ser humano, ya fuere judío o gentil.[37]

La ley mosaica era la revelación más completa de la voluntad de Dios. Lo que se había revelado a través de la creación (Ro. 1:20) no era esencialmente diferente, sino una revelación menos precisa y completa de la voluntad eterna de Dios. A la vez, limitada como era, esta revelación conllevaba una demanda para someterse a la soberanía de Dios. Stauffer observa: "Toda revelación de Dios contiene un llamado, una demanda ética."[38] El concepto de Barrett en este punto resulta razonable. El insiste que Pablo no distingue entre ley moral y ley ritual; de hecho, él no piensa en estos términos. Lo que la ley en último caso requiere, no es "ni conformidad ceremonial, ni conformidad moral. . . sino una obediencia que cree, u obediencia de fe (ver 1:5). Esta es la única base tolerable de relación entre el hombre y su Creador."[39] Cuando el gentil se conduce en obediencia a lo que sabe que es recto, puede decirse que hace "por naturaleza" lo que la ley requiere.

Tanto Romanos 1:18-32 como 2:12-16 declaran con certeza que hizo una cierta forma de revelación divina a la humanidad a fin de que los humanos poseyeran la posibilidad de conocer al Creador. Esta revelación pudo haber venido por medio de la creación o en respuesta a los *requisitos* de la ley "escrita en los corazones." Lo que sí es importante, sin embargo, es el desarrollo que Pablo da en Romanos al tema de "justificación por fe." Su conclusión notable es que "en la realidad, el hombre no capta la posibilidad, provista para él por la creación de Dios, de existencia en la presencia de Dios, y que por tanto, a pesar de estas capacidades 'espirituales'—'todos han pecado y están destituidos de la gloria de Dios' (Ro. 3:23)."[40]

D. Gálatas 4:8-9

Este pasaje tiene significado en esta discusión porque los recipientes de la epístola en su mayor parte eran paganos convertidos. Pablo describe su estado anterior al de ser cristianos diciendo que "no conocían a Dios" *(ouk eidotes theon).* Eran personas "no conociendo a Dios" frase que Duncan toma como descripción aplicada regularmente en el Nuevo Testamento a la vida de paganismo.[41] Ignorantes de Dios, los paganos practicaban la idolatría (ver Ro. 1: 18-32). Pero el apóstol reconoce enfáticamente, con el uso de la frase adversativa *nun de* ("mas ahora"), que ahora sí "conocen a Dios" *(gnontes theon).* No hay necesidad de intentar la búsqueda de una diferencia entre *eidotes* y *gnontes,* como si la primera tuviera que ver con el conocimiento exterior de la relación personal antes que con el conocimiento teorético. Burton nota que *theon* carece de conexión (sin el artículo definido), lo que sugiere las cualidades o atributos de la Deidad en contraposición con el mero ser de la Deidad.[42]

La cláusula "o más bien, siendo conocidos por Dios," no se da para negar el hecho anterior del conocimiento de Dios por parte de los gálatas; sino más bien amplía el carácter de la relación entre los gálatas y Dios. Duncan observa que la palabra *gnosthentes* ("ser conocido") tiene la fuerza de "reconocer" (ver 1 Co. 8:3; 2 Ti. 2:19). Lo que Pablo quiere decir es que "los gálatas no han llegado meramente a conocer a Dios como Padre, sino que han (por el don del Espíritu), sido traídos en tal relación filial con El en la que son reconocidos como hijos."[43] En este caso no se intenta dar la idea de conocimiento cognitivo puramente, porque Pablo no hubiera pensado que Dios no siempre poseyera conocimiento de los gálatas. "El ser conocido de Dios" significa que habían "sido objeto de su atención favorable."[44]

E. Conciencia

Este término, que aparece con más o menos frecuencia en el Nuevo Testamento aparte de los evangelios, también se relaciona a la cuestión más amplia del conocimiento de Dios.[45] Siendo un vocablo de la misma raíz latina *conscientia,* significa literalmente "co-conocimiento" lo que sugiere "una segunda conciencia reflectiva que el hombre posee junto con su conciencia original respecto a un acto."[46]

En el Nuevo Testamento se hacen varias declaraciones acerca de la conciencia:

1. Da testimonio, o pronuncia juicio sobre acciones ya hechas (Hch. 24:16; Ro. 9:1; He. 9:14; 1 P. 3:16, 21).

2. Funciona en relación a asuntos además de los religiosos (Ro. 13:5; 1 Co. 10:25-29).

3. Se dice que uno tiene "buena conciencia" si sigue uno los dictados de ella (Hch. 23:1; 1 Ti. 1:5, 19; He. 13:18; 1 P. 3:16, 21).

4. La conciencia puede recibir información equivocada (1 Co. 8: 7-12) y puede estar "cauterizada" (1 Ti. 4:2; Tit. 1:15).

5. La autoridad de la conciencia descansa sobre su identificación con la voluntad de Dios (1 P. 2:19; ver el texto griego).

¿Es la conciencia un fenómeno humano universal? Según Romanos 2:15 Pablo así la consideraba. La conciencia juzga la rectitud o falta de rectitud de la conducta de uno, indicando así un grado de conocimiento de lo que es recto o malo. Además, Pablo parece entender la conciencia como si funcionara en tal forma como para situar la demanda de Dios sobre el individuo. El resultado del juicio futuro descansa en cómo una persona responde a las direcciones de la conciencia (Ro. 2:16).

El apóstol da por sentado que los paganos tienen una conciencia. Siendo que hay una demanda divina en las acciones enjuiciadoras de la conciencia, los paganos entienden las demandas de la ley aunque no conozcan la ley *per se*. Los requisitos de la ley están "escritos en sus corazones" y es por virtud de su "conciencia" que ellos los conocen.

Este análisis de la conciencia sugiere una "fuente transcendental de autoridad" como trasfondo o más bien como constitutiva de su existencia. Pedro da una idea de que su autoridad descansa sobre la voluntad de Dios (1 P. 2:19). De ser así, la substitución que Pablo hace de "fe" por "conciencia" en relación a la vida cristiana, es legítima, puesto que la fe, como la conciencia, incluye obediencia a la demanda de Dios.[47] Al tratar con la relación del cristiano maduro con el cristiano débil, Pablo arguye en 1 Corintios 8 sobre la base de conciencia, pero en Romanos 14 discute el mismo punto sobre la base de la fe. "Así que, el veredicto de 'conciencia' coincide para el cristiano (como hombre de 'fe'), con el veredicto de 'fe.'"[48]

De este examen superficial puede deducirse que el Nuevo Testamento considera la conciencia como fenómeno universal

234 / Dios, Hombre, y Salvación

relacionado a la actividad reveladora de Dios. Por causa de la condición depravada del hombre Juan Wesley y otros más, no consideraban la conciencia como un elemento inherente en la naturaleza humana. Cualquiera clase de bien que el hombre haga es el resultado de la gracia preveniente. Wesley escribe:

> Aceptando que todos los hombres están muertos en pecado por *naturaleza,* nadie está exento, en vista de que nadie está en un mero estado de naturaleza. No hay hombre alguno, a menos de que haya contristado el Espíritu, que esté totalmente exento de la gracia de Dios. Ningún hombre viviente carece de lo que vulgarmente se llama *conciencia natural.* Pero esto no es natural: más propiamente se llama *gracia preveniente...* Así que nadie peca porque carezca de gracia, sino porque no usa la gracia que tiene.[49]

No obstante, la demanda de la conciencia moral puede rechazarse disminuyendo así su función efectiva futura. La referencia de Pablo a la conciencia en el pasaje pivotal de Romanos 2:12-16 no debe interpretarse primordialmente como un intento de establecer una "ley de la conciencia," sino más bien como una descripción de la condición pecaminosa de la humanidad por causa del fracaso del hombre en responder a las invitaciones divinas.

F. El Fracaso de la Teología Natural[50]

Esta frase es la forma que Stauffer usa para presentar el tratamiento que el Nuevo Testamento da al problema de la revelación general de Dios. Por cuanto el hombre rehusó tanto la posibilidad de una teología de la historia (2 Co. 1:12) a través de la sumisión a la sabiduría de Dios, él escogió ser su propio teólogo. Obrando por su propia sabiduría, se convirtió en un seudo-teólogo, intentando crear una teología natural. Subsecuentemente, cuando Dios desaparece de la situación, el hombre cambia de una "teología natural a una teología de la naturaleza" porque no puede distinguir entre Dios y los ídolos. Su ética se convierte en una ética natural o "una moralidad de la naturaleza" (Ro. 1:24 sig.). "La humanidad ha cerrado los ojos a la luz de Dios, para ser guiada por su propia luz, y en esta forma ha caído víctima de las delusiones de una aparición demoníaca."[51] La condición del mundo de los humanos es que ellos no conocen a Dios. Esto, sin embargo, no es falta de Dios. Los humanos tienen la culpa por haber escogido vivir fuera de su propia sabiduría y no responder a la demanda de Dios. La conciencia "aparecerá en contra del hombre ante el juzgado como testigo del fiscal en el juicio final" (ver

Ro. 2:12 sig.). Stauffer concluye: "Por esta razón, la teología natural y la ética natural van a tener que ser destruidas por los efectos mismos que ellas producen, dando origen así a aquella extremidad del hombre que es la oportunidad de Dios (Hch. 17:29 sig.)."[52]

La palabra de la Cruz es la posibilidad de una nueva teología de la creación y de la historia. Pero el hombre debe oír y responder hacia ella. Floyd V. Filson concluye que los pasajes que hablan de un conocimiento universal no se usan para "vindicar una teología natural que disminuya la necesidad del evangelio. Por el contrario, los pocos pasajes... se usan para demostrar que los gentiles conocen y son responsables de su pecado, y que deben arrepentirse... Todos los humanos necesitan a Cristo."[53]

NOTAS BIBLIOGRÁFICAS

[1]Oscar Cullmann, *The Christology of the New Testament,* trad. por Shirley C. Guthrie y Charles A. M. Hall (Filadelfia: Westminster Press, edición revisada 1963), pp. 1-3, 324-327. Basado en las primeras confesiones y fórmulas trinitarias, Cullmann argumenta que "la teología cristiana primitiva es en realidad exclusivamente Cristológica". En efecto, para él la teología neotestamentaria comienza y termina en Cristología. Como lo estudiaremos más adelante, la persona de Cristo norma todo lo cristiano, pero me parece que la posición de Cullmann tiende a disminuir la fe del Antiguo Testamento con la del Nuevo. Ciertamente, la fe del Antiguo está centrada en Dios. Los escritores del Nuevo Testamento no cambiaron en lo absoluto al tratar sobre esa fe. Por tanto, una "teología" invade el pensamiento de los escritores del Nuevo Testamento y debe tratarse como algo más que una mera suposición. Para hacerle justicia a la teología del Nuevo Testamento, es imperativo aclarar lo que se dice acerca de Dios y al mismo tiempo demostrar la manera en que Dios se relaciona con Cristo y viceversa.

[2]Cf. 1:3; 2:20; 3:18. Es necesario hacer notar la tendencia de igualar el conocimiento de Dios con el de Cristo. En el pensamiento desarrollado del Nuevo Testamento casi no se distinguen las referencias a Dios y a Cristo, particularmente en lo que concierne a la adoración y al crecimiento en la vida cristiana.

[3]Véase el capítulo 2.

[4]Cf. W. E. Vine, *Expository Dictionary of New Testament Words* (Londres: Oliphants, 1939), 2:297-299.

[5]Cf. Romanos 1:18-23; 1 Corintios 1:21; 8:4-6; Gálatas 4:8 ss.; cf. también Juan 1:10.

[6]Rudolf Bultmann, "ginosko, *et al.*", *Theological Dictionary of the New Testament,* ed. Gerhard Kittel (Grand Rapids, Mich.,: Wm. B. Eerdmans Publishing Co., 1964), 1:707; de aquí en adelante nos referimos a esta obra como TDNT.

[7]*Ibid.,* p. 708.

236 / *Dios, Hombre, y Salvación*

[8]Para una discusión completa sobre el uso de estos términos en San Juan, cf. C. H. Dodd, *The Interpretation of the Fourth Gospel,* (Cambridge: University Press, 1953), pp. 151 ss.

[9]William L. Bradley, "Revelation", *The Hartford Quarterly,* 1962.

[10]*Ibid.,* . 45.

[11]R. W. Dale observa: "... las verdaderas existencias deben conocerse inmediatamente—no por inferencias de existencias verdaderas que pertenecen a otra esfera..." (*Christian Doctrine* [Londres: Hodder & Stoughton], 1896, p. 279).

[12]Cf. Addison H. Leitch, *Interpreting Basic Theology,* (Nueva York: Channel Press, 1961), p. 21. "Así como conocemos a nuestros amigos por su forma de vestir, de caminar, por su apariencia total, por el sonido de sus voces, y nunca conocemos más de su verdadera naturaleza de lo que en realidad están dispuestos a revelarnos, lo mismo ocurre en nuestra relación con Dios. Todo nuestro razonamiento acerca de El sólo nos da breves rasgos de lo que es hasta que decide darnos su luz."

[13]Cf. G. Kittel, TDNT, 2:245 ss.: "Cuando el traductor del Antiguo Testamento pensó en ofrecernos *doxa* en lugar de *kavod,* inició un cambio lingüístico de largo alcance, dándole al término griego un sentido muy particular difícil de sobrepasar. Tomando una palabra como opinión, lo cual implica toda la subjetividad y por tanto toda la vacilación y las conjeturas de los puntos de vista humanos, la convirtió en algo absolutamente objetivo, por ejemplo, la realidad de Dios... Es obvio que el uso de *doxa* en el Nuevo Testamento se apega más a la LXX que a la usanza griega. Puesto que ya se mencionó el sentido de 'reputación' y de 'poder', la palabra también se usa en el Nuevo Testamento para expresar 'el modo divino de ser'."

[14]*Introduction to the Theology of the NT,* p. 44.

[15]Olin F. Curtis, *The Christian Faith* (Nueva York: Eaton and Mains, 1905), p. 107.

[16]Karl Barth, *Church Dogmatics,* 4:1, ed. por G. W. Bromiley y T. F. Torrance (Edimburgo: T. & T. Clark, 1958), p. 186.

[17]*Christology,* p. 327.

[18]Cf. Arndt & Gingrich, *A Greek-English Lexicon of the New Testament.* (Chicago: University of Chicago Press, 1957): *episkeptomai,* "de la visitación misericordiosa de Dios al darnos salvación". Véase también Lucas 1:78; Hechos 15:14; Hebreos 2:6; Salmos 8:4: "¿Qué es el hombre, para que tengas de él memoria, y el hijo del hombre, para que lo visites [*pagad,* preocupación, visita]?"

[19]La construcción de Juan 1:9 presenta un problema de profunda importancia teológica. El problema reside en el participio "venía" *(erchomanon).* Quizá esté relacionado con "hombre" —"Aquella luz verdadera, que alumbra a todo hombre, *venía* a este mundo." Este ha sido un punto de vista muy común. Quizá esté combinado con el tiempo del verbo "venía" *(en),* haciendo una forma perifrástica—"Aquella luz verdadera, que alumbra a todo hombre, *estaba viniendo* a este mundo." Otro punto de vista se relaciona con la luz, por lo que lee: "Era la luz verdadera que alumbra a todo hombre *al venir a este mundo."* Leon Morris está en lo correcto al decir que "este versículo sobresale en la sección que trata sobre la encarnación, donde se requiere una declaración acerca de la encarnación en lugar de otra acerca del hombre en general... El escritor del Evangelio se refiere a la Palabra como a 'la luz verdadera' y, partiendo de esa premisa, acerca de la iluminación que El da a todo hombre". Morris no niega una iluminación general de la humanidad, pero dice que San Juan se la atribuye a la Palabra o Verbo. "The Gospel According to John", *The New International Commentary on the New Testament* (Grand Rapids, Mich.: Wm. B.

Eerdmans Publishing Co., 1971), pp. 93-95. Cf. también George B. Stevens, *The Theology of the New Testament,* (Nueva York: Charles Scribner's Sons, 1947), pp. 582-583; Juan Wesley, al igual que Calvino, comenta: "Y esta luz, si el hombre no la estorbara, brillaría más y más hasta el día perfecto" *(Explanatory Notes upon the New Testament* [Naperville, Ill.: Alec R. Allenson, Inc., 1950, reimpresión], p. 303); para consultar sobre el punto de vista contrario, véase R. H. Strachan, *The Fourth Gospel,* (Londres: SCM Press Ltd., tercera edición revisada, 1941), pp. 99-100.

[20]"Commentary on the Book of Acts", *New International Commentary on the New Testament* (Grand Rapids, Mich.: Wm. B. Eerdmans Publishing Co., 1956), pp. 354-355.

[21]La referencia a uno de sus poetas (17:28) y la aparente similitud de su pensamiento con teorías de los estoicos no se ha de tomar como prueba de que San Pablo basó sus enseñanzas sobre la filosofía estoica, como sugiere J. Weiss en *Earliest Christianity,* traducido por F. C. Grant (Nueva York: Harper & Brothers, 1959), p. 241; cf. C. S. Williams, "A Commentary on the Acts of the Apostles", *Black's New Testament Commentaries,* (Londres: Adam and Charles Black, 1957), quien sugiere que el pasaje puede interpretarse desde el punto de vista de la tradición judía veterotestamentaria, por lo que no leemos en él mismo ningún significado filosófico del estoicismo.

[22]B. Gartner, *The Areopagus Speech and Natural Revelation* (Uppsala: C. W. K. Gleerup, 1955), p. 238.

[23]Bruce, *Acts,* p. 362.

[24]Wm. Sanday y A. C. Headlam, "A Critical and Exegetical Commentary on the Epistle to the Romans", *International Critical Commentary* (Nueva York: Charles Scribner's Sons, 1923), p. 40.

[25]La traducción de *en autois* se refiere a la tercera persona plural. Esta frase bien pudiera traducirse como "entre ellos", la cual significa substancialmente lo mismo que "a ellos", recalcando la manifestación de Dios en el mundo acerca de ellos. Bien podría también referirse a "en ellos", sugiriendo "en sus mentes", como posesión personal. Las referencias subsecuentes a la creación se oponen a esta última traducción.

[26]C. K. Barrett, "The Epistle to the Romans", *Black's New Testament Commentaries* (Londres: Adam and Charles Black, 1957), p. 35.

[27]E. Stauffer, *New Testament Theology,* traducido por John March (Londres: SCM Press, 1955), p. 88.

[28]Barrett, *Romans,* p. 36.

[29]W. D. Davies, *Paul and Rabbinic Judaism* (Londres: SPCK, 1948), pp. 115-117.

[30]Barrett, *Romans,* p. 49.

[31]En el hebreo no existe ninguna palabra equivalente a *naturaleza.* En el Antiguo Testamento no se emplea la idea de naturaleza. Bien pudo ocurrir que San Pablo tomara este concepto del pensamiento de sus días para ayudarle a explicar sus puntos de vista aquí. Cf. 1 Corintios 11:14.

[32]La frase *To ergon ton nomou* es literalmente "la obra de la ley" o "el efecto de la ley". Barrett decidió que la frase está en genitivo subjetivo por lo que debe traducirse como "los efectos de la ley" *(Romans,* p. 53).

[33]*Ibid.,* p. 52.

[34]*Introduction to the Theology of the NT,* p. 50.

[35]Cf. Sanday y Headlam, *Romans,* p. 62; Grant, *An Introduction to the New*

Testament Thought, p. 71; Richardson, *Introduction to the Theology of the NT,* p. 49. Contra Barrett, *Romans,* p. 51.

[36]*Introduction to the Theology of the NT,* p. 49.

[37]Cf. C. H. Dood, *The Bible and the Greeks,* (Londres: Hodder and Stoughton, 1935); también con "Law", W. A. Whithouse, *A Theological Word Book of the Bible,* ed. por Alan Richardson (Londres: SCM Press, 1950), pp. 122-125: "La Torah... es el contenido total de la revelación de Dios de su naturaleza y propósito, el cual incidentalmente aclara la responsabilidad del hombre ante Dios."

[38]Stauffer, *NT Theology,* p. 173.

[39]*Romans,* p. 51.

[40]Werner G. Kummel, *Theology of the New Testament* (Nueva York: Abingdon Press, 1973), p. 176.

[41]George S. Duncan, "The Epistle of Paul to the Galatians", *Moffatt New Testament Commentary* (Londres: Hodder and Stoughton, 1934), p. 133.

[42]Cf. E. Dewitt Burton, "The Epistle to the Galatians", *International Critical Commentary,* (Edimburgo: T. & T. Clark 1921), p. 229.

[43]*Galatians,* p. 133. Cf. Richardson, *Introduction to the Theology of the NT,* p. 48: El recalca la iniciativa de Dios. "Amamos sólo porque Dios nos 'conoce' (1 Co. 8:3), es decir, en lenguaje bíblico, nos llama, entra en relación personal con nosotros, nos comisiona a su servicio, y así sucesivamente. No hemos sido conducidos al conocimiento de Dios debido a nuestra inteligencia o mérito... fue por la predicación de la palabra de Cristo que los convertidos del paganismo han llegado al conocimiento del Dios verdadero, pero ha ocurrido porque Dios, en su amor superabundante, los ha 'conocido' primero."

[44]Burton, *Galatians,* p. 229.

[45]Para una extensa discusión, cf. J. P. Thornton, "Conscience", *Theological Wordbook of the Bible,* ed. por Alan Richardson (Londres: SCM Press, 1950), pp. 52-53; S. S. Smalley, "Conscience", *New Bible Dictionary,* (Grand Rapids, Mich.: Wm. B. Eerdmans Publishing Co., 1962), pp. 248-250; C. A. Pierce, *Conscience in the NT,* (Londres: SCM Press, 1955).

[46]Thornton-Duesbery, *Theological Wordbook,* p. 52.

[47]*Ibid.,* p. 220.

[48]*Ibid.*

[49]John Wesley, *Works* (Kansas City, Mo.: Nazarene Publishing House, s.f.), 6:512; 7:187.

[50]Stauffer, *NT Theology,* p. 86-90.

[51]*Ibid.,* p. 89.

[52]*Ibid.*

[53]Floyd V. Filson, *Jesus Christ the Risen Lord* (Nueva York: Abingdon Press, 1956), p. 61.

13

El Creador y El Padre-Rey

I. Dios como Creador

A. La Doble Corriente

El punto de vista del Nuevo Testamento acerca de Dios como Creador es idéntico al del Antiguo Testamento. Sin embargo, no encontramos en el Nuevo Testamento una nueva relación de los eventos principales de las actividades creadoras de Dios como están en el Génesis. Uno bien puede razonar que la ausencia de este material es el resultado de la aceptación de la Iglesia Primitiva de las antiguas Escrituras sin dificultad alguna, haciendo que la repetición de los eventos de la creación fuera innecesaria. A la vez, no había necesidad de repetición porque el interés de la Iglesia se enfocaba en la historia de la redención. Ocasionalmente, los escritores del Nuevo Testamento mencionan la creación sin darle mayor importancia.

Las referencias al hecho de la creación presentan una doble corriente: una, declarando a Dios como Creador y la otra designando el papel de Cristo en la creación. Los materiales Sinópticos hablan indirectamente acerca de la relación de Dios al cosmos. Por ejemplo, se amonesta a los creyentes a no estar ansiosos por su existencia diaria, pues con toda seguridad Dios cuidará de ellos en vista de que fue El quien los trajo a existencia y los sostiene. El vistió a los lirios con belleza, y sin fallar, alimenta a las aves del cielo. "Y si la hierba del campo que hoy es, y mañana se echa en el horno, Dios la viste así, ¿no hará mucho más a vosotros, hombres de poca fe?" (Mt. 6:25-34; ver Lc. 12:22-30). La falta de fe de parte de los oyentes de Cristo se debía a su fracaso en observar la total participación de Dios en sostener su orden creado. Esta relación como custodio era obligación suya por virtud de su originada relación a la creación.

En Efesios 3:9 Pablo declara explícitamente que Dios "creó todas las cosas," repitiendo virtualmente la palabras de Génesis 1. Alude también a la creación cuando escribe, "Porque Dios... mandó que de las tinieblas resplandeciese la luz" (2 Co. 4:6). En una palabra de instrucción al joven Timoteo, el apóstol asevera que Dios creó el alimento; y en vista de que todo lo que Dios creó es bueno, no ha de ser rechazado si se toma con hacimiento de gracias (1 Ti. 4:4). Otros pasajes paulinos que sostienen claramente el punto de vista de la creación enfocado en Dios son, Romanos 4:17 ("el cual da vida a los muertos, y llama las cosas que no son, como si fuesen"); 11:36 ("Porque de él, y por él, y para él, son todas las cosas"); 1 Corintios 11:12 ("pero todo procede de Dios"). El escritor a los Hebreos incluye en su catálogo de "evidencias de la fe" su creencia en la creación del mundo "por la palabra de Dios" (11:3).

La corriente Cristológica es también explícita en el Nuevo Testamento. El Evangelista Juan escribe: "Todas las cosas por él fueron hechas [*panta di' autou egeneto*], y sin él nada de lo que ha sido hecho fue hecho [*choris autou egeneto oude en ho gegonen*]" (Jn. 1:3). Pablo afirma en Colosenses 1:16, "Porque en él fueron creadas [*en auto ektishe ta panta*]... todo fue creado por medio de él y para él [*ta panta di' autou kai eis auton ektistai*]." Pablo declara además que el papel de Cristo en el orden creado consiste también en sostenerlo: "todas las cosas en él subsisten [*sunesteken*, 'se mantienen juntas']." A través de la acción de Cristo tenemos "un cosmos en lugar de un caos." Siguiendo la misma línea de pensamiento, el escritor a los Hebreos habla del Hijo como Aquel a través del cual *(di' hou)* Dios "creó el mundo" *(epoisesen tous aionas),* y quien sostiene "el universo por la palabra de su potencia" *(pheron te ta panta,* 1:2-3). Así que Stauffer sugiere, "Cristo es el dador de la vida en la creación."[1]

En Hebreos, la alabanza del Señor exaltado, quien es superior a los ángeles, incluye una referencia a Salmos 102:25-27. "Desde el principio tú fundaste la tierra, y los cielos son obra de tus manos" (1:10). A diferencia del carácter inmutable de Cristo mismo, las cosas del orden material perecen, se envejecen, y están sujetas a los mandatos de Cristo (1:11-12).

Filson insiste en que "el papel del Hijo en crear y sostener el orden creado no juega una parte central en el Nuevo Testamento." Reconoce, sin embargo, dos dimensiones importantes de las discusiones teológicas sobre este asunto en la Iglesia. Primero, a medida que la Iglesia maduraba en su comprensión del evento de Cristo, necesariamente tuvo que mirar en retrospecto a la Encarnación para determinar la relación de Cristo a Dios en el esquema total de las cosas. Es así que, el hecho de la creatividad de Cristo pudo aseverarse. Segundo, el papel cósmico de Cristo, aunque no fue completamente entendido ni afirmado en los primeros días de la Iglesia, se afirmó más tarde y no encontró objeción alguna. Por eso Filson concluye: "Sólo un cuarto de siglo después de la muerte de Cristo, dentro del período de vida de los testigos oculares y discípulos personales del ministerio galileo, Pablo pudo declarar esta convicción como una conclusión definida del pensamiento cristiano, y no hay evidencia de que otros líderes cristianos hayan desafiado su Cristología."[2]

B. Agente Cooperativo

En 1 Corintios, donde el apóstol Pablo discute las carnes ofrecidas a ídolos, aparece una declaración sorprendente que pone a Dios y a Cristo virtualmente en iguales términos con respecto a la creación. "Para nosotros, sin embargo, sólo hay un Dios, el Padre, del cual proceden todas las cosas, y nosotros somos para él; y un Señor, Jesucristo, por medio del cual son todas las cosas, y nosotros por medio de él" (1 Co. 8:6). Un análisis cuidadoso de este pasaje y de los otros que hablan de Cristo en la creación revela que el papel de Cristo es un papel de mediador o de cooperador. Nuestros escritores bíblicos declaran que es "a través" de Cristo (*di'hou,* 1 Co. 8:6; He. 1:2) o "en" Cristo (*en auto,* Col. 1:16) que el mundo vino a existencia. Obviamente, se intentó alguna distinción entre el Padre y el Hijo. Dios creó el mundo por su Cristo; todo procede de Dios pero a través de Cristo. Stauffer propone que cuando, en Juan 1:3, el apóstol identificó el Cristo creativo con la Palabra creativa, unificó las declaraciones "Dios crea por su Palabra" y "Dios crea a través de Cristo." Estas dos declaraciones, dice él, quedaron en Pablo "completamente desconectadas."[3]

La interpretación de Cullmann, aunque siguiendo un tratamiento diferente, llega a la misma conclusión. Cita 1 Corintios 8:6 y reconoce que tanto Dios como Cristo tienen que ver con la creación. Sin embargo, continúa él, "La variación descansa sólo en las preposiciones: *ex* y *eis* en conexión con Dios; *dia* en conexión con Cristo, *'por* quien todas las cosas' *(di' hou ta panta).*"[4] La distinción que aquí se encuentra no es entre el Creador y el Redentor, sino entre la Fuente y el Objetivo de la creación por un lado y el Mediador de esa creación por el otro. Dios, como Origen de la creación, expresa a

Dios tal como El existe independientemente de su revelación redentora, en tanto que la referencia a Cristo como Mediador expresa a Dios a medida que se revela al mundo.

La Cristología de Cullmann lo lleva a afirmar que "el Padre y el Hijo pueden distinguirse notablemente sólo en el tiempo de la historia reveladora, esto es, en el tiempo que principia con la creación del mundo y continúa hasta el fin."[5] La idea de Cullmann en este caso, está controlada por su entrega a una Cristología funcional que se enfoca en la obra de Cristo antes que sobre la persona de Cristo. Jesucristo es Dios en su revelación de sí mismo. Siendo este el caso, se afirma que toda la revelación de Dios está centrada en Cristo, ya sea creación o redención. Así que no hay "distinción entre Dios como el Creador y Cristo como el Redentor, en vista de que la creación y la redención van juntas como la comunicación de Dios de sí mismo al mundo."[6]

Uno debe finalmente resolver la cuestión sobre una base soteriológica antes que ontológica-cosmológica.[7] Para la Iglesia, Cristo era su Salvador. Para ser tal, El tenía que estar legítimamente relacionado a Dios por todas las edades. Cuando se trajo a luz la cuestión de su papel en la formación del cosmos, se contestó sencillamente identificándolo como el "Agente de Dios." Atanasio señaló en su *De Incarnatione* que el Redentor no podía ser otro que el Creador, no un ser secundario, extraño o substituto. Los escritores del Nuevo Testamento ya habían llegado a la misma conclusión.

Es en estos términos soteriológicos que las expresiones de la creatividad divina en el Nuevo Testamento, especialmente en Pablo, deben comprenderse. La Iglesia aceptó el concepto del Antiguo Testamento de la obra creadora de Dios y dejó allí el asunto. Su interés principal era de naturaleza redentiva; por eso mencionó sólo casualmente la actividad creadora de Cristo. Sin embargo, la Iglesia no podía hacerla a un lado totalmente, en vista de que proclamar a Cristo como Redentor, en el sentido en que ella comprendía ese término, significaba que Cristo habría de ser proclamado también como Creador.

La redención eleva el concepto de la actividad creadora antes que lo opuesto. Cristo es el Creador porque es el Redentor, tal como se entendió en el marco de la actividad kerigmática de la Comunidad Primitiva. Además, Pablo deja en claro que la responsabilidad última del hombre, tal como se contempla en la creatividad divina, es glorificar a Dios (Ro. 1:18-32). Cristo como el Agente de Dios en la creación hace posible para el hombre el rendirle esta alabanza (ver

Col. 1:9-19; Ef. 1:12). Es a través de Cristo que Dios es glorificado. De acuerdo con este tratamiento soteriológico, todo lo que pasa en el orden creado está al servicio de la redención de Dios, un punto que Juan hace resaltar con claridad (ver Jn. 9; 11:4). Por último, el orden creado, retorciéndose ahora bajo el poder de los gobernantes del pecado, ha de ser redimido al final de cuentas por medio de la obra de Cristo (Ro. 8:18-23).

II. Dios como Padre-Rey

La redención de Dios que se hace accesible por su visitación al hombre en la persona de su Hijo, incluye también la caracterización de Rey. De cierto es un Redentor-Rey y en un sentido muy especial, un Padre-Rey.[8]

A. El Concepto de Rey en las Enseñanzas de Jesús

Desde los tiempos antiguos los hebreos concebían a Dios como Rey. Para el tiempo de la encarnación de nuestro Señor, muchos judíos devotos esperaban "la consolación de Israel" (Lc. 2:25). Los ambiciosos celotes querían apresurar el día por medio de una forzada acción política, en tanto que los fariseos continuaban creyendo que la obediencia perfecta a la ley por parte de los elegidos haría que esta consolación llegara pronto. Juan el Bautista apareció en el primer siglo proclamando, "Arrepentíos, que el reino de los cielos se ha acercado" (Mt. 3:2). Juan revivió la antigua verdad profética de que el día del Señor sería un día de saldar cuentas tanto para los judíos como para los gentiles. Por tanto, todos deberían arrepentirse, aun los líderes religiosos (Lc. 3:7-9).

De acuerdo con la proclamación profética y especialmente tal como se presentaba en nueva forma por el mensaje de Juan el Bautista, Jesús abordó el tema del reinado de Dios en su predicación. El evangelio de Marcos condensa su mensaje: "... Jesús vino a Galilea predicando el evangelio del reino de Dios, diciendo: El tiempo se ha cumplido, y el reino de Dios se ha acercado; arrepentíos, y creed al evangelio" (1:14-15; ver Mt. 4:23). Jesús enseñó a sus discípulos a orar:

Venga tu reino.
Hágase tu voluntad,
Como en el cielo, así también en la tierra
      (Mt. 6:10).

244 / *Dios, Hombre, y Salvación*

Los más de 70 ejemplos de la frase "el reino de Dios" *(basileia tou theou)* o "el reino de los cielos"[9] en los Evangelios ha hecho que los eruditos modernos concluyan de manera unánime en que el reino de Dios fue el mensaje central de Jesús.[10] El concepto del reinado es esencial para una comprensión de la naturaleza de Dios.

La palabra "reino" *(basileia),* tal como se usó en las enseñanzas de Jesús, contiene un significado dual. Por un lado denota un "nivel," "territorio," "dominio," o "gente sobre la cual gobierna un rey." Marcos 3:24 dice: "Si un reino está dividido contra sí mismo, tal reino no puede permanecer." Mateo 24:7 declara también que "se levantará nación contra nación, y reino contra reino." Pero reino también denota "soberanía," "poder real," "dominio," o "gobierno." Por ejemplo, Lucas 1:33: "Y reinará sobre la casa de Jacob para siempre." O Lucas 19:12: "Un hombre noble se fue a un país lejano, para recibir un reino" (Lc. 23:42; Jn. 18:36; Ap. 17:12). Así que dondequiera que encontramos la palabra "reino" en la enseñanza de Jesús, hemos de determinar si la referencia implica reino o gobierno.[11]

"El reino de Dios" tal como se usó por Jesús designa no sólo el nuevo orden que Él establecía con todas sus bendiciones de salvación, sino también "el gobierno real de Dios" en los corazones de los hombres hecho posible por la relación con Él. El reino de Dios se refiere al reinado del Rey de reyes así como a su dominio. El reino de Dios existe donde quiera que los corazones le rinden a Dios pleitesía como Rey. Este último concepto es, para Jesús, el significado central de *basileia.*

Jesús predicó que el reino de Dios estaba siendo realizado en una manera nueva y única en su tiempo y en su propia obra. No recalcó primordialmente el punto de vista establecido por largo tiempo de que el reino de Dios era un reino eternal; más bien habló de una manifestación decisiva de este reino en el tiempo de *hoy.* Dos versículos importantes hablan de este poder soberano de Dios en el tiempo de Cristo. En Mateo 12:28, se dice que Jesús dijo a los que se le oponían, "Pero si yo por el Espíritu de Dios echo fuera los demonios, ciertamente ha llegado a vosotros el reino de Dios."[12] El vocablo griego *ephthasen,* traducido en "ha llegado," no ha de tomarse sólo en el sentido de "proximidad" sino en el de "presencia actual." Sin lugar a duda, Jesús enseñó que el reinado de Dios estaba obrando en ese tiempo por su ataque sobre las fuerzas del mal, y en particular, sobre el reino de Satanás.

Otro versículo de importancia es Lucas 17:21. Es una respuesta de Cristo a la pregunta de los fariseos respecto a cuándo vendría el reino de Dios. ". . . ni dirán: Helo aquí, o helo allí; porque he aquí el reino de Dios está entre vosotros." Esta contestación habla claramente de una dimensión de presencia actual del reino de Dios. La pregunta de los fariseos quizá haya originado en el punto de vista prevalente apocalíptico del Reino. Pero Jesús replicó que el reino de Dios ya estaba en medio de ellos aunque no le acompañaran las señales que ellos esperaban.

Entre los eruditos continúa todavía el debate sobre la frase *entos humon.* ¿Es "dentro de vosotros" o "en medio de vosotros" lo que intentó decir Jesús? La selección de la segunda traducción lleva naturalmente a la conclusión de que en la persona de Jesús se estaba realizando el reino de Dios. Ladd concluye que "'en vuestro medio', en la persona de Jesús, encuadra mejor el contexto total de su enseñanza."[13]

Si en el centro de la enseñanza de Jesús está el reino de Dios o "el gobierno regal de Dios" en los corazones de los hombres, se sigue que, para Jesús, Dios, en su naturaleza esencial, es el Rey de todos. El es el eterno Soberano y el hombre debe rendirle completa lealtad si espera vivir la vida abundante. La propia obediencia constante del Maestro habla de su inmediato reconocimiento del reinado de Dios. Su oración en el Jardín del Getsemaní "No se haga mi voluntad, sino la tuya," es un ejemplo elocuente de la sumisión de un obediente vasallo hacia su Rey eterno (Lc. 22:42).

Lo que es de mayor impacto en el evangelio, es que Jesús comparte ese reinado y soberanía en su propia persona y misión. Por tanto, la Encarnación misma es una revelación del reino de Dios. Todos los que "vienen a Cristo" conocen al Rey.

B. El Concepto de Reinado en los Escritos No-Evangelios

El erudito radical Alfred Loisy concluyó después de investigar las pocas referencias al Reinado en el resto del Nuevo Testamento que "Jesús anunció el reino de Dios, pero fue la Iglesia la que apareció."[14] Aunque este escepticismo es de justificarse, resulta sorprendente que el tema focal de la predicación de Cristo reciba tan poca atención en el material no-Evangelio en el Nuevo Testamento. Pablo menciona en cierta forma "el reino de Dios" Romanos 14:17; 1 Corintios 4:20; 6:10; 15:24, 50; Gálatas 5:21; Efesios 5:5; Colosenses 4:11; 1 Tesalonicenses 2:12; y 2 Tesalonicenses 1:5. Santiago 2:5 lee: "¿No ha elegido Dios a los pobres de este mundo, para que sean ricos en fe y herederos del reino que ha prometido a los que le aman?"

Ocho versículos en los libros que no son evangelios hablan del "reino de Cristo" (1 Co. 15:24; Ef. 5:5; Col. 1:13; 2 Ti. 4:1, 18; He. 1:8; 2 P. 1:11; Ap. 11:15).

¿Qué ha de concluirse de esta aparente falta de énfasis sobre el Reino? Primero, aunque las referencias son pocas, sí incluyen el concepto del mensaje total de los apóstoles, especialmente el de Pablo. Además, el lenguaje de soberanía en estos escritos ha de ponerse junto a las referencias del Reinado. Pablo enseña que los que han recibido gracia y justicia reinarán en la vida del más allá (Ro. 5:17). Más adelante habla de que los santos ejercitan juicio sobre los ángeles (1 Co. 6:2 sig.). Reflexionando sobre sus largos años de servicio misionero agitados y sin embargo efectivos, y considerando su futuro, Pablo le escribe a Timoteo: "Si somos muertos con él, también viviremos con él; si sufrimos, también reinaremos con él" (2 Ti. 2:11-12). En los pasajes doxológicos de Pablo aparece también el énfasis de soberanía (ver 1 Ti. 1:17; 6:15). Pedro ve a la Iglesia como un "reino de sacerdotes" (1 P. 2:9 sig.; ver Ap. 1:6; 5:10; 20:6). Con respecto a Cristo, Pablo escribe que visiblemente llevará El su reino sobre las naciones en la Parousia (Ro. 15:12).[15]

Segundo, en la Iglesia Primitiva ocurrió naturalmente un cambio de enfoque en la declaración del mensaje. Filson ve este cambio como algo esperado a la luz de los eventos que hicieron época relacionados con la Cruz y la Resurrección. Estos primeros seguidores "vivieron, adoraron, y testificaron a la luz de la Resurrección... Cristo tuvo que ser el centro de su mensaje."[16] Por tanto no era que el mensaje de Jesús sobre el Reino se hubiera olvidado. "Era para ver a Dios estableciendo su reino a través del ministerio, muerte y resurrección de Cristo, a través del don del Espíritu, y a través del continuo señorío de Cristo sobre su iglesia creciente."[17]

El hombre moderno pudiera ofenderse con esta idea de reinado por cuanto conjura nociones de extravagancia monárquica, poder autocrático, y distancia de la gente. Sin embargo, al leer la historia antigua que describe las costumbres imperdonables de los reyes, genera un punto de vista del reinado que no va bien de acuerdo con la comprensión bíblica. Grant nos dice que el israelita pensaba en Dios bajo el modelo de un príncipe o rey local—los reyes de la ciudad de los tiempos semíticos y de Homero. Aunque tal rey vivía en una gran mansión y en medio de lujos, sinceramente se interesaba en el bienestar de su pueblo. "El reinado de esta clase local, personal, familiar, estaba entre las connotaciones del término en su aplicación religiosa."[18]

Aunque se entendía que Dios tenía poder para quitar a los hombres de la presencia divina instantánea e irrevocablemente, la enseñanza más sólida del Antiguo Testamento así como la de Cristo, no concebían el reinado de Dios en tales términos autocráticos. Grant escribe: "Conocerle era amarle, como se podría amar a un buen rey cuyo palacio estaba en la colina cercana a su aldea, o más probablemente en el centro de su ciudad amurallada, y cuyos hijos e hijas iban y venían para ser vistos cada día."[19] Esencialmente, los escritores y profetas antiguos, así como Jesús, describieron el reinado de Dios como redentor de los hombres. Como Rey, Dios vive para ayudar, librar, redimir a sus vasallos de sus pecados y de sus enemigos. Pablo y los escritores de las Epístolas Generales comparten esta idea de Dios.

C. La Paternidad de Dios

Estrechamente ligado el concepto de que Dios es Rey y mezclándose con él, está el punto de vista de Dios como Padre. Como tesis, se propone aquí que esta última caracterización de Dios representa para el Nuevo Testamento una manera de expresar la relación soteriológica de Dios a la humanidad. Un padre ama, cuida, y suelta sus recursos para ayudar a los suyos. Bowman comenta que "padre ... es un nombre aplicado al lado redentor de la naturaleza de Dios."[20] Después de examinar el uso de la idea de paternidad en la antigua cultura oriental, Joachim Jeremias concluye que el concepto de Israel contiene una diferencia: "La certeza de que Dios es Padre e Israel su hijo, se basa no en la mitología sino en el acto único de salvación por Dios, que Israel había experimentado en la historia."[21]

Jesús elevó el uso de la palabra "Padre," al hablar de Dios, muy por encima de como se usaba anteriormente por los judíos o en su propio tiempo por el judaísmo palestino. El no sólo clarificó la relación redentora ofrecida por la referencia a la paternidad de Dios, sino como Jeremias lo ha demostrado tan brillantemente, Jesús identificó su propia unión con el Padre llamándolo Dios "Abba." Usó este término de cariño e íntimo, para revelar la base misma de su comunión con Dios. La oración del Getsemaní de Jesús principia con un doble título en Marcos 14:36: "Abba, Padre" *(Abba ho pater)*. Cuando los discípulos pidieron una oración que fuera suya, Jesús les dio el bien conocido Padre Nuestro en que a ellos también se les permitía compartir con El esta misma intimidad sugerida por la palabra *Abba* (Mt. 6:9-13). La palabra griega *pater* es equivalente a la aramaica *Abba*.[22] Además, Jesús anunció que sólo la persona que refleja en espíritu de niño este *Abba*, entrará en el reino de Dios.[23] Así que Jesús mismo intensificó el significado redentivo del concepto de padre aplicándolo a Dios.

En el cuerpo de las epístolas paulinas y de las Epístolas Generales, aparece frecuentemente el término "padre" siendo Pablo el que la usó con mayor frecuencia. En forma regular y con ciertas variaciones, usa el título "Dios nuestro Padre" (1 Co. 1:3; 2 Co. 1:2; Ef. 1:2; Fil. 1:2; Col. 1:2; 2 Ts. 1:1; Flm. 3) y "Dios el Padre" (1 Co. 15:24; Gá. 1:1, 3; Ef. 6:23; Fil. 2:11; 1 Ti. 1:2; Tit. 1:4; ver 2 P. 1:17; Jud. 1): En varios casos se le llama a Dios, "Padre de nuestro Señor Jesucristo" o alguna modificación de esta idea (Ro. 15:6; 2 Co. 1:3; 11:31; Ef. 1:3; Col. 1:3; He. 1:5 ["Yo seré a él Padre"]; 1 P. 1:3).

Richardson sostiene que estas frases tienen especial significado en el sentido de que Dios es Padre, no porque seamos sus hijos, pues en tal caso El sería Padre sólo en un sentido secundario. Más bien, es Padre porque Cristo es en realidad su Hijo. El Padre no está dependiendo en que somos sus hijos sino en que Cristo es su Hijo. Cristo es "la fuente de la Paternidad." En esa forma, estando *en Christo*, "Dios es real y esencialmente nuestro Padre."[24]

Ocasionalmente, aparece un término que califica la palabra respecto a la naturaleza del padre como "el Padre de la gloria" (Ef. 1:17; ver Ro. 6:4); "Padre de misericordias" (2 Co. 1:3); "Padre de los espíritus" (He. 12:9); "el Padre de las luces" (Stg. 1:17); *et al.*

Debe darse especial atención a ciertos pasajes en que pueda malinterpretarse diciendo que los escritores están pensando en Dios como Padre de la humanidad, pero que el énfasis cae más bien sobre la comunidad de creyentes que han tenido el derecho de llamarlo Padre. Por ejemplo, en 1 Corintios 8:6 Pablo compara a Dios el Padre con los dioses paganos que no existen. Escribe "*Para nosotros,* sin embargo, sólo hay un Dios, el Padre, del cual proceden todas las cosas, y nosotros somos para él." Suplicándoles a los corintios que no establezcan yugo con los infieles, Pablo cita como apoyo varios pasajes del Antiguo Testamento. Uno de ellos declara, "Y yo seré para vosotros por Padre, y vosotros me seréis hijos e hijas, dice el Señor Todopoderoso" (2 Co. 6:18).

Entre las siete unidades en Efesios 4:4-6, Pablo incluye la frase "un Dios y Padre de todos." Obviamente, cuando hace esta referencia, el apóstol tiene en mente la comunidad creyente y no la totalidad de la humanidad. Estos versículos, y otros más, recalcan que la

Iglesia es el Nuevo Israel. En el Antiguo Testamento es Israel, en un sentido primario, para quien Dios es Padre. Manson dice:

> En el Antiguo Testamento Dios es el Padre de Israel en el sentido de que es el fundador y creador de la nación (Dt. 32:6; Is. 63:16; Mal. 2:10)... La paternidad en el Antiguo Testamento se relaciona peculiarmente al evento histórico de la liberación del pueblo de Israel de Egipto. Este acto por el que Yahweh viene a ser el padre de Israel es adopción antes que creación.[25]

Manson concluye por tanto, que Dios es "el creador de todos; pero Israel es en un sentido especial su hijo (Os. 11:1), su primogénito (Ex. 4:22; Jer. 31:9)."[26] De la misma manera, en el Nuevo Testamento, la paternidad de Dios se relaciona peculiarmente con la Iglesia (ver Gá. 1:4; He. 12:3-11; 1 P. 1:17), que es el verdadero Israel (Gá. 6:16).

Las más significativas declaraciones del concepto de padre se encuentran en las explicaciones que Pablo da del ser hijo en Romanos 8:15 y en Gálatas 4:6-7. Por causa de nuestra pecaminosidad, escribe Pablo, no más somos hijos por creación. Uno se vuelve hijo sólo por adopción. La prueba de esta nueva relación al Padre es que él recibe el Espíritu de adopción, por el cual puede dirigirse a Dios como "Abba, Padre." Despueés de Jesús, el apóstol aplica la paternidad a asuntos soteriológicos. Dios es Padre sólo para los creyentes como hijos adoptivos. Como "hijos de Dios" somos "herederos de Dios" y "coherederos con Cristo" (Ro. 8:17), no siendo más esclavos (Gá. 4:7). Jeremias nota que "las liturgias cristianas antiguas demuestran conocimiento de la grandeza de este don [el ser hijo] por cuanto hacen una introducción del Padre Nuestro con las palabras: 'Decimos con confianza: Padre nuestro.'"[27]

En suma, los conceptos duales de reinado y paternidad tal como se anuncian por los escritores del Nuevo Testamento, no deben considerarse como conceptos opuestos. Siendo que ambos son centralmente redentores en cuanto a su impacto, deben unirse y combinarse. Es propio hablar de Dios como el Padre-Rey. Su soberanía no debe concebirse como arbitraria ni en ningún sentido tiránica; está mezclada con misericordia y amor. Aunque ejerce su gobierno está llevado por su deseo de entrar a una relación salvadora con sus criaturas.

Los dones redentores de "Dios el Padre y nuestro Señor Jesucristo," dice Pablo, son "gracia y paz" (Gá. 1:3). Dios el Padre desea que lo llamemos "Abba," y quiere, además, que sus hijos acepten sus acciones disciplinarias cuando sean necesarias. Al hacerlo así, "compartimos su santidad" y gozamos "el fruto apacible de justicia" (He. 12:9-11). Cuando somos adoptados en su familia, quedamos al mismo tiempo sujetos a una obediencia amorosa hacia el Rey de reyes y Señor de señores. El ser ciudadano del reino de Dios es ser un miembro de la familia de Dios.

Pablo trata la unión de estas ideas en dos lugares en particular. En Efesios 2:11-19, recuerda a los recipientes que a través de Cristo tienen "entrada por un mismo Espíritu al Padre" (v. 18). Como resultado, no más son extraños ni advenedizos "sino conciudadanos [*sumpolitai*] de los santos y miembros de la familia de Dios [*oikeioi tau theou*]" (v. 19). En el majestuoso capítulo de la resurrección, en primera Corintios, el apóstol da un vistazo hacia el futuro y declara: "Luego el fin, cuando entregue el reino al Dios y Padre cuando haya suprimido todo dominio, toda autoridad y potencia" (15:24).

NOTAS BIBLIOGRÁFICAS

[1]*NT Theology*, p. 57.

[2]*Jesus Christ the Risen Lord*, pp. 59-60; cf. Bultmann, *Theology of the NT*, 1:132: "No se puede decir si San Pablo fue el primero en adscribirle *a Cristo su papel cósmico como mediador de la creación;* la forma en que se refiere a ella como si fuera un asunto dado por sentado le inclina a uno a concluir que no estaba solo en su modo de pensar."

[3]*NT Theology*, p. 58; cf. H. E. Dana y Julius R. Mantey *A Manual Grammar of the Greek New Testament* (Nueva York: Macmillan Co., 1927), p. 102; Cristo no es "un creador independiente sino el agente intermediario en la creación".

[4]*Christology*, p. 2.

[5]*Ibid.*, pp. 326-327.

[6]*Ibid.*, p. 326.

[7]Cf. Wolfhart Pannenberg, *Jesus—God and Man*, traducido por Lewis L. Wilkins y Duane A. Priebe (Filadelfia: The Westminster Press, 1968), pp. 168-169; 390-397: "La declaración de que todas las cosas y los seres son creados por Jesucristo significa que el *eschaton* que ha aparecido de antemano en Cristo representa el tiempo y el punto cuando ocurrió la creación... La mediación de Cristo en la creación no se ha de tomar principalmente en términos del principio temporal del mundo. Más bien se ha de entender en términos del proceso total del mundo que recibe su unidad y significado a la luz de su final que ha aparecido por adelantado en la historia de Cristo, a fin de que la esencia de cada evento individual, cuyo significado es relativo al total al cual pertenece, es primero decidido a la luz de este final... El acto de creación eterno de Dios será desenvuelto enteramente a su tiempo primero en el *eschaton*." Este punto de vista, a juicio del escritor, no hace justicia a la tendencia normal de la iglesia

primitiva de tratar de tomar el significado total de Cristo para ellos, el cual incluía su relación con Dios antes de la encarnación.

[8]Cf. John Bright, *The Kingdom of God*, (Nueva York: Abingdon Press, Father-King, 1953), p. 7: "El concepto del reino de Dios envuelve, en sentido verdadero, el mensaje total de la Biblia." La frase "el reino de Dios" puede con justicia traducirse como "el reinado de Dios". Cf. también Grant, *Introduction to NT Theology*, p. 117.

[9]La frase "reino de los cielos" es un circunloquio de la frase "reino de Dios". Era empleada por los judíos como "un acto de reverencia para evitar el uso de la palabra 'Dios'."

[10]Cf. G. E. Ladd *Jesus and the Kingdom*, (Nueva York: Harper and Row, 1964); G. Lundstom, *The Kingdom of God in the Teaching of Jesus*, (Filadelfia: Westminster Press, 1963); H. N. Ridderbos, *The Coming of the Kingdom*, trad. por H. de Jongste (Filadelfia: Presbyterian and Reformed Publishing Co., 1972); "The kingdom of God", Willard H. Taylor, *Exploring Our Christian Faith*, ed. por W. T. Purkiser, *et. al.* (Kansas City: Beacon Hill Press, 1960), pp. 519 ss.

[11]G. E. Ladd, "The Kingdom of God—Reign or Realm?" JBL 31 (1962), pp. 230-238.

[12]Véase Lucas 11:20, el cual usa la frase "el dedo de Dios", relacionado con la liberación del Exodo del pueblo de Israel, Exodo 8:19.

[13]*Theology of the NT*, p. 68. Para una discusión completa sobre "el reino de Dios", véase el capítulo 32. Sobre la pregunta del "presente" y el "futuro" del reino, véase C. H. Dodd, *The Parables of the Kingdom*, (Londres: Nisbet and Co., Ltd., 1935), (Londres: SCM Press, Ltd., 1954), pp. 20-34.

[14]Alfred Loisy, *The Gospel and the Church*, traducido por Christopher Home (Nueva York: Charles Scribner's Sons, 1904).

[15]Cf. Richardson, *Introduction to the Theology of the NT*, pp. 88-89.

[16]*Jesus Christ the Risen Lord*, p. 109.

[17]*Ibid.*, p. 110.

[18]*Introduction to NT Thought*, pp. 102-103.

[19]*Ibid.*, p. 103.

[20]*Prophetic Realism and the Gospel*, p. 172.

[21]Joachim Jeremias, *The Central Message of the New Testament* (Nueva York: Charles Scribner's Sons, 1965), p. 11; Joachim Jeremias, *New Testament Theology: The Proclamation of Jesus*, traducido por John Bowman (Nueva York: Charles Scribner's Sons, 1971), pp. 178 ss.; cf. T. W. Manson, *The Teaching of Jesus*, segunda edición (Cambridge: Cambridge University Press, 1935), pp. 90 ss.

[22]*Ibid.*, p. 28.

[23]*Ibid.*, p. 29.

[24]*Introduction to the Theology of the NT*, p. 264.

[25]*Teachings of Jesus*, p. 91.

[26]*Ibid.*

[27]*Central Message of the New Testament*, p. 29.

14

El Espíritu Siervo

Cuando los israelitas del Antiguo Testamento se reunían para la adoración, recitaban juntos el *Shema,*[1] confesando, "Jehová nuestro Dios, Jehová uno es" (Dt. 6:4-5). Esta dominante y persistente confesión judía de que "Dios uno es" fue transmitida por conducto de la sinagoga y de Cristo, a la comunidad cristiana. El conocedor escriba le preguntó al Maestro cuál era el mandamiento central en todos los mandamientos de Dios, y El respondió citando al *Shema* (Mr. 12:28 sig.). Con frecuencia Pablo emplea fórmulas monoteístas (Ro. 3:30; 16:27; 1 Co. 8:4; Gá. 3:20; 1 Ts. 1:9; 1 Ti. 1:17). Santiago 2:19 declara en forma típica de credo, "Dios es uno." En una exaltación doxológica, Judas habla del "único y sabio Dios, nuestro Salvador" (v. 25). La Iglesia Primitiva, de acuerdo con su abolengo hebreo, especialmente por medio de la representación de importantes líderes como Pablo y Santiago, no capituló ante la gran doctrina de un Dios. Reflexionando sobre estos hechos, Stauffer comenta: "Tales fórmulas monoteístas en ninguna forma tuvieron que ver con la cristología de la Iglesia."[2]

I. FÓRMULAS TRIUNAS

Sin embargo, la Iglesia Primitiva desarrolló junto con su entrega a la fe antigua, una doctrina trinitaria. El dogma formulado apareció más tarde en el período de los concilios eclesiásticos, pero los elementos embrionarios encuentran expresión en las fórmulas trinitarianas del Nuevo Testamento.[3] Jesús comisionó a sus discípulos, "id, y haced discípulos a todas las nacions, bautizándolos en el nombre del Padre, y del Hijo, y del Espíritu Santo" (Mt. 28:19). Esta misma triada, "Padre-Hijo [o Cristo, Señor]-Espíritu," aparece también en varios otros lugares en las epístolas paulinas y generales (1 Co. 12:3 sig.; 2 Co. 1:21 sig.; 13:14; 2 Ts. 2:13; 1 P. 1:2).

Los escritores del Nuevo Testamento entienden a Dios en un sentido trino, esto es, como trinidad—Dios el Padre, Dios el Hijo, y Dios el Espíritu Santo. Aunque Dios es para la Iglesia Primitiva indisputablemente Uno, es, al mismo tiempo, Tres. Decir tres no debe tomarse en ningún sentido como triteísmo, es decir, que hay tres diferentes Dioses, a saber, un Dios que es el Padre, un Dios que es el Hijo, y un Dios que es Espíritu Santo. Más bien, como Edwin Lewis declara: "El es un Ser unitario cuya vida interna tiene tres aspectos que describimos respectivamente como el Padre, el Hijo, y el Espíritu Santo."[4] Para los escritores del Nuevo Testamento, los énfasis en estas fórmulas de tres caen igualmente sobre la palabra "Dios" y sobre los vocablos "Padre, Hijo, y Espíritu Santo."

Un examen cuidadoso de los pasajes relevantes en que se discuten la creación, la redención y la santificación, revelarán que Cristo y el Espíritu Santo funcionan en igualdad con Dios en la determinación del curso de sus actividades. Richardson concluye diciendo, "En toda actividad de cada una de las tres 'personas' de la Deidad es siempre uno-y-el-mismo-Dios quien actúa."[5] No obstante, se sugieren actividades subordinadas al Hijo y al Espíritu Santo. En relación con el Hijo, el Espíritu Santo actúa en forma inconspicua, sin llamar la atención a sí mismo (Jn. 16:14-15).

Una vez admitido este elemento dependiente en el proceso de redención, persiste sin embargo la verdad de que Cristo y el Espíritu son Dios co-igualmente. Pablo puede escribir acerca del "Espíritu de Dios," el "Espíritu de Cristo," y "Cristo" sin cambiar sujeto:

> *Mas vosotros no vivís según la carne, sino según el Espíritu, si es que el Espíritu de Dios mora en vosotros. Y si alguno no tiene el Espíritu de Cristo, no es de él. Pero si Cristo está en vosotros, el cuerpo en verdad está muerto a causa del pecado, mas el espíritu vive a causa de la justicia. Y si el Espíritu de aquel que levantó de los muertos a Jesús mora en vosotros, el que levantó de los muertos a Cristo Jesús vivificará también vuestros cuerpos mortales por su Espíritu que mora en vosotros* (Ro. 8:9-11; ver también Gá. 4:6).

Mas ¿qué se quiere decir cuando hablamos de Dios como Espíritu? Si usamos una e minúscula en la palabra *espíritu,* sencillamente queremos decir que Dios no es cuerpo. Existe sin las limitaciones corpóreas normales del hombre. Es del mundo de los espíritus; transciende los límites de la observación y de la acción del hombre. Por el otro lado, si usamos la E mayúscula, estamos hablando del Espíritu Santo. "Espíritu Santo" describe una de las expresiones personales de la Deidad. Los escritores del Nuevo Testamento distinguen entre Dios funcionando como Padre, Dios funcionando como Hijo, y Dios funcionando como Espíritu Santo. En esa forma, el Espíritu Santo representa una de las maneras de Dios de ser Dios.

¿Qué de la personidad del Espíritu? El evangelio de Juan identifica *to Pneuma* (nombre neutro) como *ho Parakletos* (nombre masculino; 14:26; ver también 14:15-16; 15:26-27; 16:7-11). Notemos también el uso de los pronombres masculinos en 14:26; 15:26; 16:7-8, 13-14 *(ekeinos* y *autos).* En ninguna manera pueden interpretarse éstos como una tendencia o influencia.[6] "Mas el Consolador [*Parakletos*], el Espíritu Santo, a quien [*ho*] el Padre enviará en mi nombre, él [*ekeinos*] os enseñará todas las cosas" (14:26). "Pero cuando venga el Consolador [*Parakletos*], a quien [*ho*] yo os enviaré del Padre, el Espíritu de verdad, el cual procede [*ho*] del Padre, él [*ekeinos*] dará testimonio acerca de mí" (15:26).

Las escrituras paulinas de inmediato apoyan el punto de vista de que el Espíritu Santo es una persona. El Espíritu "quiere" (1 Co. 12:11), "guía" (Ro. 8:14), "enseña" (1 Co. 2:13). Todos estos actos son funciones correctamente asociadas con personas. La doxología de Pablo en 2 Corintios 13:14 da un lugar distintivo al Espíritu como persona junto con el Padre y con el Hijo: "La gracia del Señor Jesucristo, el amor de Dios, y la comunión del Espíritu Santo sea con todos vosotros." De la misma manera, en las "siete unidades" de Efesios 4:4-6, se pone al Espíritu junto con el Padre y el Hijo, dando la idea de que tiene reconocimiento divino como el tercero de los otros dos miembros de la Deidad—y con toda seguridad implicando personidad.

El enviar el Espíritu es una actividad tanto del Padre como del Hijo, pero Juan 15:26 dice que El "procede [*ekporeuetai*] del Padre." Sin embargo, no hemos de darle demasiado énfasis teológico al verbo. La misión temporal de testificar acerca de Cristo del Espíritu Santo parece ser el énfasis del versículo antes que la "eterna procesión." La obra del Espíritu es continuar el ministerio de Jesús en el mundo. La obra histórica de Cristo fue temporal. Comenzó en un tiempo particular de la historia y concluyó en un tiempo específico.

La obra del Espíritu, sin embargo, sigue "perpetuamente llevando a cabo el cumplimiento del gran proceso salvador."

II. EL ESPÍRITU COMO SIERVO

Edwin Lewis recomienda que pensemos en el Espíritu Santo como "Dios el Siervo."[7] Escribe así:

> Los términos 'Padre' e 'Hijo' nos proveen un significado definido, porque indican una relación que nuestra propia experiencia nos capacita para entender. El asunto es diferente en lo que se refiere al 'Espíritu Santo.' Sugiere algo vago, esquivo, intangible. Hablamos acerca del Espíritu Santo como Uno que hace cosas definidas, pero el nombre que lleva no indica su oficio.[8]

"Siervo" es una descripción válida porque es El en forma única, quien sirve al Padre y al Hijo, quienes lo han enviado. El "no hablará por su propia cuenta, sino que hablará todo lo que oyere" (Jn. 16:13). El Espíritu Santo tiene la tarea de hacer efectivos los propósitos divinos en el mundo. Por eso cualquiera que sea la forma en que Dios actúa en el mundo, la actúa por, y a través de esta Tercera Persona.

Hablar del Espíritu Santo como Siervo es hablar de la actividad redentora de Dios en el mundo en este tiempo de post-Resurrección. El Espíritu Santo es esencialmente Dios en acción, o Dios obrando para salvar a los hombres. Los escritores del Nuevo Testamento conservaron la enseñanza del Antiguo Testamento, pues allí, el Espíritu de Dios es esencialmente "el poder o presencia de Dios obrando en el mundo. El obra... por medio de su Espíritu."[9] Sin negar el concepto de persona aplicado al Epíritu, puede asegurarse que "la idea misma del Espíritu divino es el sentido de actividad y poder."[10] El Espíritu es *dunamis* (poder) de Dios en acción, creando la Iglesia y capacitando a la Iglesia para testificar al mundo.[11]

En la historia de salvación, el Pentecostés se convierte en un evento importante en la función del Espíritu porque define la universalización de la actividad salvadora de Dios. El Espíritu es "Dios-cercano" en forma tal como no lo ha sido antes en los propósitos redentores. Pedro predicó: "Porque para vosotros es la promesa, y para vuestros hijos, y para todos los que están lejos; para cuantos el Señor nuestro Dios llamare" (Hch. 2:39). La Iglesia vino a existencia como "una extensión de la encarnación" y provee el canal básico por el cual el Espíritu puede obrar. Nos queda ahora, a nosotros, explorar con nuestros escritores del Nuevo Testamento cuántos concebían el ministerio del Espíritu Santo.

Este ministerio en la historia de la humanidad y en la vida de la Iglesia es polifacético. Hay alguna justificación en concluir que el Espíritu ha asumido todas las responsabilidades redentoras divinas. En el Nuevo Testamento, al Espíritu Santo se le describe como el Inspirador e Intérprete de las Escrituras, el Intercesor de los humanos, el Administrador de salvación, y el Dador-de-vida de la Iglesia. Una vez más debe recalcarse que el concepto del Espíritu en la tradición cristiana significa la actividad redentora de Dios en este período de la Iglesia post-Resurrección y post-Pentecostal.

III. El Inspirador e Intérprete de las Escrituras

Al referirnos al Espíritu como el Origen de las Escrituras, estamos restringidos principalmente a Pedro y a Pablo. La Epístola a los Hebreos claramente asegura en tres ejemplos que el Espíritu Santo habla a través de las Escrituras, pero nada más tiene que ofrecer respecto al papel del Espíritu en hacer que la Palabra escrita existiera (3:7; 9:8; 10:15; ver 4:12). La declaración de Pablo aparece en correspondencia con la de Timoteo. "Toda la Escritura es inspirada por Dios [*pasa graphe theopneustos*], y útil para enseñar, para redargüir, para corregir, para instruir en justicia" (2 Ti. 3:16).[12] Obviamente, en vista de que no había escritos canonizados del Nuevo Testamento en ese tiempo, Pablo se está refiriendo al Antiguo Testamento. Sin embargo, el apóstol ha anunciado el hecho de la inspiración, que simplemente asevera que las Santas Escrituras vinieron a existir a través de actos especiales de Dios. Su interés principal en este caso es el de demostrar que los antiguos escritos tenían valor para la instrucción de los jóvenes cristianos en cultivar madurez y preparación para la vida y el servicio efectivos.

La declaración de Pedro ofrece información más explícita. El desea recalcar el cuidado en la interpretación de la Escritura, pero al hacerlo, da expresión a la verdad de que el Espíritu Santo inspiró a hombres a escribir la Palabra: "... entendiendo primero esto, que ninguna profecía de la Escritura es de interpretación privada, porque nunca la profecía fue traída por voluntad humana, sino que los santos hombres de Dios hablaron siendo inspirados por el Espíritu Santo [*hupo pneumatos hagion phenomenoi elalesan apo theou anthropoi*]" (2 P. 1:20-21). En este pasaje se afirma indisputablemente la inspiración por el Espíritu Santo.

Al crear las Escrituras, el Espíritu Santo escogió a "hombres santos" que estuvieran dispuestos a ser "guiados"[13] por El hacia una verdad indubitable del evangelio. Siendo hombres escogidos, sus mentes fueron "elevadas" o recibieron una mayor dotación de entendimiento y concepción muy por encima de lo que el hombre natural recibe. Wiley agrega el factor "sugestión" por el cual se quiere decir "una sugestión directa e inmediata de Dios al hombre por el Espíritu respecto a los pensamientos que debería usar o aun las palabras mismas que debería emplear a fin de hacer de ellas agentes seguros para transferir su voluntad a otros."[14] El relato bíblico no sistematiza este proceso de inspiración, pero afirma con fuerza que la obra del Espíritu Santo en el proceso fue con el fin de crear una "palabra de Dios infalible, una regla de fe y práctica autoritativa para la Iglesia."

Se sigue necesariamente que si el Epíritu Santo inspira los escritos, El también estaría íntimamente involucrado en su interpretación. Nuestros escritores aseveran que El es *Spiritus Interpres Scripturae*. Pedro dice con claridad (2 P. 1:20-21) que la interpretación no puede ser una empresa privada[15] porque el Espíritu debe ser tomado en cuenta como el que lo inspiró. Debe haber dependencia en el ministerio del Espíritu en la tarea de explicar el Escrito Santo.

Siguiendo las líneas de pensamiento parecidas a las de Pedro, en el Evangelio de Juan se dice que el Señor habló acerca de que el Espíritu "os enseñará todas las cosas" (14:26) y que "guiará a toda verdad" (16:13). El apóstol Pablo escribe también a los corintios: "Cosas que ojo no vio, ni oído oyó, Ni han subido en corazón de hombre, Son las que Dios ha preparado para los que le aman. Pero Dios nos las reveló a nosotros por el Espíritu;. . . Así tampoco nadie conoció las cosas de Dios, sino el Espíritu de Dios. Y nosotros no hemos recibido el espíritu del mundo, sino el Espíritu que proviene de Dios, para que sepamos lo que Dios nos ha concedido, lo cual también hablamos, no con palabras enseñadas por sabiduría humana, sino con las que enseña el Espíritu, acomodando lo espiritual a lo espiritual" (1 Co. 2:9-13).

Para Pablo, el Espíritu es el *Gran Intérprete* de las cosas espirituales. Pero el apóstol va más adelante y aplica esta tesis a la exposición de las Escrituras (2 Co. 3:12-18). Declara que los judíos leían las Escrituras fielmente, pero no las entendían. Un velo, como el que se ponen en las sinagogas cuando se lee la Palabra, ha cubierto el antiguo Pacto. Pablo recuerda que cuando Moisés bajó del Monte Sinaí, él también se puso un velo para esconder el esplendor de su rostro (Ex. 34). En forma similar hay un velo sobre las Escrituras. Mas ahora, a través de Cristo, este obstáculo ha sido removido, y los que tienen el "Espíritu de Cristo" pueden entender el Antiguo Pacto.[16] En esa forma, con el "rostro descubierto" esto es, con la aceptación de Cristo y la recepción de su Espíritu, los cristianos pueden penetrar los misterios de Dios y en esa forma ser transformados a semejanza de Cristo. El velo está levantado de las Escrituras dondequiera que los hombres se convierten a Cristo, y cuando su Espíritu viene a ser el Intérprete de asuntos divinos para ellos.[17]

IV. El Administrador de Salvación

El autor de los Hebreos, al pedirles a sus lectores que permanezcan fieles a Dios en tiempos de persecución, los precave respecto al castigo que vendrá sobre aquellos que pisotearen "al Hijo de Dios," y tuvieren "por inmunda la sangre del pacto... e hicieren afrenta al Espíritu de gracia" (10:29). La selección de la frase "el Espíritu de gracia" es muy bella. Diferente de cualquiera otra terminología bíblica, expresa la idea del Espíritu Siervo al traer hacia la vida humana lo que se intentó por la voluntad divina. Si gracia significa el don de Dios de nueva vida a través del Espíritu, resulta entonces muy apropiado hablar del Espíritu como "el Espíritu de gracia," pues su ministerio primordial es el de administrar la salvación de Dios. A cada paso en el viaje de la humanidad espiritualmente necesitada, desde la convicción hasta la redención inicial y hasta la posesión de su último hogar espiritual, el Espíritu obra con él.

El Espíritu, actuando como es, Espíritu de libertad, libra a los hombres de la servidumbre de la ley (Gá. 5:13-18; ver Ro. 8:2; 2 Co. 3:6). El Espíritu Santo capacita a los hombres a confesar a Cristo como Señor (1 Co. 12:3; ver 1 Jn. 4:2). La regeneración [*pliggenesias*] y la renovación [*anakaiosis*] se efectúan por el ministerio del Espíritu (Tit. 3:5). El es el Espíritu de vida, que imparte vida a los creyentes (ver 1 Co. 15:45). Hebreos 6:4 habla de ser "partícipes del Espíritu Santo" en el mismo contexto en que se hace referencia a gustar "el don celestial"—obviamente, una referencia a la vida divina. El Espíritu es también el Espíritu de adopción, siendo que El da testimonio al creyente de que es aceptado en la familia de Dios y que tiene el derecho de dirigirse a Dios como "Abba" (Ro. 8:12-17; Gá. 4:6-7).[18]

Además, el Espíritu fortalece la vida interna (Ef. 3:17), llena y mora en ella (Ro. 8:9; Ef. 5:18; 2 Ti. 1:14), santifica (2 Ts. 2:13; 1 P. 1:2), guía (Gá. 5:18), y produce en el cristiano las nueve virtudes espirituales llamadas "el fruto del Espíritu," a saber, amor, gozo, paz, tolerancia, benignidad, bondad, fe, mansedumbre y templanza (Gá. 5:22-23; ver Ro. 5:5; 14:17). El Espíritu también sella al que es poseído de Dios hasta el día de la redención (Ef. 1:13-14; 4:30; ver 2 Co. 1:22). De especial importancia es la referencia de Pablo al ministerio del Espíritu en la oración. Siempre que el cristiano no puede articular sus peticiones, el Espíritu Santo ora *dentro* de él, intercediendo por él (Ro. 8:26-27). Este papel intercesor del Espíritu se basa sobre su conocimiento de la voluntad de Dios.

Los hombres redimidos, al menos para Pablo, son hombres dotados del Espíritu. El bautismo es la señal de admisión a la vida cristiana así como una señal de la recepción inicial del Espíritu Santo. "Porque por un solo Espíritu fuimos todos bautizados en un cuerpo, —sean judíos o griegos, sean esclavos o libres;—y a todos se nos dio a beber de un mismo Espíritu" (1 Co. 12:13; ver Tit. 3:5, "lavamiento ... en el Espíritu Santo"). Los cristianos son el *pneumatikoi,* aquellos en quienes vive el Espíritu; los no cristianos son *sarkikoi,* individuos controlados por la carne (1 Co. 2:13—3:3; 14:37; Gá. 6:1). Esta distinción sale a la vista también en la famosa antítesis de Pablo, *kata pneuma* y *kata sarka,* en Romanos 8:1-8. Los cristianos viven en conformidad con el modo de acción del Espíritu.

V. La Vida de la Iglesia

El compañerismo *(koinonia)* al que los cristianos son nacidos, es el compañerismo con el Espíritu Santo (2 Co. 13:14; Fil. 2:1). Esta comunión se mantiene sólo por el Espíritu que crea la unidad. Pablo exhorta a los efesios a ser "solícitos en guardar la unidad del Espíritu en el vínculo de la paz" (4:3). Al combatir el cisma en Corinto, Pablo apela a su comprensión de la naturaleza de la Iglesia como el templo del Espíritu de Dios. Les hace una pregunta retórica: "¿No sabéis que sois templo de Dios, y que el Espíritu de Dios mora en vosotros? Si alguno destruyere el templo de Dios, Dios le destruirá a él; porque el templo de Dios, el cual sois vosotros, santo es" (1 Co. 3:16-17).

Según Pablo, la verdadera adoración en la Iglesia es causada por el Espíritu, (1 Co. 12—14; Ef. 5:18-20). Además, a los miembros de este compañerismo se les da una variedad de dones con el fin de testificar al mundo y de edificar a los creyentes (1 Co. 12:8-10; Ef. 4: 11-16). Aunque no en forma explícita, las cartas pastorales de Pablo reconocen el ministerio del Espíritu al preparar y seleccionar predicadores, maestros y evangelistas para la Iglesia. El ministerio del Espíritu es tan esencial a la creación y al mantenimiento de la Iglesia que todos los miembros deben estar atentos a la dirección del Espíritu. El "apagar el Espíritu" es lo mismo que destruir la Iglesia y su ministerio (1 Ts. 5:19).

H. Wheeler Robinson habla acerca de "la kenosis del Espíritu." Quiere decir "que Dios como Espíritu Santo entra en relación con la naturaleza humana, que se compara con la de la Encarnación del Hijo de Dios en un punto particular de la historia humana."[19] De ser esto así, la Iglesia es "la extensión de la Encarnación" debido a que sus miembros poseen el Espíritu. La presencia del Espíritu es de veras, la presencia de Cristo.[20] La conclusión de este pensamiento es sencillamente que el concepto de Dios como Espíritu indica la actividad continua redentora de Dios en la historia. La encarnación del Espíritu crea la Iglesia que es sierva del Cristo ahora ascendido.

El carácter escatológico de la entrega del Espíritu se recalca también en el Nuevo Testamento. El derramamiento del Espíritu en el Pentecostés fue el cumplimiento de la profecía de Joel para el fin de los días (Hch. 2:1 sig.). Pablo habla del don del Espíritu como "las primicias" (Ro. 8:23) o "el fiador" (2 Co. 1:22, 5:5) o garantía de una gloria futura. De acuerdo con Hebreos 6:4 sig., los bautizados, que han sido partícipes del Espíritu Santo, ya han gustado "el don celestial." 1 Pedro habla de los "santificados por el Espíritu" como los herederos para "alcanzar la salvación que está preparada para ser manifestada en el tiempo postrero."

La "futuridad" de la obra del Espíritu no puede disputarse. Richardson se suma a la idea diciendo: "El Espíritu Santo es el don de la presencia y poder de Dios dentro de nosotros en esta vida y la promesa de la plenitud de la vida divina que será nuestra en la Edad Venidera."[21]

VI. CRISTO Y EL ESPÍRITU

Nos resta considerar la relación del Espíritu a Cristo. Que han de distinguirse como dos, es asunto que se indica en el relato del Nuevo Testamento. Cristo, junto con el Padre, dio el Espíritu a la Iglesia. Refiriéndose sin lugar a duda al Espíritu Santo, Jesús les dice a sus discípulos, "He aquí, yo enviaré la promesa de mi Padre sobre vosotros; pero quedaos vosotros en la ciudad de Jerusalén, hasta que seáis investidos de poder desde lo alto" (Lc. 24:49; Hch. 1:4, 8). Juan

15:26 lee: "Pero cuando venga el Consolador, a quien yo os enviaré del Padre, él dará testimonio acerca de mí." La nota en Juan 7:39 reconoce también la distinción: "Esto dijo del Espíritu que habían de recibir los que creyesen en él; pues aún no había venido el Espíritu Santo, porque Jesús no había sido aún glorificado." Además, las fórmulas trinitarianas, a las que ya nos hemos referido, dan mayor evidencia de que los escritores del Nuevo Testamento no concebían al Espíritu Santo y a Cristo como esencialmente uno. La doxología de Pablo en 2 Coritnios 13:14 sostiene también la separación.

Por el otro lado, hay varios pasajes que sugieren la identificación. Pablo usa el término *pneuma* al referirse a Cristo; "Dios envió a vuestros corazones el Espíritu de su Hijo" (Gá. 4:6); "Porque el Señor, es el Espíritu; y donde está el Espíritu del Señor, allí hay libertad" (2 Co. 3:17); como por el Espíritu del Señor" (2 Co. 3:18); "... del Espíritu de Jesucristo" (Fil. 1:19). La más importante declaración del apóstol se encuentra en Romanos 8:9-11, donde usa "Espíritu de Dios," "Espíritu de Jesucristo," y "Espíritu" en forma intercambiable (ver 1 P. 1:10-12).

Este aparente descuido en terminología ha originado una variedad de reacciones. George Barker Stevens concluye:

> El Espíritu se distingue inmediatamente de Cristo y se identifica con Cristo. Esto en sí mismo es prueba suficiente de que Pablo no pudo haber tenido un concepto fijo, definido del Espíritu como la teología se dio posteriormente a la tarea de definir... Su punto de vista era teórico, no religioso.[22]

Filson simplemente reconoce que "los escritores del Nuevo Testamento no los mantienen claramente separados," pero tampoco ofrece sugerencias respecto a cómo podría esto ser posible para el escritor bíblico.[23]

Richardson intenta resolver el problema sugiriendo que los tres Miembros de la Trinidad están simultáneamente involucrados en la redención. La terminología intercambiable bien pudiera sencillamente representar una diferencia de énfasis, como el caso en el que Pablo distingue entre el Cristo exaltado como Intercesor y el Espíritu como Intercesor en Romanos 8:26 y 34. "El Espíritu intercede dentro de nosotros, aun en nuestros más inarticulados clamores, a la vez que Cristo intercede por nosotros 'a la diestra de Dios.'"[24]

Pannenberg asegura que Pablo no ofrece ninguna "distinción cualitativa entre la realidad presente del Espíritu y la del Señor resucitado en la misma forma que habla muy abiertamente sobre la morada del Espíritu y de Cristo en los creyentes (Ro. 8:9 s.)." Después pasa a sugerir que la comunidad primitiva vivía "tan cerca al evento de Resurrección y en tanta expectación de la Parousia inminente de Jesús que su propio presente estaba completamente saturado de ello."[25] La diferencia entre la actividad del Espíritu en la comunidad durante la ausencia del Señor sólo principia a desarrollarse en el debate de Pablo con los corintios. Pannenberg concluye así:

> La independencia del Espíritu, que se esclareció más y más a medida que se alejaba del evento de la Resurrección y con una decreciente expectativa de la inminencia del *eschaton,* puede considerarse como indicación de que ha de asumirse un tercer momento independiente en la esencia de Dios sólo cuando pueda demostrarse una relación personal y por ende, una diferencia del Espíritu y del Hijo.[26]

Aunque esta explicación no ofrece una solución completamente satisfactoria a este difícil problema, sí recalca la "unidad de Dios en toda la diferencia de sus tres modos de ser que divergen en el evento revelador."[27]

En suma, hablar de Dios como Espíritu es no sólo declarar los tres aspectos de su naturaleza, sino reconocer su carácter de Siervo en su afán por redimir a sus criaturas. Dios como Espíritu significa Dios-en-acción y Dios-a-la-mano como nunca antes lo había sido. Intima y poderosamente Dios, por medio de su Espíritu, hace redentoramente efectivo en las vidas de los hombres aquello que El proveyó en su Hijo. Por medio del Espíritu, la obra de Cristo se vuelve continua y universal. Esto ocurre a través de la Iglesia que lleva la imagen de Cristo y se convierte en el medio por el cual se extiende la Encarnación a toda la historia y a todos los humanos.

NOTAS BIBLIOGRÁFICAS

[1]La palabra hebrea *Shema* es la primera en el credo; se traduce como "oír".
[2]*NT Theology,* p. 243.
[3]*Ibid.,* p. 252.
[4]*The Ministry of the Holy Spirit* (Nashville, Tenn.: Tidings, 1944), p. 25.
[5]*Introduction to the Theology of the NT.* p. 123.
[6]Compárese con Raymond E. Brown, "The Gospel According to John", *The Anchor Bible,* (Garden City, N. Y.: Doubleday and Co., 1970), 2:639, 650, 1135-1143;

Leon Morris, *The Gospel According to John,* NICNT (1971), p. 683.

[7]*Ministry of the Spirit,* p. 31.

[8]*Ibid.*

[9]Filson, *Jesus Christ the Risen Lord,* p. 156.

[10]*Ibid.,* p. 157.

[11]Nótense las referencias al Espíritu como "el Espíritu de poder": Romanos 15:13; 1 Corintios 2:4; Efesios 3:15; 2 Timoteo 1:7.

[12]El texto griego no tiene forma de verbo en esta oración; es necesario añadirle una. Esta sería una mejor traducción: "Toda escritura inspirada por Dios [*theopneustos*], y útil para enseñar."

[13]*Pheromenoi* es la forma del participio del verbo *phero* que se traduce como "llevar" o "cargar". La New International Version traduce 2 Pedro 1:21: "Pero los hombres hablaron de parte de Dios al ser llevados por el Espíritu Santo."

[14]*Christian Theology,* 1:170.

[15]El sustantivo *epiluseos* se usa sólo una vez en el Nuevo Testamento, aunque la forma del verbo aparece en Marcos 4:34 y Hechos 19:39. En ambos casos significa descifrar un problema. Literalmente, *epiluseos* significa "desatar". Cf. Michael Green, *The Second Epistle of Peter,* "The Tyndale New Testament Commentaries" (Grand Rapids, Mich.: Wm. B. Eerdmans Publishing Co., 1968), pp. 89-92.

[16]El punto de vista de San Pedro respecto a la comprensión del plan divino por parte de los profetas del Antiguo Testamento, concede que ellos poseían "el Espíritu de Cristo" (1 P. 1:10-11).

[17]Cf. Juan 5:39; Stauffer, *New Testament Theology,* p. 174: "La iglesia primitiva le dio a la comprensión establecida y a la exégesis del Antiguo Testamento una total reorientación."

[18]Después de revisar lo que está escrito como un total en el Nuevo Testamento, bien puede uno llegar a la misma conclusión de Stauffer, de que, respecto a San Pablo, "su mayor contribución distintiva (al concepto del Espíritu) se relaciona con la realización del Espíritu en la vida personal del creyente" (*NT Theology,* p. 166). Basilio de Cesarea consideraba lo anterior como el más grandioso testimonio para la inclusión del Espíritu Santo en la Trinidad. Cf. W. Pannenberg, *Jesus—God and Man,* traducido por Lewis L. Wilkins y Duane A. Priebe (Filadelfia: The Westminster Press, 1968), pp. 172-173.

[19]*Redemption and Revelation* (Nueva York: Harper and Bros., 1942), p. 290.

[20]Cf. George S. Hendry, *The Gospel of the Incarnation,* (Filadelfia: The Westminster Press, 1958), p. 159.

[21]*Introduction to the Theology of the NT,* p. 116.

[22]*The Theology of the New Testament* (Nueva York: Charles Scribner's Sons, 1899), pp. 443-445.

[23]*Jesus Christ the Risen Lord,* p. 179.

[24]*Introduction to the Theology of the NT,* pp. 123-124.

[25]*Jesus, God and Man,* p. 178.

[26]*Ibid.,* p. 179.

[27]*Ibid.*

Sección Dos

La Criatura de la Inquietud Salvadora de Dios

15

El Punto de Vista Novotestamentario del Hombre

El hombre, que es el sujeto de la inquietud redentora de Dios, es también la preocupación de una gran parte de la filosofía y ciencia actual. Casi todas las ciencias sociales tienen una parte vital en este campo de investigación si han de conocer las direcciones que la educación, la ciencia y el estado han de tomar para resolver los conflictos y controlar la conducta. ¿Es el hombre el resultado de una casualidad ciega, no programada pero a la vez sociológica y genéticamente manipulable? ¿Es sólo una "máquina electroquímica?" ¿Es él totalmente un producto de su medio ambiente y de sus *genes*, cuya "libertad" es una ilusión como creía Skinner?[1] O en una vena diferente, ¿es el hombre, como creía Teilhard de Chardin, "la cabeza de playa del proceso evolucionario cuyo fin está en Dios?"[2]

"Hoy, más que en cualquier otro tiempo," comenta G. C. Berkouwer, "la pregunta, '¿Qué es el hombre?' está en el centro mismo del interés teológico y filosófico."[3] El problema no es sólo el de adquirir hechos acerca del hombre como objeto de estudio, sino el de obtener un conocimiento real y válido acerca de uno mismo. ¿Cómo podremos conocer al hombre si no nos conocemos a nosotros mismos? Berkouwer señala el interior escondido del individuo y agrega:

> El puede en realidad, obtener toda clase de conocimiento teorético y estructurar varios puntos de vista sobre 'composición' ontológica de la naturaleza del hombre—pero esto no responde a la pregunta de, ¿qué es el hombre? El camino hacia el conocimiento de uno mismo se bloquea, se cierra con barreras impasables. De aquí que no necesitemos sólo sorprendernos de que nuevamente se pregunte si es posible, por la ciencia o por un examen interno, adquirir el conocimiento del hombre, o si es sólo la religión la que provee la fuente más profunda de conocimiento de uno mismo.[4]

El punto de vista del hombre que se halla en la Biblia es que es un ser en relación personal y moral con Dios. Karl Barth dice que la naturaleza del hombre "debe comprenderse desde el principio como una naturaleza que tiene cierta clase de relación con Dios."[5] Berkouwer insiste en que "el hombre no puede comprenderse aparte de esta relación" en vista de que no es algo agregado a una naturaleza que en otra forma estaría completa y bien contenida, sino que "es esencial y constitutiva para la naturaleza del hombre."[6]

I. CONTINUIDAD CON EL ANTIGUO TESTAMENTO

En ningún punto la unidad inclusiva de los dos Testamentos se ve con más claridad que en el hecho de que el Nuevo Testamento deja de proveer un punto de vista nuevo acerca del hombre. Sin embargo, tal como veremos, hay ciertos aspectos acerca del hombre y su naturaleza que se aclaran y se ponen bajo un enfoque más directo. (Para la doctrina del hombre en el Antiguo Testamento, véase el Capítulo 3).

Que "todas las cosas" fueron creadas por Dios, tal como se afirma en el Génesis, se da por hecho en todo el Nuevo Testamento (Ef. 3:9; Mr. 13:19). La creación especial del hombre como un ser único y culminante también se afirma. En la semana de la creación Dios hizo al hombre "varón y hembra," según lo dijo Jesús (Mr. 10:6). Pablo informó a los atenienses que Dios no sólo "hizo el mundo y todas las cosas que en él hay" sino "de una sangre ha hecho todo linaje de los hombres" (Hch. 17:24, 26). Todas las naciones tienen sólo un progenitor, Adán, quien fue creado aparte de toda otra creación por un acto especial de Dios.[7]

A. Dignidad y Destino

La intuición del Salmista sobre la nobleza del hombre encuentra eco en Hebreos, "Le hiciste un poco menor que los ángeles, y le coronaste de gloria y de honra" (2:7-8). Aquí está la respuesta bíblica a la cuestión inescapable, "¿Qué es el hombre?" El diseño original para el hombre, perdido por la Caída, pero recuperado en Cristo, era inconcebiblemente elevado mucho más allá de las limitaciones temporales de un organismo biológico terrenal. Este destino se expresó cuando se dijo de Dios, "todo lo sujetaste bajo sus pies" (v. 8). La "dispensación anticuada" de la ley pudo haber sido entregada a los ángeles (He. 2:2), pero la gloria del hombre es mayor en que aun "el mundo venidero" (v. 5) habría de estar bajo "el dominio y administración humanos. Los ángeles se quedan atrás; no hay lugar para el gobierno angelical."[8] Este destino último en su grandeza y majestad, sobrepasa la comisión inicial en el Jardín de subyugar a todo el orden animal (ver Sal. 8:7).

Algunos estudiantes de la Biblia asocian el propósito de Dios para el hombre como su instrumento para efectuar una conquista final y eterna del reino de tinieblas de Satanás. El hombre fue puesto en la tierra para "oponerse al diablo," dijo Oswald Chambers.[9] La gloria de Dios no se despliega conquistando a los ángeles caídos con ángeles no caídos, sino por medio de un ser muy vulnerable que, aunque física e intelectualmente inferior, posee suficiente potencial moral como para reivindicar a Dios y vencer a Satanás. Tal clase de ser, cuyo poder es moral antes que físico, puede tomar este globo terráqueo malo para ganarlo en favor del reino eterno de Dios. Eric Sauer representa este punto de vista así: "Así que, la vocación señalada del hombre en el Paraíso consistió en recuperar a la tierra para Dios, y esto, a la vez, se basó en la soberanía de Dios sobre el hombre y en la soberanía del hombre sobre la tierra."[10]

Pero aun mayor que el destino del hombre para gobernar o aun el de ser instrumento en la conquista del mal, está su designación al compañerismo eterno con Dios como hijo. La recuperación redentora de nuestro derecho a ser "hijos de Dios" (Jn. 1:12) refleja el designio original, un plan que nunca fue abandonado o modificado (ver 2 P. 1:4; Gá. 4:6-7).

B. La Imagen Divina

El griego equivalente al término hebreo *tselem,* "imagen," es *eikon,* que se encuentra 20 veces en el Nuevo Testamento. La enseñanza del

Antiguo Testamento de que el hombre fue creado a imagen de Dios domina el pensamiento del Nuevo, no tanto en numerosas referencias específicas como en el tratamiento total. La creación del hombre a la semejanza de Dios se ve por Santiago como la base de la santidad de la persona (3:9), que recuerda el pasaje en Génesis 9:6. Pedro tuvo que aprender que a ningún hombre habría de llamar "común o inmundo" (Hch. 10:28). Pablo hubiera explicado este valor inherente de cada individuo repitiendo lo que los poetas griegos habían dicho, "Porque linaje suyo somos" (Hch. 17:28-29). La palabra en este caso es *genos,* que significa *posteridad,* "familia."[11] Lo que los griegos atribuían a sus dioses, Pablo lo adscribía a Yahweh; sólo que él no se refería a una procreación politeísta, sino a una relación de familia basada en la creación.[12]

Es muy importante notar que estas referencias a la semejanza de Dios no dependen de la redención, sino se refieren al hombre tal como él es, aun en su estado pecaminoso. No importa qué tan corrupto sea, el hombre sigue siendo el único ser terreno que es, en naturaleza, parecido a Dios. Lo que generalmente se llama la *imagen natural* no desaparece totalmente por el pecado. Queda aún un común denominador entre Dios y el hombre; de otra manera sería imposible un restablecimiento de relación amigable. La Biblia no analiza este común denominador, pero encontramos ciertos indicios en las referencias frecuentes a la *conciencia* (especialmente en Pablo) y en el hecho de dar constantemente por sentadas la libertad y responsabilidad del hombre como un agente moral. El hombre y Dios son la misma clase de ser por cuanto son conscientes de ellos mismos, personas que se pueden identificar ellas mismas como capaces de libertad de acción, poseyendo sentido moral y capaces de compartir en relaciones voluntarias, significativas y comunicables con otras personas, ya sean éstas divinas o humanas. Esta es la base metafísica para el compañerismo ya sea original o restaurado.[13]

C. La Imagen Deformada

El Nuevo Testamento sostiene igualmente al Antiguo en testificar a la naturaleza caída del hombre. Aunque no desapareció totalmente, la imagen de Dios en el hombre está deformada o echada a perder, en tal forma que el verdadero hombre real parece representar mal al hombre ideal (ver Ro. 3:10-15, *et al.;* ver Capítulos 16—17). Sin información bíblica, las ciencias sociales están sentenciadas a confusión perpetua en procurar determinar normalidad y anormalidad, naturaleza o anaturaleza. ¿Son las tendencias destructivas del yo humano normales o anormales? Este es el problema. Si la normalidad se determina por lo que es de hecho observable universalmente, entonces la destrucción de uno mismo es normal; pero si la normalidad se determina por el criterio de funcionamiento ordenado y armonioso, el hombre es anormal. La información bíblica resuelve el rompecabezas, pues indica que a través de la dislocación del pecado muchas tendencias humanas le son hoy por hoy naturales al hombre caído, que no son naturales a la naturaleza humana *per se* tal como fue creada.

Resulta claro que algo sucedió con esta noble pieza maestra de la creación de Dios de quien se esperaba que sojuzgara la tierra. Hablando acerca de "su profundo y enraizado egoísmo, su deseo de explotar a otros, su envidia y falta de confianza," Nathan A. Scott, Jr., dice acerca del hombre:

> El hombre es creado a la imagen de Dios, hecho para una sociedad de pacto con Dios y para el compañerismo con sus vecinos humanos; pero es algo bueno echado a perder, una criatura radicalmente mala quien cambia 'la gloria del Dios incorruptible en semejanza de imagen de hombre' (Ro. 1:23).[14]

II. LA NATURALEZA DE LO HUMANO

¿Qué significa realmente el ser humano? Quizá una respuesta en epítome se encuentre en Hebreos 9:27: ". . . está establecido para los hombres que mueran una sola vez, y después de esto el juicio." Esta declaración dice que el hombre es un ser biológico sujeto por hoy a muerte; pero que también es un ser cuya identidad responsable y consciente no termina con la muerte. Su existencia es, por tanto, en dos partes, antes de la muerte y después de la muerte.

El que el hombre esté "sujeto a juicio" significa que está siendo observado y que se le llamará a juicio ante el Juez; de aquí que sea un *ser moral*. La Fase Uno, por tanto, debe ser preparatoria a la Fase Dos; o, para usar un término anticuado, *probatoria*. Tal epítome del hombre se comprime en este versículo; y resulta igualmente claro que el verso mismo es, en muchos respectos, una epítome de la Biblia entera. Tal como el contexto demuestra (He. 9:23-28), el evento-Cristo encuentra su significado último en este hecho acerca del hombre. El hombre, entonces, es un ser en relación religiosa a un Creador quien lo tratará como agente moral libre quien tiene que dar cuenta a alguien. Como tal, experimenta tanto la necesidad como la libertad. La "muerte" es simbólica del hombre considerado desde el punto de vista de la necesidad; el "juicio" simboliza al hombre visto desde el aspecto de la libertad y responsabilidad.

A. "Hombre" y su "Hombridad"

El contraparte griego del hebreo *adam* es *anthropos,* "hombre," esto es, un ser humano. Este es el término genérico, y como tal, se usa sin distinción de sexo; de este término se deriva *antropología.* La contraparte del hebreo *ish* es *aner,* un "hombre," un "esposo." Con frecuencia este es sencillamente un sinónimo de *anthropos,* pero se usa también cuando se desea señalar ciertos varones específicos para distinguirlos de mujeres (Mt. 15:38; Lc. 1:27, 34; Ro. 7:3; 1 Co. 11:3-14). La designación favorita de Jesús para él mismo era "Hijo del hombre" *(anthropos,* nunca *aner).*

Un hombre puede ser o malo o bueno (2 Ti. 3:13-17). Por tanto, el pecado no es elemento esencial de "hombridad." Implícito también en *anthropos* es el reconocimiento de la finitud y creaturidad del hombre (He. 2:6; 1 P. 1:24; Ap. 13:18). Además, Apocalipsis 21:3 es muy significativo, pues describe un post-juicio, por tanto una escena de la Fase Dos: "He aquí el tabernáculo de Dios con los hombres." Mucho de lo que ahora parece ser necesario a la hombridad habrá sido despojado, pero la hombridad esencial permanecerá. La naturaleza humana, por tanto, parece consistir no *primariamente* en su forma terrena y corporal, sino en aquellos modos de ser eternos, espirituales y relacionales. Esto se sostiene por el uso frecuente de *anthropos* en referencia al yo real encajonado en carne, como "el interno, el del corazón" de la persona (1 P. 3:4; ver Ro. 7:22; 2 Co. 4:16; Ef. 3:16).

B. Carne y Cuerpo

El griego *sarx,* "carne," es contraparte del hebreo *basar* (véase Capítulo 3); sin embargo, está muy distante del vocablo castellano cuerpo, que en el Nuevo Testamento está representado por *soma.* La palabra *soma,* "cuerpo," puede usarse para la forma de existencia del hombre ya sea en la Fase Uno (2 Co. 5:8) o en la Fase Dos (1 Co. 15:35, 44). Sin embargo, *sarx* se usa sólo en referencia al hombre sobre la tierra.

Cuerpo con respecto a la Fase Uno es la casa material, biológica en que uno vive (Jn. 2:21; Ro. 4:19; 2 Co. 12:2). Cuando el espíritu ha partido, es un cuerpo destinado a decaer y a disolverse (Lc. 23:52;

Hch. 9:40), pero capaz de revivificación en casos de milagro divino (viz., Lázaro, Jn. 11:44; Dorcas, Hch. 9:40). El cuerpo no es malo porque sea material; más bien está creado divinamente para ser el templo del Espíritu Santo (1 Co. 6:19) e instrumento para glorificar a Dios (v. 20).[15] Aunque en sí es neutral, el cuerpo puede prostituirse al servicio del pecado (Ro. 1:24, *et, al.,*) o presentado para el servicio de Dios (Ro. 12:1);[16] y por cuanto es un organismo vigoroso y dinámico, debe ser disciplinado (1 Co. 9:27).

El vacablo *sarx,* "carne," sin embargo, no es tan preciso como *soma.* En general, califica a la hombridad en su situación terrena, con las limitaciones de tiempo, espacio y materia. *Sarx* tiene también la limitación adicional de extrema flaqueza y transitoriedad—la debilidad momentánea del hombre a la muerte (2 Co. 4:11; 12:7; Mr. 14:38; Stg. 4:14; Fil. 3:3; 1 P. 1:24; 3:18). A veces Pablo usa *sarx* en un sentido distintivo ético, refiriéndose al hombre caído; i.e., la naturaleza humana infectada por el pecado y sin el Espíritu (Ro. 7:5, 18, 25; 8:3, 13; Gá. 5:13-24). Un estudio más detallado de *carne* en esta connotación tiene que esperar el estudio de la doctrina del pecado en el Nuevo Testamento (véase Capítulo 16).

C. Alma y Espíritu

En 1 Corintios 15:45 Pablo cita Génesis 2:7, "el primer HOMBRE Adán, (fue hecho) ALMA VIVIENTE." En este caso, en lugar del hebreo *nephesh,* "ser viviente," sigue la Septuaginta al usar el griego *psyche,* "alma" (de donde se deriva *sicología*). Aparentemente tanto los traductores de Pablo como de la Septuaginta, consideraron *psyche* una traducción adecuada de lo que el vocablo *nephesh* intentaba. Esto nos sirve de base para un entendimiento más completo. Millar Burrows dice que *psyche* pudiera significar *(a)* sencillamente "vida" de "una persona o animal en particular" (Mt. 2:20; Mr. 10:45; Jn. 10:11; Ro. 11:3); o *(b)* con frecuencia quiere decir "persona" (Hch. 27:37; "almas"). También *(c)* podría traducirse en "el yo," como posiblemente en el caso del rico insensato que dijo, "Diré a mi alma" (Lc. 12:19). Aunque esta expresión no es tan común en el Nuevo Testamento como en el Antiguo, Burrows aconseja: "El significado 'yo' debe, por tanto, tenerse en cuenta como una posibilidad dondequiera que se encuentra la palabra 'alma' en el Nuevo Testamento inglés; de hecho 'yo' se acerca tanto como cualquiera otra a la palabra inglesa para ser una traducción comprehensiva de los sustantivos griego, hebreo y aramaico."[17]

El asunto se vuelve más complejo cuando procuramos entender

"alma" en relación a *pneuma,* "espíritu" (ver hebreo *ruach*). La delineación entre ellos no es siempre clara o consistente. Cuando María exclama, "Engrandece mi alma al Señor; Y mi espíritu se regocija en Dios mi Salvador" (Lc. 1:46-47), ilustra una intercambiabilidad típica entre los dos términos en el Nuevo Testamento (e.g., ver Lc. 23:46; Hch. 2:27).[18] Ambos términos pueden usarse para "la parte inmortal del hombre" (Ap. 6:9; 20:4; ver 1 Co. 5:5; también Hch. 7:59).[19]

Sin embargo, hemos de procurar entender ciertos pasajes que parecen recalcar una distinción real entre los dos. El contraste de Pablo entre Adán como "alma viviente" y Cristo como "espíritu dador de la vida" da la idea de que *alma* es aquello que le era peculiar a Adán como *hombre* de la Fase Una, en tanto que *espíritu* era aquello peculiar al Cristo glorificado como el *Dios-hombre*. Uno estaba orientado a la vida humana en la carne, el otro al orden celestial (1 Co. 15:45).

Se observa un contraste similar en el uso que Pablo da a *pneumatikos,* "espiritual," y *psykos,* "del alma" o "natural." En 1 Corintios 15 el contraste tiene que ver con el cuerpo natural, que muere, y el cuerpo espiritual que será nuestro en la Fase Dos. Pero más significativo para nuestro propósito inmediato es el contraste entre el hombre natural y el hombre espiritual en 1 Corintios 2:9-15. El hombre que es simplemente *"natural"* no puede comprender las verdades espirituales o las personas espirituales—"le son locura" (v. 14). Evidentemente un aspecto de su naturaleza está latente. No obstante, como hombre, aun cuando sea meramente natural o animal, posee lo que puede llamarse "el espíritu del hombre" (v. 11), aquéllo que "sabe," o su conciencia personal y actividades mentales ("los pensamientos del hombre"). Pero en vista de que este espíritu no ha sido regenerado por el Espíritu Santo, está muerto verticalmente, aunque está alerta horizontalmente.

Por tanto, quizá pueda decirse que tanto el alma como el espíritu son aspectos del hombre en su ego total, pero que representan dos canales de comunicación en la naturaleza humana como fue creada: el *natural* (social, emocional, intelectual, y estético) que comunica *hacia afuera;* y el *espiritual* (religioso, motivacional, y axiológico) que comunica *hacia arriba.* El canal espiritual está muerto a Dios porque la receptividad del hombre está incapacitada por el pecado, y como consecuencia, aun su naturalidad está en decadencia progresiva.

El "alma" puede salvarse solamente por medio de la salvación del hombre como espíritu. Este tipo de distinción se implica en la aseveración de que la "palabra de Dios" es lo suficientemente cortante como para "partir el alma y el espíritu, las coyunturas y los tuétanos, y" discernir "los pensamientos y las intenciones del corazón" (He. 4:12). Las coyunturas son visibles; los tuétanos, no. ¿Quién puede decir sólo al estudiar al hombre en su exterior si los "tuétanos" de su espíritu están sanos? Sólo el Espíritu Santo aplicando la espada de la Palabra puede discernir si los pensamientos y las intenciones del corazón del hombre son espirituales o sólo naturales.

Finalmente, se nos recuerda que "mientras el hombre comparte el espíritu con Dios, comparte su alma con los animales (Gn. 1:21, 24... y Ap. 16:3). Dicho en otro giro, el espíritu se atribuye al hombre, nunca a los animales."[20] Por tanto, una conclusión válida sería que el espíritu es "aquel aspecto de la persona por medio del cual puede estar relacionado con Dios."[21]

D. Corazón y Conciencia

El vocablo *kardia,* "corazón," es también en extremo importante en el punto de vista bíblico del hombre, según lo prueban los 158 ejemplos en el Nuevo Testamento. Sin embargo, cierta identificación a algunos usos de "alma" pudiera sugerirse en Efesios 6:6 donde se traduce *psyche* en "corazón." Está también un tanto identificado con *splagchnon,* "entrañas," para justificar la traducción "corazón" en la mayoría de las versiones modernas. Desde la denotación básica de corazón como el órgano circulatorio de la sangre, por medio de "una transición fácil, el término llegó a representar la actividad moral y la total actividad mental del hombre, tanto el elemento racional como el emocional. En otras palabras, el corazón se usa figuradamente para significar las corrientes escondidas de la vida personal."[22]

Sin embargo, su uso es más cualitativo que constitutivo. Vocablos como alma y espíritu hablan de la esencia de la naturaleza humana. Corazón, por el otro lado, es más expresivo del carácter, i.e., lo que el hombre es en el centro recóndito de su ser. Así que el término se usa para los afectos del hombre (Lc. 24:32; Hch. 21:13), sus intenciones (He. 4:12), el asiento de la vida moral y espiritual (Mr. 7:21; Jn. 14:1; Ro. 9:2; 2 Co. 2:4), *et al.* El concepto de corazón en el Nuevo Testamento contribuye significativamente al concepto bíblico del hombre como un ser emocional, afeccional, volicional, en extremo vital, y dinámico que continuamente reacciona y moralmente se relaciona a la vida y los demás, ya sea con Dios o con los humanos. Quizá pudiera decirse que el corazón es el yo en su relación moral.[23]

El Nuevo Testamento da por sentado que la conciencia como una actividad de juicio moral del yo es universalmente característica de la raza humana (Ro. 2:15; 2 Co. 4:2). Sin embargo, la conciencia puede ser maltratada en varios grados a través del pecado (1 Co. 8:7; 1 Ti. 4:2). Por tanto, parece que el hombre es un ser con una conciencia inerradicable sobre el bien y el mal, y que sabe que es responsable. Sus muchos intentos para eludir este sentido de conciencia y escapar sus reclamaciones no hacen más que confirmar la dimensión moral inherente de su naturaleza.[24]

E. Mente

Elemental también para el hombre tal como se ve en el Nuevo Testamento, es su actividad intelectual. El hombre es un ser pensante, con facultades de imaginación, razón, percepción y memoria (de aquí su creatividad y su inventiva). Se nos pide amar a Dios con toda la *dianonia,* "mente" (Mr. 12:30).

En el hombre natural la mente se oscurece (Ef. 4:18) en el sentido de que se hace insensible a la verdad espiritual. Es también el instrumento de la carne antes que del Espíritu Santo (Ef. 2:3); de aquí el dicho satírico que no es del todo inapropiado—"La mente encuentra excusas para lo que el corazón quiere hacer."

Otros vocablos griegos usados comúnmente son *nous,* "denotando el asiento de la conciencia reflectiva" (Vine) y *phronema,* aunque esta palabra indica no tanto una facultad como la disposición habitual de la facultad, o un estado de mente.[25] Es por el *nous* que Pablo sirve "a la ley de Dios" (Ro. 7:25); y después, unos renglones más adelante al hablar de la carnalidad de la mente en su lucha contra la espiritualidad de esta mente, usa *phronema*— "tendencia" o "disposición."

La interacción, redundancia, y en cierto sentido interpenetración de mente, corazón, voluntad, alma y espíritu, indican que el Nuevo Testamento normalmente ve al hombre desde el punto de vista de lo que es santo. No obstante, en algunos contextos Pablo distingue entre su ego y su ser total (Ro. 7:14-25; ver Gá. 2:20). Parece que aunque el hombre tiene la tendencia a funcionar con vista a lo santo, hay un *ego* central que es responsable de actuar con el agente coordinador. El ego mantiene al cuerpo en sujeción (1 Co. 9:27), prepara la mente "para la acción" (1 P. 1:13), se abstiene de "pasiones de la carne" que "batallan contra el alma" (1 P. 2:11), pone la mente en las "cosas de arriba" (Col. 3:2), y apoya la ley de Dios a pesar del *pecado-que-mora-en-mí* (Ro. 7:25).

Resulta muy significativo que la escritura note que la transformación del yo dependa en la renovación de la mente (*nous*, Ro. 12:2). Renovación en este caso *(anakainosis)* es el volverse nuevo en el sentido de ser diferente. La referencia no es tanto a la mente como una facultad de pensar sino a una orientación habitual—la percepción característica de uno respecto a la vida y a sus valores. Pablo nos dice que la transformación depende en aprender a pensar en forma diferente. Si dejamos de conformarnos al mundo, hemos de cesar de pensar como el mundo. Pablo hubiera estado de acuerdo con las implicaciones de Harry Blamire en su libro *La Mente Cristiana* ("The Christian Mind").[26]

III. CIERTAS CUESTIONES PARTICULARES

A. Un Ser Dual

La enseñanza inequívoca del Nuevo Testamento es que el hombre es esencialmente un ser espíritu. Habita en un cuerpo de carne sólo secundaria y temporalmente. El yo interno es lo que se considera el verdadero yo. Puede hablar de su cuerpo con una independencia sorprendente, como algo que "yo" tengo, pero sin el cual también puedo existir. La promesa definida de una corporalidad renovada última no cambia el hecho de que el cuerpo de "carne y sangre" que ahora poseemos se considere como un accesorio, no una necesidad absoluta para la hombridad o personalidad.

Esto se comprueba por las enseñanzas del mismo Jesús: "Y no temáis a los que matan el cuerpo, mas el alma no pueden matar; temed más bien a aquel que puede destruir el alma y el cuerpo en el infierno" (Mt. 10:28). En este caso, el alma no puede ser el equivalente de la vida animal, puesto que matar el cuerpo es destruir la vida animal. Jesús está diciendo que los que matan el cuerpo *no pueden tocar el verdadero yo* (ver Lc. 12:20; 23:46; Hch. 7:59). Ha de sobrevivir. La terminación de la vida del cuerpo no significa la cesación del ser personal.

Pablo es también muy enfático. Es después de la muerte que la persona sufrirá o será recompensada. Ella experimentará las consecuencias de sus escogimientos mientras está en el cuerpo (ver

2 Co. 5:10). A fin de alcanzar la salvación eterna de un cierto individuo como *espíritu,* Pablo tomó la medida radical de entregarlo "a
Satanás para destrucción de la carne" (1 Co. 5:5). Notemos además
la diferencia entre Pablo y su cuerpo: ". . . golpeo mi cuerpo, y lo
pongo en servidumbre" (1 Co. 9:27). Para él, es un instrumento. ¿Por
qué? Porque está queriendo salvar no su cuerpo sino a sí mismo: "no
sea que. . . yo mismo venga a ser eliminado." Una vez más, su alegría
se apoya en la seguridad de que la "naturaleza interna" sobrevivirá a
la "naturaleza externa" que "se va desgastando" (2 Co. 4:16). Su
disolución le producirá "un cada vez más excelente y eterno peso de
gloria. . . pues las cosas que se ven son temporales, pero las que no se
ven son eternas" (2 Co. 4:17-18; ver 2 Co. 5:1-8; y 2 P. 1:14).

El veredicto del Nuevo Testamento es que mientras "el cuerpo
sin el espíritu está muerto" (Stg. 2:26), no puede decirse que el
espíritu sin el cuerpo sea muerto. Además, esta es la manera en que el
hombre es como hombre, no sólo como hombre redimido. El es
esencialmente espíritu, sólo secundariamente *bios* (vida biológica) y
carne. "La carne y la sangre no pueden heredar el reino de Dios,"
pero los *hombres sí* (1 Co. 15:50).

B. Ser y Relación

El individuo es un ser discreto, escondido, cuya vida se califica por
sus relaciones, pero cuyo ser no depende de esas relaciones.[27] Aunque
es un ser en comunidad, su individualidad nunca se pierde en la
comunidad. El llamado del evangelio se dirige siempre a personas.
"Si alguien quiere venir en pos de mí," (Mt. 16:24), no "si una
familia, o ciudad, o casta social." Fe es una entrega radical personal
que bien puede principiar como un reflejo del ambiente, pero que
debe convertirse profunda e independientemente en acción de uno.

No debe darse demasiado por hecho en la aparente "personalidad corpórea" adscrita por Jesús a las ciudades (Mt. 10:15; 11:20-24;
Lc. 10:10-16). Cuando Jesús dijo, "¡Ay de ti, Betsaida!" se estaba
dirigiendo a la gente de la ciudad que individualmente lo había
rechazado. El rechazo fue lo suficientemente unánime como para
que su carácter se imputara a la ciudad como un todo. Que El estaba
pensando en individuos, se prueba en su conclusión: "El que a
vosotros oye, a mí me oye; y el que a vosotros desecha, a mí me
desecha" (Lc. 10:16). No debemos tener la idea de que una ciudad
literal, como ciudad, ha de comparecer a juicio, sino los que componen la ciudad y le dieron una reputación buena o mala (ver Ro. 14:12;
2 Co. 5:10; Ap. 20:11-15).

El poner demasiado énfasis en el hombre como un ser en relación es caer en el peligro de no ver al hombre mismo. El determinismo y el panteísmo se inclinan a esta dirección. La falta de afecto en la actualidad hacia la ontología ha creado un mal sabor en procurar imaginarse al hombre como un ser discreto. Pero la Biblia no estimula este mal sabor. Más bien considera que detrás de las *relaciones* hay *relatores* libres e independientes. Las relaciones mal dirigidas darán como resultado separación, tristeza y corrupción, pero no afectarán la hombridad esencial. El endemoniado (Mr. 5:1-17; ver Mt. 8:28-34; Lc. 8:26-37) era un mal ejemplo de lo que significa ser hombre cuando todas sus relaciones para con Dios y los demás quedaron arruinadas por la legión de demonios. Pero tanto antes como después de su sanidad se le llama hombre (vv. 2, 15). Aunque era diferente en carácter y en relaciones, tanto antes como después, era el mismo en identidad personal. Había una continuidad ininterrumpida en medio del cambio radical.

¿Cuál fue la sola cualidad irreductible que constituía su hombridad? Era descendiente de Adán. Como tal, su hombridad no era sólo única e induplicable, sino inalienable.[28]

G. C. Berkouwer al mismo tiempo que recalca la naturaleza relacional del hombre, evita el peligro mencionado arriba diciendo:

> Ni tampoco ha de considerarse esto como el escogimiento de la relación por sobre la realidad, o lo relacional por sobre lo ontológico, o el escogimiento un extremo de cualquiera dilema tal; para tal dilema, tal contraste, no va de ninguna manera de acuerdo con la perspectiva bíblica, que no sacrifica la realidad en favor de la relación, sino que nos demuestra la realidad existiendo como realidad totalmente creada sólo *en* esta relación para con Dios.[29]

C. Significado de "Naturaleza"

El Nuevo Testamento no ofrece un análisis sistemático de la naturaleza humana al usar el término *physis*, "naturaleza"; pero las pocas ocasiones en que se usa este vocablo revelan mucho. Son paulinas todas, menos una. A la naturaleza humana pertenece la conciencia (Ro. 2:14). Tales aberraciones disparatadas como la homosexualidad, y el cabello largo en los hombres se clasifican contrarias a la naturaleza (Ro. 1:26; 1 Co. 11:14). Obviamente, Pablo no habla aquí acerca de la naturaleza de los individuos, sino de la naturaleza de la hombridad en su forma normal. Usa también "naturaleza" en el sentido de particularidad racial: "Nosotros, judíos de nacimiento" (Gá. 2:15). A los efesios les habla de la universalidad de la naturaleza pecaminosa (2:3), que por supuesto está deformada, en lugar de ser la naturaleza original. Especialmente significativo es el anunciado privilegio de que los hombres pueden ser, por Cristo, naturaleza divina" (2 P. 1:4).

Condensando estos puntos de evidencia, puede decirse que hay atributos irreductibles de la naturaleza humana como tal sin los cuales el hombre no podría ser hombre, y que *uno* de estos atributos irreductibles es la maleabilidad de la naturaleza moral y personal. Es la naturaleza del hombre la que tiene la capacidad de cambiar. Esto incluye la capacidad de deshumanizarse a sí mismo por medio de la perversión por un lado, o la participación de la santidad de Dios por el otro. La hombridad en su más sencilla esencia puede ser un estado fijo, pero la hombridad en el carácter personal no lo es, ya sea pecadora o santa (aunque a través de procesos probatorios, el carácter *puede convertirse* en fijo).

D. Libertad—¿Ilusoria o Real?

Se admite que el Nuevo Testamento reconoce muchas limitaciones para el hombre como hombre y que constituyen un cierto grado de determinismo (Mt. 6:27; Stg. 4:13-15). No obstante, no necesita mucha prueba con un sin número de textos para darse cuenta de la aceptación inconfundible en el Nuevo Testamento de la muy real libertad del hombre, especialmente en lo que toca a su escogimiento moral y espiritual. Aun en asuntos prácticos cotidianos la libertad del hombre es variada y extensa (Mr. 7:1 sig.; 1 Co. 7:1 sig.). Pero en nivel supremo, su lealtad básica y final son la búsqueda de Dios y de Satanás. Cada admonición, mandato o reprimenda, presupone el axioma de que no se puede dar cuenta de nada si no hay responsabilidad; y no puede haber responsabilidad sin cierta medida de libertad real que involucre capacidad (1) de escoger entre alternativas morales, y (2) de crecer hasta adquirir el potencial de uno.[30]

Por lo que se refiere a la libertad como un requisito previo del pecado, Scott señala que la acción, sea buena o mala, que es sólo "un entero en una cadena de causación compleja" necesariamente carece del "elemento de responsabilidad y libertad personal." Y cita a John S. Whale: "El intentar encontrar la huella del pecado en un hecho empírico que lo causa, invalida el sentido dado por Dios al hombre de que es una voluntad y una persona. La voluntad es *ex hypothesi* que en sí *no es derivable*."[31]

La cuestión de *ser* y *relación* encuentra precisamente aquí mucho

278 / *Dios, Hombre, y Salvación*

de su importancia. Pues el recalcar demasiado al hombre como criatura *en* relaciones es llevar al concepto de él como una critura *de* relaciones. Esto es determinismo puro. En lugar de verse como un agente que actúa, es sólo un radio en relación a otras partes de un mecanismo monístico.

IV. CRISTO, EL HOMBRE PERFECTO

Cristo fue perfecto Hombre, no en el sentido de haber alcanzado perfección por disciplina, sino en el sentido de que El era supremo Ejemplo de hombridad, tanto en naturaleza humana como lo es más esencialmente por creación, y en humanidad madura tal como se intentaba ser. Pilato dijo en su anuncio más de lo que él sabía, "¡He aquí el hombre!" (Jn. 19:5). Los cuatro Evangelistas dan testimonio a la preferencia de Jesús del título "Hijo del hombre" (Mateo 29 veces, Marcos 14 veces, Lucas 23, y Juan 12 veces; ver 1 Timoteo 2:5).[32]

Por tanto, entendemos mejor lo que significa ser normativamente humano viendo a Jesús de Nazaret. Scott entiende esta idea como algo básico en el pensamiento de Karl Barth de "que en la perspectiva de la fe cristiana la manifestación más decisiva del hombre 'real' es el ser encontrado en Cristo Jesús." Y continúa: "Aquí es donde, como Barth nos ha dicho en cada uno de sus tratados masivos,... el cristianismo encuentra lo que para él es la develación definitiva tanto de la naturaleza esencial del hombre como la manera en que todos los hombres vivirían si dieran expresión completa a esa naturaleza."[33]

Esto quiere decir que cuando vemos a Jesús aprendemos que la hombridad normal significa una vida de amor concretizado, es decir, en forma concreta. Significa un compañerismo continuo con Dios como Padre, e igualmente una sujeción continua y obediencia al Padre. El retraerse o evadir esta subordinación a Dios es, por tanto, tan "innatural" a la hombridad verdadera como si una ave procurara volar en un vacío.

Los atributos físicos del hombre en la Fase Una fueron también los mismos de Cristo, la necesidad de alimento, aire, descanso, la asociación con otros, y la capacidad de comunicarse, ¿Qué del sexo? El no hubiera sido verdadera carne si hubiera carecido totalmente de deseos y atracciones sexuales; ni tampoco pudo haberse declarado que "fue tentado en todo según nuestra semejanza" (He. 4:15). No obstante, él fue el Ejemplo único de dominio perfecto, y como tal, demuestra que la experiencia sexual externa no es esencial a una completa y total hombridad. Los que escogen permanecer solteros como su Maestro por causa del reino de los cielos no son, por ese hecho, menos hombres ni menos mujeres. En último análisis la hombridad se despojará de su sexualidad, como una cualidad pasajera a la Fase Uno (ver Mt. 22:30; Lc. 20:35).

El testimonio de la Encarnación exonera de una vez por todas a la naturaleza humana del cargo de pecaminosidad intrínseca. Jesús se hizo hombre no sólo para redimir a la naturaleza humana, sino para ejemplificarla. Demostró lo que ella realmente es, normativamente, así como lo que la naturaleza humana caída pudo llegar a ser. La carne, en el sentido de la unidad terrenal cuerpo-mente-alma, no es pecaminosa en sí misma. Si lo fuera, Jesús no hubiera podido hacerse carne (Jn. 1:14). Los deseos del cuerpo y de la mente hacia el conocimiento, crecimiento, amor y procreación no son pecaminosos en ellos mismos. Es su prostitución en el servicio del yo lo que es pecaminoso. "El errar es humano," se dice, y generalmente lo que se trata de decir es que "Pecar es humano." El adagio es verdad en referencia estricta al hombre caído como una caricatura de su verdadero yo. Pero cuando percibimos a Cristo, percibimos que el pecado es una anormalidad y una distorsión. Es mucho más verdaderamente humano el ser santo.

NOTAS BIBLIOGRÁFICAS

[1]Véase *Back to Freedom and Dignity,* Francis A. Schaeffer (Downer Grove, Ill.: Inter-Varsity Press, 1972), para una discusión de algunos de estos puntos de vista.

[2]William Nichols, ed., *Conflicting Images of Man* (Nueva York: The Seabury Press, 1966), p. 5; véase *The Phenomenon of Man,* Pierre Theilhard de Chardin, para una exposición de sus puntos de vista.

[3]*Man: The Image of God* (Grand Rapids, Mich.: Wm. B. Eerdmans Publishing Co., 1962), p. 9.

[4]*Ibid.,* p. 20.

[5]*Kirchliche Dogmatick,* 3:2; 83 ss. Citado por Berkouwer, p. 23.

[6]*Man: The Image of God,* p. 23; véase pp. 29-35.

[7]Vine llama la atención al hecho de que la palabra *ktizo* y sus variantes, se usa a través del Nuevo Testamento para referirse a la actividad creadora de Dios, pero nunca para referirse a Dios mismo. Vine considera esto como una "confirmación significativa" de Romanos 1:20-21. Puesto que el hombre hubiera deducido un creador

humano ante artefactos o evidencias humanas, de igual manera hubiera deducido a un Creador divino ante el orden físico: "De modo que no tienen excusa". *Expository Dictionary of New Testament Words* (Westwood, N. J.: Fleming H. Revell Co., reimpresión, 1966), p. 255.

[8]Marcus Dodd, "The Epistle to the Hebrews", *The Expositor's Greek Testament* (Grand Rapids, Mich.: Wm. B. Eerdmans Publishing Co., 1967), 4:263.

[9]*Biblical Psychology* (Londres: Simpkin Marshall, Ltd. [1941], reimpresión, 1948), p. 4.

[10]*The King of the Earth* (Grand Rapids, Mich.: Wm. B. Eerdmans Publishing Co., 1962), p. 92.

[11]Marvin R. Vincent dice: "Una línea de Aratus, un poeta originario de la misma provincia de Cilicia de San Pablo. Las mismas palabras se citan en el hermoso himno de Cleanthes a Jove. De aquí las palabras: 'Como algunos de vuestros propios poetas'." Tomado de *Word Studies in the New Testament* (Grand Rapids, Mich.: Wm. B. Eerdmans Publishing Co., 1965 [1887]), 1:545.

[12]Según Buchsel, San Pablo aquí se basa en la "creencia estoica de adscribir relación con Dios a todos los hombres sobre la base de la existencia de ellos"; *Theological Dictionary of the New Testament,* ed. Gerhard Kittel; traducido y editado por Geoffrey W. Bromiley (Grand Rapids, Mich.: Wm. B. Eerdmans Publishing Co., 1969), 1:684.

[13]"La esencia de la imagen de Dios en el hombre", escribe Eric Sauer, "descansa en lo espiritual y lo moral. Se basa en la naturaleza de su vida interna en la sustancia real de su personalidad espiritual" (*King of the Earth,* p. 140).

[14]Nicholls, *Conflicting Images,* p. 13.

[15]Hacer "morir las obras de la carne" (Ro. 8:13) se ha de entender metafóricamente, como negación de su autoridad imperial, no como un rechazo ascético de sus funciones legítimas.

[16]Algunas versiones traducen el griego *tapeinosis* de Filipenses 3:21 como "vil", pero la versión Reina-Valera 60 traduce: "el cuerpo de la humillación nuestra".

[17]*An Outline of Biblical Theology* (Filadelfia: The Westminster Press, 1946), p. 136. Hay otros usos menos comunes del griego *psyche,* "alma", como "corazón" (una vez, Ef. 6:6), y "mente" (Fil. 1:27, donde significa unidad de propósito). Un uso más significativo se relaciona con el yo emotivo, físico y afectivo. De ahí el sentido de "alma" en el mandamiento de amar a Dios "con toda tu alma" (Mr. 12:30). Además, también puede relacionarse con el griego *splagchnon, entrañas,* o el *asiento de los afectos,* sugiriendo la unión humana de emociones físicas y espirituales (2 Co. 6:12; 7:15; Fil. 1:8; 2:1; Col. 3:12; 1 Jn. 3:17).

[18]Comentando sobre el canto de alabanza de María, Charles L. Childers dice: "Estos dos versos forman una copla típica, la cual es la forma de estrofa más sencilla de la poesía hebrea. Se compone de dos líneas paralelas, la segunda de las cuales reafirma el significado aproximado de la primera con palabras diferentes." Tomado del *Comentario Bíblico Beacon* (Kansas City: Casa Nazarena de Publicaciones, 1983), 6:439.

[19]Burrows, *Outline of Biblical Theology,* p. 137. Además, tanto el espíritu como el alma son el objeto de la salvación, pero más frecuentemente el alma (cf. 1 Co. 5:5 con He. 10:39; Stg. 1:21; 5:20; 1 P. 1:9, 22).

[20]W. T. Purkiser, *Exploring Our Christian Faith* (Kansas City: Beacon Hill Press, 1960), p. 218.

[21]*Loc. cit.* Para consultar sobre si el espíritu caracteriza al hombre como hombre o sólo al hombre regenerado, cf. George Eldon Ladd, *A Theology of the New*

Testament, (Grand Rapids, Mich.: Wm. B. Eerdmans Publishing Co., 1974), p. 463.

[22]W. E. Vine, *Dictionary,* 2:206 ss.

[23]La fe, para que sea eficaz, debe brotar del corazón (Marcos 11:23; Ro. 10:10). Esto sólo puede significar que el creer es un acto del hombre interior en sinceridad total, que envuelve la aprobación simultánea de la razón y la conciencia, y utiliza toda la energía de la capacidad volitiva.

[24]El que el término griego *suneidesis,* "conciencia", pertenezca a la imagen natural de Dios en el hombre o que sea la primera etapa de la gracia preveniente en la restauración de la imagen moral, debe ser decidido por la teología sistemática. (Wesley creía en esto último).

[25]Para una discusión más completa de esta y otras palabras relacionadas, consúltese C. Ryder Smith, *The Bible Doctrine of Man,* (Londres: The Epworth Press, 1951), p. 206.

[26]En el Nuevo Testamento aparentemente no se registra alusión al cerebro humano como el órgano de la mente. Aunque se reconoce la enfermedad mental, ya que se lee sobre ello en Marcos 5:15 y Lucas 8:35, donde dice que el otrora endemoniado estaba "en su juicio cabal" *(sofreneo).*

[27]No hay alusión en el Nuevo Testamento a una *idea* de lo humano en el sentido platónico. Tampoco una dicotomía de alma preexistente sin relación con el cuerpo material en que habita.

[28]A la luz de ello, hemos de ejercer precaución al definir a la *persona* exclusivamente en términos del estado de conciencia (o un "flujo" de conciencia) la cual podría excluir fácilmente a los niños recién nacidos, a los fetos o a los ya muy ancianos. Tales personas quizá no tengan calidad legal como tales, pero son seres vivientes con un alma inmortal y de suma importancia ante Dios. Sus facultades bien pueden estar deformes o en decadencia sin afectar la identidad esencial de la persona como ser humano.

[29]*Man: the Image of God,* p. 35.

[30]Cf. Smith, *Doctrine of Man,* p. 172.

[31]Nicholls, *Conflicting Images,* p. 16.

[32]Para una excelente discusión del concepto total del Hijo del Hombre, consúltese Alan Richardson, *An Introduction to the Theology of the New Testament* (Nueva York: Harper and Row, Publishers, 1958), pp. 120-141.

[33]Nicholls, *Conflicting Images,* pp. 12-13.

16

El Hombre en Pecado

El creciente gnosticismo del pensamiento intertestamental y del primer siglo consideró el problema del hombre como ignorancia por un lado, y materialidad corporal por el otro. En contraste con ello, hay en el Nuevo Testamento una firme continuidad con el Antiguo al descubrir que los males del hombre no son ni su físico en sí, ni su carencia de conocimiento, sino la rebelión en contra de Dios. El mal del hombre no se ve como la desgracia de la finitud sino como el mal uso de la libertad. Esto es lo único que explica el desperdicio del predicamento humano.

La historia del hombre tal como se narra en la Biblia es una cadena irracional de desobediencia y violencia, entremezclados con unas cuantas treguas de progreso y avivamiento. El hombre como la cración culminante de Dios ha sido una vergüenza y una desilusión. La Biblia es la historia de este predicamento moral y de la redención de Dios (Lc. 1:68-79; 4:18-19). Hablando sobre la seriedad del pecado, C. Ryder Smith dice que la idea epitomiza "la mitad del Nuevo Testamento." Continúa:

> En él, el pecado no sólo es cosa seria, sino fatal. De no ser así, no habría Nuevo Testamento. El texto en Juan (3:16) que con toda propiedad se toma como *la* sinopsis del cristianismo, enseña no sólo que Dios envió a su Hijo a salvar al hombre del pecado, sino que sin él, los hombres 'perecerían.' El 'amor' de Dios se demuestra, no en la seguridad de que el pecado 'no importa,' sino en el ofrecimiento de salvación del pecado. 'Importa' tanto, que demanda la cruz. Si la Iglesia Cristiana está 'obsesionada por el pecado' como algunos lo declaran, el Dios cristiano también lo está. El despreciar el pecado es despreciar a Cristo. Aun si El fuera reduci-

do a maestro, el Sermón del Monte es un manifiesto en contra del pecado. Mas 'predicamos a Cristo crucificado.' Si el pecado no es fatal, Cristo sale sobrando.[1]

I. EL PECADO COMO MAL PERSONAL

En tanto que la Biblia describe en muchas maneras la condición anormal del hombre, y se usan muchos términos hebreos y griegos, el término genérico en castellano es "pecado." El hombre comete pecado. Y por causa de esto, es pecador. ¿Qué enseña el Nuevo Testamento acerca de esta terrible condición ruinosa?

A. Algunas Generalizaciones Acerca del Pecado

1. La idea de pecado es fundamentalmente un *concepto religioso,* siendo que la Biblia lo ve primordialmente como una ofensa a Dios (1 Jn. 1:5-6).

2. El pecado es también esencialmente *moral* (o ético) *en naturaleza,* porque se considera como aquello que es malo en lugar de recto, y también porque está inseparablemente relacionado a las cuestiones de libertad y responsabilidad.

3. Por todas las Escrituras, el pecado es *universalmente condenado.* Nunca es exonerado o aprobado o considerado negociable. El tratamiento uniforme es de intolerancia.[2]

4. Una cuarta deducción especialmente obvia en el Nuevo Testamento es la *naturaleza personal e individual* del pecado. Grupos son amonestados y el tratamiento en plural se usa con frecuencia por Jesús y otros, pero esto nunca ha sido tal acusación de grupos como para exonerar a los individuos. La culpa es una carga personal y privada.

5. Finalmente, el Nuevo Testamento testifica con claridad sobre la *universalidad* del pecado. No hay naturalmente buena gente que haya escapado su ruina; pues "todos pecaron y están destituidos de la gloria de Dios" (Ro. 3:23; ver v. 9; 2 Co. 5:14; Gá. 3:22; ver Fil. 3:6 con 1 Ti. 1:15; 1 Jn. 1:10).[3]

B. La Identificación de Pecados

El tratamiento en el Nuevo Testamento no es teorético sino intensamente personal y práctico. El anuncio del ángel a José fue que Jesús salvaría a su pueblo "de sus pecados" (Mt. 1:21). Lo que sigue en el Nuevo Testamento no es filosofía, sino ejemplos de lo que se quería decir con "pecados." Vemos casi inmediatamente la traición y crueldad de Herodes. Más tarde, cuando la gente confesó sus pecados bajo la predicación de Juan, no fue pecado en lo abstracto, sino en obras concretas, tales como la avaricia, extorsión civil, acusación falsa y codicia (Lc. 3:10-14). Los pecados de dureza de corazón, hipocresía y conspiración pronto salieron a luz (Mr. 3:2-6). Poco después vino el pecado de blasfemia (Mr. 3:28-30). En su propia aldea Jesús fue confrontado con el pecado de incredulidad (Mr. 6:1-6).

Tanto Jesús como Pablo, al darse la ocasión, compilaron su lista de pecados. Jesús mencionó algunos de los pecados diciendo que proceden de un corazón pecaminoso: "los malos pensamientos [intenciones], los homicidios, los adulterios, las fornicaciones, los hurtos, los falsos testimonios, las blasfemias" (Mt. 15:19; ver Mr. 7:20). Pablo hizo también un catálogo de las iniquidades humanas por nombre (Ro. 1:28-32; 1 Co. 6:9-10; Gá. 5:19-21; Ef. 4:25; sig.; Col. 3:5-9; 1 Ti. 1:9-10). En 2 Pedro 2 vemos un ejemplo del realismo desnudo de Pedro. Hay en el Nuevo Testamento no menos de 90 actividades o actitudes que son condenadas. Aun un estudio somero de los vocablos griegos no dejan lugar a duda respecto a la clase de conducta que se consideraba mala.

De interés especial a lo escritores del Nuevo Testamento son los pecados *contra la pureza*. En tanto que *porneia*, "fornicación," quiere decir promiscuidad de cualquiera índole, *moichea*, "adulterio," es una relación de sexo con una persona casada. Las referencias que condenan estos pecados dan un total de 67 en el Nuevo Testamento.[4] Otros pecados de sexo que cuando se prectican se excluyen de la gracia salvadora son la homosexualidad y el lesbianismo (Ro. 1:26-27; 1 Co. 6:9; 1 Ti. 1:10). Ciertos términos mencionados en la Versión del 60 son "afeminación," "lascivia," "concupiscencia maligna," e "inmundicia"—todos términos relacionados que indican formas de perversión tales como sexo excesivo en imaginación, patrones de pensamiento, lenguaje, y conducta (1 Co. 6:9; Mr. 7:22; Col. 3:5; 1 Ts. 4:5; Ro. 1:24). La "sensualidad" y la "pasión indominable" transmiten también la idea general.

Los pecados de *materialismo* atraen también gran parte de la atención. "Mirad," dijo Jesús, "y guardaos de toda avaricia; porque la vida del hombre no consiste en la abundancia de los bienes que posee" (Lc. 12:15). Una gran parte de las enseñanzas de Cristo tienen que ver con este pecado. En la parábola del sembrador es "el afán de este siglo y el engaño de las riquezas" lo que hace que el terreno con espinas evite el rendimiento de fruto (Mt. 13:22). En la parábola de la fiesta de bodas los invitados se eximieron del gran honor de la invitación del rey por sus preocupaciones triviales con sus propios asuntos materiales (Mt. 22:5). Pablo frecuentemente nos amonesta en contra de la codicia, que califica como una forma de idolatría—el dar a las cosas el lugar que le corresponde a Dios (Ro. 1:29; 1 Co. 5:11; 6:10; Ef. 5:3-5; Col. 3:5; 1 Ti. 3:3; 6:10; ver también He. 13:5; 2 P. 2:3, 14).

Obviamente, el Nuevo Testamento está saturado de una profunda consciencia sobre el pecado. Todo aquel que participe de su perspectiva ética tendrá que compartir este tipo de realismo bíblico, no importa cuán depresivo lo considere ser.[5]

II. La Naturaleza Interna del Pecado

¿Por qué se consideran tales actividades morales como malignas? ¿Por qué se desaprueban consistentemente en la vida de un creyente? Un examen cuidadoso revelará ciertos elementos comunes.

Su carácter común explica porqué Pablo pudo decir, "... los que practican tales cosas no heredarán el reino de Dios" (Gá. 5:21). Se identifican como *tales cosas;* no se implica aquí ni en ninguna otra parte del Nuevo Testamento que todo posible pecado se incluya en esta frase (ver 1 Ti. 1:10). Muchas prácticas modernas pueden llamarse con propiedad pecados aun cuando no se mencionen en la Biblia, por cuanto comparten las características universles e identificables del pecado.

A. El Elemento de Violación

La primera característica del pecado es que ha violado una norma divina de rectitud. Esta norma es esencialmente la ley de Dios, ejemplificada primero en el mandamiento dado a Adán, después en la ley a través de Moisés, y finalmente en los mandamientos de Cristo y los escritores inspirados.[6] Aun en los paganos, que no tienen la ley precisa en forma bíblica, está presente el elemento de violación, porque "éstos, aunque no tengan ley, son ley para sí mismos, mostrando la obra de la ley escrita en sus corazones, dando testimonio su conciencia" (Ro. 2:14-15).

Ciertos términos griegos básicos usados para el pecado o en relación al pecado nos ayudan en este caso. El más común es *hamartia* en su forma sustantiva y verbal, "el término más inclusivo para la oblicuidad moral."[7] Es el término genérico para pecado en el sentido de que se usa para la naturaleza pecaminosa, el principio de pecado, y para clases particulares del mal hacer. Sin embargo, a pesar de la variedad de usos, el vocablo nunca está muy lejos de su significado clásico, "el errar al blanco."[8] Es violación en el sentido de falla en un objetivo o deber específico, generalmente a través de un *objetivo deliberado equivocado*. Santiago dice, ". . . al que sabe hacer lo bueno, y no lo hace, le es pecado" (4:17).[9]

Hay otras palabras que traducen más precisamente la idea de violación en el sentido de transgresión abierta, antes que en un fallar. Son éstos: (1) *apeitheia,* "desobediencia" (Ef. 2:2; 5:6, Ro. 11:30, 32; He. 4:6, 11); (2) *parakoe,* traducido también en "desobediencia" Ro. 5:19; 2 Co. 10:6; He. 2:2); (3) *paraptoma,* un "lapso con respecto a la rectitud" (como en Ro. 11:11-12; Gá. 6:1, *et al.*); (4) *paranomia,* "transgresión" en 2 Pedro 2:16; y (5) *parabasis,* una desviación deliberada (como en Ro. 4:15; 5:14; He. 2:2).

Violando así la ley, los pecadores están violando fundamentalmente el derecho de otros. Esto equivale a decir que están violando el amor, pues el amor por su naturaleza misma protege los derechos de otras personas. Sólo cuando llegamos a este punto de perspectiva sobre el amor podemos discernir el significado interno de violación. El moralismo tiende a ver el pecado sólo como una infracción de las reglas; el pecado bíblicamente es una violación de personas. La ley de Dios es simplemente una expresión de su Persona. Su ley culmina en el mandamiento de amarlo a El supremamente, y después amar al prójimo de uno como a uno mismo (Mt. 22:36-40; ver Dt. 6:5; Lv. 19:18). "De estos dos mandamientos depende toda la ley y los profetas," dijo Jesús. Por tanto, todo lo que viola o falla en cuanto al amor que busca satisfacer el intento interno de la ley, es pecado.

B. El Elemento de Centralización en el Yo

Cuando uno ahonda bajo la superficie de estas actividades y actitudes así clasificadas como pecaminosas en el Nuevo Testamento, encuentra en forma consistente una dominante referencia al yo, controlada por una membrana interna de soberanía del yo. El egoísmo básico se expresa en una o en otra forma. Los pecadores son como Diótrefes, "al cual le gusta tener el primer lugar" (3 Jn. 9), de que tengan la tendencia de rechazar toda autoridad que no sea la de ellos mismos. Y es así porque son "amadores del yo" y por eso son "avaros, vanagloriosos, soberbios" (2 Ti. 3:2-4). Estas son las tendencias naturales de estar centrado en el yo. Un aspecto de la carencia de pecado en Jesús fue su rechazo a agradarse "a sí mismo" (Ro. 15:3). Cuando los cristianos dejan que el principio de agradarse a ellos mismos los domine en sus relaciones mutuas o en prácticas personales, han caído dentro de un estado de mente pecaminoso (vrs. 1-2).[10]

C. El Elemento de Rebelión

Aunque el pecado se ve como una expresión de egoísmo, es también una aserción de la voluntad personal en desafío contra Dios. Al pecar, los humanos saben que están haciendo lo que Dios ha prohibido; así que están rechazando al Dador de la Ley así como a la ley misma. Esta rebelión se ilustra por los ciudadanos que odiaban a su rey "y enviaron tras él una embajada, diciendo: No queremos que éste reine sobre nosotros" (Lc. 19:11-27).

De acuerdo con Pablo, detrás de las formas específicas del pecado abierto está la actitud del corazón que rehúsa rendir honor a Dios "... como a Dios, ni le dieron gracias" y "... no aprobaron tener en cuenta a Dios" (Ro. 1:21, 28). El vocablo *asebeia*, "impiedad", es lo opuesto de *eusebeia*, "bondad" (ver Ro. 1:18; 11:26; 2 Ti. 2:16; Tit. 2:12). Al comparar *asebeia* con *anomia*, "criminalidad" (ver 1 Jn. 3:4), Vine observa: "*Anomia* es el no tomar en cuenta, o desafiar las leyes de Dios; *asebeia* es la misma actitud hacia la Persona de Dios."[11] Por eso es que todo pecado, en su base, es expresión de idolatría. Tal como E. la B. Cherbonnier lo ha puesto: "Pecado es simplemente otro término descriptivo de lealtad a un dios falso."[12]

D. El Elemento de Culpabilidad

El término más común para culpabilidad es "culpa." Este es el elemento que distingue al pecado del error, la mala fortuna, y la flaqueza. Una revisión de las enumeraciones bíblicas sobre lo malo indica claramente una condenación divina, no sólo sobre las actividades mismas, sino de las personas que las practican. A las personas se les llama agentes libres que pecan voluntariamente, y por tanto son dignos de culpa, no solamente de compasión. Pablo es pronto a felicitar cuando puede (1 Co. 11:2); pero cuando amonestó a los corintios por su observancia desordenada de la Cena del Señor, dice, "no os alabo" (vrs. 17, 22).

El ser culpable, entonces, viene a ser la piedra de toque que identifica las acciones malas como pecado *per se*. Las inevitables limitaciones y errores que son parte de la finitud humana ofrecen problemas éticos en naturaleza. Estos errores, sin embargo, no son necesariamente pecaminosos. Se vuelven pecaminosos sólo a medida que incluyen directa o indirectamente las actitudes y actividades responsables de personas libres en relación con Dios, con los demás y con uno mismo.

Un concepto legalista de pecado lo define enteramente en términos de desviación de la norma absoluta, ya sea conocida o desconocida, intentada o no intentada. Un concepto ético de pecado insiste en que, en tanto que la desviación necesita ser *corregida*, el que la practica no es *condenado* a menos de que *junto con* la violación están los factores que lo hacen digno de culpa. Estos factores son conocimiento y volición, dentro del cuadro de responsabilidad normal (i.e., libertad e inteligencia).[13]

La discusión total de Pablo en Romanos está indudablemente polarizada sobre el concepto ético de pecado. Es así que el apóstol pudo decir del mundo pagano, "no tienen excusa." Declara también que "quienes habiendo entendido el juicio de Dios, que los que practican tales cosas son dignos de muerte, no sólo las hacen, sino que también se complacen con los que las practican" (Ro. 1:20, 32). ¡No hay aquí excusa por causa del medio ambiente! (Ver Ro. 2:1). Además, decir que "el juicio de Dios (cae) contra los que practican tales cosas" (Ro. 2:2 sig.) sólo puede significar que los que las practican *merecen* el juicio. En otras palabras, son dignos de culpa. (Ver lo opuesto de la virtud en 2 Co. 8:12).

El concepto ético de pecado se comprueba también por la connotación de los términos usados. La palabra *parabasis,* "transgresión," siempre significa una violación voluntaria de una ley específica y conocida (Ro. 2:23; 4:15; 5:14; Gá. 3:19; 1 Ti. 2:14; He. 2:2; 9:15; ver *parabates,* Is. 2:9; Gá. 2:18; así como *parabaino,* Mt. 15:2-3; Hch. 1:25; 2 Jn. 9). Los vocablos relacionados *anomos,* "sin ley," y *anomia,* "desorden" o "criminalidad," son también esencialmente éticos en su uso en el Nuevo Testamento. Hablando de *anomos* en 2 Pedro 2:8, Vine dice, "El pensamiento no es simplemente el de hacer lo que es ilegal, sino el desafío flagrante de la voluntad conocida de Dios."[14]

Además, los términos *parapiptein,* "recaer," y *paraptoma,* "recaída," hablan de deslealtad al legislador. C. Ryder Smith dice que el uso de *parapiptein* en Hebreos 6:6 "habla claramente de una deliberada 'retracción'." Respecto a la segunda palabra dice que en el Nuevo Testamento así como en la Septuaginta, "la idea de la deserción de un traidor no está tan distante." Y prosigue:

El término griego ocurre como sinónimo de *opheilema, parabasis,* y *parakoe* (Mr. 6:12, 14; Ro. 5:14 sig., 19 sig.). Pablo, citando Isaías 53:6 lo usa donde la versión de los Setenta tiene *hamartia* (Ro. 4:25; ver Ef. 1:7). No hay duda de que en la mayoría de los pasajes la 'recaída' que el término describe literalmente es deliberada, y que es un error introducir la idea de que un individuo no 'cae' por escogimiento.[15]

Es más, las palabras traducidas frecuentemente en "desobediencia" en el Nuevo Testamento (*apeitheia,* "no persuadible"; *parakoe,* "rehusar oír") indican claramente una consciente falta de voluntad, de aquí la total responsabilidad (Ef. 2:2; 5:6; He. 4:6, 11; Ro. 5:19; 2 Co. 10:6; He. 2:2, *et al.*). Además, cuando Pablo dice, "todo lo que no proviene de fe, es pecado" (Ro. 14:23), implica sentido de responsabilidad, tal como lo indica el contexto. La acción no es de verdadera ignorancia (de aquí inocencia) sino de presunción que hace a un lado el sentimiento consciente de duda. En otras palabras, se hace a un lado la campana de alerta de la conciencia.

La comparación de Mateo 5:28 con Santiago 1:14-15 nos da en este caso una idea adicional. Cuando Jesús declara que "cualquiera que mira a una mujer para codiciarla, ya adulteró con ella en su corazón," nos está expresando dos cosas: Primero, el acto abierto no es el principio del pecado sino su expresión; el pecado ocurre en el corazón. Segundo, nos dice que delante de Dios la intención maligna equivale a la obra maligna.

Mas, ¿en qué punto el sentido de atracción hacia una mujer se convierte en esta clase de adulterio? Algunos aseguran que Jesús quiso decir un movimiento involuntario de deseo, y por eso usan la declaración para probar la imposibilidad de evitar el pecado. Pero hemos de interpretar esta alegación a la luz de la explicación de Santiago de que el separarse de la atención por un deseo espontáneo no es en sí mismo pecado: lo es sólo cuando el deseo ha "concebido" y de allí "da nacimiento al pecado." El término *concepción* sólo puede referirse a una unión del deseo con el consentimiento; el pecado es el resultado. Si el deseo es rechazado decisivamente, no hay pecado. Por tanto, hemos de postular un elemento de intención maligna en las palabras "para codiciarla." Se implica una capitulación interna cuando se dice, "si pudiera lo haría."[16]

La literatura de Juan, como la literatura paulina, es inequívoca en cuanto a su punto de vista ético del pecado. La soberanía que pertenece a Dios está investida en Cristo; por tanto, el Espíritu Santo convencerá al mundo de pecado, nos dice Jesús, "por cuanto no creen en mí" (16:9). La relación del hombre hacia Cristo se convierte en su relación a Dios. Pero el pecado no es incredulidad que brota de la ignorancia, sino del rechazamiento. "El que quiera hacer la voluntad de Dios, conocerá... " es el *dictum* (7:17). Y otra vez, "... moriréis en vuestros pecados... si no creéis que yo soy" (8:24). Cuando los fariseos protestaron diciendo "¿Acaso nosotros somos también ciegos?" Jesús respondió, "Si fuerais ciegos, no tendríais pecado; mas ahora, porque decís: Vemos, vuestro pecado permanece" (9:40-41; ver 15:22). La ceguera real implicaría falta de culpabilidad; pero el conocimiento profesado no admite excusas.

Por lo que respecta a las epístolas de Juan y Apocalípticas, sólo se encuentra en ellas un concepto de pecado completamente ético. La llave exegética a 1 Juan 1:1-10 es 2:1, "estas cosas os escribo para que no pequéis." Según él, pecado es siempre una posibilidad temida, pero nunca una necesidad. Y la exclusión completa de pecar en relación con la vida cristiana en el capítulo 3 se puede entender sólo cuando se da por sentado que al decir pecado Juan no pensaba en incluir las infracciones no deliberadas. No confunde las violaciones del amor con las flaquezas que están distantes de la perfección absoluta.[17]

Aunque un decidido calvinista, L. Berkhof reconoce la naturaleza ética del pecado. Escribe así:

> En vista de... la manera en que la Biblia habla del pecado generalmente, no cabe duda de su carácter ético... Fundamentalmente, no es algo pasivo, como lo es una debilidad, una falta, o una imperfección por la que no podamos ser responsables, sino una oposición activa hacia Dios, y una trasgresión positiva de su ley, lo que constituye la culpa. El pecado es el resultado de un escogimiento libre pero maligno que el individuo hace.[18]

Señala también que la definición formal usual de pecado como "falta de conformidad a la ley de Dios" es inadecuada, a menos de que especifiquemos claramente el contenido material de la ley, que es "amor hacia Dios." Y agrega: "Y si desde el punto de vista material la bondad moral consiste en amor hacia Dios, entonces el mal moral debe consistir en su opuesto."[19]

III. Características del Pecado

A. Engañoso

Una peculiaridad del pecado es su facultad de engañar (Ro. 7:11).

Nadie podría ser tentado por el pecado a menos de que en la cosa tentadora se considerara que hay algo de valor. El pecado tiene sus "placeres temporales" (He. 11:25). Además, el pecado parece conceder ciertas ventajas, como las prometidas en el jardín.[20] Hoy día, el argumento es que sólo lo que se experimenta puede entenderse; por tanto, para conocer la vida en su totalidad uno debe probar sus males así como sus virtudes. Así que en el pecado parece haber la promesa de enriquecimiento y expansión. Quizá la fase más común de su arte de engañar sea la promesa falsa de una mayor libertad. Pedro habla acerca del libertino sensual pero tierno, quien atrapa a los convertidos inestables "prometiéndoles libertad..." (2 P. 2:19; ver Mt. 13:22; 2 Ts. 2:10; 2 Ti. 3:13; 1 Jn. 3:7).

B. Esclavizante

En lugar de ensanchar la libertad, el pecado sólo la contrae y al fin la destruye totalmente. Al hablar sobre los de palabra suave que prometen libertad, Pedro los describe diciendo: "... prometen libertad, y son ellos mismos esclavos de corrupción. Porque el que es vencido por alguno es hecho esclavo del que lo venció." Unos años antes, Pedro había oído a su Maestro decir, "De cierto de cierto os digo, que todo aquel que hace pecado, esclavo es del pecado" (Jn. 8:34). Todo acto de pecado se convierte en una cuerda más bien tejida en el chicote del tirano, por medio del cual, el pecado se enseñorea de la conciencia y esclaviza la voluntad. El pecador se considera más libre para pecar, mas no se considera libre para no pecar, ni tampoco libre para escapar las tristezas amargas del pecado ni sus cadenas mortificantes. "¿No sabéis," dice Pablo, "que si os sometéis a alguien como esclavos para obedecerle, sois esclavos de aquel a quien obedecéis, sea del pecado para muerte, o sea de la obediencia para justicia?" (Ro. 6:16; ver 7:11).

C. Progresivo

El pecado nunca permite el mantenimiento de un plano estable de carácter, pero es siempre cumulativo en sus efectos de endurecimiento y depravación. Pablo lo expresa como "resultando en mayor iniquidad" (Ro. 6:19). La acumulación de iniquidad personal a través de los años es lo que a veces se llama "depravación adquirida," para distinguirla de la depravación innata.

El pecado es también progesivo en otro sentido. Al menos tres pasajes principales (Gn. 1—12; Ro. 1:18-32; todo Hebreos) parecen indicar que hay lo que pudiera llamarse raíces de pecado, de donde se desarrollan inevitablemente las más crudas y abiertas formas de pecado. En el relato del Génesis, vemos la elevación y progreso del pecado desde la inocencia; en Romanos podemos descubrir los estados declinantes del hombre pagano que rechaza a Dios como Soberano; en Hebreos vemos los pasos graduales de la apostasía, desde una simple negligencia (2:1-3) hasta la apostasía final e irreversible (10:39). La naturaleza del pecado es consolidar y ensachar su dominio sobre su víctima, de manera que "los malos hombres y los engañadores irán de mal en peor, engañando y siendo engañados" (2 Ti. 3:13).

En los pasajes de Génesis y de Hebreos el pecado de la incredulidad parece ser la raíz del pecado. No fue sino hasta que Eva aceptó la calumnia satánica sobre el carácter de Dios y fue persuadida a adoptar su propio criterio como la base de acción en lugar de la palabra de Dios, que desobedeció deliberadamente. La desconfianza interna viene antes del desafío abierto. Los hombres rechazan la ley de Dios porque han llegado a desconfiar las intenciones de El. Es así que el pecado principia a desmoronar el amor confiado. Tarde o temprano este desmoronamiento de la fe en el amor llegará a ser una desobediencia radical. Después le sigue un patrón establecido de soberanía propia y de idolatría del yo, con su orgullo, autonomía, y tendencia al desorden; luego vienen varias formas de perversión moral, ilusión, y malignidad.[21]

IV. Las Consecuencias del Pecado

A. Ira Divina

El Nuevo Testamento, así como el Antiguo presenta a Dios como un ser santo que reacciona ante el pecado, no suave o indiferentemente, sino vigorosa y punitivamente. "Nadie os engañe con palabras vanas," amonesta Pablo, "porque por estas cosas viene la ira de Dios sobre los hijos de desobediencia" (Ef. 5:6). Esta reacción se ve no como algo vindictivo o caprichoso, sino como natural en su santidad; como propiamente normativo, de hecho, como lo es su amor. La santidad no puede ser indiferente a la no-santidad.

Jesús declara que el amor de Dios es tan grande que "dio a su Hijo unigénito" (Jn. 3:16). Con igual énfasis, en el mismo discurso, declara que quien rechaza a Cristo perecerá, porque "la ira de Dios está sobre él" (v. 36). La ira de Dios ya está sobre él como sobre todo pecador en el mundo; Jesús es el único Camino designado por Dios, para escape de la ira. La expiación disipa aquella ira para el creyente, pero sólo para el creyente (2 Co. 2:14-16; Col. 1:22-23; 1 Ti. 4:10; 6:12; 2 Ti. 2:11-13; He. 3:12; 10:39; 1 P. 1:9).

Por el presente, la ira de Dios se restringe en su expresión y es disciplinaria en su propósito. A la vista, "su benignidad, paciencia y longanimidad" están calculadas para guiar al humano "al arrepentimiento" (Ro. 2:4, ver 2 P. 3:9). Pero aunque restringida, la ira de Dios no está inactiva. Al advertir a los creyentes gentiles en contra de su complaciente actitud, Pablo dice, "No te ensoberbezcas, sino teme. Porque si Dios no perdonó a las ramas naturales, a ti tampoco te perdonará. Mira, pues, la bondad y la severidad de Dios; la severidad ciertamente para con los que cayeron, pero la bondad para contigo, si permaneces en esa bondad; pues de otra manera tú también serás cortado" (Ro. 11:20-22). El Dios quien exige el derecho de venganza (Ro. 12:19) no ha tirado a un lado la espada en esta dispensación del evangelio, pues las Escrituras declaran expresamente que ha dado autoridad a los oficiales del estado para manejar la espada: ". . . es servidor de Dios, vengador para castigar al que hace lo malo" (Ro. 13:4).

Pero aunque la ira de Dios está ahora restringida, se está desenvolviendo para una tormenta cataclísmica en la consumación final. No sólo caerá *ahora* "el juicio de Dios" sobre "los que practican tales cosas" (Ro. 2:2), sino que los que persistentemente hacen el mal "atesoran" la ira para ellos mismos "para el día de la ira y de la revelación del justo juicio de Dios" (Ro. 2:5). Esta tormenta final de la ira (Mt. 3:7) de cierto no caerá sobre los bien intencionados, sino sobre los *recalcitrantes impenitentes.* "Por tu dureza y por tu corazón no arrepentido," dice Pablo (v. 5; ver 2 Ts. 1:5-10; He. 10:26 sig.; 12:18 sig.; 2 P. 3:7 sig.; Ap. 14:10, 19; 15:1, 7; 16:1, 19; 18:3; 19:15).

Pablo habla de la revelación de "la ira de Dios" prácticamente en la misma forma como la revelación por medio del evangelio de la "rectitud de Dios" (Ro. 1:17-18). De hecho, el conocimiento de la ira de Dios es parte de las Buenas Nuevas, por cuanto descubre el terrible peligro de lo que ahora tiene una manera de escape. Pero es también parte de las Buenas Nuevas, porque revela la clase de un Dios bondadoso, cuyas acciones pueden predecirse y con quien tendremos que ver. No se nos deja en duda respecto a su reacción respecto al pecado. ¡El universo es moral en su base! Por tanto, podemos estar seguros de que no somos víctimas ni de una casualidad ciega ni de un capricho irresponsable. Estamos en una relación inescapable con un Dios que nos ofrece en Cristo una parte en su rectitud, pero quien nos informa por adelantado que nos castigará si escogemos ponernos del lado de la "impiedad e injusticia de los hombres que detienen con injusticia la verdad" (v. 18). Por tanto, sabemos exactamente en dónde nos paramos.[22]

Jesús expresa tan verdaderamente como Pablo la ira de Dios, a la vez que el amor de Dios. Hay algo terriblemente profético respecto a la ira con que miró a los fariseos duros de corazón (Mr. 3:5; ver Mt. 21:12-13; 23:12-33; Jn. 2:13-18). La ira de Cristo no se parece a las iras pequeñas de los individuos pecadores—y sólo un corazón carnal podría catalogarlo en esa forma. Más bien, es la ira santa que no establecerá compromiso con el pecado; e.g., "Muchos me·dirán en aquel día: 'Señor, Señor...' Y entonces les declararé: Nunca os conocí; apartaos de mí, hacedores de maldad" (Mt. 7:22-23; ver Mt. 10:32-33; Lc. 12:8 sig.; Ap. 8:1-13). Los sentimentalistas rechazarían este enojo como algo fuera de carácter. Pero nosotros malinterpretaríamos a Jesús horriblemente si falláramos en ver esta demanda en favor de justicia como algo que encuadra bien. Esta es una ira que carece de favoritismo.

Además, no es otro sino el "Señor Jesús" mismo quien es revelado "desde el cielo con los ángeles de su poder, en llama de fuego, para dar retribución a los que no conocieron a Dios, ni obedecen al evangelio de nuestro Señor Jesucristo" (2 Ts. 1:7-8). En una forma impresionante, la Revelación de Juan devela una unidad indisoluble entre la ira de Dios y la ira del Cordero: los temerosos hombres orarán diciendo "a los montes y a las peñas: Caed sobre nosotros, y escondednos del rostro de aquel que está sentado sobre el trono, y de la ira del Cordero; porque el gran día de su ira [en plural "su"] ha llegado" (Ap. 6:16-17; ver 14:10; 19:11-16).

B. Muerte

Pablo declara con luz meridiana que la muerte es un consecuente del pecado (Ro. 5:12; 6:23; 8:10). Sin embargo, no se sufre simplemente por causa de la entropía natural del organismo humano, sino que se impone como castigo. Es este aspecto judicial de la muerte que la circunda de horror especial, y que la hace estar unida con el pecado como un dúo no santo. Este eslabón explica también el temor saturante que plaga al hombre, incluyendo muchos terrores secundarios relacionados directa o indirectamente a su temor obsesivo a la muerte (He. 2:14-15). La vida humana no puede escapar la intranquilidad y la ansiedad de existencia bajo la sombra de la muerte. La redención en Cristo no sólo salva del pecado y de la muerte, sino que ofrece libertad *ahora mismo* de los temores asociados con ellos.

Primordialmente, muerte significa la simple terminación de la vida física, y la libertad consecuente del hombre como espíritu. La idea expresa siempre no es no-existencia, sino atropía y separación.[23] La mayoría de los vocablos que denotan "muerte" (principalmente *thanatos*, "muerte," y *apothnesko*, "morir") se refieren inequívocamente a la muerte física. Casi exclusivamente, este es el caso en los Sinópticos.

No obstante, en el Evangelio de Juan, de repente nos encontramos con el concepto de muerte espiritual. El peligro de ser relegado a una eterna condenación es lo suficientemente claro en los Sinópticos; en ese sentido la idea de muerte espiritual está implícita también allí. Pero en Juan, el estado presente del pecador se considera como un tipo de muerte. Jesús habla acerca de estar muerto mientras está uno, a la vez, físicamente vivo, y acerca de ser salvo de dicha muerte mientras uno no ha muerto físicamente (5:24; 6:50; 8:51-52; ver 1 Jn. 3:14).

Cuando llegamos a las Epístolas Paulinas, descubrimos que las referencias a la muerte están más o menos divididas igualmente entre la muerte como una separación del cuerpo y la muerte como aquel estado en que los pecadores viven ahora. "Para mí el vivir es Cristo, y el morir es ganancia" (Fil. 1:21) es muy claro; pero también, por el otro lado, está la discusión de Pablo epitomizada en "venido el mandamiento, el pecado revivió y yo morí" (Ro. 7:9). En tanto que la muerte adscrita al pecado de Adán en Romanos 5:12 sig., es primordialmente física, las implicaciones espirituales no dejan de aparecer (véase Capítulo 17). En el capítulo 6, el énfasis es casi totalmente sobre la muerte espiritual, ya sea la emancipación de la muerte *al* pecado o la corrupción semejante a la muerte *del* pecado (Ro. 6:2-5, 7, 11, 16, 21-23).

A medida que procedemos a estudiar cuidadosamente, principia a emerger una definición de la muerte espiritual como un concomitante del pecado. Primero, pecado es existencia bajo *condenación* (Ro. 5:16, 18; 8:1). A la vez, es una *separación* profunda de Dios (ver Is. 59:1-2 con Lc. 1:79; Ef. 2:3, 12), una *responsabilidad* respecto a la eterna separación de Dios (Ro. 2:6-9), y una *condición* de coma espiritual (Ef. 2:1; 5:14).

El peligro supremo hacia el cual toda advertencia bíblica y provisión redentiva se dirige es morir físicamente mientras todavía se está en muerte espiritual. Cuando esto ocurre, la muerte se vuelve final y eterna (Stg. 5:19-20). La palabra usada más comúnmente para expresar este peligro último, es *apollumi,* "aflojar," "destruir," traducida normalmente en "perecer." "Porque de tal manera amó Dios al mundo, que ha dado a su Hijo unigénito, para que todo aquel que en él cree, no se pierda, mas tenga vida eterna" (Jn. 3:16; ver Mt. 18:14; Lc. 13:3, 5, 35; Jn. 10:28; Ro. 2:12; 1 Co. 1:18; 8:11; 15:18; 2 Co. 2:15; 2 Ts. 2:10; 2 P. 3:9). En Apocalipsis, el escritor inspirado le da un nombre a esta muerte última: la "muerte segunda" (Ap. 20:6, 14).[24]

La depravación, la degradación y la muerte, son productos del pecado. El pecado, "siendo consumado, da a luz la muerte" (Stg. 1:15; ver Ro. 6:23; 8:6). El pecado nunca es saludable, siempre es venenoso; nunca ennoblece, siempre degrada; nunca es constructivo, siempre es destructivo; nunca embellece, siempre arruina. Toda forma de conducta condenada en las Escrituras es inherentemente disruptiva y perjudicial, con consecuencias cósmicas. Los pecados del espíritu, tales como la envidia y la amargura, dividen a los humanos, y por ellos muchos son "contaminados" (He. 12:15). Los pecados de la "carne" producen decadencia personal y social (Gá. 6:8; 2 P. 1:4; Stg. 4:1-2). Desde el punto de vista bíblico, aparte de la gracia de Dios, la humanidad no es una raza que mejora sino que va degenerando.

La única cosa que Dios encuentra mal con el hombre es el pecado. Esto, y sólo esto, trajo a Cristo como Redentor al mundo. Por tanto, el pecado es el enemigo. Todo pecado deshonra a Dios y exalta al adversario. Todo pecado deforma el alma, y si no está cubierto por la sangre de Cristo, lleva consigo consecuencias personales eternas. Todo pecado introduce a la piscina de la vida remolinos y ondas de influencia, cuyo impacto irresistible nunca se detiene. Los pecados pueden ser perdonados sin que sus efectos sobre la vida sean borrados (ej., David).

El pecado es la causa de todo hogar infeliz, de todo divorcio, de toda guerrra, de toda riña, de toda tumba y de todo cementerio. Aun las tristezas relacionadas a las dislocaciones del orden natural están en alguna forma relacionadas a la maldición del pecado (Ro. 8:18-23).

Estos males asociados son suficientemente nocivos, pero en realidad, Cristo nada tiene que ofrecer a los que sólo quieren la salvación de los dolores del pecado y sus inconveniencias. El problema del pecado es más profundo. Le costó a Dios la armonía y belleza de su creación, y el compañerismo con el hombre, que fue la corona de su creación. Para redimir al hombre de su pecado, le costó a Dios su propio Hijo. El pecado horadó su frente con una corona de espinas y amartilló los clavos en sus manos. Cristo vino a redimirnos del pecado mismo (Mt. 1:21; He. 7:25; 9:26-28).

NOTAS BIBLIOGRÁFICAS

[1]*The Bible Doctrine of Sin* (Londres: The Epworth Press, 1953), p. 182.

[2]En el Antiguo Testamento se hizo provisión para el pecado de ignorancia, y en Cristo es hecha provisión suprema para los pecados de todos; pero no es libertinaje sino redención. La Biblia no ofrece ninguna manera por la que el pecado, como tal, pueda ser aceptable. Cuando Cristo le dijo a la mujer que fue sorprendida en adulterio: "Ni yo te condeno", no estaba demostrando tolerancia, sino perdón (Jn. 8:11; cf. Ro. 6:1, 15; 1 Co. 15:34; Ef 4:26; 1 Ti. 5:20; 1 Jn 2:1).

[3]Es bien reconocido que algunos alcanzan cierto grado de bondad, como en el caso de Elizabet y Zacarías (Lc. 1:6), y Natanael ("en quien no hay engaño", Jn. 1:47). Cristo también se refirió a un "hombre bueno" (Lc. 6:45) y a un "corazón bueno y recto" (Lc. 8:15). Pero estas diferencias en carácter dan testimonio de la obra universal de la gracia de Dios por un lado, y, por el otro, del alcance de las decisiones humanas. No son evidencias de una impecabilidad innata ni de un historial de completa pureza.

[4]Algunos se refieren al adulterio espiritual, o a la infidelidad hacia Dios, p. ej., Stg. 4:4).

[5]Son muchas las posibles clasificaciones, como los pecados contra Dios, contra otros, contra uno mismo. O pueden ser catalogados como visibles, verbales y mentales. Incluyen pecados de palabra y de hecho, pero también pecados de actitud. A algunos les llamamos propiamente "pecados de la carne", mientras que otros claramente son "pecados del espíritu". Tal vez la siguiente sea una división más útil:

Pecados del no regenerado: Estos son pecados que reciben su nombre por las características de la vida previa a la conversión. "Y esto érais algunos" (1 Co. 6:10-11; Gá. 5:19-21; Col. 3:5-7; y otros).

Pecados del creyente: Estos son pecados más propensos a infiltrarse en la iglesia, relacionados generalmente con actitudes y relaciones erróneas (Col. 3:8-13). En muchos casos son una manifestación directa de la condición carnal de creyentes no santificados (1 Co. 3:1-3). En ningún caso tales pecados son reconocidos como normales o aceptables, sino siempre como fatales.

Pecados del reincidente: Estos son los pecados característicos de la persona que se aleja de Cristo, principalmente la dureza de su corazón (He. 3:12-15), su desobediencia persistente (vv. 16-19), su presunción descuidada (4:1-12) y rebeldía final y apostasía (6:4-6; cf. 2 P. 2:20-22).

[6]Incluso la norma fijada por la autoridad apostólica se convierte en obligatoria: "Pero os ordenamos, hermanos, en el nombre de nuestro Señor Jesucristo, que os apartéis de todo hermano que ande desordenadamente, y no según la enseñanza (*paradosis,* "legar") que recibisteis de nosotros. Porque vosotros mismos sabéis de qué manera debéis imitarnos" (2 Ts. 3:6-7; cf. 1 Co. 14:37).

[7]Vine, *Dictionary.* 4:32.

[8]P. ej., Ro. 3:23; cf. Ryder, *Doctrine of Sin,* p. 143.

[9]Sin embargo, *hamartia* se usa a menudo tanto como pecado de comisión como de omisión.

[10]No obstante, es importante distinguir entre egocentrismo en el sentido de idolatría y *autoconciencia,* un alto grado que casi siempre caracteriza a fuertes personalidades. Esta autoconciencia inevitablemente producirá cierta cantidad de autoreferencia verbal, como lo hicieron Cristo y San Pablo. Tal autoreferencia no es pecado, excepto si el fin lo constituye el yo en lugar de Dios. En Cristo el Dios-Hombre, y en San Pablo el apóstol, el yo estaba ocupado en amar al Padre, aun cuando de improvisto se presentaba la circunstancia para decir: "Yo." La meta del cristiano no consiste en despojarse del yo absolutamente sino en la santificación del mismo. El no amar al yo debidamente es pecado, como lo es el no amar a Dios ni al prójimo debidamente.

[11]*Dictionary,* 4:170. Refiriéndose a 1 Jn. 3:4, Vine dice: "Esta definición de pecado establece su carácter esencial como el rechazo de la ley, o de la voluntad de Dios, y la sustitución de la voluntad del yo" (2:317).

[12]*Hardness of Heart* (Garden City, N. Y.: Doubleday and Co., Inc., 1955), p. 42.

[13]C. Ryder Smith argumenta que San Pablo concede la legitimidad de ello al usar el término "pecado" legalistamente, pero en un sentido estrictamente calificativo, no normativo. Al comentar sobre Romanos 5:13, dice: "En otras palabras, el apóstol San Pablo cree que 'todo lo opuesto a la voluntad de Dios' es pecado, pero que cuando Dios trata con el pecador sólo toma en cuenta los pecados que la *persona sabía* que eran pecados. La definición de pecado, *para el propósito del juicio,* no consiste en 'todo lo opuesto a la voluntad de Dios', sino en 'cualquier cosa *conocida* que se oponga a su voluntad'. De ello se sigue que *para ese propósito* el pecado *individual* se toma en cuenta, y que esa culpa es totalmente individual" (*Doctrine of Sin,* pp. 147-148). En otras palabras, el pecado puede ser considerado únicamente en términos de la maldad objetivamente—lo cual incluiría un error de aritmética y una falsedad voluntaria. Pero Dios ve más allá del error que la mano o la cabeza cometieron, ve el corazón, y no imputa tal maldad *como pecado* si tal imputación no está justificada por los hechos. La imputación de pecado sin tomar en cuenta las intenciones sería una burla de la justicia, y en efecto reduciría la idea de "pecado" al nivel desafortunado de lo finito en lugar de adscribirlo a la iniquidad de la persona responsable.

[14]*Dictionary,* 2:317.

[15]*Doctrine of Sin,* pp. 149-150.

[16]La frase infinitiva de *pros to epithumesai,* "codiciar", se debe entender como expresión de propósito, no de resultado. Por supuesto, el contexto de las palabras de Cristo implicarían que si por descuido en el uso de nuestros ojos innecesariamente nos exponemos a esta clase de estímulo, llegamos a ser culpables y responsables del principio de la tentación; esta acción también sería pecado. Pero en cualquier caso, sin duda alguna, el elemento volitivo está presente.

[17]San Juan usa significativamente un término principal del Nuevo Testamento, *adikia,* "maldad". Cuando confesamos nuestros *hamartias,* se nos ofrece no sólo perdón del *hamartias,* sino también limpieza de la *adikia* (1:9). Más adelante usa este término en una declaración definitiva: "Toda injusticia es pecado" (5:17). Legalistamente, puede llegar a significar que todo lo que no es técnicamente recto,

es pecado, incluyendo los errores y faltas no intencionales. Pero el contexto prohíbe tal amoralismo. Obviamente el apóstol San Juan tiene en mente una injusticia moral o espiritual, que es observada por otros y necesita de la oración intercesora de éstos; con todo, quizá no haya alcanzado la finalidad del pecado imperdonable. Esta forma es compatible con el uso normal de la palabra en cualquier otra parte, la cual expresa esencialmente un rechazo voluntario de la verdad y una injusticia opuesta a la verdad; de ahí que se deba dar cuenta de ello en su totalidad. Véase a Cremer, también a Arndt and Gingrich, Vine; cf. Ro. 1:18; Jn. 7:17-18; 2 Ts. 2:10-12.

[18]L. Berkhoff, *Sistematic Theology* (Londres: The Bannerof Truth, 1963 (1941), p. 231.

[19]*Ibid.,* p. 232.

[20]Específicamente, dice William M. Greathouse, "poder, placer y sabiduría" ("Romanos", *CBB,* 8:151).

[21]Se podría resumir de la siguiente manera: *(a)* desconfianza de la bondad de Dios; *(b)* rechazamiento de Dios como soberano (este rechazamiento está enfocado en Cristo donde el evangelio ha sido predicado; *(c)* una consecuencia necesaria, el rechazamiento de la Palabra de Dios como el criterio de la verdad; *(d)* el siguiente paso hacia abajo resultante es la tergiversación de lo bueno por fines egoístas (Jn. 5:44); *(e)* después vendrá, inevitablemente, una total perversión, la cual San Pablo llama "una mente reprobada" (Ro. 1:28), una mente abandonada totalmente a la práctica del pecado en cualquier forma que se presente; y finalmente, *(f)* demonismo, cuando el enemigo que entró en Judas reclama lo suyo.

[22]Al referirse a Ro. 1:18-32, Frank Stagg dice que "para San Pablo la ira de Dios es la entrega del hombre a la propia decisión del hombre del camino de la desobediencia y de la autoadoración" (*New Testament Theology* [Nashville: Broadman Press, 1962], p. 138). Otros expresan una idea similar en el conocimiento de que la ira de Dios es simplemente su soberanía reservada, su decisión de respetar la decisión moral del hombre y permitir que el pecado de éste produzca sus propias consecuencias. Es innegable que hay una ley natural de retribución en el pecado, pero aun ésta ha sido ordenada por Dios (Gá. 6:7-8). La teoría es verdadera, aunque no del todo, porque Dios está relacionándose a Sí mismo al *entregarlos* (Ro. 1:24, 26, 28). San Pablo declara que "Dios les envía un poder engañoso" como una *recompensa directa* "por cuanto no recibieron el amor de la verdad para ser salvos" (2 Ts. 2:10-11; cf. Ro. 3:5-8).

[23]Que esta circunstancia fue vista como una separación anormal y prematura de nuestro orden de existencia terrenal, y nunca como una extinción total o destrucción de la persona, se mencionará en otra parte (cf. capítulo 35).

[24]Para mayor discusión, véase *Projecting Our Heritage,* compilado por Myron F. Boyd y Merne A. Harris (Kansas City: Beacon Hill Press of Kansas City, 1969), pp. 69-71, incluyendo la nota al pie de la página 71.

17

Una Corrupción Racial

El Nuevo Testamento apoya al Antiguo cuando testifica acerca de la caída radical del hombre (Jer. 17:9). Ya se ha aclarado bien que esta corrupción no es endémica en el sentido de ser inherente a la naturaleza humana al ser creada (véase Capítulo 15). El corazón, como la ciudadela interna de la naturaleza moral del hombre puede ser corrupto (como en su estado caído), o santo. La redención completa tiene como su objetivo la purificación del corazón (Mt. 5:8, 12:35; 1 Ti. 1:5; Stg. 4:8).

Por tanto, el asunto que ahora nos confronta no es qué clase de naturaleza humana haya sido originalmente, sino ¿cuándo se vuelve depravada? ¿Es la naturaleza del niño "cargada" hacia el pecado, i.e., más inclinada al mal que a lo santo? Si esta es la enseñanza del Nuevo Testamento, entonces en algún sentido es correcto hablar de pecaminosidad heredada. Pero por todo el Nuevo Testamento, a los humanos se les considera libres y responsables; de manera que, en vista de la enseñanza bíblica definida de la naturaleza ética del pecado, la idea de pecaminosidad heredada nos avienta en una problemática extrema. De cierto parecería que habría de hablar acerca de una pecaminosidad prevolicional como "pecado" en un sentido subético y acomodaticio.[1]

I. El Testimonio Anterior al Pentecostés

Los escritores de los cuatro evangelios recuerdan las actitudes, eventos, y expresiones de Jesús que reflejan su punto de vista general acerca del hombre. Este punto de vista sugiere una solidaridad racial en pecaminosidad que resulta inexplicable aparte de una participación común en una naturaleza humana que se ha vuelto defectuosa moral y espiritualmente.

A. El Punto de Vista de Jesús acerca del Hombre

Resulta notable que Jesús haya categorizado aun a sus discípulos como "malos" (Mt. 7:11; Lc. 11:13).[2] A la luz de esto no está fuera de razón entender su referencia a "hombres pecadores" (Lc. 24:7) como una caracterización de *hombre* como pecador, sino más bien como una simple referencia particular a algunos hombres, como si algunos fueran pecadores y otros no. Los que no endosan la crucifixión de Cristo fueron los que ya habían permitido que su poder redentor estuviera obrando en ellos; aparte de esta invasión de la gracia, fue la *raza humana* la que puso a Jesús a la muerte, tanto como fue en razón de la *raza humana* por la cual El murió.

El efecto que tuvo Jesús sobre los hombres fue maravillosamente catalítico. O estaban dispuestos, como en el caso de Pedro, a reconocer su pecaminosidad (Lc. 5:8), o se endurecían en su corazón. La constante develación de Jesús de la gente "mejor" no los avergonzaba sino que hacía brotar una mayor corriente de iniquidad ilimitada. Parecía que El era para ellos un fuego calentando la caldera de su subconsciente y haciéndolo hervir hasta la superficie. Aparentemente la santidad de Jesús activaba la falta de santidad del hombre.

Aunque el amor de Jesús por los hombres era lo suficientemente profundo para que El muriera por ellos, nunca fue un lecho de rosas. "... Jesús mismo no se fiaba de ellos, porque conocía a todos, y no tenía necesidad de que nadie le diese testimonio del hombre, pues él sabía lo que había en el hombre" (Jn. 2:24-25). Además, la declaración de Jesús de que "ninguno hay bueno, sino solo... Dios" (Mr. 10:18) es indicio de que si la bondad perteneció a la imagen original de Dios en el hombre, ahora ya está perdida. Si no existe bondad fuera de Dios, los que viven fuera de Dios han sido robados de bondad.[3]

B. Impotencia Espiritual

Un indicador de la naturaleza pecaminosa universal del hombre es la aserción de Jesús de que ninguno puede venir a El a menos de que "el Padre que me envió no le trajere" (Jn. 6:44, 65). Hay aquí una evidencia dual de depravación prevolicional. Por un lado, la implicación es que si se le deja, ningún hombre tendrá una inclinación a acercarse a Jesús. Pero hay también una indicación clara de una imperfección de la capacidad moral, porque los vocablos son *oudes dunatai,* "absolutamente incapaz." Este reconocimiento de incapacidad moral en la mayoría de la gente religiosa sobre la tierra, a responder adecuadamente a Jesucristo, sin la ayuda de la gracia, es una revelación devastadora de su condición espiritual. Parece haber aquí algo más que una depravidad totalmente adquirida por escogimientos personales equivocados.

II. El Predicamento de la "Carne"

El término griego *sarx,* "carne," tal como se usó en el Nuevo Testamento, arroja luz sobre la cuestión de la naturaleza del hombre antes de la conversión (véase Capítulo 15).[4]

A. La Carne y el Nuevo Nacimiento

Las implicaciones éticas en el concepto bíblico de carne se ven primero en Juan 1:12-13 en combinación con 3:6, "Lo que es nacido de la carne, carne es; y lo que es nacido del Espíritu, espíritu es." Por procreación humana sólo se produce carne—una carne que de por sí es incapaz (*ou dunatai,* "incapaz, no puede") de percibir las realidades espirituales del reino de Dios. Si Dios creó al hombre como espíritu en relación viva con Dios, esta existencia viva espiritual ha sido perdida; sólo puede recuperarse a través de un nuevo nacimiento del Espíritu. Por tanto, la necesidad del nuevo nacimiento no es porque los *buenos* hijos hayan escogido el pecado y se hayan vuelto malos; la necesidad del nuevo nacimiento es *innata.* Hablando con claridad, la naturaleza humana al nacer no tiene, en ella misma, el potencial para su propia santidad.[5]

Juan 1:12-13 sostiene este punto de vista. Sólo a través de Cristo pueden los hombres "ser hijos de Dios" (v. 12). El venir *a* Cristo es volicional ("a todos los que le recibieron"), pero la *necesidad* es subvolicional. El concepto bíblico de hijo espiritual no es sólo el de relación, sino también una participación de la semejanza moral. Este aspecto de la imagen divina en el hombre se ha perdido. Decir que sólo puede recuperarse en Cristo es decir que aparte de la redención todos los hombres *como hombres,* son diferentes de El. Jesús llama a sus oyentes, hijos del diablo porque son participantes de la naturaleza de Satanás en lugar de la naturaleza de Dios (Jn. 8:44; ver, Jn. 3:8, 10).

B. La Carne como Pecaminosa

En la epístola de Pablo a los Romanos el concepto ético de carne como hombre-bajo-el-pecado es crucial a su soteriología. La llave está en 8:3: "Porque lo que era imposible para la ley, por cuanto era débil por la carne, Dios, enviando a su Hijo en semejanza de carne de pecado en la carne." Esencialmente, carne es el hombre en su modo terrenal de existencia. El término "carne pecaminosa" denota la naturaleza humana infectada por el pecado, que es la característica distintiva de todo individuo como miembro de una raza caída (ver Ef. 2:1-3).

Que Jesús no era pecador, es evidencia de que la carne *per se* no es necesariamente pecadora, sino que a través de alguna catástrofe la carne ha caído bajo el dominio del pecado. Esto es lo que hace que la naturaleza humana sea moralmente impotente ante las demandas de la Ley. Claramente, esta no es una condición resultante sólo de escogimientos personales, sino una condición en la que todo individuo participa.[6]

Por cuanto *sarx* en sí misma es neutral pero puede ser infectada por el pecado, Pablo usa el término metafóricamente en Romanos 7:5—8:13 y en Gálatas 5:13-24 representando el pecado mismo. De aquí que, en esta manera de expresarse el estar "en la carne" es estar bajo el dominio del pecado; y todos viven en este estado no por escogimiento individual, sino por *naturaleza.* Usada en esta forma, carne puede definirse como la naturaleza humana orientada hacia el pecado. La frase *phronema tes sarkos* (8:6), "la mente carnal," es la manera más precisa de Pablo para expresar lo que a veces quiere decir con "carne" solamente. Acentúa la tendencia disposicional de la naturaleza humana caída, en contraste directo con la tendencia disposicional de la naturaleza humana redimida. La disposición o tendencia es "enemistad contra Dios; porque no se sujeta a la ley de Dios, ni tampoco puede" (v. 7). Naturalmente, por tanto, "los que viven según la carne no pueden agradar a Dios" (v. 8).[7]

III. El Veredicto de la Ley

La ley es algo más que la base justa de culpa, y su nivel de posesión la medida de responsabilidad; también sirve como la manera en que Dios demuestra al hombre lo pecaminoso de su naturaleza. No sólo "... por... la ley es el conocimiento del pecado" (Ro. 3:20) en *particular,* sino que por la ley viene el descubrimiento de la raíz tan profunda de la intransigencia humana. Fue para que sirviera esta función más profunda que la ley mosaica fue dada. Pablo principia a desarrollar este tema en Romanos 5:20: "... la ley se introdujo para que el pecado abundase" (ver Gá. 3:19). La cláusula propósito, *hina pleonase,* "abundar," no significa que Dios quería que el hombre pecara más, sino que deseaba incitar su pecaminosidad por medio de la Ley para que pudiera verla como es ella, es decir, su pecaminosidad.[8] La inferencia es que si la ley perfecta de Dios irrita al hombre a una multiplicidad de infracciones, ¡algo radicalmente malo debe suceder con el hombre! La naturaleza humana santa no tiene dificultades con la ley de Dios. Su conformidad a ella no sólo es natural, sino placentera.[9]

Esta es precisamente la conclusión a la que llega Pablo en Romanos 7. ¿Cuál es el origen de mi tendencia al pecado?, pregunta. ¿Quién es el verdadero villano? ¿Es la ley (v. 7)? ¿Es malo imponer ley al hombre? La idea ni debe ocurrirnos. La ley "es santa, y el mandamiento santo, justo y bueno" (v. 12; ver v. 14) en el sentido de que es un reflejo de la naturaleza real del hombre y de los principios morales que tienen que ver universalmente con la felicidad humana. El hecho de que tal ley espiritual incite en el hombre un deseo de conflicto para con ella sólo demuestra la falta de espiritualidad del hombre tal como es él hoy. Lo que "era para vida" (v. 10)—que era un modelo para una interrelación placentera y armoniosa—de ninguna manera podría resultar "para muerte." En la ley, sólo aquellas cosas intrínsecas dañinas estaban prohibidas, y sólo se ordenaban aquellas cosas que eran intrínsecamente saludables.

El fenómeno increíble descrito en Romanos 7 no es la experiencia de un hombre cuya razón encuentra fallas en la ley, pues él mismo testifica, "según el hombre interior, me deleito en la ley de Dios" (v. 22). No obstante, es en *este* hombre que la ley "resulta en muerte." A pesar de su percepción de que la ley es correcta, se encuentra en conflicto con ella. Lo que conviene a su naturaleza creada como si fuera un guante, no lo sentía muy confortable.

Por tanto, el mensaje de Romanos 7 es que la ley hace mucho más que enfocarse sobre la culpa e intensificarla por causa de las malas obras (vrs. 9-11, 13). También descubre una depravación de naturaleza como base de las infracciones humanas. El estar consciente de esta depravación es esencial al conocimiento que el hombre tenga de sí mismo. "Pero yo no conocí el pecado sino por la ley [*ten hamartian,* 'el pecado']. Yo no hubiera sabido qué es codiciar si la ley no hubiera dicho, 'No codiciarás'" (v. 7). La proclividad para codiciar ya estaba allí. La ley no la creó, sólo la reveló. Por tanto, es una tendencia humana que precondiciona al alma para luchar en contra de la ley, de aquí que predetermine un conflicto irracional cuando llega la ley. En este conflicto, la ley y la razón salen perdiendo.

IV. EL CARÁCTER DEL "PECADO QUE MORA EN MÍ

Los eruditos han notado con frecuencia la transición en el cuadro total de Pablo al cambiar de pecados personales y culpa a *he hamartia,* "el pecado." Este uso del artículo con un sustantivo singular lo introduce desde el 5:12; de allí en adelante la discusión se centra en esta clase de pecado.[10] Hablando acerca del 5:12, Greathouse comenta:

> Hasta este punto Pablo ha estado tratando principalmente con el problema del pecado como *culpa;* ahora introduce la idea de pecado como *revuelta.* Esto se indica por la nueva frase *he hamartia,* que ocurre 28 veces entre el 5:12 y el 8:10. En cada caso se refiere al 'principio de revuelta por el cual la voluntad humana se opone a la voluntad divina' [citando a Godet]. Beet comenta que en este caso *pecado* 'no es meramente un acto, sino una facultad viviente, hostil y mortal.'[11]

En el capítulo 7 Pablo procura aclarar que este principio de pecado es el verdadero villano. Dos veces lo señala precisamente como "el pecado-que-mora-en-mí" (*he enoikousa en emoi hamartia,* vers. 17, 20). Es esta pecaminosidad lo que determina el carácter moral de *carne,* i.e., la naturaleza humana en su forma terrenal.

A. Una Fuerza Extraña

Pablo no sólo exonera a la ley de Dios sino que exonera también el "Yo"—"ya no soy yo quien hace aquello" (7:17, también 15-16, 19-20, 22, 25). La teología bíblica no nos permitirá sicologar esto en términos modernos procurando explicarlo como sujeción de la voluntad hacia un hábito maligno. Hemos de basarnos en la propia sicología de Pablo que presenta un problema mucho más profundo. El está confrontando una tiranía moral interna extraña a la verdadera naturaleza del hombre. El haber culpado a la ley hubiera sido culpar a Dios quien la promulgó; y sería también culpar al Creador si adscribiéramos esta dicotomía moral interna a un defecto original. Hay un *Yo* en este pasaje que desconoce lo que halla en sí, pero al mismo tiempo es dueño de él porque está presente en su interior. Resulta también claro que los actos volitivos del mal hacer no son aparentes. Estamos tratando con una tendencia subvolicional a estar ·muy por debajo de una norma adoptada y razonable.

B. Su Naturaleza como Ley

Principiando con 7:21 Pablo introduce una nueva caracterización del pecado que mora en el hombre: *nomos,* "ley," que domina a la *ley* de su mente (vrs. 21, 23, 25; 8:2). Obviamente, esta no es ley en el sentido de mandamiento (como lo es la ley de Dios) sino ley en el sentido de un modo uniforme de operación, e.g., la ley de gravitación.[12] Arndt y Gingrich usan la frase "principio de acción" como explicación de la "ley de la mente."[13] Es así como se entiende mejor a Pablo:

> *Así que, queriendo yo hacer el bien, hallo esta ley: que el mal está en mí. Porque según el hombre interior, me deleito en la ley de Dios; pero veo otra ley en mis miembros, que se revela contra la ley de mi mente, y que me lleva cautivo a la ley del pecado que está en mis miembros. ¡Miserable de mí! ¿Quién me librará de este cuerpo de muerte? Gracias doy a Dios, por Jesucristo Señor nuestro. Así que, yo mismo con la mente sirvo a la ley de Dios, mas con la carne a la ley del pecado* (Ro. 7:21-25; ver 8:1-4).[14]

Definir "el pecado que mora en mí" como una ley en este sentido, resulta profundamente significativo, pues esta ley tiene siempre tres características: (1) Su acción es uniforme y se puede predecir; esto es, en la misma forma que la "ley del Espíritu" (8:2) es uniformemente destructiva del pecado y se puede predecir, la ley del pecado es uniformemente inducible al mal y se puede predecir. (2) además, tal ley no se promulga sino que se *encuentra.* La ley del pecado en la naturaleza del hombre es una propensidad que el individuo descubre en él mismo, pero que él no ha causado personalmente. (3) Tal ley está más allá de lo que la facultad del hombre puede controlar o tiene poder para destruir. Puede resistir su impulso, pero no puede eliminarlo. Su operación no depende en el consentimiento del hombre.

Tales son los fenómenos del pecado innato. Hablando acerca de 8:2, A. Berkeley Mickelsen dice: "Tanto el Espíritu como el pecado y la muerte se llaman ley debido a la constancia de su influencia y acción."[15] La naturaleza irregulativa, disruptiva y contravolicional del pecado que mora en el hombre es, por tanto, inequívoca.

¿Cómo entonces puede definirse esta ley de pecado? *Es una oposición pronosticable y espontánea hacia la ley de Dios, uniformemente presente en la naturaleza humana tal como está ahora constituida.* Pero decir "la ley de Dios" es decir Dios mismo. Así que la ley del pecado es sinónima de la mente carnal ("la mente según la carne")—la mente que es "enemistad contra Dios" (Ro. 8:7). Esta hostilidad explica la razón por la que la mente carnal siempre tiende a rebelarse en contra de Dios y de su ley.

Por eso también la perversidad es una fuerza tan disruptiva en la personalidad. ¿Qué podría ser más esquizofrénico que la situación que Pablo condensa diciendo: "Así que, yo mismo con la mente sirvo a la ley de Dios, mas con la carne a la ley del pecado" (7:25)? Hay sólo una yo—yo mismo"—pero este yo experimenta la presión de dos fuerzas opuestas. Es, al mismo tiempo un siervo, a través de la razón, hacia la ley de Dios, y un siervo, por medio de la carne, al pecado que mora en el interior. Sólo que es una lucha desigual. La atracción del pecado es más potente que la atracción de la razón. Esta es la gran tragedia del predicamento humano. Es el lado desigual de la batalla y la certeza de su resultado lo que da lugar al clamor: "¡Miserable de mí! ¿quién me librará de este cuerpo de muerte?" (v. 24).[16]

C. Pecado y Deseo

Hablar de *el pecado* como una cualidad extraña que tiene la naturaleza de la ley no nos lleva todavía a la profundidad de su realidad, pues la ley específica que devela esta esencia viene a ser el décimo mandamiento, "No codiciarás" (7:7). Habiendo aprendido de la ley, en lugar de evitar la codicia como asunto de obediencia sencilla, Pablo está obligado a confesar, "[el] pecado, tomando ocasión por el mandamiento, produjo en mí toda codicia" (v. 8). No fue la prohibición lo que ocasionó la codicia; fue *el pecado.* La codicia misma es un pecado secreto en el corazón, pero aquí está presente *un pecado que está detrás de la codicia,* como el que encamina y es fuente de la codicia. El verbo intensivo "produjo," *katergazomai,* significa "hacerlo (hasta terminar)," según Robertson.[17] *El pecado* es una pelea en contra de la ley que la desafía y domina, una situación combativa creada por *una prioridad profunda del yo sobre la voluntad de Dios.*

C. Ryder Smith señala, con toda propiedad, que *epithumia,* "deseo," en sí mismo no es pecaminoso, pero se convierte en algo éticamente pecador cuando la voluntad le da una dirección equivocada. En su deseo de evitar toda clase de pecado no volicional, Smith dice: "Aunque Pablo enseña en este caso que él escoge un deseo equivocado a pesar de lo que él prefiere, hasta tanto él escoge, no ha pecado."[18] Cierto que en algún punto se vuelve responsable por su codicia. Sólo en este punto se convierten en pecados "propiamente llamados" (Wesley). Pero Pablo no está poniendo la culpa en el deseo *(epithumia)* sino en *he hamartia* que apoyó los derechos de *epithumia* en contra de Dios.

El enredarse en una discusión sobre *deseo* es fallar en toda la cuestión de este capítulo. El asunto es ¿por qué el yo desde que principio a ser responsable tiene la tendencia perversa de desafiar la ley, a pesar de la vergüenza y perplejidad de ese hecho? Si el escogimiento consciente fuera todo, parecería que la victoria y el fracaso resultarían ganando en un 50 por ciento a cada uno. Pero no es así, y éste es precisamente el problema. Pablo insiste en que hay algo en el yo que él llama *el pecado.* Actúa antes que la razón, y pone la balanza del lado del pecado abierto.[19]

D. El Pecado como Idolatría del Yo

No podemos penetrar completamente el "misterio de la iniquidad," pero la relación entre *he hamartia* y *epithumia* es claramente una relación interna. Quizá tengamos una pista en este caso a *el pecado* como *una tendencia innata hacia la idolatría del yo, o a la soberanía del yo que precede al escogimiento consciente y ayuda a formarlo.*

El amor desmedido del yo crea una super sensitividad espontánea a los derechos, sentimientos y placeres de uno. Esta sensitividad es tan poderosa que la persona alerta no puede, de por sí, librarse del poder asfixiante de este patrón insidioso de buscar lo suyo propio. En consecuencia, hay una sospecha espontánea y quizá un antagonismo abierto hacia todo lo que amenaza la autonomía del yo o la prioridad de los valores orientados hacia el yo. La ley—y por detrás de la ley, Dios—es precisamente esta clase de amenaza. El punto de oposición abierta será quizá sobre el décimo mandamiento, porque este yo pecaminoso quiere lo que quiere con una decisión febril. Pronto está queriendo lo que Dios le ha prohibido tener, y así viene la codicia. El objeto deseado quizá no sea la mujer del prójimo, sino "... la casa de tu prójimo,... su tierra... su siervo ... su buey; ... su asno,... cosa alguna de tu prójimo" (Dt. 5:21).

El "cosa alguna" pudiera incluir no sólo los bienes materiales, sino posición, poder, y aun prestigio, como Aarón y María codiciaron el ser iguales con Moisés. Así que el pecado de amor desmedido (¿orgullo?) pone a trabajar el mecanismo de defensa de la aserción propia y del espíritu de combate, originando al fin la avaricia, la envidia y el celo. Ahora, si hay obstáculos para hacer lo que queremos, hemos de dominarlos a base de astucia, complot, engaño, y finalmente con mala voluntad, odio, mentira, robo y asesinato. Toda la familia de obras malignas resulta de este "toda codicia" (v. 8). Cuán adecuada resulta la vívida cláusula de Pedro cuando dice, "la corrupción que hay en el mundo a causa de la concupiscencia" (*epithumia,* 2 P. 1:4).

Por cuanto la naturaleza humana fue creada con Dios como su Eje, este idólatra amor del yo es en realidad una excentricidad. Un yo que tiende al yo como su centro es un yo fuera de centro. Esta perversión afecta destructiva y desastrosamente a la totalidad del hombre y en esa forma la totalidad del mundo de relaciones humanas.

E. El Pecado como Inclinación a la Carne

Resulta aparente que el estado del hombre descrito por Pablo, es un estado de tensión entre el *nous,* "mente," y el *phronema,* "estado de mente." Los que están acosados por el pecado-que-mora-en-mí se caracterizan por una tendencia de la mente hacia "las cosas de la carne" (8:5-7). La disposición se inclina a acariciar el yo en su vida física y terrenal; pero en vista de que la razón desaprueba tal obsesión monolítica, hay una tensión entre lo racional y lo disposicional. Por el otro lado, la obediencia espiritual es racional por cuanto es una disposición en afecto y deseo, que va de acuerdo con los dictados del *nous.*

Pureza de Corazón Es Querer Una Cosa se titula una de las obras de Kierkegaard, el filósofo danés. Pureza de corazón es una armonía entre *nous* y *phronema,* la razón y los afectos, el intelecto y la disposición. Pureza de corazón unifica el yo proposicional y el yo propensivo, las metas aprobadas y las insinuaciones reales, las entregas públicas y las preferencias secretas. Por tanto, la pureza de corazón no es sólo tener "voluntad para querer una cosa" sino *desear* una cosa. Sólo cuando los deseos más profundos han sido santificados y librados de su servicio febril hacia el yo, puede la voluntad ser verdaderamente liberada de su esclavitud al pecado y reinar otra vez por la gracia divina.[20]

V. "EL PECADO" DE ADÁN Y SU RELACIÓN

A. La Cronología del Pecado

¿Cuándo vivió Pablo (o algún hombre) sin la ley, y cuándo murió? ¿Cuál es la cronología del pecado? Aunque Pablo habla de la "ley del pecado y de la muerte," no les da el mismo lugar a las dos. La naturaleza de *el* pecado es tal que cuando se le da campo de acción, produce la muerte por la sugerencia de actos de pecados voluntarios. Wilber T. Dayton dice: "Pablo... sin duda se refería a la inocencia de la niñez, cuando la gracia no era ni condicional ni cosa de resistirse." El entiende que Pablo expresó que cuando él llegó a la "conciencia moral," las "energías latentes del pecado despertaron y me mataron." De acuerdo con Dayton, Pablo dice: "Había algo en mí que no estaba dispuesto a sincerarse con la verdad. Esta tendencia latente para favorecer el ego y someterse al mal, acabó por arruinarme."[21]

La cosa importante que hemos de notar es que dondequiera que esto ocurría, *el pecado* ya estaba allí. No fue el resultado del primer escogimiento pecador de Pablo; le precedió. De aquí que sea una clase de pecado que se considere prevolicional, por tanto nonvolicional. Pero si estaba presente cuando Pablo (o alguna otra persona) llegó a la edad de responsabilidad, entonces lo caracterizaba con un niño antes de ser responsable. Es muy difícil escapar la implicación de que Pablo describe la clase de ser que sus padres procrearon. Wesley pregunta: "¿No vienen los hombres a este mundo con propensidades pecaminosas?"[22]

B. Un Prejuicio Heredado

El pasaje más crucial en el asunto de la relación de la pecaminosidad racial a la transgresión de Adán es Romanos 5:12-21. El objetivo de Pablo en este pasaje es el de demostrar que tanto intensiva como extensivamente, la obediencia a Cristo más que compensa los efectos de la desobediencia de Adán. Pero al recalcar este punto claramente sigue el trayecto de la depravación humana hasta el Jardín.

Del único acto de desobediencia de Adán resultaron tres consecuencias que se condensan bajo el título de muerte en v. 15: "... si por la transgresión de aquel uno murieron [legal, física y espiritualmente] los muchos, abundaron mucho más para los muchos la gracia y el don de Dios por la gracia de un hombre, Jesucristo." Después, esta declaración general se subdivide como sigue: El castigo en contra del pecado de Adán resultó en condenación para la raza, *pero* esto se compensa por el don gratuito que "vino... para justificación" (v. 16). Es también muerte física, "... si por la transgresión de uno solo reinó la muerte, mucho más reinarán en vida por uno sólo, Jesucristo, los que reciben la abundancia de la gracia y del don de la justicia" (v. 17). *El pecado* (el principio del pecado que mora en mí) constituye el efecto espiritual sobre la *naturaleza humana* tanto como la muerte y la condenación constituyen los efectos *físicos* y *legales*. "El pecado entró en el mundo por un hombre" (v. 12). Es así que, como *el pecado* "... reinó para muerte, así también la gracia reine por la justicia para vida eterna mediante Jesucristo, Señor nuestro" (v. 21).[23]

Alan Richarson admite que Pablo "sin duda pensó en Adán como un individuo histórico," pero insiste en que teológicamente, Pablo estaba pensando en Adán como "'la humanidad', 'todo hombre'. Pablo mismo." Para Pablo, Adán es sólo un nombre colectivo. "Adán representa a todos los hombres, porque todos tienen el carácter de Adán."[24] Sólo que esto hace a un lado el hecho claro de que para Pablo es la especial individualidad histórica de Adán lo que forma el pivote de su argumento. Hay aquí una cronología inequívoca. El pecado y la muerte *entraron* en un punto en tiempo, una período definido de tiempo *intervino* entre la transgresión de Adán y la promulgación de la ley mosaica, la muerte reinó desde Adán hasta Moisés. Estas notas cronológicas son esenciales a la línea de pensamiento de Pablo.

No hay manera de evitar la enseñanza de que hay una unión genealógica real entre el pecado de Adán y nuestra pecaminosidad presente como miembros de la raza humana.[25] Somos pecadores por naturaleza heredada porque esta es la clase de naturaleza que Adán transmitió como resultado de su pecado. William Greathouse dice que "como consecuencia de la desobediencia del primer hombre toda la raza ha sido corrupta. Esta corrupción consiste en que los humanos nacen fuera de una relación verdadera con Dios y condenados constantemente a empeorar su relación." Por tanto, concluye, "el hombre *hereda* una situación de *muerte*—bancarrota moral, flaqueza y corrupción."[26]

No hay intento en las Escrituras a explicar cómo Adán haya corrompido la corriente de la naturaleza humana, y no hay teorías respecto a la transmisión de *el pecado*. Se cree, por supuesto, que el hombre viene al mundo no más primitivamente santo como lo fue Adán, o disposicionalmente neutral, sino inclinado premoralmente hacia el pecado. La definición que da Thayer sobre la ley del pecado es: "el impulso a pecar; inherente a la naturaleza humana" (*Lexicon,* p. 427). Pero la palabra "inherente" es de objetarse, puesto que da la idea de que el pecado pertenece a la constitución esencial del hombre. Si esto fuera así, su remoción sería una herida antes que una corrección. Deberíamos decir, por tanto—de hecho, decirlo es casi inescapable a la luz de toda la información escritural—que la Ley del pecado, *el pecado,* es un impulso *heredado* para pecar, residente y penetrante, pero no irremediablemente *inherente.*[27]

C. Una Capacidad Moral Defectuosa

Se admite que hay una paradoja seria en la fuerte suposición bíblica de que un elemento ético pertenece al pecado *per se* y la enseñanza concomitante de que hay una tendencia pecaminosa que se hereda. El peligro de contradicción se evita si se considera el pecado heredado como subético en naturaleza, llevando en sí ninguna culpabilidad personal, hasta que se endosa como el acto escogido del alma en madurez responsable.

Junto con esta cuestión viene el relacionado asunto de la libertad incapacitada. Si la tiranía del pecado innato sobre la voluntad es absoluta, el pecado actual, con su culpa se vuelve imposible, pues la total incapacidad nulifica toda responsabilidad.[28]

Pero el mismo Pablo quien define los *límites* de la libertad moral del hombre pecaminoso en Romanos 7 también define su residuo de poder en Filipenses. Por lo que respecta a la justicia legal en la ley, él era sin culpa. Pero la capacidad del hombre fracasó en el punto crucial de la limpieza de su naturaleza de la tendencia persistente a codiciar y del latente antagonismo hacia Dios. La libertad humana, en el sentido de facultad para hacer escogimientos morales *está* incapacitada por el pecado. Tal incapacitación es la naturaleza de pecado. Pero a través de la gracia previniente todo hombre está libre para ver hacia Cristo en quien reside el poder de limpieza y victoria moral.

El pecado innato, por tanto, debe considerarse como comparable, aunque sea en reversa, a la *santidad primitiva* de Adán. Esta santidad primitiva es una creada tendencia natural hacia Dios que facilita el amar a Dios, pero no lo hace inevitable o irreversible. De la misma manera, el pecado innato es una tendencia hacia el yo primitiva y subética que facilita la idolatría del yo, aunque no es un mecanismo *absoluto,* de causa-y-efecto. La superabundante gracia domina completamente el poder de *el pecado.*

Es como si bajo Adán, la única esperanza de salvación del hombre descansara en luchar heroicamente por la herencia de Adán dentro de él mismo—sólo para después fracasar. Por contraste, el evento redentor en Cristo significa que aunque cada persona viene al mundo con la naturaleza de Adán, está también ya dentro de la esfera de la gracia de Dios. La gracia preveniente es una influencia penetrante que lo guiará hacia la conversión y santificación y finalmente al cielo, *a menos de que él decididamente se escape de este plan.* En Adán es imposible ser salvo. En Cristo—reconociendo la potencialidad en todos los hombres—es difícil perderse. *No obstante, Cristo hace que tanto las influencias de Adán como la suya propia se detengan antes de tocar el absoluto determinismo moral.* Nosotros decidimos personalmente si hemos de vivir en Adán o si hemos de vivir en Cristo. A la hora de nacer estamos en ambos, pero tarde o temprano hemos de escoger entre uno o el otro.

D. La Cuestión de Culpa

Romanos 5:12 no deja duda de que la entrada de *el pecado* al mundo fue el producto de Adán, y que la *muerte* fue el producto de *el pecado.* Después, Pablo se reasegura al agregar la frase explicativa "por cuanto todos pecaron." Esto quiere decir que todos comparten en la muerte porque todos son culpables de pecar. La cuestión es si Pablo significa darle crédito al pecado de Adán cuando dice "todos." ¿Pecaron todos en Adán, o como resultado del pecado de Adán?

Wesley, los reformadores y muchos comentaristas modernos dirían que todos están bajo sentencia de muerte porque todos (incluyendo a los bebés) comparten la culpa del pecado de Adán. La muerte como *pena* puede justificarse sólo sobre la base de envolverse con la transgresión alevosa de Adán. Mickelsen dice: "Pablo ve a los hombres desde Adán hasta Moisés, involucrados tanto en el pecado inicial de Adán como en su consecuencia."[29]

Pero en tanto que el pecar voluntariamente requiere arrepentimiento personal y perdón particular, Pablo parece decir que toda "culpa" que se merece como resultado del pecado de Adán es cancelada universalmente, como uno de los beneficios incondicionales del Segundo Adán. En Romanos 5:18, la "condenación a todos los hombres" resultado de Adán, fue cancelada en la coextensiva "justificación de vida" a todos los hombres a través de Cristo. No hay, por tanto, una base real de queja. "En ninguna parte se dijo o implicó" observa Barmby, "que la infección natural de la que ellos no eran culpables habría de extenderse a los individuos en el juicio final."[30]

Este punto de vista de *culpa* transmitida no es, sin embargo, compartida por todos. Wilber Dayton declara que Pablo no dice que "el pecado fue 'imputado' a todos por causa del pecado de Adán. Ni tampoco especifica que todos estaban presentes en Adán y que participaron en su acto de pecado." Comentando más directamente sobre la frase "por cuanto todos pecaron," agrega: "¿Cuándo o cómo? El [Pablo] no lo dice. Por tanto, será mejor que nosotros no lo digamos. Es suficiente que en vista de que el primer hombre pecó, este espíritu horrible de revolución se ha demostrado, en una forma u otra en todas las generaciones. Todos han pecado, tal como se dijo en 3:23."[31]

El movimiento interno de este pasaje parece indicar la transmisión de *el pecado,* mas no la transmisión de la *culpa* de Adán. Pablo inmediatamente se apresura a agregar que ". . . antes de la ley, había pecado en el mundo; pero donde no hay ley, no se inculpa de pecado. No obstante, reinó la muerte desde Adán hasta Moisés, aun en los que no pecaron a la manera de la transgresión de Adán" (vrs. 13-14). Esto podía interpretarse diciendo que en vista de que su propio pecado no les fue imputado como digno de muerte, el de Adán debió haberle sido. Pero al mismo tiempo podía ser una negación cierta de la idea, pues Pablo en forma expresa dice que esta gente no pecó en la manera en que Adán pecó—con alevosía transgrediendo una ley publicada. Por tanto, el pecado *de ellos* no era el de él; pues si pecaron *en* Adán, ellos pecaron *el pecado de él.* Imputarles el pecado de Adán a quienes la ley de Adán no les fue dada, equivaldría a hacer exactamente lo que Pablo acababa de decir que Dios no hace.[32]

La piedra de tropiezo parece ser que si la muerte es *castigo* por la transgresión deliberada de una ley conocida, como en el caso de Adán, es injusto condenar a los bebés a compartir esta pena a menos de que en alguna forma ellos estén implicados en el pecado. El decir que los bebés merecen morir es, para la mente moderna, una contradicción de términos. Y el texto tampoco lo requiere. Pero conceder una implicación *legal* en el pecado de Adán como su representante, y una participación de la muerte como una simple consecuencia de pertenecer a una raza que está ahora bajo sentencia de muerte, es de objetarse menos. Cualquiera que sea nuestra interpretación, el futuro de los infantes en Cristo excede infinitamente a su obstáculo en Adán.[33]

NOTAS BIBLIOGRÁFICAS

[1]Indudablemente que gran parte del fenómeno de la esclavitud moral, con su necesidad de la gracia divina, podría ser responsable, sobre la suposición de que la depravación del hombre es totalmente adquirida por su medio ambiente y por su pecado personal. E. La B. Cherbonnier, quien rechaza la formulación de la Reforma de la doctrina del pecado original, considera la "esclavitud de la voluntad" en esta forma. Dice: "Si la libertad humana sólo se *alcanza* en el *agape,* entonces, por el contrario, será *destruida* progresivamente por el pecado." Considera que la impotencia frustrante de San Pablo ("Porque no hago el bien que quiero, sino el mal que no quiero, eso hago", Ro. 7:19), constituye una forma de adquirir "comportamiento compulsivo" (*Hardness of Heart,* pp. 132 y ss.).

Sin embargo, se debe recalcar que muchos eruditos que rechazan el "pecado original" aparentemente no conocen otra doctrina, sólo la tradicional, la cual identifica al pecado original como una participación total en la culpa de Adán por una parte, y por la otra, como una depravación moral endémica—una depravación tan arraigada como para llegar a ser un elemento inseparable de la misma naturaleza humana. Este concepto del pecado original no es bíblico, y aprobamos su rechazo.

[2]Dice G. C. Berkouwer que el aparente reconocimiento de "justo" y "sano" (Mt. 9:12; Mr. 2:17; Lc. 5:31-32), no es realmente una referencia "a algún grupo 'elitista' que se ha elevado por sobre el estado pecaminoso general por medio de una justicia aceptable ante Dios; por el contrario, es una crítica mordaz de la ilimitada sobreevaluación, el no reconocer que se es pecador ante Dios" (*Doctrine of Man,* p. 143).

[3]Es cierto que Jesucristo aplica el término bueno *(agathos)* a los hombres en otras ocasiones (Mt. 5:45; 12:35; 25:21, 23; cf. 1:6; 2:25), pero indudablemente que la intención es una bondad de gracia. Puesto que Jesucristo no llamaría a nadie bueno que no fuera devoto, asumimos que tal persona ya se encuentra en la corriente redentora de la influencia divina.

[4]La palabra *sarx* se puede referir simplemente al cuerpo (Hch. 2:31), o a la raza humana con su línea de parentesco (Ro. 1:3), o al conocimiento del hombre natural (Mt. 15:17; Ro. 6:19). Para un estudio más amplio sobre el particular, véase la obra de Lambert, *Dictionary of the Apostolic Church* (Grand Rapids, Mich.: Baker Book House, reimp. 1973), 1:411 y ss.; también la obra de Richard E. Howard, *Newness of Life* (Kansas City: Beacon Hill Press of Kansas City, 1975). Howard dice: "En realidad cuando el hombre vive conforme a la carne *(Kata sarka),* vive *conforme a sí mismo.* Debido a la naturaleza básica del hombre, quiere decir que quien vive conforme *a* la carne, también vive *para* la carne. No sólo vive de acuerdo con sus propias fuerzas y recursos humanos, sino que vive para sí mismo. La consecuencia de vivir *Kata sarka,* es la satisfacción impropia de las demandas del cuerpo (humano) carnal, sus anhelos, tendencias y deseos" (p. 33).

[5]Wesley dice, al hablar del Cristo encarnado: "Cristo nació frágil, al igual que nosotros, y en este sentido era "carne"; sin embargo, puesto que era sin pecado, no tenía necesidad de 'nacer del espíritu'" (The Works of John Wesley [Kansas City: Nazarene Publishing House, reimpreso de la edición de 1872], 9:406-7). Wesley dice: "El 'nacer en la carne', es lo mismo que nacer corrupto y pecador." Puesto que él entiende aquí que la carne implica una antítesis del espíritu (tanto del Espíritu Santo como del espíritu regenerado), agrega: "Es evidente que, 'nacer en la carne',

consiste en ser miembro de la descendencia pecaminosa de padres pecadores, en los cuales existe la necesidad de las influencias renovadoras del Espíritu Santo sobre el particular, aun desde el nacimiento."

[6]James Denney declara: "No le perjudica a la impecabilidad de Cristo, lo cual es un punto fijo con el Apóstol *ab initio*; y si alguien dice que envuelve alguna contradicción para sostener que Cristo era impecable, y que El vino con una naturaleza que en nosotros se identifica con el pecado, se puede hacer ver que esta identificación no pertenece a la esencia de nuestra naturaleza, sino a su corrupción" ("The Epistle to the Romans", *The Expositor's Greek Testament* [Grand Rapids, Mich.: Wm. B. Eerdmans Publishing Co., reimpreso en 1967], 2:645). Compare Jn. 8:44 con 1 Jn. 3:8, 10.

[7]Como ejemplo de la gran flexibilidad de *sarx,* aun en la pluma de San Pablo, nótese que en Gá. 2:20 "en la carne" sencillamente quiere decir "en el cuerpo". En 2 Co. 10:3 la palabra se usa tanto positiva como negativamente en el mismo versículo. Wesley comenta, al hablar de *sarx,* usada en el sentido ético: "¿Por qué se le llama carne a esta corrupción? No se debe a que esté confinada al cuerpo. Es la corrupción de toda nuestra naturaleza y por ello se le llama 'el viejo hombre'... tampoco porque su asiento se halle en el cuerpo; está primordialmente en el alma. Si el 'pecado reina en nuestros cuerpos mortales', se debe a que el alma pecaminosa usa los miembros del cuerpo como 'instrumentos de concupiscencia'" (*Works* 9:408).

[8]James Denney dice: "La ofensa se multiplica porque la ley, al enfrentarse a la carne, evoca su antagonismo natural contra Dios y así lo estimula hacia la desobediencia" (*Expositor's Greek Testament,* 2:631). Véase también la discusión de Ladd, *Theology of the NT,* p. 508.

[9]No existe evidencia alguna de que la única restricción de Dios en el huerto haya sido onerosa, ni de que no hubiese habido disposición para quebrantarla, si Eva no hubiese sido engañada para desconfiar de los motivos de Dios. Fue la aceptación de la desconfianza en Dios lo que ocasionó la "caída"; la desconfianza hizo sicológicamente posible la desobediencia abierta. La incredulidad interna condujo a la acción externa.

[10]Un sentido múltiple de lo que de otra manera es uniforme singular se encuentra en 7:5: "Las pasiones pecaminosas".

[11]*Beacon Bible Commentary,* 8:114.

[12]Cremer comenta: "Que la idea de orden sobresale, resalta en el hecho de que *nomos* se aplica al orden de entonación y tono en la música."

[13]*Lexicon,* p. 544.

[14]La Versión NASB (New American Standard Bible—*La Biblia de las Américas*) "revuelve el agua" al localizar esta ley del pecado en el cuerpo. La palabra *cuerpo* no se encuentra en el versículo 23, ni tampoco el sentido lo requiere. Arndt y Gingrich, comentando sobre *melos,* dicen: "No existe ningún lindero fijo entre las partes del cuerpo ni literal ni figuradamente"; por ejemplo, ellos dicen de Col. 3:5, *nekrosate to mele to epi tes ges,* lo cual "se puede parafrasear: *haced morir, pues, lo que en vuestra naturaleza pertenece a la tierra"* (p. 502). Los términos de San Pablo en estos capítulos, con todo su significado ético, tales como "carne", "nuestro cuerpo de pecado", "este cuerpo de muerte", dejan poca duda de que "mis miembros" se refiere a tendencias humanas impregnadas por el pecado, ya sea corporal, mental o espiritualmente. Podríamos parafrasear: "Veo una ley diferente en las partes de mi naturaleza, que me impulsa a pelear contra mi razonamiento, y que me

hace prisionero de la ley del pecado, el cual se encuentra en varias partes de mi naturaleza."

[15]*Wycliffe Bible Commentary,* editado por Charles F. Pfeiffer y Everett F. Harrison (Chicago: Moody Press, 1962), p. 1205.

[16]¿Quién es el "yo"? ¿Acaso San Pablo? A la luz del resto de la epístola, es obvio que este no era su predicamento personal al momento de escribir. Al usar el pronombre personal, San Pablo está representando al hombre universal, en el sentido de que el hombre ha llegado a estar consciente, por medio de la gracia, de su propia dicotomía moral. ¿Pero es un hombre regenerado o primordialmente un judío bajo la ley, que ha sido despertado? Tomes ha estado escribiendo en relación con ambos lados. Es mejor adoptar una posición en la cual se consideran los intereses de San Pablo en este pasaje no bajo una categoría de gente, sino como un problema de personas—todas las personas que no han sido limpiadas de este problema interno del pecado. Su problema verdadero radica en el misterio de la perversidad humana. ¿Por qué continúo obrando de esta manera, o mejor dicho, continúo *siendo* así, a pesar de mi deseo y de estar resuelto a hacer lo contrario? Considero que en mí mismo todo es irracional, inmoral, nada espiritual y vergonzoso. ¿Qué es? ¿Por qué es la ley impotente? ¿Por qué encuentro un antagonismo espontáneo a lo que tengo y que al mismo tiempo apruebo? San Pablo está analizando la situación humana del hombre caído, inspirado por el Espíritu, primero en relación con la ley, después en relación con una razón más elevada y, por último, —¡gracias a Dios!— en relación con Cristo Jesús, en quien únicamente se encuentra el remedio.

[17]*Word Pictures,* 4:368.

[18]Smith, *Doctrine of Sin,* p. 162.

[19]Mas no quiere decir que Smith esté equivocado al querer preservar el contenido ético de la culpa en el concepto del pecado en sí mismo; aun éste se da por sentado en este mismo pasaje, si sólo lo observamos en el lugar correcto. San Pablo continúa explicando: "Porque sin la ley el pecado está muerto. Y yo sin la ley vivía en un tiempo, pero venido el mandamiento, el pecado revivió y yo morí" (vv. 8-9). El pecado está presente y el deseo ilícito continúa, sólo que bajo la cubierta de la ignorancia y la inocencia. *El pecado* por su propia cuenta está presente, pero no mata; no se nos imputa como pecado. Pero el pecado en su naturaleza verdadera como algo perverso que se opone a Dios, es activado al ser confrontado con la ley. Cuando *el pecado* es activado y se convierte en transgresión deliberada, morimos en lo personal; porque entonces hemos pecado culpablemente. Esta discusión total de la condición pecaminosa no volitiva está en perfecta armonía con la supuesta naturaleza ética del pecado en sí mismo. Sin lugar a dudas es un defecto moral serio el ser llamado *el pecado,* pero no llega a considerarse censurable por los pecados. La posibilidad de estar vivo espiritualmente con este pecado presente, mas la imposibilidad de permanecer vivo espiritualmente con este pecado traducido en obras manifiestas, es la evidencia posible más fuerte de esta percepción.

[20]Es evidente que así como San Pablo se niega a culpar la ley de Dios o la naturaleza humana como creada, tampoco deja lugar para "culpar" el ambiente pecaminoso. El intento de algunos teólogos de rechazar cualquier transmisión lineal de la condición pecaminosa, y de tratar de explicarlo todo en términos de influencias de acuerdo con las circunstancias, se desploma ante la evidencia bíblica de Romanos 5 al 8. El problema radica *dentro* de cada hombre. La condición pecaminosa de cada hombre está tan arraigada que si de cada dos hombres uno llegara a ser santo en un ambiente ideal, aun así su condición pecaminosa permanecería en él. Aunque es

importante el factor de la influencia, aquí constituiría una explicación inadecuada.

[21]"Romans and Galatians", *The Wesleyan Bible Commentary*, Charles W. Carter, editor (Grand Rapids, Mich.: Wm. B. Eerdmans Publishing Co., 1965), 5:49.

[22]La más vigorosa y larga polémica de Wesley fue su refutación de la obra: *The Scripture Doctrine of Original Sin*, del Dr. John Taylor. Taylor negaba que el hombre viene al mundo con una naturaleza pecaminosa, y repudiaba todo efecto adverso que sufre la raza humana por causa del pecado de Adán. Para Wesley, este era un golpe "a la estructura total de la cristiandad escritural" (*Works*, 2:114). Wesley no se impresionó en lo absoluto con el intento de Taylor de relegar Romanos 7 totalmente a la lucha de un judío consciente bajo la ley, porque creía que tal discusión se desviaba del contexto principal del pasaje. "Sólo me queda hacer una pregunta: ¿Acaso Romanos 7:23 no enseña que venimos a este mundo con inclinaciones pecaminosas?... ¡Pero en lugar de continuar en este punto dedica como 20 páginas a probar que este capítulo no describe a una persona regenerada! Quizá sí, quizá no, pero no se contesta la pregunta: ¿Acaso no viene el hombre al mundo con inclinaciones pecaminosas?" (*Works*, 9:298).

[23]Nótese la diferencia entre la verdadera justicia *(dikaiosunes)* de este versículo y la justificación legal del versículo 16 *(dikaioma:* véase Vine: "Una sentencia de absolución"). El versículo 16 hace hincapié en el perdón de "muchos delitos", mientras que el versículo 21 revela que las posibilidades de la gracia en Cristo se extienden aun *al pecado.*

[24]*Introduction to the Theology of the NT*, 248.

[25]Cuando la naturaleza interna y la actividad del pecado interno son descritas en el cap. 7, y San Pablo es forzado a explicar todo bajo la simple verdad: "Yo soy carnal, vendido al pecado" (v. 14), hace referencia al origen, hasta Adán. No puede referirse a su primer escogimiento malo, porque *el pecado* ya estaba allí, como ya lo hemos estudiado previamente. En ningún momento San Pablo, como hombre representativo, dejó de estar *"cimentado en la carne como lo estaba"* (Thayer, *Greek-English Lexicon*). Comparando *sarkinos*, "carnal" (como se usa en Ro. 7:14) con *sarkikos*, "carnalmente", "carnal", Thayer dice: "A menos que lleguemos a la conclusión de que San Pablo usó *sarkikos* y *sarkinos* indistintamente, debemos suponer que *sarkinos* expresa aquí la idea de *sarkikos* con cierto hincapié; *totalmente dado a la carne, cimentado en la carne como lo estaba."* Con ello queremos decir que había nacido de esa manera, porque compartía la naturaleza común a una raza que había sido *pepramenos hupo ten hamartian*, que literalmente significa: "habiendo sido vendido al pecado", o "a la esclavitud *del pecado"*, por Adán.

[26]*Beacon Bible Commentary*, 8:117. Cf. Ef. 1:18-25; 2:1-3; 4:18, 22.

[27]No hay necesidad de recalcar, por supuesto, que *el pecado* no es una entidad, o alguna clase de sustancia en el alma, a pesar de la persistente personificación del mismo que hace San Pablo como si fuera un agente independiente. Su esclavitud de la voluntad aparentemente sugeriría la naturaleza de una entidad, puesto que tiene atributos, o características, con sus modos de manifestación uniformes y predecibles. Pero debemos insistir en que estas son formas de describir la profunda perversidad de esta condición humana, la cual, en el análisis final, resulta ser el yo privado del Espíritu santificador desde el nacimiento y por ello es depravado en naturaleza. Si un eje automotriz se dobla, su defecto no puede considerarse como una entidad en el sentido de que puede ser pesado, o extraído como una cosa material, o que su existencia es abstracta e independiente del eje; por tanto, en el preciso momento cuando el automóvil comienza a moverse, el defecto del eje comienza a manifestarse de

inmediato como una fuerza distinta y característica que crea una deformación visible en la rueda y quizá una vibración en todo el auto. Es una condición que deriva su fuerza dinámica de la actividad del automóvil. Si el hombre fuera un ser inactivo, pasivo, el pecado (si fuera posible) sería un estado estático, porque no tiene poder propio. Pero el hombre es un ser perpetuamente activo. La excentricidad de su yo defectuoso innato toma su fuerza dinámica, destructora y perjudicial de la actividad de la persona total en el contexto total de la vida. (Para una discusión más amplia sobre el pecado innato como privativo y a la vez dinámico, consúltese el capítulo 4.)

[28]Para mayor discusión de este problema, véase *Word and Doctrine,* p. 113.

[29]A. Berkeley Mickelsen, "Romans", *The Wycliffe Bible Commentary,* editores Charles F. Pfeiffer y Everett F. Harrison (Chicago: Moody Press, 1962), p. 1198. La misma clase de idea es empleada por San Pablo al asociar a toda la raza con la muerte de Cristo en 2 Co. 5:14: "Estamos convencidos de que uno ha muerto por todos, por lo que todos han muerto." Es decir, en cierto sentido todos los seres humanos estaban con Cristo en la cruz, y por ello participan de los beneficios, prevenientemente, *aparte* de su escogimiento y final y plenamente *por* su decisión. Por ello decimos que la verdad de que todos murieron con Cristo bien puede contituir la contraparte de la declaración de que todos pecaron en Adán.

[30]J. Barmby, "Romans", *The Pulpit Commentary,* editores H. D. M. Spence y Joseph S. Exell (Grand Rapids, Mich.: Wm. B. Eerdmans Publishing Co., edición de 1950), p. 127.

[31]*Wesleyan Bible Commentary,* 5:39. El calvinista A. T. Robertson (*Word Pictures,* 4:358) dice que *hemarton,* "pequé", como aoristo constante de *hamartano,* simplemente condensa "en este tiempo la historia de la raza (pecado cometido). La transmisión de Adán se convirtó en hechos de la experiencia".

[32]Tampoco queda en claro si el "juicio" que "vino a causa de un solo pecado" (v. 16) *constituye* condenación para todos, o (como lo traduce *la Biblia de las Américas*) "resultando en condenación" para todos. Si *el pecado* se convirtió en el virus contagioso de una tendencia pecaminosa, produciendo *pecado* universal, entonces este pecado acarrearía la condenación. La misma duda se encuentra en el v. 18, tanto como en la frase: "así como por la desobediencia de un hombre los muchos fueron constituidos pecadores" del v. 19. Vincent dice que *katestathesan,* "fueron constituidos", puede significar: "declarar o demostrar que se es; constituir, ser". Y continúa: "Se cuestiona el significado exacto de este pasaje. Las explicaciones siguientes son las principales: 1. Quedar asentado en un sentido declarativo; queda declarado que se es. 2. Puesto en la categoría de pecadores debido a una relación vital con el primer transgresor. 3. Se convirtieron en pecadores; fueron hechos pecadores. Esta última está en armonía con *pecaron* del v. 12. Por tanto, se declara que la desobediencia de Adán ocasionó la muerte de todos, porque es el pecado de todos; pero la naturaleza precisa de esta relación no se explica" (Marvin R. Vincent, *Word Studies in the New Testament* [Grand Rapids, Mich.: Wm. B. Eerdmans Publishing Co., orig. 1887, reimpreso en 1965], 3:64).

[33]Para una discusión cuidadosa de este tema tan complejo desde el punto de vista de la teología sistemática, consúltese la obra de H. Orton Wiley: *Christian Theology,* 2:109-140. Nótese en particular: "Sus descendientes [de Adán], por tanto, nacieron bajo la maldición de la ley, la cual ha privado del Espíritu de Dios a la naturaleza humana, y la cual puede ser restaurada sólo en Cristo. La depravación heredada, por tanto, no es sólo la ley de la herencia natural, sino la ley operando bajo la consecuencia penal del pecado de Adán" (p. 125).

Sección Tres

Un Salvador, Cristo el Señor

18

El Testimonio de Jesús de Sí Mismo

I. El Nuevo Testamento—Cristológico

Se ha dicho que aunque el Nuevo Testamento es teocéntrico, también es Cristo-normativo. Esto es lo mismo que decir que Cristo es definitivo en todo lo que en el Nuevo Testamento está escrito, ya sea que se hable de Dios, del hombre, del pecado, de la salvación, de la Iglesia o de la vida futura. No podemos hablar bíblicamente acerca de ninguno de estos asuntos sin referirnos a Cristo. Por tanto, cualquiera predicación o enseñanza en la vida de la Iglesia que no se enfoque finalmente en Cristo y en su obra, no es verdaderamente cristiana. Así lo fue en la Iglesia Primitiva y así ha sido en la Iglesia a través de las edades a medida que ha propagado su fe.

Con el renacimiento de la teología bíblica surgió un nuevo interés en la cristología. La revelación "vertical" tendía a poner a Cristo en el centro de la fe. Hasta muy recientemente, con la resurgencia del interés sobre la existencia de Dios,[1] la teología del Nuevo Testamento ha dominado una gran parte del pensamiento liberal que conceptuaba a Jesús sólo como el más grande profeta, el profeta del amor, el primer cristiano de todos los tiempos, o el que alcanzó lo más alto en la búsqueda de Dios por el hombre. Los Harnack del período liberal se han aplacado en su mayor parte.

Sin embargo, el pensamiento de hoy acerca de Cristo se ha enfocado en forma diferente debido al debate vigoroso sobre la naturaleza de los Evangelios—de si son biografías que nos proveen datos auténticos del Jesús de la historia, o son sólo *kerygmata,* que nos introducen al Cristo de fe. Rudolf Bultmann y sus discípulos han sido un tanto responsables de este cambio. Ellos recalcan el Cristo de la fe, haciendo a un lado con frecuencia totalmente al Jesús de la historia.[2]

Los eruditos, tanto ortodoxos como liberales, se han opuesto al reduccionismo Bultmaniano con respecto a la importancia del Jesús histórico. Insisten en que la evidencia de la historia, tan limitada como pudiera ser, es absolutamente necesaria si tiene que haber una fe cristiana auténtica. La expresión acertada de Pannenberg, siguiendo a la de Gerhard Ebling, es correcta: "Se reconoce hoy día que la fe debe tener su apoyo en el Jesús histórico mismo. Esto, significa de cierto, en Jesús mismo siendo que El es accesible a nuestro inquirir histórico."[3] El Nuevo Testamento, dice, debe verse no sólo como un "texto de predicación" sino también como una "fuente histórica."

Un estudio de Cristo contra este trasfondo evoca una pregunta seria para el teólogo: ¿Es la fe de la Iglesia Primitiva tal como se expresa en el Nuevo Testamento, basada suficientemente en las palabras y consciencia de Jesús de Nazareth? Ha sido, y todavía sigue siendo la convicción del pensamiento cristiano tradicional que, con reconocimiento total de todas las variaciones de expresión respecto a Cristo en el Nuevo Testamento, la Iglesia Primitiva transmitió fielmente las palabras y obras de Jesús. Detrás de lo escrito, hay testigos dignos de confianza respecto a Jesús, y especialmente a la consciencia de sí mismo que Jesús tenía, es decir, lo que El sabía que El era.

La forma de historia *(Formegeschichte)* ha rendido un servicio inapreciable al declarar que la naturaleza del Nuevo Testamento es predicación; su fracaso ha consistido en su escepticismo histórico. Pero tal como Longenecker es pronto en recordarnos, ni los intereses catequéticos, ni los misioneros, ni los políticos fueron lo suficientemente creativos como para originar la tradición de Jesús:

> La poderosa unidad de pensamiento desde muy al principio, presupone, en adición a la actividad del Espíritu, una personalidad creativa similarmente poderosa. Jesús mismo era para los cristia-

nos de los primeros siglos tanto la fuente de sus convicciones básicas como el paradigma en su interpretación del Antiguo Testamento.[4]

Sin lugar a dudas, la Iglesia predicó su comprensión de la misión de Cristo, pero el Jesús histórico debe tener prioridad (ver Lc. 1:1-4; Jn.. 20:30 sig.). Nuestra fe descansa, primero que nada, en Jesús mismo tal como lo conocemos en los evangelios y secundariamente en la interpretación que sus apóstoles hacen de El. Floyd Filson ve el asunto con claridad y escribe:

> Si pudiéramos borrar de la mente y de la memoria todos los detalles concretos que los Evangelios nos han dado, todos los incidentes específicos que expresan el espíritu y propósito de Jesús, El no más podría posesionarse de la imaginación y gobernar la voluntad. Lo más que llegaría a ser sería una sombra elusiva cuya identidad exacta y significado para nosotros nos sería totalmente desconocida. Una vaguedad fatal arruinaría a la fe cristiana. El evangelio no podría expresar su palabra convincente de dentro de la lucha humana.[5]

En este punto, bien se pueden dar ciertas direcciones:

Primero, Jesús no vino a entregar una doctrina de sí mismo hecha de antemano, i.e., una cristología. Vino a efectuar una obra redentora. Su propósito fue experiencial—el unir al hombre y a Dios en reconciliación (2 Co. 5:19). La doctrina se desarrolló de la respuesta creyente de la Iglesia Primitiva.[6]

Segundo, la obra salvadora, en su totalidad, provee la base para la entrega de la Iglesia a Cristo como su Señor. Esto quiere decir que la encarnación, las enseñanzas, los milagros, la muerte en la cruz, la Resurrección y la Ascensión, todos forman parte de la obra. Hace mucho tiempo, P. T. Forsyth recalcó esta verdad:

> El reclamo total de Jesús acerca de sí mismo no ha de determinarse por las palabras explícitas que usa acerca de él mismo, sino también, y aun más, por los reclamos puestos en nosotros por todo el evangelio, de su persona y obra cuando estos se hubieron perfeccionado. El reclamo de Jesús en el madero y en la resurrección es aun mayor que el reclamo explícito de sus labios.[7]

Tercero, "la unicidad de la persona da al traste con todas las categorías de la mente humana y del lenguaje humano."[8] Este carácter de Cristo es muy difícil de enmarcar, aun con todos los materiales del Nuevo Testamento, en una cristología completamente satisfactoria. ¿Tenemos que repetir que la Iglesia a través de las edades lo ha experimentado así? Nuestra esperanza primaria consiste en reunir, comenzando con los títulos de Cristo, las afirmaciones de fe acerca de la persona y ministerio de Cristo, obteniendo en esa forma una comprensión razonable de su naturaleza.

James Denney escribió una vez que "lo fundamental en la cristología es el testimonio que Cristo da de sí mismo." Sin embargo, tal testimonio invita ciertas modificaciones juiciosas, especialmente al tratar de enfocar correctamente todas la declaraciones de Cristo respecto a sí mismo. El criterio de Fuller es correcto: "Lo que hemos de buscar está más bien en la naturaleza de presuposiciones e indicios que resultan de su interpretación de su destino."[9] Estas presuposiciones no "están proclamadas desde los techos de las casas," sino que Jesús provee "la materia prima para una estimación de su persona" y los creyentes con ojos de fe sabrán qué hacer con ellas. Fuller considera los títulos dados a Jesús como "materia prima para la cristología." Pasaremos ahora a examinar algunos de los títulos que Jesús usó de sí mismo y que la Iglesia Primitiva empleó para referirse a El.

II. HIJO DEL HOMBRE

A. El Título en los Evangelios

Este título aparece 69 veces en los evangelios Sinópticos y como 12 veces en el Evangelio de Juan. Es el único título que Jesús usa más frecuentemente para sí mismo tal como se informa en los Sinópticos. Pero es de notar que lo usa en forma indiferente.[10] No dice, "Yo soy el Hijo del Hombre." Más bien, usa la tercera persona en forma impersonal, como en el caso de su respuesta a los discípulos después de que Pedro declaró a Jesús como el Cristo: "Y comenzó a enseñarles que le era necesario al Hijo del Hombre padecer mucho, y ser desechado por los ancianos, por los principales sacerdotes y por los escribas, y ser muerto, y resucitar después de tres días" (Mr. 8:31; ver también 14:62).

La única excepción posible se encuentra en Juan 9:35-37 donde Jesús le pregunta al hombre ciego, "¿Crees tú en el Hijo de Dios?" Cuando el hombre le pregunta quién es él, Jesús contesta: "Pues le has visto, y el que habla contigo, él es." Lo que acabamos de citar viene de los manuscritos antiguos donde se dice "Hijo de Dios" en lugar de "Hijo del Hombre."

Fuller muy convenientemente ha separado las declaraciones del

Hijo del Hombre en tres grupos diferentes. (1) *El uso presente,* aquellos casos "donde se intenta hacer una designación presente y activa de Jesús mismo en su ministerio terrenal." Una ilustración precisa de esto se encuentra en Marcos 2:10-11: "Para que sepáis que el Hijo del Hombre tiene potestad en la tierra para perdonar pecados (dijo el paralítico): A ti te digo: Levántate, toma tu lecho, y vete a tu casa."[11] (2) *El uso como sufriente,* aquellos casos en que sale a luz la pasión del Señor, como en Marcos 8:31 arriba citado.[12] (3) *El uso futuro,* aquellos casos que claramente se refieren al exaltado y glorificado Hijo del Hombre. Como una exhortación final a su llamado al discipulado radical, Jesús amonesta: "Porque el que se avergonzare de mí y de mis palabras en esta generación adúltera y pecadora, el Hijo del Hombre se avergonzará también de él, cuando venga en la gloria de su Padre con los santos ángeles" (Mr. 8:38).[13]

B. Fuentes del Título

La conclusión a la que uno debe llegar después de un examen de estos usos es que el "Hijo del Hombre" representaba en la mente de Cristo una intuición especial en su persona. Pero este hecho es al mismo tiempo la introducción a un problema más difícil. ¿Qué significado quiso El expresar con esto?

Ha sido procedimiento usual de los eruditos buscar ayuda tanto en el panorama cultural inmediato como en el Antiguo Testamento para determinar la forma en que el Señor usó el término. Por ejemplo, siendo que Jesús hablaba el arameo, la *lingua franca* de Palestina, habría usado las palabras *bar nash,* literalmente "hijo del hombre." En círculos rabínicos de aquel tiempo esta frase se usaba en sentido genérico de "un hombre" o "cualquier hombre" y como un rodeo de palabras deferencial para la primera persona del pronombre "Yo." Tal como G. Vermes ha demostrado en su estudio exhaustivo, en ningún lugar del uso rabínico, verbal o escrito, se da el significado mesiánico.[14] Baste decir, que con el uso genérico muy prevalente en aquel día Jesús hubiera escapado temporalmente de la oposición que de otra forma hubiera llegado con un significado supernaturalístico.

Estudios numerosos han intentado localizar indicios del significado del "Hijo del Hombre" en varios escritos judíos califi-cados como pre-cristianos, especialmente 1 Enoch 37—71 y 4 Esdras 13, donde el Hijo del Hombre es un agente de redención apocalíptico y escatológico.[15] Este ser supramundano, preexistente, que está con el Creador y quien aparecerá como redentor, se encuentra sobre todo en Enoch etíope (capítulos 37—71). El argumento aparente contra el punto de vista de que esto pudiera ser la razón del uso que Jesús hace es que no puede demostrarse que Enoch ni 4 Esdras son pre-cristianos.

Volviendo al Antiguo Testamento, descubrimos la frase en varios libros. El Salmo 8:4 lee: "¿Qué es el hombre, para que tengas de él memoria, Y el hijo del hombre, para que lo visites?" (ver también Job 7:17-18; Sal. 144:3). En tanto que el escritor a los Hebreos usa el versículo como una referencia a Cristo (2:6-8), en el contexto del Antiguo Testamento la frase sencillamente recalca la debilidad e insignificancia del hombre, aun cuando Dios se preocupa por él. Bien pudiera substituirse la expresión "mero hombre" por la frase "hijo del hombre" en estos casos.

De la misma manera, el profeta Ezequiel emplea la frase frecuentemente. Al ver la gran visión de la gloria de Dios, el profeta cayó sobre su rostro en temor. Dios le dijo: "Hijo de hombre, ponte sobre tus pies, y hablaré contigo" (2:1; ver 2:3, 8; 3:1; *et al.*). Aun una lectura somera de estos pasajes en Ezequiel nos sugerirían desde luego que "hijo de hombre" denota la idea de "un hombre mortal" con capacidad limitada para cumplir las demandas de Dios. Cristo es sin lugar a duda, el Gran Profeta, pero el uso de Ezequiel apenas pudiera contener el peso de significado que se halla en el Nuevo Testamento donde el Hijo del Hombre perdona los pecados humanos (Mr. 2:10) y sufre vicariamente por la humanidad (Mr. 10:45).

Daniel 7 es otra posible fuente de comprensión de Jesús de "Hijo del hombre." El verso 13 lee, "Miraba yo en la visión de la noche, y he aquí con las nubes del cielo venía *uno como un hijo de hombre,* que vino hasta el Anciano de días, y le hicieron acercarse delante de él." A este "uno como un hijo de hombre" le fue dado el reino (v. 14). Más adelante en el pasaje un grupo de personas llamadas "los santos del Altísimo" también reciben y poseen el reino (vrs. 18, 22, 25, 27).

Hay que notar dos aspectos importantes de la frase en este pasaje. Primero, el "hijo de hombre" se identifica con los "santos del Altísimo." Aparentemente la frase representa tanto a un individuo como a un pueblo. Parece que tenemos un sentido colectivo junto con un sentido individual. Los "santos" son el Israel redimido y el "hijo del hombre" es la representación de ese remanente. T. W. Manson expresa esta idea como sigue:

> En otras palabras, el Hijo del Hombre es como el Siervo de Jehová, una figura ideal, y representa la manifestación del Reino de Dios sobre la tierra en un pueblo enteramente dedicado a su Rey

celestial... Su misión es crear al Hijo del Hombre, el Reino de los santos del Altísimo, para realizar en Israel la idea contenida en el término.[16]

Jesús probó ser en verdad el Hijo del Hombre. El fracaso de la humanidad o de Israel en ser "los santos del Altísimo" dejó la responsabilidad a Jesús. El representó en sí mismo "la respuesta perfecta humana a los reclamos reales de Dios." En un momento era tanto el Hijo del Hombre como "los santos del Altísimo." Frank Stagg concluye en forma notable: "La solidaridad mística a la vez que real entre Cristo y su pueblo es tal que no sólo es él Hijo del hombre, sino que su pueblo se convierte por él en 'Hijo del Hombre.'"[17]

Segundo, la glorificación y vindicación de los "santos del Altísimo" viene a través de sufrimiento. En los Evangelios se hace notar que el Hijo del Hombre y sus discípulos compartirán el mismo destino; ambos sufrirán por el Reino, sin embargo, recibirán el Reino (Mr. 8:34; Lc. 22:28-30). Esta unión de conceptos individualista y corporativo junto con la declaración de glorificación por medio de sufrimiento, encuentra su base en los Cánticos del "Siervo Sufriente" de Isaías (42:1-4; 49:1-6; 50:4-9; 52:13—53:12).

T. W. Manson, R. Newton Flew, W. Manson , V. Taylor, Frank Stagg, Alan Richardson, Floyd Filson y otros, ven a Jesús vaciando el significado del Siervo Sufriente en el título Hijo del Hombre. T. W. Manson observa: "Fue un verdadero instinto lo que encontró en Jesús el cumplimiento de Isaías liii, pues el 'Hijo del Hombre' es el descendiente por línea de 'el Siervo de Jehová' y Jesús, por ser el 'Hijo del Hombre' realiza los ideales contenidos en el cuadro del Siervo del Señor."[18]

El reino del mal no triunfará sobre el reino de Dios, porque el mismo sufrimiento de Cristo y de su pueblo será la entrega del poder del Reino victorioso. En sus propios sufrimientos como el Hijo del Hombre y a través de ellos, Cristo creó a "los santos del Altísimo," la Iglesia. Los seguidores de Cristo sufren redentoramente al través de las edades con la realización de que es a través del sufrimiento que vendrá la vindicación y glorificación y el Reino de Dios será realizado finalmente en su gloria consumada. Así como el Hijo del Hombre aparecerá en poder y gloria en el futuro, los que han sido "el Hijo del Hombre en El" se levantarán en dominio y gloria al tiempo divinamente señalado.

C. El Uso en Otros Libros del Nuevo Testamento

¿Por qué no se usa esta frase "Hijo del hombre" fuera de los evangelios exceptuando Hechos 7:56, de labios de Esteban, y en Apocalipsis 1:13 y 14:14? Jeremías insiste en que, en la transición de la Iglesia de un ambiente semítico a una sociedad que hablaba el griego, se hizo un intento de "evitar el peligro de que los griegos consideraran el título como una designación de ascendencia."[19] Este esfuerzo por evitar mala interpretación no implica que los líderes del Nuevo Testamento no estuvieran familiarizados con el título. De cierto, Pablo lo conocía bien por lo que se ve en la designación de Cristo como *ho anthropos* en Romanos 5:15 y en 1 Corintios 15:21, en adición a su interpretación de Hijo del Hombre (Salmos 8) en términos mesiánicos en 1 Corintios 15:27; Efesios 1:22; y Filipenses 3:21. Además, la tipología Adán-Cristo que se encuentra en Pablo pudo haber tenido su principio en el concepto "Hijo del Hombre."[20]

D. Sumario

Aparentemente, en el pensamiento judío el título "Hijo del hombre," carecía de significado. Aunque tenía una gran variedad de significados o usos, en cierto grado llevaba un significado mesiánico y por eso proveyó un medio para el significado especial mesiánico de Cristo. Su relación al patrón judío de pensamiento mesiánico, evitaría, sin embargo, que evocara una hostilidad excesiva. Es claro que Jesús tuvo que tener mucho cuidado en su uso de términos mesiánicos no sólo para evitar antagonismos prematuros de parte de sus enemigos, sino también para evitar que sus oyentes lo malinterpretaran, pues la mayoría hubiera entendido estos términos en forma tradicional.

Esta designación fue el título que Jesús mismo escogió para él mismo. La tradición está muy de acuerdo en que el título ocurre exclusivamente en los labios de Jesús. Al explicar su naturaleza, Jesús usó esta expresión con su significado en Daniel y lo combinó con el punto de vista de Isaías sobre el Siervo Sufriente. En oposición a lo que Bultmann *et al.,* han escrito, el significado de "Hijo del hombre" en los evangelios no es obra de la comunidad primitiva. Preferimos la conclusión de Richardson: "La nueva enseñanza franca acerca del Hijo del Hombre, i.e., un Mesías que habría de sufrir, fue la obra original del mismo Jesús, y no ha habido otra sugerencia plausible que se haya presentado."[21]

Además, el Hijo del Hombre crea en su ser "los santos del

Altísimo." El Hijo y los santos comparten el sufrimiento y el triunfo de la vida del Reino. En términos paulinos, "Hijo del Hombre" sugiere la introducción de una nueva humanidad, por cuanto Jesús es el Postrer Adán (Ro. 5:12-21; 1 Co. 15:20-28, 42-50). Esta comprensión del título hace a un lado la definición simplista que recalca sólo la humanidad de Cristo.

Es adecuado afirmar que Jesús es "la representación personal de lo mejor de la naturaleza humana." El es el Representante de la raza humana, y la Realización del ideal divino en el hombre. La nomenclatura del "Hijo del Hombre" en verdad sugiere estos aspectos de su naturaleza, pero abarca aun más. El Hijo del Hombre es el Hijo Eterno que llega al mundo desesperado del hombre, para sufrir e identificarse con la humanidad. El es el Hijo exaltado que vendrá en las nubes en lo porvenir para reivindicar el Reino. Stauffer observa que nuestro Señor tuvo "una idea del Hijo del Hombre que incluía en ella misma una completa teología de la historia. Al llamarse él mismo Hijo del Hombre, Jesús ya había tomado el paso decisivo en reclamar para sí la historia cósmica."[22]

III. HIJO DE DIOS

A. El Título en los Evangelios

El título "Hijo de Dios" *(ho huios tou theou)* o sencillamente "el Hijo" *(ho huios)* es, de la misma manera, una parte del testimonio de Jesús de sí mismo. Pedro confesó, "Tú eres el Cristo, el Hijo del Dios viviente" (Mt. 16:16; Mr. 8:29). El sumo sacerdote le preguntó a Jesús: "Te conjuro... que nos digas si eres tú el Cristo, el Hijo de Dios" (Mt. 26:63; ver la circunlocución en Mr. 14:61). Lucas refiere que los demonios reconocieron la filiación de Jesús: "Tú eres el Hijo de Dios" (4:41). El evangelio de Juan incluye frecuentes referencias a Cristo como el "Hijo de Dios" o "el Hijo" (1:49; 3:16-17; 5:19-26; 6:40; 8:36; 10:36; 14:13; 17:1). La referencia más explícita del propio Jesús se encuentra en Juan 10:36: "¿al que el Padre santificó y envió al mundo, vosotros decís: Tú blasfemas, porque dije: Hijo de Dios soy?" (ver 3:18; 11:27; 20:31).

En años recientes se ha dado por hecho por ciertos eruditos que el título "Hijo de Dios" fue puesto en labios de Jesús por la Iglesia misma.[23] En contra de esta posición debe considerarse la evidencia de (1) la identificación divina de Cristo "el Hijo Amado" en el tiempo del bautismo (Mr. 1:11 y sus paralelos), y la Transfiguración (Mr. 9:7

con sus paralelos); (2) la parábola única de los siervos malvados en que se hace referencia a Cristo como "el amado hijo" (Mr. 12:1-11 y sus paralelos); (3) el profundo sentido de consciencia filial de Cristo que recordaba la referencia frecuente a Dios como "Padre" (Mt. 6:9; 11:25; Mr. 14:36; Lc. 23:34, 46; Jn. 11:41; 12:27, *et al.*); (4) la fórmula trinitaria de Mateo 28:19.

Ya hemos hecho notar que en el Cuarto evangelio, Jesús frecuentemente se designa a sí mismo como el Hijo de Dios. Por tanto, parece válido asegurar que Cristo sabía cuál era su nivel divino, y a su debido tiempo informó a sus oyentes acerca de ese *status* refiriéndose a El mismo como el "Hijo de Dios." Richardson escribe: "Aunque los evangelios dicen muy poco acerca del asunto de la vida interna de Jesús, no dejan lugar a duda acerca de su consciencia de su relación especial al Padre."[24] Así que, "su realización de Dios como su Padre y del reconocimiento del Padre de que era su Hijo fue el *dictum* básico de su ministerio."[25] La iglesia Primitiva heredó tal comprensión de la consciencia que Cristo tenía de sí mismo y la declaró tanto en el ambiente judío como en el gentil.

Al discutir este título, Ethelbert Stauffer enfoca en Mateo 11:25-27 donde Jesús declara, "Todas las cosas me fueron entregadas por mi Padre; y nadie conoce al Hijo, sino el Padre, ni al Padre conoce alguno, sino el Hijo, y aquel a quien el Hijo lo quiera revelar." En oposición a los eruditos que niegan la autenticidad de este versículo, Stauffer demuestra que la Carta al cielo de Amarna de 1370 A.C. y los Salmos Qumran así como el Manual de Disciplina tienen fraseología similar. Concluye que "ya no más puede asegurarse que el lenguaje de este dicho de Jesús resultaría inconcebible entre los judíos palestinos de la edad primitiva imperial, y que por tanto, el dicho no puede atribuirse a Jesús sino que debe haber venido de la iglesia primitiva helenista."[26] De cierto, el dicho pudo haber venido de labios del Maestro de Nazareth.

Además, Jesús asegura que "ni al Padre conoce alguno, sino el Hijo." Todo judío creía que sólo podría conocer al Padre por los escritos de Moisés, las Santas Escrituras. Esta excluyente declaración de Jesús, es, por tanto, única. Stauffer concluye que "nadie en la comunidad cristiana primitiva de Jerusalén, o en cualquiera otra, se habiera atrevido a inventar tal expresión en nombre de Jesús. Jesús mismo, y sólo Jesús, pudo haber sido tan franco y tan solitario, tan libre y tan independiente, tan absolutista."[27] La verdad inconmovible en esta afirmación es que existía una relación personal recíproca y profunda entre el Padre y el Hijo.

B. Intuiciones del Antiguo Testamento

¿Cómo ha de entenderse el título "Hijo de Dios"? El significado en el Antiguo Testamento provee una intuición básica para la interpretación del Nuevo Testamento. La frase se emplea allí para indicar la relación especial entre los ángeles, los reyes y los hombres rectos y Dios. Más importante aún, a Israel se le llama hijo de Dios: "Cuando Israel era muchacho, yo lo amé, y de Egipto llamé a mi hijo" (Os. 11:1). En la relación de pacto, Dios se prometió a Israel, y la responsabilidad de Israel era la de ser obediente a Dios. El fracaso en obedecer resultó en la pérdida de la relación de hijo.

Junto a esta corporativa comprensión del pacto respecto a la relación de hijo, el Antiguo Testamento habla del rey de Israel, quien es el representante de Dios ante el pueblo, como hijo de Dios (2 S. 7:14; Sal. 2:7; ver también Sal. 89:26-37). En el tiempo de Jesús, el judaísmo permitía las dos ideas de Israel como hijo de Dios y del rey como hijo de Dios existiendo lado a lado. Parece que, como sugiere Longenecker, en Jesús "se unieron los asuntos corporativo y regal del Hijo de Dios."[28] De ser así, El no era sólo el Rey Mesías de Israel, sino que de hecho era el Nuevo Israel corporativo por causa de su obediencia perfecta al Padre. El era el Hijo de Dios *par excellence*.

Cristo viene a ser "el sólo Israel de Dios" por causa de su obediencia única, que se expresa claramente en su oración en el Jardín del Getsemaní, "no lo que yo quiero, sino lo que tú" (Mr. 14:36). Es más, en la parábola de los siervos malvados (Mr. 12:1-11) el "hijo amado" es puesto a muerte. El acto de los trabajadores, simbolizando a Israel, representa al mismo tiempo el rechazo del antiguo Israel como "hijo de Dios." La aclamación de Dios en el Bautismo y la Transfiguración, "Tú eres mi Hijo amado," bien pudiera tomarse como la señal de su rechazamiento del Antiguo Israel y la creación del Nuevo Israel en Cristo.

C. La Comprensión Creciente de la Iglesia

Parece que el nombre "Hijo de Dios" en el principio llevaba consigo sólo un mensaje mesiánico para los discípulos, y posiblemente para todos los seguidores. De cierto, al principio de su relación, los discípulos consideraron a Jesús como el hombre maravillosamente ungido por el Espíritu con algún propósito divino que después supieron era su misión sobre la tierra. La confesión de Pedro incluye los dos términos, "Hijo de Dios" y "Mesías" (Cristo), pero esto no quiere decir necesariamente que los discípulos interpretaran "Hijo de Dios" en el sentido especial que tenía para Jesús. El ser Hijo, filiación, no era una mera fase de su existencia terrenal ni sólo un rodeo de palabras para Mesías. "El trajo consigo su filiación desde los cielos."

Así que Jesús mismo entendió totalmente su propia naturaleza tanto como su misión, pero la relación de su persona y la misión mesiánica, no fueron muy claras para los discípulos sino hasta después de su resurrección. Como Hijo de Dios, Jesús cumplió la misión del Padre en completa obediencia. El era el largamente esperado Mesías, pero el mesianismo no lo hizo Hijo ni viceversa. El era ambos, el Mesías y el Hijo, en la unicidad y absolutismo de su relación al Padre. Fue por razón de su filiación que estuvo calificado para su oficio de Mesías. El mesianismo del tipo que El cumplió en su vida encarnada, requería Uno que fuera especial y verdaderamente Hijo.

La Iglesia Primitiva vio la conexión y principió a hablar de Cristo en términos ontológicos. Por ejemplo, el Evangelio de Juan, el último de los cuatro que fueron escritos, muestra un intento a expresar la unidad esencial entre el Padre y el Hijo. El evangelista preserva para nosotros tales términos explícitos como "Yo y el Padre uno somos" (10:30); "para que sean uno, así como nosotros" (17:11); "como tú, oh Padre, en mí, y yo en ti" (17:21). El ser Hijo, en estos ejemplos, connota una unidad de ser así como de espíritu y propósito.

No es necesario asegurar con Vincent Taylor que el aspecto mesiánico del nombre haya sido eclipsado por la comunidad primitiva. Mas bien, el factor *plus* en el nombre (él lo ve como "mesiánico con un *plus*") resulta iluminado por la cruz y la resurrección, siendo así que se expresa en la fe de la comunidad primitiva.[29]

El proceso doctrinalizante de la comunidad primitiva llevó al uso libre de "Hijo de Dios" al explicar la persona de Cristo. Por ejemplo, cuando Pablo dice que "en el cumplimiento del tiempo Dios envió a su Hijo," teológicamente va más allá de la noción de Cristo como el "libertador nacional divinamente comisionado al pensamiento de uno que viene a nuestro mundo desde lo profundo del ser de Dios."[30]

De la misma manera, el uso que Juan da al término *monogenes* ("el Hijo unigénito," Jn. 1:14, 18; 3:16, 18; 1 Jn. 4:9) sugiere un concepto elevado de Cristo como el Hijo de Dios. Aunque Leon Morris puede estar correcto cuando dice que no debemos dar demasiada importancia al término "unigénito,"[31] Juan está haciendo un reclamo de unicidad absoluta para Cristo Jesús. No hay otro que haya incorporado en su ser la gloria transcendente de Dios (Jn. 1:14), en la misma forma que un hijo único expresa cómo es su padre.

Sin embargo, Juan 1:18, aun con sus problemas textuales, eleva el hecho de relación a un nivel más alto que el de ser sólo singular. J. H. Bernard declara que los términos "único," "Dios," y "el que está en el seno del Padre" son tres descripciones distintas de El, tal como Dios lo da a conocer.[32] Así que bien pudiéramos traducir la porción relevante del versículo: "el Hijo unigénito, que es Dios, quien está en el seno del Padre, él lo ha dado a conocer." Contextualmente comprendido, *monogenes*, como *prototokos* ("primogénito," Col. 1:15), lleva consigo la implicación de deidad. El participio *on* es un presente sin tiempo y habla acerca de la relación de Cristo antes de la encarnación. La palabra "seno" *(kolpon)*, sea que se tome de la práctica entre amigos de reclinarse en una fiesta o del abrazo de un padre, denota intimidad perfecta. Así pues, parece imposible evitar la idea de igualdad e identidad de ser en la palabra *monogenes*. Jesús usó esta palabra al hablar de sí mismo (Jn. 3:16); y cuando la Iglesia lo aceptó con el significado de "divino" no estuvo equivocada.

Nosotros hemos reconocido el sentido exclusivo en que Cristo es el Hijo de Dios, pero hay algo más. Hemos de ver que Cristo "buscó el ser reconocido como hijo de Dios no como resultado de sus propias declaraciones autoritarias acerca de sí mismo, sino como resultado directo del impacto único de su vida."[33] Por tanto, debe darse énfasis a sus actos redentores entre los hombres como para comunicar su relación a Dios. La naturaleza dinámica de su vida no debe quedar oscurecida por una preocupación con los aspectos metafísicos. A Jesús debe verse como el Hijo de Dios siendo que "vivió, se movió y tuvo su ser" en presencia de los humanos.

El Cuarto Evangelio expresa su propósito en estos términos. "Pero éstas se han escrito para que creáis que Jesús es el *Cristo,* el Hijo de Dios, y para que creyendo, tengáis vida en su nombre" (20:31). Tanto en palabra como en obra, Juan tenía la esperanza de que sus lectores vieran la naturaleza mesiánica redentora de Cristo y así llegaran a creer en El como el Hijo de Dios. Taylor resulta correcto cuando escribe, "La Divinidad se deja sentir antes de que se nombre, y cuando es mencionada, las palabras resultan inadecuadas."[34]

IV. "YO SOY"

A través del material del evangelio hay muchas referencias en las que Jesús usa el pronombre "Yo" en forma tan enfática que podemos concluir con Jeremías que Jesús está expresando algo especial acerca de su *status*.[35] Este "*ego* enfático" aparece en seis antítesis similares en el Sermón del Monte (Mt. 5:21-48) en la cláusula muy familiar y sorprendente, "Oísteis que fue dicho... pero yo os digo." Con estas palabras Jesús no sólo se coloca muy por encima de todos los intérpretes del Torah, sino, lo que es más importante, por sobre Moisés. Contrario a lo que Jeremias dice de que Jesús se colocó en oposición al Torah, Cristo se vio a sí mismo como el que cumplió, el Cumplidor (Mt. 5:17). De una vez por todas El hizo a un lado las interpretaciones estultas del judaísmo y desenvolvió su significado más profundo.[36]

Cuando se combinó el término *ego* con el aramaico '*amen* ("de cierto," "verdaderamente," "ciertamente"), nos confrontamos con un uso sin precedente. Se encuentra 59 veces en los Cuatro Evangelios, el número mayor de veces (25) en Juan. Aparentemente '*amen* se usaba para agregar autoridad a las palabras del orador, teniendo algo así como la fuerza profética, "Así dice el Señor." Sin embargo, en este caso, Jesús no habla *por* Dios, sino *como* Dios. Es algo más que el mayor de los profetas; es Dios encarnado, la Fuente misma de la Palabra.

El "*ego* enfático" aparece en declaraciones de autoridad en sanidades (Mr. 9:25); en la comisión y envío de mensajeros (Mt. 10:16); en palabras de profecía (ver Lc. 22:32); en la inauguración del reino de Dios (Mt. 12:28; Lc. 11:20). Jesús declara enfáticamente también a sus discípulos, "Edificaré mi iglesia" (Mt. 16:18). El pronombre no se usa con el verbo "edificar" pero la declaración se introduce con la cláusula autoritativa, "Yo también te digo" *(kago de soi lego)*.

El acusativo "mi" tiene también la misma fuerza que el "yo." Requiere una exclusividad en discipulado hacia Cristo, aun por encima de la lealtad a los padres (Mt. 10:37). Demanda también una atención total y completa a las palabras de Jesús (Mt. 7:24), así como un reconocimiento de que Jesús es Representante de lo divino, porque dice, "y el que a *mí* me recibe, no me recibe a *mí* sino al que *me* envió" (Mr. 9:37, las cursivas son agregadas; ver también Mt. 10:40; Lc. 9:48; Jn. 12:44; 13:20). En los Evangelios se encuentran muchas más implicaciones de este uso especial de *ego*, pero basta con éstas para iluminar el testimonio que Jesús da de sí mismo.

Los "Yo soy" *(ego eimi)* del Cuarto Evangelio son únicos, pero llevan consigo el mismo significado e importancia que el uso enfático del pronombre "Yo" en los Sinópticos. Esta frase sugiere Exodo 3:14, "Yo Soy el que Soy," la identificación de Yahweh que se le da a Moisés. Uno puede establecer la conjetura de que Jesús, en forma indirecta, estaba declarando, "Yo soy el Dios de Abraham, Isaac, y Jacob, y por tanto Yo soy el que liberté a Israel." Hubo una ocasión en que declaró a sus oponentes judíos, "Antes que Abraham fuese, yo soy" (Jn. 8:58).

Generalmente, el Señor expresó su "Yo soy" en forma de metáfora que describía algún aspecto de su obra salvadora. Notemos los siguientes del Evangelio de Juan:

"Yo soy el pan de vida" (6:35, 48).
"Yo soy el pan vivo" (6:51).
"Yo soy la luz del mundo" (8:12).
"Yo soy la puerta de las ovejas" (10:7).
"Yo soy el buen pastor" (10:11).
"Yo soy la resurrección y la vida" (11:25).
"Yo soy el camino, y la verdad, y la vida" (14:6).
"Yo soy la vid everdadera" (15:1).

Stephen Neill comenta que "bien pudiéramos esperar que El dijera, 'yo doy el pan de vida,' 'Yo os enseñaré el camino, 'Yo os digo la verdad,' pero no. No puede separar su mensaje de su persona misma... El es el centro de su propio mensaje y del desafío que El nos presenta."[37] Estas declaraciones "yo soy" afirman que Jesús puede ser y hacer para los humanos lo que Dios sólo puede ser y hacer para ellos. Además, como en la afirmación "yo soy el buen pastor" se sugiere ampliamente, Jesús será para sus seguidores lo que Yahweh era para el pueblo del Antiguo Testamento, es decir el Protector amoroso, el Guía, el Nutriente, el Rescatador (ver Sal. 23:4: Is. 40:10-11; Ez. 34:11-12, 18).

Ethelbert Stauffer ve en el *ego eimi* una fórmula reveladora que va en retrospecto al ritual para la Fiesta de los Tabernáculos y la liturgia de la Pascua en el Antiguo Testamento.[38] Es terminología usada exclusivamente con respecto a Dios. Isaías el profeta es influido por esta fórmula, pues aparece varias veces en sus oráculos. Cuando esta forma teofánica se usa, puede ser simplemente "Yo soy" o "Yo soy Yahweh" o "Yo soy El." En el lenguaje hebreo las palabras "Yo soy El" son *ani huah* y *ani hu;* en el aramaico *ana hu.*

Cuando se traducen al griego se convierten en *ego eimi*. En el hebreo no aparece ningún verbo; tenemos *ani* que significa "Yo" y *huah* que significa "él". En los lenguajes semíticos, el pronombre personal de la tercera persona se usa frecuentemente para varias formas del verbo copulativo, i.e., "soy," "son," "es." *Ani hu* puede traducirse adecuadamente en "Yo soy El." Sin embargo, en la Biblia griega la traducción es preponderantemente *ego eimi*, "Yo soy."

Stauffer concluye que *ego eimi* en los Evangelios es para la divina revelación propia. Cita Marcos 13:6 como ejemplo preciso: "Vendrán muchos en mi nombre, diciendo: Yo soy el Cristo; y engañarán a muchos." Tres veces se usó por Jesús la fórmula *ani hu* en la Fiesta de los Tabernáculos (Jn. 8:24, 28, 58). La empleó también en la Fiesta de la Pascua en respuesta a la pregunta de Caifás (Mr. 14:62). Stauffer sostiene que el origen del uso de estas fórmulas es Jesús mismo. "El deseaba expresar que en su vida estaba sucediéndose la epifanía histórica de Dios... Donde Yo estoy, allí está Dios. Allí Dios vive y habla, llama, pide, actúa, decide, ama, escoge, perdona, rechaza sufre, y muere. Nada puede decirse o imaginarse más claramente."[39]

En conclusión, el testimonio de Cristo acerca de su identidad, descansa principalmente en el uso frecuente de tres frases titulares, "Hijo del Hombre," "Hijo de Dios," y "Yo soy." Estas tres conllevan especial significado con respecto a su persona y a su misión en el mundo. Cada una de ellas habla de su singular relación con Dios, incluyendo atributos reservados solamente para la Deidad.

NOTAS BIBLIOGRÁFICAS

[1]Cf. Langdon Gilkey, *Naming the Whirlwind: The Renewal of God-Language* (Indianapolis: Bobbs-Marrill Co., 1969), p. 5: "Entonces, casi no queda nada en la vida de las iglesias... que no se haya cuestionado con la máxima intensidad durante los últimos años... Nos concentraremos aquí en lo que nos interesa, desde el punto de vista de la teología, como el centro de la crisis, principalmente la cuestión de la realidad de Dios y de la posibilidad de un lenguaje significativo acerca de El."

[2]Para tratados concisos de estos breves pasajes históricos, cf. R. H. Fuller, *The New Testament in Current Study* (Nueva York: Charles Scribner's Sons, 1962), pp. 25-53; "The New Testament in Current Study", *Contemporary Christian Trends,* editores William M. Pinson, Jr., y Clyde E. Fant, Jr. (Waco, Tex.: Word, Inc., 1972), pp. 138-153. Este segundo artículo es una actualización del primero. También, cf.

Charles C. Anderson, *Critical Quests of Jesus: A Continuing Quest* (Grand Rapids, Mich.: Wm. b. Eerdmans Publishing Co., 1972).

[3]*Jesus, God and Man.* p. 24. Cf. también el tratado de Joachim Jeremias sobre la pregunta: "¿Cuán confiable es la tradición sobre los dichos de Cristo?" *New Testament Theology: The Proclamation of Jesus,* trad. por John Bowden (Nueva York: Charles Scribner's Sons, 1971), pp. 1 y ss.: "En la tradición sinóptica es la inautenticidad, y no la autenticidad, de los dichos de Cristo lo que debe demostrarse."

[4]Richard N. Longenecker, *The Christology of Early Jewish Christianity* (Naperville, Ill.: Alec. R. Allenson, Inc., 1970), p. 9.

[5]*Jesus Christ the Risen Lord,* p. 95.

[6]Cf. R. H. Fuller, *The Foundations of New Testament Christology* (Nueva York: Charles Scribner's Sons, 1965), p. 15.

[7]P. T Forsyth, *the Person and Place of Jesus Christ* (Boston: The Pilgrim Press, 1909), p. 101.

[8]Pronunciado por Ernest E. Saunders en una clase del Seminario Teológico Garrett, 1956; Adolph Harnack dijo casi lo mismo: "No hay categoría genérica alguna bajo la cual se pueda colocar a Cristo, ya sea la de reformador, profeta o fundador."

[9]R. H. Fuller, *The Mission and Achievement of Jesus,* p. 79.

[10]Con las posibles excepciones de Lc. 24:7 y Jn. 12:34, todas las citas se le atribuyen a Cristo mismo. También se encuentra en todos los niveles de la tradición. Sólo en Hch. 7:56; Ap. 1:13; 14:14 se emplea como título Cristológico, por lo que de este uso limitado nos justificamos al decir que su uso le es peculiar a Cristo.

[11]Cf. 2:28; 10:45; Mt. 8:20; 11:19; 12:32; 13:37; 16:13; Lc. 9:58; 12:10; 19:10; *et al.*

[12]Cf. Mr. 9:12, 31; 10:33, 45; 14:21, 41; Lc. 22:22; 24:7; *et al.*

[13]Cf. también 9:9; 13:26; 14:62; Mt. 12:40; 24:27, 37, 44; Lc. 11:30; 17:22, 30; 18:8; *et al.*; cf. Fuller *Mission and Achievement of Jesus,* pp. 96-97.

[14]En M. Black, *An Aramaic Approach to the Gospels and Acts,* 3a. edición (Oxford: Clarendon Press, 1967), pp. 310-328.

[15]Cf. A. J. B. Higgins, *Jesus and the Son of Man* (Londres: Lutterworth, 1964); H. E. Toedt. *The Son of Man in the Synoptic Tradition,* trad. por D. M. Barton (Londres: SCM Press, 1965). Para una investigación actual, véase la obra de I. H. Marshall, "The Synoptic Son of Man Sayings in Recent Discussion", NTS, XII (1966), pp. 327-351.

[16]*The Teaching of Jesus,* p. 227.

[17]Frank Stagg, *New Testament Theology* (Nashville: Broadman Press, 1962), pp. 60-61; cf. C. H. Dodd, *The Interpretation of the Fourth Gospel* (Nueva York: Cambridge University Press, 1953), pp. 241-249, para una discusión de las ideas individuales y colectivas como se expresan en el Evangelio según San Juan.

[18]*Teaching of Jesus,* p. 231. Nótense las citas de Isaías en Mt. 12:18-21 y Lc. 4:16-21. la iglesia primitiva comprendió la relación entre Cristo y el Ebed Yahweh: Hch. 3:13, 26; 4:27, 30; 8:32-35; 1 P. 2:21-25.

[19]*NT Theology,* p. 265.

[20]*Ibid.*; cf. Stauffer, *NT Theology,* p. 111.

[21]Alan Richardson, *Introduction to the Theology of the NT,* p. 136; cf. Jeremias, *NT Theology,* p. 276, para una explicación del uso que Cristo hizo de la tercera persona al referirse al Hijo del Hombre.

[22]*NT Theology,* p. 111.

[23]Oscar Cullmann, *Christology of the New Testament,* trad. por Shirley C.

Guthrie y Charles A. M. Hall (Filadelfia: The Westmister Press, 1959), pp. 275 y ss.;
R. H. Fuller, *Foundations of New Testament Christology,* pp. 114 y ss.; Wilhelm
Bousset, *Kyrios Christos,* trad. por John E. Steely (Nueva York: Abingdon Press,
1970), pp. 90-91; Bultmann, *Theology of New Testament,* 1:128-133, asegura que
"Hijo de Dios" fue empleado por los cristianos grecojudíos, pero no con el signifi-
cado de "la divinidad de Cristo" sino hasta que usaron la frase las iglesias cristianas.

[24]*Introduction to the Theology of the NT,* p. 149.

[25]Longenecker, *Christology of Early Jewish Christianity,* p. 96.

[26]*Jesus and His Story,* trad. por Richard y Clara Winston (Nueva York: Alfred
A. Knopf, 1960), p. 168; cf. A. M. Hunter, "Crux Criticorum—Matt. XI 25-30—a
Reappraisal", *New Testament Studies* VIII (1962), pp. 241-249; P. T. Forsyth,
Person and Place of Jesus Christ, p. 112: "Con toda seguridad tanto el Padre como el
Hijo son términos absolutos aquí... *El* Padre se sobreentiende en su santa eternidad
y con tal Padre el Hijo es *correlativo.* Lo que signifique el Padre, tiene su contraparte
en el Hijo. Si uno es Padre eterno el otro eṣ Hijo coeterno."

[27]*Jesus and His Story,* p. 169; cf. también Vincent Taylor, *The Names of Jesus*
(Londres: Macmillan and Co., 1954), p. 64.

[28]*Christology of Early Jewish Christianity,* p. 99.

[29]Para discusiones sobre la pregunta de la deidad de Cristo, cf. Vincent
Taylor, "Does the New Testament Call Jesus God?" *The Expository Times,* LXIII
(enero, 1962); John A. Witwer, "Did Jesus Claim to Be God?" *Bibliotheca Sacra,* vol.
125 (abril, 1968).

[30]Vincent Taylor, *Names of Jesus,* p. 70.

[31]"The Gospel According to John", *The New International Commentary on
the New Testament* (Grand Rapids, Mich.: Wm. B. Eerdmans Publishing Co., 1971),
p. 105; B. F. Westcott, *The Gospel According to St. John* (Londres: James Clarke and
Co., Ltd., 1880), p. 12: "Cristo es el Hijo unigénito, aquel a quien le pertenece el título
en un sentido totalmente único y singular, para diferenciar la verdad de que existen
muchos hijos de Dios"; cf. Richardson, *Introduction to the Theology of the NT, p.
152, para una discusión de la relación de monogenes* y *agapetos.*

[32]*A Critical and Exegetical Commentary on the Gospel According to St. John*
(Nueva York: Charles Scribner's Sons, 1929), p. 31; cf. Raymond E. Brown, "The
Gospel According to St. John", *Anchor Bible,* p. 17. Respecto al problema textual,
véase la obra de Bruce M. Metzger, *A Textual Commentary on the Greek New Testament* (Londres y Nueva York: Sociedades Bíblicas Unidas, 1971), p. 198.

[33]Harry Hutchison, "Who Does He Think He Is?" *Scottish Journal of
Theology,* XIV (septiembre de 1961), p. 235.

[34]*Names of Jesus,* p. 70.

[35]*NT Theology,* pp. 251 y ss.

[36]*Ibid.,* p. 253; cf. H. D. A. Major, T. W. Manson, C. J. Wright, *The Mission
and Message of Jesus* (Nueva York: E. P. Dutton, 1938), pp. 445-446.

[37]*Who Is Jesus Christ?* (Londres: United Society for Christian Literature,
1956), p. 40.

[38]*Jesus and His Story,* pp. 174-195.

[39]*Ibid.,* pp. 192-194.

19

Cuestiones Básicas en el Testimonio de la Iglesia Primitiva

Sin duda alguna la Resurrección arrojó un brillante rayo de luz sobre la persona y obra del Señor Jesús. Johannes Weiss, Albert Schweitzer, y Rudolf Bultmann conjeturan que el origen y desarrollo de la cristología en el Nuevo Testamento debe atribuirse a la orientación futurista de la Iglesia. Esto es decir que las expectaciones y dilación de la *parousia* moldeó el pensamiento de la Iglesia con respecto a Cristo. Probablemente sea más correcto decir que las convicciones sólidas acerca de Cristo fueron provocadas por el impacto de la Resurrección en las mentes y corazones de los primeros seguidores. Longenecker concluye, "Aunque Jesús hizo un decidido impacto personal sobre los discípulos durante el curso de su ministerio terrenal, fue el hecho de su resurrección de entre los muertos, tal como se interpretó primero por Jesús mismo y después por el Espíritu, lo que proveyó el punto de partida histórico en su entendimiento cristológico."[1]

Lo crucial de la Resurrección para la cristología se discierne en que por ella los discípulos pudieron poner la cruz en perspectiva y relacionar el total del ministerio de Jesús con ella. Un elemento principal en el mensaje de Pedro en el Día de Pentecostés es la resurrección de Cristo (Hch. 2:22-36); y el Apóstol Pablo introduce su tratamiento principal sobre la salvación por fe declarando que "Nuestro Señor Jesucristo" fue "declarado Hijo de Dios con poder, según el Espíritu de santidad, por la resurrección de entre los muertos" (Ro. 1:4). La Resurrección produjo en los discípulos una vista unificada de la vida, enseñanzas, y muerte de Cristo, a la vez que los inspiró a ser sus testigos. No sólo sabían quién era El, sino también quiénes habrían de ser ellos como resultado de esta poderosa obra de Dios.

Debe conservarse en mente, sin embargo, que la Resurrección como un evento interpretativo, tuvo su precondicionamiento en las enseñanzas de Jesús. Tanto antes como después de la Resurrección nuestro Señor Jesucristo proveyó su testimonio a su significado (Mt. 16:21; Mr. 8:31-33; 9:30-32; 10:32-34; Lc. 24:44-49; Jn. 2:13-22). Algunos eruditos han atribuido a la Iglesia Primitiva casi una total originalidad en su testimonio respecto a Cristo. Por el contrario, lo que la comunidad primitiva proclamó con confianza acerca de su Salvador estaba arraigado en las enseñanzas de Cristo. La evaluación de E. G. Jay es sólida: "Encontramos una improbabilidad sicológica demasiado grande para suponer que la Iglesia Primitiva, o cualquiera de sus miembros o grupo de miembros, inventó una cristología que le atribuía a Jesús un *status* acerca del cual El no les había dado ningún indicio y aun lo había negado."[2]

Dos títulos—"Señor" y "Cristo"—resultaron básicos en el testimonio de la Iglesia Primitiva respecto a Jesús. Fue así que Pedro predicó, "Sepa, pues, ciertísimamente toda la casa de Israel, que a este Jesús a quien vosotros crucificasteis, Dios le ha hecho Señor y Cristo" (Hch. 2:36). La cuestión sobre si "Cristo" o "Señor" fue la afirmación primera y más formativa de Jesús resulta un tanto pedante.[3] Parece que en el período de la post-Resurrección, se tejieron varias madejas para formar una gran entrega a Jesús como el Salvador de Israel, y era completamente aceptable declarar o que "Jesús es el Cristo" o que "Jesús es Señor."

I. CRISTO-MESÍAS; HIJO DE DAVID

A. Cristo-Mesías

El término castellano "Cristo" es una transliteración de griego *Christos* que se deriva de *chrio,* "ungir." *Christos* es el término usado por los traductores bíblicos para interpretar el hebreo *mashiach* que significa "el ungido." Transliterado, *mashiach* se convierte en *messiah.* Los cristianos primitivos, al unir la palabra "Cristo" al nombre "Jesús" estaban diciendo sencillamente, "Jesús Mesías," o "Jesús el Ungido." Muy al principio, *messiah* o *christos* se convirtieron en nombre propio. En los escritos cristianos que los eruditos consideran ser los más antiguos "Jesucristo" se usaba sin explicación alguna (Gá. 1:1; 1 Ts. 1:1, *et al.*). Además, tanto Mateo como Marcos anuncian que están presentando el relato de "Jesucristo" (Mt. 1:1, 18: Mr. 1:1). Así que, lo que inicialmente fue un título, se convirtió también en nombre una vez que perdió el artículo.

El uso de *Christos* como título es dominante en el Libro de los Hechos, Mateo (12 veces), el Evangelio de Juan (aproximadamente 12 veces), las epístolas de Juan (3 veces) el Apocalipsis (dos veces), Hebreos (6 veces), y 1 Pedro (5 veces). *Christos* aparece varias veces en los últimos dos libros como nombre, pero el uso más frecuente es titular. En su mayor parte, siempre que las Cartas de Pablo se dirigen a lectores no-judíos, la palabra se emplea como nombre. Esto se puede decir también de los escritos de Lucas y de Marcos.

La cuestión de mayor importancia en este punto es decidir si Jesús entendió ser El mismo el Mesías de Dios o si comunicó abiertamente este hecho a sus seguidores.

Al tratar con el asunto, es necesario, primero que nada, notar las expectaciones mesiánicas de los judíos. En la literatura hebrea y especialmente en el Antiguo Testamento, el término *mashiach* se usaba para designar a individuos que son llamados por Dios para una misión divina especial. Entre este grupo se hallaban los patriarcas, sacerdotes (Ex. 28:41), profetas (1 R. 19:16), pero especialmente reyes. Al rey en el Antiguo Testamento se le denominaba el "Ungido" del Señor (Sal. 18:50; ver 1 S. 2:10, 35; 24:6; 26:9, 11, 16, 23). La imposición del aceite sagrado sobre él por el sacerdote era simbólico de la venida del Espíritu de Dios sobre él.

El fracaso de los reyes de Israel de restaurar "los buenos tiempos de Dios" evocaban la esperanza de un Rey ideal que habría de venir y quien cumpliría las esperanzas de Israel. La libertad de los enemigos de Israel y la consecuente introducción de la era escatológica de paz eran las expectaciones del mesianismo del judaísmo en el período anterior a la venida de Cristo. Dentro de este cuadro general, prevaleció una variedad de conceptos sobre la naturaleza y función del Mesías.[4] Sin embargo, la noción dominante era nacionalista, pues los judíos anticipaban un mesías que habría de venir del linaje de David. El habría de hacer su obra sobre esta tierra, ya sea creando un orden permanente o un orden interino de paz antes de la inauguración del reinado final de Dios.

Por causa de este dogma inflamatorio del Mesías, es de comprender por qué Jesús evitó el uso del término al referirse a El mismo precaviendo a los demás que no se refirieran a El mesiánicamente (Mt. 17:9 y sus paralelos; Mr. 1:44; 5:43; 7:36; 8:26; Lc. 4:41). Sin embargo, a su debido tiempo su mesianismo se expresó claramente. Cuando visitó la sinagoga de Nazareth que era su ciudad, leyó a sus paisanos Isaías 61:1-2 en que se usaba la palabra "ungido" por el profeta (Lc. 4:16-21). Anunció a la gente: "Hoy se ha cumplido esta Escritura delante de vosotros" (4:21). Por el uso de la palabra "ungido" implicó que El era el Mesías, el Ungido. Esta declaración particular, sin embargo, describe a un Mesías que no iba de acuerdo con las expectaciones nacionalistas de los judíos sino más bien con el "Ebed Yahweh" (Siervo del Señor).[5]

La reticencia de Jesús para ser llamado Mesías o a hablar de sí mismo en formas mesiánicas es un hecho incontestable. Los tres pasajes sinópticos mencionados más frecuentemente sobre los cuales descansa la evidencia son (1) la confesión de Pedro (Mt. 16:13-20; Mr. 8:27-30; Lc. 9:18-21); (2) la pregunta de Caifás, "¿Eres tú el Cristo?" (Mt. 26:57-66; Mr. 14:53-64); (3) la pregunta de Pilato: "¿Eres tú el Rey de los judíos?" (Mt. 27:11-14; Mr. 15:2-5; Lc. 23:3; Jn. 18:33-38). En cada caso Jesús demuestra un elemento inequívoco de precaución. Previene a sus discípulos, en el primer caso, que a nadie dijesen que El era Jesús el Cristo" (Mt. 16:20). En los otros dos casos, la respuesta se vuelve a los que preguntan, pero Jesús no niega explícitamente que El sea el Cristo.

Sin embargo, en el encuentro con Caifás entra inmediatamente a hablar acerca del Hijo del Hombre. Obviamente, Jesús no trata de refutar la confesión mesiánica; sino más bien procura evitar una confrontación pública que una declaración abierta hubiera precipitado.

Ya en un marco espiritual, solo con sus discípulos, en forma indirecta reconoce que El es el tanto tiempo esperado Mesías. Lo que ellos proclamaron acerca del mesianismo de Cristo en los días siguientes a la Resurrección se predicaba en tales experiencias con el Cristo histórico.

Juan perserva para nosotros la notable conversación de Jesús con la mujer en el pozo de Jacob en Samaria (Jn. 4:1-30). Este diálogo teológico, en un punto dado se vuelve hacia la cuestión mesiánica. Dice ella: "Sé que ha de venir el Mesías, llamado el Cristo; cuando él venga nos declarará todas las cosas." Como respuesta, Jesús inmediatamente se identifica como el Mesías: "Yo soy, el que habla contigo" (4:25-26).

Algunos eruditos, siguiendo a Wrede aseveran que el "secreto mesiánico" fue una creación de Marcos. Como respuesta, debe mencionarse con franqueza que el relato del Evangelio no apoya este punto de vista. Los relatos del bautismo de Jesús, la tentación, y la transfiguración, junto con sus respuestas a Pedro, el sumo sacerdote, y a la mujer samaritana, enseñan claramente que Jesús mismo entendió que El era el Mesías de Dios. Su ministerio, por tanto, fue el cumplimiento de las esperanzas mesiánicas de su pueblo.[6] Su concepto de sí mismo como el Mesías carecía del elemento nacionalista usual, aun cuando ciertamente no el hecho de su carácter de Rey. Cullmann concluye:

> Hasta donde Jesús estaba consciente de tener que cumplir la tarea del pueblo de Israel no contradice su concepto de su vocación si aceptara también el concepto de su reinado en tal forma que para El tuviera un nuevo contenido—si El pensaba en forma de un reino no de este mundo', como lo describe el Evangelio de Juan.[7]

B. Hijo de David

En la expresión "Hijo de David" se halla una idea corolaria al concepto de "el Mesías." Las genealogías de Mateo y Lucas demuestran claramente la ascendencia Davídica de Jesús (ver Mt. 1:1). En las narraciones de los Evangelios a Jesús se le proclama por el ciego Bartimeo como el "Hijo de David" (Mr. 10:47) y también por la multitud en ocasión de su Entrada Triunfal (Mt. 21:9; Mr. 11:10). Nuestro Señor no intentó detener estas aclamaciones.

El único caso mencionado en que Jesús se relacionó a sí mismo con David fue en la notable expresión de Marcos 12:35-37. En esa ocasión estaba enseñando en el Templo y preguntó: "¿Cómo dicen los escribas que el Cristo es hijo de David?" Y contestó su propia pregunta citando Salmos 110:1: "Jehová dijo a mi Señor: Siéntate a mi diestra, Hasta que ponga a tus enemigos por estrado de tus pies." El Maestro entonces preguntó si David se hubiera dirigido a su propio hijo llamándole "Señor."

Aun cuando obviamente, Jesús estaba desafiando las opiniones corrientes sobre la comprensión del Hijo-de-David acerca del mesianismo, no estaba negando su ascendencia Davídica. El punto del desafío es que el Mesías a quien David llamó su Señor debió haber sido mayor que David. Su origen no habría de estar en David, sino en Alguien más elevado que David.

De cierto, la Iglesia Primitiva no tenía dudas acerca del linaje Davídico de Cristo. Por un lado, tal como hemos notado, las genealogías de Mateo y Lucas demuestran que El era el Hijo de David (Mt.

1:1-17; Lc. 3:23-38). Pablo también encuentra alguna importancia en esta relación Davídica, pues la usa en su famoso mensaje de Antioquía de Pisidia (Hch. 13:22-23) y cuando enumera los elementos básicos de su evangelio respecto al Hijo de Dios, "que era del linaje de David según la carne" (Ro. 1:3; ver también 2 Ti. 2:8). Asimismo, el Apocalipsis se refiere a la ascendencia Davídica en términos litúrgicos, proclamando a Jesús como el que tenía "la llave de David" (3:7), y era "la raíz de David" (5:5; 22:16).

Es razonable concluir, basándose en los materiales del Nuevo Testamento, que (1) la ascendencia Davídica de Jesús está "firmemente incrustada en la tradición cristiana desde muy al principio";[8] y (2) la comunidad cristiana procuraba mantener una continuidad con la profecía del Antiguo Testamento respecto al Mesías, quien para ellos, era incuestionablemente Jesús. De acuerdo con 2 Samuel 7:16, a David se le prometió: "será afirmada tu casa y tu reino para siempre delante de tu rostro, y tu trono será estable eternamente." Isaías, Miqueas, Jeremías, Ezequiel y Zacarías, todos expresaron la mesianología Davídica. Los primeros cristianos consideraban a Jesús mayor que cualquiera de sus predecesores en la historia de Israel, aun mayor que David; pero a la vez sintieron que en El se cumplían todas las expectaciones de la redención Davídica, Mesiánica del pueblo. En este grado, existe una continuidad entre David el rey y "el Hijo de David."

En la Iglesia Primitiva toda la reticencia de Jesús respecto al uso del término *Messiah* desaparece. A la luz de su experiencia de la resurrección y su esperanza de la segunda venida, la Iglesia declaró abiertamente, "Jesús es el Mesías." Además, tal como ya lo hemos demostrado, durante su vida terrenal Jesús reconoció que El era el Mesías; de manera que lo que la Iglesia Primitiva proclamó respecto a su mesianismo fue continuo con la consciencia que El tenía de El mismo.

El Libro de los Hechos ofrece un mayor testimonio a la proclamación cristiana de Jesús como el Mesías prometido. En el Día de Pentecostés, el apóstol Pedro predicó que David predijo la resurrección de "Cristo" (Hch. 2:31) y al día siguiente predicó que "había antes anunciado por boca de todos sus profetas, que su Cristo había de padecer" (3:18). Las actividades evangelísticas de los primeros creyentes se condensan en 5:42: "Y todos los días, en el templo y por las casas, no cesaban de enseñar y predicar a Jesucristo." Los principales predicadores del incipiente movimiento hicieron de

Cristo la esencia de su mensaje: Felipe predicó "a Cristo" a los samaritanos (Hch. 8:5); Pablo predicó "al Cristo" ante los de Damasco (Hch. 9:22), de Tesalónica (17:3), y de Corinto (18:5); y Apolos predicó a Jesús como Cristo a la gente de Efeso (18:28).

¿Qué conclusiones pueden deducirse de este estudio de la cuestión Mesiánica?

1. Jesús permitió a otros aplicar las palabras *Christos* e "Hijo de David" en relación con El aunque les previno que no lo proclamaran abiertamente. Sólo en una ocasión se identificó El mismo como "el Cristo" (Jn. 4:26).

2. Vigorosamente rechazó la idea de un rey-redentor nacionalista, cosa que ya se había agregado a este título. Más bien acudió a los "Cánticos del Siervo Sufriente" de Isaías para describir el carácter del Mesías de Dios (ver Mt. 16:13-23, *et al.*).

3. Aunque en la lista de los Evangelios aparece como descendiente de David desde el punto de vista genético, también declaró El ser mayor que David (Mt. 22:41-45; Mr. 12:35-37; Lc. 20:41-44; ver Hch. 2:29-36).

4. La experiencia de la Resurrección de los seguidores de Cristo los convenció de su Mesianismo, de manera que inmediatamente principiaron a predicar abiertamente que él era el tan esperado Mesías de Israel (Hch. 2:36). Su convicción respecto a este asunto descansaba totalmente en *su consciencia Mesiánica, su capacitación con el Espíritu, y sus enseñanzas.*

La declaración de que "Jesús es el Cristo" naturalmente enojaría a la comunidad judía. Ellos interpretaban literalmente la escritura que dice, "Maldito todo el que es colgado en un madero" (Gá. 3:13). Pero el impacto de la conciencia que de Sí mismo tenía Jesús y el milagro de la Resurrección capacitó a la Iglesia Primitiva a aceptar su crucifixión como parte integral de su naturaleza y misión mesiánica.

5. Lo que al principio era sólo un título, pronto se convirtió en un nombre permanente. Tanto Cullmann como Longenecker están correctos en dar por hecho que el movimiento del cristianismo al mundo gentil, donde no prevalecía la preocupación judía con el mesianismo, resultó en el uso denominativo del término "Mesías" o "Cristo."[9]

II. SEÑOR

El credo más antiguo de la Iglesia Cristiana era que "Jesús es Señor." Pablo escribe a los Romanos, "si confesares con tu boca que Jesús es

Señor, y creyeres en tu corazón que Dios le levantó de los muertos, serás salvo" (10:9). Les dice a los Corintios que esta confesión, "Jesús es Señor" no puede hacerse por nadie a menos de que cuente con la ayuda del Espíritu Santo (1 Co. 12:3). Para Pablo el despojarse de sí mismo y la humillación de "Cristo Jesús" lo llevó a la exaltación. Para que, como resultado, "en el nombre de Jesús se doble toda rodilla de los que están en los cielos, y en la tierra, y debajo de la tierra; y toda lengua confiese que Jesucristo es el Señor, para gloria de Dios Padre" (Fil. 2:5-11). A medida que se desarrollaba la cristología de la Iglesia, los varios títulos adscritos a Jesús se combinaron en tal forma que Pablo puede emplear consistentemente la frase única "nuestro Señor Jesucristo" *(Kurios Jesous Christos).*

A. Definición del Uso de "Kurios" en los Evangelios

El término griego *kurios,* ya sea con o sin el artículo, ocurre más de 240 veces en los Evangelios. Sin embargo, la importancia de su frecuencia queda nublada debido a los varios términos en castellano que se necesitan para traducir sus varias fases de significado.[10] Algunas veces se usa como palabra de respeto, como usaríamos "señor" (Mt. 21:30); un título de autoridad como "Señor" (Mt. 15:27), o un título de posesión, "dueño" (Lc. 19:33). El significado fundamental de estos ejemplos es su descripción de posesión o autoridad sobre personas o cosas, de aquí que demanden reverencia y deferencia.

A Jesús frecuentemente se le llama "Señor," en el caso vocativo *kurie.* Por ejemplo, se relata que Pedro suplica, "Señor, si eres tú, manda que yo vaya a ti sobre las aguas" (Mt. 14:28). Jesús mismo se llama así cuando dice: "No todo el que me dice: Señor, Señor, entrará en el reino de los cielos" (Mt. 7:21). Este uso vocativo del término aparece en numerosas ocasiones en el Evangelio de Juan especialmente en las secciones donde hay conversación entre Jesús y sus discípulos. No hay duda de que el vocativo *kurie* representa un respeto profundo, pero en ocasiones va más allá y transmite una aclamación de adoración, como en la fe del ciego sanado por Jesús, "Creo, Señor" (Jn. 9:38).

Hay numerosas ocasiones en que se usa la palabra con el artículo *(ho kurios)* como en Lucas (18 veces) y en Juan (12 veces). Longenecker, siguiendo a Vincent Taylor, observa que los ejemplos de "el Señor" en Lucas se encuentran en secciones narrativas, y en Juan la mayoría de veces aparecen en las secciones de la post-Resurrección. Aparentemente, el Evangelista Juan no se sentía en libertad de usar "el Señor" en su sentido titular en el principio del ministerio de Jesús.[11]

Un ejemplo notable de "el Señor" sale de los labios de Jesús en el Aposento alto: "Vosotros me llamáis Maestro, y Señor [*ho didaskalos kai ho kurios*]" (Jn. 13:13). La magnífica representación de Juan de la lucha entre la fe y la no-fe se preserva para nosotros en la declaración álgida de Tomás, "¡Señor mío, y Dios mío! [*ho kurios mou kai ho theos mou*]" (Jn. 20:28).

Kurios se aplicaba a los rabinos de aquel día. Por tanto, será válido dar por sentado que los discípulos de Jesús le estaban demostrando al menos el mismo respeto que los discípulos de los rabinos le daban a sus maestros. Sin embargo, Rawlinson concluye que *kurios* conlleva más que una cortesía convencional y honor debidos hacia un maestro. Escribe: "Implica, estrictamente hablando, que él [rabino] es *más* que un 'maestro'—de hecho es un 'señor' con derechos de 'señor' sobre sus discípulos."[12] Rawlinson continúa para aseverar, sin embargo, que es de dudarse que los discípulos hayan considerado a Jesús sencillamente como un rabí. Más bien, cuando se referían a El como "Señor," pensaban en el Mesías exaltado.[13]

Parece que los evangelios, especialmente en las secciones que nos dan una vista a la relación entre Jesús y los discípulos, preservan para nosotros una cristología embriónica que resulta del título "Señor." La sugerencia de Rawlinson con respecto a la presencia de las connotaciones mesiánicas en la palabra *kurios* tiene validez. La discusión de Jesús de Salmos 110:1 (Mt. 22:45; Mr. 12:37; Lc. 20:44) apoya con fuerza la idea de que él pensaba en Sí mismo como "el Señor"; y además, la cita frecuente de este versículo por los primeros seguidores indica que llevaba en sí más que el significado ordinario. Las referencias de Jesús a El mismo como "Señor del día de reposo" (Mr. 2:28) y "vuestro Señor" (Mt. 24:42), junto con los hechos mencionados arriba, proveen la materia prima para la cristología *kurios*.[14] El Señorío divino de Cristo florece en términos explícitos en la proclamación de Pedro en el Pentecostés, "que a este Jesús a quien vosotros crucificasteis, Dios le ha hecho Señor y Cristo" (Hch. 2:36).

B. El Uso de "Kurios" fuera de los Evangelios

El título "Señor" aparece 46 veces en las Epístolas. El tema central es la soberanía divina (ver Ro. 10:12; 14:8-9; 1 Co. 5:4; 2 Co.10:8; Fil. 2:11, 19; 1 Ts. 4:6). Sin lugar a duda, el simple concepto de respeto o propiedad había dado lugar a un reconocimiento total de la deidad de Jesús. Es así que los escritores entienden que, como Señor,

Jesús el Cristo puede con toda propiedad, reclamar completa devoción, lealtad, reverencia y adoración salida del corazón de parte de los hombres. Por eso 1 Pedro 3:15 exhorta diciendo, "santificad [*hagiasate*] a Dios el Señor en vuestros corazones."

Wilhelm Bousset ha sostenido que la aplicación del título *kurios* a Jesús se usó primero en tierra griega. La "transición significante" es inconcebible en cualquier otro período anterior al cristianismo helenista.[15] Esta teoría se basaba sobre la idea de que el mundo griego no desconocía el concepto *kurios* pues las religiones de misterio lo aplicaban a sus deidades, e.g., *Kurios Mythra.* En las inscripciones oficiales, los emperadores romanos Nerón y Calígula, se designaban como *Kurios.* Así que Bousset y otros han concluido que la iglesia greco-parlante introdujo la adoración de Jesús como *Kurios.*

En oposición a esta hipótesis se pueden notar dos líneas de evidencia. Primero, los traductores griegos del Antiguo Testamento (la Septuaginta) casi en forma regular usaron *kurios* cuando se trataba de traducir los dos nombres divinos *Yahweh* y *Adonai.*[16] Ocasionalmente usaban el griego *Theos.* El judío que hablaba griego podía oír a los misioneros cristianos hablar de Cristo como *Kurios,* término que naturalmente estaba relacionado con Dios. Es más razonable colegir junto con Rawlinson que la aclamación de Jesús como Señor databa del cristianismo original de Palestina, de hecho de las enseñanzas de Jesús.[17] Además, los cristianos judíos, en especialidad los discípulos, se habían nutrido en la fe del Antiguo Testamento de manera que fácilmente podían, después de la Resurrección, aplicar el término *Kurios* a Jesús. Para ellos El era el Divino.

Segundo, en el Nuevo Testamento hay varias expresiones aramaicas para la Deidad, como *Abba,* "Padre" (Ro. 8:15; Gá. 4:6) y *Eli,* "Dios mío" (Mt. 27:46). Pero para este estudio el más importante es *Marana Tha,* "El Señor viene" (1 Co. 16:22; ver también Ap. 22:20, *Erchou, kurie Jesou,* "ven, Señor Jesús").[18] Esta oración se encuentra también en el *Didache,* fechado por el año 95 A.D. Aunque aparece en la iglesia griega, según lo indican las referencias en 1 Corintios y en el Apocalipsis, esto no evita el que haya originado en Palestina. De hecho, "Siendo que *marantha* fue preservada como fórmula aramaica aun en las iglesias greco-parlantes, hemos de aceptar que originó como ascripción cristológica en la Iglesia primitiva de habla aramea."[19] Esta es la conclusión más natural, "pues no hubiera sido retenida sin traducir, en un texto griego, si hubiera originado como traducción de un término más primariamente griego."[20]

Concluimos que Jesús fue llamado "Señor" en la Iglesia de Palestina antes de que la Iglesia entrara en suelo gentil. En el período más anterior posible, Jesús se presentaba como el Objeto de adoración del hombre. En el caso de Esteban, el primer mártir, él hizo una plegaria dirigida a Jesús: "Señor Jesús, recibe mi espíritu" (Hch. 7:59). La Eucaristía pronto se conoció como "la cena del Señor" *(Kuriakos deipnos,* 1 Co. 11:20), y el Día cristiano de adoración "el día del Señor" *(Kuriake hemera,* Ap. 1:10).

El semillero de la aclamación y adoración de Cristo como Señor es Jesús mismo, y las reflexiones de la Iglesia judía primitiva descansan sobre las palabras del Señor. Después del evento de la Resurrección, la Iglesia Primitiva principió a comprender lo que significaba el tratamiento de Jesús del Salmo 110:1 (Mt. 22:44; 26:64; Hch. 2:34) y su uso de *kurios,* especialmente mientras continuaban explorando su afirmación de que "Jesús es Señor."

La Iglesia gentil se entregó a su misión con aun mayor dedicación al anuncio de que "Jesús es Señor," y basándose en el relato bíblico, aparece que el Señorío de Cristo se usaba más frecuentemente por ella que por la comunidad cristiana judía, que tendía a recalcar el mesianismo de Jesús.

El sumario de McDonald sobre el uso de los títulos "Cristo" y "Señor" es acertado: "Para los judíos cristianos Jesús era el Mesías; para el judío cristiano helenista, El era 'el Cristo'; para el cristiano gentil El era 'El Señor'. Y los tres se combinan en el nombre familiar, 'El Señor Jesucristo.'"[21]

III. LA SABIDURÍA DE DIOS

Pablo desarrolla el concepto de Cristo como "la Sabiduría de Dios" primordialmente en Corintios, donde se preocupa por poner el evangelio en perspectiva *vis-a-vis* del pensamiento griego. Asegura que los griegos buscan sabiduría, una criatura de la mente humana. Por contraste, "para los llamados, así judíos como griegos," buscamos a "Cristo poder de Dios, y sabiduría de Dios [*sophia tehou*]" (1 Co. 1:24, 30; ver todo el pasaje, 1 Co. 1:17—2:16). Sabiduría en este contexto debe considerarse no como una comprensión especulativa sino más bien como una intuición dada. En este caso, la sabiduría se concede a través de una persona, Jesucristo, quien en la totalidad de su persona y obra revela la mente de Dios. La búsqueda del hombre de una comprensión del más allá (su búsqueda metafísica) puede satisfacerse sólo conociendo a Cristo.

En la carta a los Efesios, el apóstol declara que Dios nos ha dado "a conocer el misterio de su voluntad, según su beneplácito, el cual se había propuesto en sí mismo, de reunir todas las cosas en Cristo, en la dispensación del cumplimiento de los tiempos, así las que están en los cielos, como las que están en la tierra" (1:9-10). Además, Pablo expresa sus deseos pastorales para los cristianos por toda la iglesia en Asia en su Epístola a los Colosenses: "para que sean consolados sus corazones, unidos en amor, hasta alcanzar todas las riquezas de pleno entendimiento [*sophias*], a fin de conocer el misterio de Dios el Padre, y de Cristo, en quien están escondidos todos los tesoros de la sabiduría y del conocimiento" (2:2-3).

La *Cristología de la Sabiduría* paulina bien pudo haber estado arraigada (1) en las alusiones de Cristo respecto a sí mismo como "sabiduría" (Mt. 11:19; Lc. 11:49) y (2) en la consciencia apostólica de que Cristo era "el *Nuevo Torah,* la completa revelación de la voluntad de Dios, reemplazando la antigua ley." En esta conexión también, su pieza cristológica en Colosenses 1:15-20 sugiere la "Sabiduría" personificada e hipostatizada de Proverbios 8:22-31. La *Sabiduría* de Pablo funciona dinámicamente ayudando en la creación del *cosmos* (Col. 1:16-17) y proveyendo redención para la humanidad (1 Co. 1:24, 30). Cuando él predica a Cristo, Pablo en realidad predica "sabiduría"—la intuición espiritual que provee redención. Cristo es la Sabiduría de Dios, que más adelante se define como nuestra "justificación, santificación y redención"[22] (1 Co. 1:30).

IV. LA PALABRA

En tres lugares en los escritos de Juan se usa el título "el Verbo" *(ho logos)* o "la Palabra de Dios" *(ho logos tou theou)* para expresar la naturaleza de Cristo (Jn. 1:1, 14; 1 Jn. 1:1; Ap. 19:13). El pasaje principal está en Juan 1 donde se declara que el *Logos* (1) estaba en la creación con Dios (1:1); (2) tiene la naturaleza de Dios (1:1); (3) ha funcionado co-creativamente con Dios en traer el mundo a existencia (1:3); y (4) haberse hecho carne y haber residido entre los hombres (1:14).

Los eruditos han reflexionado mucho con el significado que se intentó dar a *logos*. Del trasfondo judío recibimos alguna ayuda con la frase "la palabra de Yahweh" *(dabar Yahweh)*. La "palabra," *dabar* es más que un sonido; es "una unidad de energía y de poder efectivo. Una palabra no sólo *dice* cosas, una palabra *hizo* cosas."[23] Cuando Dios habló, se comunicó una acción implicada. Dios habló y el cosmos vino a existencia (Gn. 1:2, 6, 9, 11, 14, 20, 24, 26). La palabra de Dios sale para completar su propósito; no vuelve a El vacía (Is. 55:11). La acción va implícita en el hablar. El hablar de Jesús como el Logos de Dios es decir que El es más que la voz de Dios; es decir que El es el Poder de Dios dinámico y creativo en acción.

Al oír los griegos la palabra *logos* probablemente pensaban en la "mente" o "razón." El *logos* aplicado a Cristo significaría para ellos que "la mente de Dios" fue revelada en Cristo. Pero aparte de esta traducción estaría el concepto de imagen. Un judío con una mentalidad semigriega, como Filón, el filósofo religioso alejandrino, podría oír "imagen" cuando se mencionara la palabra *logos*[24]

Es obvio que prevalece una cierta ambigüedad de difinición. No obstante, parecería que Juan deseaba comunicar dimensiones de la naturaleza de Cristo que sólo habían sido sugeridas antes.[25] Cristo es el Mensaje de Dios a los hombres; El es el Evangelio en sí mismo, las Buenas Nuevas de redención de Dios (ver He. 1:1-2). El nos da la mente de Dios, que tiene la obsesión de un solo objetivo, a saber, la redención de sus criaturas (1:1-13).

El Logos de Dios es creativo, no sólo en establecer el universo, sino en producir hijos para Dios. En el corazón mismo del universo está una Persona amante y creativa. En una respuesta condensada a la pregunta, ¿Qué es el Logos? Conzelmann toma nota de la relación de palabra al revelador. "El punto es que la palabra no está aislada del revelador de manera que pueda comunicarse como contenido libre. Se basa exclusivamente en su existencia, y por tanto no puede enseñarse ni aprenderse como conocimiento. Todo el que tiene a la persona, i.e. que cree en él, tiene salvación."[26]

Tal como Cullmann insiste, mientras el Evangelista tiene en mente el recalcar la *función* de la Palabra—su *acción*—principia el Prólogo refiriéndose al *ser* de la Palabra antes de la creación. "La Palabra era Dios" significa que "el Logos es Dios en su revelación." También, para evitar el concepto de dos dioses, como si el Logos fuera un dios aparte de Dios, Juan escribe, "la Palabra era con Dios." No se sugiere aquí un punto de vista de subordinación, de otra manera Juan quizá hubiera escrito que "Dios estaba con la Palabra." Se concede que esta relación es paradójica, mas debe permanecer tal como fue escrita, que Cristo estaba *con Dios* y que *era Dios*. El término "Logos" no sólo declara la naturaleza divina de Cristo, sino expresa también la acción redentora de Dios revelándose a sí mismo y dándose a sí mismo.

V. PROFETA

En su ministerio en que se reveló y se dio a sí mismo, Cristo cumple el papel de profeta, sacerdote y rey. Como Profeta, declara la verdad divina en su vida, muerte, y resurrección en siglos pasados. Dios habló a través de sus profetas especialmente llamados, pero en esta edad ha hablado su Palabra en este Uno, el Cristo (He. 1:1-2). Durante su ministerio terrenal, Jesús fue aclamado por tener un ministerio como el de los profetas. Cuando oían sus mensajes, algunos de sus oyentes pensaron en Elías, otros en Juan el Bautista, o Jeremías (Mr. 6:14-15; Lc. 9:8). Cuando Jesús cabalgó en un pollino hasta Jerusalén, un día de la última semana de su vida terrenal, las multitudes respondieron a la pregunta. ¿Quién es éste? diciendo, "Este es Jesús el profeta, de Nazaret de Galilea" (Mt. 21:11; ver Lc. 7:16; 24:19).

El relato del Evangelio demuestra claramente que Jesús llevó las marcas de un profeta en el hecho de su consciencia de haber sido *enviado* por Dios, en llamar a los hombres hacia una decisión inmediata, y en ofrecer una solución radical a la deteriorante vida religiosa del antiguo Israel. El habló con una autoridad inherente, (Mt. 7:28-29) y fue reconocido por Nicodemo como "venido de Dios como maestro" (Jn. 3:2).

La nota profetológica (término usado por Cullmann) más importante, se encuentra en el Cuarto evangelio, siguiendo a la alimentación de 5,000 que hiciera Cristo. La gente dice, "Este verdaderamente es el profeta que había de venir al mundo" (6:14; 7:40). "El profeta" no puede ser otra cosa que una referencia a la predicción de Moisés de tal revelador de la Palabra de Dios (Dt. 18:15, 18). Tanto Pedro como Esteban emplean el mismo pasaje al ofrecer una *apología* por la fe cristiana en ciernes (Hch. 3:22-23; 7:37). Aparentemente, ambos consideraban que Cristo era el cumplimiento de la palabra mosaica.

Este papel profético recalca la misión divina de Cristo. El viene de Dios bajo orden específico, no sólo para *declarar* la Palabra divina, sino para *ser* la Palabra divina de gracia y rectitud. Sin embargo, el enfocar solamente en su ministerio profético sería truncar el significado de la Encarnación. Cristo era, en realidad, el punto culminante de la sucesión profética, mas al mismo tiempo, era tanto el Sujeto como el Objeto de la profecía. Funcionó como el Mensajero de la Palabra redentora de Dios; inspiró también todas las declaraciones proféticas del pasado. Más importante aún, El era el Foco Central de toda profecía—Aquel a quien todos los profetas señalaban como la palabra escatológica de salvación. En El, la verdad de Dios fue hablada personal, histórica y finalmente.[27]

VI. Sacerdote

Aunque la designación de Cristo como el verdadero Sumo Sacerdote sobresale en la Epístola a los Hebreos, puede formarse un caso plausible sobre el punto de vista de que en los Evangelios Jesús se presentó a sí mismo como Sumo Sacerdote. En dos ocasiones recurre al Salmo 110 con respecto al Mesías (Mr. 12:35 sig.; 14:62). Salmos 110:1 lee: "Jehová dijo a mi Señor: Siéntate a mi diestra, Hasta que ponga a tus enemigos por estrado de tus pies." Salmos 110:4*b* dice: "Tú eres sacerdote para siempre según el orden de Melquisedec." Marcos 12:35 pudiera ser una corrección de la comprensión del escriba sobre el significado de "Hijo de David" y "Mesías." Pero, tal como Stagg sugiere, "Posiblemente también reclamó en este caso el título de 'Sumo Sacerdote según el orden de Melquisedec,' un Sumo Sacerdote a quien así relacionó con el Cristo."[28]

En Juan 17, que fue titulado por Chytraeus en el siglo dieciséis "la Oración Pontifical" (o del Sumo Sacerdote), Jesús se "santifica" o "se consagra" a sí mismo, en el mismo sentido que un sacerdote hebreo se preparaba para su oficio. Se entrega a este acto en representación de sus discípulos (ver Lc. 22:32). Richardson nos recuerda que Jesús se presentó diciendo que provee acceso a Dios. El es "el camino" (*he hodos,* Jn. 14:6), y es El quien ha abierto *un camino nuevo y vivo* hacia el Padre (He. 10:20). Se sigue que los cristianos primitivos se refirieron a ellos mismos como "los de este Camino" (Hch. 9:2; 19:9; 22:4).

La idea de "acceso" con características sacerdotales aparece en el griego *prosagoge,* que denota una introducción a la presencia de alguien, generalmente una persona de cierta estima. En tres ocasiones aparece la palabra en los escritos paulinos y en cada caso implica el oficio de un sacerdote (Ro. 5:2; Ef. 2:18; 3:12). En Romanos 8:34, Pablo declara por medio de una pregunta retórica que Cristo está a la diestra de Dios intercediendo por los electos (ver paralelo en He. 7:25). Pedro es explícito cuando escribe, "Porque también Cristo padeció una sola vez... para llevarnos [*prosagoge*] a Dios" (1 P. 3:18). Y sigue hablando acerca del descenso del Hijo hacia el lugar de los espíritus encarcelados, pero quien ahora ha "subido al cielo" y "está a la diestra de Dios" (3:22). En el Apocalipsis se veía vestido como sacerdote "uno semejante al Hijo del Hombre" (1:13).

Tal como hemos notado, la actividad mediatoria de Cristo cumplida a través de su Sumo Sacerdocio, se expresó más ampliamente en la Epístola a los Hebreos. En no menos de 10 ocasiones el autor emplea el título "el sumo sacerdote" (2:17; 3:1; 4:14-15; 5:5, 10; 6:20: 7:26; 8:1; 9:11). A Jesús también se le designa simplemente como "sacerdote" en 5:6 y como "un gran sacerdote" en 10:21. Siguiendo cuidadosamente este esquema tipológico, el autor asegura la eternalidad de la función sacerdotal de Cristo, pues El es un "sacerdote según el orden de Melquisedec" (5:6).[29] No hay prueba alguna del nacimiento o muerte de Melquisedec; aparece sólo como un sacerdote a quien Abraham le pagó los diezmos. También Jesús aparece sin relación genética especial o prueba legal. "... ni tiene principio de días, ni fin de vida" (7:3), permaneciendo "sacerdote para siempre" (7:3). Es, por tanto, capaz para hacer expiación por "los pecados del pueblo" (2:17).

El ministerio del sacerdocio Aarónico, se ejerció imperfectamente bajo el Antiguo Pacto. El ministerio de Cristo, por el otro lado, se ejecuta completa y efectivamente por causa de su identificación simultánea con la humanidad y con la Deidad. El fue tentado en todo respecto *(kata panta)* y por eso clasifica como Mediador para la humanidad. El entra al santuario celestial, llevando no la "sangre de machos cabríos ni de becerros, sino (por) su propia sangre... habiendo obtenido eterna redención" (9:12). Este es un acto de "una sola vez" por parte del Sumo Sacerdote, porque "vive eternamente" (7:24-25) y ahora está ante la presencia de Dios intercediendo por nosotros.

Y volverá otra vez, no con el fin de ofrecer sacrificio por el pecado, sino para llevar consigo a los que han esperado fielmente su regreso (9:24-28). Entronado a la diestra de Dios como Sacerdote-Rey su vida es de continua intercesión por nosotros. Stagg comenta: "No es sólo un sumo Pontífice aislado con Dios en el lugar santísimo; es una Persona, unido con aquellos a quienes lleva ante la presencia de Dios."[30]

Por tanto, el papel sacerdotal de Cristo es una expresión profunda de gracia—el acto de Cristo al impartir, por su mediación, los beneficios del amor divino sobre los que con fe se allegan a El.[31]

VII. REY

A. El Concepto Rey en los Evangelios

En los relatos de los Evangelios, se declara que Jesús es el Llevador, es la Manifestación del reino de Dios, pero en esa parte del Nuevo Testamento, el concepto de rey no se aplica abiertamente a El. Está presente como algo más que un ejemplo de quien vivía bajo la soberaneidad de Dios, pero no es aclamado como rey del *cosmos* o Señor de todo. Aunque hay referencias pasajeras a El como Rey, en su mayor parte estas declaraciones están cubiertas con unos conceptos mesiánicos contemporáneos. Por ejemplo, el Cuarto Evangelio incluye la confesión de Natanael, "Rabí, tú eres el Hijo de Dios; tú eres el Rey de Israel" (1:49). Después de la alimentación de los 5,000, Jesús se apartó a las montañas para escapar de las multitudes que estaban "para apoderarse de él y hacerle rey" (6:15). Estos dos ejemplos, sin embargo, deben interpretarse a la luz del interés prevalente en el establecimiento del reino Davídico y nacionalista (ver también Mt. 2:2).

En la Entrada Triunfal, a Jesús se le declaró Rey, como en el caso del relato de Lucas de las aclamaciones de la multitud: "¡Bendito el que viene en el nombre del Señor!" (19:38; ver Jn. 12:13). Mateo y Juan citan Zacarías 9:9 al recalcar el carácter mesiánico de este evento: "He aquí tu Rey viene, Montado sobre un pollino de asna" (Jn. 12:15; Mt. 21:5). En el contexto original de Zacarías, el rey que viene a Sion es el tanto tiempo esperado príncipe de la casa de David. Sin embargo, Bruce observa una relación entre Zacarías 9:9 e Isaías 40:9 y 62:11. Concluye que un significado de salvación es central en este acto. Jesús quería que se supiera que "El estaba presentándose a la ciudad en aquel día de su visitación, no como un Mesías-guerrero sino como un príncipe de paz—y en realidad como el pastor-rey de Israel, listo para 'dedicarse a la salvación de su pueblo.'"[32]

La designación de Rey aparece varias veces en los episodios del juicio. Pilato le pregunta a Jesús, "¿Eres tú el Rey de los judíos?" (Mr. 15:2; Jn. 18:37). Asimismo, en la competencia entre Pilato y los líderes religiosos, se hace referencia al Señor como a un rey: "¿Queréis que os suelte al Rey de los judíos?" (Mr. 15:9). "¿Qué, pues, queréis que haga del que llamáis Rey de los judíos?" (Mr. 15:12). Tercamente, aun al confrontar la negación de los líderes religiosos de que Cristo era su Rey, Pilato exclamó, "¡He aquí vuestro Rey!" (Jn. 19:14). Además, ellos se enojaron porque Pilato había puesto en la cruz el título, JESÚS NAZARENO, REY DE LOS JUDÍOS. Su respuesta inflexible a la protesta de ellos fue, "Lo que he escrito, he escrito" (Jn. 19:19-22). Durante la crucifixión los príncipes de los sacerdotes y los soldados se mofaron de Jesús haciendo referencia a su carácter de rey (Mr. 15:32; Lc. 23:37).

B. El Concepto Rey en los Hechos y las Epístolas

En el material que no es los Evangelios, se aplica también la palabra "rey" a Jesús en sólo un número limitado de pasajes. En Hechos 17:7 los judíos de Tesalónica acusaron a Pablo y a sus compañeros de enseñar "que hay otro rey, Jesús." Pablo y Pedro evitaron este título quizá por razones de conveniencia política. Vincent Taylor sugiere que para estos personajes lo que era de valor en el término "podía abarcarse en el título 'el Señor,' con la ventaja adicional de las asociaciones litúrgicas del título *Kyrios.*"[33]

El Apocalipsis de Juan, sin embargo se refiere específicamente a Cristo como Rey en tres pasajes: "Jesucristo el testigo fiel, el primogénito de los muertos, y el soberano de los reyes de la tierra" (1:5); "porque el es Señor de señores y Rey de reyes" (17:14); "en su vestidura y en su muslo tiene escrito este nombre: REY DE REYES Y SEÑOR DE SEÑORES (19:16). Cerca del fin del siglo en que ministró Juan, los cristianos no gozaban una relación favorable con el orden político existente, así que el testimonio de Juan respecto a Cristo como Rey de reyes fue un desafío a la fe de los cristianos.

C. El Significado del Reino de Cristo

La Iglesia Primitiva creía que su Señor compartía el trono de Dios, y por eso toda autoridad en el cielo y en la tierra era su posesión peculiar (Mt. 28:18; Hch. 2:33; Ro. 8:34; Ef. 1:20; He. 1:3, 13; 1 P. 3:22; Ap. 3:21). Cristo ya reina en gloria con el Padre. Los hombres de fe saben esta verdad y gozosos esperan la completa manifestación de su reinado en su aparición. Además, ellos mismos reinan con Cristo, compartiendo su posición de rey, por cuanto han sido resucitados con El (Col. 3:1).

En Romanos 5:17 Pablo escribe, "Pues si por la transgresión de uno solo reinó la muerte, mucho más reinarán en vida por uno solo, Jesucristo, los que reciben la abundancia de la gracia y del don de la justicia." La sumisión a la soberanía de Dios es al mismo tiempo un compartir del reino de Cristo. Pedro les dice a sus lectores que como cristianos constituyen un "linaje escogido, real sacerdocio, nación santa, pueblo adquirido por Dios" (1 P. 2:9). Todos los que ahora reinan con Cristo reinarán con El eternamente (Ap. 3:21; 5:9-10; 20:6; 22:5). Esta paradoja de que reinaremos con Cristo se expresa con belleza por el Apóstol Pablo a Timoteo: "Si somos muertos con él, también viviremos con él; si sufrimos, también reinaremos con él" (2 Ti. 2:11-12).

El reinado de Cristo tiene una fuerza dual, aseverando en un contexto la relación eterna del Hijo con el Padre, y en otro declarando el carácter real de su redención. Por medio de su muerte, resurrección y ascensión, El manifestó y estableció el Reino. Todos los reinos rivales son malos por naturaleza. En esta edad presente, todos los que rinden pleitesía a El comparten su autoridad como Señor y son ciudadanos del reino. Cuando venga el fin, la unidad del reino de Dios y el reino de Cristo será manifestado (1 Co. 15:24-25). Sin embargo, la relación de Cristo y su reinado no tendrá fin, por cuanto El ejercerá su poder para siempre en beneficio de los redimidos y para la gloria del reino eterno.

NOTAS BIBLIOGRÁFICAS

[1]*Christology of Early Jewish Christianity*, p. 148.

[2]*Son of Man, son of God* (Londres: SPCK, 1965), p. 31.

[3]Cf. Cullmann, *The Earliest Christian Confession*, trad. por J. K. S. Reid (Londres: Lutherworth Press, 1949), pp. 27-30, 57-62; *Christology of the NT*, pp. 11, 215; Longenecker, *Christology of Early Jewish Christianity*, pp. 149 y ss.

[4]Cf. F. F. Bruce, "Messiah", NBD, pp. 811-818; E. Jenni, "Messiah", IDB, 3:360-365.

[5]Cf. W. C. van Unnik, "Jesus the Christ", *New Testament Studies*, VIII (1962), 113-116. La aplicación que Cristo hizo del pasaje de Isaías 61:1-2 a sí mismo y el evidente ungimiento del Espíritu sobre su vida fueron instructivos para sus discípulos sobre el asunto del mesianismo.

[6]Cf. W. Wrede, *Das Messiasgeheimnis in den Evangelien* (Gottingen: Vanderhoeck and Ruprecht, 1901); G. Bornkamm, *Jesus of Nazareth*, por Irene y Fraser McLuskey con James M. Robinson (Nueva York: Harper and Row, 1960), pp. 171 y ss.; R. H. Fuller, *Foundations of New Testament Christology* (Nueva York: Charles Scribner's Sons, 1965), pp. 109-111; cf. la reacción de Cullmann tanto a Wrede como a Bultmann, quien siguió a Wrede: *Christology of the NT, pp. 124-125.*

[7]*Christology of the NT*, p. 133.

[8]Longenecker, *Christology of Early Jewish Christianity*, p. 109.

[9]*Christology of the NT*, p. 133; Longenecker, *Christology of Early Jewish Christianity*, pp. 75 y ss.

[10]Werner Forester y Gottfreid Quell, *Kurios et al.* TDNT, 3:1039 y ss.

[11]*The Christology of Early Jewish Christianity,* pp. 130-131; cf. V. Taylor, *Names of Jesus,* p. 43.

[12]A. E. J. Rawlinson, *New Testament Doctrine of the Christ* (Londres: Longmans, Green, and Co., 1926), p. 234.

[13]*Ibid.*

[14]Cf. David M. Kay, *Glory at the Right Hand: Psalm 110 in Early Christianity* (Nueva York: Abingdon Press, 1973).

[15]*Kyrios Christos,* trad. por John E. Steely (Nueva York: Abingdon Press, 1970), pp. 121 y ss.; cf. Rudolf Bultmann, *Theology of the NT,* 1:125 y ss.

[16]Para un estudio más completo de este punto, cf. G. Quell, TDNT, 3:1058 y ss.; Sherman E. Johnson, "Señor (Cristo)", IDB, 3:151: "Para un cristiano de la iglesia primitiva acostumbrado a leer el AT, la palabra 'Señor', usada por Cristo, le sugeriría su identificación con el Dios del AT." No se puede seguir la lógica de Johnson, sin embargo, cuando dice que *Kurios* "expresaba la divinidad de Cristo sin declarar explícitamente su deidad".

[17]*NT Doctrine of Christ,* pp. 231-237; cf. su excelente refutación de Bousset.

[18]Los manuscritos más antiguos fueron escritos sin separación de palabras, y por esa razón *marana tha* podría ser interpretada como *maran atha,* "nuestro Señor ha venido". Sin embargo, la oración por su venida aparentemente hace mejor sentido en este contexto.

[19]W. Kramer, *Christ, Lord, Son of God,* trad. por B. Hardy (Londres: SCM Press, 1966), p. 100.

[20]Longenecker, *Christology of Early Jewish Christians,* p. 122; cf. Cullmann, *Christology of the NT,* p. 214.

[21]H. D. McDonald, *Jesus, Human and Divine* (Grand Rapids, Mich.: Zondervan Publishing House, 1968), p. 101.

[22]Cf. David A. Hubbard, "Wisdom", *New Bible Dictionary* (Grand Rapids, Mich.: Wm. B. Eerdmans Publishing Co., 1962), pp. 113-134; W. D. Davies, *Paul and Rabbinic Judaism* (Londres: SPCK, 1948), pp. 147-176.

[23]William Barclay, *Jesus as They Saw Him* (Nueva York: Harper and Row, 1962), p. 422.

[24]Cf. C. H. Dodd quien concluye que la doctrina del *Logos* de San Juan es parecida en sustancia a la de Filón: *The Interpretation of the Fourth Gospel* (Cambridge: University Press, 1953), pp. 263-285.

[25]La conclusión de Leon Morris es muy acertada: "Aunque San Juan usa un término que era muy familiar y que por ello trasmitía un significado para personas de muy diversos trasfondos, su pensamiento es básicamente cristiano. Cuando se refiere a Cristo como el *Logos* pone la piedra angular en un edificio que se estaba erigiendo a través de todo el Nuevo Testamento." Morris se inclina a creer que el uso del *Logos,* a través de los sinópticos y las últimas partes del Evangelio según San Juan para referirse al evangelio en su significado personalizado en Cristo, es muy instructivo respecto a la comprensión del uso del término por parte de San Juan en su prólogo. Cf. "The Gospel According to John", *The New International Commentary on the New Testament* (Grand Rapids, Mich.: Wm. B. Eerdmans Publishing Co., 1971), pp. 115-126.

[26]Hans Conzelmann, *An Outline of the Tehology of the New Testament,* trad. por John Bowden (Nueva York: Harper and Row, 1969), p. 336.

[27]Cf. Cullmann, *Christology of the NT,* pp. 13 y ss.; G. Friedrich, "Prophets", TWNT, 6:829 y ss.

[28]*NT Theology*, p. 71; cf. la teoría de Cullmann de que Cristo, cuando compareció ante Caifás (Mr. 15:62), implicó insistentemente que era Sumo Sacerdote, pero no humano (*Christology of the NT*, pp. 88 y ss.).

[29]Cf. David M. Kay, *Glory at the Right Hand*, pp. 130 y ss., para una amplia discusión sobre Melquisedec en las tradiciones judía y cristiana. Kay considera He. 1:3 como temático en la Cristología de la epístola. Las frases "se sentó a la diestra de la majestad en las alturas" y "habiendo efectuado la purificación de nuestros pecados" anunciaron los temas principales de la epístola, p. ej., exaltación y redención, p. 143.

[30]*NT Theology*, p. 70.

[31]Cf. W. R. Cannon, *The Redeemer* (Nueva York: Abingdon Press, 1951), pp. 69 y ss.

[32]F. F. Bruce, *New Testament Development of Old Testament Themes* (Grand Rapids, Mich.: Wm. B. Eerdmans Publishing Co., 1968), p. 107.

[33]*Names of Jesus*, p. 77.

20

La Encarnación

A medida que la Iglesia proclamaba su evangelio respecto al Hijo de Dios, naturalmente dio lugar a un número de profundas preguntas teológicas en las mentes de su convertidos. Hizo un intento de contestar estas preguntas meditando en las palabras del Señor, en las enseñanzas respecto a la naturaleza y actividades de Dios relatadas en las Escrituras antiguas, y en su propio desarrollo en la experiencia de la cotidiana gracia divina. Entre estas preguntas estaba la naturaleza de la encarnación de Cristo y las cuestiones corolarias de su identidad con el Padre, su impecabilidad y su nacimiento.

En el centro mismo de la fe cristiana está la declaración de que nuestro Señor Jesucristo, el eterno Hijo de Dios, se hizo hombre por nuestra salvación. Esta afirmación se expresó suscintamente en el término *encarnación.* El vocablo es de origen latino y simplemente significa "investido de carne." Un sinónimo aceptable sería "encarnidad."

La referencia clásica para esta verdad es Juan 1:14: "Y aquel Verbo fue hecho carne, y habitó entre nosotros." En las palabras de F. F. Bruce, Juan asegura que "Uno que tenía su ser eternamente dentro de la unidad de la Deidad se hizo hombre en un punto en tiempo, sin deshacerse de su unidad con Dios."[1] Esta confesión da lugar a varias preguntas: (1) ¿Cuál era la relación de Cristo con la Deidad antes de la Encarnación? (2) Habiendo tomado la carne de pecado, ¿es Él sin pecado? (3) ¿Cuál es la intención del nacimiento de una virgen?

I. IDENTIDAD DE CRISTO CON DIOS

Con la repetida confesión "Jesús es Señor" vino la declaración inevitable de la identificación de Cristo con Dios. Tal como notamos anteriormente, *kurios* es la palabra empleada en la Septuaginta para traducir los vocablos hebreos para Dios, como *Yahweh, Adonai,* y en ocasiones *Elohim.* El examen de este hecho hace que Raymond Brown se pregunte: "¿Si se le podía dar el título de *kurios* a Jesús, por qué no darle el de *theos,* que la Septuaginta usó con frecuencia para traducir '*elohim*'?"[2] Además, en el mundo helenista los atributos divinos se daban por hecho en seres que llevaban el título *kurios.*

Con el impacto tremendo de la nueva fe en todas las fases de la sociedad romana, naturalmente brotaron preguntas filosóficas y especialmente ontológicas. Para algunos, "¿Quién es Jesús?" era más que una cuestión de paternalidad. Los predicadores y maestros cristianos primitivos procuraron naturalmente responder a esta pregunta candente. Lo que encontramos en el Nuevo Testamento son esencialmente, sólo declaraciones proclamatorias sobre la naturaleza de Cristo, pero sí sugieren la respuesta teológica de la comunidad primitiva. Cuando se hizo necesaria una clarificación de la naturaleza de Cristo, la Iglesia Primitiva no titubeó en atribuirle a Jesús el título *Theos.* Esto también incluía todas las características de la Deidad, como por ejemplo, creatividad (Jn. 1:3; 1 Co. 8:6; Col. 1: 16-17). Así que, en la fe desarrollada de la Iglesia, Jesús es Dios.

Los pasajes en que se le da a Jesús el título de *Theos* son pocos, pero decisivos. En su mayor parte se encuentran en el material canónico posterior.

A. Referencias Paulinas

1. *Romanos 9:1-5.* En este pasaje el apóstol da expresión a su angustia de alma sobre el fracaso de sus paisanos a aceptar a Cristo. Fueron bendecidos en que Cristo era "de su raza," mas aun así lo rechazaron. El versículo 5 dice en griego: *Kai ex hon ho Christos to kata sarka* ("de los cuales, según la carne, vino Cristo") *ho on epi panton* ("el cual es Dios sobre todas las cosas"), *theos eulogetos eis tous aionas, amen* ("bendito por los siglos. Amén").

En esencia, la cuestión crítica exegética es si se ha de poner una coma después de *sarka,* permitiendo así que el resto del versículo se refiera a Cristo. La Versión Revisada en inglés dice en una nota marginal: "Cristo, quien es sobre todas las cosas, bendito por siempre. Amen." Otras versiones dejan sin decidir la cuestión de interpretación. Al poner un punto después de *sarka* convierte el resto del versículo en una doxología como dice la Versión Revisada antedicha. "...según la carne, es el Cristo. Dios, quien es sobre todas las cosas sea bendito para siempre. Amén" (ver otras versiones como la Moffatt en inglés). Siendo que los manuscritos originales carecían de puntuación, resulta difícil decidir sobre estas dos posibilidades.

Sanday y Headlam comentan que "una preponderancia inmensa de los escritores cristianos de los primeros ocho siglos adjuntan el vocablo a Cristo."[3] Greathouse da por hecho, junto con Sanday y Headlam, que estos escritores del principio no llegaron a sus conclusiones sobre bases dogmáticas, por cuanto el versículo raras veces se cita en controversias. Para ellos, el lenguaje del texto tenía este significado.[4]

El curso del argumento de Pablo en 9:3-4 lleva a una enunciación del nacimiento humano de Cristo como un israelita. Pero Pablo no quiere ser malinterpretado en el asunto de la naturaleza de Cristo. "*To kata sarka* nos conduce a esperar una antítesis, y encontramos exactamente lo que habríamos esperado en *ho on epi panton theos.*"[5] Esencialmente, Pablo dice que "Cristo era, en términos humanos, judío, pero en hecho era Dios."[6] La conclusión de Nygren es similar: "'Según la carne' *kata sarka,* Cristo pertenece a Israel; pero 'de acuerdo al Espíritu,' *kata pneuma,* El es 'Dios sobre todas las cosas, bendito por los siglos.'"[7]

2. *2 Tesalonicenses 1:12.* Este verso tiene la frase familiar *kata ten charin tou theou hemon kai kuriou Jesou Christou,* "La gracia de nuestro Dios y del Señor Jesucristo." El punto de divergencia de opinión es si la construcción genitiva "de nuestro Dios y del Señor Jesucristo" se refiere a una o a dos personas. El uso de sólo un artículo con los dos sustantivos bien puede tomarse como diciendo "de nuestro Dios y el Señor Jesucristo." Esto restringe la gracia respecto a Cristo quien es tanto Dios como Señor.

Los eruditos que están en desacuerdo con la traducción de esta frase, señalan que *(a)* "Señor" se usa con frecuencia como nombre propio, y en este caso no necesita el artículo definido para señalar la doble referencia,[8] y *(b)* que el contexto en que la frase está situada habla tanto de Dios como de Cristo, proporcionando así a la frase un carácter dual.[9] Longenecker es de otra opinión. El escribe: "Aunque este bien pudiera ser el caso, 'la gracia de nuestro Señor Jesucristo' es típicamente una expresión paulina y permite la posibilidad de que 'la gracia de nuestro Dios y el Señor Jesucristo' no sea sino una variante y extensión de pensamiento de parte del apóstol."[10]

3. *Tito 2:13.* En este pasaje Pablo usa la nota única, "la manifestación gloriosa de nuestro gran Dios y Salvador Jesucristo" *(epiphaneian tes doxes tou megalou theou kai soteros hemon Jesou Christou).* Tenemos aquí más o menos la misma cuestión exegética. ¿Se intentaba que fueran dos personas, a saber, Cristo y Dios? El uso del artículo antes de la palabra *theos* pero no antes de *soter* no milita contra la posibilidad de que Pablo sólo tuviera a Cristo en mente. Hendriksen comenta, "Pablo indica que los creyentes aguardan la manifestación de Aquel que es Dios y Salvador... Cristo Jesús."[11] Una fraseología semejante aparece en 2 Pedro 1:1: "la justicia de nuestro Dios y Salvador Jesucristo" *(dikaiosune tou theou hemon kai soteros Jesou Christou).* Concediendo en este caso que el Apóstol Pablo hubiera tenido cierta influencia sobre el pensamiento teológico de Pedro, podemos concluir razonablemente que Pablo intentaba adscribir el término *theos* a Jesús.

B. El Prólogo de Juan

El Evangelio de Juan principia con la declaración de que el Logos (Cristo) era en el principio con Dios *(en pros ton theon)* y que era Dios *(theos en ho logos).* Ya se ha hecho notar que Juan no usó el vocablo griego *theios* que literalmente significa "divino." Raymond Brown comenta:

> Para preservar en inglés la fase diferente de *theos* con y sin el artículo, algunos (como Moffatt) traducirían, 'El Verbo era divino.' Pero esto parece demasiado débil; y después de todo, hay en griego un adjetivo para 'divino' *(theios)* que el autor decidió no usar... La versión NBE (inglesa) parafrasea la línea: 'Lo que Dios era, el Verbo era'; y ciertamente esto es mejor que 'divino.' No obstante, para un lector cristiano moderno cuyo trasfondo trinitariano lo haya acostumbrado a pensar en 'Dios' como un concepto mayor que 'Dios el Padre,' la traducción 'El Verbo era Dios' es muy correcta.[12]

El "Logos" de Juan hace mucho más que sólo representar a Dios. Está usando el más elevado lenguaje cristológico en el Nuevo Testamento cuando asevera, "El Logos era Dios." Cristo no era un *tertium quid*—Dios, Cristo, hombre. Cristo no sólo revela a Dios, sino que Dios se revela a sí mismo *en* Cristo. Este lenguaje de Juan es paralelo a la palabra de Pablo, "Dios estaba en Cristo reconciliando consigo al mundo" (2 Co. 5:19).

Juan 1:1 está apoyado por la extraña y sin embargo probada

referencia textual acerca de Jesús en 1:18 como el "unigénito (el único) Dios" *(monogenes theos).*[13] El Hijo, quien existe en el "seno" (*kolpon,* literalmente "el pecho") del Padre, ha hecho conocer o ha exegetizado *(exegesato)* el Padre a los hombres.

Sin embargo, la referencia más explícita de Juan se encuentra en la confesión de sorpresa de Tomás en 20:28, "¡Señor mío, y Dios mío!" *(ho kurios mou kai ho theos mou).*[14] Afirmando el mismo punto de vista de la naturaleza de Dios en Cristo, Juan escribe en su Primera Epístola (5:20) "Este es el verdadero Dios" *(houtos estin ho alethinos theos).*

C. Hebreos 1

El escritor a los Hebreos principia con el concepto de que el Hijo refleja "el resplandor de su gloria, y la imagen misma de su sustancia" *(charakten tes hupostaseos autou).* Después, se refiere a Salmos 45:6 para establecer la superioridad del Hijo sobre los ángeles. Contrario a lo de toda palabra hablada a los ángeles, Dios le dice al Hijo: "Tu trono, oh Dios, por el siglo del siglo; cetro de equidad es el cetro de tu reino" (1:8). Si *ho Theos* ha de tomarse como vocativo, entonces el escritor parece llamar a Cristo "Dios." La intención del autor para designar al Hijo como Dios se prueba en el uso posterior de Salmos 102:25-27 en 1:10, donde se expresa la participación de Cristo en la creación del universo.

D. El Pasaje Kenosis

En Filipenses 2, el apóstol Pablo incorpora lo que los eruditos de hoy consideran un canto cristiano primitivo para ilustrar la humildad y sacrificio posible necesarios para mantener un vínculo común de amor en la Iglesia.[15] La familiaridad anticipada de los lectores con el himno, sugiere que Pablo no lo creó. Los versículos 5 al 11 están repletos de pensamientos teológicos, pero al menos hay cuatro ideas que salen a la superficie.

1. Cristo tiene "la forma de Dios" *(morphe theou);* es decir, comparte la naturaleza esencial de la Deidad.

2. Cristo no consideraba el "ser igual a Dios" *(isa theo)* un estado que El ha de retener *(harpagmon)*[16] a cualquier precio, sino que fue constreñido por amor a vivir "incógnito"[17] a fin de redimir a la humanidad. *Harpagmon* viene de un verbo que significa "arrebatar, apegarse a, aferrarse violentamente." Tal como aquí se usa, puede referirse ya sea a un acto de aferrarse violentamente a algo que

ahora no se tiene, o arrebatar o apegarse a algo que ahora no se posee. Concediendo la primera definición, *harpagmon* implicaría que Cristo no buscaba igualdad con Dios en el sentido de arrebatar para sí mismo el honor y la gloria que la igualdad lleva consigo. Concediendo la segunda definición, *harpagmon* implicaría un aferrar desesperado al estado que El ya tenía con el Padre.

Tanto la Versión de Valera como la del 60 favorecen la primera interpretación. Sin embargo, parece más razonable aceptar que el apóstol dice que la decisión de Cristo no era la de retener su derecho de "ser igual a Dios" para que los hombres lo entendieran mientras El estaba en estado encarnado. El se despojó a sí mismo de su omnisciencia como Dios y tal como dice la versión inglesa del Rey Santiago "se consideró a sí mismo como sin reputación."

3. El hecho de que Cristo se haya despojado de sí mismo *(heauton ekenosen)* bien puede apuntar a su decisión de sufrir en su estado encarnado. El verbo *kenoun* significa "'derramar,' siendo Cristo mismo el objeto. Así que Cristo se vació de sí mismo, se derramó a sí mismo. En ninguna ocasión permitió que consideraciones egoístas dominaran su vida intachable."[18] Cullmann concluye, "El *Hombre* se volvió *un* Hombre" y "adoptó el papel de *ebed Yahweh*" por obediencia.[19] Con respecto al vaciarse de sí mismo, no hemos de dar por hecho que se implica una pérdida de divinidad, pues, como Pannenberg escribe, "Los atributos esenciales a su divinidad no pueden estar ausentes aun en su humillación a menos de que el humillado deje de ser Dios."[20]

4. Cristo fue exaltado al nivel de Señorío por virtud de su humillación y obediencia a la cruz. Se le dio el nombre *kurios* que sólo a Dios le pertenecía. Como en el caso de Dios, todo ser en el mundo debe ahora rendirse en adoración a Cristo.

El efecto de este pasaje no es el de sugerir que Jesús era menos o más que Deidad antes de la Encarnación. Por el contrario, la *via dolorosa* sólo fue la manera de recalcar delante de los humanos quién era El en realidad, es decir, el Señor de la Gloria. Barth está correcto en aplicar consistentemente el título "el Igual de Dios" a Cristo durante toda su interpretación del texto. En el estado encarnado, "el Igual de Dios" vivió en un nivel de incognoscible; su gloria no era conocida de los hombres. Después de su crucifixión y resurrección, se conoció como el que siempre era, a saber, "el Igual a Dios." En la exaltación, la unidad de Jesús con Dios fue revelada y confirmada.

Esencialmente, Filipenses 2:5-11 con su uso de *morphe* e *isa theo* al referirse a Cristo, no es muy diferente de la idea Juanina del Logos quien era "en el principio... con Dios" y "era Dios." En su estado preexistente, Cristo conservó la relación más elevada posible con Dios. Como un resultado de su obediencia, sin embargo, se le da el *status* de *Kurios,* que significa que El posee el derecho a ejercer la soberanía divina. El apóstol Pablo entendió que Cristo siempre había sido *huios,* pero a través de su resurrección, El es el "Hijo de Dios con poder" (*huios tou theou en dunamei,* Ro. 1:4).

E. Colosenses 1:13-20

Otro pasaje paulino que demuestra el desarrollo de la comprensión teológica de la persona y obra de Cristo es Colosenses 1:13-20. El escritor recuerda a sus lectores que es en Cristo en quien tenemos redención, el perdón de los pecados. Después caracteriza a Cristo como "la imagen del Dios invisible" *(eikon tou theou),* "el primogénito de toda creación" *(prototokos pases ktiseos),* y "toda plenitud" *(to pleroma).* En Colosenses 2:9, Pablo declara que en Cristo "habita corporalmente toda la plenitud de la Deidad" *(katoikei pan to pleroma tes theotetos somatikos).*

Pablo declara que Cristo es "la imagen del Dios invisible." En esa forma afirma que Cristo es más que un hombre finito, quien también en un sentido lleva la imagen de Dios. *Eikon* intenta transmitir una relación esencial de rey. Cristo tiene una relación incomparable a Dios que ningún otro ser tiene el privilegio de saborear. Aun en el estado encarnado, Cristo es "el resplandor de su gloria, y la imagen misma de su sustancia." (He. 1:3).

Prototokos es otro término que expresa relación (Col. 1:15, 18; ver Ro. 8:29; He. 1:6). No debe interpretarse como si Cristo fuera un ser creado.[21] El "primero en creación" sería una traducción impropia; "primogénito" expresa mejor su significado; hay detrás de este término un concepto familiar hebreo. El hijo primogénito en la tradición hebrea llevaba consigo la vitalidad, privilegios y responsabilidades de la familia. Siendo que Cristo es el único Hijo "generando" del Padre, debe recibir el honor y la reverencia que a El le corresponden.

Si Pablo hubiera intentado declarar que Cristo fue el primero de la creación hubiera usado un término más preciso, como *protoktistos,* compuesto de *protos* ("primero") y *ktistos* (de *ktizo,* "crear"). J. B. Lightfoot menciona que en el cuarto siglo, Clemente de Alejandría, sin referencia al pasaje en Colosenses, contrasta el *monogenes* y *prototokos* con el *protoktistoi,* el orden más elevado de seres angelicales.[22]

Son dos las ideas principales en *prototokos:* (1) prioridad sobre
toda la creación, indicando así la preexistencia absoluta del Hijo; (2)
soberanía sobre toda la creación, reconociendo en términos mesiánicos del Antiguo Testamento que Cristo, como el "primogénito" de
Dios, es el Gobernante natural, la Cabeza de la casa de Dios.[23]
Prototokos es un equivalente de *monogenes* (Jn. 1:18 *et al.*), que
recalca también la unicidad de relación al Padre. La singularidad del
Hijo en la Deidad así como la preexistencia del Hijo al orden creado
se afirma por estos dos términos. Hay una nota cosmológica en los
vrs. 16-17 en donde se declara que Cristo es el Co-Creador y Armoni-
zador del universo. Esto se sigue naturalmente de la declaración
previa de la primacía y prioridad del Hijo como el "Primogénito."
El pertenece a la eternidad. No es creado y por tanto califica para los
papeles de Creador y Salvador.[24]

El término *pleroma* nos ofrece mucha luz por cuanto expresa el
pensamiento final paulino en la persona de Cristo. Se había usado
por los gnósticos para distinguir entre Dios y Cristo. Sólo Dios, que
existe en otridad total, posee la plenitud de la Deidad. Cristo es sólo
un intermediario, decían ellos—mayor que el hombre, pero menos
que Dios. En contradicción con esa teología, Pablo declara que
en Cristo "agradó al Padre que en él habitase toda plenitud."[25]

Pleroma significa "suma total," "plenitud," o aun "[super]
abundancia" de algo. La "suma total" o "medida total" de la
Deidad, habita en Cristo. Pablo usa el griego *katoikeo* que generalmente se traduce en "habitar." Pero denota permanencia, así que el
apóstol sugiere que todo lo que es Dios reside y continúa residiendo
en Cristo. Aun en su estado encarnado, prevaleció la naturaleza
divina de Cristo. Este hecho se expresa en Colosenses 2:9: "en él
habita corporalmente toda la plenitud de la Deidad."

El docetismo con su teoría de que Cristo sólo parecía ser un
hombre, cae por tierra ante esta enfática aserción. "Toda la plenitud" significa que la totalidad de la Deidad está presente en Cristo.
Somatikos ("corporalmente") con toda justicia puede traducirse en
"en el cuerpo humano" lo que significa decir, "en realidad, no
figuradamente." La unión entre lo humano y lo divino era tan real
como la unión entre el alma y el cuerpo en el hombre. Dios y el
hombre son uno en Cristo, o, Jesucristo es Dios Encarnado. Así que
para Pablo, la Soberanía y la cualidad de Salvador constituyen la
naturaleza de Cristo. Siendo que El genera eternamente del Padre,
comparte la naturaleza divina, por tanto, toma parte en la pasión de
la Deidad para la reconciliación de toda la creación.

En suma, la Iglesia Primitiva, ya que funcionara en un marco judío o gentil, tenía cuidado considerable de expresar la identidad de Jesús con Dios. La oposición creciente y la necesidad de instrucción, de cierto demandaba una clarificación teológica necesaria. Resulta significativo que los escritos como el Evangelio de Juan, Hebreos y Pedro, que precedieron de un medio ambiente judío, nos den las más explícitas referencias. El encuentro judío en el punto de monoteísmo debió haber reforzado estos intentos de relacionar a Cristo con Dios. El encuentro trajo consigo afirmaciones profundas de la deidad de Cristo. Pablo decide usar la palabra "Señor" para expresar las ramificaciones de la "deidad" de Jesús.

II. La Impecabilidad de Cristo

Pannenberg observa con percepción: "Si pecado es esencialmente una vida en contradicción con Dios, en un aislamiento egoísta de nuestro yo en contra de Dios, la unidad de Jesús con Dios en su comunidad personal con el Padre y en su identidad con la persona del Hijo de Dios significa inmediatamente su separación de todo pecado."[26] Este hecho se afirma sin duda alguna por todo el Nuevo Testamento.

A. La Comprobación por Parte de los Evangelios

Jesús no fue uno de los que andaban en busca de Dios; más bien, en la totalidad de su vida El dio testimonio a la existencia misma de Dios. Vivía con el sentido real y profundo de la presencia de Dios en su propio ser. Si había alguien que estuviera seguro de Dios, Jesús era ese alguien, y la razón descansaba en el hecho de su unidad con Dios.

Los escritores del Evangelio presentan a Jesús como auténticamente humano, pero no intentan "probar" su impecabilidad. Simplemente dejan que los hechos lo prueben. Jesús, quien entendió mejor que nadie lo que en realidad era el pecado, no demostró estar consciente del pecado en El mismo. Lo reconoció en otros y sintió tristeza por ello. Perdonó el pecado y finalmente sufrió en la cruz por causa de él. Juan escribe que Jesús aun desafió a sus opositores: "¿Quién de vosotros me redarguye [*elegchei*] de pecado?" (Jn. 8:46). McDonald declara en forma suscinta esta verdad: "Con El no había recuerdo de fracaso por el pecado, no había rastro de cicatrices por el pecado, ni vergüenza por causa de una mala conciencia. Vivió todos sus días sin el sentido personal de culpa por el pecado ni temor personal de las consecuencias del pecado."[27]

Lucas examinó las circunstancias que rodearon el nacimiento de Jesús, y en su investigación descubrió la conversación de María, la madre de Jesús, con el ángel Gabriel. El mensajero celestial le anunció que el Espíritu Santo descendería sobre ella, y que el niño que habría de nacer se llamaría "el Santo... Hijo de Dios" (Lc. 1:35).[28] Así que Lucas declara al principio de su relato que Jesús era el totalmente aceptable Hijo de Dios, el Sin pecado.

Otros encontraron una rectitud auténtica en Jesús y se sintieron reprendidos y humillados ante ella. Juan el Bautista estaba listo para darle su lugar a Jesús en la ocasión en que el Maestro vino a él para ser bautizado (Mt. 3:14). Además, la esposa de Pilato le envió un mensaje a su esposo que no tuviera "nada que ver con ese justo" *(to dikaio ekeino),* pues ella había "padecido mucho en sueños por causa de él" (Mt. 27:19). Aun Pedro, quien vivió tan cerca de Jesús, en un cierto momento de su vida se postró delante del Señor e imploró diciendo: "Apártate de mí, Señor, porque soy hombre pecador" (Lc. 5:8). El centurión romano discernió algo distintivamente espiritual en Cristo. "Verdaderamente este hombre era justo" (*dikaios,* Lucas 23:47).

De acuerdo con Marcos 10:18, Cristo le responde al joven rico cuando éste lo llama "Maestro bueno" con la pregunta, "¿Por qué me llamas bueno [*agathon*]? Ninguno hay bueno, sino sólo uno, Dios." Esta respuesta no ha de tomarse como "un reconocimiento velado de necesidad moral" sino más bien como el modo que Jesús usó para probar la sinceridad del joven. De las referencias de los cuatro evangelios parece que generalmente los individuos cuyas mentes no estaban encallecidas en oposición a Jesús, consideraron su conducta y su espíritu por sobre lo normal en todos los humanos.

B. La Afirmación de la Comunidad Cristiana

Desde muy al principio de la comunidad cristiana se afirmó la impecabilidad de Jesús, y obviamente la vida de Jesús dictó los pensamientos de la Iglesia en este punto. En otras palabras, la comunidad primitiva declaró con toda confianza lo que se había dicho y sentido acerca de Jesús durante su breve ministerio. Pablo recalcó en Gálatas 3:13 que Jesús fue tratado por Dios como pecador en nuestro lugar. "Sólo porque Jesús mismo era sin pecado," escribe Pannenberg, "puede decirse que lo que El sufrió no fue consecuencia de su propia culpa, sino que llevó en sí el sufrimiento por causa nuestra."[29]

Explícitamente, el apóstol declara en 2 Corintios 5:21, "Al que no conoció pecado, por nosotros se hizo pecado, para que nosotros fuésemos hechos justicia de Dios en él." "Al que no conoció pecado" *(ton me gnonta hamartian)* significa sencillamente "el que no había cometido pecado." Pablo asegura que Cristo no había tenido experiencia de pecado. No fue hecho pecador en obra, sino más bien una "ofrenda de pecado" para que todo humano fuera hecho la justicia de Dios. Se ha dado por sentado por los comentaristas que Pablo está usando "el coloquialismo hebreo en que ciertos términos para pecado *(hattat, asam)* significan no sólo pecado sino ofrenda-de-pecado."[30] El Siervo Sufriente de Isaías 53:10 es hecho un *asary* ("una ofrenda por el pecado," "expiación por el pecado" en la Versión del 60). Carver comenta: "Cristo, que era 'inocente de pecado' entró a una esfera enteramente desconocida para El, para que pudiéramos entrar a aquella esfera de donde nos habíamos apartado."[31]

Se descubre esta misma verdad en Romanos 8:3. Dios envió "a su Hijo en semejanza de carne de pecado [*en homoiomati sarkos hamartias,* 'en nuestra condición pecadora de existencia'] y a causa del pecado [*peri hamartias* como ofrenda por el pecado...],... [a fin de que pudiera condenar] al pecado en la carne," es decir, en su propio nivel.

El resto del Nuevo Testamento sigue la línea de pensamiento de Pablo en relación con el carácter impecable de Jesús. Hebreos presenta a Cristo como nuestro Sumo Sacerdote quien fielmente nos representa ante el altar de Dios por cuanto fue tentado "en todo [*ta panta*] según nuestra semejanza, pero sin pecado [*choris hamartias*]" (4:15; ver 7:26; 9:14). Negativamente, El se guardó libre de todo pecado, pero positivamente, obedeció completamente al Padre. La influencia del cántico del "Siervo Sufriente" en Isaías 53 con su imagen del "Cordero Perfecto" se ve en 1 Pedro 2:22-25. Pedro escribe: "el cual no hizo pecado, no se halló engaño en su boca" (2:22). Asimismo, "Porque también Cristo padeció una sola vez por los pecados, el justo por los injustos, para llevarnos a Dios" (3:18; ver Hch. 3:13; 4:27, donde la palabra "Hijo" puede leerse "Siervo"). En su primera epístola, Juan declara sin ambages, "no hay pecado en él" (3:5).

Estas referencias a la perfección moral de Cristo, no son muchas en número, pero indican lo amplio de la tradición en este aspecto de la comprensión de Cristo por parte de la Iglesia primitiva. La pregunta de Pannenberg sobre este asunto es válida: "Y realmente, ¿cómo podían los primeros cristianos sostenerse en contra de la oposición de los judíos sin recalcar este punto?"[32] Aunque era como el credo afirmó más tarde, "verdadero hombre," Jesús cumplió con todas las demandas divinas y vivió en amor y justicia de Dios mismo. H. R. Macintosh asegura que Jesús está,

> al tanto de que no necesita limpieza. Aun en el artículo de muerte lo sabe. No hay en El consciencia del pecado; no hay recuerdo de pecado; no hay temor de pecado como una contingencia futura resultante de la debilidad o falla ni siquiera de un pasado distante. Impecable juntamente con Dios, durante toda su vida anduvo entre los hombres, proclamando la palabra de perdón a los culpables, y declarándolo con efecto divino.[33]

Macintosh sigue diciendo con propiedad: "No hay milagro de Cristo que iguale el milagro de su vida impecable. El ser santo en todo pensamiento y sentimiento; nunca fallar en el deber hacia otros, nunca transgredir la ley de amor perfecto a Dios o al hombre, nunca exceder o resultar faltante—ésta es una condición que sobrepasa el poder de toda imaginación."[34]

III. El Nacimiento Virgíneo

Desde tiempos primitivos la Iglesia ha confesado que el Señor Encarnado vino a través de una concepción en la matriz de María por el Espíritu Santo. Esta convicción se expresó por Ignacio, Justino, Ireneo y Tertuliano. Aparece también en el servicio eucarístico de *La Tradición Apostólica* ("The Apostolic Tradition"), en el *Te Deum Laudamus,* y en el *Diatessaron* de Taciano. Sin embargo, sólo dos escritores del Nuevo Testamento, Mateo y Lucas, se refieren al nacimiento virginal, hecho que ha llevado a algunos intérpretes a desacreditar la tradición.

¿Por qué no se unieron Pablo y Juan para expresar algo acerca de este fenómeno en sus extensos escritos? William Childs Robinson está convencido de que "lo que está explícito en Mateo y en Lucas está implícito en Pablo y en Juan." Defiende su posición con una referencia al "argumento de silencio" en Pablo y al "argumento de analogía" en Juan.[35] El valor evidencial del estudio de Robinson es limitado, pero estamos compelidos a aseverar que otros escritores del Nuevo Testamento nada dicen para contradecir el nacimiento virgíneo, aunque tampoco lo mencionan.

Mateo dice que María "se halló que había concebido del Espíritu Santo" *(heurethe en gastri echousa ek pneumatos hagiou,* 1:18): La palabra del ángel a José fue que "lo que en ella es engendrado, del Espíritu Santo es" (*to gar en aute gennethen ek pneumatos estin hagiou,* 1:20). Después Mateo agrega la nota profética de Isaías 7:14. Lucas declara la virginidad de María e incluye las palabras del ángel: "Y ahora, concebirás en tu vientre, y darás a luz un hijo, y llamarás su nombre JESÚS" (1:26-31). María le recuerda al ángel que no tiene esposo, pero el ángel le contesta, "El Espíritu Santo vendrá sobre ti [*pneuma hagion epeleusetai epi se*], y el poder del Altísimo te cubrirá con su sombra; por lo cual también el Santo Ser que nacerá, será llamado Hijo de Dios" (1:34-35).

¿Qué afirman estos relatos respecto al nacimiento de Cristo?

1. La concepción virginal del Señor fue un verdadero milagro. Dice J. K. S. Reid, "El nacimiento de una virgen no es una explicación, es 'la afirmación de misterio y milagro. Afirma que Dios está operando en este caso. . . El nacimiento virgíneo es inequívocamente sobrenatural'."[36] El nacimiento es el resultado de la actividad del Espíritu Santo como el poder creativo de Dios (ver Gn. 1:2). La concepción no es por medios naturales de copulación con un varón sino por acción especial por el Espíritu Santo *(ek pneumatos hagiou,* Mt. 1:18, 20). Las palabras de Lucas son "vendrá sobre ti" *(epeleusetai epi se)* y "te cubrirá con su sombra" *(episkiasei soi).* Expresan el mismo hecho de acción milagrosa del Espíritu. Estos relatos bíblicos afirman que Cristo fue concebido sobrenaturalmente. James Orr, al final de su largo estudio, *El Nacimiento Virginal de Cristo* ("The Virgin Birth of Christ), concluye que "este milagro no es simplemente un milagro *interno* o *espiritual,* sino que también tiene un aspecto *físico.*"[37]

2. Especialmente en Mateo, la historia lleva un propósito apologético. Está interesada no tanto con lo que pudiera significar el nacimiento del Hijo de Dios en sí y de por sí o para su madre. El propósito es el de establecer el papel de Salvador que el que iba a nacer jugaría en la redención humana. Contra las dudas de José y de los escépticos judíos, Mateo, con su referencia a la profecía demuestra que Cristo es el Mesías, y la prueba escritural primaria es Isaías 7:14. Esta acción milagrosa, por ello mismo, se convierte en "una parte permanente del plan divino de salvación."[38]

Visto desde el punto de vista apologético, el nacimiento virginal es una señal de la actividad especial de Dios en la salvación. Es así que Richardson escribe que es "la señal de la inauguración de las Ultimas Cosas, los primeros resultados del descendimiento del Espíritu Santo en los postreros días, cuando se introdujo la nueva creación en el día de la redención de Israel (Is. 32:15; Ez. 36:26 sig.; 37:14; ver Sal. 51:10 sig.; Jl. 2:28 sig.; etc.)."[39] A través del nacimiento se ha puesto en operación una serie de eventos salvadores, tanto históricos como personales, que culminarán en la victoria final de Dios. Este nacimiento es la promesa de todos los demás eventos.

Por tanto, inherentemente, el nacimiento virginal tiene raíces, a través de todos los antiguos escritos, con todo el pasado en la historia de Israel. Pero al mismo tiempo tiene una unicidad propia relacionándolo con la obra de Dios. Con respecto a este último hecho, no puede uno encontrar paralelos en el Antiguo Testamento o en el medio ambiente religioso pagano. Es más, "es único porque mantiene el único lugar que antes se reservaba solamente a la venida del Salvador en el régimen divino de salvación, del cual el Antiguo Testamento es la proclamación precursora y el Nuevo Testamento es la evidencia de cumplimiento."[40]

3. El nacimiento virginal sólo sugiere la impecabilidad de Cristo o su pureza moral. Hay una aseveración común de que en la concepción virginal de Jesús por el Espíritu Santo, "el vínculo del pecado fue roto dentro de la familia humana." Pero la reacción de Reid a esto merece consideración: "Un relato que plausiblemente rompe el vínculo del pecado, debió haber sido mucho más astuto que el dejarlo conectado aunque sea en un lado de su ascendencia con la raza humana y hasta donde eso llega, estar involucrado en una naturaleza humana corrupta."[41]

Von Campenhausen comenta diciendo que el relato de Lucas es más dogmático y toca la cuestión metafísica de substancia y naturaleza, y el comentario tiene mérito. La palabra del ángel a María de que el Niño habría de llamarse "santo" o "una cosa santa" *(hagion)* pudiera implicar libertad de la mancha del pecado. Pero aun en este caso, el carácter evidencial del material es limitado porque *hagion* pudiera implicar "separación para el servicio divino."

Quizá no haya habido intento en el relato, de recalcar la impecabilidad de Cristo sino más bien el declarar que Jesús es la Cabeza de una nueva raza. Wiley escribe que *hagion* implica que habría de efectuarse un cambio en la constitución misma de la humanidad:

> Por tanto, Jesús no fue meramente el origen de un nuevo individuo en la raza, sino Alguien que era preexistente y que venía a la raza desde arriba; no era sólo otra individualización de la

naturaleza humana, sino la unión mutua de las naturalezas divina y humana en un nuevo orden de ser—una persona teantrópica... En Jesús, hay el nacimiento de un nuevo orden de humanidad, un nuevo hombre, quien después de Dios es creado en rectitud y en verdadera santidad.[42]

Hay que introducir dos pensamientos adicionales con respecto al nacimiento virginal y a la impecabilidad de Cristo. De acuerdo con Von Campenhausen, la cuestión de impecabilidad no era prominente en la enseñanza apostólica hasta el tiempo de Ambrosio.[43] Además, la enseñanza del nacimiento virginal debe interpretarse a la luz del cuadro más amplio de la Cristología. Las conclusiones de James Orr tienen sentido: "La impecabilidad perfecta de Cristo, y el carácter arquetipal de su humanidad, implican un milagro en su origen. La doctrina de la Encarnación del Hijo preexistente implica un milagro en el origen de Cristo."[44] El nacimiento virgíneo es integral al evangelio entero y no puede comprenderse totalmente aparte de la teología de todo el Nuevo Testamento. Cuando se comprenda la verdad total acerca del Señor, el nacimiento tanto en su aspecto divino como humano se halla en completo acuerdo con la obra de salvación de parte de Dios en la historia. Tal como alguien ha escrito, "El nacimiento virginal no es, por tanto, un descubrimiento de fe sino una revelación hacia la fe."

4. Existe una relación entre el nacimiento de nuestro Señor y el nacimiento espiritual del cristiano. El Espíritu Santo, el poder del Altísimo (Lc. 1:35), es el Agente dador de vida en el nacimiento del nuevo hombre, Jesucristo. Es así que Richardson puede escribir, "Cristo nació como nacen los cristianos, no 'de sangre, ni de voluntad de carne, ni de voluntad de varón *(aner)*, sino de Dios' (Jn. 1:13)."[45] El Espíritu-Creador encarnó el Verbo y dio "vida" a la humanidad; ahora el Espíritu, obrando a través del Cristo encarnado capacita a los individuos a ser hijos de Dios (Jn. 1:12). El apóstol Pablo escribe: "Así también está escrito: Fue hecho el primer hombre Adán, alma viviente; el postrer Adán, espíritu vivificante" (1 Co. 15:45).

Interpretado en su significado mínimo, los Narrativos del Nacimiento y los relatos del nacimiento virginal en particular, proclaman que la presencia de Cristo entre los hombres es iniciada divinamente y es el principio de una nueva edad en la historia de salvación.

NOTAS BIBLIOGRÁFICAS

[1]F. F. Bruce, "The Person of Christ: Incarnation and Virgin Birth", *Basic Christian Doctrines*, editor Carl F. H. Henry (Nueva York: Holt, Rinehart, and Winston, 1962), p. 125.

[2]Raymond E. Brown, *Jesus, God Man* (Milwaukee, Wis.: Bruce, 1967), p. 29.

[3]W. Sanday y A. C. Headlam, "The Epistle to the Romans", *International Critical Commentary* (Nueva York: Charles Scribner's Sons, 1929), p. 234.

[4]William M. Greathouse, "The Epistle to the Romans", *Beacon Bible Commentary* (Kansas City: Beacon Hill Press of Kansas City), 8:200.

[5]*Ibid.*

[6]C. K. Barret, "The Epistle to the Romans", *Harper's New Testament Commentaries* (Nueva York: Harper and Bros., 1957), pp. 178-179.

[7]Anders Nygren, *Commentary on Romans,* trad. por C. C. Rasmussen (Filadelfia: Fortress Press, 1949), p. 356.

[8]D. Edmond Hiebert, *The Thessalonian Epistles* (Chicago: Moody Press, 1971), p 298.

[9]Cf. Cullmann, *Christology of the NT,* p. 131; Leon Morris, "The First and Second Epistles to the Thessalonians", *The New International Commentary on the New Testament* (Grand Rapids, Mich.: Eerdmans Publishing Co., 1959), p. 212.

[10]*Christology of the Early Jewish Christianity,* pp. 138-139; cf. Vincent Taylor, "Does the New Testament Call Jesus 'God'?" *New Testament Essays* (Londres: Epworth Press, 1970), pp. 83-85. La reticencia de Taylor ante evidencia considerable no es satisfactoria.

[11]Wm. Hendriksen, *New Testament Commentary: Exposition of the Pastoral Epistles* (Grand Rapids, Mich.: Baker Book House, 1957), pp. 373-375; cf. también A. T. Robertson, *A Grammar of the Greek New Testament in the Light of Historical Research,* 2a. edición (Nueva York: George H. Doran Co., 1915), pp. 785-787.

[12]Brown, *Gospel According to John 1—12,* p. 115.

[13]Cf. Bruce Metzger, *A Textual Commentary on the Greek New Testament* (Nueva York: Sociedades Bíblicas Unidas, 1971), p. 198: "Con la adquisición de las pp. 66 y 75, las cuales contienen *theos,* el apoyo externo de esta lectura ha sido reforzada notablemente."

[14]El Evangelio según San Juan, en dos lugares por lo menos, informa que el tema de la deidad formaba parte de la oposición a Cristo; cf. 5:18; 10:33.

[15]E. Lohmeyer inicialmente creía que San Pablo estaba citando un salmo arameo, y esta hipótesis influyó sobre gran parte de la investigación subsecuente de este pasaje. Aunque este punto de vista es atractivo, no se puede probar definitivamente. Cf. Lohmeyer, *Kyrios Jesus Eine Untersuchung zu Phil. 2:5-11* (1928).

[16]W. Foerster, "Harpamos", TDNT, 1:472-474, J. B. Lightfoot, *Paul's Epistle to the Philippians* (Londres: Macmillan, 1913), p. 111: "... no estimó el ser igual a Dios como cosa a que aferrarse"; cf. también pp. 133-137.

[17]Karl Barth, *The Epistle to the Philippians,* trad. por James W. Leitch (Richmond, Va.: John Knox Press, 1947), pp. 60-65.

[18]John A. Knight, "Philippians", *CBB,* 9:318-322.

[19]*Christology of the New Testament,* p. 178: Junto con otros, Cullmann interpreta este pasaje en la estructura ideológica de los títulos "Hijo del Hombre" y "Siervo del Señor".

[20]*Jesus, God and Man,* p. 312.

[21]*Prototokos* es un sustantivo compuesto derivado de *protos,* "primero", y *tiktein,* "engendrar" o "dar a luz". (Cf. Mt. 1:25; Lc. 2:7; Ro. 8:29; He. 1:6; 11:28).

[22]*Saint Paul's Epistles to the Colossians and to Philemon* (Grand Rapids, Mich.: Zondervan Publishing House, 1961, reimp. rev.), p. 147.

[23]*Ibid.,* pp. 146, 174; K. L. Schmidt, "prototokos", TWNT 6:879: "Lo que significa es la supremacía única de Cristo sobre todas las criaturas como el Mediador de su creación."

[24]Otras expresiones que se encuentran en el Nuevo Testamento denotan la primacía y la prioridad de Cristo en el cosmos, tales como *arche,* "principio" (Ap. 21:6; 22:13); *archegos,* "líder, pionero, primado, príncipe" (Hch. 3:15; 5:31); *kephale,* "cabeza" (Hch. 4:11; Col. 1:18; 2:10; 1 P. 2:7); *to Alpha kai to Omega,* "el primero y el último".

[25]Cf. F. F. Bruce, "Colossians", *The New International Commentary on the New Testament* (Grand Rapids, Mich.: Wm. B. Eerdmans Publishing Co., 1957), pp. 206-208. *Pleroma* se usa 11 veces en las epístolas de San Pablo y se aplica a cada Persona de la Trinidad.

[26]*Jesus, God and Man,* p. 355.

[27]*Jesus, Human and Divine,* p. 39.

[28]Cf. Hch. 2:27, *ton hosion sou,* que significa literalmente "su santidad". *Hosios* implica la idea de piedad y pureza.

[29]*Jesus, God and Man,* p. 355.

[30]F. F. Bruce, "1 and 2 Corinthians", *New Century Bible* (Londres: Marshall, Morgan and Scott, 1971), p. 210.

[31]Frank G. Carver, "2 Corinthinas", *BBC,* 8:556.

[32]*Jesus, God and Man,* p. 355.

[33]*The Person of Jesus Christ* (Londres: SCM, 1918), p. 28.

[34]*Ibid.*

[35]"The Virgin Birth—A Broader Base", *Christianity Today,* dic. 8 de 1972, pp. 6-8.

[36]"Virgin Birth", *A Theological Word Book of the Bible,* editor Alan Richardson (Londres: SCM Press, 1950), p. 277.

[37](Nueva York: Charles Scribner's Sons, 1907), p. 217; cf. también J. Gresham Machen, *The Virgin Birth of Christ* (Nueva York: Harper and Bros., 1930), pp. 380 y ss.

[38]Hans von Campenhausen, *The Virgin Birth in the Theology of the Ancient Church* (Naperville, Ill.: Alec R. Allenson, Inc., 1962), p. 26; la investigación de von Campenhausen sobre este punto amerita un estudio cuidadoso.

[39]Richardson, *Introduction to the Theology of the NT,* p. 174.

[40]*Ibid.,* p. 175.

[41]"Virgin Birth", *Theological Word Book,* p. 277.

[42]Wiley, *Christian Theology,* 2:148; cf. Ro. 5:12-21.

[43]*Virgin Birth,* pp. 76-80.

[44]*Virgin Birth of Christ,* p. 229; cf. Reid, "Virgin Birth", p. 277.

[45]*Introduction to the Theology of the NT,* p. 174.

21

La Muerte, Resurrección y Ascención de Cristo

I. LA IGNOMINIA DE LA MUERTE DE CRISTO

Es prudente introducir, en este punto de nuestro estudio, la respuesta de la Iglesia Primitiva a la muerte de Cristo. La mente secular de aquellos días probablemente consideró la crucifixión como un fin desafortunado a una brillante carrera evangelística. Sin embargo, la acuciosa luz interpretativa de la Resurrección, hizo que los discípulos la pusieran en su perspectiva adecuada. Ellos no buscaron explicarla en forma racional; simplemente la proclamaron como predeterminada por Dios. En el Día de Pentecostés, Pedro predicó que Jesús fue "entregado por el determinado consejo y anticipado conocimiento de Dios" (Hch. 2:23; ver 3:18; 13:26-27; Ef. 1:9-10; 1 P. 1:18-20, *et al.*). En la tradición más antigua a la mano, la muerte de Cristo se interpretó como un planeado acto de Dios.

Además, la muerte se consideró como una expiación del pecado. La clave se tomó de Jesús mismo quien dijo a sus discípulos: "Porque el Hijo del Hombre no vino para ser servido, sino para servir, y para dar su vida en rescate por muchos" (Mr. 10:45). La expiación no sale a la luz tan claramente en Los Hechos como en otros libros del Nuevo Testamento, pero Pedro, en el Día de Pentecostés y subsecuentemente, llamó al arrepentimiento después de haber hablado sobre el significado de la muerte de Cristo (ver 2:37-38; 3:18-19; 4:10-12).

Es Pablo quien expresa claramente el carácter expiatorio de la muerte de nuestro Señor. A los corintios les escribe: "Cristo murió por nuestros pecados, conforme a las escrituras" (1 Co. 15:3), y a los romanos les dice que en Cristo Jesús, Dios puso *(proetheto)* "como propiciación por medio de la fe en su sangre" (3:25; ver 1 Jn. 2:2). El meollo del Libro de los Hebreos es la naturaleza redentora de la muerte de Cristo (He. 9:26-28). En el juicio final, cuando la cuestión central sea la muerte de Cristo y el pecado humano, sólo una Persona es digna de "tomar el libro y de abrir sus sellos" del juicio, a saber, "El Cordero que fue inmolado" (Ap. 5:6-14).

El Apóstol Pablo fue particularmente sensible en el punto de la interpretación de la muerte de Cristo. El conocía la repulsión de los hebreos hacia la muerte en la cruz (ver 1 Co. 1:23), pues la ley demandaba esta forma de muerte sólo en los casos de un crimen extremo. Deuteronomio dice explícitamente, "maldito por Dios es el colgado" (21:23).

Escribiendo a los gálatas, Pablo se atreve a asegurar que "Cristo nos redimió de la maldición de la ley, hecho por nosotros maldición —porque está escrito: 'Maldito todo el que es colgado en un madero'" (3:13). Así que el acto mismo que significaba actividad criminal fue en Cristo la manera de libertar del crimen y de toda otra forma de conducta divinamente aborrecida. Cristo estuvo bajo *(hupo)* la Ley (Gá. 4:4) a fin de redimir a los que estaban bajo *(hupo)* la Ley (Gá. 4:5), y por tanto, bajo *(hupo)* maldición (Gá. 3:10)—de *(ek)* la maldición de la Ley (3:13) al convertirse en maldición por *(huper)* causa de nosotros (Gá. 3:13). La obediencia de Cristo a la muerte, muerte de cruz (Fil. 2:8), fue parte vital de su intención expiatoria. Y al hacerlo, borró el impacto de muerte por el pecado abriendo un nuevo acceso a la rectitud de Dios. Dios lo hizo una ofrenda por el pecado "para que nosotros fuésemos hechos justicia de Dios en él" (2 Co. 5:21).

II. El Impacto de la Resurrección de Cristo

Floyd V. Filson principia su estudio sobre la idea del Nuevo Testamento con el siguiente preámbulo:

> Todo el Nuevo Testamento fue escrito a la luz del hecho de la resurrección. Para todos los escritores, Jesús es la figura central de la historia, y ellos entienden e interpretan su carrera a la luz de su resurrección. Consideran su resurrección no sólo como una posibilidad o aun una probabilidad; para ellos es el hecho pivotal desde donde se mueve la estructura sólida de la fe cristiana y de la vida.[1]

Este criterio de Filson tiene sentido. No podemos dar por hecho que hay "un evangelio que se para sobre su propio pie y que puede comprenderse y apreciarse antes de considerar la Resurrección."[2] Esta no fue la manera de tratar de los discípulos. Para ellos "el evangelio sin la Resurrección no sólo era un evangelio al que le faltaba su capítulo final; más bien no era evangelio."[3] En las primeras predicaciones oímos una nota repetida vez tras vez sobre la Resurrección: "al cual Dios levantó" (Hch. 2:24); "a quien Dios ha resucitado de los muertos" (3:15; 4:10); "A éste levantó Dios al tercer día" (10:40); "Mas Dios le levantó de los muertos" (13:30). Pablo les dice a los corintios que Cristo "fue sepultado, y que resucitó al tercer día, conforme a las Escrituras" (1 Co. 15:4).

Así que la Resurrección viene a ser un "artículo de fe" en el desarrollo de la idea del Nuevo Testamento. La salvación depende de la confesión con los labios de que "Jesús es el Señor" y de creer en el corazón que "Dios le levantó de los muertos" (Ro. 10:9; ver Gá. 1:1; Ef. 1:20; Col. 2:12; 1 Ts. 1:9-10; 2 Ti. 2:8; 1 P. 1:21). La Resurrección viene a ser "el centro viviente" de la fe cristiana.

Hugh Anderson comenta, "El Día de la Resurrección, por tanto, no es un mero agregado a los demás factores en la historia de Jesucristo; es constitutivo para la fe y adoración de la comunidad, su discipulado y misión al mundo."[4] Fue así que Pablo pudo escribir a los corintios, "si Cristo no resucitó, vuestra fe es vana; aún estáis en vuestros pecados" (1 Co. 15:17).

A. Las Apariciones de la Resurrección

Los relatos de las apariciones del Señor después de su resurrección son muy extensos, pero pueden clasificarse en tres grupos: (1) a los discípulos, particularmente a Pedro; (2) a la familia inmediata de Jesús. San Pablo menciona a Jacob (1 Co. 15:7); Lucas menciona que "María, la madre de Jesús con sus hermanos" se reunieron con los discípulos en una casa particular en Jerusalén después de la aparición final de la Resurrección, un incidente que nos hace entrever que estuvieron presentes en la aparición (Hch. 1:14). (3) Apariciones a las mujeres quienes de acuerdo con los relatos, compartían la misión de Cristo (Mr. 16:1-8; Lc. 23:55-56; Jn. 20:18). La revelación a Pablo (1 Co. 15:8-9) sucedió quizá tres años después, pero debe incluirse en el grupo de las revelaciones a los discípulos. En esta relación, Pablo se incluye a sí mismo entre los apóstoles aunque como "el menor" de todos.

¿Cómo interpretamos estas apariciones? Primero, la enumeración parece tener claramente como objetivo el aducir prueba de la historicidad y objetividad de la Resurrección. "El Cristo resucitado era una personalidad vital quien actuaba de acuerdo a un plan definido, dando testimonio de sí mismo por medio de apariciones dondequiera, como quiera, y en la forma que fuera hacia quienquiera que él deseara aparecerse."[5]

Segundo, en su nueva forma, el ser de Jesús era físico y a la vez pneumático.[6] Se identificaba como Uno que tenía carne y hueso, pero al mismo tiempo podía hacer a un lado las leyes normales de la naturaleza a fin de pasar a través de puertas cerradas. Todo esto era inexplicable a los discípulos y ellos no se entregaron a especulaciones racionalistas; sencillamente proclamaron su resurrección como milagro.[7] Los Evangelios recalcan que la tumba estaba vacía y que de hecho Jesús había sido levantado de la tumba. Pero la afirmación en la predicación del Nuevo Testamento no era *ek taphou*, "de la tumba," sino *ek nekron* "de los muertos." Como quiera que sea, como Paul Althaus ha asegurado, el kerygma de la Ressurrección no pudo haber continuado en Jerusalén si el hecho de la tumba vacía no se hubiera establecido firmemente.

Las apariciones del Señor después de la Resurrección fueron sólo hacia quienes estaban en posición de reconocerlo y que habían tenido una relación con El en el pasado. No se nos menciona que los enemigos de Jesús o sus detractores se hayan encontrado con El. Saunders nos recuerda que El "No aparece ante ningún saduceo, ante Herodes Antipas o ante Caifás."[8] Este hecho lleva sólo a la conclusión de que la fe jugó un papel importante en las apariciones de la Resurrección: su factibilidad está entrelazada con las experiencias de los que lo vieron.

Nos confrontamos con una "dimensión interna" a estos eventos que tienen como centro las experiencias de los creyentes primitivos con el Cristo resucitado. Los modos sencillos y positivistas de los estudios históricos no revelarán el significado total de la Resurrección. Pero, como Saunders expresa, "Hemos de aceptar seriamente el testimonio apostólico de que son encuentros reales, no sólo puntos de vista arreglados nuevamente o intuiciones sin otra base que la reflexión subjetiva."[9]

Pannenberg, quien asegura que la historia es el medio exclusivo de revelación y por tanto provee la única base para la fe, está seguro de que la resurrección de Cristo sí ocurrió. Las apariciones de la Resurrección y la tumba vacía no fueron elucubraciones de la imaginación de los apóstoles. El episodio de la Resurrección no pudo haber sido fabricado, aún considerando su estado de mente desorientado después de la trágica experiencia de la cruz. Ellos no pudieron haberse auto convencido de que Jesús había resucitado de entre los muertos. Pannenberg concluye que la tradición de las apariciones y la tradición de la tumba originaron independientemente, pero mutuamente se compensan entre sí, y al hacerlo, "hacen que la aserción de la realidad de la resurrección de Jesús... aparezca muy probable desde el punto de vista histórico, y que siempre signifique en la investigación histórica que ha de presuponerse hasta que aparezca evidencia que la contradiga."[10]

B. La Fe de la Resurrección

No es correcto aislar teológicamente la Resurrección y darle a ella todo el significado del evangelio. Aunque merece consideración especial, desde el punto de vista del contexto ha de conservarse legítima; debe estar relacionada a todo el complejo de eventos que incluye la cruz, la ascensión, y el pentecostés. El Nuevo Testamento da expresión amplia al significado de la Resurrección.

1. La Resurrección fue y sigue siendo la vindicación de Jesús. Por ella se establecieron para siempre la identidad de Jesús y la verdad de su misión. Los judíos pensaron que era un engañador y los discípulos dudaban respecto a su autenticidad a medida que se desarrollaban los eventos de la última semana. Pero la Resurrección y los hechos subsecuentes relacionados con ella certificaron las credenciales de Jesús como el Elegido de Dios. Pedro, por tanto, pudo predicar en el Pentecostés, "Sepa, pues, ciertísimamente toda la casa de Israel, que a este Jesús a quien vosotros crucificasteis, Dios le ha hecho Señor y Cristo" (Hch. 2:36).

Pablo, escribiendo a los romanos, confiesa que "nuestro Señor Jesucristo"... fue declarado Hijo de Dios con poder, según el Espíritu de santidad, por la resurrección de entre los muertos" (Ro. 1:4). Esta no es ninguna forma de adopcionismo; es confirmación y vindicación. Anderson escribe, "En la Resurrección se confirma quién fue El en realidad."[11] Además, el Cristo de la Resurrección no es algún ser cualquiera venido a este mundo, sino el mismo Jesús a quien los discípulos habían conocido antes. *Este mismo Jesús* estaba ahora entronado en gloria, y su reino estaba siendo realizado por medio de sus seguidores creyentes. La Resurrección es, como alguien ha dicho, "la plenitud de la fe en Jesús."

2. La Resurrección declara el triunfo de Dios por medio de Cristo sobre las fuerzas del pecado y de la muerte, y en consecuencia

el triunfo de los creyentes. Fueron "hombres inicuos" los que mataron a Jesús (Hch. 2:23); los "dolores de muerte" (*odinas,* agonía de la muerte) fueron su experiencia, pero Dios "lo levantó, sueltos los dolores de la muerte." Dios, al entregar a su Hijo a la cruz, a las maquinaciones de hombres poseídos por el mal, y al "destructor", le había permitido al Señor sufrir todo. Pero el acto divino de la Resurrección venció todos los esfuerzos pecaminosos y le quitó su poder a la muerte.

San Pablo puede escribir con toda confianza, "Sorbida es la muerte en victoria. ¿Dónde está, oh muerte, tu aguijón? ¿Dónde, oh sepulcro, tu victoria? ya que el aguijón de la muerte es el pecado, y el poder del pecado, la ley. Mas gracias sean dadas a Dios, que nos da la victoria por medio de nuestro Señor Jesucristo" (1 Co. 15:54-57). A los colosenses les escribe que despojó a "los principados y a las potestades, los exhibió públicamente, triunfando sobre ellos en la cruz" (2:15).[12] Obviamente, la referencia es a la cruz, pero presupone la Resurrección. Como Anderson escribe, "Una *theologia resurrection* es la presuposición inescapable de una *theologia crucis.*"[13]

El escritor a los Hebreos dice que Jesús compartió nuestra naturaleza "para destruir por medio de la muerte al que tenía el imperio de la muerte, esto es, al diablo" (2:14). El triunfo representado en la Muerte-Resurrección es tanto de Cristo como de Dios, pero es también el triunfo de los que reciben a Cristo en fe. El poder del pecado y de la muerte en la vida de los hombres puede destruirse a través de la vida resurrecta de Cristo. Pablo escribe que los creyentes reinan "en vida por uno solo, Jesucristo" (Ro. 5:17).

Tomando el simbolismo del bautismo, el Apóstol Pablo dice, "Porque somos sepultados juntamente con él para muerte por el bautismo, a fin de que como Cristo resució de los muertos por la gloria del Padre, así también nosotros andemos en vida nueva" (Ro. 6:4). "El creyente, habiendo muerto simbólicamente con Cristo en el bautismo, comparte en la nueva vida resucitada en Cristo, lo que El, como 'el espíritu que da vida' imparte al creyente."[14] Son "más que vencedores" a través de El (Ro. 8:37). Cristo fue "primicias de los que durmieron" (1 Co. 15:20) y "la mera idea de primicias quería decir que hay frutos tardíos... la resurrección de Cristo, por tanto, implica en sí la resurrección de los que están en Cristo."[15]

3. La fe de la Resurrección lleva consigo la realización de que una nueva era ha principiado. Cuando la Iglesia Primitiva principió a unirlo todo—la cruz, la resurrección, la ascensión y el pentecostés

—comprendió que la edad última (el *eschaton*) había aparecido. Cristo el Mesías estaba en el poder, y su reino estaba siendo establecido. La interpretación de Pedro en el Día de Pentecostés se basó en Joel 2:28, que contiene la profecía de que en los últimos tiempos Dios derramaría de su Espíritu sobre toda carne. El apóstol lo declaró sin titubear, "¡Esto es!"

Richardson ve la Resurrección como "el evento éxodo en la salvación-historia del Nuevo Israel, el acto misterioso y sobrenatural por el que Dios ha sacado a su pueblo de la tierra de servidumbre a la tierra de promisión, sobre quienes su amado Hijo reina por toda la eternidad (ver Col. 1:13)."[16] De acuerdo con Pablo en 1 Corintios 10:11, la antigua edad está todavía con nosotros, pero la nueva era se le duplica. Desde otro punto de vista, la Resurrección anunció el principio de una nueva humanidad por cuanto el nuevo Adán fue identificado (1 Co. 15:20-23).

La Iglesia Primitiva tiene una perspectiva totalmente nueva de la historia por causa de la Resurrección. Puede ahora remontarse a las centurias pasadas de los tratos de Dios con Israel e identificarse; puede ver hacia Jesús de Nazareth y entender quién era El, así como el significado de los actos salvadores en su favor. Pero ante ella está también el futuro. De hecho, sobre ella descansa el futuro con todas sus esperanzas. En esto origina la gran expectación de la Parousia.

Pedro escribe a quienes sufren tribulación y les recuerda la esperanza de la resurrección. "Bendito el Dios y Padre de nuestro Señor Jesucristo, que según su grande misericordia nos hizo renacer para una esperanza viva, por la resurrección de Jesucristo de los muertos" (1 P. 1:3). A través de lo que Dios ha hecho al levantar a Jesús de entre los muertos, están dotados de una esperanza que no desaparecerá porque con su poder Dios los guarda con asidua ternura (1 P. 1:5).

La teología de hoy acerca de la esperanza, representada por Pannenberg y Moltmann, habla mucho acerca de la Resurrección.[17] Esta teología asegura que "el fin de la historia está presente prolépticamente en Jesús de Nazareth. En su resurrección, el término final de la historia universal se ha anticipado; ha ocurrido con anterioridad."[18] Los teólogos sobre la esperanza, sin embargo, soltaron algo así como una cuerda de esperanza; dicen que "la confirmación última divina de Jesús tendrá lugar cuando ocurra su retorno. Sólo entonces se manifestará la revelación de Dios en Jesús, en su gloria irresistible y última."[19] Concediendo el carácter escatológico de la fe de la resurrección, la validez de la fe del Nuevo Testamento se enfoca más directamente en el evento pasado de la resurrección de Cristo y su significado ahora realizado a través de la proclamación de la Iglesia, más bien que en un evento apocalíptico del futuro. La confianza de la Iglesia de que su Señor vive hoy es la promesa de la futura resurrección y gloria. El futuro es más consumación que confirmación.

4. Como nota final, conviene repetir que sin la Resurrección, la obra de Cristo hubiera permanecido trunca y la salvación-historia hubiera sido sólo una esperanza pasajera. Stauffer concluye, "Sin la Resurrección no puede haber ¡*kyrie eleison!* Pues el Cristo ante quien la Iglesia eleva su necesidad, es el Cristo exaltado, el rey del cielo y sacerdote."[20]

III. LA ASCENSIÓN

El material bíblico sobre la Ascensión es breve. Ni el Primero ni el Cuarto Evangelio lo mencionan. El relato de Marcos se encuentra en el pasaje en disputa que concluye el capítulo 16. Por tanto, es Lucas quien nos da el relato de la ascensión del Señor: "Y aconteció que bendiciéndolos, se separó de ellos" (Lc. 24:51). En Hechos 1:9 se nos dice, "Y habiendo dicho estas cosas, viéndolo ellos, fue alzado, y le recibió una nube que le ocultó de sus ojos."

En este último relato más largo de Hechos, se dice que Jesús fue recibido por una nube y que los que observaban ya no más lo vieron. Fue entonces cuando dos ángeles le anunciaron que "Este mismo Jesús, que ha sido tomado de vosotros al cielo, así vendrá como le habéis visto ir al cielo" (1:11). Para completar la historia, a estos relatos hemos de agregar las referencias en el evangelio de Juan donde Jesús habla acerca de "su partida" (Jn. 13:3; 14:2, 28; 16:7).

Para Cristo, la ascensión fue señal de tres cosas: (1) *exaltación,* la recompensa de la larga experiencia desde el cielo hasta el infierno, hasta la diestra del Padre (Ef. 4:8-9; 1 Ti. 3:16; 1 P. 3:22); (2) *intercesión,* la función salvadora en favor de sus seguidores (Ro. 8:34; 1 Jn. 2:1); (3) *dádiva,* el derramamiento del Espíritu Santo sobre los discípulos de Cristo y la Iglesia futura (Hch. 2:33; ver Jn. 15:26; 16:7).[21]

NOTAS BIBLIOGRÁFICAS

[1]*Jesus Christ, the Risen Lord* (Nueva York: Abingdon Press, 1956), p. 31.

[2]Michael Ramsey, *The Resurrection of Christ* (Londres: Geoffrey Bles, 1946), p. 7.

[3]*Ibid.*

[4]*Jesus and Christian Origins* (Nueva York: Oxford Press, 1964), p. 187.

[5]Ethelbert Stauffer, *Jesus and His Story,* trad. por Richard y Clara Winston (Nueva York: Alfred A. Knopf, 1960), pp. 151-152.

[6]Para una discusión completa sobre este aspecto de las apariciones del Señor, cf. J. A. Schep, *The Nature of the Resurrection Body* (Grand Rapids, Mich.: Wm. B. Eerdmans Publishing Co., 1964), pp. 107-181; el apóstol San Pablo nos ofrece la mejor explicación de la naturaleza de la forma del Cristo resucitado, 1 Co. 15:42-50.

[7]Respecto a la certeza de los relatos de la tumba vacía, cf. Stauffer, *Jesus and His Story,* pp. 143-147.

[8]E. W. Saunders, *Jesus in the Gospels* (Englewood Cliffs, N.J.: Prentice-Hall, Inc., 1967), p. 294.

[9]*Jesus in the Gospels,* p. 295.

[10]*Jesus, God and Man,* p. 105; para un estudio exhaustivo y contemporáneo del tema de la resurrección y los razonamientos históricos, cf. Daniel P. Fuller, *Easter Faith and History,* pp. 145-187; también Merril C. Tenney, "The Historicity of the Resurrection", *Jesus of Nazareth, Saviour, and Lord,* editado por Carl F. H. Henry (Grand Rapids, Mich.: Wm. B. Eerdmans Publishing Co., 1966), pp. 135-144.

[11]*Jesus and Christian Origins,* p. 209; cf. su resumen de la interpretación de Ro. 1:4, pp. 209, 338-339.

[12]*En auto* también puede ser traducido como "en ella", es decir, la cruz.

[13]*Jesus and Christian Origins,* p. 185.

[14]S. H. Hooke, *The Resurrection of Christ as History and Experience* (Londres: Darton, Longman, and Todd, 1967), p. 60. Hook ha producido una obra excelente sobre la enseñanza de todo el Nuevo Testamento acerca de la resurrección.

[15]Leon Morris, *The Cross in the New Testament* (Grand Rapids, Mich.: Wm. B. Eerdmans Publishing Co., 1965), p. 258.

[16]*Introduction to the Theology of the NT,* p. 197.

[17]Jürgen Moltmann, *The Theology of Hope* (Nueva York: Harper and Row, 1967); W. Pannenberg, *Jesus, God and Man;* "Redemptive Event and History", *Essays on Old Testament Hermeneutics,* editor Calus Westermann (Richmond, Va.: John Knox Press, 1964); Martin E. Marty y Dean G. Peerman, editores, *New Theology No. 5* (Londres: Macmillan Co., 1968), *et al.*

[18]Carl E. Braaten, "Toward a Theology of Hope", *New Theology No. 5,* p. 105.

[19]Pannenberg, *Jesus, God and Man,* p. 108.

[20]*NT Theology,* p. 137.

[21]Cf. G. C. Berkouwer, *The Work of Christ,* trad. por Cornelius Lambregtse (Grand Rapids, Mich.: Wm. B. Eerdmans Publishing Co., 1965), pp. 202 y ss.

Salvación a Través de Cristo

22

La Provisión de la Salvación

El famoso resumen que Pablo hace de *kerygma* en 1 Co. 15:3-4, principia con la declaración de que "Cristo murió por nuestros pecados, conforme a las Escrituras." El escenario para esta declaración de credo la proporciona un pasaje en el que Pablo defiende la esperanza del creyente sobre la resurrección. Para Pablo, la validez del evangelio mismo está en entredicho ante cualquiera clase de escepticismo sobre la resurrección. Su defensa incluye una expresión clara del significado de la muerte de Cristo, a saber, que El murió "por nuestros pecados" *(huper ton hamartion hemon).*

Históricamente, no habría problema con la simple declaración de que "Cristo murió", pues eso podría comprobarse fácilmente. Pero decir que "Cristo murió por nuestros pecados" introduce una nueva serie de consideraciones que son más que históricas.[1] Incluyen las más profundas suposiciones teológicas. La muerte en la cruz del Cristo de Nazareth fue un acto salvador. James Denney lo dice veladamente, "No predicamos que Cristo murió, sino que murió por nosotros, y en particular que murió por nuestros pecados."[2] Aquí está lo que C. F. D. Moule se atreve a llamar

una forma vehemente del "escándalo de particularidad"—esta pretensión de que un hombre desconocido, muerto en la misma forma que otros dos hombres condenados a la misma ejecución, de hecho, así como millones de otros desvalidos, en una ocasión o en otra, alcanzaron por su muerte algo de poder tal que sus efectos trascendieron infinitamente más... tanto antes como después— antes, como para incluir toda la historia anterior, y después, por toda la largura de la raza humana por venir.[3]

En 1 Co. 1:23, Pablo se refiere a la crucifixión de Cristo como un *skandalon,* "tropezadero", para los judíos y *moria,* "locura", para los gentiles. Hay otros aspectos del evangelio que dejan a los humanos en situación precaria, pero no es una situación más escandalosa que la crucifixión. No obstante, aquí está el fundamento, puesto que el mensaje de salvación del cristianismo descansa en este punto. El ofrecimiento de Dios de la salvación incluye más que la aceptación de las condiciones y la vida éticamente impecable de Su Hijo; demanda sumisión a la cruz de Cristo. La salvación que Dios ofrece a la humanidad se realiza sólo por medio de la cruz de Cristo.

Antes de explorar el tema de la provisión de la salvación a través de la sangre expiatoria,[4] será sabio tratar con varios asuntos de trasfondo, a saber: (1) la búsqueda de la salvación, (2) la experiencia y la predicación de la cruz, y (3) el desarrollo de la enseñanza de la provisión de la salvación en el Nuevo Testamento.

I. LA BÚSQUEDA DE LA SALVACIÓN

Universalmente, el hombre busca salvación; pide que lo rescaten "de una condición de vida que él sabe es contradictoria a su verdadera naturaleza." Ansía la restauración hacia una libertad que le conceda el privilegio de expresar su verdadera naturaleza.

En el Antiguo Testamento, la salvación se expresa por una palabra que significa literalmente "ser amplio," "espacioso," "desarrollarse sin obstáculo," y así "estar a salvo, sano, o victorioso." El verdadero interés del Antiguo Testamento en su relato de la salvación es de decir cómo un hombre pecador, apartado de Dios, busca una seguridad personal y libertad en su mundo, pero descubre, para sorpresa suya, que su salvación histórica y personalmente, no puede recibirse por esfurezo personal sino sólo por obra de Dios.

En la libertad del Exodo, que históricamente expresa la salvación de Dios, Moisés exhorta a su pueblo: "No temáis; estad firmes, y ved la salvación que Jehová [*yeshuath Yahweh*], hará hoy con vosotros" (Ex. 14:13). En un lenguaje muy personal, David suplica salvación y le pide a Dios, "Vuélveme el gozo de tu salvación, y el espíritu noble me sustente" (Sal. 51:12). En el caso de Israel en Egipto y de David en su palacio, la vida estaba amenazada y en ambos casos la salvación era esencialmente el rescate de una situación opresiva.[5]

El hombre del primer siglo, tanto gentil como judío, ansiaba la *soteria*, "salvación." Entre los gentiles, los cultos de esos días propagaban su "evangelio" de salvación por liturgias esotéricas, en tanto que las filosofías intelectuales del epicureanismo y del estoicismo ofrecían al pueblo la libertad de *ataraxia* (suficiencia propia, moderación) y de *apatheia* (pasividad, contentamiento).[6]

El mundo judío no estaba menos interesado en la salvación, y las sectas del judaísmo proclamaban su esperanza de salvación—desde los saduceos en Judea hasta los esenios en el desierto de Qumran. Los judíos de la diáspora, desde los de ascendencia hasmoneana hasta el 70 D.C., llevaban a cabo extensas actividades misioneras. "En el tiempo de Pablo, el proselitismo judío debió haber alcanzado su apogeo. El llamado a la salvación... se extendía por todos los ámbitos del mundo."[7]

Para algunos judíos este orden presente era malo y estaba bien representado por las siempre presentes fuerzas romanas. Mucha gente, especialmente los "humildes", los *am ha'aretz*, ya no más buscaban su salvación colectiva o personalmente en este orden presente, político o religioso, sino que más bien esperaban la intervención sobrenatural Mesiánica de Dios. En ese tiempo el mal sería destruido y la libertad—existencia "espaciosa" y "segura"—sería suya.

Lucas, con su gran sentido para leer la historia, recoge esta búsqueda en las narraciones del nacimiento de Juan el Bautista y Jesús. El padre de Juan, Zacarías, canta, "Bendito el Señor Dios de Israel, que... nos levantó un poderoso Salvador" (Lc. 1:68-69; véase también vrs. 71, 77). María, la madre de Jesús, prorrumpe en un canto, "Engrandece mi alma al Señor; y mi espíritu se regocija en Dios mi Salvador" (1:46-47). A los pastores en el campo, el ángel del Señor anunció, "... he aquí os doy nuevas de gran gozo, que será para todo el pueblo: que os ha nacido hoy, en la ciudad de David, un Salvador, que es Cristo el Señor" (2:10-11). Y el tema de la carta de Pablo a los Romanos se centraliza en *soteria*: "porque no me avergüenzo del evangelio, porque es poder de Dios para salvación [*eis soterian*][8] a todo aquel que cree; al judío primeramente, y también al griego" (1:16).

De cierto, es una presunción justificada la de que Pablo sentía que su evangelio era la respuesta a un deseo profundo de salvación en el espíritu humano. Hablando de la doctrina de la expiación en el Nuevo Testamento, V. Taylor escribe, "No es nada menos que la doctrina de cómo el hombre, débil en su propósito y separado de Dios por sus pecados, puede ser traído a una relación de compañerismo verdadero y permanente con El, pudiendo así ser capacitado para cumplir su destino divino, como individuo y como miembro de la comunidad a la cual pertenece."[9] De acuerdo con la naturaleza de salvación comprendida a través de toda la Biblia, la salvación abarca tanto los factores negativos como los positivos. Es tanto una libertad del pecado como la bendición de una reconciliación con Dios.

En los siglos anteriores a Cristo y durante todo el período del ministerio de la Iglesia Primitiva, los humanos estaban desconsolados por la salvación en el presente orden. La vida estaba tan repleta de pecado que lo único que merecía era la condenación. Pero el mensaje de Cristo y de sus seguidores en el primer siglo produjo grande expectación en favor de una nueva vida.

II. La Experiencia y la Cruz

Alguien pudiera acusar a Denney de simplicidad teológica por insistir en "la base experimental" de la doctrina de la expiación; sin embargo se comprueba una verdad más profunda de lo que se ve en la superficie. Escribe: "Un hombre reconciliado, predicando a Cristo como la senda de reconciliación, y predicándolo en el temperamento y el espíritu que la experiencia de la reconciliación produce, es el mediador más efectivo del poder reconciliador de Cristo."[10] Habiendo una vez vivido separados de Dios, los escritos del Nuevo Testamento comunicaron efectivamente el mensaje de la reconciliación porque ellos mismos habían sido reconciliados con Dios a través de Cristo.

Es así que cuando vamos al Nuevo Testamento, "nunca vemos la muerte de Jesús como un mero espectáculo, un evento puramente objetivo o externo. Lo vemos a través de ojos que lo han sentido, que han sido llenos de lágrimas al contemplarlo."[11] Denney apela al principio hermenéutico que insiste que se necesitan "ojos de fe" para comprender la verdad de la muerte de Cristo y para comunicarla efectivamente. Un cierto sentido de finalidad o absolutismo de la enseñanza, y un mínimo de especulación con respecto a ella son posibles debido a este tratamiento experimental de la obra expiatoria de Cristo.

Tal experiencia es la base del argumento de Pablo en 1 Co. 1:26—2:16. Escribe que no muchos de los corintios son más sabios o poderosos o de la nobleza por nacimiento, pero que son redimidos y que poseen la sabiduría divina. "... por él estáis vosotros en Cristo Jesús, el cual nos ha sido hecho por Dios sabiduría, justificación, santificación y redención" (1:30).[12] La experiencia, por tanto, es un maestro en relación con la expiación, porque la experiencia comparte una mayor revelación de los propósitos de salvación de Dios y la provisión de esa salvación a través de la cruz.

III. EL DESARROLLO DE LA ENSEÑANZA

Vincent Taylor ha reiterado un principio hermenéutico que debe aplicarse en toda exploración de la enseñanza del Nuevo Testamento: "El relato de la fe primitiva de la Iglesia es un relato de proceso vital, sostenido por la iluminación del Espíritu, y enriquecido por las experiencias y percepciones de individuos dentro de la vida de la sociedad religiosa."[13] Una investigación seria de las referencias del Nuevo Testamento a la obra salvadora de Cristo revela una forma de comprensión creciente acerca de ella en la vida de la Iglesia. La continua reflexión sobre la vida y enseñanzas de Cristo y la observación del poder de la predicación de la cruz llevó a una mayor percepción de su significado.

En nuestro estudio reconocemos el proceso doctrinal, que al menos tuvo dos aspectos:

1. La predicación en los primeros días del movimiento cristiano anunció la eficacia de la muerte de Cristo, pero no incluyó las teorías respecto a ella. Sin vacilación alguna Pedro les dijo a los miembros del Sanedrín, "Y en ningún otro hay salvación; porque no hay otro nombre bajo el cielo, dado a los hombres, en que podamos ser salvos" (Hch. 4:12; ver 5:31). El mensaje de Pablo en Antioquía de Pisidia es una proclamación de la salvación en su relación al trasfondo del Antiguo Testamento. Declara que *(a)* del linaje de David Dios proveyó un Salvador, Jesucristo (Hch. 13:23); *(b)* a través de la familia de Abraham y de los temerosos de Dios ha llegado "el mensaje de salvación" (v. 26); y *(c)* por haber los judíos rechazado la verdad, el mensaje de salvación fue llevado a los gentiles (v. 47; ver la cita del Cántico del Siervo en Is. 49:6).

Aparentemente en este punto en la vida de la Iglesia, la soteriología, como una enseñanza desarrollada, está un tanto subordinada a la Cristología. La invitación a la salvación tiene que ver más bien sobre quién la proveyó antes que sobre la razón de su provisión por medio de la muerte de Cristo. Puede suponerse con cierta razón que hubo preguntas de todas clases sobre este tipo de predicación y enseñanza. Estas preguntas, a su vez, condujeron a unas declaraciones más desarrolladas sobre la naturaleza del sufrimiento de Cristo, como por ejemplo, el Libro de los Hebreos. Jeremias ve esta espístola como la que nos provee "la interpretación más extensa de la cruz."[14] Además, el intento de Pablo para escribir más sistemáticamente acerca de la cruz en Romanos, es otra ilustración de la madurez teológica.

2. Los varios libros del Nuevo Testamento proveen una variedad de percepciones sobre la salvación. Ha sido muy común entre los eruditos que investigan el significado de la muerte de Cristo, el asentar en proposiciones condensadas los puntos salientes de la expiación. Leon Morris menciona 14:

a. todos son pecadores;

b. todos los pecadores están en peligro inminente por causa de su culpa;

c. la salvación se efectúa sólo porque Dios en su amor la desea y la efectúa;

d. la salvación depende de lo que Dios ha hecho en Cristo;

e. tanto la Deidad como la humanidad de Cristo se involucran en el preceso;

f. Cristo fue personalmente inocente;

g. aunque no se debe disminuir la importancia de la vida de Cristo, su muerte es de importancia central;

h. en su muerte, Cristo se hizo uno con los pecadores; El tomó su lugar;

i. por su vida, muerte, resurrección y ascensión, Cristo triunfó sobre Satanás y el pecado y sobre toda fuerza concebible del mal;

j. no sólo obtuvo Cristo una victoria, sino que aseguró un veredicto; efectuó la salvación poderosamente, pero también legalmente;

k. en su muerte, Cristo reveló la naturaleza de Dios como amor;

l. en su muerte, Cristo es el Ejemplo supremo del hombre;

m. a los humanos se les invita a dar una respuesta triple en arrepentimiento, fe y conducta santa;

n. hay una cruz para el creyente así como para el Cristo.[15]

La lista de Morris presupone diversidad así como acuerdo

respecto al significado de la cruz. Los escritores del Nuevo Testamento individualmente presentan su énfasis particular, pero no hay conflicto. "Lo que es muy impresionante," escribe Morris, "es la manera en que con sus antecedentes variados, y su manera muy diferente de presentar las cosas, habrían de estar tan de acuerdo sobre el gran tema central de que somos salvos, si es que hemos de serlo de veras, sólo por la muerte de Jesucristo por nosotros."[16] Este hecho señala el proceso vital provocado y sostenido por el Espíritu Santo, y enriquecido por las experiencias y percepciones de individuos dentro de la Igesia, que trajeron la fe a un punto de madurez y de expresión inspiradora.

La importancia de esta "pluriformidad de tratamiento a la obra de Cristo" se ve en la historia del dogma donde se han propuesto una cantidad de teorías sobre la propiciación, cada una de ellas dando atención especial a ciertos aspectos particulares del ministerio de Cristo en la cruz. De hecho, el material del Nuevo Testamento sugiere variedad, así que le corresponde al intérprete tratar todo el material equitativamente. El término de Taylor describe exactamente el cuadro en desarrollo del Nuevo Testamento y debe tomarse como un guía viable para el estudio de la obra de Cristo: "Tal como hemos reconocido desde el principio, es más plausible recalcar algunas ideas que otras en centros diferentes, antes que algunos aspectos de la doctrina queden sin tratar y que otros adquieran prominencia sólo a medida que pasa el tiempo y el horizonte de la experiencia se ensancha."[17] Es más, cada escritor tiene su punto de vista dictado por las preocupaciones que lo llevan a componer su libro así como los factores que dieron origen a su propia experiencia de la salvación en Cristo.

IV. LAS ENSEÑANZAS DE JESÚS ACERCA DE SU MUERTE

Es premisa básica de este estudio que Jesús es la Fuente de la verdad cristiana. A pesar de los desarrollos teológicos que aparecen en el Nuevo Testamento, las tesis centrales están arraigadas en las palabras y obra de Cristo. Por eso es necesario examinar las palabras del Maestro en su misión en la muerte antes de intentar un cuadro total de la enseñanza de todo el Nuevo Testamento sobre la expiación.

A. Expectaciones de su Muerte

Si los evangelios establecen con claridad algún punto acerca de Jesús, es que a través de su breve ministerio hubo una creciente oposición hacia El. Por varias razones recibió el reproche de las autoridades religiosas, especialmente por la transgresión de las leyes del Sabbath (Mr. 2:23-28), la purificación del templo (Mr. 11:15-19, y paralelos), el apropiarse las prerogativas de la Deidad (Mr. 2:1-12; Jn. 5:18; 10:30), y el efectuar exorcismos que, según su criterio, sólo podían atribuirse a relaciones demoníacas (Mt. 12:22-24). A su parecer, estos eran crímenes de alta escuela y la muerte era el único castigo correcto.[18]

El evangelio de Juan contiene dos notas que demuestran el cuidado de Jesús en sus movimientos y viajes durante su ministerio. "Después de estas cosas, andaba Jesús en Galilea; pues no quería andar en Judea, porque los judíos procuraban matarle" (7:1). Después de la resurrección de Lázaro, el sanedrín se reunió para decidir lo que había de hacer con Jesús debido a la cantidad de gente que estaba acudiendo hacia El. Caifás, el sumo sacerdote, expresó el principio sobre el que habría de hacerse legítima muerte: "... ni pensáis que nos conviene que un hombre muera por el pueblo, y no que toda la nación perezca" (11:50). Unos versículos más adelante Juan dice que "desde aquel día acordaron matarle" (11:53). Jesús estaba al tanto de estas intenciones, así que se retiró a Efraín, un pueblo cercano al desierto, y se quedó allí con sus discípulos hasta que su sentido de misión lo llevó a la ciudad (11:54).

Jeremias da mucha importancia a que Jesús repetidas veces se contaba entre los profetas, y que el martirio se esperaba como parte integral del ministerio profético. El rendir honor a los profetas adornando sus sitios de descanso final se consideraba como una 'expiación por su muerte' (ver Mt. 23:29; Lc. 11:47). Juan el Bautista se contaba en este linaje ilustre y su venida fue en preparación de la venida de Cristo en el poder del Reino (Mt. 11:9-13). Cuando los fariseos le dijeron a Jesús que Horodes Antipas lo buscaba para matarlo, y que para evitar esto debería salir de Galilea, Jesús respondió: "Sin embargo, es necesario que hoy y mañana y pasado mañana siga mi camino; porque no es posible que un profeta muera fuera de Jerusalén" (Lc. 13:33).[19] Lucas pone inmediatamente después el lamento de Jesús sobre Jerusalén (13:34-35). El ministerio redentor de Cristo incluía la muerte en Jerusalén y El lo sabía. Por tanto, no nos sorprende encontrar indicios de este hecho en los evangelios.

B. Anuncios de su Muerte

En dos ocasiones en el relato sinóptico habló Jesús explícitamente de su muerte.

1. Después de la confesión de Pedro en Cesarea de Filipos, "Tú eres el Cristo," Jesús comenzó "a declarar a sus discípulos que le era necesario ir a Jerusalén y padecer mucho de los ancianos, de los principales sacerdotes y de los escribas; ser muerto, y resucitar al tercer día" (Mt. 16:21; Mr. 8:31; Lc. 9:22). Esta fue la primera vez que Jesús compartió claramente con ellos el secreto de que su divina vocación lo habría de llevar a la muerte y a la resurrección. Pero la predicción profética de su futura redención habría de compartirse con los discípulos más tarde (Mr. 9:31; 10:33-34 y paralelos). El pequeño término griego *dei*, "debe," implicado con el uso del futuro en estos anuncios, expresa la necesidad divina. Jesús enseñó que *debería* ir a Jerusalén a morir.

Denney nota un doble significado en el uso que Cristo le da a la palabra "debe". Puede indicar ya sea un "constreñimiento externo" siendo que en contra de El militaban fuerzas hostiles, o un "constreñimiento interno" dando la idea de que la "muerte era algo que El habría de aceptar y esperar si la obra que había venido a hacer habría de hacerse, si la vocación con que El fue llamado habría de cumplirse."[20] Estos dos sentimientos no son incompatibles, pero la necesidad interna es más fundamental. "La necesidad divina de una carrera de sufrimiento y muerte es primaria;... no se deduce de las necesidades malignas de las que El está rodeado; resalta dentro de El, en poder divino, el encontrar estas necesidades externas y dominarlas."[21] Este "*dei* de necesidad divina" sale a la superficie otra vez en el Getsemaní donde, agonizante, ora Jesús, "Padre... mas no lo que yo quiero, sino lo que tú" (Mr. 14:36).

2. En la casa de Simón el leproso en Betania, una mujer ungió a Jesús; y en respuesta a la pregunta de desperdiciar tan valioso ungüento, Jesús dijo, "Esta... se ha anticipado a ungir mi cuerpo para la sepultura" (Mr. 14:3-9; ver Mt. 26:6-13). En esa juntura de su corta vida, la mente de Jesús estaba posesionada de los eventos inminentes de su muerte, y al acto de amor de la mujer lo consolaba. En forma notable, aprovecha otra vez la ocasión para hablar de su muerte.

El evangelio de Juan ha conservado declaraciones de Jesús en que habla acerca de ser "levantado" (*huposothenai dei*, 3:14; 8:28; 12:34) y de esperar su "hora" *(he hora mou)* (2:4; 12:23, 27; 13:1; 17:1; ver Mt. 26:18, 45). Estas citas encierran un significado teológico. Anuncian su muerte inminente y al mismo tiempo implican el carácter especial de esa muerte. Cristo fue "levantado" en una cruz para que ese acto fuera también su hora de gloria. Morris comenta:

> Es parte del esfuerzo de Juan demostrar que Jesús enseñó su gloria no a pesar de su humillación terrenal, sino precisamente por causa de esas humillaciones. Especialmente es este el caso con la cruz. Al ojo externo esto era una degradación de lo más bajo, la muerte de un criminal. Al ojo de la fe era (y es) la gloria suprema.[22]

C. El Propósito de su Muerte

Jesús habló con precaución acerca de su muerte por razones obvias. La intriga religiosa era tal que no podía esperar cumplir su ministerio si enseñara abiertamente el significado de su muerte.

Sin embargo, ha de darse por sentado que Jesús, por sus propias enseñanzas acerca de su muerte, puso el fundamento para toda interpretación futura de su muerte por la Iglesia. No podemos aceptar la idea de que algunas de estas declaraciónes interpretativas *(logia)* vienen después del evento *(post eventum)*. Más bien son las palabras de Jesús antes de la Resurrección.

Son varios los pasajes que revelan el significado de la cruz de Cristo.

1. Marcos 10:35-40 contiene la respuesta de Jesús a Santiago y a Juan cuando solicitaron lugares a la derecha y a la izquierda en el Reino. Los símbolos de la "copa" y el "bautismo" expresan la aceptación de nuestro Señor de su vocación sacrificial así como la inefable agonía de la cruz inminente. Más tarde oró, "Padre mío, si es posible, pase de mí esta copa," y finalmente se rinde, "pero no sea como yo quiero, sino como tú" (Mt. 26:39, paralelos). Su muerte no fue un deceso ordinario. Conllevaba un significado especial divino, y los discípulos estaban informados en este incidente de que compartirían en su propósito a través de su servicio futuro al Maestro (ver Mt. 20:23, paralelos).

2. Los relatos de la Cena del Señor indican el significado de su muerte. Tanto Denney como Jeremias consideran las referencias sutiles a Isaías 53 por Jesús, importantes para cualquiera exposición del significado de su muerte.[23] Basado en esta premisa, Jeremias[24]

toma nota de Marcos 14:24; "Esto es mi sangre del nuevo pacto, que por muchos es derramada *(huper pollon]*." La frase "por muchos" refleja probablemente Is. 53:12. "Muchos" sin el artículo implica el sentido inclusivo de "un gran número," o "todos."

3. En Marcos 10:45 es muy claro el concepto de siervo: "Porque el Hijo del Hombre no vino para ser servido, sino para servir, y para dar su vida en rescate por muchos." Este versículo recalca el carácter voluntario de la muerte—vino a dar." El, por su voluntad, eligió hacer esta obra.

Su "vida" es el precio que paga por el "rescate." Esta metáfora no ha de separarse de su contexto sino tomarse tal como significa en la superficie. Cristo no pensaba en "comprar libertad cohechando al diablo, o pagando una deuda hacia Dios o hacia la ley moral. El hombre vive en esclavitud; Jesús está dando su vida para liberarlo."[25]

4. En Lucas 22:35-38 Jesús sugiere que sus discípulos compren espadas. Y ofrece la cita de Is. 53:12 para apoyar la recomendación: "Os digo que es necesario que se cumpla todavía en mí aquello que está escrito: 'Y fue contado con los inicuos;' porque lo que está escrito de mí, tiene cumplimiento."

Jeremias piensa que en esta declaración "llegamos hasta el meollo de la tradición" primordialmente debido a la referencia al "principio inminente de la tribulación apocalíptica" y la declaración implicada a los discípulos de que llevaran dos espadas.[26] Esta última aseveración señala la totalidad de su ignorancia. Lo importante es la declaración de Jesús de su muerte inminente interpretada dentro del contexto de la enseñanza de Isaías 53 sobre el sacrificio.

5. En Marcos 14:27-28 Jesús les dijo, "Todos os escandalizaréis en mí esta noche; porque escrito está: Heriré al pastor, y las ovejas serán dispersadas. Pero después que haya resucitado, iré delante de vosotros a Galilea." La referencia en el Antiguo Testamento es Zac. 13:7-9, donde "la muerte del pastor introduce no solamente la tribulación escatológica del rebaño sino también la reunión del remanente probado y purificado dentro del reino de Dios."[27] El lenguaje del pastor en Mr. 14:28, "iré delante" *(proaxo)*, está relacionado con Juan 10 donde se dijo, "el buen pastor su vida da por las ovejas" (ver vrs. 11, 15). Jeremias piensa que este pasaje de Juan sólo puede entenderse con el trasfondo de Isaías 53.

6. En Lucas 23:34 tenemos la oración de Jesús, "Padre perdónalos porque no saben lo que hacen." Jeremias está seguro de que en esta oración tenemos una interpretación implícita de la muerte de nuestro Señor. Asegura que un hombre condenado debe ofrecer un

voto expiatorio, "Que mi muerte expíe todos mis pecados," antes de su ejecución. Jesús, por el contrario, "aplica la virtud expiatoria de su muerte no a sí mismo, como era costumbre, sino a sus ejecutores."[28] Una vez más, la profecía de Isaías provee el trasfondo, especialmente 53:12, que dice, que oró "por los transgresores."

En conclusión, Cristo demostró un sentido profundo de misión en la vida, que databa de su bautismo y tentación, si no de más antes. Esa misión incluía el dar su vida entera para la redención del pueblo de Dios. El pasaje *kenosis* de Pablo (Fil. 2:5-11) lo expresa en su forma más iluminante. En un tiempo designado, Jesús principió a instruir a los discípulos respecto a su muerte inminente y resurrección. Los tres pasajes predictivos en la tradición anterior afirman este hecho (Mr. 8:31; 9:31; 10:33). Simultáneamente, principió a interpretar su muerte como algo más que un martirio; fue un sacrificio vicario, una obra representativa, y un acto de la voluntad de Dios.

Estas ideas, como nos las han expresado Jeremias, Denney y otros, resaltan del majestuoso Cántico del Siervo Sufriente en Isaías 53. La Cena del Señor recalca varias de estas ideas originales respecto a Jesús, especialmente en los puntos que hablan de un "cuerpo roto," "sangre derramada," y salvación para "muchos." Verdaderamente sacrificó su vida por otros. Con estas ideas, la Iglesia Primitiva entró al mundo para proclamar la Cruz y para probar su significado tanto para ella misma como para la evangelización del mundo.[29]

El propósito verdadero de la obra expiatoria de Dios en Cristo fue traer salvación *(soteria)*. Esta salvación se define en una variedad de formas, pero básicamente es redención *(apolutrosis)* o liberación del pecado. La redención incluye el deshacerse del pecado (He. 9:26); el quitar el pecado (Jn. 1:29); la purificación del pecado (He. 1:3); el limpiamiento de pecado (1 Jn. 1:7); expiación o propiciación por el pecado (Ro. 3:25; He. 2:17; 1 Jn. 2:2); y perdón (Mt. 26:28; Ef. 1:7; Col. 1:14).

Liberación incluye libertad de las fuerzas demoníacas que son la fuente de pecado (Jn. 12:31; Col. 2:14-15; He. 2:14-15) libertad de la ley como un sistema de mérito propio de salvación (Ro. 7; Gá. 2:15-21; Ef. 2:8-10; Fil. 3:7-10); libertad del temor de la muerte porque en Cristo hemos pasado de muerte a vida (Jn. 3:15-16; 5:24; 6:51; 10:27-28; Ro. 5:21; 6:5-11; 1 Co. 15; Col. 3:4; He. 2:14-15; 9:12; Stg. 1:12; Ap. 7:9-17). Salvación por Cristo es, en esa forma, rescate total de las garras del poder del pecado y el gozo de una existencia sana y completa.

Volveremos ahora nuestra atención a relacionar la variedad de expresiones de la gracia salvadora de Cristo en el resto del Nuevo Testamento, a fin de responder a la pregunta: '¿Cómo describiremos la obra salvadora de Cristo?

NOTAS BIBLIOGRÁFICAS

[1]Cf. la palabra explícita de San Pedro en 1 P. 2:24: "Quien llevó él mismo nuestros pecados en su cuerpo sobre el madero."

[2]*The Christian Doctrine of Reconciliation* (Londres: James Clarke and Co., s.f.), p. 20; Stauffer, *New Testament Theology,* p. 131: "The *pro nobis* que Cristo empleó en las palabras de la institución de la eucaristía normaron la formulación del pensamiento soteriológico de la iglesia primitiva"; A. M. Hunter, *The Message of the New Testament* (Londres: SCM Press, 1943, pp. 92 y ss.).

[3]*The Sacrifice of Christ* (Filadelfia: Fortress Press, 1964), p. 9. La frase "el escándalo de particularidad" *(das Argernis der Einmaligkeit)* fue usada por primera vez por Gerhard Kittel, el eminente lexicógrafo alemán.

[4]El término teológico técnico *expiación* no es estrictamente un término neotestamentario. La versión Reina-Valera Revisión 1960 traduce la palabra griega *Katallage* en Ro. 5:11 como "reconciliación". El concepto de expiación se usa en todo el AT, con la palabra hebrea *kaphar* que expresa ese significado. Cf. el término griego *hilaskesthai* y sus derivados, cuyos significados son muy controversiales; el término "expiar" no les hace plena justicia. A. G. Herbert, "Atone, Atonement", *A Theological Word Book of the New Testament,* pp. 25-26; Friedrich Buchsel, *"hilaskomai, hilasmos",* TDNT, 3:301-323.

[5]Para una discusión de la salvación de Dios en el AT, cf. F. F. Bruce, *The New Testament Development of Old Testament Themes* (Grand Rapids, Mich.: Wm. B. Eerdmans Publishing Co., 1969), pp. 32-39.

[6]James Denney, *The Christian Doctrine of Reconciliation* (Londres: James Clarke and Co., s.f.), pp. 4-5.

[7]H. J. Schoeps, *Paul,* trad. por Harold Knight (Filadelfia: The Westminster Press, 1961), p. 228; cf. Mt. 23:15: "¡Ay de vosotros, escribas y fariseos, hipócritas! porque recorréis mar y tierra para hacer un prosélito."

[8]"A divine activity or power leading to salvation", C. K. Barrett, "The Epistle to the Romans", *Black's New Testament Commentaries* (Londres: Adam and Charles Black, 1957), p. 28.

[9]*The Atonement in New Testament Teaching,* 3a. edición (Londres: The Epworth Press, 1958), p. 167.

[10]*The Christian Doctrine of Reconciliation,* p. 8.

[11]*Ibid.,* p. 19.

[12]Cf. Stauffer, *NT Theology,* p. 126: "Pero no son los sabios quienes rodean a Cristo (cf. Mt. 11:25; Lc. 5:31); son más bien los aprendices, quienes conocen las profundidades finales de la existencia humana, las dificultades del trabajo del hombre y la carga de su culpa. A personas como estas Cristo les revela en El mismo una sabiduría que no es de este mundo (cf. 1 Co. 1:26 y ss.; 2:6 y ss.)".

[13]*Atonement in NT Teaching,* p. 49.

[14]J. Jeremias, *The Central Message of the New Testament* (Nueva York: Charles Scribner's Sons, 1965), p. 31.

[15]*The Cross in the New Testament* (Grand Rapids, Mich.: Wm. B. Eerdmans Publishing Co., 1965), pp. 364-393; cf. la lista de V. Taylor, *The Atonement in NT Teaching*, pp. 50-51; G. C. Berkouwer, *The Work of Christ*, trad. por Cornelius Lambregtse (Grand Rapids, Mich.: Wm. B. Eerdmans Publishing Co., 1965), pp. 253 y ss.

[16]*Ibid.*, p. 397.

[17]*Atonement in NT Teaching*, p. 49.

[18]Mishna. Tractate Sanhedrin, 7:4.

[19]Cf. Jeremias, *Central Message of the NT*, p. 41; Alfred Plummer, "A Critical and Exegetical Commentary on the Gospel According to St. Luke", *The International Critical Commentary* (Nueva York: Charles Scribner's Sons, 1910), pp. 350-351; H. D. A. Major, T. W. Manson, y C. J. Wright, *The Mission and Message of Jesus* (Nueva York: E. P. Dutton and Co., 1938), p. 569: "Herodes no debe ser codicioso: porque Jerusalén ya ha reclamado antes la sangre de los mensajeros de Dios."

[20]James Denney, *The Death of God* (Nueva York: A. C. Armstrong and Son, 1903), pp. 23, 30.

[21]*Ibid.*, p. 31.

[22]Leon Morris, "The Gospel According to John", *The New International Commentary on the New Testament* (Grand Rapids, Mich.: Wm. B. Eerdmans Publishing Co., 1971), p. 226; cf. la discusión de V. Taylor sobre estos versículos en *Atonement in NT Teaching*, p. 147.

[23]Denney, *Death of Christ*, pp. 34-35; Jeremias, *Central Message of the NT*, pp. 45 y ss.; también *NT Theology*, pp. 276 y ss.; cf. T. W. Manson, *Teachings of Jesus*, p. 231; V. Taylor, *The Cross of Christ* (Londres: Macmillan Co., 1956), pp. 18-23.

[24]*Central Message of the NT*, pp. 45 y ss.

[25]Hugh Martin, *The Claims of Christ* (Londres: SCM Press, 1955), p. 97.

[26]*Central Message of the NT*, p. 47.

[27]*Ibid.*, p. 48.

[28]*Ibid.*

[29]Cf. los párrafos de V. Taylor sobre "Cómo interpretó Cristo su cruz", *Cross of Christ*, pp. 18-23.

23

La Eficacia de la Muerte de Cristo

Toda discusión sobre la expiación debe comenzar con Dios, cosa que el Nuevo Testamento recalca en profusión. Es Dios quien inicia la encarnación y la muerte y Resurrección subsecuentes. "Porque de tal manera amó Dios al mundo, que ha dado a su Hijo unigénito, para que todo aquel que en él cree, no se pierda, mas tenga vida eterna" (Jn. 3:16). "Mas Dios muestra su amor para con nosotros, en que siendo aún pecadores, Cristo murió por nosotros" (Ro. 5:8).[1] Pablo escribe también que, "El que no escatimó ni a su propio Hijo, sino que lo entregó por todos nosotros, ¿Cómo no nos dará también con él todas las cosas?" (Ro. 8:32). Es el amor de Dios lo que lo impele a esta acción extraordinaria.

Donald Baillie comenta diciendo que "Hay una propiciación, una expiación, en el corazón de Dios mismo, de donde fluye el perdón de nuestros pecados."[2] Esto significa que Dios sólo carga con el costo. El sufre más que el hombre por sus pecados, no sólo porque a El se le ha ofendido, sino porque la vergüenza de lo que se ha hecho pesa gravemente en su corazón. Aquí descansa la realidad objetiva de la expiación: en que Dios hizo una ofrenda de sí mismo en Cristo. Las palabras de Pablo a los corintios lo expresan: "Dios estaba en Cristo reconciliando consigo al mundo" (2 Co. 5:19). La fase subjetiva de la obra de la expiación es la seguridad del individuo de ser perdonado y de restaurar la relación con Dios sobre la base de fe en Cristo.

I. Castigo sobre el Pecado

La corta frase "para nosotros" es axiomática en este estudio de la expiación de Cristo. Declarar que Cristo murió por nosotros es traer a luz nuestra condición que hizo necesaria la muerte en la cruz. La respuesta es el pecado en el corazón humano. Pablo declara la fe de la Iglesia cuando dice que "Cristo murió por nuestros pecados de acuerdo a las Escrituras" (1 Co. 15:3; véase también Ro. 5:6, 8; 6:10; Gá. 1:4; Ef. 2:5; Tit. 2:14; He. 9:26; 10:12; 1 P. 2:24; 1 Jn. 1:7, "la sangre de Jesucristo"; 2:2, "propiciación por nuestros pecados"; Ap. 1:5, "por su sangre").

El término más explícito del Señor que provee la base para la aserción de Pablo resulta del episodio de la Santa Cena. Jesús dijo: "... porque esto es mi sangre del nuevo pacto, que por muchos es derramada para remisión de los pecados" (*eis aphesin hamartion,* Mt. 26:28). Cristo tomó la *via dolorosa* a fin de preveer un medio de perdón *(aphesis)* de los pecados.[3]

La cruz no juega un papel especial en el ministerio perdonador de Cristo en los evangelios; ni tampoco hay una dificultad de interpretación de la cruz introducido por los evangelistas en relación al perdón. Es correcto deducir que el evento de la cruz necesitaba entenderse antes de que la verdad implícita pudiera revelarse. Ya hemos dicho que la cruz y la resurrección arrojaban rayos de luz esclareciente sobre los eventos de la vida de Cristo. Aunque el amor de Dios originó la acción salvadora de la cruz, el pecado de la humanidad lo necesitaba. Además la necesidad de expiación en el hombre, involucra su incapacidad de arreglar él mismo su situación con Dios. El es extraño y enemigo en su mente, "haciendo malas obras" (Col. 1:21), "sin Dios en el mundo" (Ef. 2:12), y "ajenos de la vida de Dios" (Ef. 4:18). Este estado de cosas se debe al pecado del hombre, que el Dios santo no puede tolerar.[4] Es así que después de la Resurrección nunca hubo un período, ni siquiera corto, cuando el significado salvador de la cruz no se haya reconocido implícitamente.

El punto de mayor importancia consiste en notar la condenación del pecado presentado a través de la cruz. Juan y Pablo reflejan este énfasis. Juan 3:19 dice: "Y esta es la condenación: que la luz vino al mundo, y los hombres amaron más las tinieblas que la luz." La oscuridad es símbolo del pecado. Cuando Jesús se acercaba a su muerte dijo, "Ahora es el juicio de este mundo; ahora el príncipe de este mundo será echado fuera. Y yo, si fuere levantado de la tierra, a todos atraeré a mí mismo" (Jn. 12:31-32). En la cruz tomó lugar una confrontación tanto cósmica como individual entre Dios y el orden maligno. Desde entonces "el príncipe del aire" y la humanidad pecadora están condenados, a menos de que haya una respuesta de fe a la muerte expiatoria de Cristo.

A los romanos, Pablo les escribió: "Porque lo que era imposible para la ley, por cuanto era débil por la carne, Dios, enviando a su Hijo en semejanza de carne de pecado y a causa del pecado, condenó al pecado en la carne" (Ro. 8:3). Visto desde el marco de los fines escatológicos de Dios, la obra de Cristo fue el principio del cumplimiento de estos fines, y uno de los efectos fue la condenación del pecado. Barrett escribe, "El castigo ha principiado, y la cruz no dejó duda alguna de la actitud de Dios hacia el pecado."[5]

En la grandeza de su amor por los humanos, Cristo, en un sentido real, llevó el peso del castigo sobre el pecado. Esta verdad no es fácil de comprender, pero sabemos que es posible que uno que no está sujeto personalmente a la pena por algún mal, sufra parte de sus consecuencias. Los padres, por ejemplo, sufren cuando sus hijos cometen algún mal. De la misma manera, Cristo podría experimentar en formas indescriptibles el castigo que había caído sobre la humanidad pecadora.

Vincent Taylor escribe que "no se nos quita el derecho de usar esta analogía el que Cristo mismo haya sido sin pecado. . . Sólo los que van en camino a ser santos pueden cargar los pecados de otro; sólo Cristo puede llevar los pecados del mundo." Sigue asegurando que "A mí no me parece una buena razón para vacilar sobre la idea de que Cristo se somete al castigo que pesa sobre el pecado humano."[6] Denney pregunta retóricamente si no estamos compelidos a decir que en la hora tenebrosa de la cruz, Cristo "tuvo que darse cuenta cabal de la reacción divina sobre la raza a la cual se había incorporado, y que sin hacerlo así, no pudo haber sido el Redentor de esa raza por el pecado, o el Reconciliador de los pecadores con Dios."[7]

Además, el castigo sobre el pecado es muy personal, pues como J. S. Whale comenta, "Los eventos de la Semana Santa son la medida final de todos nosotros, y en esto resultamos escasos."[8] El mundo que puso a Cristo a la muerte es nuestro mundo. A la luz del Calvario, lo bueno de nosotros, aun nuestros intentos un tanto exitosos para ser rectos, se ven tal como ellos son, "pervertidos por el pecado profundamente arraigado, la *permanens infirmatas,* de la naturaleza humana." La conclusión de Pablo acerca de la condición espiritual de la humanidad es irrefutable: ". . . pues ya hemos acusado a judíos y a gentiles, que todos están bajo pecado. Como está escrito: No hay justo, ni aun uno" (Ro. 3:9-10; ver 3:23).

La palabra "ira" *(orge)* es en el Nuevo Testamento un vocablo muy fuerte que expresa la reacción divina al pecado. "Porque la ira de Dios se revela desde el cielo contra toda impiedad e injusticia de los hombres que detienen con injusticia la verdad" (Ro. 1:18). Los que no obedecen al Hijo caen bajo la ira de Dios (Jn. 3:36). Pablo les dice a los efesios que no se engañen, "porque por estas cosas viene la ira de Dios sobre los hijos de desobediencia" (5:6). De acuerdo al Apocalipsis, aun el Cordero está poseído de la ira que pesa sobre el hombre rebelde al final del tiempo (6:16; 11:18; 15:1; 16:1, 19; 18:8; 19:15).

La expresión más extensa de la ira de Dios viene al principio de Romanos, donde Pablo caracteriza la condición de una humanidad rebelde y el *divine permissio*. Tres veces Pablo dice que Dios "lo entregó" *(paredoken*, 1:24, 26, 28) para hacer las cosas que ellos habían escogido.[9]

La ira de Dios alcanza su revelación completa en la cruz de Cristo. La razón nos hace resistir toda idea de que la ira de Dios cayó sobre Cristo; sin embargo, en la cruz tomó lugar una revelación clara del disgusto divino contra el pecado (Mr. 15:34). Juan Calvino se pregunta en su asombro, "¿Cómo podía El enojarse contra su Hijo amado, en quien su alma tenía contentamiento?" No obstante, Calvino prosigue para hablar de Cristo como el abandonado y despreciado de Dios.[10] Whale nos recuerda esta "grandísima paradoja, la originalidad extrema del evangelio de nuestra redención de que el castigo divino sobre toda la situación maligna del hombre pesa sobre el juez divino."[11]

En estilo típico antitético, el Apóstol Pablo habla a los creyentes de Roma acerca de los efectos redentores de la obra de Cristo en la cruz, uno de los cuales es la libertad de la ira de Dios: "Pues mucho más, estando ya justificados en su sangre, por él seremos salvos de la ira. Porque si siendo enemigos, fuimos reconciliados con Dios por la muerte de su Hijo, mucho más, estando reconciliados, seremos salvos por su vida" (Ro. 5:9-10; ver 1 Ts. 5:10).

H. R. Mackintosh discute tres maneras en que el pecado del hombre se castiga en la cruz de Cristo. Primero, "el pecado es condenado en la cruz porque allí se le permite declarar totalmente su verdadera naturaleza." La bondad perfecta y el amor perfecto representados en Cristo ponen en contraste agudo el carácter terrible de nuestros pecados. Segundo, "el pecado se castiga en la cruz por la actitud de Jesucristo a su mal intrínseco." En lugar de buscar el camino fácil para él, Jesús denunció el pecado, rehusó todo arreglo con él y eligió derramar su sangre para efectuar su desarraigamiento. Tercero, "el pecado se castigó en la cruz de Jesús porque así se hace perfectamente clara la conexión entre el pecado y el sufrimiento."[12] Hay muchos pasajes que prueban esta conexión: Mr. 10:45; Ro. 3:25-26; 2 Co. 5:14-15, 21; Gá. 1:4; 3:13; 1 Ti. 2:5-6; 1 P. 1:18-21; 2:24-25; 3:18. La palabra de Pedro lo dice explícitamente: ". . . llevó él mismo nuestros pecados en su cuerpo sobre el madero, para que nosotros, estando muertos a los pecados, vivamos a la justcia" (1 P. 2:24; ver Is. 53:4-6). El Inocente sufrió por los culpables, o como Barth dice, "El Juez fue castigado en nuestro lugar." En las delicadas relaciones entre personas, el pecado trae dolor; y la reconciliación sólo puede experimentarse cuando ese dolor es llevado tanto por el pecador como por aquel contra quien se pecó. Es así que Mackintosh concluye: "Por la razón misma que él [Cristo] estaba relacionado a lo pecaminoso con tan profunda intimidad, el castigo de Dios sobre su pecado le alcanzó *a él*."[13]

El castigo de Dios sobre el pecado en la cruz es a la vez la vindicación de la rectitud divina. Por este acto mismo, su cruz-castigo del pecado, Dios provee libertad de lo que de otra manera hubiera sido condenación inarraigable del pecado. En la cruz El hace posible una vida de rectitud por la fe en la obra expiatoria de Cristo (Ro. 3:24-26; 2 Co. 5:21).

II. Una Obra Vicaria

No sólo fue la cruz de Cristo un castigo sobre el pecado; fue también un acto vicario de parte de Cristo. El término "vicario" es una transliteración del latín *vicarius* que literalmente significa "substituido." Denota "tomar el lugar de otro." Un vicario es un representante o ministro *substituto; actúa como representante de otro ministro.* Metafóricamente, en nuestro estudio, "vicario" connota una experiencia que es "tolerada, sufrida, o hecha por una persona en lugar de otra." El describir la muerte de Cristo como vicaria es declarar que en alguna forma él resistió o sufrió una experiencia que nosotros merecíamos. En el sufrimiento vicario, los efectos o beneficios caen sobre alguien diferente del que sufre. Se sufre en favor de otros, haciendo por ellos lo que ellos no pueden hacer por ellos mismos.

A. Las Enseñanzas de Cristo

Una vez más, las palabras de Jesús son instructivas, porque El anuncia que su muerte tiene valor vicario. La aplicación del Señor de Isaías 53 a este ministerio de la enseñanza del Siervo Sufriente fue para demostrar su papel vicario. Hay dos argumentos explícitos.[14] Marcos 10:45 dice: "Porque el Hijo del hombre no vino para ser servido, sino para servir, y dar su vida en rescate por muchos *(anti pollon)*." Marcos 14:24 se toma de la ceremonia de la Eucaristía. "Esta es mi sangre del pacto, que se derrama por muchos [*huper pollon*]." La expresión "por muchos" ha sido causa de mucha discusión por las diferentes preposiciones usadas, *anti* y *huper*. ¿Son equivalentes? *Anti* implica substitución, una idea que ofende a muchos eruditos, en tanto que *huper* sólo implica representación.

Anti significa "en lugar de." Según Vincent Taylor no debe tratarse como sinónimo de *huper*, que significa "tomar el lugar de."[15] Por el otro lado Arndt y Gingrich dan tres significados de *anti*, uno de los cuales paralela a *huper*: (1) para indicar que una persona o cosa ha de reponer a otra, *en lugar de* (Mt. 2:22); (2) para indicar que una cosa es equivalente a otra, *por, como, en lugar de* (Mt. 5:38, "ojo *por* ojo"; 1 Co. 11:15); (3) para indicar *en lugar de, para* (Mt. 17:27; 20:28; Mr. 10:45). Basados en un estudio de Gn. 44:33, estos dos eminentes lexicógrafos aparentemente concluyen que en el caso de Marcos 10:45, la idea de actividad vicaria se expresa en el uso de *anti*.[16] El significado es que en el acto de liberación los "muchos" no sólo se benefician, sino reciben lo que por ellos mismos no pueden obtener. Tal como notamos antes, "muchos" bien puede significar "todos." Pero en este caso contrasta el acto vicario del Uno con todos aquellos por los cuales fue hecho.

En una consideración bíblica de la expiación, resulta inescapable la idea de substitución. La Septuaginta usa la palabra "rescate" *(lutron)* 140 veces, generalmente con la idea de pago para compensación, salir de la cárcel, o el ofrecimiento de un substituto. Los oyentes de Cristo hubieran entendido que él se refería a substitución.[17] En el mundo antiguo, "rescate" se relacionaba a libertad de la prisión, el pago de un rescate que daba por resultado la libertad.

Así que Cristo estaba diciendo que su muerte fue el precio pagado para libertar al pecador penitente de las cadenas del pecado. Como resultado, el pecador queda libre. Antes vivía bajo sentencia de muerte por causa del pecado, pero Cristo, por la entrega de su propia vida, lo libertó. Cristo lo regresó a Dios sobre la condición de fe en la obra de Cristo. Denney escribe:

> Un rescate no se necesita excepto cuando está de por medio la vida, y el significado de la sentencia es, sin ambigüedades, que las vidas ya perdidas de muchos son libertadas por el rendimiento de la vida de Cristo, y que el rendir de su vida para hacerles este servicio incalculable era el alma misma de su llamado."[18]

B. Las Enseñanzas de las Epístolas

Los escritores del Nuevo Testamento realzan este tema de darse en favor de otros profundizando el significado de la enseñanza de Cristo. La preposición *huper* con su introducción de la idea de servicio vicario aparece una y otra vez. Pablo escribe en Romanos que "Cristo, cuando aún éramos débiles, [*asthenon*] a su tiempo murió *por* [*huper*] los impíos" (5:6). Sigue esta declaración con una mayor verdad de que "Dios muestra su amor para con nosotros, en que siendo aún pecadores, Cristo murió *por nosotros*" (5:8).

La muerte de Cristo, que expresó el amor de Dios para la humanidad, fue también un acto deliberado de Dios. "El que no escatimó ni a su propio Hijo, sino que lo entregó *por todos nosotros*" (*huper hemon panton,* 8:32). Nuestra salvación fue obtenida "por medio de nuestro Señor Jesucristo quien murió *por nosotros* (1 Ts. 5:9-10), y está personalizada por aquellos que "han sido crucificados con Cristo" (Gá. 2:20).

Este acto de Cristo de darse a sí mismo incluye más que la emancipación del poder del pecado; crea por medio de la purificación un pueblo que es "posesión de Dios." Pablo le escribe a Tito que Cristo se dio a sí mismo por nosotros para redimirnos de toda iniquidad y purificar para sí un pueblo propio, celoso de buenas obras" (2:14).

En 1 Ti. 2:6 encontramos un paralelo paulino a las palabras de Jesús en Marcos 10:45. El apóstol escribe que Cristo se dio a sí mismo "en rescate por muchos" *(ho dous heauton antilutron huper panton).* El prefijo *(anti)* de la palabra *lutron* sugiere la idea de substitución.[19] Sin embargo, basando la interpretación en la presencia de *anti* en este versículo, debe tenerse cuidado de no recalcar demasiado la idea en Pablo de rescate substitucionario. El apóstol no usa *anti* en una frase preposicional; prefiere *huper*. Pablo no habla de un acto substitutorio, pero se basa en una clase diferente de textos. Debe mantenerse bien claro que él considera el acto salvador de Cristo como un acto de darse a sí mismo, los beneficios de lo cual, incluyendo la liberación del pecado y la incorporación con el pueblo de Dios, son herencia de los que creen en Cristo.

La Epístola a los Hebreos también representa la muerte de Cristo como una obra *para beneficio nuestro.* Un versículo clave dice que por la gracia de Dios, Cristo probó la muerte "por todos" (*huper pantos,* 2:9). A Jesús se le llama el "precursor" que ha ido *en nuestro lugar* detrás del velo para interceder *por nosotros* (6:19-20). En la cruz El actúa *en nuestro favor* y *por todos.*

La primera Epístola de Pedro en la misma forma recalca la naturaleza vicaria de la obra de Cristo. Cristo fue "destinado [*proegnosmenou*] desde antes de la fundación del mundo, pero manifestado en los postreros tiempos *por amor de vosotros* [*di' humas*]." Esta manifestación fue con el fin de proveer un rescate por su preciosa sangre (1 P. 1:18-20).

El término más significativo de Pedro se encuentra en su amonestación a la manera de vivir en 1 P. 2:21. Recurre aquí al ejemplo de Cristo en la cruz: ". . . también Cristo padeció *por nosotros* [*huper humon*], dejándonos ejemplo, para que sigáis sus pisadas." Continúa aseverando en términos inequívocos que Cristo "llevó. . . nuestros pecados en su cuerpo sobre el madero, para que nosotros, estando muertos a los pecados, vivamos a la justicia" (v. 24).

De la misma manera, Juan sostiene este concepto vicario de la naturaleza de la muerte de Cristo en su Primera Epístola: "En esto hemos conocido el amor, en que él puso su vida *por nosotros* [*huper hemon*]" (3:16).

El carácter vicario de la obra de Cristo arroja luz sobre la naturaleza completa de la Deidad. El eterno amor de Dios estaba dispuesto a pagar cualquier precio para reestablecer las relaciones con la humanidad. Este espíritu generoso del Padre que "dio" a su Hijo a la muerte se comparó en igual medida con el don del Hijo de sí mismo en su muerte por el pecador. Esta obra en el Calvario fue totalmente desinteresada. Los beneficios se reciben totalmente por el pecador que da su respuesta en fe. Fue "en lugar de" el hombre que se llevó a cabo este acto supremo de entregarse generosamente.

C. Su Muerte y la Nuestra

La obra vicaria del Señor incluyó la experiencia de la muerte *por nosotros,* y obediencia a Dios *por nosotros.* Esta obra de Cristo incluyó el que Cristo tomara el camino de la muerte y la resurrección. Hablando de rectitud, Pablo declara que el resultado de la obra de

Cristo "se escribió (para ser) contada, esto es, a los que creemos en el que levantó de los muertos a Jesús, Señor nuestro, el cual fue entregado por nuestras transgresiones, y resucitado para nuestra justificación" (Ro. 4: 24-25). En otros pasajes Pablo asegura que Cristo voluntariamente "se dio a sí mismo por nosotros" (Tit. 2:14); aquí en Romanos se nos dice que Cristo "fue entregado" *(paredothe)*.[20] Este "entregado" se refiere al envolvimiento divino intencional sobre la cruz—no al hecho de que los contemporáneos de Cristo lo crucificaran fuera de las murallas de Jerusalén. Los malignos no podían hacerlo que muriera por nuestras transgresiones *(dia ta paraptomata hemon)*.[21] Sólo Dios mismo pudo hacerlo.

Existe una relación penal entre pecado y muerte. Pablo lo declara en Ro. 6:23, "la paga del pecado es muerte," y en 1 Co. 15:56, "el aguijón de la muerte es el pecado." En esta forma la muerte en la historia de la humanidad simboliza la separación trágica entre Dios y el hombre por causa del pecado. Aun en Génesis 3 se describe a la muerte como el resultado de la caída de Adán. A través de toda su historia el hombre ha vivido con este resultado esperado de su pecaminosidad. Puede uno concluir con toda razón que por cuanto la muerte es tan cierta e irreversible, controla el significado de la vida del pecador; es la cuestión última para el hombre pensante. Vivir es morir.

El acto vicario de Cristo lo lleva directamente hacia la existencia del hombre y esto incluye el probar la muerte (ver He. 2:14-15). Destruyó el poder de la muerte sobre la vida del hombre y demostró a través de la Resurrección iniciada por Dios que en realidad el pecado puede vencerse. Otros factores interpretativos forman parte del significado de la cruz, pero en este caso la experiencia de Cristo en la muerte declara paradójicamente que podemos ser victoriosos a través de la muerte.

Se ha dicho que "la muerte de Cristo transforma nuestras *ideas acerca de la muerte." En verdad, transforma nuestra comprensión de nuestra* existencia; no más nos lleva "de la vida a la muerte" sino "de la muerte a la vida." Todos han de morir, pero si con Cristo hemos muerto espiritualmente, "es sorbida la muerte en victoria" (1 Co. 15:54).

El pasaje de kenosis de Pablo habla enfáticamente de la acción del Señor de "vaciarse" y de "humillarse" a sí mismo como el ejemplo supremo para la vida cristiana. Pablo amonesta a sus lectores a la unidad, comprensión, generosidad y humildad semejantes a Cristo. "Haya, pues, en vosotros este sentir que hubo también en Cristo Jesús" (Fil. 2:1-11). "Este sentir" acepta la "muerte divina" como el camino hacia la vida exaltada. Si hemos de estar unidos a él en su muerte, hemos de compartir también en su victoria sobre la muerte.

D. Su Obediencia y la Nuestra

Pablo, y el autor de los Hebreos recalcan que Cristo actuó en obediencia a las demandas de Dios, y al hacerlo, los beneficios recayeron sobre la humanidad. En la obra representativa de la cruz, la obediencia de Cristo proveyó la posiblilidad de nuestra obediencia y salvación. "Y Cristo, en los días de su carne, ofreciendo ruegos y súplicas con gran clamor y lágrimas al que le podía librar de la muerte, fue oído a causa de su temor reverente. Y aunque era Hijo, por lo que padeció aprendió la obediencia [*emathen... ten hupakoen*]; y habiendo sido perfeccionado, vino a ser autor de eterna salvación para todos los que le obedecen; y fue declarado por Dios sumo sacerdote según el orden de Melquisedec" (He. 5:7-10).

"Aprendió la obediencia" por parte del Hijo debe relacionarse a su obra sacerdotal, esto es, a su muerte en favor de la humanidad. No se relaciona a la educación normal de un niño en obediencia a un padre. La voluntad del Padre controló su mente y espíritu por todo su ministerio. Finalmente clamó en el Jardín del Getsemaní, "no mi voluntad, sino la tuya." Esa obediencia hizo posible que Dios pudiera reconciliarse con sus criaturas. También calificó a Cristo como Sumo Sacerdote para traer hacia Dios a todos aquellos quienes a través de su poder estén capacitados para dar una respuesta similar en obediencia y fe a la voluntad de Dios. Es así que se convierte en "autor de eterna salvación para todos los que le obedecen" (He. 5:9). La muerte de Cristo como un acto de obediencia, fue en nuestro favor, porque ahora, por nuestra obediencia al llamado de Cristo, somos reconciliados al Padre.

Pablo considera que la raza humana está representada por dos personas, Adán y Cristo (Ro. 5:12-21; 1 Co. 15:21-22, 45-50). Estas personas, por decirlo así, "incorporan a la raza humana, o segmentos de ella, dentro de ellos mismos y los tratos que tienen con Dios los tienen representativamente en favor de sus congéneres."[22] La historia religiosa de la humanidad se determina por la relación a estos dos representantes.

La obediencia y la desobediencia a Dios determinan el carácter de la humanidad que estas dos personas crean. Adán desobedeció a Dios por lo que la humanidad heredó el pecado y la muerte. El ser uno con Adán es compartir la "maldad primera" de desobediencia, el deseo de ser patricida en contra de Dios, y la vida de separación y temor (Ro. 5:19).

Por el otro lado, Cristo obedeció a Dios, y la nueva humanidad que El crea goza la justificación y la vida. La identificación con Cristo pone al individuo en una situación radicalmente diferente. Siendo que Cristo ha sido obediente hasta la muerte, su resurrección es la seguridad de que todos los que participan en su obediencia en la vida de su cuerpo, la Iglesia, participan también en su rectitud y victoria sobre la muerte. Pablo recapitula: "Así que, como por la transgresión de uno vino la condenación a todos los hombres, de la misma manera por la justicia de uno vino a todos los hombres la justificación de vida. Porque así como por la desobediencia de un hombre los muchos fueron constituidos pecadores, así también por la obediencia de uno, los muchos serán constituidos justos" (Ro. 5:18-19). Cristo se sometió al llamado del Padre a la muerte y vino a ser Cabeza de una nueva humanidad. El Segundo Adán por obediencia volvió a ganar para nosotros lo que se perdió por el primer Adán. Nuestra obediencia al Hijo obediente es nuestra esperanza de salvación.

III. LA MUERTE SACRIFICIAL

Ningún lector sensato del Nuevo Testamento podrá negar la tan extendida creencia de la Iglesia Primitiva de que la muerte de Cristo fue un acto de darse a sí mismo por parte suya. Culpepper comenta, "de hecho, las ideas sacrificiales saturan cada segmento del Nuevo Testamento."[23]

A. La Idea de Sacrificio

Jesús mismo inició la explicación de su muerte como un sacrificio, pues El interpretó su misión en el mundo como el cumplimiento del concepto espiritualizado de sacrificio mencionado en Isías 53. Por medio de numerosas figuras anunció el sacrificio de su vida en favor de otros. Por ejemplo, a Andrés y a Felipe, cuando los griegos querían ver a Jesús, el Maestro declaró, "De cierto, de cierto os digo, que si el grano de trigo no cae en la tierra y muere, queda solo; pero si muere, lleva mucho fruto. El que ama su vida, la perderá, y el que aborrece su vida en este mundo, para vida eterna la guardará" (Jn. 12:24-25). El Maestro no sólo llamaba a sus discípulos a vivir y a morir sacrificialmente; tenía en mente su muerte futura.

Las varias versiones sobre la Cena del Señor contienen cuatro términos sacrificiales que se relacionan a las prácticas de los cultos en el Antiguo Testamento: (1) sangre (Lv. 17:11); (2) pacto (Ex. 24:8); (3) derramada (Lv. 4:7-8); y (4) cuerpo (ver 1 Co. 11:23-26: Mr. 14: 22-25; paralelos). Las referencias explícitas a Cristo como "nuestro cordero pascual" (1 Co. 5:7) y "un cordero sin mancha ni contaminación" (1 P. 1:19) sugieren que las ideas sacrificiales estaban estrechamente ligadas a la muerte de Cristo (ver Ap. 5:6, 8, 12).

Thusia, "sacrificio," se usa para referirse a la muerte de Jesús en Ef. 5:2: "Y andad en amor, como también Cristo nos amó, y se entregó a sí mismo por nosotros, ofrenda y sacrificio [*thusian*] a Dios en olor fragante." Hebreos, donde la categoría de sacrificio es una clave importante para interpretar la vida y obra de Cristo, usa *thusia* en cuatro lugares (7:27; 9:26; 10:12, 26).[24] El lenguaje de 9:26 es particularmente expresivo: "... pero ahora, en la consumación de los siglos, se presentó una vez para siempre por el sacrificio de sí mismo para quitar de en medio el pecado" *(dia tes thusias autou).* El tema central de esta Epístola es que Cristo es el Sumo Sacerdote eterno. Al ofrecerse a sí mismo de una vez para todos *(hapax)* en perfecto sacrificio por el pecado, hace lo que nunca hubiera sido hecho bajo el antiguo orden, es decir, conseguir redención eterna. Sin embargo, los sacrificios del pasado presagiaron e hicieron comprensibles el carácter verdaderamente eficaz de la ofrenda de Cristo. Así que el autor proclama, "porque la sangre de los toros y de los machos cabríos no puede quitar los pecados" (He. 10:4), mas "somos santificados mediante la ofrenda del cuerpo de Jesucristo hecha una vez para siempre" (10:10).

B. El Cordero de Dios

Juan retuvo para nosotros una nota de la fase judía de la vida de Jesús cuando relata que Juan el Bautista presentó dos veces a Jesús como el "Cordero de Dios" *(ho amnos tou theou).* Juan 1:29 dice, "El siguiente día vio Juan a Jesús que venía a él, y dijo: 'He aquí el Cordero de Dios.'" Markus Barth ve estos pasajes Juaninos como sumarios de todos los motivos de culto, de servicio (Isaías 53), y de redención del Antiguo Testamento. El sumo sacerdote oficial del antiguo orden no moría por los pecados del pueblo; los animales de sacrificio morían. Por el contrario, en el punto de vista del Nuevo Testamento "sólo el siervo fiel de Is. 53 entregó su vida, y por eso fueron sacerdote y víctima en una persona."[25] Juan nos dice que:

1. El sacrificio de Cristo es un "don de Dios." El título "Cor-

dero de Dios" no puede significar "cordero santo" o "cordero entregado a Dios"; significa el cordero "provisto por Dios" o el cordero "aceptable a Dios", "glorificado por Dios." La remoción de nuestros pecados y el restablecimiento de nuestras relaciones con Dios son, por ello mismo, beneficios de la gracia de Dios.

2. Juan también recalca el propósito de la muerte del Cordero— para "quitar el pecado del mundo" *(ho airon ten hamartian tou kosmou). Airo* tiene una variedad de significados en la Septuaginta y aun en el evangelio de Juan, pero el significado esencial es el de "remover" o "borrar". En estos dos versículos significa la remoción del pecado a expensas de la vida de otro. "Cuesta nada menos que la vida del Siervo escogido de Dios el librar al pueblo del pecado."[26]

Como el Cordero de Dios *(Agnus Dei),* Cristo obra la expiación para todo el mundo sin distinción de raza o religión. El sacrificio del Cordero hace posible la redención universal.

3. El contexto más amplio del Cuarto Evangelio clarifica completamente que el sacrificio del Cordero es su glorificación. Por todo el evangelio, la muerte de Cristo se llama ascensión al cielo, exaltación, o glorificación (3:13; sig.; 12:32, 34; 17:4 sig.). Esta "gloria" que El posee no es algo que El "toma" o "busca de los humanos" (5:41, 44; 8:50), sino que El la tiene con el Padre (17:1, 4 sig.). Sin embargo, tanto el Padre como el Hijo son glorificados en el sacrificio del Cordero. El Hijo, por su muerte, se descubre como el Hijo de Dios.

El Libro de Hebreos tiene expresiones paralelas: "Pero vemos ... a Jesús, coronado de gloria y de honra, a causa del [*dia*] padecimiento de la muerte, para que por la gracia de Dios gustase la muerte por todos" (2:9). Así que el sacrificio de Cristo es una epifanía, una revelación tanto de la naturaleza de Dios como del Hijo. Una vez más vemos la inevitable combinación de Cristología y soteriología.

Parece claro, como lo asegura Jeremias, que la comunidad primitiva así como el mismo Jesús consideraron a Jesucristo como el Siervo del Señor descrito en Isaías 53. De acuerdo con Isaías 53:7, el Siervo que sufre pacientemente se compara a un cordero. Esta comparación está particularmente relacionada con Jesús en la discusión de Felipe con el eunuco etíope en Hechos 8:32. Jeremias es de opinión que Isaías 53:7 "bien pudiera ser el origen de la descripción de Jesús como *amnos.*"[27]

Pedro dice también que la eficacia de la muerte de Cristo se debe en cierta medida a su impecabilidad, porque él era "un cordero sin mancha y sin contaminación" (1 P. 1:19).

Un segundo grupo de referencias compara a Jesús con el Cordero Pascual. Juan nota que los soldados romanos no quebraron las piernas del Cristo moribundo y que esto fue un cumplimiento del pasaje respecto al cordero de la pascua, "No será quebrado hueso suyo" (19:36; ver. Ex. 12:46; Nm. 9:12). Escribiendo a los corintios, Pablo se refiere explícitamente a Cristo como "nuestro cordero pascual" (1 Co. 5:7). Jeremias concluye que aunque la comparación de Jesús con el sacrificio de la pascua pudiera haber resultado en su descripción como *amnos,* "es más plausible que hayan interactuado las dos líneas de influencia."[28] Las referencias de Isaías nos recuerdan que Cristo fue a la muerte con la paciencia de un cordero sacrificial inocente. No hemos de olvidar también que el efecto de esa muerte fue la cancelación condicional del pecado para toda la humanidad. El tiempo de salvación había llegado. Tal como Pedro declara, este Cordero estaba "ya destinado desde antes de la fundación del mundo, pero manifestado en los postreros tiempos por amor de vosotros" (1 P. 1:20). Así como el cordero de la pascua figuraba en la emancipación de la esclavitud de Egipto, Cristo, el Cordero Pascual del nuevo pacto, ha completado la redención (*elutrothete,* 1 P. 1:18) de la esclavitud del pecado.

C. Romanos 3:21-26

Este párrafo breve se introduce por Pablo para aseverar la continuidad de la ley y los profetas del Antiguo Testamento con lo que ahora se revela en Cristo. Al mismo tiempo afirma la descontinuidad de la revelación cristiana con las malas interpretaciones judías corrientes de la ley (v. 21). El párrafo introduce también la siguiente sección principal de la Epístola que trata sobre la rectitud de Dios ahora revelada a través de Cristo Jesús para todos los que creen (3:21—11:36). La decisión divina al confrontar la pecaminosidad universal del hombre es que gratuitamente todos pueden ser justos por fe por la redención que se provee en Cristo Jesús (vrs. 22-24).[29] La base del veredicto de Dios se da en los vrs. 25-26: "Dios puso (a Cristo) como propiciación por medio de la fe en su sangre, para manifestar su justicia... con la mira de manifestar... que él (es) el que justifica al que es de la fe de Jesús."

Son varias las características del sacrificio de Cristo que resaltan en este pasaje comprehensivo:

1. *La redención y el sacrificio son inseparables* (v. 24). La reden-

ción *(apolutrosis)* es un término importante en el vocabulario de salvación en el Nuevo Testamento. Aparece siete veces en las cartas de Pablo, dos veces en la epístola a los Hebreos, y una vez en el Evangelio de Lucas (Lc. 21:28; Ro. 3:24; 8:23; 1 Co. 1:30; Ef. 1:7, 14; 4:30; He. 9:15; 11:35). Siendo una de las palabras *lutron* del Nuevo Testamento, el compuesto *apolutrosis* sugiere la idea de "rescate *de (apo),* con énfasis sobre la resultante libertad antes que en el método de redención."[30]

Esta redención requiere el precio de la sangre de Cristo *(en to autou haimati,* Ro. 3:25; Ef. 1:7, *et al.*); por esta razón *apolutrosis* lleva consigo todavía la idea de rescate. El contexto de esclavitud se insinúa en el término. Así que implica que el antiguo estado de existencia era de esclavitud del cual ha venido la libertad. Somos redimidos de la esclavitud del pecado, y esta experiencia de redención se goza como perdón (Ef. 1:7; Col. 1:14; He. 9:15). Barth concluye que la redención y la propiciación sacrificial "retienen diferentes nombres, pero significan lo mismo." Se refiere a 1 Co. 1:30 donde Pablo dice que Dios es la fuente de vuestra vida "en Cristo Jesús, el cual nos ha sido hecho por Dios sabiduría, justificación, santificación y redención [*apolutrosis*]."[31]

2. *Dios mismo es el iniciador del sacrificio de Cristo.* Dios entregó *(proetheto)* a Cristo como expiación por su sangre *(hilasterion dia pisteos).* Se ha dado una gran variedad de interpretaciones a *proetheto,* desde que fue una resolución en tiempo y en eternidad hasta la proclamación de Dios a través de sus embajadores designados. Pero como Barth concluye, "En cualquier caso, Dios mismo es el Agente y el Sujeto, que trae y proclama el sacrificio de Cristo. El sacrificio de Cristo es un don del amor de Dios hacia los pecadores."[32] Esa es la manera en que Pablo nos dice que "la expiación se hace en el corazón de Dios." D. M. Baillie nos recuerda que la realidad objetiva de la propiciación descansa en que Dios hizo una ofrenda de sí mismo en Cristo; en realidad, Dios estaba entregándose en amor sacrificial para emancipar su criatura de la esclavitud del pecado.[33]

3. *El sacrificio se describe como un hilasterion.* Dios entregó a Cristo "como una expiación"; "como propiciación"; "en sacrificio propiciatorio"; "sacrificio de expiación." La mención de la sangre en el mismo contexto *(en to autou haimati)* indica, sin lugar a duda, que Pablo tiene en mente conceptos sacrificiales cuando se refiere a la acción de Dios.

El vocablo griego *hilasterion* ha originado extensa investigación para determinar lo que Pablo tenía en mente al usarla en este caso.

Según He. 9:5 significa obviamente "asiento de la misericordia." El verbo *hilasakesthai* ocurre en He. 2:17 en donde a Cristo se le llama "misericordioso y fiel sumo sacerdote en lo que a Dios se refiere, para expiar los pecados del mundo"; "para reconciliar." El sustantivo *hilasmos* se usa en 1 Jn. 2:2 y 4:10.

Generalmente, los eruditos del Nuevo Testamento ven tres posibles traducciones de *hilasterion:*

a. *Asiento de la misericordia.* El asiento de la misericordia era la cubierta del arca del pacto sobre la cual el sumo sacerdote rociaba la sangre en el Día de la Expiación para expiar los pecados del pueblo (Ex. 25:18-22; Lv. 16:2, 13 sig.). Por tanto, Cristo es el verdadero Asiento de la Misericordia, donde se sucede la liberación de la culpa por el pecado, donde se experimenta la reconciliación con Dios. Al través de los años esta traducción ha recibido aceptación favorable por estudiantes como Cremer, Thayer, Vincent, Charles Hodge, T. W. Manson, Brunner, F. F. Bruce, Alan Richardson y Godet. El argumento mayor en contra es que Pablo no emplea en otra parte de la Epístola a los Romanos el simbolismo levítico.[34]

b. *Expiación.* Esta se define como un acto o medio para "extinguir", "cubrir," o "anular" el pecado. La expiación no se dirige principalmente a la persona ofendida. Más bien se dirige hacia el que ha causado el rompimiento de la relación; trata con el pecado y la culpa; está interesada en hacer reparaciones por causa de la ofensa. El sacrificio de Cristo, por tanto, hizo posible que Dios perdonara el pecado efectuando así una reconciliación entre El y el hombre.

Esta interpretación de *hilasterion* parece haber principiado con C. H. Dodd:

> El término griego (hilasterion) se deriva de un verbo que entre los escritores paganos e inscripciones tiene dos significados: (1) 'aplacar' a un hombre o a Dios; (2) 'expiar' un pecado, i.e. llevar a cabo un acto (tal como pago de una infracción o la ofrenda de un sacrificio) por el cual se anula la culpa. El primer significado es el más aceptado. Por el otro lado, en la Septuaginta, el significado (a) prácticamente se desconoce cuando se refiere a Dios, y el significado (b) se encuentra en veintenas de pasajes. Así que el sentido bíblico del verbo es 'llevar a cabo un acto por el cual se quita la culpa o la contaminación.'[35]

Desde la publicación de la opinión de Dodd, muchos eruditos han seguido la idea incluyendo Vincent Taylor, John Knox, C. K. Barrett, Arndt y Gingrich, A. M. Hunter, R. H. Culpepper, Eric Rust, Marcus Barth, y Alan Richardson.

De acuerdo a estos intérpretes, *hilasterion* no es un acto para aplacar a una deidad enojada e iracunda, sino un acto para cubrir el pecado o anular su culpa. Al entregar a Cristo como un sacrificio de expiación, Dios demostró de una vez por todas su amor por el pecador y castigaba su pecado. Mas al hacerlo llamó al pecador a una relación de reconciliación con El. Este parece ser el significado de *hilasmos* en 1 Jn. 2:2 y en 4:10. Dice 1 Jn. 4:10: "En esto consiste el amor: no en que nosotros hayamos amado a Dios, sino en que él nos amó a nosotros, y envió a su Hijo en propiciación por nuestros pecados."

Con frecuencia, los que apoyan la traducción "propiciación" (véase abajo) llaman la atención a 2 Co. 5:18-19: "Y todo esto proviene de Dios, quien nos reconcilió consigo mismo por Cristo, y nos dio el ministerio de la reconciliación; que Dios estaba en Cristo reconciliando consigo al mundo." Según Frank Carver, la respuesta usual es:

> Es el hombre quien debe ser reconciliado, no Dios, como en el judaísmo, pues es Dios quien reconcilia. Claro que se envuelve la ira de Dios contra el pecado humano (Ro. 1:18; 2:5), de otra manera no serían culpables de sus transgresiones. Dios, en amor santo tomó la iniciativa. En la cruz de Cristo se convirtió en el Agresor e invadió la separada vida humana con el amor perdonador (Ro. 5:10, 15).[36]

El argumento principal contra el punto de vista de la expiación es que falla en darle el lugar adecuado a la ira de Dios (ver Ro. 1:18; 5:9; 1 Ts. 1:10) y a la necesidad de una satisfacción total a la naturaleza divina. Wiley escribe:

> Siendo el amor santo la naturaleza de Dios [y estos dos atributos armonizan], El no puede exhibir este amor aparte de su rectitud, por tanto debe mantener el honor de su soberanía divina. Esto lo hace no por alguna presión externa, sino por su naturaleza esencial y eterna. Además, el amor no puede demostrarse aparte de la santidad.[37]

Stevens pregunta, ¿Quién es propiciado? a lo que él replica, "La respuesta sólo puede ser Dios."[38]

c. Propiciación, sacrificio propiciatorio, o medio de propiciación. Este punto de vista asegura que el sacrificio de Cristo fue un acto para aplacar o para satisfacer la naturaleza recta de Dios.[39] Con esto, Pablo quiere decir que la acción se dirige hacia Dios para quitar su ira por el pecado, reclamando así su favor (ver Ro. 1:18; 5:9; 1 Ts. 1:10).

Jesús fue crucificado para que Dios se reconciliara con sus criaturas perdonando sus pecados al mismo tiempo que mantenía su justicia (2 Co. 5:18-19). Curtis concluye que "La muerte de Jesucristo es el medio sacrificial por el cual Dios se propició para quien tiene fe en El."[40]

Leon Morris rechaza la traducción de *hilasterion* "asiento de la misericordia" "el lugar donde Dios demuestra misericordia al hombre": "Falta por conceder que la balanza de probabilidad favorece la idea de *hilasterion* en Ro. 3 como una referencia general a la remoción de la ira de Dios, antes que como una referencia específica ya sea al asiento de la misericordia o al Día de la Expiación."[41] Así que favorece la traducción "medio de propiciación."

David Hill ha concluido que se le puede dar al término un significado propiciatorio si se relaciona a un pasaje noncúltico en 4 Macabeos 17:22 donde se narra la muerte de siete hijos como sigue: "Habiéndose convertido, por decirlo así, en rescate por los pecados de la nación; y por medio de la sangre de estos hombres justos y su muerte propiciatoria [*tou hilasteriou thanatou*] la providencia divina libró [*diesosen*] a Israel que hasta entonces había sufrido males."[42]

El argumento principal en contra de "propiciación" es que parece contradecir la idea paulina siempre presente de la gracia iniciatoria de Dios. Dios entregó *(proetheto)* a Cristo como sacrificio. Los pasajes como Ro. 5:8 y 8:32, donde se recalca el fluir libre del amor de Dios, militan en contra de esta interpretación de *hilasterion.* El argumento continúa que Dios no necesita ser reconciliado; de hecho, el funcionó como el Reconciliador atrayendo a los humanos hacia sí por su acto amoroso en Cristo.

W. M. Greathouse parece aceptar una posición mediatoria siguiendo más o menos la interpretación de Richardson de que la propiciación debe considerarse un tanto sinónima con la expiación. "La propiciación tiene una referencia hacia Dios: por la muerte de Cristo la ira de Dios se domina y se demuestra su justicia. La expiación tiene una referencia hacia el hombre: el sacrificio de Cristo quita la culpa del pecado del hombre."[43] Generalmente, los eruditos han aceptado una de las dos interpretaciones mencionadas, pero bien podemos conceder que *hilasterion* es un concepto multifacético.

4. *El sacrificio de Cristo fue una revelación de la rectitud de Dios (dikaiousune theou).* El versículo 21 lee, "Pero ahora, aparte de la ley, se ha manifestado la justicia de Dios"; y los versos 25b-26 agregan, "... para manifestar su justicia..., con la mira de manifestar en este tiempo su justicia, a fin de que él sea el justo, y el que justifica al que es

de la fe de Jesús." Este acto sacrificial revela que Dios en sí mismo es justo y que su propósito total para el hombre es el de hacerlo recto. La obra de la cruz es un acto salvador.

Pablo ve una dimensión jurídica en esta obra de sacrificio; se hizo para demostrar que Dios es digno de confianza "y todo hombre mentiroso" (Ro. 3:4). Al final de cuentas la justicia de Dios está en la balanza en la pecaminosidad presente del mundo. En la cruz, Dios es vindicado porque el pecado está condenado dramáticamente. La justificación del hombre depende en la justicia establecida y proclamada de Dios mismo (3:25; 4:25).[44] La cruz decidió por final de cuentas la cuestión de la justicia de Dios.

5. *El sacrificio de Cristo es un acto eficaz en favor del hombre.* Cambia su situación delante de Dios. El verso 26b dice: "el (es quien) justifica [*dikaiounta*] al que es de la fe de Jesús." Los pecadores no son solamente "justificados," sino también hechos justos. Por fe, los pecadores son dados libres, para usar la terminología de los juzgados. Sin duda, Pablo tiene un punto de vista forense de justificación, pero tiene también lo que Jeremias llama "una comprensión soteriológica de *dikaiounta*." La justificación no consiste meramente en un cambio del castigo de Dios. Si así fuera, estaríamos en peligro de mal entender la justificación diciendo que es sólo "como si."

> La liberación de Dios no sólo es forense, no es un "como si", no sólo un mero término, sino la palabra de Dios que obra y crea vida. La palabra de Dios siempre es palabra efectiva... Es el principio de una nueva vida, una nueva existencia, una nueva creación por el don del Espíritu Santo."[45]

La nueva situación de los pecadores se caracteriza por paz: "Justificados, pues, por la fe, tenemos paz para con Dios" (Ro. 5:1). Barth comenta que el sacrificio de Cristo tiene una naturaleza y poder de 'efectuar lo que demuestra,' i.e. el fin de lo viejo, y el principio de la vida nueva."[46]

D. La Sangre de Cristo

Necesitamos dar atención especial al uso frecuente del término "sangre" para expresar el carácter del sacrificio de Cristo. Pablo escribe que Dios "entregó" a Cristo "como propiciación por medio de la fe en su sangre" (Ro. 3:25). En el Nuevo Testamento hay aproximadamente tres docenas de pasajes que se refieren a la sangre de Cristo. ¿Qué simboliza "sangre" cuando se usa en relación con la muerte de Cristo?

Un punto de vista iguala la sangre con la vida. El *locus classicus* en la Biblia para esta interpretación es Lv. 17:11: "Porque la vida de la carne en la sangre está, y yo os la he dado para hacer expiación sobre el altar por vuestras almas."[47] Vincent Taylor explica, "La víctima es muerta a fin de que su vida, en forma de sangre, pueda vertirse... El fin es el de permitir que la vida se presente como una ofrenda a la Deidad... El conceder vida es idea fundamental en la adoración sacrificial."[48] Se hace necesario matar, pero la muerte no juega un papel en el sacrificio. Wescott entiende que la sangre sugiere "una vida liberada" puesta a disposición del hombre.

Otro punto de vista de la importancia de la sangre se enfoca en la idea de muerte. Moffatt, Denney, Behm, y Morris concluyen que la muerte es la idea central en la expiación, de manera que *lo que expía es el tomar de la vida.* En la pascua original (Ex. 12:13) la sangre se rociaba sobre el dintel de la puerta, simbolizando que había muerto alguien allí. No se pensaba que la señal indicara que se le concedía la vida a alguien. Además, hay en el Nuevo Testamento 25 referencias a la muerte violenta para referirse a la "sangre." Tanto "sangre" como "muerte" aparecen en pasajes paralelos en Ro. 5:9-10: "Pues mucho más, estando ya justificados en su sangre, por él seremos salvos de la ira. Porque si siendo enemigos, fuimos reconciliados con Dios por la muerte de su Hijo, mucho más, estando reconciliados, seremos salvos por su vida" (ver también He. 9:14 sig.; 13:11 sig.).

Behm nos dice que la " 'sangre de Cristo' es como 'la cruz de Cristo,' sólo otra expresión más clara de la muerte de Cristo en sus significados de salvación."[49] La pregunta de Denney es pertinente: "¿Qué actualidad hay en el poder del Señor resucitado si la muerte no es la idea importante en el término "sangre?"[50] Fue el entregar su vida en muerte violenta, un verdadero sacrificio de la vida, lo que proveyó nuestra redención.

El interés de los escritores del Nuevo Testamento no descansa en la sangre material de Cristo, sino más bien en lo que ella representa, esto es, la provisión de la salvación por medio de la muerte del Hijo de Dios. La frase "sangre de Cristo" es un "símbolo verbal preñado de la obra salvadora de Cristo."[51] Estamos seguros de que Pablo y Juan no se referían a ningún misticismo de sangre, como el que propalaban las religiones ocultas. "La sangre de Cristo" iguala en significado soteriológico a "la cruz de Cristo."

E. La Idea de Substitución

¿Fue la muerte de Cristo en alguna forma un substituto para algo que se le debía a la humanidad? La substitución, en este marco de referencia, significa que la persona culpable queda completamente libre, relevada de toda amenaza de castigo que eventualmente habría de recibir.

El sacrificio de Cristo hizo algo por nosotros que no podíamos hacer por nosostros mismos. Pasajes como 2 Co. 5:21; Gá. 3:13; 1 P. 2:24 y 3:18 caen muy naturalmente en el patrón de expiación substitucional.[52] La muerte de Cristo fue "en lugar de" la muerte justa del hombre. El Justo murió por el injusto. Pablo dice que por nosotros Dios hizo que Cristo se hiciera "pecado, para que nosotros fuésemos hechos justicia de Dios en El" (2 Co. 5:21).

La justicia de Dios no permitiría que el pecado quedara sin castigo, así que su castigo cayó sobre todos los pecadores. Pero para vencer el problema entre su justicia y su amor, El substituyó la cruz de Cristo, "lo hizo pecado" para que la reconciliación entre El y sus criaturas pudiera llevarse a cabo. El perdón del pecador viene a ser una posibilidad legítima moral siendo que se mantienen tanto el honor de Dios como la ley.

"Lo hizo pecado" es una frase única en el relato bíblico. Cristo no fue hecho un "pecador" sino "pecado." Por cuanto no era pecador, es decir, no había participado en acciones pecaminosas, no podía haber merecido el castigo personal. Bengel sugiere que "fue hecho pecado en la misma forma en que somos hechos *justicia.*"[53] El *en auto* corresponde al *huper hemon.* Cristo abrazó lo que no le correspondía, a saber, el pecado, en la misma forma que nosotros abrazamos lo que no merecemos, a saber, la justicia. Para repetir el comentario de Carver citado en un capítulo anterior: "Cristo, quien 'era inocente de pecado', entró en una esfera completamente extraña a El, para que pudiéramos nosotros entrar a la esfera de la cual nos habíamos apartado."[54] Se expresa una idea similar en Gá. 3:13 donde Pablo escribe que Cristo se volvió por nosotros "maldición".

Obviamente, en este acto hay un elemento penal,[55] pero su naturaleza precisa no se presta a una declaración fácil. Cristo no entró en nuestra pecaminosidad y por tanto no podía sufrir un castigo universal o hacer una confesión universal de nuestros pecados. 1 P. 2:24 dice que "llevó él mismo nuestros pecados en su cuerpo sobre el madero," cita que viene de Is. 53:12 en la versión de los Setenta, donde la terminología griega es idéntica. Hebreos 9:28 expresa la misma idea: "Así también Cristo fue ofrecido una sola vez para llevar los pecados de muchos; . . . aparecerá por segunda vez."

Albert Barnes ha tratado en mayor grado con el pasaje de Hebreos así como con 2 Co. 5:21. Concluye que la idea de "llevar los pecados de muchos" significa simplemente "que Cristo conllevó el sufrimiento en su propia persona, el cual, si se hubiera inflingido en nosotros hubiera sido castigo adecuado para el pecado. El que fue inocente se interpuso y recibió sobre sí lo que venía directamente a nosotros, y consintió en ser tratado como lo hubiera merecido si hubiera sido pecador."[56]

Hay justificación para la idea de que aun el Dios-hombre no podía conocer la culpa y la vergüenza del pecado, y que por causa de ser sin pecado no podía ser castigado. Por el otro lado, su papel vicario excedería cualquiera otra experiencia nuestra en situaciones similares. La única conclusión razonable a la que puede uno llegar es que hay una dimensión penal substitucional al sacrificio de Cristo, que descansa en que El experimentó el castigo como sólo Dios puede experimentarlo. Esto se hizo posible porque El conocía el amor perfecto y comprendía totalmente la naturaleza del pecado y el castigo justo que merecían los pecadores. Sufrió en la cruz porque El sabía los hechos de nuestra separación del Padre. Por tanto, sus sufrimientos fueron en substitución de nuestro castigo merecido. En este grado sí podemos hablar de pena en esta obra de substitución.

> Rust sigue a P. T. Forsyth cuando dice que, nuestro Señor no sufrió el castigo, mas experimentó totalmente las consecuencias de nuestro pecado y la separación del Padre que le acompañan... Llevó la pena, pero no el castigo. Esta fue la profundidad de la agonía de la cruz... Por haberse identificado totalmente con nosotros los humanos, confesó la santidad del amor divino y la justicia de nuestra condenación, y del juicio de Dios sobre el pecado hasta la muerte misma.[57]

IV. RECONCILIACIÓN

La salvación comprada por el sacrificio de Cristo se caracteriza también como reconciliación. La justificación es la libertad del pecador de toda culpa por el pecado, en tanto que la reconciliación es la restauración del pecador al compañerismo con Dios. Comprendido en el contexto más amplio de la idea Novo testamentaria, el pecado es separación; interrumpe la amistad e introduce hostilidad entre personas. Más específicamente, el pecado ha roto las relaciones entre Dios y sus criaturas. La obra de Cristo en la cruz fue para reconciliar al hombre con Dios.

Este concepto es peculiarmente paulino. Cristo habló de reconciliación previa entre personas como una necesidad para que fuera aceptable la adoración; Pablo también la usó de esta forma en 1 Co. 7:11 (la mujer habría de roconciliarse con su esposo). Pero la idea soteriológica de la reconciliación se encuentra sólo en cuatro lugares en los escritos de Pablo (Ro. 5:10; 2 Co. 5:18-19; Ef. 2:16; Col. 1:20).

El término griego *katallassein* (reconciliar) significa literalmente "cambiar" o "intercambiar." Es de notar que Pablo intensifica el significado del vocablo en Efesios y en Colosenses agregando el prefijo *apo (apokatallassein)* "intercambiar completamente."[58] Para Pablo, por tanto, reconciliación significa un cambio completo en la relación del hombre con Dios. La cruz de Cristo ha hecho posible que los humanos, por fe en la obra de Cristo en el calvario cambien un juego de relaciones con Dios por un nuevo juego de relaciones. Antes de la fe, hay hostilidad entre Dios y el hombre por causa del pecado; después de la fe hay vida, justicia, esperanza, amor, y paz. El hombre necesita este cambio de relaciones para evitar la muerte espiritual, de manera que Dios provee la posibilidad por medio de la muerte de Cristo.

La reconciliación es una obra de Dios en Cristo. "Dios estaba en Cristo reconciliando consigo al mundo" (2 Co. 5:19). "Fuimos reconciliados con Dios por la muerte de su Hijo" (Ro. 5:10). "Y a vosotros también, que erais en otro tiempo extraños y enemigos en vuestra mente, haciendo malas obras, ahora os ha reconciliado en su cuerpo y carne, por medio de la muerte" (Col. 1:21-22). Por medio de la cruz, Cristo ha reconciliado a judíos y a gentiles con Dios (Ef. 2:15-16).

La reconciliación iniciada por el amor de Dios, tiene al hombre como su objeto. Es el hombre, no Dios primariamente, quien necesita ser reconciliado. El pecador está incapacitado y por eso no puede vencer la separación entre él y Dios. Puede experimentar la reconciliación sólo por el acto del amor de Dios (Ro. 5:8). Aun cuando éramos enemigos *(echthroi),* fuimos reconciliados con Dios por la muerte de su Hijo (Ro. 5:10). La corta frase en 2 Co. 5:19, "no tomándoles en cuenta... sus pecados," expresa el carácter objetivo de esta reconciliación. Los humanos pueden ahora saber que Dios ya no más los considera enemigos u objetos de su ira. La barrera de pecado ha sido removida por la cruz, por tanto la esperanza del hombre es libertad de la culpa y de la carga del pecado.

Esta es la fase objetiva de la reconciliación, este enderezar de las relaciones equivocadas entre Dios y el hombre. Por tanto, la reconciliación establece una diferencia entre el hombre y Dios.

Cuando somos perdonados por el acto gratuito de Dios en Cristo, tal como Denney escribe, no sólo somos reconciliados a Dios, sino que Dios se reconcilia con nosotros. "El no se reconcilia en el sentido de que algo forzamos de El para nosotros en contra de su voluntad, sino en el sentido de que su deseo de bendecirnos se realiza, como no lo era antes, sobre la base de lo que Cristo ha hecho y nuestra aplicación de lo hecho."[59] Cuando por fe el pecador acepta la obra expiatoria de Cristo, se sucede esta reconciliación mutua. Prevalece un nuevo juego de relaciones espirituales y éticas en el contexto de la gracia. La hostilidad desaparece y se genera una sumisión amorosa. Esta es la fase subjetiva de la reconciliación.

V. La Muerte de Cristo en Relación a la Santidad

La muerte de Cristo provee no sólo la posibilidad del perdón de los pecados (Ef. 1:7), justificación (Ro. 5:9), reconciliación (Ro. 5:11; 2 Co. 5:18), y vida eterna (Jn. 3:16; 10:10); también hace posible una vida purificada y vivida en santidad. Jesús oró por sus discípulos: "Por ellos yo me santifico a mí mismo, para que también ellos sean santificados en la verdad" (Jn. 17:19). Es lo mismo que decir, "Me separo a mí mismo hacia la cruz para que ellos puedan conocer la vida purificada y separada en realidad." Antes, en el mismo capítulo pidió al Padre por ellos "Santifícalos en tu verdad, tu palabra es verdad" (v. 17).

El escritor a los Hebreos usa una analogía ilustrativa de la fe cristiana basada en el sistema sacrificial del Antiguo Testamento. Habla de Cristo como un cordero, sufriendo fuera del real "para santificar al pueblo por su propia sangre" (13:12). En Efesios 5 tenemos el cuadro magnífico que Pablo da de la Iglesia como la esposa de Cristo. Provee una base para instrucción sobre relaciones maritales, pero también habla de la obra de Cristo para la santificación de su pueblo (vrs. 25-27).

En un punto, Pablo exhorta a los esposos a amar a sus esposas "como Cristo amó a la Iglesia y se entregó a sí mismo por ella, para santificarla, habiéndola purificado en el lavamiento del agua por la palabra, a fin de presentársela a sí mismo, una iglesia gloriosa, que no tuviese mancha ni arruga ni cosa semejante, sino que fuese santa y sin mancha" (5:25-27; ver también 1:4). A los Colosenses les escribe: "... ahora (Cristo) os ha reconciliado en su cuerpo de carne, por medio de la muerte, para presentaros santos y sin mancha e irreprensibles delante de él" (1:21-22). La muerte de Cristo fue con el fin de redimirnos (emanciparnos) de toda iniquidad *(anomias)* y purificarnos para sí mismo un pueblo propio celoso para toda buena obra (Tito 2:14).

El apóstol Pablo está pronto a conectar el bautismo con la muerte de Cristo como tipo de la experiencia del creyente que ha llegado a esta novedad de vida y libertad del pecado. "O ¿no sabéis que todos los que hemos sido bautizados en Cristo Jesús, hemos sido bautizados en su muerte? Porque somos sepultados juntamente con él para muerte por el bautismo, a fin de que como Cristo resucitó de los muertos para la gloria del Padre, así también nosotros andemos en vida nueva" (Ro. 6:3-4).

Pablo describe también la vida antigua *(ho palios anthropos)* como el ser crucificado con Cristo "para que el cuerpo del pecado sea destruido, a fin de que no sirvamos más al pecado [*te hamartia*]" (Ro. 6:6). Dios ha hecho al Cristo crucificado nuestra "sabiduría, justificación, santificación y redención" (1 Co. 1:30). El evento Cruz-Resurrección es el foco de la teología cristiana, y es la única esperanza de liberación total de la culpa y contaminación del pecado. Juan escribe, "Para esto apareció el Hijo de Dios, para deshacer las obras del diablo" (1 Jn. 3:8). Todos los que tienen compañerismo con el Hijo por andar en luz, gozan el poder purificador de su sangre, lo que quiere decir libertad del pecado (1 Jn. 1:5-10).

VI. Fe y el Don de Sí Mismo de Cristo

La muerte de Cristo en el Calvario fue objetiva y de una vez por todas, eficaz para todos los humanos en cualquier tiempo. Su sacrificio no necesita repetirse (He. 7:27; 9:12); es una obra consumada (Jn. 19:30). En la cruz Dios se identificó en tal forma con la humanidad pecadora que atrajo a toda la raza hacia sí. Cristo fue el "hombre para otros" no sólo en vida sino en la muerte. Su obra potencialmente nos sirve a todos nosotros, pero su efecto salvador se actualiza sólo a través de la fe. Su amor lo identifica con nosotros y en un sentido complementario nuestra fe cumple aquella identificación. Así que, los beneficios de la cruz se experimentan sólo por fe (Jn. 3:16; Hch. 16:31; Ro. 3:25-26; 5:1; Gá. 2:19-20; Ef. 2:8-10; 1 P. 2:21-25).

Fe es la respuesta salvadora a la proclamación de la cruz. Incluye arrepentimiento por los pecados cometidos así como confianza en Cristo. La fe acepta el llamado de Cristo de la cruz como un acto personal; la fe dice, "¡Fue por mí!" La fe ve la cruz como el castigo de Dios por el pecado; discierne también que la muerte de Cristo se gestó en el amor divino. Fe es la entrega total a Cristo. "Así como la gaviota es llevada por el viento, y llega a descansar en la saliente de la roca, el alma baja sus alas y descansa en el seno de Dios."[60]

Así pues, Cristo es la Substancia de la fe. "La fe no es una puramente subjetiva respuesta; está objetivamente controlada por el hecho de Cristo. Su carácter se determina por lo que El es y por lo que El ha hecho."[61] Bultmann nos recuerda que la fe es, simultáneamente, obediencia a la proclamación acerca de Cristo, y una *confesión* de Cristo como Señor. La fe es "fe en... esto es, siempre se refiere a su objeto, a la obra salvadora de Dios en Cristo."[62]

La fe trae una nueva vida porque provee libertad de la culpa y poder del pecado. Pero esa fe no es auto-creadora ni auto-sustentadora; se genera y mantiene en la relación reconciliada con Dios en Cristo. Por eso Pablo puede escribir, "... lo que ahora vivo en la carne, lo vivo en la fe del Hijo de Dios, el cual me amó y se entregó a sí mismo por mí" (Gá. 2:20).

En la Encarnación Dios se identificó con nuestra humanidad desviada; en la cruz trató maravillosamente esta desviación. La fe nacida en la cruz, es el portal hacia las restauradas relaciones con Dios.

VII. Conclusión

Todo intento para unir los hilos de la enseñanza del Nuevo Testamento en la obra de Cristo en el calvario, fácilmente pasará por alto algunos aspectos de esta obra. Sin embargo, es conveniente presentar una condensación de algunas declaraciones sobre el sentir de varios escritores.

1. *La muerte de Cristo en la cruz fue un objetivo, un evento histórico de una vez por todas.*[63] Cuando hablamos de la muerte de Cristo, afirmamos que algo sucedió en la historia que no necesita repetirse. El escritor a los Hebreos señala esto con abundante claridad con el uso de la frase "de una vez por todas" *(ephapaxi)* en 7:27; 9:12; 10:10. Pedro así lo comprende: "Porque también Cristo padeció *una sola vez* por los pecados [*hapax*], el justo por los injustos, para llevarnos a Dios" (1 P. 3:18, las cursivas son nuestras).

Además, la objetividad de la expiación incluye el hecho de que Dios se involucra especialmente. Su justicia se mantiene por cuanto la cruz trata con la pena que evoca el pecado. Esta objetividad se relaciona a la necesidad de la expiación por parte de Dios. Aunque los humanos son profundamente influidos por la demostración de amor en el calvario, deben entrar a cuentas con la ira de Dios contra el pecado que se revela en la cruz. La naturaleza sacrificial de la cruz no es una idea abstracta o sentimental; es una obra histórica que afecta profundamente la relación del Creador santo a su creación pecadora.

2. *La cruz de Cristo, con la salvación completa que provee, fue iniciada por Dios y es la expresión profunda de su amor.* Culpepper escribe: "La cruz de Cristo no fue dada por el hombre para cambiar a Dios, sino dada por Dios para cambiar al hombre."[64] "Porque de tal manera amó Dios al mundo que dio a su Hijo unigénito" (Jn. 3:16). Fue Dios quien "no escatimó ni a su propio Hijo, sino que lo entregó por todos nosotros" (Ro. 8:32). Además, Dios entregó al Justo y sin pecado por el injusto y pecaminoso. El hombre era indigno de este acto, y era incapaz por cualquier medio suyo de rervertir esta relación con Dios.

Pablo usa cuatro vocablos poderosos para recalcar este hecho. Cristo murió por nosotros cuando éramos *débiles, impíos, pecadores,* y *enemigos* (Ro. 5:6, 8, 10). Juan enuncia la misma verdad: "En esto consiste el amor: no en que nosotros hayamos amado a Dios, sino en que él nos amó a nosotros, y envió a su Hijo en propiciación *(hilasmon)* por nuestros pecados" (1 Jn. 4:10). La Trinidad funciona en una unidad (Juan 17). Por tanto, hablar ya sea del amor de Dios o del amor de Cristo en su relación a la obra expiatoria es expresar la misma verdad divina. La cruz es la demostración maravillosa del cuidado amoroso del Dios eterno.

3. *Por el sacrificio de Cristo, Dios asestó un golpe decisivo al poder del mal en el cosmos y al poder del pecado y de la muerte en la vida del hombre.* La cruz es una victoria. Juan reconoce que "el mundo entero está bajo el maligno" (1 Jn. 5:19), pero está también listo para proclamar que el Hijo de Dios apareció "para dehacer las obras del diablo" (1 Jn. 3:8). A una multitud en Jerusalén Jesús les dijo: "Ahora es el juicio de este mundo; ahora el príncipe de este mundo será echado fuera. Y yo, si fuere levantado de la tierra, a todos atraeré a mí mismo." Juan agrega, "y decía esto dando a entender de qué muerte iba a morir" (Jn. 12:31-33).

Los poderes espirituales malignos están trabajando en este

cosmos, pero la cruz es el instrumento supremo usado por Dios para acabar con ellos (Col. 2:14-15). Por eso Aulen escribe con confianza:

> Los poderes del maligno parecen haber ganado la victoria. Pero Cristo gana la victoria en una aparente derrota y triunfa en su muerte. El amor divino es victorioso en el darse de sí mismo y en el sacrificio. La victoria decisiva crea una nueva situación y cambia el estado tanto del hombre como del mundo. Una nueva edad ha principiado. La obra consumada significa la llegada victoriosa del amor divino. La fe cristiana es nacida con un antema de alabanza en su corazón: "En todo esto somos más que vencedores."[65]

Para el hombre, la cruz significa libertad de la culpa y el poder del pecado. Cristo "se dio a sí mismo por nosotros para redimirnos de toda iniquidad, y purificar para sí un pueblo propio, celoso de buenas obras" (Tit. 2:14). Cristo fue hecho "ofrenda por el pecado" para que nosotros "fuésemos hechos justicia de Dios en él" (2 Co. 5:21). La victoria sobre la muerte se *ha realizado en la muerte de Cristo. En la obra cruz-Resurrección, "la muerte* es sorbida en victoria" (1 Co. 15:54; ver 2 Ti. 1:10). El aguijón del pecado que es la muerte, y también el poder del pecado han sido abolidos en el sacrificio de Cristo. El judío puso su confianza en la Ley descubriendo que la ley sólo intensificó su conocimiento del pecado y su angustia por el pecado. La cruz desenmascaró el "legalismo" de aquella forma de salvación y abrió a los judíos el sendero de la fe. En Col. 2:14, Pablo declara que la cadena de las demandas legales quedó enclavada en la cruz. A los gálatas, que estaban para someterse a la Ley por insistencia de los judaizantes, les escribió: "Cristo nos redimió de la maldición de la ley, hecho por nosotros maldición" (Gá. 3:13; ver Ro. 10:4).

Por tanto, la cruz es una victoria de alcance universal. La fe nos da ahora la seguridad de este hecho, pero la realización completa de esa victoria sobre el pecado, la muerte y el juicio, vendrá en la consumación de esta nueva edad a la cual la cruz nos ha traído. Este es el mensaje del Libro del Apocalipsis. El Cordero finalmente lo gana todo (Ap. 21—22).

NOTAS BIBLIOGRÁFICAS

[1]Cf. A. M. Hunter, *Message of the NT,* pp. 89-90; en relación con Ro. 5:8: "Esa noble frase sólo necesita un complemento como 'a fin de reconciliarnos consigo

mismo' para que sea un buen resumen de lo que dice el Nuevo Testamento acerca de la expiación. Se origina en la voluntad de Dios llena de gracia; es necesaria por causa del pecado del hombre; su medio es Cristo, y especialmente Cristo crucificado; y su propósito es la reconciliación, o la restauración del compañerismo con Dios."

[2]*God Was in Christ* (Nueva York: Charles Scribner's Sons, 1948), p. 175.

[3]*Aphesis* significa "remisión", "enviar lejos", o "deshacerse de algo sin solicitar pago por ello". Cf. Leon Morris, "Forgiveness", NBD, pp. 435-436. Morris observa que el perdón generalmente se relaciona directamente con Cristo mismo (Ef. 4:32; Hch. 5:31), pero advierte que la obra de Cristo no puede separarse de la persona de El.

[4]Cf. C. L. Milton, "Atonement", IDB, 1:311.

[5]*Epistle to the Romans*, p. 157; Juan Wesley comenta sobre Ro. 8:3 que Dios "dio la sentencia de que el pecado debía ser destruido, y el creyente totalmente liberado del mismo", *Explanatory Notes on the New Testament* (Naperville, Ill.: Alec R. Allenson, 1966, reimpresión), p. 546.

[6]*Forgiveness and Reconçiliation* (Londres: Macmillan and Co., 1956), p. 211.
[7]*Christian Doctrine of Reconciliation*, p. 273.
[8]*Victor and Victim* (Cambridge: University Press, 1960), p. 64.

[9]Para una discusión sobre la ira de Dios, cf. D. E. H. Whiteley, *The Theology of St. Paul* (Filadelfia: Fortress Press, 1966), pp. 61-72; Richardson, *Introduction to the Theology of the NT*, p. 76: "En el caso de San Pablo, como generalmente en todo el NT, aunque la expresión se usa en forma absoluta, siempre significa 'la ira *de Dios*' y no una clase de un impersonal 'proceso inevitable de causa y efecto en un universo moral'; podemos razonar de esa manera, si deseamos, pero sería un error suponer que los escritores del NT así lo hicieron"; cf. John Deschner acerca de Wesley, *Wesley's Christology* (Dallas: Southern Methodist University Press, 1960), pp. 150-152.

[10]*Institutes*, II, XVI, 10.
[11]*Victor and Victim*, p. 67; cf. Stagg, *NT Theology*, p. 138.
[12]*The Christian Experience of Forgiveness* (Londres: Nisbet and Co., 1927), 198-206.

[13]*Ibid.*, p. 204.

[14]Véase Juan 10:15: "Y pongo mi vida por *(huper)* las ovejas"; también la "profecía inconsciente" de Caifás en 11:50-51: "Ni pensáis que nos conviene que un hombre muera por el pueblo, y no que toda la nación perezca." Profetizó que Cristo moriría por la nación.

[15]*Gospel According to St. Mark*, p. 444.
[16]*Greek-English Lexicon of the NT*, pp. 72-73.

[17]Cf. David Hill, *Greek Words and Hebrew Meanings: Studies in the Semantics of Soteriological Terms* (Cambridge: University Press, 1967), pp. 77-81; Leon Morris, *Cross in the NT*, pp. 52-54.

[18]*Death of Christ*, p. 45.

[19]Leon Morris, *The Apostolic Preaching of the Cross* (Grand Rapids, Mich.: Wm. B. Eerdmans Publishing Co., 1955), p. 48.

[20]*Paredothe* significa "librado", pero en este caso metafóricamente significa "puesto a muerte", porque el contexto incluye el "levantamiento" de Cristo. La cruz y la resurrección se consideran como dos aspectos de un solo acto de salvación.

[21]*Dia* con el acusativo en este caso indica la razón de por qué ocurre algo, por

lo que murió "por causa de nuestros pecados", o "por nuestros pecados". Cf. Arndt and Gingrich, *Lexicon*, p. 180.

[22]C. K. Barrett, *From First Adam to Last* (Nueva York: Charles Scribner's Sons, 1962), p. 5; cf. también Karl Barth, *Christ and Adam*, trad. por T. A. Small (Nueva York: Harper and Bros., 1957).

[23]Robert H. Culpepper, *Interpreting the Atonement* (Grand Rapids, Mich.: Wm. B. Eerdmans Publishing Co., 1966), p. 68. Este es uno de los más hermosos y breves estudios de los aspectos bíblico y teológico de la expiación.

[24]Johannes Behm, *Thusia*, TDNT, 3:185: "Cuando Hebreos compara el sacrificio expiatorio de Cristo con su modelo del AT, no nos presenta una caricatura que se queda dentro de la esfera de una religión legalista. Llega hasta el concepto y el propósito original del sacrificio en el AT, en particular como medio de relación personal entre Dios y el hombre. Este propósito original del sacrificio se cumplió finalmente en el acto personal de Cristo, en la ofrenda voluntaria y singular de su vida. Por ello el sacrificio fue abolido en El. El sacrificio ritual no sólo fue trascendido, sino también concluido por el singular autosacrificio de Cristo (10:18; cf. 9:8) porque la persona de Cristo como sumo sacerdote es única, singular." Cf. la discusión de Behm "Old Testament Presupposition" acerca del sacrificio, p. 183.

[25]Barth, *Was Christ's Death a Sacrifice?* (Edimburgo: Oliver y Boyd, 1961), p. 39. Hablando de todo el NT, Barth comenta que "la competición principal de la soteriología 'sacrificial' aparentemente la presentan las diversas corrientes Isaíticas, proféticas o del salterio de Isaías 53" (p. 7).

[26]*Ibid.*

[27]*Amnos*, TDNT, 1:339.

[28]*Ibid.*

[29]M. Barth, *Was Christ's Death a Sacrifice?*, p. 28.

[30]Hill, *Greek Words and Hebrew Meanings*, p. 71.

[31]*Was Christ's Death a Sacrifice?* p. 30.

[32]*Ibid.*, p. 31; cf. Jn. 3:16; Ro. 5:8; 8:32; Ef. 2:4; 1 Jn. 4:9-10.

[33]*God Was in Christ*, pp. 197-199.

[34]Cf. V. Taylor, "A Great Text Reconsidered", *New Testament Essays* (Londres: Epworth Press, 1970), p. 130: "Deberá reconocerse que en todos estos casos la palabra 'propiciatorio' *(Gnadenstuhl)* se presta a falsas conclusiones; sugiere un lugar donde la gracia se propicia... El artículo es deficiente y el contexto no sugiere la idea; de hecho, su introducción en el pasaje sería extremadamente abrupta y confusa." Alan Richardson escribe: "Todo indica que San Pablo antepone el punto de vista de que el Calvario constituye el 'propiciatorio' cristiano y que el Viernes Santo es el Día Cristiano de la Expiación. O, en otras palabras, Cristo, rociado con su propia sangre, es el verdadero propiciador de quien el 'propiciatorio' en el lugar santísimo era tipo y figura de lo que habría de venir. Este sería el significado tanto de San Pablo como de Auct. Heb." *(Introduction to the Theology of the NT*, p. 225).

[35]*The Epistle of Paul to the Romans* (Nueva York: Harper y Bros., 1932), p. 54.

[36]Carver, "2 Corinthians", *BBC*, 8:555.

[37]*Christian Theology*, 2:284.

[38]*Theology of the NT*, p. 413.

[39]Para una discusión del uso adjetivo de esta palabra, cf. V. Taylor, "A Great Text Reconsidered"; Sanday y Headlam, "Romans", ICC, p. 88; véase también las conclusiones de Hill, *Greek Words and Hebrew Meanings*, pp. 36 y ss.

[40]Olin A. Curtis, *The Christian Faith* (Grand Rapids, Mich.: Kregel Publications, 1905), p. 302.

[41]"The Meaning of *Hilasterion* in Rom. 3:25", NTS, 2 (1955-1956): p. 43.

[42]*Greek Words and Hebrew Meanings,* pp. 41 y ss.

[43]Greathouse, "Romans", *BBC,* 8:92.

[44]Barth, *Was Christ's Death a Sacrifice?* p. 34.

[45]Jeremias, *Central Message of the NT,* p. 64.

[46]*Was Christ's Death a Sacrifice?* p. 34.

[47]Cf. también Gn. 9:4; Dt. 12:23.

[48]*Jesus and His Sacrifice* (Nueva York: Macmillan and Co., 1937), p. 54.

[49]*Haima, TDNT,* 1:174.

[50]*The Death of Christ,* p. 149.

[51]Behm, *Haima* TDNT, 1:175.

[52]Dos veces San Pablo les dice a sus lectores corintios: "Porque habéis sido comprados por precio" *(egorasthete gar times),* 1 Co. 6:20; 7:23; cf. Gá. 3:13; "Cristo nos redimió *(exegorasen)* de la maldición de la ley"; Gá. 4:5, "para que redimiese *(exagorase)* a los que estaban bajo la ley". Estas declaraciones encajan dentro del mismo contexto general como el pago de un rescate. Pero, como concluye C. L. Mitton, los pasajes corintios recalcan particularmente, "no tanto los medios por los cuales se logra un fin, sino el fin que se obtiene. En este caso, es la verdad de que el hombre ahora pertenece supremamente a Dios ('no sois vuestros')" ("Atonement", IDB, 1:313).

[53]J. A. Bengel, *Gnomon of the New Testament,* trad. por James Bryce, 7a. edición (Edimburgo: T. and T. Clark, 1895); cf. Curtis, *Christian Faith,* p. 310: "Jesucristo, entonces, de acuerdo con San Pablo, no era *(sic)* pecador y aun así se constituyó en pecador. . . En sí mismo, Cristo *no* era pecador, pero como sustituto, en lugar del hombre, era pecador. . . ¿Cómo podía Cristo ser—cómo fue—pecador sustituto? Simplemente por el hecho de que *murió.* La muerte, esta muerte corporal, fue la pena exacta, histórica y divina por el pecado humano. . . Por ello Cristo fue tratado como se trata a un pecador; por sustitución fue 'contado con los pecadores' —fue puesto en la categoría de pecado."

[54]"2 Corinthians", *BBC,* 8:556.

[55]Cf. la discusión de Rust, "The Atoning Act of God in Christ", *Review and Exposition* (enero de 1962), pp. 68-70.

[56]Albert Barnes, "Hebrews", *Notes on the New Testament* (Grand Rapids, Mich.: Baker Book House, 1949), p. 217; cf. también J. N. D. Kelly, "A Commentary on the Epistles of Peter and of Jude", *Harper's New Testament Commentaries* (Nueva York: Harper and Row, 1969), pp. 122-123.

[57]"The Atoning Act of God in Christ", pp. 69-70; cf. P. T. Forsyth, *The Work of Christ* (Londres: Hodder and Stoughton, 1910), pp. 139 y ss.

[58]*Apokatallassein,* que se encuentra sólo en estos pasajes en el NT, no se encuentra en la Septuaginta ni en otras versiones griegas del AT ni en los autores clásicos.

[59]James Denney, *The Christian Doctrine of Reconciliation* (Londres: James Clarke Co., Ltd., 1971), p. 238.

[60]Taylor, *Cross of Christ,* p. 97.

[61]*Ibid.,* p. 98.

[62]*Theology of the NT,* 1:314 y ss.

[63]Cf. Karl Barth, *Church Dogmatics* (Edimburgo: T. y T. Clark, 1956),

4:1, 245-248: "Es un asunto de historia. Todo depende del hecho de que esta verdad, como proviene de Dios para nosotros los hombres, no es imaginada y presentada simplemente como una verdadera enseñanza de personas pías y buenas, sino que ocurrió de esta manera, en el tiempo y el espacio en los cuales se encuentran todos esos hombres."

[64]*Interpreting the Atonement,* p. 131.

[65]Gustav Aulen, *The Faith of the Christian Church* (Filadelfia: Muhlenberg Press, 1948), p. 228.

24

Gracia, Fe y Soberanía Divina

El teólogo bíblico no necesita probar que hay dislocaciones radicales entre los humanos. La contribución única e indispensable de la Biblia no consiste en revelar lo que es malo, sino en ofrecer diagnosis y solución. Cargado de una culpa legítima, el hombre está separado de Dios y desahuciado del reino de Dios. Necesita ser salvo. Esta necesidad se establece admirablemente por Frank Stagg:

> La salvación en su naturaleza, debe responder al predicamento del hombre tal como él es. El predicamento del hombre como pecador es el resultado de un escogimiento fatal que puso a toda la raza humana en cadenas, en separación, en culpa y en muerte; así que la salvación debe interesarse en el hombre total. Debe ofrecer redención de las cadenas, perdón por la culpa, reconciliación por la separación y renovación de la deformada imagen de Dios.[1]

I. La Iniciativa Divina y la Respuesta Humana

A. Gracia—Iniciación y Capacitación

El testimonio continuo del Nuevo Testamento es que la salvación procede de la gracia divina. "Porque la gracia de Dios se ha manifestado para salvación a todos los hombres" (Tito 2:11). Inmediatamente nos confrontamos no sólo con un término clave sino con una idea que es raíz teológica. El pensamiento de Pablo está dominado por el concepto de gracia. El vocablo "gracia" *(charis)* no se encuentra ni en Mateo ni en Marcos. Aparece sólo 7 veces en los escritos Juaninos, 8 veces en Hebreos, y dos veces en Santiago, mas en la literatura paulina ocurre 100 veces. El hecho de que Lucas use la palabra 24 veces en Lucas y en los Hechos, bien pudiera reflejar la influencia de Pablo. Sólo en las epístolas de Pedro encontramos el término con mayor frecuencia por capítulo (11 veces). Pero en tanto que Pedro habla de la gracia con una comprensión total de su centralidad, Pablo expone más sistemáticamente la doctrina.[2]

El significado básico de *charis* tal como se usa en el Nuevo Testamento tiene dos fases. Primero, es el amor de Dios en Cristo, en acción; y segundo, el poder de Dios en el creyente, en acción. Lo primero se expresa generalmente por la idea de favor (Lc. 1:30), un favor completamente inmerecido, sin requerimiento legal. Gracia es compasión de Dios tal como la expresa por su provisión redentora en Cristo.[3]

B. La Gracia Capacitante

El segundo significado de gracia es igualmente básico, aunque con frecuencia pasado por alto. Dios nos ve con favor a fin de que pueda infundir en nosotros su propia energía moral. Hay por tanto, una gracia hacia nosotros y una gracia dentro de nosotros. La gracia es para cambiarnos; no nos deja donde estamos. Es el remedio de Dios para la impotencia moral del hombre. La gracia opera por medio de despertamiento, arrepentimiento, regeneración, santificación, iluminación, disciplina y finalmente glorificación.

En Romanos 5:20-21, Pablo asegura vigorosamente que la gracia es un poder impartido para vencer el pecado. Desarrolla este tema en el capítulo que sigue. Dice que la gracia abunda mucho más que el pecado; no sólo en un equilibrio conmensurable con la culpa, sino en un poder cambiante intensivo para que "la gracia reine por la justicia para vida eterna mediante Jesucristo, Señor nuestro."

Esta aserción se sigue inmediatamente por una denunciación vigorosa de dos posibles malas interpretaciones de su significado. Una es la idea de que a fin de exhibir la munificencia de gracia, es legítimo continuar en pecado (6:1); la otra es que en vista de que no estamos bajo la ley sino bajo la gracia, podemos regresar al pecado con impunidad (v. 15).[4] Pablo repudia estas dos distorsiones con indignación. La gracia no es, en ningún sentido, permiso para pecar. No puede convertirse en indulgencia divina. El caso es precisamente lo opuesto: Es una energética divina por medio del Espíritu por la cual el pecado puede vencerse.[5] La idea es fundamental tanto en los escritos paulinos como en los no-paulinos (Jn. 1:17; Hch. 20:32; Ro.

5:2, 20-21; 6:14-15; 1 Co. 15:10; 2 Co. 1:12; 9:14; 12:9; He. 4:16; Stg. 4:6; 2 P. 3:18).

C. La Respuesta de la Fe

Resulta igualmente claro que el poder cambiante de la gracia es condicional. Pablo expresa su convicción de que el evangelio es "poder de Dios para salvación... por fe y para fe, como está escrito: Mas el justo por la fe vivirá" (Ro. 1:16-17). Pablo nunca permite que sus lectores olviden que la fe es el catalista esencial ordenado por Dios en el alma (Ro. 3:22, 25-26, 28; 5:1; ver la enseñanza similar en Hebreos y en las cartas de Pedro).

Por tanto, la gracia no es una infusión irresistible y mágica sino una actividad divina que puede ser rechazada por el incrédulo. Es decir que, en tanto que la salvación depende enteramente de la iniciativa de Dios, no es una imposición. El hombre debe abrir la puerta de su corazón (Ap. 3:20). De acuerdo con Juan, el propósito fundamental en escribir el evangelio fue el de inspirar fe: "... éstas se han escrito para que creáis..." (Jn. 20:31; ver 19:35).[6]

Sin embargo, la fe salvadora en el Nuevo Testamento es más que creer en Dios en principio, aunque allí es donde debe empezar (He. 11:6). Es creer específicamente lo que Dios ha hecho en Cristo por mí, un pecador. Es más, aunque el·creer en Dios es, de cierto, un acto justo, así como el dejar de creer en Dios es un acto pecador, no hemos de inferir que somos salvos por este acto de justicia sobre la base de nuestro propio mérito. El asunto se presenta concisamente por Joachim Jeremias:

> Así que la fe substituye las obras. Pero entonces viene la pregunta: ¿Nos confrontaremos otra vez más con algún avance sobre la base de que Dios es gracia, si la justificación sigue por causa de la fe? La respuesta es: Sí. De hecho nos confrontamos con una acción (o avance). Dios, de hecho, provee su gracia sobre la base de una acción. Sólo que ahora no es mi acción, sino la acción de Cristo sobre la cruz. Fe no es una proeza en sí misma, sino la mano que se apodera de la obra de Cristo y la sostiene delante de Dios.[7]

En el *corpus* paulino la "senda de fe" es siempre la antítesis de la "senda de las obras." El correspondiente contraste es entre la fe y la ley. Cuando Pablo confronta la ley con la fe, no se refiere a la obligación de hacer lo recto o lo que él llama estar bajo la ley en Cristo (1 Co. 9:21); se refiere al sistema de la ley mosaica como el supuesto medio de ser justificado delante de Dios. Pablo rehúsa aceptar todo compromiso que en efecto mezcle la ley (que en este sentido es virtualmente sinónima con obras) con la fe.

Claro que esto es un golpe no sólo a la mentalidad cúltica del judaísmo sino a la vanidad del moralista. Le es difícil al hombre aceptar el hecho de que él mismo no puede hacerse adecuado para la sociedad de Dios. Es un golpe asestado a su ego, de aquí que se incline subconscientemente a resistir hasta lo último. Se aferra tenazmente a la ilusión de que hay algo que él puede hacer para merecer el favor de Dios. Quiere hacerse él mismo, porque sólo en esta forma puede redimir su estimación propia bajo sus propias condiciones.[8] Pero desde el punto de vista del Nuevo Testamento, la fe es un completo retorno y separación de todo lo que es justicia propia y salvación propia. Es el abandono de uno mismo a la provisión misericordiosa de Dios en Cristo como la única y adecuada base de esperanza.

Por tanto, en el lado divino, a la iniciativa misericordiosa de Dios se le llama gracia. Pero es también el lado divino que la respuesta de la fe se requiere como condición para la operación salvadora de la gracia. Estos dos conceptos se encuentran lado a lado en la enseñanza del Nuevo Testamento. No son ni contradictorios ni mutuamente exclusivos. Por el contrario, Pablo explica que la salvación "... es por fe, para que sea por gracia, a fin de que la promesa sea firme..." (Ro. 4:16).

II. El Conflicto Crucial entre la Fe y las Obras

El Nuevo Testamento refleja una tensión aguda en la Iglesia Primitiva respecto a la verdadera naturaleza de la gracia salvadora. La cuestión focal en revelar esta tensión fue el asunto de la circuncisión. Esta confrontación fue lo que llevó al primer gran concilio de la iglesia (Hch. 15), que más tarde dio lugar a la epístola a los Gálatas.

A. La Controversia sobre la Circuncisión

El resolver la cuestión era vital a la supervivencia del cristianismo. Dicha en forma sencilla, la cuestión era si los creyentes gentiles habrían de convertirse en prosélitos judíos por medio de la circuncisión o sin ella (Hch. 15:1).

En el trasfondo de la controversia estaba la convicción profundamente tradicional judía de que cualquiera que fuera la salvación que los gentiles habrían de experimentar, estaba condicionada sobre la base de que entrarían bajo la autoridad mosaica. Los judaizantes sentían que el permitir la libre evangelización de los gentiles sin su subordinación a Moisés sería la muerte para el judaísmo. Por el otro lado, Pablo y su grupo notaban con la misma claridad que la demanda de la circuncisión para los gentiles con su concepto implicado de ley y orden sería fatal para el cristianismo.[9]

B. El Veredicto de Jerusalén

El conflicto hizo erupción en Antioquía, cuando miembros no autorizados de los judaizantes, haciéndose representantes de las enseñanzas verdaderas de la iglesia madre, infiltraron la comunidad cristiana. "Como Pablo y Bernabé tuviesen una discusión y contienda no pequeña con ellos, se dispuso que subiesen Pablo y Bernabé a Jerusalén, y algunos otros de ellos, a los apóstoles y los ancianos, para tratar esta cuestión" (Hch. 15:2). Pablo y Bernabé llevando consigo a varios de Antioquía, incluyendo a Tito, como ejemplos de creyentes incircuncisos, partieron para Jerusalén (Gá. 2:1, 3).

"Y después de mucha discusión" (Hch. 15:7), Pedro se levantó, seguido por Pablo y Bernabé. Los tres arguyeron basados en su experiencia, Pedro en el episodio de Cornelio, y Pablo y Bernabé en las "grandes señales y maravillas (que) había hecho Dios por medio de ellos entre los gentiles" (v. 12). El argumento en ambos casos era que en vista de que Dios ya había en forma manifiesta puesto su sello sobre la salvación de los gentiles sin la circuncisión, ¿por qué decir que no podrían ser salvos excepto cuando fueran circuncidados? O ¿por qué imponer una carga que evidentemente Dios mismo no había requerido? Pedro pregunta: "Ahora, pues, ¿por qué tentáis a Dios, poniendo sobre la cerviz de los discípulos un yugo que ni nuestros padres ni nosotros hemos podido llevar?" (v. 10). Santiago, el medio hermano de Jesús, como presidente del concilio, fortaleció este concepto apoyándose en las Escrituras, la corte final de apelaciones, terminando después el debate con su decisión de la época.

La sentencia de Santiago y la carta oficial que siguió, desconocieron toda responsabilidad por parte de Jerusalén por la agitación subversiva y reivindicaron a Pablo y a Bernabé como "hombres que han expuesto su vida por el nombre de nuestro Señor Jesucristo" (v. 26). Así concluyó lo que E. M. Blaiklock llama "un punto de bifurcación en la historia del cristianismo y del mundo."[10]

C. Las Implicaciones Teológicas

Aun cuando Pedro y Santiago vieron que la circuncisión no era necesaria para la salvación por Cristo, Pablo se dio cuenta de que su imposición sobre los gentiles era *incompatible* con la salvación por Cristo. El sentir de Pedro y de Santiago era, ¿Por qué molestarlos? (v. 19). La convicción de Pablo era que "si os circuncidáis, de nada os aprovechará Cristo" (Gá. 5:2; ver vers. 3-4; 6:12-15).[11]

1. *Fe Versus Ritual.*

Exactamente, ¿en qué consistían las implicaciones de vida y muerte para el cristianismo que Pablo notó? Robertson considera la cuestión como "una de las controversias más grandes de todos los tiempos... entre la religión espiritual y la religión ritualista o ceremonial."[12]

La proeza de Pablo inspirada por el Espíritu consistía en probar que los sistemas de gracia-obras no son compatibles. La una cancela la otra. Si somos hijos de la mujer libre, la esclava y su hijo tendrán que ser echados fuera (Gá. 4:30). Si bajo la fe, ya no más estamos bajo ayo, que es la ley (Gá. 3:24-25). Si la justicia viene por la ley, no puede venir por gracia (Gá. 3:21-22). Si la salvación principia en el Espíritu, no puede ser establecida en la carne (Gá. 3:3). La tesis completa de Pablo es que la verdadera salvación, con sus concomitantes de gracia, catolicidad, y libertad, es enteramente de Cristo; todos los demás sistemas son sombras, precursores o falsificaciones. El buscar la salvación en cualquier forma dentro del sistema de la ley, o el conectar a Cristo con Moisés o con Platón, es implicar la insuficiencia de Cristo, y por tanto, en efecto, negarlo totalmente.

La circuncisión era tanto el símbolo como la iniciación de todo el sistema de la ley, de manera que quienquiera que se circuncidara estaba "obligado a guardar toda la ley" (Gá. 5:3). De aquí el pronunciamiento total de Pablo de que si insistían en la circuncisión, de nada les aprovecharía Cristo. Tenemos aquí el primer gran ejemplo histórico del principio declarado por Jesús de que por cuanto el vino nuevo rompería los odres viejos, no debe intentarse ponerlo en recipientes viejos. El régimen mosaico tiene que verse como una preparación pasajera para el cristianismo, una *fase* de la revelación progresiva de Dios que en Cristo halló su punto culminante así como su disolución.

La controversia ha pasado por toda la cristiandad en varias formas sutiles. ¿Se entra el reino por medio de sacramentos y ritual o por el arrepentimiento y la fe? ¿Por medio del sacerdocio o por la predicación? Si hemos de tomar a Pablo seriamente en su rechazo de la circuncisión ritual, como si en sí mismo fuera un distintivo de la aprobación divina (Ro. 2:25-29), hemos de extender el principio. Tenemos que decir que en Cristo Jesús no sólo la circuncisión no vale nada, pero tomados puramente como ritos tampoco valen el bautismo con agua, la confirmación, la feligresía en la iglesia, o la Cena del Señor. Lo que cuenta es sólo "una nueva creación" (Gá. 6:15).

2. *Libertad, no Permiso.*

Por el otro lado, ha habido en toda edad de la Iglesia el peligro real de mal interpretar enteramente la carta de Pablo a los gálatas permitiendo que el antinomianismo substituya al judaísmo. Hay muy poco valor en hacer a un lado el legalismo si en su lugar no queda sino el permiso o permisividad. Cuando Pablo hablaba de libertad de la ley, no estaba abogando por la carencia de ley. Sólo demostraba la incapacidad del sistema ceremonial y sacrificial mosaico ya sea para salvar el alma (excepto en anticipación de Cristo) o para alcanzar la santidad; pero él, más que cualquiera, sabía que no podía haber escape de la obligación eterna de la conducta ética. Para librarnos de tal falacia, sólo necesitamos inquirir si nuestra fe es la fe que obra "por amor" (Gá. 5:6), y si nuestra libertad es *en Cristo,* o en un deseo carnal que engendra una peor esclavitud que la de Moisés. La amonestación solemne de Pablo es sempiterna: los que practican las obras de la carne "no heredarán el reino de Dios" (Gá. 5:21).

Por tanto, Pablo no abogaba por una emancipación hacia la anarquía, sino por una emancipación hacia una nueva lealtad. "Con Cristo estoy juntamente crucificado, y ya no vivo yo, mas vive Cristo en mí: y lo que ahora vivo en la carne, lo vivo en la fe del Hijo de Dios, el cual me amó y se entregó a sí mismo por mí" (2:20). Aquí está la obediencia sin esclavitud, la sumisión sin coerción. Las cadenas sin la servidumbre. Hay aquí una nueva plenitud por causa de una nueva coronación. Tal como Ladd dice, "El hombre en quien vive el Espíritu Santo y que recibe energía por amor, está capacitado a cumplir la ley como los que vivieron bajo la ley jamás pudieron hacerlo."[13]

III. LA NATURALEZA DE LA FE

Estrictamente hablando, el Nuevo Testamento no nos ofrece una definición de fe, aunque la descriptiva declaración de Hebreos se acerca a una definición: "Es, pues, la fe la certeza de lo que se espera, la convicción de lo que no se ve" (11:1). En esa forma, fe es la actividad del alma que percibe las realidades espirituales y eternas fuera del orden de los fenómenos. La fe acepta como verdad aquello que no se ha visto o experimentado (2 Co. 5:7). Como tal, es el puente entre la experiencia presente y la esperanza futura.

Sin embargo, esta comprensión del futuro es sólo un mero deseo a menos de que se base en una confianza firme en Dios. Sin tal confianza Dios no puede ser agradado: "porque es necesario que el que se acerca a Dios crea que le hay, y que es galardonador de los que le buscan" (He. 11:6).[14] La cuestión de creencia o incredulidad no sólo es cuestión de la existencia de Dios, sino también de su integridad. El calumniar a Dios en cualquier forma de incredulidad es pecado, y constituye una barrera infranqueable al compañerismo así como una base moral de condenación. Hasta que el hombre no quite esta barrera principiando a aceptar a Dios como verdadero, no podrá tocar ninguna otra barrera. De aquí que la fe sea la llave que abre los recursos divinos en favor de los humanos. "Conforme a vuestra fe os sea hecho" (Mt. 9:29), es el principio de la fe hacia el cual el Nuevo Testamento da testimonio irrefutable.[15]

A. Fe y Revelación Divina

Lo que distingue la fe válida de la presunción, superstición o un mero deseo, es su base racional. Aunque la fe se apoya en lo que no ha experimentado todavía, lo hace sobre la base de lo que se experimenta. Bíblicamente, esto sólo puede ser la acción de Dios anterior en alguna forma de revelación de sí mismo, mediada persuasivamente a la consciencia del hombre. Una ilustración la tenemos en la fe de Abraham. La fe por la cual salió de Harán hacia Canaán fue una respuesta a la iniciativa de Dios (He. 11:8 y sig.). Cómo Dios se comunicó con Abraham, no se nos dice; el modo no importa, mas el hecho es del todo importante. Por tanto, la fe, bíblicamente concebida, no es una hambre por Dios, o una creencia vaga en un poder divino, o una búsqueda espiritual del hombre religioso por naturaleza. Es una aceptación racional de una revelación positiva. La fe no inicia, sino responde a la iniciativa de Dios. Si Dios no hubiera "hablado muchas veces y de muchas maneras" a los padres, y finalmente "por el Hijo," la fe bíblica nunca se hubiera originado (He. 1:1-2).

B. Confianza en las Promesas

La fe en Dios no puede separarse de la fe en su palabra; de hecho esta es la prueba ácida de la fe profesada. La línea del frente de esta fe tiene que ver con las promesas de Dios. Esta fue la fe que Dios atribuyó a Abraham para justicia (Gn. 15:6; Ro. 4:3 sig.; Gá. 3:6-9). La galería de los santos de la fe, desplegada en Hebreos 11 es un panorama de las vidas vividas en confianza total de que lo que Dios ha dicho lo hará, de que se llevará a cabo tarde o temprano. La fe para ellos era expectación. Por tanto fue teológica.

Este aspecto de la fe es potente en el Nuevo Testamento. Un ejemplo clásico lo tenemos en la declaración de Pablo sobre la confianza durante la tempestad: "Por tanto, oh varones, tened buen ánimo; porque yo confío en Dios que sea así como se me ha dicho" (Hch. 27:25). La medida de una fe tal es el grado en el que uno puede descansar en la palabra de Dios solamente, sin evidencia de los sentidos que la apoye. Fue esta capacidad a la que Dios llamó "tanta fe" (Mt. 8;10) en contraste con la débil fe que se apoya en las muletas de lo milagroso (Jn. 4:44-48).

C. De la Promesa al Evento

Sin embargo, el Nuevo Testamento representa un cambio radical en la dirección de la fe, de expectación a aceptación y apropiación. Esta es todavía fe en la palabra de Dios, sólo que ahora no es tanto una promesa sino más bien un cumplimiento. La palabra de Dios está en Cristo y a través de Cristo (He. 1:1-3). El calvario en su significado total redentor viene a ser el objeto requerido de la fe. En vez de ser primordialmente teológica y escatológica, la fe es ahora primariamente histórica; es una confianza firme—de hecho, *una seguridad*— no sólo en lo que Dios hará sino en lo que ha hecho. La fe cristiana, por tanto, es más que "una certeza de lo que se espera"; es una seguridad de cosas a nuestro alcance ahora. Es así que la fe se perfecciona, pues los santos del Antiguo Testamento "aunque alcanzaron buen testimonio mediante la fe, no recibieron lo prometido; proveyendo Dios alguna cosa mejor para nosotros, para que no fuesen ellos perfeccionados aparte de nosotros" (He. 11:39-40; 12:2).[16]

Esta fe en Dios que enfoca sobre su acción en Cristo es universalmente declarada como la condición por la cual personalmente recibimos los beneficios de la muerte de Cristo y de su resurrección (Jn. 3:14-18, 36; 6:40; 11:25 sig.; Ro. 1:16; He. 10:39; 1 Jn. 5:4-12;

et al.).[17] De cierto, el Dios que *pudo* levantar a Jesús de entre los muertos, y que de hecho lo *hizo,* puede ser creído segura y racionalmente. Aquí está implícito también el recordar que sólo el Dios que levantó a Jesús de entre los muertos, ha de ser el Objeto de nuestra fe. Fe en cualquiera otro Dios es fe mal dirigida, y como tal es idólatra, engañosa e impotente.

D. Fe como Acción Integral

Fe es aquello que los humanos poseen sólo hasta el grado de lo que ellos hacen. Cuando el carcelero de Filipos preguntó, "Señores, ¿qué debo hacer para ser salvo?" Pablo contestó, "Cree en el Señor Jesucristo" (Hch. 16:30-31), un mandato a la acción. El todo del hombre debe escoger aceptar como verdadero el mensaje del evangelio, y debe actuar de acuerdo con esta aceptación. La aceptación interna es tanto una acción voluntaria como el comportamiento externo que le sigue.

La "palabra de fe" que Pablo predicaba demandaba una respuesta dual, la moción interna de creer "con el corazón," y la confesión externa "con la boca" (Ro. 10:8-10). La fe así llamada que es sólo un asentimiento intelectual sin obediencia, es espúrea, tal como Santiago lo expresa claramente (2:14-26). Pablo, al contrastar la fe con las obras, siempre se refería a obras de mérito o de ritual por las cuales podía obtenerse la salvación. El repudiaría vigorosamente un mero asentimiento de la mente como lo haría Santiago. El asentimiento de la mente al testimonio de la historia es de hecho una clase de fe por la cual se obtiene conocimiento (He. 11:3)—de hecho, mucho de nuestro conocimiento viene en esta forma; pero la fe *salvadora* implica la entrega del hombre total, no sólo de la mente (He. 11:4-7).

Alan Richardson correctamente rechaza la idea de que Santiago y Pablo estén en conflicto: "Santiago dice que 'la fe sin obras está muerta' (2:26); para Pablo, la fe sin las obras es imposible." Sigue explicando, "Para Santiago de nada hubiera servido que Abraham hubiera creído en Dios, y no estuviera dispuesto a poner acción a su fe, obedeciendo el mandato de Dios; en el punto de vista de Pablo, el haber Abraham rehusado obedecer, hubiera sido lo mismo que no haber creído."[18]

E. Fe y Conocimiento

En un sentido, fe es una forma de conocimiento (He. 11:1), y "El que cree en el Hijo de Dios, tiene el testimonio en sí mismo" (1 Jn. 5:10).

Esta, sin embargo, es una "plena certidumbre de fe" (He. 10:22), en cuanto a que el creer se ha convertido en persuasión. Esto es ir más allá de los primeros débiles intentos de ejercitar la fe, intentos con vacilación y temblor debido a los sentimientos conflictivos y a las apariencias (Mt. 8:26; 14:31; Mr. 9:24). Creer adecuadamente, es llegar al punto culminante de poder decir "yo sé," haciendo a un lado toda duda e incertidumbre. Antes de ese punto el alma desesperada bien pudiera hacer eco de las palabras del padre afligido, "Creo; ayuda mi incredulidad" (Mr. 9:24).

Pero así como la fe es una forma de conocimiento, también depende en la posesión de conocimiento *previo*. Debe haber alguna comprensión de lo que ha de creerse. Cuando Jesús le dijo a Bartimeo, "Tu fe te ha sanado," implicó no sólo *decisión* que se expresó en suplicación fuerte y decidida, sino algún conocimiento previo, suficiente para convencerlo de que Jesús podía ayudarlo. Cuándo y en qué forma adquirió Bartimeo este conocimiento, no lo sabemos (probablemente de relatos que había oído a otros); pero que lo tenía resulta evidente en que cuando se le dijo la identidad de éste que pasaba por allí, él inmediatamente se dio a la acción.

De la misma manera, detrás del bautismo en el Espíritu de Cornelio, había un grado considerable de conocimiento acerca de Jesús (Hch. 10:36-38). La función primaria de la predicación de Pedro fue la de suplir el eslabón perdido en este conocimiento. En forma similar, el carcelero de Filipos no podía creer en un Cristo del cual estaba completamente ignorante (Hch. 16:30-31). El nombre debió haber tenido un contenido. Es probable que haya tenido ya algunos rudimentos de la predicación de Pablo y Silas. En cualquier forma, Pablo no le mandó creer "en el Señor Jesucristo" dejándolo así. El versículo que sigue dice, "Y le hablaron la palabra del Señor a él y a todos los que estaban en su casa." Pronto su conocimiento fue lo suficiente substancial como para que la creencia inteligente fuera posible (Ro. 10:17).

Habiendo escogido el creer, la fe de uno se fortalece y confirma mediante el conocimiento adicional. Más importante aún, este conocimiento es un conocer personal así como información objetiva; de hecho, el convertir el conocimiento del evangelio en un conocer personal es el efecto dinámico de la forma correcta de creer (ver Ef. 1:13). Después, por cuanto este nuevo Amigo es de absoluta confianza, nuestra fe en El crece al intensificarse nuestro compañerismo. Es así que Pablo pudo decir después de muchs años de andar con Cristo, "Por lo cual asimismo padezco esto; pero no me avergüenzo, porque yo sé a quién he creído, y estoy seguro que es poderoso para guardar mi depósito para aquel día" (2 Ti. 1:12).

IV. FE Y ARREPENTIMIENTO

A. La Necesidad del Arrepentimiento

La proclamación tanto de Juan el Bautista como de Jesús comenzó con el mandato de arrepentirse (Mt. 3:2; 4:17). El llamar a los hombres al arrepentimiento estaba en la base misma de la misión de Jesús (Lc. 5:32). "Arrepentirse" *(metanoeo)* significa cambiar la mente de uno no sólo en el sentido de opinión sino en el sentido de intención. Esto se demuestra claramente por las varias situaciones contextuales. El arrepentimiento incluye tanto una confesión de los pecados (Mt. 3:6; Mr. 1:5) como el propósito de enmienda (vrs. 7-8; ver Lc. 3:4-14). Lleva implicada una nueva entrega a Dios—"Acepto la voluntad de Dios antes que la mía como el control de mi vida."[19] Las referencias a tal espíritu de cambio, penitencia, y rendición saturan los relatos evangélicos aun cuando no siempre se usa el término (ver Mt. 5:3-6; 16:24; 18:3-9; 19:21; Lc. 18:9-14). El verdadero arrepentimiento se traduce en obediencia, no sólo en palabras (Mt. 21:28-32). Como condición para la salvación es tan obligatorio como la fe (Lc. 13:1-5). Esto también pertenece a la respuesta que el hombre da a las invitaciones de Dios; sin arrepentimiento, cualquiera otra respuesta carece de moralidad y sinceridad básicas.

El énfasis sobre el arrepentimiento no fue en ninguna manera limitado por los apóstoles después del Pentecostés (Hch. 2:38, 3:19; 5:31). Es más, este requisito no estaba circunscrito a los judíos. Esto es evidencia por la declaración de Pablo a los antenienses (Hch. 17:30), y por la condensación de su mensaje a los ancianos de Efeso (Hch. 20:21). La comisión de Cristo a Pablo expresó claramente que a menos de que los pecadores *se vuelvan,* no encontrarán perdón (Hch. 26:18-20). En estos pasajes no hay una regeneración previa que induzca al arrepentimiento, aun cuando se presume que hay un previo despertamiento. El énfasis se pone más bien en la clase de predicación que ilumina y persuade, como medio de producir acción de que los pecadores son capaces, a través de la gracia previniente.

Las epístolas también se unen en aceptar que el arrepentimiento es esencial a cualquiera conversión adecuada, y es igualmente estricta en caso de que el pecado recurra después de la conversión. Siendo que son cartas a los creyentes, naturalmente el mandato inicial al arrepentimiento no tendría el mismo trasfondo; pero la insistencia en que debe haber arrepentimiento para el pecado de la post conversión, es suficientemente clara. Aun en Romanos, donde la polémica de Pablo se dirige contra la justificación por las obras y donde afirma con todo vigor la *sola fide* (ver 3:27-28; 4:1-5), no permitirá una mala interpretación antinomiana (6:2). Es el corazón "impenitente" el que acumula ira para sí mismo (Ro. 2:5).

Aunque el hombre en Corinto, culpable de inmoralidad (1 Co. 5:1) se haya convertido verdaderamente en alguna ocasión, se le llama ahora "el maligno" quien ha de ser separado del compañerismo (v. 13). Se hace necesario un arrepentimiento dual. Los que estaban envueltos en el asunto y que aprobaron esta mala acción, deben arrepentirse de su arrogancia frente a esta situación deplorable (debieron haberse "lamentado," v. 2), y demostrar arrepentimiento por una disciplina rápida; el culpable debe ser traído también hacia el arrepentimiento. Para llevar esto a cabo, Pablo entrega a este hombre "a Satanás para destrucción de la carne [*sarx*], a fin de que el espíritu sea salvo en el día del Señor Jesús" (v. 5).[20]

Que Pablo define el arrepentimiento como una acción que incluye enmienda y de la misma manera como algo esencial para la salvación, se confirma por la referencia en su segunda carta a los Corintios a otra ocasión de ofensa (2 Co. 7:8-12). La "tristeza" propia del verdadero arrepentimiento puede diferenciarse de "la tristeza del mundo." La primera tristeza "produce arrepentimiento para salvación, de que no hay que arrepentirse." "Pues ¡qué solicitud produjo en vosotros, qué defensa, qué indignación, qué temor, qué ardiente afecto, qué celo, y qué vindicación!" (v. 11). En 2:5-11 de la misma carta se implica un arrepentimiento por parte del ofensor que es similar e igualmente completo. Hay una vasta diferencia entre el *remordimiento* de Judas *(metemelethe),* la *tristeza* del mundano *(metamelomai),* y el *arrepentimiento* para salvación *(metanoian),* que es "cambio de la mente y de la vida" (Robertson).

B. La Relación del Arrepentimiento a la Fe

¿Cuál es la relación del arrepentimiento a la fe? Tres puntos de vista son posibles.

1. Son incompatibles como condiciones para la salvación, y para proteger la *sola fide* el arrepentimiento debe diluirse un tanto.[21]

2. **Hay dos requisitos para la salvación distintos y coexistentes.** La distinción de Pablo, "arrepentimiento para con Dios, y de la fe en nuestro Señor Jesucristo" (Hch. 20:21), parece indicar esto. Dios es

el Soberano cuyas leyes han sido violadas y cuya Persona ha sido despreciada; por tanto, el primer paso debe ser el arrepentimiento hacia El. Pero Cristo es el medio de salvación divinamente señalado; por tanto, además del arrepentimiento debe haber fe, aceptación confiada de la puerta de entrada a la misericordia.

3. La fe sola es la condición de la salvación, pero la clase de fe que resulta sólo de un espíritu de penitencia. Sin arrepentimiento, la fe es sólo un asentimiento intelectual, impotente e impúdico. Esta es la posición bíblica. Por el otro lado, es sicológicamente imposible creer en Cristo como un Salvador personal sin un verdadero deseo por la salvación que nuestra fe profesa apropiarse. El desear la salvación del infierno sin salvación del pecado es inmoral e hipócrita. Por tanto, el intento de ejercitar la fe en un Salvador cuya salvación es sólo buscada parcial o sin mucho interés, es un ejercicio inútil.[22] Por el otro lado, el arrepentimiento no puede salvar, sólo Cristo puede hacerlo. Por tanto, sigue siendo *sola fide*. Pero a menos que el hombre se arrepienta, no podrá creer (ver Mt. 21:32).

C. El Arrepentimiento como Algo Voluntario

Hay un sentido en que se puede decir que el arrepentimiento es un don de Dios, sin negar su naturaleza como la acción de los pecadores. Esto es en el sentido de que la gracia misma, de hecho todo el proceso de las influencias salvadoras, es un don de Dios. Por tanto, decir que "también a los gentiles ha dado Dios arrepentimiento para vida" (Hch. 11:18) es la manera de conceder por parte de los judaizantes atónitos, que la gracia que despierta hacia un arrepentimiento posible se ofrece a todos los humanos.

No obstante, cuando Pedro trató con Simón el mercenario, lo amonestó, "Arrepiéntete, pues, de esta tu maldad, y ruega a Dios, si quizá te sea perdonado el pensamiento de tu corazón" (Hch. 8:22). La gravedad del pecado de Simón fue tal que Pedro no estaba seguro de que sería perdonado, pero al menos estaba seguro de que no habría perdón sin arrepentimiento; y esta presunción de que Simón *podía* arrepentirse, es el punto de vista normal de las Escrituras. La decisión descansaba en Simón. Aun cuando se considere como "don," el arrepentimiento no es un estado producido en el alma irresistiblemente. Los humanos que recibieron arrepentimiento por parte de Dios pueden elegir no arrepentirse.[23]

V. LA INICIATIVA DIVINA — SU NATURALEZA Y ALCANCE

A. Vocablos y su Significado

El Nuevo Testamento usa notablemente tres términos en relación a los creyentes: *elección, conocimiento previo, y predestinación.* A los creyentes se les llama los *electos* (*eklektos,* "seleccionados") a través de toda la literatura (Mt. 24:22, 24, 31; Mr. 13:20, 22, 27; Lc. 18:7; Ro. 8:33; Co. 3:12; 2 Ti. 2:10; Tit. 1:1; 1 P. 1:1; 2:9). El nombre *ekloge,* "una selección," se aplica también a los creyentes, como "Porque conocemos, hermanos amados de Dios, vuestra elección" (1 Ts. 1:4; ver Ro. 11:5, 7; 2 P. 1:10). Los versos "conocer previamente" y "predestinar" se usan juntos en Romanos 8:29: "Porque a los que antes conoció, también los predestinó para que fuesen hechos conformes a la imagen de su Hijo." En este caso la predestinación es a la semajanza de Cristo; los que son en tal forma predestinados son aquellos a quienes Dios antes conoció.[24]

El verbo *proginosko,* "conocer antes," bien pudiera tener la idea de pre-ordenación, como en el caso de Israel como el pueblo escogido de Dios (Ro. 11:2) y en el caso de Cristo (1 P. 1:20), pero nunca como una preordenación arbitraria de individuos hacia la salvación eterna. Al hablar sobre el conocimiento previo divino (ver Hech. 2:23; 1 P. 1:2), Vine comenta: "El conocimiento previo es un aspecto de la onmisciencia; se aplica en las amonestaciones, promesas y predicciones de Dios. Véase Hch. 15:18. El conocimiento previo de Dios involucra su gracia electiva, pero esto no nulifica la voluntad humana. El conoce previamente el ejercicio de la fe que trae consigo la salvación."[25]

Cuando Pedro une "vuestra vocación y elección" (2 P. 1:10), bien pudiera estar recordando las palabras del Señor cuando dijo: "Porque muchos son llamados, y pocos escogidos" (Mt. 22:14). Obviamente, estas palabras de Jesús implican que el llamado no significa elección. Por tanto, o el llamamiento es insincero, o se intenta convertirlo en elección sólo cuando sea aceptado; sin respuesta personal, el llamado es abortivo.[26] Pedro une la elección con no sólo la respuesta inicial, sino con la diligencia continua (al decir de una versión inglesa, "sed más celosos," RSV). La certeza ("confirmados") se expresa por el uso de *bebaian.* "La palabra tiene un sentido legal," dice R. H. Strachan. "*Bebaiosis* es la garantía legal, obtenida por un comprador de parte de un vendedor, en la que hay que depender en caso de que cualquiera tercera persona quiera apropiársela. En este caso, a los lectores se les exhorta a producir una garantía de su llamado y elección. Esto puede hacerse por el cultivo de las virtudes cristianas."[27]

A primera vista, Hechos 13:48 parece una declaración inequívoca de una correspondencia exacta entre el creer y la ordenación previa a creer. Cuando Pablo se volvió de los judíos en Antioquía de Pisidia a los gentiles, éstos se regocijaron en gran manera "y creyeron todos los que estaban ordenados para vida eterna." Aunque esto no es *protasso*, "preordenar," como en 17:26, el tiempo perfecto, la voz pasiva parece darle ese sentido. Pero R. J. Knowling reconoce un grupo de opiniones de eruditos que toma el vocablo como si estuviera en voz media, no pasiva, lo que sugeriría decir, "tantos como se habían propuesto recibir la vida eterna." Esto embonaría perfectamente en el contexto y haría muy buen sentido. Obviamente, los judíos no se habían decidido adecuadamente a obtener la vida eterna; sino más bien por su rechazo voluntario de la verdad se habían juzgado a ellos mismos "indignos de la vida eterna" (v. 46). Pero aun si el término fuera tomado en su significado más fuerte, "no hay en este caso ni el rastro," según Knowling, "del *absolutum decretum* de los calvinistas."[28]

B. Principios del Plan Divino

Hay dos pasajes principales que acentúan fuertemente la acción soberana de Dios, tanto así que la relación del libre albedrío a la elección divina se ha convertido en una cuestión teológica de importancia. Estos pasajes son Efesios 1 y 2 y Romanos 9; 10; y el 11. Necesitan examinarse en detalle.

En una forma dramática y arrolladora, Efesios ve la salvación por el lado de la iniciativa de Dios. Cada fase del esquema redentor nos lleva a la misericordia y a la bondad de Dios, "según el puro afecto de su voluntad, para alabanza de la gloria de su gracia" (1:5-6). La salvación no es sólo el don gratuito del amor de Dios, sino que el poder de Dios en implementar su diseño es ilimitado: ". . . del que hace todas las cosas según el designio de su voluntad" (v. 11).

La participación de los efesios en la herencia, se adscribe directamente al haber "sido predestinados conforme al propósito del que hace todas las cosas." Es más, su regeneración se explica como el efecto de la acción directa de Dios sobre ellos: "Pero Dios, que es rico en misericordia. . . aun estando nosotros muertos en pecados, nos dio vida juntamente con Cristo (por gracia sois salvos)" (2:4-5). Para recalcar y estar bien seguros de que no se apropiarán el más insignificante fragmento de crédito, Pablo les recuerda: "Porque por gracia sois salvos por medio de la fe; y esto no de vosotros, pues es don de Dios; no por obras, para que nadie se gloríe" (2:8-9).

Siendo que en un grado notable Efesios es un microcosmos del Nuevo Testamento,[29] podemos razonablemente esperar encontrar en este libro los principios básicos de la actividad redentora de Dios.

1. La iniciativa de Dios es anterior a cualquiera cosa que el hombre haga o pueda hacer (Ef. 1:1-6).

2. El foco de toda actividad redentora y de recursos está en Cristo, incluyendo nuestra predestinación a ser "hijos suyos" (1:5-7) y aun la voluntad misteriosa de Dios respecto al futuro (1:9-10).

3. Dios diseña que la Iglesia constituirá la comunidad de los redimidos, y al mismo tiempo el instrumento de evangelización (1:22-23; 2:19-22; 3:8-10; 4:1-16).[30]

4. Hay también el principio de fe, que estipula que nuestro acceso a las bendiciones de la redención no es por nuestro esfuerzo u obras meritorias sino solamente por el acto y actitud de creer (1:13, 15; 2:8).

5. Un principio además es el de que la substancia de la redención ha sido predeterminada por Dios. Incluye su diseño de que seamos "santos y sin mancha delante de El," nuestra adopción a ser "hijos suyos," y "el perdón de pecados"—cuando menos esto (1:4-5, 7; ver 2:22; 3:16-21; 4:12-31; 5:25-27).[31]

6. Otro principio sobre el patrón soberano es la inclusión de los gentiles en total igualdad con los judíos. Este es el "misterio de Cristo," escondido a previas generaciones, mas ahora revelado: "los gentiles son coherederos y miembros del mismo cuerpo, y copartícipes de la promesa de Cristo Jesús por medio del evangelio" (3:1-6).[32]

7. Un séptimo principio que gobierna el modo divino de operación es la asignación al Espíritu Santo del área de acción directa sobre el hombre en efectuar la salvación personal.[33]

Estos principios básicos son suficientemente claros. Pero nos llevan en un completo círculo. Quedan todavía los problemas originales difíciles respecto a la relación exacta de la iniciativa de Dios a la respuesta humana. ¿Es también la fe implantada por el Espíritu? ¿Es la acción del Espíritu siempre efectiva? ¿Es la influencia redentora del Espíritu desde el punto de vista cualitativo de propósito diferente en los que responden para salvación de lo que es en los que no responden?

C. La Universalidad del Diseño de Dios

Un lado de la moneda respecto a la soberanía se bosqueja en Efesios 1 y 2, como si esto fuera el lado único. El otro lado, sin embargo, se hace perfectamente claro por el Nuevo Testamento como un todo. Es tan cierto esto que bien puede declararse un octavo principio: *La salvación es el destino dado por voluntad divina para todos los humanos, sólo que un destino que puede arruinarse por escogimiento de la incredulidad al usarse la libertad a pesar de las invitaciones y provisiones divinas.* Esto puede verse cuando examinemos los siguientes pasajes.

1. *La Franqueza en el Llamado.*

Habiéndose regocijado por la elección de los creyentes tesalónicos (como se ve arriba, 2 Ts. 2:13), Pablo explica: "a lo cual os llamó mediante nuestro evangelio, para alcanzar la gloria de nuestro Señor Jesucristo." Dios no llamó desde el cielo, con un llamado particular irresistible, señalando a sus electos por nombre; El los llamó *mediante el evangelio* ("por medio de la predicación del evangelio," Berk). El evangelio fue a todos los que quisieran oír, sin parcialidad o discriminación, y su esperanza fue ofrecida igualmente a todos.

Sea que Pablo haya incluido Juan 3:16 en su predicación o no, pertenece al evangelio: "Porque de tal manera amó Dios al mundo, que ha dado a su Hijo unigénito, para que todo aquel que en él cree, no se pierda, mas tenga vida eterna." Pablo anunció que Dios "ahora manda a todos los hombres en todo lugar, que se arrepientan" (Hch. 17:30). ¿No es el llamamiento al arrepentimiento un llamado a creer? Fue Jesús mismo quien predicó a todos, "Arrepentíos y creed al evangelio" (Mr. 1:15). ¿Pudo El haber sido culpable de duplicidad, sabiendo que algunos de los que habían oído serían obligados a creer porque así se intentaba, en tanto que otros quedarían en incredulidad debido a que el llamado no era para ellos? ¿Es el llamado universal inherente en la proclamación del evangelio auténtico para algunos pero sin autenticidad para otros?

Cuando Jesús dijo la parábola del rey que había enviado a sus siervos a traer a las bodas a los que había invitado, se ve claramente que los que fueron primeramente llamados estaban realmente en la lista del rey. Jesús no dio a entender que el rey sabía por adelantado que sería rechazado pues él lo había arreglado así. El mandato fue sencillamente, "los que fueron convidados no eran dignos" (Mt. 22:8).

Sin lugar a dudas, la proclamación abierta del llamado evangélico implica un deseo igualmente abierto en el corazón de Dios en favor de una respuesta afirmativa (ver 1 Ti. 2:4-6; 2 P. 3:9). Cualquiera que sea el significado de los vocablos *predestinación* y *preordenación*, no implican una división final de los hombres arbitrariamente predeterminados por decreto divino.

2. *La Libertad de la Fe.*

La naturaleza de la fe se discute en otra sección de este libro. Pero en este punto necesitamos confrontar la cuestión, ¿Es el creer en realidad un acto de Dios o la acción libre de un pecador arrepentido?

Para principiar debe declararse que "el don de Dios" de Efesios 2:8 se relaciona no a la fe sino a la salvación. Tal como A. T. Robertson dice, " 'Gracia' es la parte de Dios, 'fe' es la nuestra."[34] Esto va de acuerdo con el uso del Nuevo Testamento en que se manda a los creyentes dondequiera aquello que el hombre puede y debe hacer (Mr. 1:15; Jn. 1:12; 8:16, 24; 12:36; 16:31; Ro. 3:22; 10:9). La fe puede imposibilitarse por una aferración al pecado o por motivos egoístas: "¿Cómo podéis vosotros creer, pues recibís gloria los unos de los otros, y no buscáis la gloria que viene del Dios único?" (Jn. 5:44). El suponer tal incapacidad y adscribirla al diseño secreto de Dios sería casi una blasfemia.

Consideremos la amonestación del escritor a los Hebreos. Les pide a sus lectores que tengan cuidado no vaya a ser que "haya en ninguno de vosotros corazón malo de incredulidad para apartarse del Dios vivo" (He. 3:12). ¿Hay algo aquí que indique otra cosa que no sea que ellos tienen la facultad de escoger? Aun cuando no eran responsables por la actividad redentora de Dios, sí lo eran por aceptarla o rechazarla en fe.

Aun Efesios, tan fuerte en cuanto a la soberanía divina, toma sobre sí una responsabilidad real inherente en el que cree. Notemos la exhortación: "fortaleceos en el Señor, y en el poder de su fuerza" (6:10), y más particularmente en el mandato específico, "Estad, pues, firmes,... tomad el escudo de la fe, con que podáis apagar todos los dardos de fuego del maligno" (vrs. 14-16).

Aunque Pablo insiste que el conocimiento es indispensable a la fe (Ro. 10:14, 17), igualmente otorga la selección de fe a aquel que conoce —"Mas no todos obedecieron al evangelio" (v. 16).[35]

3. *La Acción del Espíritu.*

La mayoría de las referencias del Nuevo Testamento al ministerio del Espíritu Santo, se relacionan a su actividad en y sobre los creyentes. Se sorprende uno al descubrir cuán poca exposición hay de la naturaleza de su acción sobre el inconverso. En el caso de Lidia en

Filipos, se dice que abrió su corazón no al Espíritu, sino "al Señor" (Hch. 16:14). A la vez, Jesús habló sobre el poder atrayente de su crucifixión (Jn. 12:32); notemos su universalidad—"Yo... a todos atraeré a mí mismo." Poco más antes, usando la misma palabra (*helkuo*, "atraer" o "hacia"), Jesús había dicho: "Ninguno puede venir a mí, si el Padre que me envió no le trajere" (Jn. 6:44).[36] Pero ¿qué del Espíritu Santo? Aunque no se dice nada, podemos deducir de otras enseñanzas que el Señor abrió el corazón de Lidia por medio del Espíritu Santo y es también por el mismo Espíritu que atrae a los humanos a Jesús.

Quizá Juan 16:8-11 sea más definitivo: "Y cuando él venga, convencerá al mundo de pecado, de justicia y de juicio." La palabra "convencerá" *(elencho),* en este caso, significa "Traer convicción, confutar, refutar, usualmente con la sugerencia de avergonzar a la persona convicta."[37] Por tanto, es más fuerte que "convencer." El *Nuevo Testamento en Inglés Básico* dice: "Hará que el mundo esté consciente de pecado."[38]

La acción directa del Espíritu se declara por los apóstoles como el secreto de su efectividad. Pablo dice que fue "con la palabra y con las obras, con potencia de señales y prodigios, en el poder del Espíritu de Dios" que Cristo obró a través de él "para la obediencia de los gentiles" (Ro. 15:18-19). Pablo hace aseveraciones similares cuando habla a los corintios (1 Co. 2:4), y a los tesalonicenses (1 Ts. 1:5). Pedro también declara a sus lectores que el evangelio les fue predicado "por el Espíritu Santo enviado del cielo" (1 P. 1:12). Aparentemente la verdad no es suficiente. La verdad debe incrustarse en la conciencia y forzarse sobre la mente por medio del Espíritu.

El principal objeto de nuestro estudio está ya abierto. ¿Hay alguna pista en las Escrituras de que la actividad endosante y convincente del Espíritu es o *selectiva* o *irresistible?*[39] "Vosotros resistís siempre al "Espíritu Santo," dijo Esteban, implicando el esfuerzo del Espíritu Santo—un esfuerzo que nunca es burla, ni una especie de engaño divino. Además, el hecho de que el hombre pueda blasfemar en contra del Espíritu Santo (Mr. 3:28-30), insultar al "Espíritu de gracia" (He. 10:29), y "desechar la gracia de Dios" (Gá. 2:21), indica una libertad en respuesta a las invitaciones del Espíritu que no deja lugar a duda que al final de cuentas la responsabilidad decisiva pertenece al pecador, no a Dios. Sin el despertamiento del Espíritu, el hombre nunca lograría elevarse a su nivel moral y espiritual. Con el despertamiento del Espíritu, se hacen posibles el arrepentimiento y la fe aunque siguen siendo opcionales. La gracia provista para todos por medio del Espíritu, restaura la medida de libertad que hace posible un verdadero escogimiento; no intimida a la voluntad. Un verdadero escogimiento no es más posible en irresistible influencia divina que en la impotencia moral de una depravidad abandonada.

D. La Enseñanza de Romanos 9—11

Sin duda, este es el pasaje más crucial para un entendimiento bíblico de la relación de la soberanía divina a la elección. El problema inmediato es el aparente fracaso de parte de Dios (9:6) en cumplir sus promesas a los israelitas, fracaso que parece echar una sombra tanto en la integridad como en el poder de Dios. En su defensa inspirada de la integridad divina, Pablo pronto entra a discutir los principios básicos de la soberanía divina.

En todo el capítulo 9 Pablo establece su curso entre los extremos de la no soberanía y la soberanía arbitraria. Aun cuando estas aguas son demasiado profundas para nuestra comprensión total, al menos son un canal. Sólo conservándonos en este canal escaparemos el naufragio entre los arrecifes de la debilidad divina o de la tiranía implicada.[40]

1. *En Defensa de la Integridad Divina.*

Por un lado está la roca de la debilidad divina: el problema del aparente resquebrajamiento de la soberanía de Dios (y por implicación, su integridad). Por siglos se han leído, recitado, y creído las promesas respecto a la gloria que habría de ser de Israel cuando llegara el Mesías. A los israelitas les pertenecía "la adopción, la gloria, el pacto, la promulgación de la ley, el culto y las promesas" (9:4). Mas ahora el Mesías *ha* venido—sin embargo ¡notad la condición arruinada del ciego Israel! ¿Ha fallado Dios? ¿Tiene Dios que confesar fracaso al proscribir despiadadamente a su pueblo escogido? Moule se pregunta, ¿Ha terminado Dios con la raza a la cual le garantizó tal perpetuidad de bendición?"[41] Pablo rápidamente se separa del arrecife diciendo: "No que la palabra de Dios haya fallado" (9:6).

En seguida procede a demostrar que las promesas nunca se dieron para significar la inclusión incondicional de todo judío nacido de carne. "... porque no todos los que descienden de Israel son israelitas, ni por ser descendientes de Abraham, son todos hijos; sino: en Isaac te será llamada descendencia. Esto es, no los que son hijos según la carne son los hijos de Dios, sino que los que son hijos según la promesa son contados como descendientes" (9:6-8). Así como desde el punto de vista genealógico los hijos sobrenaturales de la promesa (no Ismael y su posteridad, sino Isaac) se contaron como la verdadera simiente de Abraham, ahora los herederos espirituales de las promesas en Cristo se cuentan como el verdadero Israel. Esto se expresa con claridad cuando Pablo regresa para completar el argumento en el verso 25. Aun Isaías lo apoya en su tesis de que el cumplimiento de las promesas ha de realizarse por el remanente, no por la masa total de los israelitas (v. 27). "Pablo nota en todo el pasado, una luenga admonición de que aunque un círculo externo de beneficios pudiera afectar la nación, el círculo íntimo, de hecho la luz y vida de Dios, abarcó sólo " 'un remanente.' "[42]

Pero entre los versículos 9 y el 24, el apóstol se hace a un lado lo suficiente como para demostrar que la soberanía de Dios queda intacta no sólo en la revelación de su voluntad por medio de las *promesas* sino en la revelación de su voluntad en la *elección*. Da ejemplos citando dos casos bien conocidos: *(a)* su voluntad de que Jacob antes que Esaú fuera el progenitor de la línea israelita; *(b)* su voluntad de que Faraón fuera un instrumento en la revelación de sí mismo a la raza humana. Además, fortalece su defensa de la soberanía divina por la analogía del barro y el alfarero: "¿o no tiene potestad el alfarero sobre el barro, para hacer de la misma masa un vaso para honra y otro para deshonra?" (v. 21). Pablo no tiene duda alguna de que la *voluntad* de Dios *es decisiva*. El fracaso aparente de su soberanía tal como se ve en el predicamento de los judíos, no es real: su suposición sólo pudo ser causada por una mala interpretación del programa de Dios.

Por el otro lado Pablo cuidadosamente se separa de la roca que está al otro lado del canal: la injusticia latente en el ejercicio arbitrario y quizá aun caprichoso de la soberanía. La mente humana salta de un expremo hacia el otro. La interpretación extrema de la posición de Pablo se indica en la pregunta: "¿Por qué, pues, inculpa? porque ¿quién ha resistido a su voluntad?" (9:19).[43]

2. *En Defensa de la Justicia Divina.*

Consideremos las referencias en orden. No hay elección final de individuos para salvación o condenación en el escogimiento de Isaac sobre Ismael, o de Jacob sobre Esaú. Sanday y Headlam citan a Gore en forma aprobatoria: "La elección absoluta de Jacob,—el amar a Jacob y el aborrecer de Esaú,—se refiere sencillamente a la elección de uno a los altos privilegios como jefe de la raza escogida, antes que del otro. Nada tiene que ver con su salvación final."[44] En la misma forma escriben Wesley, A. T. Robertson, Garvie, y Moule. "No se trata de una animosidad personal," dice Moule, sino sólo de una "repudiación relativa."[45]

Las fuertes declaraciones de los versículos 15-16 y 18, culminando con "al que quiere endurecer, endurece," deben estudiarse a la luz del contexto, y especialmente a la luz del ejemplo que Pablo cita expresamente como ilustración de los principios aquí enunciados: Faraón. A. E. Garvie escribe acerca de él (comentado en la cláusula del v. 17, "Para esto mismo te he levantado"): "Las palabras en su contexto original significan que Faraón había quedado exento de la plaga de la sarna, debido a que Dios tenía otras intenciones ulteriores al tratar con él, de usarlo como instrumento para librar a Israel de la esclavitud."[46] Respecto al uso de la palabra "endurecer," sigue comentando: "Pablo trata aquí con sólo un aspecto de la acción de Dios; su objetivo es el de dejar por sentada la soberanía divina sobre toda otra arrogancia humana; el derivar de este pasaje cualquiera otra doctrina de reprobación divina a la muerte eterna es usarlo mal."[47] Moule condensa admirablemente el caso:

> El caso de Faraón era un caso de fenómenos concurrentes. Un *hombre* allí, por un lado, luchando voluntaria, deliberadamente, y a brazo partido con lo recto, acarreando ruina sobre sí mismo, todo por causa suya. *Dios* estaba allí, por el otro lado, haciendo de este hombre no un monumento de gracia, sino de castigo. Y ese lado, esa línea, está aquí aislada, y tratada como si fuera todo.[48]

En los versículos 21 al 23 se hallan implícitas modificaciones similares de un punto de vista extremo de la soberanía divina.[49]

Aunque Pablo por el momento está recalcando la soberanía de Dios, aun en éste, el más fuerte de todos los pasajes sobre el asunto, no está contra la roca de la tiranía divina como tampoco lo estuvo en la roca de la debilidad humana. Más concluyente que cualquiera de las observaciones ya mencionadas, está la negación enfática de Pablo de que hay una cierta falta de rectitud con Dios (v. 14). Esta seguridad está en la base misma de su posición y prueba incorrecta cualquiera interpretación de sus palabras que implique lo contrario. El caso se establece firmemente cuando interpretamos este pasaje a la luz de la epístola entera—que no sólo es nuestro derecho sino nuestra obligación hacerlo. Olshausen dice: La doctrina de la predestinación de los malvados "pierde toda semblanza de verdad" tan pronto como se considera el 9:14 en conexión con 11—sin mencionar nada de los 8 y 10.[50]

E. Un Concepto Bíblico de Soberanía

Tomando la totalidad de Romanos 9—11, descubrimos un ejercicio de cuatro partes de la soberanía divina:

1. En el *escogimiento* divino de *los instrumentos terrenos,* como en los casos de Isaac, Jacob, Israel, Moisés, Faraón y siguiendo así por toda la línea de cada rey, profeta y sacerdote a quien Dios usa particularmente en llevar adelante sus designios. ¿Por qué Dios levanta a uno a través de providencias históricas y a otro lo rebaja? ¿por qué escoge a David para ser rey antes que a sus hermanos con un futuro más prometedor? ¿por qué sólo uno en una familia es llamado a predicar el evangelio? No nos toca a nosotros saberlo; tales cuestiones están dentro del velo de la sabiduría omnisciente de Dios y pertenecen a las prerrogativas de su propia voluntad.

2. En las *designaciones de medios y métodos* divinos; y aquí puede verse la armonía de toda la epístola. Por toda la epístola, Pablo arguye una salvación obtenida por fe, no por obras; basada sobre gracia, no en méritos; ofrecida por Cristo, no por Moisés. Pero la gran masa de judíos estaba sin salvarse porque *rechazaron este método,* no porque Dios los haya predestinado para no ser salvos. "Porque ignorando la justicia de Dios, y procurando establecer la suya propia, no se han sujetado a la justicia de Dios" (10:3). Fueron cortados, no por diseño arbitrario, sino "por su incredulidad" (11:20). Decir que Dios preordenó su incredulidad y nuestra fe, es dejar sin efecto todas las amonestaciones, tales como la que se sigue inmediatamente: "Porque si Dios no perdonó a las ramas naturales, a ti tampoco te perdonará. Mira, pues, la bondad y la severidad de Dios; la severidad ciertamente para con los que cayeron, pero la bondad para contigo, si permaneces en esa bondad; pues de otra manera tú también serás cortado" (11:21-22).

3. En la *invitación de salvación* divina. Todo el plan de redención es que Dios extiende su mano para levantar al hombre caído. No es un proyecto humano por el que se *alcance* la salvación, sino el diseño de Dios por el cual se *recibe* la salvación. Por tanto, lo que tenemos, nos es dado, no ganado. Es misericordia, no es justicia. Es divino, no humano. Y nos deja en deuda eterna con Dios, el Autor de nuestra salvación.

4. La *garantía del triunfo final* divino. Es un error aseverar que "Dios nunca ha perdido una batalla." La ha perdido. Pero ganará la guerra y al final de cuentas esto es lo que vale. Tal como Garvie dice: "El propósito de Dios debe cumplirse, y puede ser torcido, por la

libertad humana."[51] Torcido, mas no vencido al final. Dios ha puesto en ejercicio, impuesta por El mismo, una soberanía limitada en deferencia a la criatura libre que El ha creado a su propia imagen, pero no ha claudicado su soberanía. Los destinos del individuo han sido prostituidos por las voluntades individuales, pero la certeza de que el resultado final de la historia será Su resultado, jamás se ha debilitado.

Para repetir: El sigue siendo el Alfarero y dominará donde no pueda gobernar, aun para hacer que la ira del hombre lo alabe y usando en sus intrincados planes a los malignos como siervos sin quererlo. En este sentido usó a Faraón—"para que mi nombre fuese declarado por sobre toda la tierra." La maldad no es producto de su voluntad, pero El estuvo de acuerdo en usar la maldad. Adaptaciones sin contar manipuladas divinamente a lo largo del sendero permitirán que la historia humana siga avanzando. Las pérdidas humanas constituyen el corazón quebrantado de Dios, pero nunca la conquista de Dios.

Por tanto, podemos concluir que *en tanto que la soberanía de Dios es absoluta en sus prerrogativas, está autolimitada en su ejercicio.* Siendo que Dios "hizo el mundo y todas las cosas que en él hay," El es "Señor del cielo y de la tierra" (Hch. 17:24). Este es su derecho ilimitado, y toda demanda rival es fraudulenta y maligna. Su derecho soberano a gobernar se extiende a los agentes personales así como a las fuerzas impersonales. Por tanto, El tiene la demanda única en lealtad, afectos, y energías de todo ser personal. "Al Señor tu Dios adorarás, y a él solo servirás," citó Jesús en su confrontación con Satanás (Lc. 4:8).

En el ejercicio de esta soberanía Dios hace lo que escoge hacer. María exclamó: "A los hambrientos colmó de bienes, y a los ricos envió vacíos" (Lc. 1:53). Y Jesús le dijo a Pilato, "Ninguna autoridad tendrías contra mí, si no te fuese dada de arriba" (Jn. 19:11). Detrás de toda causa secundaria está la voluntad de Dios, ya sea determinando o permitiendo. La voluntad de Dios será hecha. Pablo cita a Isaías 45:23: "Vivo yo, dice el Señor, que ante mí se doblará toda rodilla, y toda lengua confesará a Dios" (Ro. 14:11; Fil. 2:10).

Sin embargo, la soberanía de Dios *incluye* su propósito de dar al hombre la facultad de decir no. Dentro del alcance total del plan divino hay una medida de autonomía en el hombre con el potencial de convertirse en un punto focal de rebelión. Es la voluntad de Dios que el hombre escoja en libertad decisiva. Pero que puede resistir a Dios resulta claro de la oración del Maestro, "Hágase tu voluntad, como en el cielo, así también en la tierra" (Mt. 6:10). Obviamente, su voluntad no se está cumpliendo hoy en la tierra como se hace en el cielo.

Por tanto, el prospecto triste de rebelión persistente de parte de algunos, no puede interpretarse como fracaso en la soberanía divina si se ve de una vez por todas que este esquema de cosas es parte de aquella soberanía. Por el lado del amor divino, que busca persuadir en lugar de manipular, la voluntad de Dios está frustrada por toda alma perdida; pero por el lado del respeto divino por la libertad humana, su voluntad es inviolable. Desde el punto de vista de lo que constituye una demostración de soberanía exitosa, el llamado evangélico y las invitaciones del Espíritu no ofrecerán ningún problema en relacionar el *llamado* a la *elección* si nuestro pensamiento se mueve dentro del marco de un punto de vista bíblico de la soberanía.

"¡Oh profundidad de las riquezas de la sabiduría y de la ciencia de Dios! ¡Cuán insondables son sus juicios, e inescrutables sus caminos!... Porque de él, y por él, y para él, son todas las cosas. A él sea la gloria por los siglos. Amén" (Ro. 11:33, 36).

NOTAS BIBLIOGRÁFICAS

[1]*NT Theology,* p. 80.

[2]Aunque la palabra se traduce normalmente "gracia", también se emplean otras palabras como "favor", "generosidad", "liberalidad", "conceder", y en varias ocasiones como "acción de gracias". El "dar gracias" y solicitar "gracia" son sinónimos.

[3]Richardson ofrece un breve estudio del uso de *charis* en el Nuevo Testamento en comparación con el AT, *Theology of the NT,* pp. 281 y ss.

[4]Cf. A. T. Robertson, *Word Pictures,* 4:363 y ss.

[5]Aunque Sanday y Headlam *(ICC)* descartan este aspecto de la gracia, informa Alan Richardson, la reconocen como "el impulso y la ayuda divinos que preceden y acompañan la acción correcta" (*Theology of the NT,* p. 283). Véase también F. F. Bruce, *Tyndale New Testament Commentaries,* sobre Romanos 6:14 (p. 140).

[6]Los cuatro evangelios no constituyen una demostración irrefutable y abrumadora que haga obvio el elemento volitivo en la fe. Se provee suficiente evidencia en el NT para ofrecer una base lógica de la fe, pero no la suficiente como para eliminar la fe de la arena del escogimiento moral. El hombre voluntariamente decidió hacerse incrédulo ante Dios; es correcto que se le requiera que crea para regresar a Dios.

[7]Jeremias, *Central Message of the NT,* p. 56.

[8]Vemos la evidencia de ello en la urgencia universal de seguir a medias la vida de fe cristiana o de posponerla tanto como sea posible. Virtualmente todas las religiones no cristianas son de "obras".

[9]Incluso la circuncisión de los judíos no tenía ningún valor para la salvación (Ro. 2:28-29; 3:30; Gá. 6:15); mas San Pablo no se opuso a su práctica entre ellos. De hecho, por emergencia, circuncidó al greco-judío Timoteo, para que pudiera ser aceptado por los judíos de "aquellos lugares" (Hch. 16:1-3). Puesto que los judíos sabían que su padre era griego, Timoteo tenía que identificarse religiosamente como judío para que le pudieran escuchar. Pero San Pablo no relacionó ese acto con la salvación del joven Timoteo. Lo que San Pablo hizo como estrategia de evangelización jamás lo hubiera permitido si se hubiera tratado de un requisito soteriológico.

[10]"The Acts of the Apostles", *Tyndale New Testament Commentaries* (Londres: The Tyndale Press, 1963), p. 115.

[11]Por un lado, era la lucha entre la gracia y las obras de la ley. Por otro, era la lucha entre el sectarismo y la catolicidad, o el provincialismo estrecho y la evangelización mundial. Visto desde otro ángulo, era la lucha entre la esclavitud y la libertad. "A libertad fuisteis llamados", dice San Pablo (Gá. 5:13).

[12]*Word Pictures*, 3:222. Y agrega: "Esta [la controversia] continúa entre nosotros, puesto que el bautismo ha tomado el lugar de la circuncisión." Véase también la interpretación de Archibald M. Hunter del punto de vista de San Pablo sobre los sacramentos, *Introducing New Testament Theology* (Filadelfia: The Westminster Press, 1957), pp. 98 y ss.

[13]*Theology of the NT*, p. 510.

[14]He aquí una clara insistencia sobre una fe teísta, en contraposición a una fe deísta o panteísta. El Dios que es el objeto de la fe bíblica es tanto trascendente como inmanente. Además, El es un Ser intensamente personal que se relaciona a Sí mismo con el hombre y responde a quienes le buscan.

[15]A la fe se le adscribe sanidad (Mt. 8:13; 9:22; Mr. 9:23), justificación (Jn. 3:16; Ro. 3:22-26; 5:1), santificación (Hch. 15:8-9; 26:18; Ro. 5:2-5; cf. 2 Ts. 2:13), y todos los dones de la gracia de la vida cristiana (He. 11).

[16]La fortaleza en la fe es aún independiente de la prueba fenomenal inmediata, como Cristo le dijo a Tomás: "Porque me has visto, Tomás, creíste; bienaventurados los que no vieron, y creyeron" (Jn. 20:29).

[17]Generalmente la preposición que se usa es *en* ("en") la cual implica firme creencia o confianza en una persona, doctrina o causa—en este caso, Cristo. Ocasionalmente se emplea la preposición *epi* ("sobre"), como cuando San Pablo declaró que la justicia será reconocida para nosotros "los que creemos en [*epi*, 'en'] el que levantó de los muertos a Jesús, Señor nuestro" (Ro. 4:24). Esta preposición quizá recalque el *descanso* de la fe, como una confianza quieta establecida sobre una base sólida.

[18]*Theology of the NT*, p. 241. También observa la similitud entre *he pistis sunergei tois ergois*, Stg. 2:22, y *pistis di' agapes energoumene*, Gá. 5:6.

[19]William Douglas Chamberlain, *An Exegetical Grammar of the Greek New Testament* (Nueva York: The Macmillan Co., 1960), p. 141.

[20]A. T. Robertson observa: "Nótese el uso de *topneuma* en contraste con *sarx* como el asiento de la personalidad" (*Word Pictures*, 4:113).

[21]Así lo declara Frederick D. Bruner, quien insiste en que el arrepentimiento "no es algo que se hace", sino que es un don de Dios, por el cual uno es impulsado

irresistiblemente a ser bautizado (*A Theology of the Holy Spirit* [Grand Rapids, Mich.: Wm. B. Eerdmans Publishing Co., 1970], p. 166).

[22]Dorothy L. Sayers observa que "la gracia abunda sólo cuando hay un genuino arrepentimiento, y no podemos... simultáneamente desear el pecado y a la vez el arrepentimiento, puesto que envuelve una contradicción de términos" (*A Matter of Eternity,* editor, Rosamond Kent Sprague [Grand Rapids, Mich.: Wm. B. Eerdmans Publishing Co., 1973], p. 64).

[23]A la luz de la plena insistencia en el Nuevo Testamento de que el arrepentimiento y la obediencia, no sólo iniciales sino subsecuentes, son esenciales para la fe salvadora, es increíble que eruditos como Bruner confundan estos requisitos con las "obras" que San Pablo rechaza como contrarios a la fe. Tal punto de vista fragmenta no sólo el Nuevo Testamento, sino la epístola en la que se repudian "las obras" con mayor fuerza, Romanos. Por supuesto, "por las obras de la ley ningún ser humáno será justificado" (3:20). Pero no es el arrepentimiento lo incompatible con la fe, sino el sistema de méritos por las obras, representado por la circuncisión.

[24]Puesto que la salvación está basada en el previo conocimiento, los dos términos obviamente no pueden ser sinónimos. Vine comenta que *proorizo,* "predestinar", "se debe distinguir de *proginosko,* 'conocer de antemano'; este último tiene relación especial con las personas conocidas previamente por Dios, en tanto que *proorizo* se relaciona especialmente con los sujetos que en su previo conocimiento son predestinados" (*Dictionary,* 3:203).

[25]*Ibid.,* 2:119. Véase también la discusión de Vine de *horizo,* "determinar", 1:305.

[26]El término "llamamiento" también se usa para referirse a la vocación del cristiano (cf. Ro. 11:29; Ef. 4:1).

[27]R. H. Strachan, "The Second Epistle General of Peter", *The Expositor's Greek Testament* (Grand Rapids, Mich.: Wm. B. Eerdmans Publishing Co., reimpreso en 1967), 5:128. Es difícil justificar la traducción de *La Biblia de las Américas:* "Así que, hermanos, sed tanto más diligentes para aseguraros de vuestro llamado y elección." El que Dios nos haya llamado y escogido no se pone en tela de duda, sino que nuestra confirmación del llamado y elección es lo que está en la balanza y lo que necesitamos establecer por nuestra diligencia. Robertson, (*Word Pictures,* 5:153) traduce *eklogen,* "elección", 2 P. 1:10, con el significado de "aceptación".

[28]*The Expositor's Greek Testament,* 2:300. A. T. Robertson comenta (*Word Studies,* 3:200): "Los judíos habían rechazado voluntariamente la Palabra de Dios. Por otro lado estaban los gentiles que alegremente habían aceptado lo que los judíos habían rechazado, no todos los gentiles. San Lucas no nos dice por qué estos gentiles se consideraban del lado de Dios en oposición a los judíos. Este versículo no resuelve el complejo problema de la soberanía divina y el libre albedrío humano. No hay evidencia de que San Lucas haya estado pensando en un *absolutum decretum* de salvación personal. San Pablo había mostrado que el plan de Dios se extendió a los gentiles y los incluyó en el mismo. Ciertamente el Espíritu de Dios opera sobre el corazón humano al cual algunos responden, como aquí, mientras que otros lo alejan." Véase también John Wesley, *Notes, in loco.*

[29]F. F. Bruce considera Colosenses y Efesios como "el clímax de la teología paulina" (*The Message of the New Testament* [Grand Rapids: Mich.: Wm. B. Eerdmans Publishing Co., 1972], p. 42).

[30]F. F. Bruce observa que en Efesios "se nos presenta una visión de la iglesia no sólo como la obra maestra de Dios de reconciliación de una vez para siempre,

sino también como el esquema piloto de Dios para el universo reconciliado del futuro" (*Ibid.,* p. 40).

[31]La conformidad con la imagen de Cristo ("una conformidad interna y no meramente superficial"—Robertson) constituye la forma en que San Pablo la resume en Ro. 8:29.

[32]Mas el plan va más allá de la mera inclusión de los gentiles; es nada menos que la destrucción de la barrera que dividía a los gentiles de los judíos y la creación de "un nuevo hombre", ni judío ni gentil, sino cristiano. Las otras diferencias raciales ya no tienen importancia, porque la nueva unidad en Cristo las sobrepasa (2:14-16).

[33]Esta es una referencia constante en el Nuevo Testamento. El "nuevo nacimiento" se efectúa por el Espíritu (Jn. 3:5). Por el Espíritu pasamos a pertenecer al cuerpo de Cristo (1 Co. 12:13), y somos santificados (2 Ts. 2:13; cf. 2 Co. 3:3; 18; Tit. 3:5). Aquí la santificación lograda por el Espíritu y la fe por el lado humano son declaradas como medios por los cuales la salvación propuesta se convierte en realidad (cf. 1 P. 1:2). Respecto a Efesios, por el Espíritu somos "fortalecidos con poder en el hombre interior" (3:16), y al ser "llenos del Espíritu" (5:18) nos elevamos a las alturas de una vida santa y victoriosa.

[34]*Word Pictures,* 4:525. Explica además: "*Y esto (kai touto).* Neutro... y no se refiere a *pistís* (femenino) ni a *charis* (también femenino), sino al acto de ser salvo por la gracia condicionado por la fe de parte nuestra."

[35]Es sorprendente que Richardson diga que la fe "no es algo que hacemos, sino una *charisma pneumatos* (1 Co. 12:9)" (*Theology of the NT,* p. 283). El don especial de la fe mencionado por San Pablo como una de las capacidades de la panoplia del Espíritu se relaciona con la obra cristiana respecto a quienes ya son cristianos—quienes ya poseen fe *salvadora.* El confundir este "don" de la fe con la fe justificadora, ¡es lo mismo que implicar que sólo *algunos* creyentes son justificados! —porque el "don" es designado como la voluntad de Dios para algunos, no para todos.

[36]Aunque no se hace referencia directamente a nuestra actual investigación respecto a la acción del Espíritu Santo, constituye la afirmación clara de la falta de habilidad del hombre para responder a Cristo si se aleja de la gracia, y de que el Padre es soberano para determinar la base sobre la cual los hombres pueden llegar a ser creyentes. Sin embargo, el contexto aclara que la acción del Padre no es una selección arbitraria. "Y esta es la voluntad del que me ha enviado: Que todo aquel que ve al Hijo, y cree en él, tenga vida eterna" (v. 40). Pero ¿quién creerá en realidad con fe salvadora? La respuesta se encuentra en el v. 45: "Todo aquel que oyó al Padre, y aprendió de él, viene a mí." Así se les dijo a los judíos que rechazaron a Cristo sobre la base de una profesión de lealtad a Dios. Cristo está diciendo que una verdadera relación con el Padre abriría inevitablemente sus ojos a Sí mismo. Su rechazo de Cristo sólo demostró su separación del Padre. No se encuentra alguna orden particular de salvación en este pasaje.

[37]Vine, *Dictionary,* 1:239.

[38]Al decir "cuando él venga", Cristo no implicó que la acción de convicción del Espíritu entre los hombres comenzaría con su advenimiento en el día de Pentecostés, porque el AT implicó este ministerio desde el tiempo de la caída. Más bien quiso decir (1) que el Espíritu continuaría oficial y eficientemente lo que Cristo había comenzado; y (2) que la obra del Espíritu se relacionaría especialmente con el Cristo crucificado. El hecho de que el Espíritu haya estado "presente" desde antes a través de la conciencia fue indicado por Esteban cuando acusó a sus oyentes

de resistir siempre al Espíritu Santo, y al agregar: "Como vuestros padres, así también vosotros" (Hch. 7:51).

[39]Para sostener una comprensión calvinista del "llamamiento efectual" y la "gracia irresistible", George Smeaton trata arduamente de confinar el ministerio de convicción del Espíritu a los elegidos (*The Doctrine of the Holy Spirit* [Londres: The Banner of Truth Trust, pub. orig, en 1882, reimp. en 1961], pp. 172-183). Su argumento se basa en que el despertamiento del Espíritu es de tal naturaleza que es necesariamente efectivo, con el resultado infalible de la conversión. Pero tal posición jamás se leería en este pasaje, excepto sobre una base *a priori*. La Biblia dice que el "mundo" es el objetivo del ministerio de convencimiento del Espíritu, y nunca divide este mundo en dos clases: aquellos a quienes ministra el Espíritu con suficiente poder para asegurar su efectividad y aquellos a quienes ministra el Espíritu con poder insuficiente previámente así designado. Todos estos puntos refinados son más bien resultados especulativos de teología histórica, y no constituyen teología bíblica.

[40]En las palabras de Olshausen, el apóstol "ni intenta por la gracia de Dios eliminar del hombre su libre determinación de la voluntad, ni por esta última la característica todo suficiente de la gracia; su fin consiste en establecer ambos en una relación recíproca" (Hermann Olshausen, *Biblical Commentary on the New Testament* [Nueva York: Sheldon, Blakeman and Co., 1858], 4:73).

[41]H. C. G. Moule, "The Epistle of St. Paul to the Romans", *The Expositor's Bible*, editor W. Robertson Nicoll (Nueva York: A. C. Armstrong and Son, 1905), p. 246.

[42]*Loc. cit.*

[43]Es necesario que comprendamos tres puntos:

(1) Los judíos no hacían ningún reclamo *moral* sobre el favor especial de Dios, por virtud de cualquier mérito superior de sus obras. Isaac no hizo ningún mérito para que él, y no Ismael, fuera el hijo de la promesa. Tampoco Jacob tuvo mérito alguno para que fuera escogido por sobre Esaú; "aunque ellos [los gemelos] aún no habían nacido y no habían hecho nada bueno ni malo, a fin de que el propósito divino de elección pudiera continuar, no por las obras sino por su llamamiento, se le dijo a ella: '*Y el mayor servirá al menor*'" (11-12, se agregaron las cursivas).

(2) Hay una suposición categórica. San Pablo no da una respuesta directa a la pregunta: "¿Por qué, pues, inculpa?" sino que la elimina como impropia. "Mas antes, oh hombre, ¿quién eres tú, para que alterques con Dios? ¿Dirá el vaso de barro al que lo formó: ¿Por qué me has hecho así?" (v. 20).

(3) También hay un "callejón sin salida" teológico. Si San Pablo desea enseñar que la soberanía de Dios, con su endurecimiento y ablandamiento y elección incondicional se extiende hasta la salvación o condenación final del alma, entonces tiene validez la pregunta: "¿Por qué, pues, inculpa?", y no la eludirá ninguna cantidad de maniobras hábiles o de culpa piadosa.

[44]William Sanday y Arthur C. Headlam, "The Epistle to the Romans", *ICC*, p. 245, refiriéndose a *Studia Biblica*, iii:44.

[45]H. C. G. Moule, *Expositor's Bible*, p. 250. De la expresión "el propósito de Dios conforme a la elección" del v. 11, Garvie escribe: "Dios ha tenido la intención de salvar a la humanidad desde el principio, y tal intención ha normado su acción a través de las edades" (*The New Century Bible*). Por ello interpreta Ro. 8:28 y Ef. 1:9-11 también. Y Sanday y Headlam conceden significativamente: "El comentario

de Calvino *dumdios ad salutem praedestinat, alios ad aeternam damnationem* no se implica en el texto" *(ICC).*

[46]"Romans", *New Century Bible,* p. 215.

[47]*Ibid.,* p. 216.

[48]*Expositor's Bible,* p. 253.

[49]Garvie cree que el "vaso" (v. 21) se refiere a un uso terrenal, no al destino eterno; en tal caso Jacob y Esaú serían un ejemplo perfecto, porque fueron hechos, una para honra y otro para deshonra, "del mismo barro", p. ej., de la misma parentela (*ICC*, p. 261). Sanday y Headlam, Wesley, Robertson, Garvie, Moule, Denney, Olshausen, y Weiss todos declaran enfáticamente que ni el contexto ni la misma cláusula "preparados para destrucción", nos demandan que le adscribamos al designio de Dios su condición maligna. De todas las fuentes examinadas, sólo Meyers difiere de este punto de vista.

[50]*Biblical Commentary on the NT,* p. 74.

[51]*New Century Bible,* p. 201.

25

Un Nuevo Hombre en Cristo

El tema de la salvación domina continuamente el Nuevo Testamento. El hijo de María habría de llamarse Jesús, "porque él salvará" (Mt. 1:21). Los ángeles anuncian a los atónitos pastores "un Salvador que es CRISTO el Señor" (Lc. 2:11). Zacarías, en éxtasis profético canta acerca de la redención que ha de llevarse a cabo por el "cuerno de salvación del Señor" (Lc. 1:68-79). Simeón declara con gran alegría que ya está listo para morir en paz, "pues han visto mis ojos tu salvación" (Lc. 2:28-32). Aun cuando muchos fueron ciegos a toda dimensión en la esperada salvación, que no fuera política y física, los que vieron con ojos espirituales la misión de Cristo marcaron un horizonte mayor y más amplio (ver Lc. 18:23 sig.). No sólo los judíos, sino el mundo estaban bajo sentencia divina, y Jesús vino "para que el mundo sea salvo por él" (Jn. 3:17).

Sin embargo, las dimensiones cósmicas de la salvación no son nuestra cuestión inmediata. Más bien, ¿qué pasa cuando los pecadores se arrepienten y creen en el evangelio? Cuando Jesús explicó la parábola del sembrador dijo que el diablo arrebata la semilla del evangelio de los oidores de junto al camino "para que no crean y se salven" (Lc. 8:12). Obviamente, el propósito de creer es ser salvo. En la mente de Cristo ¿cuál es el contenido de esta salvación?

En los Sinópticos se encuentran ciertas respuestas básicas, que se enriquecen y profundizan por metáfora y escenas en Juan, ilustradas también en los Hechos y expuestas en las Epístolas.

I. Lo Que Jesús Enseñó Acerca de la Salvación

A. Recuperación y Libertad

Primero que nada, en la salvación lo perdido es recuperado. Jesús dijo, "Porque el Hijo del hombre vino a buscar y a salvar lo que se había perdido." La confrontación con Jesucristo llevó a Zaqueo, un perdido colector de impuestos, a un despertamiento espiritual rápido, en el que vio una vez más las relaciones de la vida en su propia perspectiva (Lc. 19: 1-10). "Hoy, ha venido la salvación a esta casa," anunció Jesús.

Pasamos por alto la perspectiva de Jesús si consideramos lo perdido sólo en sus aspectos subjetivos. La pérdida última tiene una dimensión más allá de este mundo. Jesús declaró que el ganar todo el mundo en nada compensa la pérdida de nuestra alma (Mt. 16:26; Mr. 8:35). Por cuanto la esencia de lo perdido es separación de Dios, sólo puede conducir a la desaparición final y eterna de su presencia. Lo perdido no es un predicamento de situación desconocida, sino un completo desperdicio, como la hora que se pierde o la oportunidad perdida—una pérdida absoluta y no recobrable.

Aun cuando la pérdida experimentada por los hombres en este mundo es real, no es final. El alma perdida puede encontrarse, cesar la separación, detener lo desperdiciado, terminar con el predicamento. Fue por esto que Jesús vino. Nadie permanece perdido si es hallado por Jesús. Y nadie permanece hallado si se separa de Jesús. Pero debe recalcarse que esto es recuperación, o descubrimiento. La salvación es algo más que el ser hallado; es el ser llevado a casa por Jesucristo. Incluye una restauración tanto de posición como de condición (Lc. 15:5-7, 24).

B. Transformación

En esta confrontación crucial con Jesús, que es la salvación, ocurren cambios profundos en el creyente. Principia a experimentar las clases de cambio que Jesús vino a llevar a cabo (Lc. 4:18). La poderosa liberación que experimentó el endemoniado gadareno (Mr. 5:15) es simbólica de toda conversión. El mandato, inmediatamente adquiere sentido: "Vete a tu casa, a los tuyos, y cuéntales, cuán grandes cosas el Señor ha hecho contigo, y cómo ha tenido misericordia de ti" (v. 19). Una persona salva tiene un testimonio. Ha entrado por la puerta angosta del arrepentimiento y ha puesto decididamente su pie en la senda que lleva a la vida (Mt. 7:13-14; ver Mr. 8:35). Dios lo reconoce como suyo porque ha cesado en su práctica del mal (Mt. 7:23). Ha principiado a experimentar la verdadera rectitud interna, en móvil y en espíritu, sin lo cual es imposible un acceso final y eterno al reino (Mt. 5:20).

La naturaleza radical y alcance de este cambio se implica por Jesús en uno de sus absolutos solemnes: "De cierto os digo, que si no os volvéis y os hacéis como niños [*paidia,* niños muy pequeños], no entraréis en el reino de los cielos" (Mt. 18:3). La verdadera conversión incluye una transformación que es como un retorno a la niñez; de hecho es un retorno a la infancia.[1]

C. Perdón

En un sentido, el perdón subraya y es la condición de todo lo demás. Cuando el ángel prometió que Jesús sería un Salvador que salvaría a su pueblo de sus pecados (Mt. 1:21), quiso decir en primer lugar salvación de la *culpa* de esos pecados. El pecado tiene una demanda sobre el pecador, que tortura su conciencia y lo separa de Dios. No hay expiación humana suficiente, ningún intento a negar o esconder tendrá éxito, ni hay reforma que equilibre el resultado. Sólo se ofrece una esperanza: el perdón.

La necesidad del perdón se implica por la amonestación de Jesús de que el tratar frívolamente con el Espíritu Santo pone al hombre en peligro de cometer un pecado imperdonable (Mr. 3:28-30), destruyendo así toda esperanza. Además, una relación auténtica como discípulo de Cristo no puede establecerse aparte del perdón de los pecados (Mr. 4:11-12; ver Mt. 11:28-29). Lo opuesto es también verdadero: Nadie puede ser perdonado si rehúsa confiar en Jesús como la base del perdón—"porque si no creéis que yo soy, en vuestros pecados moriréis" (Jn. 8:24).

1. *El Bautismo de Juan.*

El uso del agua como un ritual era secundario a la esencia del bautismo, que fue "bautismo de arrepentimiento para perdón de pecados" (Mr. 1:4; ver Hch. 13:24; 19:4). Juan fue instrumento designado por Dios para introducir al pueblo judío a una nueva forma de recibir perdón que pasaba por alto el Templo, pero que incluía como condiciones el arrepentimiento y la fe.[2] Así que el ministerio de Juan fue introductorio al orden del evangelio, y a Jesús, el meollo del evangelio.

El perdón de los pecados que Juan mediaba era una verdadera reconciliación con Dios, no sólo un limpiamiento ceremonial. Los que eran perdonados podían ahora entrar directamente al nuevo régimen con un expediente limpio, gozando paz con Dios y paz en su corazón. Podían inmediatamente principiar a seguir a Jesús como discípulos, precisamente como lo hicieron muchos. Por eso es que cuando llamó a sus discípulos que le siguieran, Jesús no les demandó arrepentimiento y bautismo primero. Estaban calificados espiritualmente y ya sentían naturalmente una inclinación a responder inmediatamente al llamado de Dios. Que su respuesta fue limitada por su comprensión imperfecta y que continuó profundizándose a medida que ellos continuaban andando con Cristo, no invalida el arrepentimiento o la totalidad de su perdón. Eran ya hombres nuevos, dentro de una nueva relación con Dios, con su pasado, y con el futuro.

Esto revela la verdadera interpretación de la profecía inspirada de Zacarías. Juan, como precursor, fue designado para ir "delante de la presencia del Señor, para preparar sus caminos; para dar conocimiento de salvación a su pueblo, para perdón de sus pecados" (Lc. 1:76-77). Fue por el perdón de sus pecados que llegaron a conocer la naturaleza de la salvación que el Mesías habría de traer; de hecho esta experiencia de perdón fue su experiencia inicial de salvación.[3]

2. *Un Perdón Condicional.*

Los que han sido así iniciados en los ministerios del reino, han entendido que su perdón estaba relacionado a Jesús como Mesías, pero no era necesario que entendieran los medios por los cuales Jesús hizo posible su perdón. No tenían un concepto todavía de la muerte expiatoria de Cristo. Por tanto, no podían estar infectados con una presunción de perdón tan objetiva y absoluta como para incluir los pecados del futuro así como los del pasado. Por el contrario, las enseñanzas de Jesús declaraban tan sencillamente la naturaleza contingente del perdón que sería imposible que se originara la idea de un perdón en masa, o por mayoreo. El hecho de que se incluya una oración por el perdón recibido bajo Juan no era una póliza de seguro moral ya pagada. El pecar una y otra vez demandaba arrepentimiento renovado y un nuevo perdón.

Es más, el perdón renovado depende del espíritu perdonador hacia otros (Mt. 6:8-15). Este principio se afirmó por Jesús en un discurso posterior cuando respondió a la pregunta de Pedro, "Señor, ¿cuántas veces perdonaré a mi hermano que peque contra mí?" (Mt. 18:21 sig.).La parábola que sigue termina con una solemne aplición: "Así también mi Padre celestial hará con vosotros si no perdonáis de todo corazón cada uno a su hermano sus ofensas" (v. 35). El perdón se cancela si el perdonado deja de perdonar.[4]

3. *Perdón y Justificación.*

La relación del perdón a la justificación es crucial en la teología del Nuevo Testamento. Por tanto, es importante buscar las pistas en las enseñanzas de Jesús. El vocablo crítico *dikaioo,* "justificar," tan frecuente en los escritos de Pablo, se encuentra sólo dos veces en Mateo, cinco veces en Lucas y ni una sola vez en Marcos o en Juan.

La palabra *vindicado* es el paralelo más cercano a *dikaioo,* y embona casi en cada ejemplo, ya sea como una verdadera vindicación (Mt. 11:19; 12:37; Lc. 7:29, 35; 10:29). La justificación propia— el intento de hacerse aparecer correcto ante los ojos de los demás—es particularmente odioso a Jesús (Lc. 16:15).

La cuestión de vida o muerte es: ¿Cómo puede el pecador ser justificado delante de Dios? Los Sinópticos proveen una respuesta usando *dikaioo* en sólo un pasaje, la parábola del fariseo y el publicano—"éste descendió a su casa justificado antes que el otro" (Lc. 18:10-14). Con toda claridad, esta fue justificación divina. ¿Pero cuál fue su naturaleza? El significado usual de *vindicación* no podría aplicarse en este caso. No fue perdonado, era ahora aceptable delante de Dios. Aquí está una clave para una sana doctrina bíblica sobre la justificación.

D. Discipulado

La transición de Juan el Bautista a Jesús permitió una salvación inicial activada por fe en el Mesías que pronto habría de venir, pero esta fe tenía que convertirse en completa alineación con Jesús si la salvación habría de ser confirmada y sostenida (Mt. 10:32-39). Jesús se identificó como Aquel a quien Juan había anunciado y demandaba un cambio total de su lealtad. El ser sus discípulos no se esperaba sólo de los seguidores especiales llamados de entre el ejercicio de su vocación, sino igualmente de todos los que serían salvos. No sólo eran los "trabajados y cargados" a los que se les prometía descanso si vinieran a Jesús, sino que se les desafió a tomar su yugo y a aprender (Mt. 11:28-30). Este desafío habrían de tomarlo como la invitación usual de un rabí a convertirse en discípulo seguidor suyo.

Sin embargo, pronto se aclaró que lo que Jesús quiso decir era más que una simple aceptación o reconocimiento de su dirección tutorial; quería decir nada menos que aceptar su autoridad absoluta como Señor. No sólo les enseñaba "como uno que tiene autoridad," sino que insistía en algo más que un servicio de labios a esa autoridad; debe reconocerse por obediencia (Mt. 7:21-29).

También en un discurso posterior, Jesús no dejó duda alguna respecto a las demandas absolutas del discipulado. La lealtad hacia él debe ser tan incondicional que los discípulos la acepten sin calificación alguna incluyendo la ruptura con el padre o la madre (Mt. 10:34-39; ver Lc. 12:51-53; 14:26-33). Más tarde aún, cuando Pedro presumió corregir a Jesús, el Maestro no sólo reprendió a Pedro abiertamente, sino que reiteró una vez más los términos del discipulado: "Si alguno quiere venir en pos de mí, niéguese a sí mismo (renuncie su demanda de soberanía propia), y tome su cruz, y sígame" (Mt. 16:24).

Por tanto, el ser salvo, significa convertirse en discípulo de Cristo no sólo tentativa y tibiamente sino radicalmente y sin reservas. Jesús considerará como "su pueblo" (Mt. 1:21) sólo a los que se han identificado abierta y completamente con El. Sólo el "arrepentimiento" y el "creer" que conducen a esta clase de discipulado rendirán beneficios duraderos.

E. Entrada al Reino

El ser salvo significa estar en el reino de Dios. Cuando Jesús declaró la dificultad de que un rico entrara "al reino de Dios," los discípulos exclamaron, "¿Quién, pues, podrá ser salvo?" (Mt. 19:24-25), indicando que en sus mentes, el ser salvo y estar en el reino son equivalentes. Hay una mayor evidencia de que la salvación inicial no sólo da al fin, esperanza de acceso al reino, sino que permitía que los creyentes entraran al reino inmediatamente. Cuando explicó a sus confundidos discípulos su uso de parábolas, Jesús dijo: "A vosotros os es dado saber el misterio del reino de Dios; mas a los que están fuera, por parábolas todas las cosas" (Mr. 4:11). Implicó en esta forma que *ellos* estaban *adentro*. En otra ocasión los estimuló a regocijarse porque sus nombres estaban escritos en el cielo (Lc. 10:20)—implicando ciudadanía celestial.[5]

Este nuevo reino no habría de ser revelado *totalmente* hasta el Día del Pentecostés, así que desde Juan el Bautista hasta el Pentecostés hubo un período de transición. No obstante, aun entonces, el reino estaba abierto por la predicación (como una especie de ofrecimiento de cartilla de fundador), y todo hombre podía entrar si tenía fe suficiente (ver Mt. 11:11-12; Lc. 16:16).[6]

II. LAS METÁFORAS JUANINAS

Bajo la inspiración del Espíritu Santo, Juan selecciona elementos en las enseñanzas de Jesús que recalcan (1) filiación y el don de una nueva clase de vida, y (2) la unión interna, mística del creyente con Jesucristo. Quizá se pueda decir que el énfasis era más sobre la regeneración y menos sobre el perdón. El significado del discipulado se hace más claro. Un avance mayor es la revelación de la actividad del Espíritu en efectuar los cambios inherentes en la salvación y en crear esta verdadera unión con Cristo. Aquí también, está la promesa de áquel ministerio redentivo más completo accesible a los creyentes por la venida del Espíritu en el Pentecostés.

A. Un Nacimiento Espiritual

El "derecho" supremo que Cristo da a los que lo reciben como Salvador y Señor, es el privilegio de ser "hijos de Dios" (Jn. 1:12). Obviamente, la relación de la creatura al Creador no constituye esta relación especial de hijo al padre. Lo primero ya es un hecho. El re-establecimiento de la relación Padre-hijo es el objetivo de la redención. La categoría de "hijos de Dios" en esa forma no es coextensiva con la humanidad, pero es una familia especial dentro de la raza humana (Jn. 11:52).[7]

El convertirse en hijos de Dios no es simplemente una resolución humana de ser como Dios. Debe ocurrir un cambio sobrenatural, un "llegar a ser" que es un nacer realmente de Dios (Jn. 1:13). Y esta es la substancia del anuncio de Jesús a Nicodemo, "Os es necesario nacer de nuevo" (3:7)—no un segundo nacimiento físico, sino un nacimiento de vida espiritual, abarcando una semejanza divina y una relación divina. El nacer de "agua y del Espíritu" ha de convertirse en algo espiritualmente vivo por la acción unida de la Palabra (simbolizada por el agua, ver Jn. 15:3; Ef. 5:26; 1 P. 1:23; 1 Jn. 5:7-13) y el Espíritu.[8]

Si olvidamos que la figura del nacimiento es una metáfora, estaremos en peligro de tomar el concepto muy literalmente. No hemos de suponer que el "nuevo nacimiento" sea exactamente como un nacimiento físico. El nuevo nacimiento no es una procreación irreversible, no cancelable de una nueva persona, de la misma naturaleza metafísica como sus padres masculino y femenino. Además, no es un "nacimiento" como para no ir de acuerdo con el concepto igualmente bíblico de "adopción". Más bien, una persona que, habiendo sido procreada en la carne, y siendo de la misma naturaleza y substancia que sus padres, es *moral y espiritualmente* transformada por la acción interna del Espíritu Santo. Se convierte no en un pequeño dios, sino en un hijo espiritual. La vida espiritual

que estaba perdida se ha recuperado; se imparte una nueva naturaleza de semejanza a Dios; hay un restablecimiento para con Dios y
una readmisión dentro de la familia celestial. El ser salvo, es de
hecho, un nuevo principio, involucrando un "cumpleaños" y una
celebración familiar.[9]

B. Posesión de Vida Eterna

La *vida* prometida en todo el Evangelio de Juan como integral a la
salvación, es cualitativamente nueva. "Yo he venido para que tengan
vida, y para que la tengan en abundancia" (10:10). Lo que se intentaba que fuera la vida—libre, segura, y completa—Cristo vino a
hacerlo posible. Esta es una nueva plenitud de vida natural, aquí y
en este momento. Se hace posible mediante una nueva *clase* de vida
que es espiritual. La vida espiritual es la dimensión hacia arriba de la
experiencia humana. Esta participación dinámica en el puro amor y
totalidad de Dios hace que la vida humana sea completa y la libra de
la banalidad de una mera existencia. Nadie que ha sido hecho vivo en
Cristo tiene que sorprenderse por esta vida. El la entiende.

Tanto el vino como el agua sugieren metafóricamente las
cualidades de esta nueva vida (Jn. 2:1-11; 4:14; 7:37). Como el vino,
es brillante, y alegre sin ser debilitante (en contraste con el vino de la
mundanalidad). Como agua, es purificadora, refrescante, renova-
dora, sustentadora, hermoseadora—la respuesta perfecta de Dios a
la sed febril y a la aridez de una alma enferma por el pecado. "Estas
cosas os he hablado, para que mi gozo esté en vosotros, y vuestro
gozo sea cumplido" (15:11).

Esta generación es una nueva clase de vida—una nueva dimensión de experiencia—se describe también por la metáfora de la
resurrección. Las referencias a la vida más allá de la tumba no
dejan lugar a equivocación y han de tomarse seriamente (5:28-29;
11:25-26). Mas también es sin lugar a dudas la declaración de que los
que tienen vida eterna a través de la fe han "pasado de muerte a vida"
(5:24-25). Robertson comenta: "No la resurrección futura en el verso
23, sino la resurrección espiritual aquí y en este momento."[10] Es
así que el concepto sobre el nuevo nacimiento se enriquece para
incluir la idea de restauración espiritual de entre los muertos.

Pero en tanto que el concepto de la vida eterna en el Nuevo
Testamento es primordialmente cualitativo, nunca debe, por ello
mismo reducirse a una mera situación interminable, ni debe pasarse
por alto su duración eterna. La inferencia en este caso es clara de que
Jesús habla de una dimensión transtemporal así como trans-física.

"El que aborrece su vida en este mundo, para vida eterna la guardará" (12:25). La vida eterna es una vida más allá de este mundo.

C. Unión con Cristo

En el Evangelio de Juan se usan unos cuadros muy gráficos para representar lo interno de la salvación, no sólo en cambios personales, sino en unidad mística con el Cristo permanente.

1. *Un Pozo de Agua.*

Las aguas bautismales son externas; pero a la mujer de Samaria Jesús se identificó como el Dador de una clase de agua que no sólo calmara perpetuamente la sed espiritual, sino que fuera "una fuente de agua que salte para vida eterna" (Jn. 4:14).[11]

2. *Pan y Sangre.*

Poco después, a otros les dijo Jesús, "Trabajad, no por la comida que perece, sino por la comida que a vida eterna permanece" (6:27). Aunque se llama primero el Dador, pronto se declara como el Pan (vrs. 35, 48-51). Podemos suponer que la metáfora se refiere a sus enseñanzas y al hermoso ejemplo de su vida, que nos inspira a medida que meditamos en ellas. Sin embargo, Jesús no permite tal interpretación inofensiva; el pan es su "carne" y es por medio de su entrega en la cruz que se convierte en pan para comer. Si hasta este punto sus oyentes estaban sorprendidos, ahora estaban atónitos: "Cómo puede éste darnos a comer su carne?" (v. 52). Jesús procede a volver su sorpresa en ultraje: "De cierto, de cierto os digo: Si no coméis la carne del Hijo del Hombre, y bebéis su sangre, no tenéis vida en vosotros" (v. 53; ver vrs. 54-58).[12]

Tal metáfora vigorosa no permitiría a los oyentes de Jesús ver la unión del creyente con Cristo como algo social netamente. Los discípulos deben experimentar algo más que la conexión placentera que existe entre un rabí y su pequeño grupo de admiradores que le siguen. Los que hasta ahora eran tal clase de discípulos "volvieron atrás, y ya no andaban con él" (v. 66). El discipulado externo en un plano natural, lo entendían. Pero la unión interna, que sacó vida eterna de su sangre derramada, era una dimensión que ellos no podían comprender.

3. *La Vid y los Pámpanos.*

La clase de discipulado que pertenece a la salvación se especifica por Jesús: "En esto es glorificado mi Padre, en que llevéis mucho fruto, y seáis así mis discípulos" (15:8). La diferencia es que en tanto que los seguidores de un maestro en el plano natural pueden transmitir sus ideas, no pueden recrear o transmitir su espíritu. El vínculo entre Jesús y sus discípulos debe ser más cercano—tan cercano como el de la vid con sus pámpanos. Lo que los discípulos producen es por medio de una vida interna, no por labor carnal. Ninguna metáfora transmite más claramente la dependencia completa de los creyentes en Cristo, o la naturaleza vital de su unión con él.

No obstante, permanece como metáfora, porque la *diferencia* entre los creyentes y los pámpanos es tan notable como la *similaridad.* En el orden natural, los pámpanos no tienen libertad de escoger, en tanto que la relación del creyente a Cristo como la Vid, permanece voluntaria e individual. No sólo puede la *vida* de la vid acabar, sino también el *lugar* de uno en la vid. De hecho, la separación es posible en dos formas: fracasando en llevar fruto (v. 2) y fracasando en permanecer (vrs. 4-7)—fracasar en continuar nutriéndose de la vid.[13]

III. Salvación en la Iglesia Primitiva

El carcelero de Filipos representa el interés dominador de los pecadores reavivados en su confrontación con el evangelio. "Señores, ¿qué debo hacer para ser salvo?" La contestación expresa la respuesta constante de la Iglesia: "Cree en el Señor Jesucristo, y serás salvo, tú y tu casa" (Hch. 16:30-31). Cualquiera que haya sido lo que el carcelero quiso decir con la palabra "salvo" la cuestión más importante es, ¿Qué fue lo que Pablo y la Iglesia Apostólica quisieron decir?[14]

"La salvación del nuevo pueblo de Dios por el Mesías es el tema principal del Nuevo Testamento," observa correctamente Alan Richardson.[15] El motivo de la salvación domina las epístolas así como los Evangelios y los Hechos. Es debido a que el evangelio es "poder de Dios para salvación" que Pablo no tiene necesidad de avergonzarse (Ro. 1:16). El propósito específico de la gracia de Dios tal como se revela en Cristo, es hacer que la salvación sea accesible a "todos los hombres" (Tit. 2:11). La salvación que ahora se revela es aquella a la que los profetas apuntaron aunque no comprendieron enteramente (1 P. 1:10-11).

A. Seguridad y Sanidad

Hay dos notas principales respecto a esta salvación que corresponden a los dos significados de *soteria,* así como al verbo *sozo, viz.,* "seguridad" y "sanidad." El concepto incluye libertad de peligro objetivo inmediato y preservación en esta seguridad. También incluye libertad de un peligro subjetivo que consiste en una condición fatal de falta de sanidad. Un examen cuidadoso del concepto revelará una tercera dimensión más. Hay una salvación cósmica de las cicatrices del pecado y de un medio ambiente infestado por el mal, en que no sólo todos los creyentes serán glorificados, sino la tierra misma será redimida. Esta es la gran consumación, irreversible y legítima de todos los eventos y procesos de salvación que se han sucedido antes. Es así que la salvación es considerada teológicamente.

B. Fases de la Salvación

Hay un acuerdo básico entre los escritores en la segunda mitad del Nuevo Testamento no sólo respecto a la substancia de la salvación, sino respecto a sus pasos o fases. Es bíblico decir, "soy salvo, estoy siendo salvo, y seré salvo." Hay una salvación inmediata que uno goza al experimentar la justificación por fe (Ro. 10:9-13; 11:11; 1 Co. 10:33; 2 Co. 6:1-2; 7:10; Ef. 2:5, 8; 6:17; 1 Ts. 2:16; 2 Ts. 2:10; 1 Ti. 2:4; 2 Ti. 3:15). Hay también una salvación continua, un ser salvo, que incluye proceso y crisis. El énfasis aquí no es objetivo sino subjetivo, una restauración a la sanidad, que cae bajo el título general de santificación (1 Co. 1:18; 2 Co. 2:15; 2 Ts. 2:13; He. 10:39; 1 P. 1:2, 9; 2 P. 1:1-4; 10-11).

Finalmente, hay un aspecto escatológico de la salvación. Cuando Pablo dice, "porque ahora está más cerca de nosotros nuestra salvación que cuando creímos" (Ro. 13:11), está viendo la salvación no como una experiencia presente sino como una esperanza futura (Ro. 8:23-27; ver Ro. 5:9; 1 Co. 3:15; 5:5; Fil 1:28; 1 Ts. 5:8-10; He. 1:14; 5:9; 9:28; 1 P. 1:5; Ap. 12:10). En algunos casos, realmente, el término "salvación" carece de tiempo, refiriéndose a la totalidad de la provisión de Dios en Cristo (Ro. 1:16; Ef. 1:13; 1 Ti. 1:15; 2 Ti. 2:10; 2 P. 3:15; Judas 3).

C. Salvación y Redención

El concepto de salvación es paralelo al de la redención *(apolutrosis)*. Richardson dice que son sinónimos.[16] Cuando Pablo dice, "siendo justificados gratuitamente por su gracia, mediante la redención que es en Cristo Jesús" (Ro. 3:24), está usando la redención como un sinónimo de salvación, y refiriéndose a la experiencia total (ver 1 P. 1:18). En otros pasajes, como con la salvación, hay una redención realizable ahora (Ef. 1:7; Col. 1:14; Tito 2:14; He.9:15) y una redención futura que es la culminación de todo lo que ha sucedido antes

(Ro. 8:23; 1 Co. 1:30; Ef. 1:14; 4:30; He. 9:12 [*lutrosis*]; ver Lucas 21:28). Aunque el verbo *lutroo,* "soltar por precio" (Tito 2:14; 1 P. 1:8) recalca el medio de nuestra redención, *soteria* y *aploutrosis* ponen énfasis en su substancia.

Es libertad, dice Pedro, no sólo de la culpa, sino de la "vana manera de vivir, la cual recibisteis de vuestros padres (1 P. 1:18-19). la nueva manera de vivir hecha posible por esta redención es *santidad* "en toda vuestra manera de vivir" (v. 15). La redención del primogénito en el desierto a razón de cinco ciclos por cabeza (Núm. 3: 44-51) era una restauración al derecho de vivir. La redención a través de la sangre de Cristo es una restauración del poder para vivir correctamente. La substancia de la redención excede con mucho a la mera extensión de la vida física, como el costo excede los cinco ciclos.[17]

IV. LA SUBSTANCIA DE LA SALVACIÓN INICIAL

En adición a este corto examen de los conceptos de salvación en las Epístolas, se hace necesario un examen más detallado de ciertos pasajes claves.

A. Una Nueva Creación

Dice Pablo, "De modo que si alguno está en Cristo, nueva criatura es; [margen, "hay una nueva creación"] las cosas viejas pasaron; he aquí todas son hechas nuevas" (2 Co. 5:17). Que dicha declaración es pivotal, resulta obvio; pero ¿qué quiere decir?

1. *En Cristo.*

Esta frase expresa la unión personal con Cristo descrita por las metáforas Juaninas de comer y beber, y la Vid y los pámpanos. En este caso también, están en mente los individuos—"cualquiera... es." No adquirimos esta relación con Cristo corporativamente o parentalmente, sino en forma privada, personal e individualmente.

Estar "en Cristo" es la contraparte de "Cristo en vosotros, la esperanza de gloria" (Col. 1:27). De aquí que sea un vínculo de salvación o seguridad—una declaración de relación. Al mismo tiempo, es una posesión, en compañerismo, de una presencia real. El Espíritu, respondiendo a nuestro arrepentimiento y fe nos une con el Cristo viviente como un Señor y Salvador personal. Hablando de las 200 veces que Pablo usa esta frase, Archibald M. Hunter observa que en la mayoría de los casos "significa 'en comunión con Cristo,' describiendo abundantemente ese compañerismo con un Señor viviente que es el nervio mismo del Cristianismo de Pablo."[18]

Pero estar en Cristo significa también pertenecer al cuerpo corporativo de Cristo, la Iglesia. El Espíritu que nos une a Cristo nos inicia en el organismo como un miembro viviente y en funciones del todo (1 Co. 12:13). Mientras estamos unidos individualmente a Cristo, no permanecemos miembros aislados, sino compartimos esta unión con todos los demás que están en él. De aquí que todos los que están en El, están también en cada uno, en un sentido reflectivo, pero real. Hunter dice que "en pasaje sobre pasaje la frase conserva un significado corporativo. El estar 'en Cristo' significa estar 'en la comunidad de Cristo', el ser miembro de un nuevo pueblo de Dios del cual El es la Cabeza."[19]

2. Novedad Personal.

En este pasaje Pablo habla de "una nueva creación" o "una nueva creatura." El vocablo *ktisis* puede traducirse en "una hechura" o "una cosa hecha." En el primer caso tenemos la idea de una creación, en el segundo de la creatura, de aquí la incertidumbre de las traducciones. El adjetivo *kainos,* "nuevo" sugiere que el hombre en Cristo es el sujeto de un nuevo acto creativo y como consecuencia es la nueva creatura. La clase de novedad indicada por *kainos,* dice Vine, no es tanto temporal, i.e., reciente o "muy nuevo," como lo es una novedad "de forma o calidad, de naturaleza diferente de lo que se contrasta como viejo."[20] Por tanto, lo que Pablo está diciendo es que estar en Cristo significa ser transformado. Aparte de ser en esta forma alterado radicalmente, ningún rito religioso o fachada religiosa tiene ningún valor (Gá. 6:15).

La naturaleza humana es fija en algunas áreas, maleable en otras. Como *hombridad* creada por Dios, con sus propensidades y facultades normales, la naturaleza humana no es alterada por la salvación; es sólo capturada, purificada y redirigida. "Naturaleza" bien puede referirse también a las peculiaridades heredadas del individuo, como por ejemplo su cuerpo grande o pequeño, sus capacidades mentales y temperamentales. La novedad que es en Cristo tampoco altera significativamente esta dimensión de naturaleza, excepto como modificaciones modestas hechas gradualmente sobre base de entrenamiento o disciplina.

Pero cuando principiamos a describir la naturaleza moral y espiritual de la persona, principiamos usando tales términos como *orgulloso, avaro, lujurioso;* o *generoso, bondadoso* y *magnánimo.* Inmediatamente sabemos que hemos tocado la esencia real de la personidad humana. Estos son términos cualitativos y relacionales. Hemos penetrado al nivel del carácter. Sabemos que esta es el área más importante de lo humano, y esto es lo que más necesita cambiar. En este ser interior del carácter se puede decir del hombre que está en Cristo: "las cosas viejas pasaron; he aquí todas son hechas nuevas." Las direcciones antiguas, los valores antiguos, los objetivos anteriores que pertenecen a la vida anterior a la conversión, se han desvanecido. Han sido substituidos por una nueva dirección, un nuevo destino escogido conscientemente, y constantemente perseguido.

El concepto del nuevo nacimiento encuentra su hogar en esta transformación. El ser hecho nuevo es ser regenerado, ser revivido. En el Nuevo Testamento, el término "regeneración" se usa sólo en este sentido (Tito 3:5). En este caso la frase "lavamiento de la regeneración" parece ser equivalente al limpiamiento y rejuvenecimiento que ocurre en el nuevo nacimiento.

Aunque *palinggenesia* ("regeneración") no es muy común, la idea sí lo es. Tales frases como "vivos de entre los muertos" *ek nekron zontas)* y "levantado" *(sunegerthete),* así como "novedad," son conceptos dominantes para Pablo (Ro. 6:13; ver v. 11; Ef. 2:5; Col. 2:12; 3:1; ver también Ef. 5:14; Col. 2:13). A los Efesios Pablo les escribe, "Dios... estando nosotros muertos en pecados, nos dio vida juntamente con Cristo" (2:4-5). Nuestra unión con la muerte de Cristo nos asegura una resurrección futura *(anastasis)* como la suya, pero mientras tanto, somos capacitados para "andar en vida [*kainoteti*] nueva" (Ro. 6:4-5). Es vida de una nueva cualidad" (Vine).

3. *Novedad tanto Presente como Potencial.*

Aunque la novedad es instantánea y radical, su realización completa no se efectúa inmediatamente. Los corintios estaban "en Cristo," pero eran *niños.* Lo "viejo" no había pasado todavía puesto que eran todavía "carnales" (1 Co. 3:1-3). Los hebreos sabían también algo de la novedad en Cristo, pero no en la medida del diseño de Dios, por eso se les amonestó ir "adelante a la perfección" (He. 6:1, margen "a la madurez"); a entrar confiadamente, como creyentes regenerados, en "el lugar santo" (10:19-22); a despojarse "de todo peso y del pecado que nos asedia" (12:1); buscar la paz y la santidad, y a guardarnos cuidadosamente "no sea que alguno deje de alcanzar la gracia" (12:12-17).

Es claro, entonces, que el estar en Cristo implica y demanda una novedad total; sólo que hay pasos de post conversión en completa realización, que involucran otra decisión de parte del creyente y ministraciones de gracia por parte de Dios (ver Cap. 26).[21]

B. Una Nueva Rectitud

Con Pablo, una nueva clase de rectitud es inseparable con el "estar en Cristo." Por tanto, otro pasaje crucial es su manifiesto personal: ". . . aun estimo todas las cosas como pérdida . . . para ganar a Cristo y ser hallado en él, no teniendo mi propia justicia, que es por la ley, sino la que es por la fe de Cristo, la justicia que es de Dios por la fe" (Fil. 3:8-9). Al rechazar la justicia de él, Pablo no quiere decir que no quiere ser personalmente justo. Exactamente lo opuesto es verdad. Desea una justicia personal más profunda y más completa de lo que pudiera ser posible bajo sus propios esfuerzos de conformarse a los requisitos legales de la Ley. El conocía bien la impotencia de la ley de Pablo como para sentir el deseo de la otra que tanto deseaba en su ser interno. Necesitaba, y percibía en Cristo, Uno que era adecuado como Salvador precisamente porque era adecuado como Santificador.

La rectitud que viene de Dios está relacionada a la "justicia de Dios" que en el evangelio se revela de "fe en fe" (Ro. 1:17). La justicia de Dios hace posible una verdadera justicia en el creyente. En esta conexión es importante que captemos el tenor completo del uso que Pablo hace de *dikaiosune*, "justicia, rectitud, mansedumbre." A. T. Robertson señala que esta palabra controla la idea de la Epístola a los Romanos, y que en el uso paulino significa tanto justificación como santificación.[22]

1. *Justificados por fe.*

En Romanos 5:1 se nos da una epítome de los cuatro capítulos anteriores. Entender este versículo es entender aquéllos al menos con exactitud, si no totalmente. Nuestra experiencia inicial de salvación nos trae por fe a una nueva relación con Dios. Pablo la llama en otro lugar reconciliación (2 Co. 5:18-21). En ese pasaje se ve la muerte de Cristo como el substituto designado de Dios para la pena de las transgresiones del mundo, el medio por el cual puede borrar la lista de "sus pecados." Esto es lo que Dios ha hecho por medio de Cristo. Ahora, el desafío viene al pecador, no sólo a que oiga "el ministerio de la reconciliación" con un asentimiento mental, sino a que sea reconciliado con Dios.

En la discusión de Romanos, el trabajo objetivo de Cristo se individualiza cuando el pecador lo acepta para sí mismo. Esto incluye tanto aceptación de la acusación "por cuanto todos pecaron"

(3:23) como una aceptación de la sangre de Cristo como el único remedio para la culpa del pecado y su consecuencias. Es por esta clase de fe que somos "justificados" y traídos a una relación de paz para con Dios. Esta paz es infinitamente mejor que una tregua; es una aceptación real de un compañerismo real.

Básico a la teología del Nuevo Testamento es un entendimiento adecuado de esta justificación inicial. El ser "justo" *(dikaios)* delante de Dios por medio de la Ley es posible sólo observándola cuidadosamente sin fallar (Ro. 2:13). Teoréticamente esto es posible, pero prácticamente, no, por causa de la pecaminosidad heredada del hombre. Por cuanto el pecado ya es un hecho, esta puerta se ha cerrado: "por las obras de la ley ningún ser humano será justificado" (3:20). Una vez incurridas las infracciones, ni la guarda de la ley, ni las observaciones cúlticas pueden ayudarnos (He. 10:1-4). Pero en Cristo, se despliega la justicia de Dios en dos formas (3:21-31). (1) Su justicia es vindicada por el despliegue público de Cristo "como propiciación" (Ro. 3:25); y (2) es demostrada en el don de justicia en que el hombre es "justificado gratuitamente por su gracia, mediante la redención que es en Cristo Jesús" (24).

Justificar *(dikaioo)* significa "declarar o hacer *dikaios*" (Robertson), i.e., *justo.* La justificación de Dios es tanto la *declaración* como el *hacer*. "Nadie es justificado por fe cuya fe no lo hace justo" dice un aforismo sano. Después de exponer la justificación como una *declaración* en los caps. 2—4, Pablo procede en los 5—8 a explicar que la justicia que viene de Dios es también una completa renovación, i.e., santificación.

El ser justificado en el sentido de ser *declarado* justo es un acto forense. Esto quiere decir que es un cambio de *status* en relación a la ley de Dios. La culpa y condenación que la transgresión trae consigo, se quita. Pero al captar una teología sana en este punto, también es importante notar esta declaración de justicia no como un mero tratamiento contrario al hecho, sino como el estado de uno que ha sido perdonado.[23] Este perdón es una completa remisión de la pena sobre la base de fe en la muerte substitutiva de Cristo; no es una simple *transferencia* de crédito (ver Hch. 13:38; 26:18; Ef. 1:7; Col. 1:14; ver también Stg. 5:15; 1 Jn. 1:9; 2:12).[24]

En ninguna parte se dice que la muerte o la justicia de Cristo se nos impute en una forma legalista. Aunque para Pablo *logidzomai,* "contar" o "calcular," es un término común, su uso teológico en el sentido de una justicia imputada se encuentra sólo en Romanos 4. Y aun en este pasaje hay *dos* bases en que Dios hace al hombre justo.

Primero, fe en contraste con las obras.[25] La *fe* de Abraham le fue contada por justicia, y similarmente, nuestra fe en Cristo nos será contada (imputada) (vrs. 3, 5, 9, 22-24). Esto quiere decir que nuestra relación correcta con Dios depende, no de nuestro esfuerzo, sino simplemente por creer lo que Dios ha dicho y por aceptar lo que nos ofrece en Cristo.

Segundo, el *perdón* es la base de tal imputación. Pablo dice que David también enseñó la imputación de justicia aparte de las obras (v. 6). Pero cuando leemos el pasaje (vrs. 7-8) de Salmos 32:1, descubrimos que Dios no está imputando justicia por medio de una ficción legal sino sobre la base de perdón. Cuando un pecador es perdonado, sus pecados ya no más se le cargan a él. En suma, un pecador se cuenta como justo por Dios cuando cree y cuando es perdonado. Pero éstos son lados humano y divino del mismo evento.

Un hombre perdonado es justo en su relación con Dios y con la Ley, pero está bajo obligación moral de proceder desde ese punto a ser recto en corazón y en conducta (ver Ro. 6:12-16). No cuenta con un título legal que no pueda cancelarse y que diga que es siempre inocente sobre la base de una transacción objetiva en su favor, los beneficios de la cual se le imputan incondicionalmente. Tal arreglo significaría que lo que él hiciera después de ser perdonado no tendría nada que ver con su salvación final. Tal "salvación" sería un mecanismo absurdo y una burla moral.

2. *Santificación Inicial.*

Por tanto, el propósito de la reconciliación es "que nosotros fuésemos hechos justicia de Dios en él" (2 Co. 5:21). El reino de Dios es "justicia, paz y gozo por el Espíritu Santo" (Ro. 14:17). Esto es *dikaiosune*—una verdadera rectitud de vida y carácter así como una justificación por medio del perdón. La comprensión de Pedro embona exactamente. Cristo llevó nuestros pecados, no como substituto para nuestra justicia, sino "para que nosotros, estando muertos a los pecados, vivamos a la justicia; y por cuya herida fuisteis sanados" (1 P. 2:24). Obviamente, la sanidad que aquí se declara en la expiación es moral y espiritual y no física.[26]

En la conversión principia notablemente el don de un nuevo carácter. Cuando se dice que los corintios habían sido "santificados en Cristo Jesús, llamados a ser santos" (1:2), no sólo se afirma su santidad posicional, sino también su obligación ética y vocación. Son llamados *santos* en conducta en vista de que han sido *separados* y *consagrados* por virtud de su relación con Cristo. La medida del *verdadero cambio* ocurrido se indica en 6:11—"Y esto erais algunos;

mas ya habéis sido lavados, ya habéis sido santificados, ya habéis sido justificados en el nombre del Señor Jesús, y por el Espíritu de nuestro Dios." En este caso vemos el cambio real así como el relativo, obrados por la expiación objetiva de Cristo y por el ministerio subjetivo del Espíritu.[27]

Un segundo examen revelará la naturaleza precisa de la depravación de la que fueron purificados. No fue su pecaminosidad *heredada* sino aquellos hábitos y patrones de maldad que habían *adquirido* por su propio escogimiento (1 Co. 5:9-11)—"Y esto erais algunos"). Había presentes todavía manifestaciones de su egoísmo, sólo que en grado menos serio (1 Co. 3:1-3, *et al.*). La limpieza de conducta que había ocurrido era profunda y real; pero estaba carente de un completo limpiamiento o entera santificación. El hablar del limpiamiento de la depravación *adquirida* como santificación inicial parecería expresar exactamente los hechos tales como se encuentran en este pasaje.[28]

C. Una Nueva Seguridad

El amor, paz y gozo que el Nuevo Testamento continuamente une al estar en Cristo son parte de la experiencia consciente. Implican poderosamente que la posesión del perdón y de la vida eterna son asuntos de certidumbre personal. Se declara que el regocijarnos en Dios es nuestro privilegio (Ro. 5:11), pero esto es sólo posible cuando tenemos la seguridad de la presencia de Dios y su aprobación. De acuerdo a la enseñanza apostólica, esta seguridad principia en el nuevo nacimiento y es creada por dos experiencias subjetivas.

1. *El Testimonio del Espíritu.*

Un sentimiento de experiencia física, ya sea de placer o de dolor, se conoce a través de los sentidos; pero una consciencia de hechos espirituales, sólo puede venir por revelación directa del Espíritu al espíritu (1 Co. 2:12). Esta es dual: una revelación de *verdad objetiva* y una revelación de *situación personal*. Con respecto a lo primero, el axioma es "Nadie puede llamar a Jesús 'Señor' sino por el Espíritu Santo" (1 Co. 12:3; ver 1 Jn. 4:2 sig.; Mt. 22:43). Siendo que todo mundo puede repetir las palabras, la declaración obviamente quiere decir, "Jesús es Señor," con toda sinceridad y persuasión de esta verdad. La razón debe hacer lo mejor posible por examinar esta evidencia evitando así la credulidad y la superstición. Pero la mente, de por sí, no puede traspasar la barrera de misterio e incertidumbre. El Espíritu Santo tiene que hacerlo—y lo hará si el buscador es honrado (Jn. 7:17)—recompensar la búsqueda con percepción directa. En este momento de revelación al menos, la duda no sólo desaparece sino que es virtualmente imposible. Esto es más que intuición humana; es iluminación divina directa (ver Jn. 20:27-29).

Con respecto a la segunda revelación—la situación personal—el Espíritu Santo crea una consciencia de que no sólo lo he aceptado a *El* sino que El me ha aceptado a *mí.* La fe que obtiene perdón por medio de Cristo se convierte, por medio del Espíritu, en un sentido de "paz para con Dios" (Ro. 5:1). La guerra termina, la separación ha pasado. Pero el Espíritu tiene una palabra aun más gloriosa, *viz.,* que Dios nos ha hecho "hijos de Dios," y a este hecho estupendo, "el Espíritu mismo da testimonio a nuestro espíritu" (Ro. 8:16).

El pronombre intensivo (El) *mismo* nos recuerda que estas buenas nuevas no son de segunda mano o mediadas por el hombre; es una persuasión personal creada en nosotros directamente por el Espíritu Santo mismo. Esta es segura, directa, de primera mano y más profunda que la comprensión intelectual. Es una impresión inmediata en nuestro espíritu, muy en lo profundo de nuestro propio ser como para expresarla totalmente o intelectualizarla. Es *a* nuestro espíritu y *con* nuestro espíritu. Descubrimos que nuestro espíritu, como un ser personal, inmaterial, ha sido infundido con "el espíritu de adopción," y ahora por el Espíritu estamos capacitados para clamar, "¡Abba, Padre!" (v. 15). La disposición de un niño a acercarse a su padre en reconocimiento espontáneo, franco y alegre, es ahora la disposición que gobierna nuestro acercamiento a Dios. Tal es el contenido del aramaico "Abba"—el íntimo "Papi" del niño que está seguro de su identidad y situación (Mr. 10:36; Gá. 4:6).

Wesley concede que no puede explicar "cómo se manifiesta el testimonio divino en el corazón." Pero insiste en el *hecho* de que "el Espíritu de Dios da al creyente tal testimonio de su adopción, que mientras está presente en el alma, no puede dudar la realidad de esta filiación, como tampoco puede dudar de los rayos de sol sobre él cuando se encuentra bañado de su irradiación total."[29]

2. *Sentimiento de Cambio.*

El revivir de la vida espiritual (Ef. 2:1-5) que es el nuevo naci- miento debe ser conocido en la naturaleza del caso. Una persona avivada sabe que es diferente. Puede decir, "Algo me ha pasado." Esta diferencia observable es religiosa y es moral. La diferencia religiosa se enfoca en la nueva actitud hacia Dios, y en un nuevo movimiento del alma hacia las cosas espirituales en general. Pero la diferencia moral deficiente, la diferencia religiosa pudiera ser espúrea. Vemos esto en el contexto de la referencia en Efesios: El darnos vida es levantarnos con El de "nuestros delitos y pecados" a novedad de vida (vrs. 1-4). El nuevo nacimiento no es la vivificación de una corrupción continua; no somos vivificados espiritualmente mientras todavía estamos muertos moralmente (ver Ro. 6:1-23).[30]

Por tanto, las evidencias observables de un cambio efectuado por gracia y un estado de gracia presente y continuo puede condensarse como sigue:

a. Una disposición y una determinación a obedecer a Dios (Mt. 7:21; 1 Jn. 2:4; Ro. 8:14).

b. Un rompimiento radical con la vida antigua (Ro. 6:1-2; 1 Co. 6:11. Ef. 5:3-10; 2 Ti. 2:19; 1 Jn. 2:15; 3:6-10).

c. Una reorientación de la vida respecto a Cristo y las cosas espirituales, (las enseñanzas obvias de los Hechos, las Epístolas, y Apocalipsis).

d. Un amor de los hermanos con la iglesia que convierte a ésta en el centro social de la vida (un énfasis especial en 1 Juan, como por ejemplo 3:14-17).

Podemos, por tanto conocer nuestra situación inmediata con Dios tanto por el testimonio interno del Espíritu como por un autoexamen sincero. "Examinaos a vosotros mismos si estáis en la fe; probaos a vosotros mismos. ¿O no os conocéis a vosotros mismos, que Jesucristo está en vosotros, a menos que estéis reprobados? (2 Co. 13:5).

NOTAS BIBLIOGRÁFICAS

[1]Un niño pequeño es pecaminoso, pero no corrupto ni está endurecido. Cristo está diciendo que los pecadores que son salvos son limpios de la acreción de su propia depravación personal, y de nuevo experimentan algo de la inocencia, la maravilla, la plenitud de perspectiva y la receptividad espiritual de un niño puro.

[2]Quienes buscaban el bautismo en agua sin demostrar arrepentimiento verdadero eran rechazados por Juan (Mt. 3:7-8). Pero también se necesitaba la fe, ya que San Pablo entendió que Juan el Bautista interpretó bien su papel "diciendo al pueblo que creyesen en aquel que vendría después de él, esto es, en Jesús el Cristo" (Hch. 19:4).

[3]Sólo en relación con la fórmula técnica establecida en la Gran Comisión (Mt. 28:19) el bautismo de Juan podía (o el subsecuente bautismo administrado por los discípulos de Cristo) ser llamado subcristiano. No tanto la fórmula, sino la *experiencia* misma, determina la relación del participante con Dios. Esa experiencia era el perdón, basado en el arrepentimiento y la fe, de la cual el rito del bautismo en agua era el testimonio público.

[4]Desafortunadamente el populacho judío proveyó un ejemplo colectivo. Centenares de miles fueron bautizados por Juan y sus ayudantes, por lo que asumimos que por lo menos la mayoría de ellos experimentaron el gozo del perdón. Mas relativamente pocos permitieron que el perdón los dirigiera hacia un discipulado activo. ¿Acaso Mt. 12:43-45 tiene alguna relación aquí? Cuando el espíritu que fue echado fuera retorna a su antigua habitación y la encuentra "desocupada, barrida y adornada... va, y toma consigo otros siete espíritus peores que él... y el postrer estado de aquel hombre viene a ser peor que el primero. Así también acontecerá a esta mala generación".

[5]Aunque la conversión y el ser como un niño pequeño parece sugerir en Mateo una condición previa para un ingreso futuro (18:3), en Marcos se demuestra que el ingreso es concomitante: "De cierto os digo, que el que no reciba el reino de Dios como un niño, no entrará en él" (10:15).

[6]Pero no por ello los que vivieron antes del establecimiento del reino necesariamente se perderían eternamente; tampoco significa que Cristo dejaría de ser la base última de su salvación. La aceptabilidad bajo la ley se basaba en que ésta prefiguraba a Cristo. La ley, por sí misma, no podía ofrecer regeneración. Y cuando el nuevo orden fue anunciado por Juan y Cristo, nadie quedó automáticamente dentro del mismo por lo que era, ni por su relación con el antiguo orden, ni siquiera Juan mismo. Wesley cita lo siguiente con toda aprobación: "Incluso aquel... que es menor en el reino de los cielos, por regeneración cristiana, es mayor en realidad que cualquiera que haya obtenido sólo la justicia de la ley, porque la ley no hace nada perfecto." Wesley agrega su propio comentario: "Quizá también signifique que el más pequeño creyente cristiano verdadero tiene un conocimiento más perfecto de Cristo Jesús, de su redención y reino, que el que tenía Juan el Bautista, quien murió antes de la plena manifestación del evangelio" *(Explanatory Notes upon the New Testament).*

[7]El concepto es fundamentalmente un asunto de semejanza moral y espiritual. Cristo admitió que racialmente los judíos eran "descendientes" de Abraham (Jn. 8:37, 56); pero moral y espiritualmente no eran como Abraham (vv. 37-40). Cuando ellos dijeron que no sólo Abraham sino que Dios mismo era su padre (v. 41), sarcásticamente Cristo dijo: "Vosotros sois de vuestro padre el diablo" (vv. 41-44). La prueba máxima no consistía en nexos sanguíneos o abolengo religioso, sino en semejanza.

[8]Refiréndose a *gennao, "*engendrar", voz pasiva, usada metafóricamente, Vine dice que según los "escritos del apóstol San Juan [acerca de] el acto de gracia de Dios, por éste se confiere a quienes creen la naturaleza y disposición de 'niños' impartiéndoles vida espiritual, Jn. 3:3, 5, 7; 1 Jn. 2:29; 3:9; 4:7; 5:1, 4, 18" *(Dictionary* 1:109).

[9]Es de igual importancia el evitar que la figura metafórica permita que se nuble la realidad de un verdadero cambio interior, o de su divina naturaleza. El nuevo nacimiento es más que los efectos sicológicos subjetivos, ya sea del arrepentimiento o del acto de creer.

[10]*Word Pictures,* 5:86.

[11]Más tarde, durante el último gran día de la Fiesta de los Tabernáculos, Cristo se identificó no sólo como el Dador sino como la misma agua (Jn. 7:37); ahora la fuente se convierte en ríos, y quien bebe el agua disfruta de satisfacción, no tanto en forma solitaria, sino que se convierte él mismo en una fuente inagotable

de abundancia para otros (v. 38). De esa manera el Don del Espíritu ensancha el ministerio del Salvador que mora en el corazón (v. 39).

[12]Aquí el Señor no sólo está señalando su sangre expiatoria como el medio de nuestra salvación. Está diciendo que *este* debe ser el enfoque específico de nuestra fe. La fe eficaz es una internalización tanto de la persona como de la muerte de Cristo, de modo que El *en nosotros* se convierte (en cierto sentido) en *nosotros,* y su poder y santidad se convierten en nuestras, así como lo que ingerimos se convierte en energía y sustento para nosotros.

[13]Godet está en lo correcto cuando dice: "La fe en Cristo se supone generalmente que es un hecho consumado de una vez para siempre, la cual necesaria y naturalmente demuestra sus consecuencias, como un árbol que produce su fruto. Se olvida uno de que en el terreno espiritual nada *se hace* que no requiera que continuamente se haga de nuevo, y de que lo que no se hace de nuevo hoy, mañana comenzará a deshacerse. Por tanto, la unión del alma con Cristo, por cuanto nos hemos convertido en sus ramas, se comienza a relajar en el momento cuando dejamos de revitalizarnos con nueva fuerza activa y se comienza a quebrar con cada acto no perdonado de infidelidad. La rama se hace estéril, mas permanece la ley de Cristo que demanda su calidad fructífera (Jn. 14)" (*St. Paul's Epistle to the Romans,* trad. por A. Cusin [Edimburgo: T. y T. Clark, 1884], 2:54).

[14]Hay varias razones para creer que la salvación la cual el carcelero sentía que necesitaba desesperadamente, era moral y espiritual. Un carcelero que no pierde un solo prisionero en un terremoto no tiene razón para sentirse lleno de ansiedad por su empleo ni por su vida misma. Indudablemente había oído el anuncio de la jovencita esclava de que estos hombres eran "siervos del Dios Altísimo, quienes os anuncian el camino de salvación" (Hch. 16:17). Una conciencia inquieta y un corazón hambriento de pronto cobraron suma importancia ante estos eventos asombrosos.

[15]*Theology of the NT,* p. 81.

[16]*Ibid.,* p. 80.

[17]Las ideas fundamentales de redención en el Antiguo Testamento eran la liberación y la restauración. Los *medios* de redención, ya fueran dinero, sangre, o espada, variaban mucho, y eran sólo incidentales para el objetivo de liberación. Era particularmente significativa la redención del primogénito (Ex. 13:10-13; Nm. 18:15, 17).

[18]*Introducing New Testament Theology* (Filadelfia: The Westminster Press, 1957), p. 96.

[19]*Loc. cit.*

[20]*Dictionary,* 3:109.

[21]Los gálatas también estaban "en Cristo", mas San Pablo experimentó "dolores de parto" en su intercesión por ellos; "hasta que Cristo sea formado en vosotros", dijo (Gá. 4:19). Los efesios también estaban en Cristo, más para que Cristo morara verdaderamente en sus corazones, y para que ellos pudieran "ser llenos de toda la plenitud de Dios", necesitaban la capacitación decisiva "en el hombre interior" por el Espíritu Santo (3:14-19). Además, se les exhortó a que se despojaran del "viejo hombre" (4:22-24; cf. Col. 3:9; Ro. 6:6) y a que fueran "llenos del Espíritu" (5:18).

[22]*Word Pictures,* 4:327.

[23]La mala interpretación en este punto ha producido daños indecibles. Si la relación se considera como una transferencia absoluta de la culpa del pecador a Cristo quien con su muerte pagó la pena, y al mismo tiempo la transferencia absoluta

484 / *Dios, Hombre, y Salvación*

(por imputación) de la obediencia de Cristo al pecador, entonces el pecador necesariamente debe ser *considerado* por Dios como inocente y como justo, a pesar de que no sea ni una ni otra cosa. En un esquema tal estamos tratando con ficciones legales. También, en este caso, se elimina el perdón, puesto que la pena *cumplida* elimina la necesidad del perdón.

Las dos palabras principales traducidas como "perdón" son *aphiemi* y *charizomai*. Vine considera la primera directamente relacionada con la expiación en el pensamiento de San Pablo. Dice que ésta (y el sustantivo *aphesis*) significa "la remisión del castigo debido a una conducta pecaminosa, la liberación del pecador de la pena divina y justamente impuesta", y también "envuelve la remisión total de la causa de la ofensa; tal remisión se basa en el sacrificio vicario o propiciatorio de Cristo" (*Dictionary*, 2:122 y ss.). Para el uso paulino del verbo *aphiemi* y el sustantivo *aphesis* véase Ro. 1:27; 4:7; 1 Co. 7:11-13; Ef. 1:7; Col. 1:14. Para su uso de *charizomai* véase Ro. 8:32; 1 Co. 2:12; 2 Co. 2:7, 10; 12:13; Gá. 3:18; Ef. 4:32; Fil. 1:29; 2:9; Col. 2:13; 3:13.

[24]La interpretación de justificación como ser declarado "no culpable" en *La Biblia al Día* (Ro. 3:22, 24) puede prestarse a malas interpretaciones. Ser justificado es más bien ser declarado culpable, pero perdonado.

[25]La referencia de 2 Corintios es negativa, "no tomándoles en cuenta a los hombres sus pecados", la cual es una declaración de la oferta universal de Dios y de provisión en Cristo; pero una oferta que a fin de resultar en salvación eterna debe ser ratificada por una reacción personal; por tanto, "somos embajadores en nombre de Cristo, como si Dios rogase por medio de nosotros; os rogamos en nombre de Cristo: Reconciliaos con Dios" (v. 20).

[26]San Pablo en Ro. 5 afirma lo innecesario de continuar en pecado, aunque en el c. 6 muestra su imposibilidad moral para alguien en unión verdadera con Cristo. San Juan, en sus epístolas y en el Apocalipsis, declara la imposibilidad de reconciliar la posesión de vida eterna con un modelo de pecado voluntario (1 Jn. 1:6—2:2, 4, 6, 9, 11, 15; 3:1-10; 14-15, 24; 5:2, 18, 21; Ap. 2:5, *et al.*; 22:11-15). Las cartas de Santiago, San Pedro y San Judas están de acuerdo con ello.

[27]No podemos aceptar totalmente la posición de A. Oepke en Kittel de que estas "tres palabras cristianas distintivas" ("lavado", "santificado", "justificado") son "virtualmente sinónimas" (4:304). Se relacionan como concomitantes de la primera obra de gracia distintiva a la cual apuntan los tres aoristos; pero cada palabra expresa diferentes aspectos de este gran cambio. Robertson separa el lavamiento de la santificación y la justificación, diciendo que la primera se refiere al bautismo como el símbolo externo de las otras dos (*Word Pictures*, 4:20). Metz considera el autolavamiento (voz media) en relación con su propia parte en el arrepentimiento (*BBC*, 8:298).

[28]Véase Wiley, *Christian Theology*, 2:475-480; Wesley, *Works*, 5:150 y ss.; 8:285.

[29]*Works*, 5:117 (Sermón: "The Witness of the Spirit").

[30]El tema se expone con mayor fuerza en Romanos 8. La diferencia moral necesaria se establece *antes* de la declaración del testimonio directo del Espíritu. El ser hijos implica *filiación*, la cual, como ya lo hemos estudiado, tiene el significado tanto de semejanza como de parentesco. Quienes "son guiados por el Espíritu de Dios, éstos son hijos de Dios" (v. 14). Mas este es el ultimátum: "Porque si vivís

conforme a la carne, moriréis; mas si por el Espíritu hacéis morir las obras de la carne, viviréis" (v. 13). De nuevo confrontamos el aspecto condicional de la salvación en Cristo.

26

Salvación y Santidad

La verdadera sabiduría, dice Pablo, no ha de encontrarse en la
filosofía griega, sino sólo en Cristo: y esto no en forma especulativa
sino en la experiencia. A los que por fe están "en Cristo Jesús" El
se convierte en "sabiduría de Dios—esto es, nuestra justificación,
santificación y redención" (1 Co. 1:30).[1] No puede haber teología de
la sabiduría divina, tal como se manifiesta en Cristo, que descuide
una teología de santificación; ni puede conocerse personalmente esta
sabiduría aparte de la experiencia de santificación.[2]

I. El Concepto de Santidad en el Nuevo Testamento

La relación que Pablo hace de la santificación ("santidad") con la
justificación o justicia, y la redención como la trilogía de nuestros
privilegios en Cristo, va de acuerdo con el punto de vista sólido del
Nuevo Testamento. Hemos sido escogidos "para salvación, mediante la santificación por el Espíritu" y por nuestra fe personal en la
verdad (2 Ts. 2:13). El designio de Dios para nosotros en Cristo
"antes de la fundación del mundo" es que seamos "santos y sin
mancha delante de él" (Ef. 1:4).

"Santificación" y "santo" son *hagiasmos* y *hagios,* respectivamente. Son dos en una familia de cinco términos griegos de la antigua
palabra *hagos,* que significa el objeto de temor religioso, reverencia.
Aunque *hagos* no se encuentra en el Nuevo Testamento, varios de sus
derivados son términos importantes en el Nuevo Testamento. Tienen
que ver *primero,* con *(a)* el temor sagrado hacia la persona de Dios y

(b) la pureza de su carácter moral; y *segundo,* con *(a)* lo sagrado de las personas o cosas relacionadas con Dios, y *(b)* el carácter moral requerido de los hombres. La frecuencia de estas palabras es impresionante; pero las estadísticas solamente no pueden transmitir su centralidad crucial para expresar la provisión y requisito de Dios en Cristo. Son dos los axiomas que recalcan todo lo demás: la santidad de Dios mismo es su razón para requerir la santidad en los humanos; y la santidad de Dios mismo es el patrón de la santidad del hombre (1 P. 1:15-16; ver Lv. 11:44-45; 19:2; 20:7-8).[3]

A. Santidad y Justicia

En los casos en que se implica una distinción, como en 1 Co. 1:30, *dikaiosune,* "justicia," tiene referencia particular al cambio de justificación legal y de relación, en tanto que *hagiasmos,* "santificación," se refiere a un cambio interno de carácter. Sin embargo, en muchos casos *dikaiosune* incluye justificación práctica de manera que los dos términos están estrechamente relacionados. La "justicia que es de Dios por la fe" (Fil. 3:9) no puede limitarse a una mera imputación de justificación legal; ni puede tampoco limitarse la justicia de Dios que hemos de buscar primeramente (Mt. 6:33; ver 5:6, 8, 20), o la "justicia" que se revela en el evangelio (Ro. 1:17). En estos pasajes justicia es virtualmente sinónimo de santidad.

El énfasis especial de la justicia en su sentido práctico y moral es justicia o rectitud en nuestra conducta ("acción correcta," Vine, EDNTW, 3:298), en tanto que el énfasis especial de la santificación es consagración a Dios y purificación de pecado. En un sentido más profundo no puede haber completa justificación sin santificación, y la santificación es ilusoria sin la justificación (ver Romanos 6).

B. Cristo la Fuente

Es Jesucristo a quien "Dios hizo nuestra sabiduría," por tanto, nuestra dependencia es sólo en El para los componentes de esa sabiduría. La santidad del Nuevo Testamento está diametralmente separada de toda forma de moralismo humanista, o de una bondad "autodiseñada." La enseñanza de Jesús en los evangelios, como por ejemplo en el Sermón del Monte, elevan la norma sin explicar siempre las bases del poder moral necesario. Sin embargo, los escritores del Nuevo Testamento, en este punto, no dejan lugar a duda. En tanto que la santificación es la voluntad del Padre, su realización en la experiencia personal es uno de los objetivos expresos de la expiación (Jn. 17:19; Ef. 5:25-26; He. 10:10, 14, 29;

13:12). Es significativo también que en tanto que las provisiones expiatorias de su muerte se dirigen primordialmente a los pecadores, las provisiones de la santificación están diseñadas específicamente para su pueblo (Jn. 17:9; Ef. 5:25-26; He. 13:12).

De esto estamos ciertos: El concepto de santidad del Nuevo Testamento no es ni una bondad natural en el hombre ni una realización personal, sino una bondad alcanzable solamente por medio de Cristo.

C. Cristo el Modelo

Aunque la santidad de Dios como el modelo del hombre se ha declarado axiomática, se hacen necesarias, sin embargo, ciertas explicaciones. Nuestra santidad se deriva de Dios, por tanto, es adquirida; pero la santidad de Dios es su naturaleza esencial y eterna. Además, nuestra santidad puede perderse, la de Dios no. Otra expresión más, la santidad de Dios incluye su majestad y gloria divina—cualidades que el hombre puede gozar, pero no compartir.

Estas diferencias varias pueden condensarse diciendo que el hombre puede gozar la santidad de la criatura, Dios la santidad del Creador; el hombre la santidad de un vasallo, Dios la del Soberano. Entre Dios como Dios y el hombre como hombre hay diferencias correspondientes en cuanto a propiedad y aceptabilidad. La santidad en el hombre incluirá sumisión, humildad, obediencia y reverencia. En la relación entre Dios y el hombre estos factores son esenciales en el lado humano puesto que pertenecen naturalmente a su papel como criatura y vasallo. Pero estos mismos factores no son inherentes a la santidad de Dios.

En Dios, el ejercicio de la soberanía es perfectamente compatible con su santidad, pues tal soberanía pertenece a su persona como Creador y Soberano. La demanda de Dios para el trono de nuestro corazón, en esa forma pertenece a su santidad; *nuestra* demanda para ese trono pertenece a la iniquidad. De hecho la esencia misma de la iniquidad en el hombre es un resentimiento secreto de la soberanía de Dios (ver Ro. 8:7). Concluimos, por tanto, que en tanto que la santidad en Dios incluye su gobierno soberano sobre nosotros, la santidad en nosotros incluye no sólo nuestra aceptación de ese gobierno sino una adaptación interna tan completa que nos sintamos felices en ella.

Es en estos respectos que Jesucristo como el Hijo del Hombre viene a ser nuestro modelo. Quiere decir que la santidad que vemos en Jesús es primordialmente la santidad que pertenece al hombre.

Por ejemplo, dijo, "soy manso y humilde de corazón" (Mt. 11:29). Cuando joven se sometió a sus padres. Vivió en dependencia constante del Padre y en obediencia igualmente constante con El (ver Jn. 5:30).

El contenido de la santidad cristiana puede entenderse mejor en términos de semejanza a Cristo. Aunque esto quiere decir un patrón al que hay que seguir (Jn. 13:13-15), también significa una conformidad interna a la "imagen de su Hijo, para que él sea el primogénito entre muchos hermanos" (Ro. 8:29; ver Gá. 4:19). La perfección total de esta conformidad es futura (1 Jn. 3:2); no obstante, nuestra pureza puede ser como la suya (v. 3) y nuestro amor puede perfeccionarse. En este sentido, "como él es, así somos nosotros en este mundo" (1 Jn. 4:16-17).

Aunque la semejanza *externa* a Cristo en la personalidad sea deficiente en esta vida (debido a las flaquezas y limitaciones de nuestro estado presente), podemos al menos estar en posesión de la mente (*phronema*, "este sentir," "disposición") de Cristo (Fil. 2:5-8). Según Wesley, esta mente es la esencia de aquella santidad "sin la cual nadie verá al Señor" (He. 12:14).[4]

D. El Corazón del Nuevo Pacto

El escritor a los Hebreos explica que Cristo media un mejor pacto, "establecido sobre mejores promesas" (He. 8:6). Son mejores promesas porque prometen mejores privilegios espirituales que los que regían bajo el antiguo pacto (Jn. 4:23-24; Ro. 9:30—10:4; He. 7:18-19, 22, 25; 9:13-14; 10:14-22; 13:20-21).

El "nuevo pacto" fue visto por Jeremías como una conformidad nueva y radical del corazón al dominio completo de Dios (Jer. 31:31-34). En la carta a los Hebreos se explica dos veces que el cumplimiento de la profecía de Jeremías es el centro de lo que se provee en Cristo (8:10; 10:15-17). Específicamente: "Daré mi ley en su mente, y la escribiré en su corazón." Esto significa una adaptación de la naturaleza humana para embonar en la justicia de la ley. A su vez, Pedro relaciona las mejores promesas en este cambio interno. Al hablar de sus "preciosas y grandísimas promesas" que nos han sido dadas, explica su contenido: "para que por ellas llegaseis a ser participantes de la naturaleza divina" (2 P. 1:4).

E. Tanto Posicional como Personal

Hay un sentido en el que todos los creyentes son santos en Cristo, y pueden llamarse así. El pecador arrepentido que se entrega a Cristo entra a esta relación santa, y el creyente recibe una santidad que deriva de esta relación (ver Mt. 23:19). Esto se conoce a veces como santidad *posicional*, y explica la designación acostumbrada de creyentes como *hagioi,* "santos," en la Iglesia Primitiva.[5] Es equivalente al antiguo *qadosh,* "dedicación" o "separación"; lo que fue dedicado no habría de ser profanado por el uso común. Tanto los tiempos como las cosas pueden ser santas "por virtud de su relación con Dios."[6] Por tanto, es muy apropiado que los creyentes sean sobrecogidos por la consciencia solemne de que como el diezmo, el sábado, y la casa de Dios son sagrados porque fueron dedicados especialmente a Dios, y por tanto, todo mal uso de ellos es desecración, *mucho más,* son los creyentes santos y separados.

Sin embargo, el Nuevo Testamento no permite una santidad que quede en fase posicional solamente. La demanda es "llamados a ser santos." Los santos han de vivir santamente. Los creyentes son "llamados a ser santos" (Ro. 1:7; 1 Co. 1:2)—no sólo en nombre, sino por vocación. Aunque los santos juzgarán al mundo, los "santos" en nombre solamente, no (1 Co. 6:2, 9-10). Suponer lo contrario es vivir "engañado" (v. 9; ver 10:1-13; 11:31-32). De hecho, no es exageración decir que toda la correspondencia corintia es una explicación de las situaciones prácticas éticas de la vocación del cristianismo como un "santo".[7]

La idea sostenida por algunos de que Cristo se vuelve para nosotros "justificación y santificación" sólo por imputación, carece de base exegética sana. Archdeacon Farrar escribe: "El texto es singularmente una declaración completa del resultado total de la obra de Cristo. Como la fuente de 'toda bendición espiritual en los lugares celestiales' (Ef. 1:3), en quien estamos completos (Col. 2:10)."[8] Dar por sentado que los que están en Cristo participan en su santificación en el sentido de que se les *acredite* por virtud de esta unión sin ser *completos,* es desconocer el genio redentor de nuestro Señor, quien nos hace como El. Leon Morris escribe: "El es nuestra santificación, pues nosotros nunca pudiéramos alcanzar la santidad por nuestro propio esfuerzo. La santificación se efectúa sólo en el poder divino."[9] Por medio del contacto con la cruz, dice Dods, "Llegamos a ser recipientes directos de la santidad, el amor, el poder de Dios."[10] Resulta claro, entonces, que Cristo es nuestra *Fuente* de santidad, no nuestro *substituto* para la santidad.

F. La Antítesis del Pecado

El hecho básico implicado y declarado continuamente, es la

incompatibilidad radical entre la santidad y el pecado.[11] Todo grado o clase de pecado es un grado o clase de falta de santidad. El perfeccionamiento de la santidad demanda una completa limpieza de "toda contaminación de carne y de espíritu" (2 Co. 7:1; ver contexto, 6:14-18). La palabra para santidad en este caso es *hagiosune,* que significa una cualidad moral de vida y carácter; de aquí una ausencia de inmundicia, y por implicación, completa devoción a Dios. Se usa en dos otras ocasiones: en Ro. 1:4, "el espíritu de santidad," y en 1 Ts. 3:13, "para que sean afirmados vuestros corazones, irreprensibles en santidad delante de Dios nuestro Padre, en la venida de nuestro Señor Jesucristo con todos sus santos."[12] El ser *irreprensibles* en santidad implicaría ser perfeccionado en la santidad, el objetivo preciso de la exhortación de Pablo a los corintios. En ambos casos el pecado se mantiene afuera decisivamente.[13]

La antítesis entre santidad y pecado expresada con énfasis en las cartas a los Corintios se expresa con igual claridad en las otras epístolas (1 Ts. 4:4-8; Ef. 1:4; 1 P. 1:14-15). Dondequiera, la norma es absoluta. No hay un solo versículo que permita una santidad defectuosa como norma, aun temporalmente. Dondequiera que se ve una santidad defectuosa, la instrucción es que se corrija inmediatamente. Esto se nota especialmente en los pasajes que especifican que la santidad es esencial para el cielo (Ro. 6:19, 22; He. 12:14 [*hagiasmos* en los tres casos]; 1 P. 4:18; 2 P. 3:11, 14, *et al.;* ver Mt. 5:8, 20). Dice E. P. Ellyson: "El cristianismo carece de norma de experiencia o conducta que sea menor que la santidad. El hombre fue creado santo; de aquí que su estado normal sea el ser santo."[14]

G. Santidad y Amor

Siendo que de los dos grandes mandamientos "dependen la ley y los profetas" (Mt. 22:40; ver Mr. 12:28-31; Lc. 10:25-28), ningún concepto bíblico de la santidad puede concebirse sin relación a esta norma. Todos los deberes o prohibiciones morales particularizados se resumen bajo los requisitos del amor. La santidad no consiste en la entrega religiosa a esta norma, sino más bien a aquella disposición efectuada por el Espíritu que la cumple. La santidad es amar a Dios y al hombre en forma que agrade a Dios; no es un sentimiento emocional acerca del amor.

Las Epístolas constantemente refuerzan y explican este hecho (Ro. 12:9-19; 13:8-10; Fil. 2:1-5; 1 P. 1:22; 1 Jn. 4:7-21, *et al.*). Aunque *hagiasmos,* "santidad" se distingue de amor y fe en 1 Ti. 2:15 (ver 4:12), y aunque amor parece a veces estar aislado como una estrella brillante en la galaxia de las virtudes (Gá. 5:22; Col. 3:12-14; 2 P. 1:5-7), la presunción usual es que *agape* ("amor") es la esencia y suma del todo, y su elevación al trono la substancia de la santidad.

Sea que el énfasis sea en la pureza de corazón (como en Mt. 5:8) o en el amor perfecto (como en 1 Jn. 4:17-18), la síntesis apoya siempre la conclusión de que el amor cristiano es santo y la santidad cristiana es amar. Es primordialmente en amor delante de Dios que hemos de ser "santos e irreprensibles" (Ef. 1:4).[15] Puede decirse que el amor es el aspecto dinámico de la santidad, en tanto que la santidad es el "control de calidad" del amor. Así como la "religión que es pura" incluye los dos hemisferios de pureza y benevolencia (Stg. 1:27), la santidad bíblica incluye los mismos dos hemisferios; de hecho, santidad es virtualmente sinónimo con "religión pura."

Por un lado el amor verdadero guarda los mandamientos, i.e., se somete al gobierno y a la autoridad de Cristo (Jn. 14:15; 2 Jn. 6, *et al.*). Por el otro lado, una marca del purificado es el celo por las buenas obras (Tito 2:14). Por tanto, la santidad no es un estado separado de la acción, y amar es lo que la santidad hace. Cuando cesa de amar, cesa de existir y se limita a un moralismo estéril.[16] Si definimos la santidad como un *corazón puro,* una *buena conciencia,* y *fe* sin hipocresía (1 Ti. 1:5) se nos recuerda inmediatamente que esto es la fuente del amor, el objetivo real de la predicación del evangelio; es esta clase de amor solamente que puede cumplir con las especificaciones de la experiencia cristiana normal. Con respecto a Dios, es total en su lealtad (de un "corazón puro"); con respecto a los hombres, es perpendicular en su conducta (una "buena conciencia"); y con respecto a su naturaleza, es una activación divina por la fe (una "fe no fingida"). Es, por tanto, un amor puro en motivación, consciente en acción, y divino en su origen. Por cuanto está supremamente dirigido hacia Dios, ama todo lo que honra a Dios y odia todo lo que deshonra a Dios (Ro. 12:9; 1 Ts. 5:21; Tito 1:8; He. 1:9).[17]

II. La Relación de la Santidad a la Madurez

Hay dos formas en que se puede relacionar la santidad a la madurez —siendo el común denominador el hecho de que la madurez requiere crecimiento y por tanto, no puede ser el producto instantáneo de una "obra" de gracia. La primera da por sentado que el crecimiento en la santidad constituye una correspondiente disminución en la no santidad. Esto es casi lo mismo que aceptar que se crece *hacia* la santidad. En la segunda, la santidad se relaciona con la madurez sólo como su prerrequisito necesario, en el sentido de que hay un creci-miento abierto y continuo dentro de la esfera de la santidad. Hay un crecimiento *en* la santidad sin que tal crecimiento constituya un crecimiento *de* la santidad. La *perfeccionada* santidad de corazón se convierte, en esa forma, en la dinámica para *perfeccionar* el carácter y la personalidad cristiana integral. Creemos que esta es la posición bíblica.[18]

A. Santidad que no Es Madurez

El verdadero opuesto de la satidad es pecaminosidad, no falta de madurez (Ro. 6:15-22). Por tanto, si el crecimiento en la santidad es crecimiento de entre la no santidad, necesariamente es crecimiento de o fuera de la pecaminosidad. Un aumento en la santidad en este caso será una reducción gradual de la pecaminosidad. ¿En qué punto se completará el proceso? Si tal grado no se puede obtener en esta vida, se deduce que nadie puede ser santo en esta vida. Tal punto de vista no concuerda con los mandamientos y provisiones bíblicas para los mandamientos y provisiones bíblicas para la santidad. Ni tampoco concuerda con la declaración dogmática de que la santidad *(hagiasmos)* es esencial para ver al Señor (He. 12:14; ver Mt. 5:8). Esta aserción bíblica ciertamente implica que si no se experimenta la santidad antes de morir, no se recibirá en el más allá.[19]

La posición más comprobable, por tanto, es que la santidad en la enseñanza del Nuevo Testamento es inmediatamente posible y perpetuamente obligatoria; pero las personas que han sido hechas santas se supone que "crecerán en la gracia" (2 P. 3:18; ver 1:1-11). El intento es que sea un crecimiento en la santidad, no crecimiento hacia su realización. El Señor Jesucristo también, cuando era pequeño "crecía en sabiduría y en estatura, y en gracia [*charis*] para con Dios y los hombres" (Lc. 2:52); pero no se puede decir que este fuera un mejoramiento en su santidad.

La santidad es (negativamente) la antítesis del pecado y (posi-tivamente) entrega completa a Dios. Dentro de esta relación hay elementos *constantes.* El amor nunca debe establecer compromisos con el odio, la obediencia con la desobediencia, la consagración con la retención, la fe con la incredulidad; no obstante, estas son notas esenciales de la santidad. Pero es en estos *fundamentos* que erigimos los *variables,* tales como el conocimiento, la intuición ética, la potencia, el talento, y todas las demás cualidades externas que reconocemos como la madura semejanza a Cristo.

El suponer que la santidad en esta vida no puede ser "entera"

Pentecostés son patentes. El mismo tipo de espíritu carnal salió a relucir en la iglesia de Corinto. La exhortación misma de perfeccionar la santidad (2 Co. 7:1) implica un grado de santidad legítima pero parcial previo, una condición que hizo que Pablo situara su problema espiritual. "No estáis estrechos en nosotros, pero sí sois estrechos en vuestro propio corazón" (2 Co. 6:12). En el mismo hilo, la oración de Pablo de que Dios santificara "enteramente" a los tesalonicenses (1 Ts. 5:23) sólo podía implicar que su santificación hasta ese punto no era entera. La misma doblez mental, con sus manifestaciones carnales, es el objeto de la represión y exhortación de Santiago (1:5-8). La vacilación de los creyentes hebreos hace necesaria la escritura de la epístola exhortadora para sacarlos del pantano a las alturas espirituales. Cualquiera que sea la forma en que expliquemos estos defectos, resulta evidente que los creyentes pueden ser santos sin ser enteramente santos (ver 1 Ts. 1:3-6 y 3:10; 4:3 y 5:23; ver también He. 3:1 y 3:12; 5:11 sig.; 12:1 sig.). En todos se desea la santidad total, y su posibilidad se da por hecho y se afirma en cada caso.

B. La Naturaleza del Pecado en los Creyentes

Hemos visto ya que la práctica del pecado abierto no es característica del creyente y no puede reconciliarse con lo que significa ser cristiano. Lo que realmente vemos, sin embargo, son síntomas de egos no santificados, rodeados todavía de una tendencia a una auto soberanía. Los cristianos bajo la jurisdicción apostólica que cayeron hasta cometer pecados abiertos eran o excomulgados o amenazados de excomunión. Pero los cristianos cuyo espíritu era escaso, que en medio de una cierta lealtad sincera a Cristo actuaban diferente de El en sus relaciones interpersonales, eran reprendidos, amonestados, instruidos, motivo de oración y diagnosticados en cuanto a su condición.

Por tanto, lo que vemos en los discípulos, es su lucha por puestos, sus pleitos y venganzas, su recurrente ceguera espiritual, su cobardía en el peligro y el carácter defensivo que Pedro mostró aun después de la Resurrección. Vemos a Ananías engañado por su deseo de poseer (Hch. 5:1 sig.), Demas, prefiriendo el amor de este mundo (2 Ti. 4:10), y Diótrefes por su concupiscencia carnal por el poder (3 Jn. 9). Tenemos aquí tres direcciones que la auto soberanía interna puede tomar cuando se le permite la hegemonía. Vemos el espíritu de partido, la rivalidad, la envidia, y el celo dividiendo a los corintios; la inclinación a la incredulidad en los creyentes hebreos; los grupitos exclusivos, el orgullo, los deseos de reñir, la tendencia a actuar como el mundo, que da lugar a las expresiones punzantes y agudas de Santiago. Todos estos son condiciones palpables en los creyentes, tanto en tiempos bíblicos como hoy día y que reflejan una profunda maldad de espíritu.[25]

En Romanos, Pablo presenta la "mente carnal" y la "mente espiritual" como opuestos irreconciliables, el uno que lleva a la muerte, y el otro a la vida y a la paz. No obstante, resulta claro, de su designación dada a los Corintios como "carnales" (1 Co. 3:1-3), que puede haber una condición temporal, triste y conflictiva de doblez espiritual (*dipsuchos* "mente doble", Stg. 1:8; 4:8). La vida del Espíritu a la que los creyentes se han entregado, no ha logrado enteramente destronar al yo y entronar a Cristo. Esta es una condición sub-standard, inferior a lo normal. La carnalidad que permanece es el egoísmo natural luchando por la supremacía—y por su propia vida. Mas al fin, el principio opuesto ha de prevalecer: "El que salva su vida, la perderá"; y "A menos que el grano de trigo caiga a la tierra y muera, él solo queda."

C. La Oración de Nuestro Señor

Es contra este trasfondo de limitación espiritual que Jesús eleva la "Oración Pontifical" (Jn. 17). Oró no sólo por el grupo inmediato de sus discípulos sino "por los que han de creer en mí por la palabra de ellos" (v. 20). Les pide que se guarden del "malo" (v. 15), que sean perfectamente unidos los unos con los otros y en El (vrs. 21-23), y que finalmente puedan gozar con El en gloria (v. 24). Pero su petición clave es por su santificación (v. 17). Donald S. Metz dice que estas son "las palabras centrales de la oración" y constituyen "una revelación de lo que Jesús deseaba y quería para los humanos."[26] Si esta petición se contesta, las demás respuestas le seguirán.

1. *Una Necesidad de los Creyentes*

Es evidente que en lo que nuestro Señor está profundamente interesado es en ver un cambio subsecuente a la conversión. Poco más antes, en esa misma noche, Jesús había dicho que sus discípulos habían sido "limpios" por la palabra que les había hablado (Jn. 15:3). Había declarado su unión con El tan cercana como la de los pámpanos a la vid. Ahora, en esta oración, les dice que no son de este mundo sino que pertenecen al Padre y al Hijo (vrs. 6-16). Sin embargo, resulta claro que nota en ellos una necesidad por una obra más profunda de gracia. Necesitan estar calificados espiritualmente para cumplir su misión: "Como tú me has enviado al mundo, así yo los he enviado al mundo" (v. 18): Esta comisión demanda su santificación como su única esperanza de éxito.

Que esta experiencia crucial de santificación es una necesidad normal y universal, lo indican las epístolas. A los creyentes a quienes se les escribieron se les dieron muchos mandatos, promesas, y exhortaciones que fueron motivo de mucha oración, amonestándolos a entrar decisivamente a un nivel más elevado de experiencia. Aunque se describió en varias formas, esta experiencia elevada, corresponde en sustancia con lo que Jesús tenía en mente (Ro. 6:13; 12:1-2; 1 Co. 6:19-20; 2 Co. 7:1; 13:9; Ef. 3:14-21; 4:22-23; 5:18-21; Fil. 1:9-10; 2:5-8; 3:15; Col. 1:9-13, 28; 3:1-10; 4:12; 1 Ts. 3:10-13; 4:3-7; 5:23-24; 1 Ti. 1:1-5; 2 Ti. 2:19-21; Tito 2:11-14; He. 3:12—4:11; 5:12—6;2; 10:19-25; 12:12-17; Stg. 1:1-8 con 3:17; 4:1-8; 1 P. 1:14-16; 2:1-5; 2 P. 1:4; 3:11-12, 14; 1 Jn. 1:5-7; 3:1-3; 4:17-18).

2. *El Significado de la Santificación*

Exactamente, ¿qué quiso decir Jesús cuando oró por la santificación de sus discípulos? Aun sin estudiar los términos podemos deducir, sin lugar a duda, que dándose cuenta de su egoísmo, El oraba para que fuera corregido. Quería que ellos experimentaran una consagración y sumisión a Dios que los hiciera totalmente accesibles a lo que el Padre dijera y completamente sujetos al dominio del Espíritu Santo.

El verbo *hagiadzo,* "hacer santo," significa esencialmente *separar (a) hacia* Dios, y *(b) del* pecado. La necesidad de la segunda parte resulta de las implicaciones de la primera; la total consagración es aceptable sólo en el grado en que lo consagrado es hecho limpio (2 Cr. 29:5, 15-19).[27] Todo intento de consagrar una ofrenda inmunda, que no ha sido hecha limpia, es insincero, insultante y digno de condenación (Ro. 12:1—notar "santo"; ver la prohibición en contra de los sacrificios defectuosos en Lv. 22:21-25; Dt. 15:21; Mal. 1:8).

Es aparente que aunque los discípulos ya habían experimentado una limpieza en un nivel, estaban en necesidad crítica de una limpieza en un nivel más profundo, en el centro mismo de su propio yo. Esta era, de seguro, la limpieza profunda que Jesús tenía en mente cuando se preocupaba porque fueran santificados en la "verdad" (v. 19). Se necesitaba una santidad real y no ficticia, completa antes que parcial, y que purificara el corazón de la mentira que está latente en la mente carnal. Debe haber una conformidad interna con la verdad.

Pero Jesús tenía en mente una capacitación así como una limpieza. La cobardía tenía que ser substituida por el valor, la pereza y pasividad por la agresividad dinámica en las cosas de Dios. La santificación es una obra de gracia que crea una dinámica espiritual poderosa—un deseo de ser "celoso de buenas obras" (Tito 2:14). Este tipo de iniciativa interna espiritual era la que no tenían los discípulos cuando Jesús oró por ellos, pero que demostraron en medida abundante después de experimentar la plenitud del Espíritu Santo.

3. Los Medios de Santificación

En este pasaje se especifican tres medios de santificación:

a. El Padre mismo es el Santificador. La Biblia indica la necesidad de una santificación propia en el sentido de presentación de uno mismo y de la limpieza de uno mismo (Ro. 12:1; 2 Co. 7:1; Stg. 4:8; 1 Jn. 3:3), y el requisito de una fe personal para la santificación (Hch. 26:18). Pero en el nivel más profundo, Dios mismo debe obrar. Esta verdad se ve por Pablo: "Que el Dios de paz os santifique en todo" (1 Ts. 5:23-24).

b. El medio instrumental es *la verdad* (no "en la verdad," sino "por medio de la verdad"). Esta verdad la identifica Jesús: "tu palabra es verdad." Generalmente, "palabra" se entiende aquí como la revelación oral y escrita de la voluntad de Dios para su pueblo, por la cual revelación son guiados a la experiencia. Se implica también una referencia a la palabra de Dios como mandato: cuando El habla, se hace (Mt. 8:2-3). El Espíritu convierte la promesa en una realidad experimental (Hch. 20:32; 2 P. 1:4). Por el otro lado, Oscar Cullmann sugiere que la palabra es una referencia a Jesús mismo. Dice: "La Palabra de Dios que es idéntica con el *logos* proclamado de Jesús es 'verdad' (17:17); pero Jesús mismo es la verdad en persona (14:6). En este respecto, el uso ordinario de Juan de la palabra *logos* clarifica directamente la designación de Jesús como Logos."[28] Sin embargo, no podemos hacer a un lado el énfasis mismo de Jesús sobre la palabra hablada (Jn. 4:48-50; 5:24; 6:63, 68; 8:31; 12:48; 15:3).

c. Jesús identifica su propia presentación de El mismo como un medio más de su santificación. "Y por ellos yo me santifico a mí mismo, para que también ellos sean santificados en la verdad" (v. 19). El propósito de la muerte de Cristo en relación al mundo puede verse en Juan 3:16, sólo que aquí se ve en relación con sus discípulos. Por tanto, hay en la expiación una provisión para la santificación completa del pueblo de Dios así como su justificación gratuita (Ef. 5:25-27; He. 10:7 con 10; 13:12).

D. La Respuesta a Romanos 7

El propósito de Pablo en Romanos 7 es el de demostrar que el verdadero impedimento a la guarda exitosa de la ley es una inclinación heredada hacia el pecado, a lo que él llama la ley del pecado, o "el pecado que mora en mí." La naturaleza subvolitiva de esta fuerza desorganizante interna contesta perfectamente, no sólo la pecaminosidad universal abierta que vemos en la raza humana, sino también los fenómenos que notamos en los creyentes. Hay un yo que continúa luchando contra sí mismo. Se producen acciones y tendencias que no son deliberadamente escogidas por el creyente, pero que continúan desviando su paso y avergonzándolo duramente.[29]

No hay manera posible de ignorar la conexión entre 8:1-4 y el problema humano profundo discutido en el c. 7. El escape completo de la condenación (v. 1) presume libertad del pecado en ambos niveles, no sólo de la culpa personal por el perdón, sino de la servidumbre del pecado innato. La liberación de "la ley del pecado y de la muerte" por "la ley del Espíritu de vida en Cristo Jesús" sólo puede significar solución total a la esclavitud abyecta del hombre miserable que dijo, "yo soy carnal, vendido al pecado" (Ro. 7:14).

El poder del Espíritu para efectuar tal liberación, se adjudica directamente a la acción de Cristo sobre la cruz condenando "el pecado en la carne." La palabra "condenar" *(katekrine,* literalmente, "juzgar en desprecio") significa algo más que el no aprobar; Cristo no necesitaba morir para que el pecado que mora en uno, sólo fuera desaprobado. El término implica no sólo la facultad de pasar sentencia sino también la facultad de ejecutar esta sentencia. La naturaleza y alcance de esta acción se revela en el propósito: "para que la justicia de la ley se cumpliese en nosotros." La ley nos requiere ser justos y santos amando a Dios y a nuestros semejantes. Esta obligación no quedó abrogada por la muerte de Cristo, pero su cumplimiento se hizo posible por la provisión de una corrección radical interna de aquella perversidad que antes la evitaba. Es claro que la justicia que nos elude en el capítulo 7 por causa del pecado que mora en nosotros, es ahora posible, con una nueva naturalidad, plenitud y libertad. Siendo que la "ley del pecado" que infecta la naturaleza humana es el único obstáculo, la realización de la justicia implica la remoción del obstáculo.

Por tanto, esto es nada menos que una renovación radical, que hace que la voluntad perfecta de Dios sea el deleite del creyente, no sólo en el nivel de la razón (7:22) sino en el nivel de los afectos. El yo es finalmente destronado y la tiranía del excesivo egoísmo deshecha. Aquella disposición furtiva de suponer que la propiedad ha de *compartirse* entre Cristo y el yo, es purificada (ver Tito 2:14).

Es así que la verdadera "libertad" del creyente se convierte en realidad. En las palabras de Mary McDermott Shideler, "El don del Espíritu no es liberación del modelo divino, sino liberación dentro de ese modelo."[30]

Esta liberación es la respuesta, no sólo al problema del pecado universal, sino más especialmente al problema de la disposición carnal en los creyentes. Su fuente es pecaminosidad heredada: como tal, no requiere arrepentimiento ni perdón cuando el pecador avisado viene a Cristo. Pero *después,* por cuanto es devastador y molesto, el Espíritu principia a enfocar su atención sobre él. Sólo un creyente perdonado y regenerado puede darse cuenta de los restos de esta perversidad dentro de él, con tanta claridad y comprensión que puede convertirse en sujeto de una lucha espiritual específica y de una confrontación. Sólo un ego regenerado puede morir voluntariamente a los restos de sus propias defensas carnales (ver Ro. 6:13). Esto sitúa la más profunda limpieza sobre una base totalmente moral, consciente y responsable. Pero en este remedio accesible para el centro espiritual de la depravación racial, vemos en una nueva perspectiva el verdadero alcance y propiedad del poder devastador del postrer Adán para cambiar el daño perpetrado en la raza humana por el primer Adán (Ro. 5:12-21).

IV. La Relación de la Santidad a la Perfección

Es imposible pasar por alto el pronunciado énfasis sobre la perfección en la Biblia, ya sea en el Antiguo como en el Nuevo Testamento.[31] Hay dos términos que contienen un potente significado teológico.

A. Adaptación para el Servicio

En sus últimas recomendaciones a los corintios, Pablo expresa su deseo diciendo: "oramos por vuestra perfección" y después cambia su oración deseo en un mandamiento, "perfeccionaos" (2 Co. 13:9, 11). Usa *katartisis,* como un subtantivo de acción, y su cognato verbal, *katartizo,* que significa "moldear" o "adaptar completamente." Pablo, pues, termina esta su segunda carta a esta iglesia dividida en la misma forma en que principió su primera epístola: "Os ruego, pues, hermanos... que... estéis perfectamente unidos en una misma mente y en un mismo parecer" (1 Co. 1:10).

Esta idea se hace vívida por la traducción *remendar* "remendando sus redes" (Mt. 4:21; Mr. 1:19). Las redes rotas y embrolladas no podían usarse; ni tampoco pueden los creyentes que están en necesidad de reparación espiritual, ser útiles en la obra del Señor. Es esta clase de perfeccionamiento que el clérigo mediador hace, "a fin de perfeccionar a los santos para la obra del ministerio, para la edificación del cuerpo de Cristo" (Ef. 4:12; ver Mt. 21:16; Lc. 6:40; He. 13:21).[32]

B. Lo Perfecto y el Cumplimiento

El vocablo más usual para perfección es *telos* y sus varias formas parecidas. Literalmente, *telos* significa "fin," o "el punto seleccionado como límite" (ver Ro. 6:21; 1 Ti. 1:5). Ser *teleios,* "perfecto," es haber alcanzado o llegado al punto propuesto. Thayer dice que "nada necesita para ser completo; perfecto" (ver 1 Co. 13:10; Stg. 1:4, 25; 1 Jn. 4:18).[33] Obviamente, siendo que el punto deseado es variable, la perfección es igualmente variable y sólo puede determinarse relacionando la actuación al objetivo. Esto quiere decir que lo que puede ser perfecto en un nivel puede ser imperfecto en otro; o lo que completamente cumple un objetivo puede hacerlo en medio de muchas imperfecciones de ambiente. Si un objetivo es el de memorizar 10 capítulos de las Escrituras, lo perfecto (el cumplimiento), en ese punto particular es la memorización de 10 capítulos. Pero la memorización de 10 capítulos no es perfección si el objetivo era de 15 capítulos. Esto nos ayuda a ver que el concepto de *telos* es preciso y a la vez es flexible. El término puede usarse propiamente a pesar de una norma de medida fluctuante.

1. *La Perfección Presente*

Hay una clase de creyentes que en comparación con otros son perfectos en el sentido de que son completos en su consagración, devoción, y en mente espiritual (1 Co. 2:6, ver vrs, 11-16; Fil. 3:15). Las perfecciones específicas que juntas forman la perfección total son la perfección de *fe* por la obediencia (Stg. 2:22) y la perfección de *amor* (Mt. 5:48; Jn. 17:23; 1 Jn. 4:17-18).[34]

Así que hay una perfección presente accesible en cada fase de la vida cristiana; de hecho es la *norma* para los creyentes. Cuando Santiago dijo, "tenga la paciencia su obra completa," hablaba de la posibilidad *presente* que era el deber de todo cristiano, "para que seáis perfectos y cabales, sin que os falte cosa alguna" (Stg. 1:2-4). En este caso la perfección de la paciencia que es índice para la perfección espiritual es el rendimiento interno que hace posible el confrontar las pruebas con alegría. Esto es más bien cuestión de *santidad* que de talento o crecimiento.

2. *Perfección como Meta*

Hay también una clase de perfección que es siempre una meta. En este caso es más apropiado usar el término *madurez*. Cuando Santiago habla de obreros cristianos que son piedras de tropiezo, dice: "Si alguno no ofende en palabra, éste es varón perfecto, capaz también de refrenar todo el cuerpo" (3:2). Describe aquí una madurez muy avanzada—una realización, de veras, que muy pocos pueden alcanzar. Comentando sobre esta frase, "Porque todos ofendemos muchas veces," R. Duane Thompson dice:

> El ofender no es la prerrogativa de unos cuantos favoritos; es común a todos... Esto no ha de considerarse pecado en el sentido de una desviación deliberada de la voluntad de Dios; más bien puede considerarse como "errores y faltas intelectuales y morales; que de cierto se hacen por los más sabios y más santos."[35]

Es posible que la preocupación de Pablo en la carta a los Efesios represente a un nivel intermedio de perfección que involucra crecimiento y que sin embargo es fácilmente realizable: "Hasta que todos lleguemos a la unidad de la fe y del conocimiento del Hijo de Dios, a un varón perfecto, a la medida de la estatura de la plenitud de Cristo" (Ef. 4:13). La posibilidad de la realización definida se sugiere por los versos que siguen y que bosquejan los resultados de alcanzar esta plenitud. Aun cuando en este caso se involucra proceso, dicha meta no puede alcanzarse aparte de la crisis de limpieza de corazón definida de los impedimentos de tal madurez.

3. *La Perfección Última*

Esta es la perfección que Pablo no acepta cuando escribe a los Filipenses: "No que lo haya alcanzado ya, ni que ya sea perfecto; sino que prosigo, por ver si logro asir aquello para lo cual fui también asido por Cristo Jesús" (3:12 sig.). La perfección que no ha alcanzado es "la resurrección de entre los muertos" que según él lo ha indicado, es su meta.[36] El premio "de la soberana vocación de Dios en Cristo Jesús" es transtemporal y celestial. No obstante, al usar la palabra (forma adjetiva y verbal) para indicar una perfección todavía *no* experimentada, y en el mismo párrafo una perfección que ya puede llamar suya, Pablo hace dos cosas: Por un lado está callando a los que negarían toda clase de perfección cristiana realizable en esta vida; y por el otro lado alerta a los que arbitrariamente interpretan tal perfección como absoluta, implicando que no hay necesidad de un continuo crecimiento y desarrollo.

C. Perfección y Santidad

Resulta más y más claro que la santidad y la perfección con frecuencia son virtualmente equivalentes. En una cita marginal Turner nos da este recordatorio significativo: "Un aforismo rabínico, 'sed por tanto perfectos' era una repetición de 'Sed, pues, vosotros perfectos.'"[37] Seguramente, la perfección indicada en Mateo 5:3-48 es la substancia de lo que el Nuevo Testamento significa al hablar de santidad. Es amor universal que satisface el espíritu de la ley yendo más allá de lo que la letra dice, y una moralidad que es tan interna como lo es externa.

Tal como se ha hecho notar, *perfecto* significa *santo* cuando es sinónimo de *espiritual* (1 Co. 2:6, ver v. 15; 3:1-3; Gá. 6:1) o *mente espiritual* (Ro. 8:6). Además, cuando Jesús oró que sus discípulos fueran "perfectos en unidad," debió haber estado pensando en algo que El tenía en mente cuando oró que fueran santificados "en verdad." Una oración no podía contestarse sin la otra. No hay lugar a duda de que Jesús oraba por posiblilidades reales en ambos casos. De hecho, la realización de estas posibilidades sería necesaria para representarlo adecuadamente ante el mundo. Hablar de una experiencia llamada "perfección cristiana" no puede evitarse.

No obstante, perfección puede ser más (o aun menos) de entera santificación, dependiendo de cuál sea la meta o "fin." Si la meta es arrepentimiento y fe en Cristo como Salvador, el testimonio del Espíritu es evidencia de que en este nivel hay perfección. Si la meta es unidad espiritual y santidad de corazón lo que se recalca en la oración de Jesucristo, la perfección se realiza mediante la respuesta a esta oración. Si la meta es madurez—un grado de estabilidad, fortaleza de carácter y sabiduría, que puede definirse y reconocerse —tal perfección se realiza por medio de crecimiento.

Si la meta es *finalidad* de criterio, conocimiento y talento como creyente, la perfección en esta vida es imposible, pues tal meta siempre se va alejando de nosotros. Si la meta es redención irreversible de nuestro "estado caído" (Fil. 3:20-21) y de un ambiente pecaminoso, la perfección nos espera en la vida del más allá.

Es claro entonces, que la esfera de la perfección cristiana que corresponde a la santidad es el corazón, no el hombre total. Cuando nos vamos del corazón a la cabeza y a la mano, ya no más se puede hablar de perfección. En este caso la santidad se mueve *hacia* la perfección y no puede compararse o igualarse a ella.[38]

Concluimos, pues que el concepto de *santidad* en el Nuevo

Testamento incluye amor perfecto y pureza de corazón perfecta. Pero el concepto de *perfección* en el Nuevo Testamento es más elástico; abarca un énfasis de totalidad y de satisfacción completa en alguna realización específica. Por tanto, hablar de perfección aceptable en medio de muchas imperfecciones es bíblico, pero el intento de combinar la santidad aceptable con la no santidad, no lo es.

NOTAS BIBLIOGRÁFICAS

[1]Nótese que las tres bendiciones son conceptos de sabiduría ampliados. Cf. Lightfoot, Robertson, Moffatt, Phillips, *et al.* Cf. Stg. 1:5-7 con 3:17.

[2]La importancia que San Pablo le da a la santificación puede explicarse por la comisión que recibió directamente de Cristo en el momento de su conversión. Esa comisión consistía en predicar que los hombres "se conviertan de las tinieblas a la luz, y de la potestad de Satanás a Dios; para que reciban, por la fe que es en mí, perdón de pecados y herencia entre los santificados" (Hch. 26:18).

[3]El siguiente breve estudio de palabras (basado en Arndt and Gingrich) puede ser útil como un repaso:

hagios, adj. "dedicado a Dios", "santo", "sagrado", como Mt. 4:5; "puro", "perfecto", "digno de Dios", como Ro. 12:1; Col. 1:22 (125 veces; más 15 casos de la forma de sustantivo *hagion*).

hagiotes, sustantivo, "santidad", sólo una vez, He. 12:10 ("participar de su carácter santo"); posiblemente también 2 Co. 1:12 (véase la nota textual,en *USB* Greek Text).

hagiosune, sustantivo, "santidad", tres veces, Ro. 1:14; 2 Co. 7:1; 1 Ts. 3:13; denota pureza ética; cf. Kittel, 1:115.

hagiadzo, verbo, "hacer santo", "consagrar", "santificar" (incluyendo "purificar" en algunos casos), como Ro. 15:16; Ef. 5:26 (29 veces).

hagiasmos, sustantivo, "santidad", "consagración", "santificación"; "el uso en un sentido moral para un proceso o, con mayor frecuencia, su resultado (estar haciendo santo) es peculiar de nuestra literatura". Sólo diez veces: Ro. 6:19, 22; 1 Co. 1:30; 1 Ts. 4:3-4, 7; 2 Ts. 2:13; 1 Ti. 2:15; He. 12:14. (Del verbo *hagiadzein,* de acuerdo con Procksch en *TDNT*.)

A continuación incluimos otro grupo de palabras derivadas de la raíz *hag:*

hagneia, sustantivo, "pureza", "castidad", dos veces: 1 Ti. 4:12; 5:2.

hagnos, adj. "puro", "casto", "inocente", ocho veces. 2 Co. 7:11; 11:2; Fil. 4:8; 1 Ti. 5:22; Tit. 2:5; Stg. 3:17; 1 P. 3:2; 1 Jn. 3:3.

hagnidzo, verbo, "purificar", ceremonial o éticamente; siete veces: Jn. 11:55; Hch. 21:24, 26; 24:18; Stg. 4:8; 1 P. 1:22; 1 Jn. 3:3.

hagnismos, sustantivo, "purificación" (ceremonial), en Hch. 21:26 solamente.

Otras palabras son *hieros,* "sagrado", 2 Ti. 3:15; *hosios,* "santo", "devoto", 1 Ti. 2:8; Tit. 1:8; *hosios,* adv., "santamente", 1 Ts. 2:10; *hosiotes,* "santidad" (combinación de piedad y pureza, Lc. 1:75; Ef. 4:24). Para un estudio subsecuente de palabras véase Wiley, *Christian Theology,* 2:464 y ss.; Turner, *The Vision Which Transforms* (Kansas City: Beacon Hill Press, 1964), pp. 114 y ss. Véase también Kittel, *TDNT,* 1:88-115. El punto de vista de que "santificación" es el acto o proceso por el cual somos hechos santos y que "santidad" es el estado que resulta, es un punto refinado de la teología sistemática, pero es difícil apoyarlo desde el punto de vista del uso de las palabras del Nuevo Testamento. "La Biblia no distingue entre la santificación y la santidad", escribe W. T. Purkiser (*Sanctification and Its Synonyms* [Kansas City: Beacon Hill Press, 1961], p. 84, nota 4; cf. p. 14).

⁴*Works,* 10:364.

⁵Como 55 veces en Hechos, las epístolas y Apocalipsis.

⁶Turner, *Vision Which Transforms,* p. 21.

⁷En otras partes se le recuerda a la iglesia que incluso las discusiones innecesarias sobre "fornicación y toda inmundicia, o avaricia" no deben ni siquiera mencionarse entre los santos (Ef. 5:3; cf. Ro. 16:2; 1 Co. 1:2; Ap. 19:8). De acuerdo con el autor de Apocalipsis los verdaderos santos son aquellos que "guardan los mandamientos de Dios y la fe de Jesús" (Ap. 14:12). Aparentemente, la iglesia primitiva consideraba que la santidad interior básica con una vida correspondiente formaba parte de lo que significaba ser cristiano (cf. 1 Co. 5:8; 2 Co. 1:12; Ef. 2:1-10; 4:1; 5:1-2; Fil. 1:10; 2:12-15; 2 P. 3:11).

⁸*Pulpit Commentary,* 19:9.

⁹"First Corinthians", *Tyndale New Testament Commentaries* (Londres: The Tyndale Press, 1966), p. 50.

¹⁰*One Volume New Testament Commentary* (Grand Rapids, Mich.: Baker Book House, 1957), *ad loc.*

¹¹Aunque el concepto ritual y ceremonial de pureza y santidad prevaleció durante la economía mosaica, raramente se usa en el NT (cf. 1 Co. 7:14). Como Otto Procksch lo expresa: "Ya en el Sermón del Monte, Cristo le da un contenido ético al concepto de pureza... el cual se convirtió en normativo para el cristianismo primitivo (1 Ti. 1:5; 2 Ti. 2:22; Tit. 1:15; Jn. 1:17; cf. Mt. 23:26, etc.)" (Kittel, *TDNT,* 1:108). Refiriéndose a *hagiasmos,* él dice que "siempre se ha distinguido de *hagios* y *hagiadzein* por el hincapié que se hace en el elemento moral" (p. 113).

¹²La traducción de *en* (en) por "a" parece implicar que la santidad se logra no *antes* sino *cuando* venga el Señor. Pero la *Versión Popular* capta muy bien el sentido: "Que los haga firmes en sus corazones, santos y sin culpa delante de Dios nuestro Padre cuando regrese nuestro Señor Jesús con todos los suyos" (cf. 5:23).

¹³La interpretación del participio presente de 2 Co. 7:1, "perfeccionando la santidad", como un cambio de la crisis de limpieza (aoristo de *katharidzo*), ahora obligatorio, a una perfección gradual de una santidad personal subsecuentemente, es una exégesis muy dudosa, a pesar de la unión que Daniel Steele y otros tratan de hacer. Ralph Earle (en una nota personal para el autor) dice:

> "Limpiémonos" está en el aoristo subjuntivo (hortatorio), que sugiere una crisis instantánea de limpieza, en lugar de un proceso. "Perfeccionando" es un participio presente, que indica acción simultánea con la del verbo principal—"limpiémonos". El sentido claro del griego consiste en que "perfeccionando la santidad" es sinónimo, o por lo menos concomitante, con la crisis de limpieza.

Véase también William Greathouse en *Exploring Our Christian Faith,* editor W. T. Purkiser (Kansas City: Beacon Hill Press, 1960), p. 341; Turner, *Vision Which*

Transforms, p. 123; Arndt and Gingrich—"perfeccionar la santidad equivale a llegar a ser perfectamente santo, 2 Co. 7:1."

[14]*Bible Holiness* (Kansas City: Beacon Hill Press, rev. 1952), p. 22. Esta totalidad intransigente y firme característica de la santidad del Nuevo Testamento también se observa en ciertos pasajes vívidamente descriptivos, los cuales claramente delinean la sustancia sin el uso de la palabra, tales como Ro. 13:12-14; Gá. 5:6, 13:14; 1 Ti. 1:5; Tit. 2:11-14; Fil. 2:14-16; Col. 3:5-8; *et al.*

[15]Si nos apegamos al texto Griego de las SBU en relación con *an agape* a la cláusula previa en lugar de la siguiente, como en la RSV *(La Versión Latinoamericana)* y la NASB *(La Biblia de las Américas).*

[16]Queda bien claro si *(a)* consideramos la santidad como *libertad del pecado,* y entonces recordamos que el pecado es alguna forma de amor autodirigido en lugar de dirigido por Dios; o *(b)* si consideramos la santidad como *obediencia* a Dios, y luego se nos recuerda que los grandes mandamientos consisten en amar a Dios y a nuestros prójimos con una devoción y servicio que (de parte de Dios) son ilimitados en sus reclamos. Esta clase de amor no le hace daño al prójimo (Ro. 13:10); y a la vez, proque Dios es santo y el bienestar de nuestro prójimo va de por medio, quedará libre de la "hipocresía" del sentimentalismo al aborrecer "lo malo" y "seguir" lo bueno (Ro. 12:9; cf. He. 1:9; véase Wiley, *Christian Theology,* 2:492); o *(c)* si consideramos la santidad como *consagración.* En el caso de esta última, es necesario considerar que debe ser una respuesta *de amor* a las "misericordias" de Dios o de lo contrario la consagración sólo será motivada por el deber y el temor, sin calor ni poder (Ro. 12:1-2).

[17]El carácter inseparable del amor y la santidad se observa también en cláusulas como las siguientes: "la fe que obra por el amor" (Gá. 5:6); "espíritu... de poder, de amor, y de dominio propio" (2 Ti. 1:7); "El que tiene mis mandamientos, y los guarda, ése es el que me ama" (Jn. 14:21); "Y andad en amor, como también Cristo nos amó" (Ef. 5:2); "Habiendo purificado vuestras almas por la obediencia a la verdad... amaos unos a otros entrañablemente" (1 P. 1:22); "En esto se ha perfeccionado el amor en nosotros... como él es, así somos nosotros en este mundo" (1 Jn. 4:17); "y menospreciaron sus vidas hasta la muerte" (Ap. 12:11). De igual manera es cierto que lo contrario a la santidad puede ser definido como amor mal dirigido (Jn. 3:19; 12:43; 1 Ti. 6:10; 2 Ti. 4:10; 2 P. 2:15; Ap. 22:15).

[18]La "niñez" que caracteriza a los cristianos carnales (como en el caso de los corintios, 1 Co. 3:1-4) no es la niñez inocente del recién nacido—la etapa propicia para debilidades, ignorancia y falta de capacitación—sino la de desarrollo truncado. La falta no se atribuye a la inmadurez legítima, sino a la carnalidad, manifestada en celos y envidias. Se necesita limpieza para ponerle remedio, no tanto en el proceso temporal de crecimiento. Véase también Wiley, *Christian Theology,* 2:507.

[19]El problema se resolvería si la declaración de Hebreos pudiera redactarse de manera que el ver al Señor dependiera simplemente de la *búsqueda* ("seguid") de la santidad, pero el griego no lo permite. Contextualmente, la santidad en este pasaje es un estado relacionado con la paz con los hombres, pero con otra demanda—la certeza interna de estar bien con Dios, la cual excluye toda amargura, impureza y secularismo (vv. 15-17). Esta clase de santidad es "la gracia de Dios" la cual se nos advierte que no dejemos de "alcanzar" (v. 15). Obviamente, la implicación total se refiere a una santidad que, por un lado, es el *sine qua non* central ante la presencia de Dios, y por el otro, está disponible inmediatamente. Su *búsqueda* ("seguid") debe

considerarse como una tarea con el propósito y la expectación de la obtención inmediata de la santidad.

[20]*Herald of Holiness,* oct. 13 de 1965.

[21]San Pedro nos exhorta (1 P. 1:15): "sino, como aquel que os llamó es sabio y maduro, sed también vosotros sabios y maduros." Estas cualidades revisten importancia, pero el llamamiento se hace a ser santos.

[22]*A Theology of Love* (Kansas City: Beacon Hill Press of Kansas City, 1972), p. 265.

[23]Dos pasajes han sido avanzados seriamente en años recientes para probar el carácter gradual de la obtención de la santidad, pero ninguno de los dos se aplica. El primero, 2 Co. 7:1, ya se ha discutido. El segundo, 1 Jn. 1:7, se ha interpretado como referencia a una limpieza gradual o repetitiva, basándose en que la frase "nos limpia" está en el tiempo presente. La limpieza presente es de todo pecado, *ahora,* sobre la base del andar en la luz "como él está en luz"—*ahora;* y "no hay ningunas tinieblas en él". Si tratamos de combinar el andar con Dios y andar en tinieblas a la vez, "mentimos, y no practicamos la verdad" (v. 6). Mas este es el resultado exacto de interpretar la "limpieza" ya sea como expiación perpetua o un pecar perpetuo (andar en tinieblas), o como la obtención gradual de pureza. Para mayor discusión, véase Purkiser, *Sanctification and Its Synonyms,* pp. 45-46.

[24]Lo que Wesley encontró en la Biblia formó su teología de santidad. El escribió: "En 1729, dos jóvenes, al leer la Biblia, comprendieron que no podían ser salvos sin santidad, la procuraron, e impulsaron a otros a hacerlo. En 1737, comprendieron que la santidad se obtiene por la fe. A la vez, comprendieron que el hombre es justificado antes de ser santificado; pero su punto principal era la santidad. Dios entonces los envió, en contra de la voluntad de ellos, a formar un pueblo santo" (*Works,* 8:300). (Esta cita fue tomada de un tratado sobre el metodismo publicado en repetidas ocasiones, con varias revisiones, entre 1744 y 1789. Esta cita se tomó de la revisión final, dos años antes de que muriera Wesley. En ésta reclama haber aprendido de la Biblia directamente su doctrina de que la entera santificación es subsecuente a la justificación. Véase también su sermón "The Scripture Way of Salvation", *Works,* 6:43 y ss.).

[25]Como las manifestaciones de este espíritu egocéntrico se volvieron más notorias, en algunos casos se refieren al retroceso espiritual o a la apostasía.

[26]*Studies in Biblical Holiness* (Kansas City: Beacon Hill Press of Kansas City, 1971), p. 109.

[27]Cf. James Hastings, editor, *The Great Texts of the Bible* (Grand Rapids, Mich.: Wm. B. Eerdmans Publishing Co., s.f.), 12:294 y ss.

[28]*Christology of the NT,* p. 260; cf. p. 106.

[29]El esfuerzo para confinar la discusión de San Pablo al judío despierto bajo la ley no llena totalmente los hechos del caso. El comentario de Godet es muy útil en este punto: "San Pablo se refiere al no regenerado sin preocuparse por la pregunta de hasta dónde el corazón no regenerado permanece aún en el creyente regenerado." San Pablo no está describiendo una forma de vida seleccionada sino una tendencia irracional, indeseada, de volver a la antigua forma de vida. "Aquí", comenta Godet, "está la *esencia permanente* de la *naturaleza* humana desde la caída fuera de la acción de la fe. De esta forma se explica el uso del *presente,* sin decir nosotros que San Pablo describe su estado presente" (*Commentary on St. Paul's Epistle to the Romans,* 2:36).

[30]*Christian Century,* oct. 11 de 1972. Cf. la declaración de Hans Conzelmann: "No tenemos libertad para pecar" (*An Outline of the Theology of the New Testament,*

trad. por John Bowden [Londres: SCM Press Ltd., 1969]).

[31]En primer lugar, hay perfección en el sentido de *exactitud,* expresada por *akribes,* la cual puede ser comparativa y por ello estar sujeta a incremento. Tres veces se encuentra en Hechos la expresión "más exactamente" o "más cierta" (18:26; 23:15, 20). La idea de perfección también es expresada por *artios,* "adecuado, perfecto", como en el v. que dice: "Toda la Escritura es útil. . . a fin de que el hombre de Dios sea perfecto" (2 Ti. 3:16-17). La palabra *pleroo* que se usa una sola vez y significa "llenar", "completar", se traduce como "perfecto", pero en *La Biblia de las Américas:* "Porque no he hallado completas tus obras delante de mi Dios" (Ap. 3:2).

[32]Obviamente, el término incluye tanto ajuste espiritual como entrenamiento y capacitación. El ajuste espiritual es particularmente oportuno en la preocupación de San Pablo por los tesalonicenses al expresar su oración en favor de que él y sus acompañantes "veamos vuestro rostro, y completemos lo que falte a vuestra fe" (1 Ts. 3:10; cf. 1 P. 5:10; cf. NASB [*La Biblia de las Américas*]).

[33]*A Greek-English Lexicon of the New Testament* (Grand Rapids, Mich.: Zondervan Publishing House, reimpreso en 1963), p. 618.

[34]La traducción *madurez* no siempre se apega fielmente a la definición de la palabra. Esto es cierto porque es difícil señalar la madurez con un criterio preciso. Los cristianos se encuentran siempre en proceso de madurez y nunca pueden decir que ya han alcanzado el grado final; pero dentro del proceso total ellos deben conocer en todo tiempo por experiencia el significado del amor completo por todos los hombres y la obediencia total a Dios.

[35]"James", *The Wesleyan Bible Commentary,* editor Charles W. Carter (Grand Rapids, Mich.: Wm. B. Eerdmans Publishing Co., 1966), 6:220. Las palabras citadas por Thompson fueron tomadas del *Commentary* de Whedon.

[36]Al torcer el significado de esa resurrección para que signifique el gozo de una vida victoriosa aparentemente se trata de evitar la contingencia implicada. No se puede defender a *La Biblia al Día* ni a la *Amplified* aquí.

[37]*Vision Which Transforms,* p. 155, nota 88. Véase también Oscar Cullmann; comentando sobre He. 10:14 dice que *teleioo* "hacer perfecto", es "casi un sinónimo de *hagiadzo* (santificar)"(*Christology of the NT,* trad. por Guthrie y Hall [Filadelfia: The Westminster Press, 1959], p. 100).

[38]Véase H. Orton Wiley sobre He. 10:14; 11:39-40; y 12:23, en *The Epistle to the Hebrews* (Kansas City: Beacon Hill Press, 1959), pp. 324 y ss., 380 y ss., 404 y ss.

27

La Santidad y el Espíritu Santo

En el desarrollo del drama de la redención, los eventos más cruciales hasta hoy son la Encarnación, la Crucifixión, la Resurrección, la Ascención, y finalmente el derramamiento del Espíritu Santo en el Día de Pentecostés. Estos eventos representan una serie de fases progresivas, tanto en revelación como en redención. La Navidad nos habla de Dios *con* nosotros; el viernes santo, la Resurrección y la Ascensión hablan de Dios *para* nosotros; en tanto que el Pentecostés nos habla de Dios *en* nosotros. Con respecto a la salvación personal, asequible en esta vida, puede decirse que el Pentecostés es el día culminante al que los otros apuntan. Fueron necesarios a fin de que este día pudiera venir. La recuperación de la amistad obstruida entre el espíritu humano y el Espíritu divino debe ser central a toda otra fase del programa redentor de Dios. Es en esta recuperación donde encontramos el verdadero significado del derramamiento del Espíritu Santo.

I. El Significado del Pentecostés

Ya hemos afirmado que la santidad es el meollo del nuevo pacto. Si esto es así, hay base racional para suponer que un cuidadoso estudio de la misión y ministerio del Espíritu Santo en esta dispensación comprobará o desaprobará esta tesis.

A. El Significado del Día

En el calendario judío el pentecostés era la segunda fiesta anual importante. Principiaba 50 días después de la Pascua (de allí el nombre "Pentecostés"). Era un festival hebreo de cosechas, llamado "Fiesta de las Semanas," con su énfasis sobre "las primicias." Esto se simbolizaba por dos grandes piezas de pan ofrecidas por el sumo sacerdote en el primer día de la fiesta. Sólo después de este acto podían los que adoraban comenzar a usar el grano de la nueva cosecha. Se creía también que la fiesta, según los judíos, era la conmemoración de la promulgación de la ley en el Monte Sinaí. Así que en este día se revelaba el simbolismo de la cosecha así como el de la santidad.[1]

Diez días[2] después de que Cristo ascendió, el pentecostés judío se convirtió en el pentecostés cristiano. En los eventos notables de ese día tenemos el cumplimiento perfecto de ambos símbolos: (1) las 3,000 conversiones representan las primicias de la nueva cosecha, y (2) la transformación notable en los 120 que fueron llenos con el Espíritu Santo, responde al significado del Sinaí, de aquí que marque la realización personal del nuevo pacto. Inmediatamente principiaron a verse y a manifestarse *(a)* una nueva norma de experiencia religiosa; *(b)* una nueva universalidad de acceso y privilegio; *(c)* una nueva manera de vida religiosa, incluyendo adoración y servicio; y *(d)* un nuevo método de expansión religiosa, o evangelismo.

B. El Cumplimiento de la Promesa

El evento del pentecostés estaba relacionado con lo que Juan el Bautista y Jesús llamaron el bautismo con el Espíritu Santo (Mt. 3:11-12; Mr. 1:8; Lc. 3:16; Jn. 1:33 Hch. 1:4-5). Muy al principio se enfocó la atención sobre una "promesa" divina del Espíritu que habría de ser recibida como un don. Esta no sólo sería una experiencia que haría época, sino que constituiría la marca más normativa y distintiva de la era cristiana. Lo que principia como un riachuelo en los Sinópticos, se vuelve una corriente en Juan y un río en los Hechos. Las Epístolas varían, pero generalmente dan por hecho y corroboran lo que es más explícito en los documentos históricos. La promesa fue proclamada por Joel (2:28-32; ver Is. 44:3; Ez. 11:19), reiterada por Juan el Bautista y por Jesús, y reafirmada por Pedro. La fuente de la promesa es el Padre, quien dijo a través de Joel, "Derramaré mi Espíritu sobre toda carne" (Hch. 2:17).

Dios diseña que como consecuencia de la obra de Cristo como nuestro sumo Sacerdote, será posible una nueva realización de su Presencia interna. Esto se une por Ezequiel con la nueva justicia como su dinámica interna (36:25-27). Pero es también un nuevo compañerismo. Esta es la idea que Jesús quería transmitir en su designación del Espíritu Santo prometido como *parakletos,* "Consolador" o "Ayudador" (Jn. 14:15-17, 26; 15:26; 16:7).

Si la escritura de la Ley en las tablas del corazón es central al nuevo pacto, esto que Jesús llama "la promesa del Padre" es el otro lado de la misma moneda. Es el medio designado por Dios para implementar el nuevo pacto.

C. El Espíritu como un Don

El Nuevo Testamento constantemente representa *la promesa* como el recibir el Espíritu Santo como don, específicamente en su plenitud fortaleciente, capacitante y purificadora. Jesús enseñó que si nosotros, siendo malos sabemos dar buenos dones, "¿Cuánto más vuestro Padre celestial dará el Espíritu Santo a los que se lo pidan?" (Lc. 11:13). La naturaleza como don del Espíritu que habría de venir se acentúa en Juan (7:39; 14:16), los Hechos (2:38; 5:32; 8:20; 10:45; 11:17), y en las epístolas (Ro. 5:5; 1 Co. 2:12; 1 Ts. 4:7; 1 Jn. 3:24; 4:13).

¿Hay un significado especial en este énfasis notable en el Espíritu como un don especial? Pueden sugerirse cinco notas. (1) Es claro que la venida del Espíritu prometido es un evento único, diferente de la relación previa del Espíritu con los hombres. (2) Es una experiencia que se puede conocer, tan claramente como es el dar un don y recibirlo como generalmente se hace. (3) Es una experiencia individual, aun cuando se reciba simultáneamente con otras personas (Hch. 2:3-4; 8:16-19). (4) La inferencia cumulativa es que el don es accesible a los que no cumplen las condiciones estipuladas. Su accesibilidad se origina en la soberanía de Dios y en la expiación de Cristo, es decir, tiene condiciones morales claramente especificadas. (5) Es una experiencia instantánea y de crisis.[3]

D. La Relación del Don del Espíritu al Nuevo Nacimiento

Algunos suponen que la promesa especial del Espíritu encuentra su cumplimiento en el nacimiento del Espíritu. No obstante, hay clara evidencia de que Jesús consideró que sus discípulos ya habían experimentado lo que él pidió para Nicodemo (ver Jn. 14—17).[4] Fue a estos mismos discípulos que se hizo especialmente la promesa del Espíritu para ser recibida como don, tanto en hecho simbólico (Jn. 20:22) como en una promesa-mandato verbal (Lc. 24:49). Por eso estamos compelidos a concluir que el término "don" en relación a recibir el Espíritu se refiere primordialmente a la venida del Espíritu como el Consolador permanente. Es el objetivo de todos los movimientos gratuitos de Dios en el alma, por el cual la paz con Dios en la justificación se convierte en un compañerismo completamente restablecido con Dios. Es más, la distinción precisa entre el bautismo con agua y el bautismo con el Espíritu, y la naturaleza preparatoria del primero para el segundo, ha de prevalecer mientras se experimentan ambos bautismos.[5]

¿Cuál es entonces la relación del recién nacido hijo de Dios con el Espíritu Santo? ¿Se imparte el Espíritu en algún sentido en la conversión? La declaración de Jesús a los discípulos, "pero vosotros le conocéis, porque mora con vosotros, y estará en vosotros" (Jn. 14:17) nos da una idea.[6] El mundo no tiene parte en el Espíritu porque "ni lo ve [con ojos espirituales] ni lo conoce," pero en contraste al mundo, Jesús agrega, "mas vosotros le conocéis." ¿Quizo El decir que en El—en su propia persona—visible entre ellos, conocían el Espíritu? Jesús nunca se identifica El mismo con el Espíritu en esta forma. Al contrario, dijo: "Os conviene que yo me vaya; porque si no me fuese, el Consolador no vendría a vosotros; mas si me fuere, os lo enviaré" (16:7). En 14:17 dice: "mora con vosotros"; y ahora dice, "os lo enviaré." Dos cosas son evidentes y verdaderas. Primero, la presencia del Espíritu entre los discípulos antes del Pentecostés no era simplemente la presencia de Jesús. El Espíritu estaba obrando en ellos por su propio derecho. Segundo, la venida del Espíritu después de la partida de Cristo sería obviamente en relación diferente de la que ellos conocían. Estamos forzados a volver a lo que Jesús dijo: "Mora en vosotros [está constantemente a vuestro lado] y será en vosotros."[7]

De seguro, el Espíritu es el Agente activo en regenerar a un pecador. El creyente lo conoce *(ginosko)* en forma relacional, por medio de Jesús, aunque sin un entendimiento completo *(epiginosko)*. En lo adelante, el Espíritu está con aquella persona, incitando, guiando, "Porque todos los que son guiados por el Espíritu de Dios, éstos son hijos de Dios" (Ro. 8:14). No obstante, en este mismo pasaje Pablo parece reconocer la diferencia entre tener el Espíritu, en esta relación elemental, y sentir que el Espíritu está "en casa" dentro de ellos: "Mas vosotros no vivís según la carne, sino según el Espíritu, si es que el Espíritu de Dios mora en vosotros," i.e. *reside* en vosotros (vrs. 9, 11). Sanday y Headlam dicen que la expresión "denota una influencia residente, permanente y penetrante inseparable de la vida más elevada del cristiano." Al comentar el v. 9 observan: "Esto es casi lo mismo que decir que todos los creyentes tienen el Espíritu en mayor o menor grado" (ver Ro. 12:1-2).[8]

Es claro que uno puede tener el Espíritu como creyente sin haber sido bautizado con el Espíritu o sin haber sido lleno con el Espíritu. Cuando los apóstoles estipularon que los diáconos deberían ser "varones de buen testimonio, llenos del Espíritu Santo y de sabiduría" (Hch. 6:3), implicaron que no todos los creyentes eran llenos con el Espíritu así como no todos tenían buen testimonio y sabiduría.

La presencia y actividad del Espíritu en cada creyente, mas la experiencia subsecuente de su plenitud, ha hecho que algunos hablen del don como una cosa dual, en cierto grado semejante al don dual de una doncella a su prometido, primero en compromiso, después en matrimonio. Pero los documentos mismos parecen limitar los términos "promesa del Espíritu" y "don del Espíritu" al derramamiento especial *sobre los creyentes*, visto primeramente en el Día del Pentecostés.

E. La Santificación de los Creyentes

La evidencia es cumulativa que lo que sucedió a los 120 en el Día del Pentecostés fue en su base misma el cumplimiento de la oración pontificial de Jesucristo, "Santifícalos" (Jn. 17:17). Lo que Jesús quiso decir por medio de la oración de seguro incluía lo que ellos mismos necesitaban: purificación, consagración, reafirmación, capacitación. Estos actos de poder divino serían necesarios para reparar y prepararlos en su interior a fin de que pudieran ser expuestos al mundo de maldad sin ser contaminados; que pudieran trabajar juntos en el ir y venir de la vida bajo el vínculo del amor, y tuvieran una inclinación innata a perseverar en una lealtad firme y en fe. Estas son las necesidades precisas satisfechas tan profundamente cuando recibieron el Espíritu Santo. Esta fue una segunda experiencia de cambio interno, habiendo ocurrido el primero al principio de su discipulado. Aunque aquel primer cambio los hizo dedicados a Jesús, no hizo lo suficiente para hacerlos como Jesús.

Fue precisamente en este punto donde vemos la excelsa gloria del Pentecostés. Hubo un aumento instantáneo de visión, una mente espiritual nueva y radical, una intuición sobre las realidades espirituales, y más aun, una purificación completa de los móviles internos de los discípulos. La calidad de su espíritu (actitud, estado de mente) se alteró profunda y permanentemente. De hecho no sólo eran hombres renacidos, sino renovados y rectificados. Vemos aquí en personalidad práctica, *cambio* en todo lo que se intentó con la definición formal de *hagiadzo*, "consagrar," "purificar."

F. Señas Inaugurales y Esenciales Permanentes

1. Viento — Poder.

La substancia del poder santificador del Espíritu Santo que caracterizó la primera experiencia de pentecostés puede verse también en las señales notables que acompañaron el evento. Estas fueron señales externas tanto de la nueva dispensación como de la obra normativa de gracia que la dispensación inauguró. Los vientos suaves del Espíritu que Jesús había mencionado (Jn. 3:8), que representaban los movimientos misteriosos, invisibles del Espíritu en las almas de los hombres, ahora eran un viento recio y fuerte que llenaba toda la casa donde esperaban los 120. Tenemos aquí el cuadro de un poder adecuado posesionándose de cada átomo de su ser y saturando sus personalidades en todo nivel de relación.[9] Charles W. Carter dice:

> El "estruendo como de un viento recio ['poderoso'] que soplaba" en el Día de Pentecostés sugiere vívidamente el poder (*dunamis* de donde deriva el término castellano "dinamita") de Dios en su relación al hombre. Este... es el cumplimiento simbólico de las palabras de Cristo a sus discípulos: "He aquí, yo enviaré la promesa de mi Padre sobre vosotros; pero quedaos vosotros en la ciudad de Jerusalén, hasta que seáis investidos de poder desde lo alto" (Lc. 24:49).[10]

Aunque hay varios propósitos en este poder, Carter sugiere primordialmente dos: "Primero, el poder permanente del Espíritu es la seguridad de victoria del creyente santificado sobre los poderes de la tentación y el pecado." Es fundamentalmente un poder moral. Pero segundo, "el poder del Espíritu es una capacitación efectiva para la ejecución del testimonio cristiano."[11] La promesa de tal poder se ve en Hechos 1:8 y su cumplimiento se nota en Hechos 4:33. Que dicho poder no se otorga en la conversión, se implica por la profunda preocupación de Pablo en favor de los creyentes efesios. Escribe: "Por esta causa doblo mis rodillas ante el Padre... para que os dé... el ser fortalecidos con poder en el hombre interior... para que seáis llenos de toda la plenitud de Dios" (Ef. 3:14-19).

2. Fuego — Pureza.

Las "lenguas como de fuego" que se posaron sobre cada uno de los 120 fueron señal de cumplimiento de las palabras de Malaquías y Juan el Bautista (Mal. 3:1-3; Mt. 3:11-12). Así como el fuego es más purificante que el agua, el fuego del Pentecostés habla de una purificación interna más allá de la expiación del bautismo con agua (ver Is. 6:6-7 y Hch. 15:8-9). Como "fuego consumidor" (He. 12:29)

Dios, en su santidad implacable consumirá el pecado del corazón, o consumirá al alma depravada en el juicio. Dios tendrá un pueblo purificado. No puede usar con propiedad otra cosa.

El símbolo del fuego evita todo pensamiento de una santidad fría y estéril. Los que son purificados por el Espíritu son "celosos de buenas obras" (Tito 2:14). El corazón santo es un corazón ardiente. "Las 'lenguas como de fuego' son símbolo del cristianismo agresivo," dice Thomas Walker.[12] J. Brice observa: "Es la transición del formulismo al fervor lo que marca el milagro del Pentecostés." Y cita a su antiguo mentor, Samuel Chadwick: "Los hombres ardientes son invencibles. El infierno tiembla cuando los hombres se encienden. El centro de la fuerza de Satanás está a prueba de todo, menos del fuego. La iglesia, sin la llama del Espíritu Santo, carece de poder."[13]

3. Lenguas — Comunicación.

El uso espontáneo de las lenguas de los muchos peregrinos que habían asistido, fue símbolo del nuevo método de conquista: la predicación de la palabra, ungida por el Espíritu, en los dialectos del pueblo. El reino podía extenderse por todo el mundo por la palabra hablada y por la palabra escrita. Es así que la Iglesia fue comisionada para salir y hablar. Los creyentes, bautizados por el Espíritu fueron comisionados primordialmente no para ser reformadores políticos o videntes económicos o sirvientes sociales. Fueron enviados simplemente a testificar por dondequiera en palabra y en conducta—y en la muerte si fuera necesario—que Cristo es la única esperanza del hombre. Fueron comisionados a "hacer discípulos de todas las naciones" (Mt. 28:19-20; ver Hch. 14:1).[14]

Es un desastre que la Iglesia confunda la señal con la cosa que ella significa, o que pase por alto los esenciales permanentes en un intento frenético de recapturar las señales. Los esenciales permanentes son poder moral y espiritual, santidad interna y externa, ungimiento para la comunicación y el evangelismo, todo por medio del Espíritu Santo y en el Espíritu Santo. La norma reconocida de la Iglesia Primitiva era "plenitud" (posesión de y por el Espíritu); las expresiones externas eran variables.

II. EL ESPÍRITU COMO AGENTE SANTIFICADOR

Aunque la voluntad del Padre es la santificación y la provisión del Hijo, su realización personal es obra directa del Espíritu Santo. Por tanto, puede decirse que El es el Agente inmediato. Cristo "se dio a sí mismo" por la Iglesia "para santificarla" (Ef. 5:25-26); pero lo que él realizó fue una posibilidad, no un hecho de experiencia. Sobre la base de su muerte expiatoria puede ahora completar nuestra santificación con el derramamiento del Espíritu Santo.

Lo mismo puede decirse de la declaración de He. 13:12: "Por lo cual también Jesús, para santificar al pueblo mediante su propia sangre, padeció fuera de la puerta." Por su sangre (*dia* con el genitivo) el pueblo de Dios (los adoradores) pueden ser completamente limpios de sus pecados.[15]

Pero aunque la Sangre es el medio, el Espíritu es el que efectúa. Entonces, de acuerdo con H. Orton Wiley, el versículo habla del "poder de Jesús para santificar, y de la realización real de este propósito por el bautismo con el Espíritu Santo."[16] En Tito se declara también que el propósito de la expiación es que Jesús "se dio a sí mismo por nosotros para redimirnos de toda iniquidad y purificar para sí un pueblo propio, celoso de buenas obras" (2:14). Tal redención y purificación se hacen posibles por su muerte, pero realizadas por el Espíritu (comparar Ro. 15:13, 16; Ef. 3:16 sig.; 1 Ts. 4:8; 2 Ts. 2:13; 1 P. 1:2; Tito 3:5).

A. El Espíritu y la Palabra

Cuando Jesús oró que los discípulos fueran santificados "por la verdad" (Valera)[17] inmediatamente agregó, "Tu palabra es verdad." Palabra aquí es "mensaje," acerca de Cristo y por Cristo (ver Capítulo 26). Es erróneo decir que la autoridad está en la persona de Cristo solamente, y no en la palabra: pues el que dijo, "Yo soy... la verdad" (Jn. 14:6), también dijo "si vosotros permaneciereis en mi palabra... conoceréis la verdad, y la verdad os hará libres" (8: 31-32). Pero el Espíritu Santo es "el Espíritu de verdad" (14:17), que hace recordar las palabras y las interpreta al alma (14:26; 15:26; 16:12-15). Esto, primero que nada, lo hizo moldeando las enseñanzas de la Iglesia Apostólica, y a través de esa iglesia produciendo el Nuevo Testamento como la palabra escrita.

Las palabras escritas de Dios—y también las palabras interpretativas de los apóstoles—son tan completamente la *Palabra de Dios* como fueron estas palabras al momento en que cayeron de Sus (y de ellos) labios. El escribirlas no alteraron ni su poder, ni su verdad o autoridad. Sea que hubieran sido predicadas por los apóstoles o leídas en el siglo veinte, el Espíritu Santo toma las palabras que de por sí son suyas y las usa como instrumento en la santificación. Por medio del total de sus palabras revela nuestra necesidad (He. 4:12); por medio de la Palabra nos demuestra su provisión (Hch. 20:32); a la vez, por medio del Espíritu, somos capacitados para purificar nuestras almas en "obediencia a la verdad" (1 P. 1:22).[18] De hecho, es por medio de la fe en la Palabra que recibimos el Espíritu mismo (Gá. 3:2).[19]

B. El Espíritu y la Fe

Jesús frecuentemente señalaba la fe como la llave para las bendiciones divinas. Pero en este caso, el Espíritu también juega una parte dinámica, pues El no sólo es el Ejecutivo de la Deidad al efectuar el cambio interior, sino el Ayudador a nuestra fe. Si "la fe es por el oír, y el oír, por la palabra de Dios" (Ro. 10:17), es el Espíritu el que aviva la Palabra a nuestras mentes e inspira la fe.

Este es el principio que gobierna a la fe por la cual somos santificados y perdonados. En numerosos pasajes se cita la fe como el catalista activador, desde el punto de vista humano, en la experiencia de una más profunda obra de gracia (Ro. 5:2-5 más Gá. 3:2, 5 y Ef. 3:17; Hch. 15:9 con 26:18; Ro. 15:13; 1 Ts. 3:10; He. 4:1-3; 10:22, 2 P. 1:4-5).

La *oración* de fe espera, es petición definida (Lc. 11:9-10, 13). La *obra* de fe es obediencia (Hch. 1:4-5; 5:32; Stg. 1:22-25; 2:26). La *recompensa* de la fe es experiencia, incluyendo tanto el hecho como la seguridad (Hch. 15:8-9; ver 26:18). La *simplicidad* de la fe se simboliza por la apertura de la puerta (Ap. 3:21). Pero en cada movimiento de la fe, está la capacitación y el estímulo del Espíritu Santo. El es quien nos recuerda la palabra, nos ayuda a reclamar una promesa específica hasta que se cumple experiencialmente, y en cada paso rinde honor a la Palabra que es tanto de Cristo como suya.

Dios nos ha escogido para ser salvos por la santificación del Espíritu y nuestra creencia en la verdad (2 Ts. 2:13; ver 1 P. 1:2). Sin embargo, resulta claro que no es nuestra fe la que santifica; es más bien nuestra fe en la *verdad* que hace posible la santificación del Espíritu. En este caso también sería artificial el separar la fe en Cristo de la fe en la Palabra. La *verdad* es Cristo y la Palabra viviente y la Biblia la Palabra escrita. Para Pablo, Jesús especificó la "fe en mí" como la fuente de la santificación (Hch. 26:18), sin embargo, la *verdad* revelada en las Escrituras es que Jesús *es* el Santificador, por medio del Espíritu. Y aunque Pedro adjudicó la obra directa de santificación al Espíritu (1 P. 1:2), también adscribió a Cristo el dar "preciosas y grandísimas promesas, para que por ellas llegaseis a ser participantes de la naturaleza divina" (2 P. 1:3-4).[20]

El *modus operandi* secreto del Espíritu en efectuar la santificación interna no se explica por las Escrituras, y todo intento de hacerlo sería especulativo. Es correcto asumir, sin embargo, que su obra no debe reducirse a una mera influencia que virtualmente deje de ser una "obra de gracia." Sin la acción directa del Espíritu sobre el alma ningún creyente será santificado enteramente. Pero esta acción no es como la operación de un cirujano en un paciente que está bajo anestesia. Es una obra de interacción con el creyente como un participante sumiso, suplicante, obediente y creyendo, completamente despierto, dándose cuanta cabal de lo que está sucediendo.

III. El Significado del Bautismo con el Espíritu

A. Los Agentes del Bautismo

El bautizar, sea literal o metafóricamente, involucra un agente, un sujeto, y un medio de bautismo. En el "bautismo de Juan" (Mt. 21:25) Juan fue el agente, los que se arrepentían eran los sujetos, y el agua era el medio. En el bautismo con el Espíritu, Jesús es el Agente, los creyentes son los sujetos, y el Espíritu es el medio con *(en)* el que son bautizados. (*En* puede traducirse en "en", "con", y a veces en "por.")

Sin embargo, el Espíritu tiene su propio bautismo: "por un solo Espíritu fuimos todos bautizados en un cuerpo" (1 Co. 12:13); evento que ocurre en la regeneración. Pero obviamente este no es el bautismo avanzado que Juan premetió que Jesús administraría a los que calificaran por el bautismo del arrepentimiento. El bautismo de Cristo fue administrado a la Iglesia en el Día del Pentecostés y a Cornelio en su casa (Hch. 11:16-17). Pedro identifica específicamente este bautismo como el don prometido del Espíritu.[21] "Hay una distinción manifiesta," escribe James Elder Cumming, "entre el Espíritu bautizando a los hombres en Cristo y Cristo bautizando a los hombres con el Espíritu Santo."[22]

B. La Metáfora del Bautismo

En el Nuevo Testamento el concepto del bautismo es completamente metafórico como lo es cúltico. De hecho, en muchos casos el término se usa sin ninguna referencia a un rito de bautismo externo. Hay tres énfasis metafóricos en el Nuevo Testamento: limpieza, muerte, e inducción. La idea de *limpieza* se ve en los símbolos de agua y de fuego (Mt. 3:11; Hch 22:16; ver Mr. 7:3-4; Jn. 2:6). El significado del bautismo con *muerte* se ve en la identificación de Cristo de su propia muerte venidera como bautismo (Mr. 10:38-39), y las palabras de Pablo: "¿O no sabéis que todos los que hemos sido bautizados en Cristo Jesús, hemos sido bautizados en su muerte?" (Ro. 6:3).

La idea de *inducción* es también un énfasis distinto en el Nuevo Testamento; de hecho, está implícito en un sentido anterior en *baptidzo,* "sumergir." Aunque "bautismo" se usa en relación a la experiencia del Pentecostés, se habla del evento como un *derramamiento* (Hch. 2:17-18; 10:45) y en la misma forma un *llenar* (Hch. 2:4, *et al.*) sin que ninguno de los dos sea "inmersión" en el sentido cúltico. Sin embargo, tanto el bautismo como derramamiento, como el ser llenos, son compatibles con la inmersión vista como una *metáfora,* sugiriendo inducción o iniciación en forma permanente.[23]

El sentido metafórico de "bautismo" es mucho más frecuente en el Nuevo Testamento de lo que se ha reconocido generalmente, y la idea dada por hecho de que en todo caso la palabra se refiere al rito del bautismo con agua, es, cuando menos, dudosa.

Estos tres énfasis metafóricos tienen que ver tanto con el nuevo nacimiento como con el bautismo con el Espíritu Santo. El agua es símbolo del *"lavacro"* de la regeneración (Jn. 3:5; Hch. 22:16; Tito 3:5); *muerte* al pecado es la implicación de la regeneración (Ro. 6:2-4; Gá. 5:24; Ef. 2:1-2); y de cierto hay una *inmersión* o inducción a una vida, enfocada en Cristo Jesús mismo (Hch. 8:5 sig.; 2 Co. 5:17; Fil. 1:21; Col. 3:1-3, 9-10; 1 Ts. 1:4).

Todo esto se intensifica y ensancha en contenido en el punto crítico del bautismo con el Espíritu Santo. El fuego es ahora símbolo de la *limpieza* (Hch. 2:3; ver Mal. 3:1-3; Mt. 3:11-12); lo que se limpia no es ni culpa ni depravación adquirida, sino el principio egoísta de la mente carnal—escoria y paja (ver Hch. 15:8-9). Hay también una experiencia profunda de *muerte* espiritual, sólo que en este nivel, una muerte a los reclamos pecaminosos de la naturaleza del yo (Ro. 12:1-2; Ef. 4:22-23; Fil. 2:5 sig.; 2 Ti. 2:11). A esto a veces se le llama crucifixión, o muerte al yo (Gá. 2:20; ver Hch. 20:22-24; Gá. 6: 14, 17).

En la entera santificación hay también la realización del proceso de *inducción.* El énfasis es en la capacitación de poder por la plenitud directa del Espíritu Santo por la cual plenitud la personalidad completa cae bajo la dirección del Espíritu de Cristo sin reservas ni excusas (Hch. 7:55; 13:52, *et al.*; Ef. 5:18 sig.). Puede decirse que esta es una inducción completa o inmersión bajo el gobierno total del Espíritu que pone a Cristo en el trono del corazón, moldea en el espíritu humano la imagen de Cristo (Ef. 3:16-21), y crea aquella mente espiritual que es "vida y paz" (Ro. 8:1-6). A esto se le llama propiamente el bautismo *con* o *en* el Espíritu.

C. Relación a la Plenitud del Espíritu

Resulta perfectamente claro, de una comparación de Hechos 1:5 y 11:16 con 2:4 que el ser bautizado con el Espíritu es ser lleno con el Espíritu. Los que identifican el *bautismo* con el Espíritu, con el *nacimiento* en el Espíritu, están diciendo que todas las personas regeneradas están llenas del Espíritu. No sólo repudian esta idea los hechos de la experiencia, sino también las Escrituras lo hacen con inescapable implicación (Hch. 6:3; 8:12-17; 9:17; Ef. 3:16-19; 5:18).

El que las Escrituras no repudien la idea directamente sugiere que no fue un problema en la Iglesia del Nuevo Testamento. Se justifican dos deducciones: (1) El nacimiento del Espíritu y el bautismo con el Espíritu no son ni equivalentes ni concomitantes; y (2) todos los que son bautizados con el Espíritu son, por ello mismo, llenos del Espíritu.

Sin embargo, inmediatamente nos hallamos en dificultad si damos por hecho que lo opuesto es verdad—que todos los que en las Escrituras se dice que son llenos con el Espíritu han sido bautizados con el Espíritu. La plenitud que acompaña al bautismo con el Espíritu es único a nuestra dispensación. Trae una purificación básica de la naturaleza y una relación íntima no incluida en la plenitud pre-pentecostés.

Es esta distinción la que hizo que Delbert R. Rose (siguiendo a Daniel Steele) nos recordara que la plenitud *carismática,* la plenitud *extática,* y la plenitud *ética,* bien pudieran identificarse a veces, pero que no son las mismas. Bezaleel, Juan el Bautista, y sus padres, experimentaron plenitud carismática (Ex. 28:3; 31:3; 35:30-31; Lc. 1:15, 41, 67). Por tanto, el despliegue de carisma no es único a esta edad, ni tampoco es prueba de haber sido bautizado con el Espíritu. De la misma manera, los discípulos experimentaron plenitud de éxtasis antes del Pentecostés (Lc. 24:52-53; ver Jn. 3:29).

La plenitud de los que fueron bautizados con el Espíritu es esencialmente una plenitud ética, el elemento indispensable de lo cual es la purificación del corazón (Hch. 15:8-9). Delbert Rose escribe:

> En una palabra, ser bautizado con el Espíritu Santo es plenitud de un tipo específico. Esta experiencia bien puede ir acompañada o no de un "sentimiento emocional" o por alguno de los dones espirituales. Ni el "éxtasis" ni ninguno de los "carismas"

del Espíritu son esenciales para la obra bautismal del Salvador ni evidencia de ello.[24]

Puede observarse una mayor relación entre el bautismo y la plenitud del Espíritu en la idea inherente en el bautismo como un evento de crisis de consecuencias permanentes. Los creyentes son bautizados con el Espíritu a una condición de plenitud del Espíritu, una relación con el Espíritu que puede ser *renovada* (Hch. 4:31), y que debe ser *conservada* (Ef. 5:18, tiempo presente) con mucho cuidado y oración.

IV. Asuntos Dispensacionales

El significado del Pentecostés como el principio de la dispensación del Espíritu Santo ha hecho que algunos expliquen que esta fecha aparentemente fija, fue lo que evitó que los discípulos fueran bautizados con el Espíritu más anteriormente. Se admite (así dice el argumento) que recibieron el don del Espíritu *después* de su conversión, pero su experiencia no ha de tomarse como norma. Desde el Día del Pentecostés prevaleció un nuevo orden, y desde ese día en adelante, el don completo del Espíritu fue coincidente con el nuevo nacimiento. Pero este tratamiento se encuentra con dificultades serias.

A. El Ejemplo de Jesús

De cierto, la experiencia de Jesús tiene cierta relación con los cristianos como un modelo diseñado divinamente. Su bautismo en manos de Juan era "para que cumplamos toda justicia" (Mt. 3:15), y en esa forma identificarse con el hombre pecador. Pero el bautismo también era para calificar simbólicamente la venida del Espíritu Santo sobre él, que siguió inmediatamente. Wiley señala que esto no sólo era la divina "comprobación del mesianismo de Jesús", sino "el ungimiento oficial del Espíritu por el cual fue consagrado al oficio santo de Mediador."[25] No fue un bautismo santificador con el Espíritu en el sentido de limpieza del pecado en la misma forma que el bautismo con agua no indicaba expiación de la culpa personal. Pero sí tenemos aquí los dos bautismos en relación estrecha. No son sólo las iniciaciones oficiales de Cristo a un ministerio mediatorio, pero representan los dos pasos correspondientes en nuestra salvación personal y entrenamiento. Como tales, revelan una lógica inherente y siempre actual en su particularidad y en su secuencia.[26]

B. Las Enseñanzas de Jesús

En la discusión de nuestro Maestro sobre el Consolador prometido parece haber una implicación de un principio básico: El Espíritu Santo en este oficio específico es accesible sólo a los que han sido anteriormente calificados espiritualmente. Debe haber vida espiritual, suficiente como para condicionar a uno a cierto grado de disposición inteligente y receptividad. Tal vida calificada no podía ser nada menos que el amor por Jesús que estimula obediencia a El (Jn. 14:15, 21, 23; ver Hch. 5:32).

Es por esto que el mundo no está incluido. El mundo "no puede recibirlo", *no* porque el Pentecostés no haya venido, sino porque el mundo "no le ve ni le conoce" (v. 17). Esta descalificación es tan cierta en el caso del mundo después del Día de Pentecostés como lo era antes. Siendo que el "mundo" tal como Jesús usó los términos en este discurso significaba los no creyentes o incrédulos, tenemos que cumplir que antes de que uno esté listo para recibir el Espíritu como Consolador, debe dejar de pertenecer al mundo, ya sea antes o después del Pentecostés.[27]

C. La Experiencia de la Iglesia Primitiva

La inferencia que acabamos de mencionar ha sido confirmada por los eventos posteriores al Pentecostés. Pedro insistía en que sus oyentes judíos no podían recibir "el don del Espíritu Santo" hasta que calificaran primero por el arrepentimiento y después por ser bautizados "en el nombre de Jesucristo para perdón de los pecados" (Hch. 2:38). Se implica aquí una secuencia de eventos. Que hayan recibido el don un minuto después, dos horas después o al día siguiente, no importaba. Era una experiencia subsecuente y es inescapable que las instrucciones que Pedro les dio eran las condiciones que deberían cumplir a fin de ser elegibles. Es más, las condiciones eran esencialmente las mismas que se habían dado por Jesús y por Juan el Bautista. La venida de la nueva dispensación no había cambiado este orden fundamental (ver v. 39: Jn. 17:19-20).

Todavía más, este era el orden fijo después del Pentecostés. El rito visible del bautismo con agua pudiera ser administrado después del bautismo con el Espíritu (ver Cornelio, los Efesios, y posiblemente Pablo), pero los calificantes arrepentimiento y fe en Jesús, siempre ocurrieron antes del bautismo con el Espíritu. Por tanto el "recibiréis" de Pedro no significaba un otorgamiento automático de de la fe instantánea y del perdón.[28] Los samaritanos cumplieron con las instrucciones de arrepentirse y de ser bautizados. Fueron llenos de "gran gozo" pero no recibieron la plenitud del Espíritu hasta que los apóstoles vinieron de Jerusalén a orar por esta experiencia específica. Pablo se rindió a Cristo en el camino a Damasco, pero fue lleno con el Espíritu tres días más tarde. El caso con los efesios es también claro, especialmente a la luz de Hechos 19:4.[29]

D. Crisis en las Epístolas

La discreción sobre la experiencia entre el nacimiento del Espíritu y el bautismo con el Espíritu puede establecerse con claridad en los Evangelios y en los Hechos. Se dice con frecuencia, sin embargo, que el modelo de ser segundo en orden y con respecto a la entera santificación no aparece o al menos es muy vago en las Epístolas.

Ya se ha notado que las Epístolas delinean sin lugar a duda la norma de la experiencia cristiana que es la voluntad de Dios para los creyentes y que es posible en esta vida. A la vez, tratan constantemente y en muchas formas, con los síntomas y problemas de los creyentes que no han alcanzado esa norma. Este sencillo hecho argüiría que la conversión no lo incluye a uno inmediatamente a sus privilegios en Cristo. Además, debe observarse que el tratamiento normal de los escritores es el de considerar la norma como un absoluto para todos los creyentes y estimular constantemente a los cristianos a apropiarse esta norma, sin presentar el asunto sistemáticamente como una serie rígida de pasos subsecuentes.[30]

Además el patrón de vida *(Sitz im Leben)* nos puede ayudar. Si Pablo, por costumbre era celoso respecto a la plenitud del Espíritu Santo como lo fue en Efeso (Hch. 19:1-6; ver Ro. 15:16), sería razonable concluir que la indoctrinación básica respecto al bautismo con el Espíritu se había dado por él en persona. Esto quizá explique por qué no se trata sistemáticamente en las epístolas. No sólo hemos de suponer una indoctrinación previa, sino que hay fuerte probabilidad de que la mayoría de sus convertidos habían sido guiados a una más profunda experiencia muy pronto por Pablo. Pablo no lo había hecho para los efesios en la misma forma que Ananías lo había hecho por él. Los apóstoles pronto guiaron a los samaritanos a esta experiencia; más tarde Priscila y Aquila instruyeron a Apolos.

Siendo que todas las iglesias, al tiempo en que les escribieron las cartas estaban en un estado de fluidez y confusión, sin duda incluyeron todo el campo de realización espiritual y de necesidades espirituales. Aunque algunos feligreses fueron santificados enteramente, otros eran "todavía carnales," y otros más habían vuelto al pecado en varias formas de conducta escandalosa. Por tanto, las cartas, por cuanto fueron dirigidas a varios niveles de necesidad espiritual y a una variedad de problemas, no pueden analizarse dentro de categorías de experiencia a discreción.

No obstante, se encuentra en las epístolas evidencia de dos clases en el ministerio salvador del Espíritu.

1. La Necesidad de los Tesalonicenses.

Un estudio de la primera carta a los cristianos de Tesalónica sugiere que Pablo no había estado con este grupo particular lo suficiente para indoctrinarlos o llevarlos a la experiencia de plenitud en el Espíritu.[31] Esto se implica *(a)* por su preocupación profunda de que pudiera verlos otra vez y suplir "lo que os falta" en su fe (3:10); *(b)* por su declaración de la voluntad de Dios como su santificación, y la relación de esa voluntad al don del Espíritu Santo (4:3, 8); y *(c)* por su oración final de que el Dios de paz los santificara "enteramente" (5:23).[32] La seguridad se declara en el versículo 24, "Fiel es el que os ha llamado, el cual también lo hará." En ningún sentido este versículo es para retardarlos. Pablo más bien está diciendo, "Dios está listo cuando ustedes lo estén."[33] El acto de santificar se adjudica aquí al Dios de paz mismo y se efectúa por el Espíritu Santo. Esto se hace muy claro en 2 Ts. 2:13 donde se usa *hagiasmos,* un sustantivo de acción, indicando *santificación* por la que Pablo ora en su uso del verbo aoristo *hagiadzo.*

2. Las dos Fases en Romanos.

Aunque el análisis de Romanos 5:1-5 acepta una diversidad sincera de opinión, resulta difícil hallar falta en "Justificados, pues, por la fe, tenemos paz para con Dios por medio de nuestro Señor Jesucristo; por quien también tenemos entrada por la fe a esta gracia en la cual estamos firmes, y nos gloriamos en la esperanza de la gloria de Dios." Los siguientes tres versículos que culminan con una referencia al amor de Dios derramado en nosotros en posesión de nuestro corazón por el Espíritu Santo que nos es dado, describe la victoria que caracteriza "esta gracia en la cual estamos firmes."

Este pasaje parece ser la verdadera transición en el pensamiento de Pablo de la justificación inicial por fe a una relación más profunda con Dios accesible a los creyentes por medio del Espíritu Santo. Esto se confirma en el desenvolvimiento de la idea en los caps. 5—8. No sólo fue la culpa por nuestros pecados lo que enclavó a Cristo en la cruz, sino también nuestro "viejo yo" fue enclavado con el fin específico de "que el cuerpo del pecado sea destruido, a fin de que no sirvamos más al pecado" (6:6, ver 7:24).

Además, la *presentación* del cuerpo, equilibrado con la *renova-*

"Por tanto, dejará el hombre a su padre y a su madre, y se unirá a su mujer, y serán una sola carne" (Mt. 19:5; Mr. 10:7 sig.; Ef. 5:31). Este punto de vista implica cuatro cosas:

1. La Normalidad del Matrimonio.

El Nuevo Testamento reconoce completamente el designio original en la creación del hombre y de la mujer. Primero, fue para llenar una necesidad: *compañerismo y ayuda;* segundo, para ejecutar una función: *poblar la tierra.* Se espera que el matrimonio forme un modelo social para la procreación y nutrición de los niños. En vista de esto, el casamiento es cosa normal y de esperarse. En la cultura hebrea, un hombre y una mujer deben de contar con razones especiales para practicar el celibato. Ellos tenían la carga de la prueba. En respuesta a la exclamación de los discípulos, "no conviene casarse," Jesús dijo: "No todos son capaces de recibir esto, sino aquellos a quienes es dado" (Mt. 19:12). Después designó tres clases de eunucos aunque las tres clases se consideraban excepciones a la regla.

Pablo discute los pros y los contras del matrimonio *versus* el estado de soltero en 1 Corintios 7. A la mayoría, que carecen del "don" especial del contentamiento sin casarse, se les recomienda el matrimonio (vrs. 1-9). Los que son capaces de permanecer solteros encontrarán ciertas ventajas en serlo, en parte debido a "la necesidad que apremia" (v. 26) y también debido a la mayor libertad posible en servir al Señor (vrs. 32-35).

La aparente preferencia de Pablo al estado de ser soltero sobre el de ser casado, se debe a consideraciones prácticas, no que haya creído en la superioridad intrínseca del celibato. Este capítulo debe ser equilibrado con la instrucción de Pablo de que las mujeres jóvenes "se casen, críen hijos, gobiernen su casa..." (1 Ti. 5:14) y su concepto de que prohibir el matrimonio es marca de apostasía (1 Ti. 4:1-3). Además, da por hecho que los ancianos y los diáconos serán casados (1 Ti. 3:2, 12). Su creencia en el matrimonio como norma adecuada, puede notarse en su declaración condensada para los efesios: "... cada uno de vosotros ame también a su mujer como a sí mismo; y la mujer respete a su marido" (Ef. 5:33).

2. Monogamia.

Aunque entre los judíos la poligamia era legal, no era parte de la costumbre. Dios creó a una Eva, no varias, y dijo que un hombre ha de unirse a su mujer, no mujeres. De si este principio sencillo de historia religiosa y biológica moldeó el pensamiento judío o no, obviamente, sí fue determinativo de la norma cristiana. Toda refe-

declaración general, "vuestro cuerpo es el templo del Espíritu Santo" (1 Co. 6:19) podía aplicarse a cualquier creyente sin implicar que él era completamente limpio y que era un templo poseído por el Espíritu.

Bien pudiera uno estar tentado a preguntar: ¿Por qué entonces Pablo no es tan directo en su carta: "Lo que ustedes los corintios necesitan es el ser santificados enteramente con el bautismo del Espíritu Santo?" Sin duda que tal lenguaje doctrinal preciso facilitaría las cosas al teólogo bíblico. Sin embargo, los corintios ya se sentían demasiado celosos de experiencias que adscribían al Espíritu Santo. Esto quizá explique, al menos en parte, porqué Pablo trató de aplacarlos en este punto y dirigir su atención a la *substancia* del amor perfecto (1 Co. 13:1-13) y a desafiarlos a un limpiamiento completo (2 Co. 7:1).

5. La Carta a los Gálatas.

Pablo desafía a los creyentes gálatas, "¿Recibisteis el Espíritu por las obras de la ley, o por el oír con fe?" (3:2). Explicando el sentido en el que Cristo nos redimió "de la maldición de la ley," dice que fue "para que en Cristo Jesús la bendición de Abraham alcanzase a los gentiles, a fin de que por la fe recibiésemos la promesa del Espíritu" (3:14). La bendición de Abraham se ha definido sin lugar a dudas como la justificación por fe. Ahora dice que esta bendición de la justificación es un medio para un fin más avanzado—la recepción del Espíritu Santo en una medida plena a la que se le ha llamado "la promesa."

V. Raymond Edman comenta sobre 3:2: "Así como la salvación es por fe... de la misma manera por una fe sencilla recibimos la plenitud del Espíritu Santo."[36] Toda esta sección se relaciona con 5:16-25. El andar en el Espíritu (v. 25) va de acuerdo con "crucificando la carne con sus pasiones y deseos" (v. 24). Excluye completamente "las obras de la carne" (vrs. 19 sig.) y resulta en el "fruto del Espíritu" (vrs. 22 sig.). Este "andar en el Espíritu" equivale a la mente espiritual de los creyentes en quien el Espíritu se siente "en casa" (Ro. 8:9). Es también equivalente a la *plenitud* del Espíritu, mencionada en Efesios 5:18 y sig. En el caso de las iglesias de Galacia, algunos feligreses también gozaban la plenitud del Espíritu (6:1), en tanto que otros todavía no habían llegado a ese punto o habían vuelto al legalismo, y del legalismo a un conflicto anormal y debilitante entre el Espíritu y la carne (5:7-24).

6. Pasajes en otras Epístolas.

Los dos pasos de la salvación se notan también en Tito. En este caso se dice que el propósito de la muerte de Cristo es nuestra liberación de la culpa de toda obra maligna y nuestra purificación interna de todo lo que es incompatible con la posesión perfecta por parte de Dios (Tito 2:14; ver 3:5).

En Hebreos, el argumento culmina con la gran declaración de que Cristo como Sumo Sacerdote ha abierto un camino hacia el lugar santísimo, i.e., a un compañerismo completo y continuo en la presencia inmediata de Dios. Se nos amonesta a hacer uso de nuestro privilegio total en Cristo, pero con las calificaciones anteriores de haber purificado "los corazones de mala conciencia, y lavados los cuerpos con agua pura" (He. 10:22)—referencias definidas a las acciones preparatorias al entrar al primer santuario que simbolizó la regeneración.[37]

Santiago también indica la distinción entre el lavamiento de las manos al que se amonesta a los pecadores hacer por medio del arrepentimiento y fe, y la purificación del corazón que es un desafío al de "doble ánimo" (*dipsuchoi,* 4:8).

Muchos han visto en 1 Jn. 1:5-10 una dualidad de necesidad y una dualidad de provisión. Hay perdón y limpieza inicial de la depravación adquirida, basada en confesión (v. 9); y hay también una limpieza completa y continua de la pecaminosidad interna, sujeta a un continuo andar en la luz."[38]

Todas estas indicaciones de dualidad van perfectamente de acuerdo con la comisión fundamental de nuestro Señor a Pablo de predicar el evangelio, lo que resultaría en recibir el perdón de pecados y "un lugar entre los santificados" (Hch. 26:18).

E. El Desafío del Imperativo

Se hallan desafíos a una acción específica por los que los creyentes han de llevar su estado espiritual al nivel que deben tener, en Ro. 6:13, 19; 12:1-2; 13:14; 2 Co. 7:1; Ef. 4:31; 5:8 sig.; Col. 3:5, 10; 2 Ti. 2:21; He. 6:1; Stg. 4:8; *et al.*

El significado del modo imperativo en la literatura paulina se recalca por Richard E. Howard y Rob L. Staples. Howard dice: "El modo indicativo describe una aserción sencilla en el pasado, en el presente y en el futuro—esto es, era, o será. El modo imperativo describe una aserción de mandato—esto debe ser."[39] Continuando en este principio, Staples comenta:

> En sus cartas, Pablo escribe a los creyentes. Cuando habla de lo que sus convertidos "eran" o "son" (aún "serán") lo hace en

indicativo; cuando les dice lo que ellos "deben hacer o ser" usa el imperativo. Es más, el imperativo se basa en el indicativo. Por causa del indicativo, Pablo pudo ordenar el imperativo; por causa de lo que ellos eran, podía señalarles hacia lo que deberían ser y hacer.

Aplicando este principio a Romanos 6, Staples continúa:

> Estas dos crisis descritas por el indicativo y el imperativo pueden llamarse (1) emancipación propia y (2) presentación propia —términos que son psicológicos y paulinos a la vez. En la primera crisis, el yo es libertado de toda vida antigua de pecado; en la segunda, este yo liberado se presenta (i.e. entrega, dedica, consagra) a Dios en un acto decisivo que "resulta en la santificación" (v. 19).[40]

VI. SUMARIO Y CONCLUSIONES

Pertenece al ministerio del Espíritu Santo el traducir las provisiones de Cristo en experiencia personal. Estas provisiones incluyen tanto la regeneración como la entera santificación, así como dirección y disciplina para unir la entera santificación y el bautismo con el Espíritu Santo. Este bautismo es distinto del nacimiento del Espíritu y subsecuente a él.

La relación normal del creyente es amistad ininterrumpida con Dios en Cristo por la plenitud del Espíritu Santo como Consolador. Sin embargo, la presencia interna del Espíritu no es una fusión de dos seres en uno en sentido metafísico. El ego humano es hecho limpio y capacitado, aunque no dominado o destruido.

La evidencia del Nuevo Testamento en favor de dos obras de gracia en el plan divino, aunque no se encuentra en forma dogmática, es adecuada para el desarrollo de tal doctrina. Como Rob Staples dice, la "estructura" así como la "substancia" de la santificación "puede encontrarse en las Escrituras—siempre y cuando tratemos las Escrituras con una comprensión de lo que buscamos en ellas."[41] Con esto quiere decir no "textos de prueba" aislados, sino el tipo de evidencia apropiada a la naturaleza de los documentos.

El Nuevo Testamento no apoyará una teología de salvación que retraiga el ministerio del Espíritu *en* el creyente de la obra objetiva de Cristo *para* el creyente. Ni tampoco apoyará una "gracia declarativa" que traiga justificación independientemente del éxito o fracaso del Espíritu Santo en su ministración de "gracia operativa"—la gracia que da vida y santificación.

La verdadera doctrina del Nuevo Testamento es que la salvación provista por Cristo se da "por la santificación por el Espíritu" (2 Ts. 2:13; 1 P. 1:2) y en su fin último no puede realizarse en otra forma. Los oficios salvadores de Cristo y del Espíritu están inter-relacionados y son interdependientes. No podemos esperar los beneficios de Cristo sin el poder regenerador y santificador del Espíritu. El Espíritu está esencialmente involucrado en nuestra salvación final y eterna como lo es Cristo el Hijo. Permitir una teología que implique una dicotomía, es un error transcendental—mas un error que está en la base misma de varios sistemas de doctrina hoy día.

NOTAS BIBLIOGRÁFICAS

[1]Véase Charles W. Carter, *The Person and Ministry of the Holy Spirit* (Grand Rapids, Mich.: Baker Book House, 1974), pp. 148, 150 y ss.

[2]Algunas autoridades dicen que fueron *ocho*.

[3]La acción indicada por *lambano* ("recibir") normalmente es activa y volitiva. Cuando leemos en Juan 1:12, "a todos los que le recibieron", de seguro comprendemos que significa el recibimiento deliberado de Cristo; no se hace referencia a recipientes pasivos, sino activos, quienes creen en Cristo en el sentido de que deciden tomarlo como Señor y Cristo. Es justificable interpretar a San Pablo en el mismo sentido en su pregunta directa a los efesios: "¿Recibisteis el Espíritu Santo cuando creísteis?" (Hch. 19:2, *La Biblia de las Américas*), con el significado: "¿Tomaron el Espíritu Santo?" Cuando Cristo sopló sobre sus discípulos y dijo: "Recibid el Espíritu Santo" (Juan 20:22), no ocurrió la impartición inmediata del Espíritu, sino que fue dada una orden para *tomar* el Espíritu. El verbo está en aoristo ingresivo, activo e imperativo, de donde se deduce una orden incisiva, no tanto una declaración de un hecho presente. La orden, por tanto, implica una relación estrecha con Lucas 24:49.

[4]Véase Carter, *Person and Ministry of the Holy Spirit,* p. 154.

[5]Véase Turner, *Vision Which Transforms,* p. 151. Véase también Purkiser, *Sanctification and Its Synonyms,* pp. 28-37.

[6]El texto de las SBU registra las palabras *en humin estin* ("está en vosotros") en lugar de *en humin estai* ("estará en vosotros"), pero sólo con una D (que significa "un alto grado de duda"). Tanto la NASB (LBdlA) como la NIV (NVI) siguen la RSV (LVL) aquí. Esta explicación es compatible con la promesa de Cristo de que el Don del Consolador sería *dado*, p. ej., un evento anticipado, que implica una relación con el Espíritu aún no experimentada.

[7]Como términos relacionados con espacio y lugar, *con* y *en* son figurados; sin embargo, se tiene el propósito de hacer una diferencia verdadera. No es posible sicológicamente para los hombres rendir sus corazones al poder y la presencia plena, interna y santificadora del Espíritu hasta que estén *conscientes* de esta posibilidad a través de la misión preparatoria y enseñanza de Cristo.

[8]Sanday y Headlam, "Romans", ICC, pp. 196-197.

[9]No fue una "gracia irresistible", sino una posesión divina lo que produjo un impacto inevitable en el mundo que les rodeaba; como, p. ej., Esteban, quien "lleno de gracia y de poder, hacía grandes prodigios y señales entre el pueblo" y ellos "no podían resistir a la sabiduría y al Espíritu con que hablaba" (Hch. 6:8, 10).

[10]*Person and Ministry of the Spirit,* p. 162.

[11]*Ibid.,* p. 166.

[12]*The Acts of the Apostles* (Chicago: Moody Press, 1965), p. 29.

[13]*Pentecost* (Salem, Ohio: Convention Book Store, reimp. 1973), pp. 73-76.

[14]El llamado segundo Pentecostés de Hch. 4:23 y ss., se caracterizó no por lenguas extrañas, sino por "denuedo" para predicar la Palabra de Dios (v. 31). El milagro de las lenguas raramente se volvió a repetir; la fidelidad llena de valor y arrojo caracterizó a los creyentes llenos del Espíritu en la nueva dispensación. Véase Richard S. Taylor, *Tongues: Their Purpose and Meaning* (Kansas City: Beacon Hill Press of Kansas City, 1973); y W. T. Purkiser, *The Gifts of the Spirit* (Kansas City: Beacon Hill Press of Kansas City, 1975).

[15]Este tipo de santificación consiste en mucho más que declarar santa a la gente en el sentido forense por una expiación objetiva.

[16]*Epistle to the Hebrews,* p. 417. Véase también Carter, *Person and Ministry of the Holy Spirit,* pp. 314 y ss.

[17]Interpretar *en* como instrumental, con, o por, hace más sentido que asumir el locativo, *en* la verdad.

[18]Aunque la adición de *dia pneumatos,* "mediante el Espíritu", no tiene todo el apoyo de los manuscritos, puede decirse razonablemente que la idea se implica.

[19]El Espíritu no es sólo el Ejecutivo de la Deidad en la internación de las promesas y provisiones, sino en la ejecución de la palabra divina como autorización. Así como Dios dijo: "Sea la luz; y fue la luz" (Gn. 1:3), así Cristo le dijo al leproso: "Quiero; sé limpio. Y al instante su lepra desapareció" (Mt. 8:3). Mas aunque la *exousia,* "autoridad", estaba en la palabra de Cristo, el Espíritu Santo corroboró esa autoridad al constituirse a Sí mismo en *dunamis* ("poder"). El cambio fisiológico en el cuerpo del leproso fue realizado por el Espíritu en respuesta a la orden de Cristo.

[20]La palabra de Cristo no puede ser separada de su Persona; pero tampoco la Persona puede ser separada de la palabra. La integridad de la Persona es de igual manera en la palabra.

[21]Wiley interpreta el bautismo por el Espíritu en 1 Co. 12:13 como referencia al bautismo con el Espíritu. El dice: "No sólo debemos tener nueva vida, sino que por ser miembros de una raza debemos también establecer lazos sociales. Por esta razón el bautismo con el Espíritu que purifica el corazón está asociado estrechamente con el Espíritu en su relación carismática (impartición de dones) como lo demuestra el texto: 'Porque por un solo Espíritu fuimos todos bautizados en un cuerpo.' Sólo cuando estamos limpios de todo pecado por el bautismo con el Espíritu Santo, y ese Espíritu establece su habitación en nuestros corazones, se puede decir que estamos en el cuerpo de Cristo plenamente—es decir, en el sentido de la relación del Nuevo Pacto. De otro modo sólo somos hijos que estamos bajo el pacto (Gá. 4:1-2)." (De una carta personal dirigida a A. E. Sanner, Northwest Nazarene College.)

[22]*Through the Eternal Spirit* (Minneapolis, Minn.: Bethany Fellowship, Inc., 1965, reimpresión), p. 86.

[23]En el griego clásico *bapto* significaba "sumergir" y bien pudo haber sido usado por los escritores del Nuevo Testamento si esa hubiera sido la idea que

trataban de trasmitir. Por otro lado, *baptidzo* sugería inmersión con permanencia, ya fuera en el agua con la intención de ahogar o en alguna otra forma de compromiso y absorción completos. En este sentido San Pablo les dijo a los israelitas que "todos en Moisés fueron bautizados en la nube y en el mar" (1 Co. 10:2). Ellos fueron sumergidos, es decir, *inducidos,* en el régimen mosaico; pero ésta no es una referencia al *modo* del bautismo, como tal, porque cuando fueron bautizados "en el mar" no pasaron por agua (¡sólo los egipcios se mojaron!) y no hay evidencia de que la referencia a la nube sugiera que les haya llovido (¡en tal caso hubiera sido rociamiento!). Cf. Kittel, *TDNT,* 1:530. Las escuelas de idiomas deben ayudarnos aquí para comprender el concepto moderno de "inmersión total" y el bautismo como símbolo de inducción completa en Cristo y el bautismo con el Espíritu como "inmersión total" en Cristo.

[24]"Distinguishing Things That Differ", *Wesleyan Theological Journal,* vol. 9, primavera de 1974, p. 12. Comentando 1 Co. 12:13, Rose observa: "Parece que definitivamente no era idéntico al bautismo con el Espíritu Santo (y con fuego) profetizado por Juan el Bautista que Cristo administraría, el cual El mismo prometió a sus discípulos, y que San Pedro personalmente poseyó y predicó. El bautismo del Espíritu que Cristo administró fue la limpieza de corazón y la capacitación con poder para una vida santa y de servicio."

[25]*Christian Theology,* 2:152.

[26]Se puede derivar una inferencia de que no debe considerarse como norma un gran período de tiempo entre el bautismo de arrepentimiento y el bautismo con el Espíritu.

[27]Quizá haya una correspondencia lógica inherente entre las etapas necesarias en la revelación de la deidad y las etapas según sean personificadas en el creyente. Así como los oficios soteriológicos del Hijo no pudieron ser revelados sino hasta que fueron revelados los del Padre, de igual manera los oficios soteriológicos del Espíritu fueron revelados sólo hasta después de la revelación del Hijo.

[28]Desafortunadamente las versiones RSV (LVL), NIV (NVI), y NEB pasan por alto la secuencia de tiempo implícita en el texto griego de Hch. 11:17. Sus traducciones aparentemente apoyan la posición de Frederick Dale Bruner (*A Theology of the Holy Spirit,* p. 195) de que en este versículo tenemos evidencia "de que los apóstoles consideraron el Pentecostés como el 'terminus a quo' de su fe, del cual se marca la fecha de su conversión." En primer lugar, él necesita ignorar el participio aoristo y traducir "cuando creímos" en lugar de "hemos creído". Aunque ocasionalmente "el participio aoristo expresa acción simultánea", "normalmente describe acción antecedente a la del verbo principal", dice W. D. Chamberlain (*Exegetical Grammar of the Greek New Testament,* p. 171). En este caso, los hechos históricos dictarían el uso normal. Estos hechos consisten en que los discípulos fueron regenerados antes del Pentecostés y así se consideraron ellos mismos. Una simple lectura de Hch. 1 lo revelará, así como también de Jn. 14—17; cf. Lc. 10:20. La conclusión de Turner es muy acertada: "Después de pesar la importante evidencia parece claro que los discípulos experimentaron un Pentecostés personal, subsecuente a su experiencia de 'nacer del agua y del Espíritu'" (*Vision Which Transforms,* p. 153).

[29]Algunos suponen que Cornelio y su familia eran la excepción. Sin embargo, cuando se pesen los puntos a favor y en contra, los argumentos para tal conclusión perderán su valor compulsivo. Por lo menos, el informe de San Pedro (Hch. 15:8-9) implica que Dios no da el gran Don del Espíritu si no encuentra un corazón *dispuesto.* El Señor encontró dispuesto el corazón de Cornelio. Es evidente que ya poseía vida

espiritual y conocimiento de Cristo, de acuerdo con Hch. 10:2-4, 15, 22, 34-38. Véase la explicación sugerida por Ralph Earle en *BBC*, 8:383.

[30]Turner escribe: "Hay algunos que recalcan la diferencia de hincapié entre la tradición sinópticos-Hechos y la de las epístolas paulinas. La diferencia radica en que en Hch. se habla de la *efluencia* externa del Espíritu (en viento, fuego, lenguas, poder) mientras que San Pablo se refiere a la influencia interna del Espíritu, la cual se experimenta (en pureza, amor, gozo, etc.). Es admisible que existan ciertas diferencias en el hincapié que se hace: en los sinópticos y Hechos se hace hincapié en el *poder* del Espíritu para el testimonio y el servicio; en las epístolas de San Pablo se hace hincapié en los efectos morales de la plenitud del Espíritu; y en los escritos juaninos se recalca la función del Espíritu como Revelador, Intérprete, y Portador de la verdad. Por tanto, de acuerdo con estas tres fuentes se presenta al Espíritu respectivamente como dador de *poder, pureza,* y *conocimiento de* Cristo; en los sinópticos y Hechos, lo carismático; en las cartas paulinas, lo ético; en los escritos de de San Juan, lo intelectual" (*Vision Which Transforms,* pp. 149 y ss.). Estas consideraciones son útiles mientras veamos estos diferentes hincapiés como complementarios y en ningún sentido como contradictorios o correctivos. La doctrina de la segunda obra en el bautismo con el Espíritu Santo derivada de los evangelios y Hechos ni es anulada ni debilitada por los diversos hincapiés de las epístolas.

[31]Véase Earle, *Exploring the Old Testament,* pp. 453-456.

[32]Respecto a 5:23, es una exégesis extremadamente cuestionable el debilitar esta fuerte expresión de su necesidad y de la voluntad de Dios por la identificación del tiempo aoristo de *santificar* como un aoristo constativo, por lo que relaciona la entera santificación primordialmente con el ministerio de Dios total y no sujeto a tiempo en la iglesia, reduciendo por ello su urgencia e inmediata disponibilidad en la experiencia personal.

[33]Probablemente también el tiempo de su santificación plena, la cual es la voluntad de Dios declarada y su necesidad actual ahora, en cierto modo se relaciona con "completar lo que falta" en su fe (3:10), ya sea por medio de San Pablo u otro, o incluso de *esta carta.*

[34]El *señorío* de Cristo es un elemento integral de una genuina experiencia de conversión. El reconocimiento de tal señorío es esencial para el arrepentimiento y la fe. Sin embargo, sus implicaciones totales no se consideran normalmente cuando el pecador acepta a Cristo como Salvador. La *mente* carnal (*phronema,* cf. Ro. 8:6-7) es esa disposición de arrastrar los pies al enfrentarse a esas implicaciones. Es esa profunda reticencia a ser totalmente honesto en la aplicación del señorío de Cristo, no sólo en los asuntos principales de vocación y relaciones, sino también en los detalles de la vida práctica. Todo revela una disposición aberrante que caracteriza una "mente" *(nous)* sólo renovada parcialmente.

[35]La santificación de la iglesia por la cual murió Cristo tiene como su expresión objetiva la presentación de la iglesia "a sí mismo, una iglesia gloriosa, que no tuviese mancha ni arruga ni cosa semejante, sino que fuese santa y sin mancha". Todo presupone una limpieza *a priori (expiatoria),* "habiéndola purificado en el lavamiento del agua por la palabra" (5:26-27, nótese el participio aoristo).

[36]*They Found the Secret* (Grand Rapids, Mich.: Zondervan Publishing House, 1968), p. 154.

[37]Véase Wiley, *Epistle to the Hebrews,* pp. 338 y ss.

[38]Para mayor elaboración, véase W. T. Purkiser, *Sanctification and Its Synonyms,* pp. 45-46.

[39]"Galatians", *BBC*, 9:23; cf. pp. 90, 93, 111.

[40]"Sanctification and Selfhood: A Phenomenological Analysis of the Wesleyan Message", *Wesleyan Thological Journal,* vol. 7, no. 1, primavera de 1972, p. 3. Para mayor elaboración, véase Richard E. Howard, *Newness of Life* (Kansas City: Beacon Hill Press of Kansas City, 1975).

[41]*Ibid.,* p. 13.

Sección Cinco

La Vida de un Pueblo Salvo

28

Hacia la Madurez Cristiana

Fue en Antioquía donde "a los discípulos se les llamó cristianos por primera vez" (Hch. 11:26). Fue aquí donde Bernabé demostró el sentido instintivo de responsabilidad hacia los nuevos convertidos que se posesionó de la Iglesia Primitiva exhortando "a todos a que con propósito de corazón permaneciesen fieles al Señor" (v. 23). A los recién convertidos no se les abandonaba; se les nutría. Su crecimiento y salvación final nunca se pasaba por alto (Hch. 8:14 sig.; 13:43; 15:36).

Pero lo que es evidente en los Hechos se vuelve la tónica de las epístolas. Todas las cartas van dirigidas a los creyentes teniendo como su fin principal precisamente lo que Pablo especifica como función de "toda escritura" y a la vez "para redargüir, para corregir, para instruir en justicia, a fin de que el hombre de Dios sea perfecto, enteramente preparado para toda buena obra" (2 Ti. 3:16-17).

Por tanto, lo que sucede después de la experiencia de crisis en la salvación es, evidentemente de importancia capital en la perspectiva del Nuevo Testamento. Dos preocupaciones corren paralelamente. Una, que se mantenga una relación vital y creciente con el Señor; la otra, que la relación del creyente con sus semejantes sea ejemplar. A lo primero podemos llamarlo devoción cristiana; a lo segundo, ética cristiana.

El cristiano maduro es el que ha alcanzado un alto grado de estabilidad y credibilidad en ambas áreas. Este capítulo se dedicará especialmente al progreso del alma—sin implicar que ésta pueda ser una experiencia real separada de una atención simultánea y correspondiente a la ética. Usando la trilogía de Miqueas (6:8) cosideraremos la última en primer lugar: "humillarte ante tu Dios." Sólo andando así podemos ser la "sal de la tierra" y retener la cualidad de la sal (Mt. 5:13).

I. La Responsabilidad del Creyente

Aunque los líderes de la Iglesia Primitiva llevaban un sentido intenso de responsabilidad para con los convertidos, no era mayor que el sentido de responsabilidad que se requería del creyente. "Antes bien, creced en la gracia y el conocimiento de nuestro Señor y Salvador Jesucristo," fue el mandato final de Pedro (2 P. 3:18), amonestación que condensaba el punto de vista del Nuevo Testamento. Aparentemente, el crecimiento no es ni evitable ni automático. Crecer es lo que el creyente hace por escogimiento (ver 2 P. 1:5-10). Y aunque la gracia accesible es tan adecuada como para nunca justificar el desaliento, no lo es tanto como para justificar la presunción o la liviandad. Porque "¿cómo escaparemos nosotros, si descuidamos una salvación tan grande?" es el desafío definido a los que entre los Hebreos habían ya probado el poder de la salvación 2:1-4; ver 3:12-14; 5:12—6:12; 10:26-29, 35-39; 12:1-17).

Aunque hemos de evitar una confianza humanista en uno mismo recordando que somos guardados "por el poder de Dios" (1 P. 1:5), no hemos de olvidar que la Biblia dice "mediante la fe." Judas equilibra el asunto diciendo: "Y a aquel que es poderoso para guardaros sin caída" *después* de pedirles, "conservaos en el amor de Dios" (24, 21). Juan dice, "Mirad por vosotros mismos, para que no perdáis el fruto de vuestro trabajo, sino que recibáis galardón completo" (2 Jn. 8). Pablo insiste en que aunque "Dios es el que en vosotros produce así el querer como el hacer, por su buena voluntad," nuestra tarea es ocuparnos en nuestra salvación "con temor y temblor" (Fil. 2:12-13). "Esta exhortación," dice A. T. Robertson, "toma en cuenta el libre albedrío humano al llevar adelante la obra de nuestra salvación."[1] Y el mismo apóstol que está seguro de que Cristo "es poderoso para guardar (mi depósito) para aquel día" amonesta casi en la siguiente frase diciendo, "Guarda el buen depósito por el Espíritu Santo que mora en nosotros" (2 Ti. 1:12, 14; ver He. 2:1; Stg. 1:25).

Quizá las amonestaciones más frecuentes y urgentes sean las que dio el mismo Jesús. El imperativo "cuidaos" se encuentra no menos de 12 veces en sus discursos excluyendo los paralelos. Y "cuando muchos creyeron en él" después de uno de sus discursos controvertibles, sencillamente les dijo: "si vosotros permaneciereis en mi palabra, seréis verdaderamente mis discípulos" (Jn. 8:30-31). No hay manera de rebajar o escapar la enseñanza total y continua del Nuevo Testamento sobre la importancia de seguir adelante en la vida cristiana; ni de que este progreso esencial sea responsabilidad del creyente (ver Ef. 2:10).[2]

II. El Área del Crecimiento

Aparentemente, hay algunas deficiencias en el cristianismo que son inaceptables, y por tanto, deben corregirse inmediatamente por la confesión, la limpieza de uno mismo, la consagración, la oración y la fe. No se permite en ninguna forma el amar a Dios con menos de lo que es el ser total en cualquier momento, o de amar a nuestros semejantes menos de como nos amamos a nosotros mismos, o de andar fuera de la luz, o de fracasar en tener siempre la mente espiritual. Ni tampoco son la mundanalidad o la frialdad espiritual cuestiones que han de tratarse como flaquezas inocentes que el creyente ha de dominar gradualmente.[3]

No obstante, el Nuevo Testamento dice mucho acerca del progreso en la vida cristiana. ¿Cuáles son las áreas que legítimamente son asuntos de crecimiento y desarrollo pero que requieren tiempo y proceso? Es importante que dividamos correctamente estas cuestiones para no confundir las dos categorías y suponer que algunas fases de deficiencia cristiana que Dios diseña para corregir crucialmente, son materia adecuada de crecimiento, o que áreas situadas propiamente en la esfera del crecimiento, son materia de conflicto bajo la ilusión de que están sujetas a una corrección instantánea. El asunto se expresa claramente por Donald S. Metz:

> Los corintios habían aceptado el evangelio como una nueva y revolucionaria manera de vivir. No obstante, persistían muchos problemas en la iglesia. En la vida cristiana, algunos problemas como los pecados y transgresiones abiertas se resuelven en el nuevo nacimiento (1 Jn. 3:8-9). Otros problemas, tales como actitudes y

afectos carnales, se resuelven por el poder purificador del Espíritu Santo en la crisis de la entera santificación (1 Co. 3:3; 2 Co. 7:1; Ef. 5:25-26). Otros problemas no relacionados con el pecado o con la mente carnal, se resuelven por la madurez espiritual, el crecimiento en la gracia, y una mayor comprensión espiritual. Los problemas de la iglesia de Corinto se debían primordialmente a la mente carnal, aunque algunos, tales como el problema del casamiento y el celibato quizá se hayan debido a la falta de comprensión.[4]

Por tanto, es importante que demos atención cuidadosa a los pasajes que claramente designan las áreas que pertenecen a la esfera del progreso y del crecimiento.

A. Personalidad Semejante a Cristo

Aunque un hombre santo está centrado en Cristo, y aunque el testimonio cristiano no esté manchado por el pecado, tiene sólo una relativa semejanza a Cristo en lo que se refiere a la personalidad total. Bien pudiera haber varias crudezas o errores, aun reacciones mal aconsejadas que en la superficie no nos presentan semejantes a Cristo ante los demás.

El velo de ceguedad espiritual que opaca el corazón del no creyente ha sido removido. Pablo escribe: "Por tanto, nosotros todos, mirando a cara descubierta como en un espejo la gloria del Señor, somos transformados de gloria en gloria en la misma imagen, como por el Espíritu del Señor" (2 Co. 3:18). La estrella guiadora importante es la imagen de Cristo. El significado general de "imagen" *(eikon)* es reconocimiento de semejanza visible, a un original o de un original que quizá sea por ahora invisible (ver Mt. 22:20; Ro. 1:23; 1 Co. 11:7; 15:49, *et al.*). La semejanza interna o conformidad *(summorphous)* esta imagen es la meta predeterminada del llamado divino (Ro. 8:29).

La conformación interna es esencialmente nuestra por medio de la regeneración y la santificación, haciéndonos aptos para la exhibición eterna de triunfo cuando Cristo "sea el primogénito entre muchos hermanos" (Ro. 8:29; ver He. 2:11). Pero la *metamorphosis,* la transformación completa de carácter, incluye la traducción de la conformidad interna a la personalidad externa, y en este respecto es un proceso gradual.[5] Hemos de tomar la semejanza a Cristo "de gloria en gloria," o de un grado de parecido visible a otro. Debió haberse reconocido en la personalidad y rostro de Samuel Brengle un alto grado de semejanza cuando después de una visita a cierto hogar, la niña pequeña le dijo a su mamá: "¿Se hubiera visto Jesús como el hermano Brengle a los 75 años?"

El significado del tiempo presente en Ro. 12:2 es debatible. En ese caso tratamos, no con una simple declaración de hecho como en Corintios, sino con un mandato que parece ser la contraparte de "No os conforméis a este siglo." Aquí también se usa el tiempo presente, pero el sentido es obvio de una crisis inmediata.[6] Sin embargo, si a la transformación de Romanos hemos de darle un sentido progresivo, (como el que se indica claramente en la referencia de Corintios), hemos de interpretar "la renovación de vuestro entendimiento" como implicación de un cambio interno inmediatamente posible y obligatorio. La transformación sería el cambio externo en el estilo de vida, conformándose poco a poco a medida que recibe nueva luz; pero el *modelo* de conformidad con el mundo ha de terminar inmediatamente. La renovación del entendimiento se efectúa por la santificación del Espíritu Santo (Tit. 3:5; ver Ef. 4:23); pero un entendimiento verdaderamente renovado con gusto acabará con todo residuo de conformidad mundana y progresivamente traducirá su propia renovación completa en cualquier cambio externo que vaya de acuerdo con él (ver Fil. 2:12). El resultado de tal progreso será un reconocimiento creciente de semejanza a Cristo.

B. Adquiriendo Madurez

La función de los ministerios especiales dentro de la Iglesia, dice Pablo, es para "perfeccionar a los santos[7] para la obra del ministerio, para la edificación del cuerpo de Cristo" (Ef. 4:12). La meta de esta edificación es madurez varonil en las cosas espirituales, madurez que se define como una "medida de estatura de la plenitud de Cristo" (Ef. 4:13). El "perfeccionismo" *(katartismos)* incluye como presuposición todo lo que se hace necesario en *remendar,* la naturaleza posible de lo cual se sugiere en otra parte de la epístola (1:18 sig. 3:13 sig. 4:1-3, 20-32; 5:15-21, 25-27). Este remendar bien puede ser interno (santificación) o externo (manera de vivir, ética). Pero el "perfeccionamiento" no cesa con una adaptación completa y satisfactoria. Incluye tal nutrición y preparación que lleva a dos marcas indispensables de madurez: *estabilidad doctrinal* y *funcionamiento natural* en el Cuerpo. Ambas ideas están interrelacionadas aquí y son interdependientes. Este tipo de progreso ocurre solamente a medida que el creyente aprende a combinar la fidelidad verbal a la verdad, con el amor (v. 15).[8]

III. Señales de Madurez

Desde un punto de vista la madurez es campo abierto, por tanto, difícil de definir. Aun los creyentes relativamente maduros están todavía creciendo. La satisfacción propia con las realizaciones de uno es fatal. No obstante, cuando Juan llamó "hijitos" a todos y después los subdividió entre jóvenes y padres (1 Jn. 2:12-14), debió haber tenido en mente categorías que podían reconocerse.[9]

La perfección cristiana como santidad, o un marco de entendimiento santificado, es el estado en que se cuenta todo como pérdida por causa de Cristo, y en que se sigue adelante a fin de alcanzar la meta última (Fil. 3:7-16). Esta es la base. Pero ¿cuáles son las marcas de la perfección cristiana conceptuada como madurez? La estabilidad doctrinal y adaptación dentro del cuerpo de Cristo ya se han estudiado. Pero hay otras marcas o señales.

A. Contento

El testimonio mismo de Pablo nos provee las claves principales. A pesar de las prisiones y de la pobreza dice: "...he aprendido a contentarme con lo que tengo" (Fil. 4:11). Este no es el contentamiento de la indiferencia o de la inactividad, que ni desea ni implora cambios. Es más bien una suficiencia propia santificada que tiene recursos internos en Cristo para la hora de la adversidad.[10] No obstante, este nivel de corrección natural se debe en parte a la adquisición de "experiencia en aprender." Aunque este aprendizaje es un proceso con frecuencia dolorosamente lento, al tiempo aoristo usado aquí nos da la idea de que Pablo ha aprendido bien su lección. No tiene que volver a aprenderse cada vez que algo sale mal. La estabilidad emocional es marca de madurez cristiana.

B. Discernimiento

Hay tres facetas en el discernimiento cristiano.

1. Una es percepción madura de verdad doctrinal distinguiéndola del error (Ef. 4:14; He. 5:11-14). El cristiano maduro no se engaña fácilmente. Esta intuición hacia la verdad también se extiende a cuestiones éticas (Ef. 5:11-17).

2. Otra faceta importante es un discernimiento de verdadera espiritualidad. Casi podría decirse que inculcar un propio concepto de espiritualidad fue la preocupación total de Pablo en las dos cartas a los Corintios. Los corintios medían la espiritualidad sobre la base de dones, mientras más en número y espectaculares, mejor. Esto,

según Pablo, era razonar como niños, no como adultos espirituales (1 Co. 14:20). Pablo medía la espiritualidad (negativamente) como libertad de los rasgos carnales (1 Co. 3:1 sig.), y (positivamente) como amor perfecto (1 Co. 13), que estimula estabilidad, fidelidad y paciencia.[11]

Pablo les recuerda a los Corintios vanos que él tenía "visiones y revelaciones" que dejaban atrás todos los dones de ellos. Pero rehúsa gloriarse en estas experiencias sublimes; prefiriendo decir, "me gloriaré más bien en mis debilidades, para que repose sobre mí el poder de Cristo" (2 Co. 12:9). ¿Qué poder? ¿El de hacer milagros? No, el poder de ser victorioso sobre las pruebas. Los creyentes superficiales hubieran medido la espiritualidad de Pablo sobre si había sido sanado o no. La verdadera espiritualidad percibe que el milagro mayor no es libertad de la "espina" sino libertad de la preocupación por causa de ella. La verdadera espiritualidad se exhibe en devoción pura a Cristo que acepta la gracia con alegría antes que el milagro, el momento en que uno percibe que en este camino hay mayor gloria para el Señor.

3. Un aspecto más de discernimiento es el reconocer las acciones e instrucciones del Espíritu Santo (1 Co. 2:9-16). Andar "en el Espíritu" es la esencia de la vida cristiana normal (Gá. 5:25); pero se lleva tiempo aprender el arte de ese andar, como le llevó a Felipe el reconocer la voz del Espíritu cuando sugirió acción pronta (Hch. 8:29), y enseñara a Pablo y a Silas el significado de la restricción del Espíritu (Hch. 16:6-7). La unción "del Santo" (1 Jn. 2:20, 27; 4:1-3) es por medio del Espíritu, quien toca nuestros ojos y nos da intuición espiritual, generalmente hacia la verdad, en ocasiones hacia la gente (Hch. 5:1-5). A medida que crecemos, nuestra sensibilidad a la represión o a las insinuaciones del Espíritu crece igualmente (Ef. 4:30; 1 Ts. 5:17).

C. Equilibrio

Pedro provee una de las exposiciones más comprehensivas del progreso personal en cuestiones espirituales que encontramos en el Nuevo Testamento (2 P. 1:5-7). Recalca el desarrollo de todas las virtudes esenciales, para que el carácter sea completamente integral.[12] El fundamento es la *fe* regeneradora y purificadora. Por fe escapamos de "la corrupción que hay en el mundo a causa de la concupiscencia," y por ella somos hechos "participantes de la naturaleza divina" (2 P. 1:4). Sin embargo, la fe debe complementarse con *areten* que no es "virtud" en el sentido moderno del término, sino "dicisión" o como Moffatt dice, "resolución." Si un creyente se vuelve complaciente en su estado, su progreso espiritual se detiene; si a decir verdad se puede mantener cualquier grado de santidad (ver. Fil. 1:10; 2:12 sig.; 3:13-15).

A nuestra resolución o decisión hemos de agregar *conocimiento.* Hemos de ser inteligentes en nuestro celo, recordando siempre el peligro del "celo sin entendimiento." La buena religión es mejorada por la adición de sentido común.[13]

De la misma manera, nuestro conocimiento irá acompañado de *dominio propio* pues quien sabe mucho sin aplicar ese conocimiento a su propia vida él mismo se condena. Nuestro dominio propio, si ha de ser completo, debe tener *paciencia,* pues la necesidad de disciplina no es temporal. No hemos de alcanzar un nivel en que nos haga débiles ni vanos, haciendo a un lado nuestras defensas morales y espirituales. Sin embargo, nuestra *perseverancia* ha de estar aunada con *piedad,* i.e., oración habitual y piedad a fin de que no degenere en una mera tenacidad humana y terquedad inflexible. La persistencia rígida sin calor o flexibilidad deja de ser virtud cristiana. Por el otro lado, nuestra piedad y oración habitual deben estar suplementadas con bondad *hermanable,* que en este caso es un cariño sincero hacia los demás, una sociabilidad fraternal vital para las relaciones humanas felices. Esta sociabilidad ha de evitar al mismo tiempo toda liviandad o frivolidad que rebaje o contriste al Espíritu (ver Ef. 4:29; 5:4).

Pero la "bondad hermanable" *(philadelphia)* será escasa si permanece sola. Tarde o temprano, el cariño natural para la gente cesará, especialmente cuando descubrimos cosas en ellos que no nos gustan, o cuando somos víctimas de sus maldades. Por tanto, el amor hermanable debe estar perfeccionado y preservado con una buena dosis de *agape*—amor cristiano—accesible por el constante ministerio del Espíritu Santo. Tal amor transciende las dimensiones naturales. Yendo más allá del gozo de congenialidad, procura activamente el bienestar de los demás, aun cuando a veces la congenialidad traiga consigo dolor (ver Col. 3:12-14).

"Porque si estas cosas están en vosotros, y abundan, no os dejarán estar ociosos ni sin fruto en cuanto al conocimiento de nuestro Señor Jesucristo" (2 P. 1:8). A la luz de la gravedad extrema de las cuestiones involucradas, de acuerdo con los vrs. 1-11, la palabra "abundan" debe subrayarse. Es, en estas cualidades específicas del carácter cristiano y particularmente en la simetría de su desarrollo en su inter relación, que encontramos las marcas de crecimiento y madurez (ver Gá. 5:22-23; Fil. 4:8; Col. 3:12-16).

IV. Crecimiento por la Oración

Si hemos de crecer "en gracia" ¿cómo hemos de efectuarlo? De acuerdo con Judas hemos de guardarnos "en el amor de Dios" edificándonos en nuestra "santísima fe, orando en el Espíritu Santo," y "esperando la misericordia de nuestro Señor Jesucristo para vida eterna" (vrs. 20-21). Aquí vemos un auto-desarrollo deliberado junto con un tipo de oración y una actitud continua de esperanza. Tito combina también esta esperanza con una vida santa. La "gracia de Dios" nos enseña que hemos de vivir en este siglo, "sobria, justa y piadosamente, aguardando la esperanza bienaventurada y la manifestación gloriosa de nuestro Dios y Salvador Jesucristo" (2:12-13). El mirar hacia arriba es una actitud de anticipación ávida junto con un sentimiento sobrio de obligación presente.[14]

A. El Significado de la Oración

No se nota intento en la Biblia por defender la validez de la oración, como tampoco para probar la existencia de Dios. Ni tampoco hay un intento de exponer sistemáticamente una teología de la oración. Se da por hecho que la oración es una actividad normal de los creyentes. En sus instrucciones Jesús no dijo, "si oráis," sino "Cuando orareis."

Un concepto fundamental subraya todo lo que se enseña: La oración es comunión con una Persona. Dios quiere ser para todo el que ora al Padre todo lo que la palabra significa en su nivel más alto y mejor. ¡Qué puede ser más natural, o necesitar menos defensa que el que un niño le hable a su Padre! Cualquiera que sea la forma de oración que se considere—suplicación, intercesión o alabanza y adoración; pública o privada—nunca está ausente este hecho de comunión entre persona y Persona. No se encuentra en el cristianismo bíblico ningún representante sacerdotal ni ayudas mecánicas, ruedas, o sonido de campanas, características de otras religiones (ver Mt. 6:7). Esto quiere decir, por supuesto, que la oración es mucho más que una fantasía o ensoñación; ni siquiera una aspiración vaga. Es la presentación deliberada y consciente de nuestros pensamientos o palabras a Dios.

Pero aunque la oración se considera enteramente natural, también es fácil de descuidarla y por eso se requiere frecuentemente a los creyentes como deber. Jesús refirió "una parábola sobre la necesidad de orar siempre y no desmayar" (Lc. 18:1). El peligro de desmayar puede resultar de debilidad física (Mr. 14:38), distracciones mundanas (Lc. 21:34-36), o más comúnmente debido a fracaso aparente o dilación misteriosa de respuestas a la oración (Lc. 18:7-8). A pesar de la seguridad de que Dios nos ama y que nos contestará, Jesús dice, "Pero cuando venga el Hijo del Hombre, ¿hallará fe en la tierra?"[15]

B. Principios sobre la Oración Enseñados por Jesús

El tono de las instrucciones de nuestro Señor a sus discípulos respecto a la oración puede condensarse brevemente.

1. Lo santo de la oración como cuestión personal entre nosotros y Dios debe conservarse por la puerta cerrada (Mt. 6:1-5); pero esto no ha de obligarse hasta llegar a la conclusión extrema de que sólo la oración privada es aceptable (Mt. 21:13; Hch. 1:14; 13:2-3; 16:13, *et al.*). Jesús sólo reafirma la necesidad de móviles puros. La oración nunca debe ser prostituida para ser exhibición religiosa.

2. La oración no ha de ser cuestión de palabras forzadas o ruidosas, como si Dios estuviera sordo, dormido, o fuera indiferente; "porque vuestro Padre sabe de qué cosas tenéis necesidad, antes que vosotros le pidáis" (Mt. 6:7-8).

3. El acercamiento debe ser sencillo y directo. Tanto el orden de nuestro acercamiento como la lista de cosas por las cuales es propio orar, se dan en la Oración Modelo (Mt. 6:9-13).[16]

De acuerdo con este modelo, un acercamiento adecuado hacia Dios debe ser adoración, intercesión, y petición, en ese orden. Por lo que respecta a la petición, siempre es legítimo pedir en favor de las necesidades diarias, perdón y la liberación del mal.[17]

4. En nuestro pedir, buscar y llamar, hemos de darle a Dios el crédito de tener ya el deseo, como verdadero Padre, de "dar buenas cosas a los que le pidan?" (Mt. 7:7-11; Lc. 11:9-13). Es aparente que nuestra vida de oración tendrá significado y será satisfactoria si nuestro concepto acerca de Dios es bíblico.

5. Hay una certeza compuesta en la oración *colectiva:* "... si dos de vosotros se pusieren de acuerdo en la tierra acerca de cualquiera cosa que pidieren, les será hecho..." (Mt. 18:19-20). La presuposición es que están en armonía con el Señor viviente que está en medio de ellos (v.20) y que el acuerdo es convicción inspirada por Dios antes que un mero deseo humano.

6. Para que la oración tenga éxito, debe estar sostenida por seguridad y fe paciente (Mt. 21:22; Mr. 11:24).

7. La oración al Padre debe ser en el nombre de Jesús (Jn. 14: 13-14; 16:23-24). Esto quiere decir acercarse a Dios en pleno conocimiento de la mediación del Hijo y del libre acceso arreglado por el Hijo. Implica el abandono de toda vanagloria, sobre que somos dignos de acercarnos a un Dios santo por nuestros propios méritos. Significa también acercarse en armonía con el *carácter* del Hijo— siempre implicado por *nombre*, en el uso bíblico. Así evitamos peticiones que no convienen." Finalmente, significa acercarse en dependencia de la *autoridad* del Hijo. Aparecer meramente "en el nombre de Jesús" al final de toda oración no es, en sí mismo, a lo que Jesús se refiere.

8. Muy unida al uso propio del Nombre es la idea de *permanecer* como un prerrequisito de la oración de éxito: "Si permanecéis en mí, y mis palabras permanecen en vosotros, pedid todo lo que queréis, y os será hecho" (Jn. 15:7). Si hay unión espiritual con Cristo, habrá compatibilidad en la naturaleza de nuestras peticiones.

Jesús también declaró perfectamente que algunas cosas tergiversan la oración: especialmente el espíritu rencoroso (Mt. 6:15), un móvil equivocado (6:5), falta de persistencia (Lc. 11:5-13), espíritu de justicia propia (Lc. 18:10-14), falta de obediencia (Mt. 7:22), y una relación dislocada con un hermano que no estamos procurando componer sinceramente (Mt. 5:23-24).

C. El Espíritu y la Oración

En las *enseñanzas de la Iglesia Primitiva* sobre la adoración, se introduce un nuevo énfasis significativo: la ayuda del Espíritu Santo. Judas habla de "orar en el Espíritu Santo," y Pablo insiste en que "toda oración y súplica" debe hacerse "en todo tiempo" y en "el Espíritu" (Ef. 6:18). Es por medio del Espíritu que Cristo cumple su promesa de estar con nosotros; y el oficio peculiar del Espíritu es el de llevar adelante el tutelaje comenzado por Jesús en respuesta a la petición de los discípulos, "Señor, enséñanos a orar." El Espíritu Santo nos impele a orar y nos dirige en nuestras peticiones. Pero es más, El "intercede por nosotros con gemidos indecibles" cuando sentimos el deseo de orar pero no sabemos "pedir como conviene" (Ro. 8:26-27). Así que el Espíritu suple la dimensión divina a nuestra vida de oración y evita que se convierta en nuestra psicología humanista estéril.

Orar "en el Espíritu" requiere armonía espiritual, mental y

emocional con el Espíritu. Por eso Pablo nos exhorta a velar (Ef. 6:18). Esta relación con el Espíritu es delicada, suceptible a echarse a perder por varias razones como manos inmundas, ira, y disensión (1 Ti. 2:8), o aun por asperezas domésticas (1 P. 3:7). Uno de los objetos de la oración es guardarnos del pecado; y lo opuesto es que el pecado obstinado nos guardará de la oración.

La relación de la oración a la vida llena del Espíritu se ejemplifica en los Hechos. En lugar de que la plenitud interna del Espíritu disminuya el sentido de necesidad de los discípulos, aumenta mucho más. Esto es tan obvio que podemos decir categóricamente que: una iglesia espiritual, verdaderamente apostólica, es una iglesia de oración. Fue por medio de la oración que los 120 estuvieron listos para el derramamiento del Espíritu en el Día de Pentecostés (Hch. 1:14). Después del Pentecostés los creyentes "perseveraban en la doctrina de los apóstoles... y en las oraciones" (2:42). Fue debido a que Pedro y Juan fueron fieles a "la hora de la oración" que tuvieron oportunidad de ayudar al paralítico a la puerta del Templo (3:1 sig.). La oración era reposo espontáneo y refugio cuando estaban amenazados por la persecución (4:24 sig.). Fue su agudo sentido respecto a la prioridad de la oración y su temor de distraerse de ello, lo que hizo que los apóstoles sugirieran la elección de la primera junta de diáconos (6:1-5). El primer avance misionero oficial nació en una reunión de oración (13:1-3). Y así sucesivamente, según la historia, todo lo que se hacía en público se hacía bajo constante oración personal.

V. La Carne y la Leche de la Palabra

Los apóstoles rehusaron inmiscuirse en detalles administrativos, no sólo debido a la prioridad de la oración, sino también por causa de la prioridad de "la palabra" (Hch. 6:4). Con esto se referían al contenido de su enseñanza. Fue este contenido, al que Pablo llama en otra ocasión "mi evangelio", lo que tiene en mente cuando testifica haber declarado "todo el consejo de Dios" (Hch. 20:27). Además, como bendición, encomienda a su pequeño grupo de ancianos efesios "a Dios, y a la palabra de su gracia, que tiene poder para sobre edificaros y daros herencia con todos los santificados" (v. 32).

A. Un Instrumento de Gracia

Es importante notar la relación estrecha entre Dios y "la palabra de su gracia." Por esta palabra Dios actúa en redención. Por tanto, si los creyentes han de conocer a Dios íntima y profundamente, será a través de la palabra. Una vez más nos confrontamos con la responsabilidad del creyente. Es tarea de los predicadores exponer la palabra, y es deber de los creyentes oírla, entenderla y obedecerla. Esto fue lo que la Iglesia Primitiva hizo desde el principio: "Y perseveraban en la doctrina de los apóstoles" (Hch. 2:42; ver 17:11).

Por cuanto la palabra es tan indispensable a la ministración de la gracia de Dios, la admonición de Pedro es oportuna y urgente: "desead, como niños recién nacidos, la leche espiritual no adulterada, para que por ella crezcáis" (1 P. 2:2). Obviamente, el crecimiento sano depende del sano apetito, pero también de la verdad no adulterada. La palabra no debe ser diluida si los "recién nacidos" han de sobrevivir.[18]

B. Razones de la Incapacidad

Los creyentes son responsables de asimilar la leche de la palabra en tal forma que puedan, dentro de un tiempo razonable, alimentarse con carne sólida. Antes del Día de Pentecostés aun el Señor tuvo que adaptar su enseñanza a los discípulos (Jn. 16:12). Pero cuando vino el Pentecostés, en un día crecieron años. Esto no lo habían experimentado todavía los corintios. Como resultado, su incapacidad infantil de mantener alimento sólido se prolongó por más tiempo del necesario, justificando una amonestación (1 Co. 3:1-3). Lo mismo había pasado en el caso de los sorprendidos creyentes hebreos (He. 5:12-14). Resulta aparente, entonces, que la falta de comprensión de las verdades más profundas de Cristo (1 Co. 2:6) se debe *(a)* al fracaso en alimentarse con la leche de la palabra en los años formativos de la vida cristiana, y *(b)* al fracaso en buscar la plenitud iluminadora del Espíritu. Sólo entonces puede el recién convertido entender la expresión de Judas respecto a edificarse en nuestra "santísima fe" (Jud. 20).[19]

Cuando luchó contra Satanás en el desierto, Jesús dio un ejemplo de cómo manejar la Palabra escrita como espada (Mt. 4:4, 7, 10; ver Ef. 6:17-18). En este conflicto reafirmó el principio que ha de gobernar a los creyentes: "No sólo de pan vivirá el hombre, sino de toda palabra que sale de la boca de Dios" (v. 4; ver Dt. 8:3). Ningún cristiano puede igualar la estratagema de Satanás si no conoce la Palabra o no sabe cómo usarla.

C. La Palabra, Oral y Escrita

El Nuevo Testamento pone sobre el creyente la responsabilidad de alimentarse en la palabra. Esto incluye el escuchar regular y frecuentemente la predicación y enseñanza de los apóstoles. Sin embargo, no hemos de suponer que "palabra" se refiere sólo al hablar. La palabra que enfoca en Cristo y en su salvación, se autentica en el Nuevo Testamento por la mención constante de las Escrituras. Esto se aplica a Cristo así como a sus apóstoles.[20] El evento-Cristo se ve como el cumplimiento y la continuación de la única Biblia que los creyentes tenían en aquel día. Por tanto, no sólo es una proclamación de los actos de salvación recientes de Dios que los apóstoles definen como "el ministerio de la palabra," sino siempre, esa proclamación en relación a sus raíces bíblicas. El creer en Cristo no dio como resultado el descartar el Antiguo Testamento, sino el confirmarlo.

Se insinúa también que así como la palabra oral de Cristo y los apóstoles se escribió, también se tomó como la auténtica Palabra de Dios junto con las Escrituras antiguas. Y ¿por qué no? Si el mensaje predicado era la palabra, por qué no sería igualmente auténtico el mensaje escrito? Pedro clasifica las epístolas de Pablo junto con "las otras Escrituras," y declara que el torcer estas nuevas Escrituras traerá "perdición" espiritual (2 P. 3:16; ver lo que Pablo dice en 1 Co. 14:37).[21]

Es inescapable concluir que si ha de haber crecimiento espiritual, debe haber inmersión en la palabra, tanto la *escrita* como la *hablada;* pero que si hay discrepancia entre la palabra oral y la Biblia, debe prevalecer la lealtad a la Biblia (Mt. 22:29).

VI. La Función del Cuerpo

A. Tal como se Practicó en la Iglesia Primitiva

Hay un concomitante de ser salvo, aparentemente espontáneo e invariable a juzgar por los Hechos, que es un alegre sentimiento de unidad con los demás creyentes: "Y el Señor añadía cada día a la iglesia los que habían de ser salvos" (Hch. 2:47).[22] Vemos así la vida natural producto de las relaciones en la metáfora de Jesús, de la Vid y los pámpanos. El fenómeno que vemos en los Hechos es una gravitación hacia los demás bajo un centro común sin destruir la integridad de la persona. La palabra *comunidad* es demasiado débil como para hacer justicia a la intensidad y profundidad de la cohesión. Hay un organismo real, social, no obstante *espiritual,* al que son iniciados por el nacimiento del Espíritu (ver 1 Co. 12:13).[23]

Los apóstoles se convirtieron en el centro alrededor de los cuales se movía el nuevo estilo de vida de los recién convertidos. Ya no era el sanhedrín, los rabís o aun la sinagoga (Hch. 2:42; 5:12-13; 6:1-6). Más tarde, continuó el fenómeno quizá en menor grado, alrededor de los ancianos locales. Otra señal de esta unidad en la iglesia como común denominador, era la disposición espontánea a compartir. Esto se manifestaba no solamente por la visitación social de casa en casa sino por la contribución de recursos materiales (2:44-46; 4: 32-35). No obstante, no hay evidencia de ninguna presión ni compulsión; ésta era completamente voluntaria y natural, como si brotara de una vida nueva y de amor—que sí lo era.

B. Tal como se Amonesta en las Epístolas

Siendo que las fuerzas centrífugas de la vida son grandes y la estrategia de Satanás es la de separar y aislar a los cristianos, el creyente ha de estimular deliberadamente el compañerismo y la adoración en grupo. Debe ser "solícito en guardar la unidad del Espíritu en el vínculo de la paz" (Ef. 4:30), y considerar cuidadosamente el estimularse unos a otros "al amor y a las buenas obras." No deben descuidar el congregarse como "algunos tienen por costumbre" (He. 10:24-25).

La importancia de que cada uno de nosotros encuentre su lugar designado en la iglesia para llenarlo con alegría y fielmente, se bosqueja en Romanos 12, Efesios 4, y 1 Corintios 12. Aunque la designación la hace Dios, es del creyente el ponerla por obra. El puede rechazar, descuidar o abusar de su función en la iglesia; o puede reconocer esta oportunidad de crecimiento espiritual. Puede aceptarla, mejorarla, y usarla fielmente. Esto es lo que estos pasajes quieren decir. Cualquiera que sea el ministerio de uno en la iglesia, su propósito puede cumplirse solamente si se hace la obra del Señor no por rivalidad o vanagloria sino en amor, en la forma "más excelente" (1 Co. 12:31). Un miembro del cuerpo espiritualmente enfermo, puede infectar y echar a perder el todo (ver He. 12:15).[24]

La misma enseñanza se encuentra en la metáfora de Pablo de la Iglesia como un templo. El fundamento, Cristo, ya se ha puesto por los apóstoles; "pero cada uno mire cómo sobreedifica" (1 Co. 3: 10-17). El conocimiento del mensaje por parte de un obrero pudiera ser madera en lugar de oro; su criterio pudiera ser paja en lugar de plata; sus métodos pudieran ser rastrojo en lugar de piedras preciosas. No importa qué tan leal sea un persona a Cristo, la superestructura que edifica quizá no resista las llamas del juicio divino. El chambón honrado puede salvarse. Pero si su espíritu es tan malo que destruya el templo de Dios, "Dios le destruirá a él" (v. 17). A. T. Robertson lo expresa así: "Dios destruirá al que destruya la iglesia."[25]

C. Por el Ejercicio de la Fe

La naturaleza de la fe salvadora ya se ha discutido (en el Capítulo 23). Sin embargo, "fe" *(pistis)* se usa en términos relacionados con nuestra utilidad a la Iglesia. Podemos hablar de estos términos como fe *de* Dios, fe *con* Dios, y fe *para* Dios.

1. La Iglesia Primitiva usaba *pistis* para describir la fe que un pecador ejercita hacia Cristo en favor de su salvación. En la era después del pentecostés, principió a pensar en "la fe" como el conjunto de la verdad que ha de ser creída. Esto se ve frecuentemente en los Hechos, como por ejemplo, la declaración de que "también muchos de los sacerdotes obedecían a la fe" (6:7; ver 13:8; 14:22; 16:5; 24:24).

En este caso la frase incluye no sólo un credo aceptado sino una entrega personal al nuevo modo de vivir. Cuando Judas, muchos años después, amonestó a los cristianos a contender "ardientemente por la fe que ha sido una vez dada a los santos" (v. 3), se interesaba en la pureza del contenido de *kerygma* y *didache,* la doctrina y la ética. A. R. Fausset observa: "No hay otra fe o revelación que se le adelante, un argumento potente para resistir a los innovadores herejes (v. 4)."[26] Obviamente, deberían estar continuamente en guardia contra las corrupciones y diluciones de herejías, ya sean doctrinales o éticas (ver v. 10; Gá. 1:23; Fil. 1:27; 1 Ti. 4:1). La responsabilidad de los cristianos *en* la Iglesia incluye una responsabilidad *para* la Iglesia.

2. Hay también fe *con* Dios. Cuando Pablo, en su prisión final testifica triunfalmente "he guardado la fe" (2 Ti. 4:7), está diciendo, de acuerdo con A. T. Robertson, que "ha guardado la fe con Cristo."[27] Esta es aquella integridad cristiana o fidelidad que es uno de los frutos del Espíritu (Gá. 5:22). Sin esta fe personal, una adherencia intelectual a un sistema de doctrina no es mejor que la fe de los demonios (Stg. 2:19; ver Ro. 16:26; 2 Co. 13:5; 1 Ti. 1:5; 18-20; 3:9; 5:12; 2 Ti. 3:8, 10). Nuestra adherencia a credos no ha de convertirse en un formulismo muerto que encubra un corazón desleal.

3. La fe no es sólo la llave que inicia la gracia salvadora sino también la condición para la *realización* de la obra de Dios. En presencia del muchacho poseído por el demonio, los discípulos le

preguntaron a Jesús, "¿Por qué nosotros no pudimos echarlo fuera?" Jesús les respondió, " por vuestra poca fe" (Mt. 17:19-20). Después enunció el famoso principio: "si tuviereis fe como un grano de mostaza diréis a este monte: Pásate de aquí allá, y se pasará; y nada os será imposible" (Mt. 17:20). Interpretamos que este "monte" simboliza cualquier obstáculo que tenga que ser removido a fin de cumplir con la voluntad de Dios.

Mucho de lo que se sigue en la historia del Nuevo Testamento demuestra la validez de este principio sobre la fe. Fue por esta clase de fe que los héroes del Antiguo Testamento "conquistaron reinos ... taparon bocas de leones, apagaron fuegos impetuosos, evitaron filo de espada, sacaron fuerzas de debilidad, se hicieron fuertes en batallas" (He. 11:33 sig.). Tal fe es uno de los dones del Espíritu (1 Co. 12:9; ver Stg. 5:15). Quizá Pablo haya tenido esto en mente cuando al escribirles a los tesalonicenses les recuerda "la obra de vuestra fe, del trabajo de vuestro amor" (1 Ts. 1:3).

Esta clase de fe—fe *para* la obra de Dios—se ilustra por Noé "siendo advertido por Dios acerca de cosas que aun no se veían, con temor preparó el arca en que su casa se salvase" (He. 11:7). Lo que aquí se denomina un acto de fe es sencillamente un acto de obediencia a una dirección clara y distinguible de Dios. La fe que realiza no es el hombre tomando la iniciativa; es el hombre respondiendo a la iniciativa de Dios.

Cuando Jesús le dijo a Simón, "Boga mar adentro, y echad vuestras redes para pescar," Simón respondió: "Maestro, toda la noche hemos estado trabajando, y nada hemos pescado; mas en tu palabra echaré la red" (Lc. 5:5). Pedro quizá no estaba muy alerta sobre la "fe que realiza," pero sí entendió el mandato directo y respondió en obediencia. Este tipo de fe siempre realiza las cosas para Dios (Ver Hch. 6:5; 11:24).

NOTAS BIBLIOGRÁFICAS

[1]*Word Pictures,* 4:446.

[2]Cuando un obrero cristiano edifica con "madera, heno, hojarasca", pero *sobre* Cristo como fundamento, no pone en peligro su salvación, sólo su obra (1 Co. 3:10-15). Pero cuando un creyente regresa abiertamente a su pecado, la salvación final de su espíritu está en peligro (1 Co. 5:1-5). En la epístola a los Gálatas sobresale una nota agonizante en San Pablo, la cual refleja un temor genuino por la salvación final

de ellos (2:15-21; 3:1-4; 4:8-9; 19-20; 5:1-4, 7, 15, 16-26; 6:1-8). A Timoteo se le exhorta: "Ten cuidado de ti mismo y de la doctrina; persiste en ello, pues haciendo esto, te salvarás a ti mismo y a los que te oyeren" (1 Ti. 4:16; cf. 2 Co. 7:10; Fil. 2:12; Col. 1:22-23; Stg. 1:21-22; 2:14; 5:20; 1 P. 4:18).

[3]De hecho, los privilegios inmediatos, a los cuales son urgidos los creyentes, son asombrosos. San Pablo anhela que Cristo sea "formado" en ellos (Gá. 4:19); espera que la crucifixión de la carne a la cual ellos se han comprometido sea una realidad subjetiva (Gá. 5:24); que se les identifique como "espirituales" (Gá. 6:1); como "perfectos" en el sentido de comprometimiento total (2 Co. 13:9, 11); que la mente de Cristo sea establecida en ellos como su motivación gobernante (Fil. 2:5); que Cristo habite en sus corazones por la fe a través del fortalecimiento del poder dinámico del Espíritu (Ef. 3:16); que sean renovados totalmente en el espíritu de sus mentes (Ro. 12:2; Ef. 4:23); que demuestren el fervor en las buenas obras que caracterizan a los redimidos y purificados (Tit. 2:14); que conozcan el amor perfecto que brota de un corazón puro y una buena conciencia y fe no fingida (1 Ti. 1:5). Aquí está la norma, no la meta de largo alcance. El crecimiento se logra tomando en cuenta esta base.

[4]*BBC*, 8:313.

[5]Sólo la forma del verbo está en el Nuevo Testamento, Mt. 17:2; Mr. 9:2; Ro. 12:2; este pasaje. El sentido puntual del tiempo aoristo respecto a la transfiguración de Cristo es obvio en el evento; aquí el tiempo es el presente, por lo que "somos transformados". Pero en cualquier caso, se hace hincapié en lo visible, la semejanza reconocible.

[6]Véase Robertson, *Word Pictures,* "dejad de ser amoldados"; cf. NVI, "Y no os amoldéis a". No se concede licencia para detenerse gradualmente durante un largo período de tiempo.

[7]*Hagioi,* "santos", una designación general para todos los creyentes, similar a "cristiano".

[8]Un cristiano que está desconectado, no puede alcanzar esa armonía de la "actividad propia de cada miembro", por lo que aún necesita mucha "perfección", si no en relación con una crisis de purificación, por lo menos en mucha disciplina e instrucción.

[9]Para mayor discusión véase Harvey J. S. Blaney, *BBC* 10:367 y ss.

[10]Cuando Cristo es el centro, nada más puede tomar ese lugar, ni dinero, salud ni circunstancias favorables (2 Ti. 1:7).

[11]Cuando los cristianos son infectados por un deseo extremo de emotividad religiosa, la simple bondad comienza gradualmente a parecer insípida. La pasión por la santidad es sustituida por la pasión por la espectacularidad religiosa. Todo comienza a degenerarse en seudoespiritualidad.

[12]La traducción de *epichoregesate* por "añadir" no tiene toda la fuerza de este aoristo imperativo. Más bien significa "suplir, dar, presentar" (Thayer), y por ello se traduce con ligeras variantes por la ASV, Moffatt y la NASB (LBdlA). Pero Goodspeed, Williams, y la NEB, así como la RSV (LVL), usan la palabra "suplementar", la cual probablemente expresa la idea con mayor exactitud. La inferencia se refiere a que si no se continúa este proceso de suplementación, el carácter se volverá agrio, quizá hasta distorsionado.

[13]El conocer a Dios tiene preeminencia, pero también debemos saber *acerca de* El, o de lo contrario no lo representaremos adecuada ni inteligentemente. La

misma palabra se usa en 2 P. 3:18, donde se nos exhorta a crecer en "la gracia y el conocimiento de nuestro Señor y Salvador Jesucristo".

[14]Por tanto, hemos de cumplir nuestros deberes diarios a la luz de la Segunda Venida. "¿Quién es, pues, el siervo fiel y prudente", pregunta Cristo, "al cual puso su señor sobre su casa...? Bienaventurado aquel siervo al cual, cuando su señor venga, le halle haciendo así" (Mt. 24:45-46). Debido a que el siervo de un solo talento olvidó el día cuando habría de rendir cuentas, así como sus responsabilidades inmediatas a la luz de ese día, fue amonestado y lanzado a las "tinieblas de afuera" (Mt. 25:24-30).

[15]La fe que se pone en duda es principalmente una fe vital en un Dios que contesta la oración. La iglesia que ha perdido la confianza en la oración como clave para lo sobrenatural, se asemeja a la iglesia de Laodicea (Ap. 3:14-21).

[16]La cláusula: "Porque tuyo es el reino, y el poder, y la gloria, por todos los siglos. Amén" no se encuentra en los manuscritos más antiguos, mas no presenta ninguna objeción de peso para dejar de usarla.

[17]Esta oración no se dio con el propósito de que los cristianos la usaran como un rezo diario; tampoco apoya la actitud de pecar y arrepentirse diariamente. Fue dada por el Señor para ilustrar la sencillez de la oración en contraste con la verbosidad emocional y sin significado de los paganos, y para sugerir el orden apropiado de oración y las áreas apropiadas por las cuales se debe orar.

[18]Lit., "leche no adulterada, lógica". El alimento espiritual debe envolver la actividad de la mente, y no ser diluida por sentimientos humanistas. Lo que alimenta sólo las emociones no produce crecimiento sano.

[19]El hincapié en la palabra del evangelio autoritativa, revelada, que se encontró en la iglesia primitiva fue un eco del hincapié correspondiente de las enseñanzas de Cristo. Este fue el oír del corazón que el Señor siempre suplicó de sus oyentes: "El que tiene oídos para oír, oiga" (Mt. 7:24-27; 11:15; cf. Mr. 4:9, 23; 7:16; 8:18; Lc. 9:44; 14:35).

[20]Aunque Cristo corrige radicalmente las tradiciones rabínicas agregadas y las altisonantes interpretaciones, nunca corrige los escritos del Antiguo Testamento en sí.

[21]Resulta intrigante observar que cuando la frase "el que tiene oídos para oír, oiga" se repite en Apocalipsis, se aplica a "lo que el Espíritu dice a las iglesias". La palabra que se debía "oír" nunca fue proclamada verbalmente, hasta donde sabemos; estaba únicamente por escrito desde el principio (Ap. 2:1, 7). Aparentemente el oír es una actividad espiritual del alma, ya sea que el mensaje se reciba a través de la puerta de los ojos o la de los oídos.

[22]Nadie se unió formalmente a la iglesia, a menos que el bautismo se haya interpretado como rito de iniciación y acceso; fueron unidos por el Señor como un elemento integral de su salvación.

[23]Una característica significativa de esta nueva conciencia familiar aparentemente la constituía la convicción de un rompimiento radical con las unidades sociales y religiosas a las que antes eran leales. Desde la exhortación Pentecostal, San Pedro ya implicaba que se requeriría de ellos tal rompimiento: "Sed salvos de esta perversa generación" (2:40). La salvación, evidentemente, consistía en un escape del mundo del orden demoníaco, ya fuera judío o gentil, así como de la entrada en el reino de los cielos—un reino ahora manifestado a través de unidades locales de creyentes en una relación muy estrecha llamadas iglesias. Desde el día de Pentecostés en adelante, la conversión a Cristo se relacionó con tal transferencia

radical y abierta de la polaridad del mundo a la de la iglesia.

[24]Para una útil discusión de los dones, véase Charles W. Carter, *The Person and Ministry of the Holy Spirit* (Grand Rapids, Mich.: Baker Book House, 1974), pp. 270-289; y Purkiser, *Gifts of the Spirit.*

[25]*Word Pictures,* 4:99.

[26]Robert Jamieson, A. R. Fausset, David Brown, *A Commentary on the Old and New Testaments* (Hartford: S. S. Scranton & Co., s.f.), 2:543.

[27]*Word Pictures,* 4:631.

29

Hacia la Vida Ejemplar

De acuerdo con el punto de vista del Nuevo Testamento, el crecimiento personal espiritual del creyente no puede ocurrir en aislamiento de su vida diaria. La palabra *peripateo,* "andando" se usa 34 veces en las epístolas en referencia directa a la conducta del cristiano. Hay una insistencia uniforme en que la vida externa debe ser compatible con la gracia interna. Los creyentes han de vivir no sólo *como* cristianos sino como *ejemplos* de cristianos. El fracaso en traducir la experiencia religiosa en conducta ética se considera por los escritores del Nuevo Testamento como evidencia de una fe espúrea. Por ejemplo, Pablo y Juan, nos amonestan así: "Apártese de iniquidad todo aquel que invoca el nombre de Cristo" (2 Ti. 2:10; ver Mt. 7:23), y "el que dice que permanece en él, debe andar como él anduvo" (1 Jn. 2:6). Eric Sauer escribe: "Si somos ahora hijos reales del Altísimo, estamos bajo obligación de andar como reyes."[1]

Aproximadamente una tercera parte de todas las expresiones de Jesús en los evangelios tiene que ver con la conducta cristiana. La declaración ética más completa se encuentra sin duda en el Sermón del Monte, pero hay muchos otros pasajes que ensanchan y aplican sus principios básicos. En las Epístolas, la mitad del material tiene que ver con instrucción práctica sobre la rectitud. Es verdad que la mayoría de las declaraciones expresan principios antes de "detalles," pero hay suficientes aplicaciones a situaciones específicas confrontando a la Iglesia Primitiva como para proveer direcciones a los cristianos de toda generación.

I. Principios de Enseñanza Ética

A. Fuentes de Autoridad

El Nuevo Testamento da por hecho que la revelación que Dios hace de sí mismo en Cristo constituye la regla de conducta para el creyente (He. 1:1-3; 2:1-3). No somos iniciados a una democracia, sino a un reino, una "monarquía absoluta" (Lc. 6:46; Hch. 1:3). Por tanto, la ética bíblica es una ética de autoridad. En ningún sentido es el cristiano una ley para sí mismo. Pablo dijo que como evangelista se podía identificar con los gentiles fuera de la órbita de la ley hebrea, pero que esto no quería decir que estuviera "sin ley hacia Dios"; sino que más bien estaba "bajo la ley de Cristo" (1 Co. 9:21).[2]

Aunque la Autoridad última es Dios, la Iglesia Primitiva consideró cuatro medios divinamente ordenados para su autoridad en determinar lo que constituía la conducta cristiana.

1. La Biblia.

Primero eran las Escrituras del Antiguo Testamento, las que Jesús mencionó como apoyo (Mt. 21:12 sig.; 15:1-9; Mr. 12:24; Lc. 19:45 sig.). Pablo, el apóstol que procuró más vigorosamente cortar el cordón umbilical del judaísmo, apeló sin embargo, a las Escrituras cuando se trataba de cuestiones éticas (ver Ro. 12:19). Ninguno vio más claramente que Pablo que las normas básicas morales que gobernaron a los israelitas y las normas que gobernaban a la Iglesia eran esencialmente las mismas. Al hacer una lista de las obras de la carne que privan del Reino (Gá. 5:19-21), incluyó las formas de conducta prohibidas directa o indirectamente en el Antiguo Testamento (ver también el uso de Pedro de Sal. 34:12-15 en 1 P. 3:10 sig.).

2. Jesús.

La suprema Fuente de autoridad era Jesús mismo. Su ejemplo se consideró éticamente definitivo (1 P. 2:21-24). Al mismo tiempo, sus palabras eran la corte final de apelaciones. Los evangelios mismos atestiguaron esta autoridad de Jesús, tanto en evidencia externa como por testimonio interno (ver Mt. 7:29).

3. El Espíritu Santo.

La tercera Fuente de autoridad era el Espíritu Santo en guiar a los apóstoles y a los primeros escritores. Jesús prometió esta dirección (Jn. 14:26; 16:8-15). La "toda verdad" a la que "el Espíritu de verdad" los guiaría incluía de cierto la ética así como soteriología y Cristología. Vemos un ejemplo de esta ayuda en la decisión hecha en Jerusalén respecto a las reglas que habrían de imponerse a los gentiles convertidos: "Porque ha parecido bien al Espíritu Santo, y a nosotros, no imponeros ninguna carga más que estas cosas necesarias" (Hch. 15:28).

En un sentido importante el Espíritu Santo ha probado ser la Autoridad inmediata, siendo que El había sido el que había supervisado la escritura de la literatura del Nuevo Testamento y el arreglo del canon. Por tanto, El determinó la tendencia básica de las enseñanzas de la Iglesia al supervisar la selección y la inclusión de materiales éticos. En esta forma, para nosotros, las tres Fuentes de autoridad para la Iglesia Primitiva convergen en una: el Nuevo Testamento.[3]

4. La Iglesia.

Como la comunidad del nuevo pacto, la Iglesia está bajo autoridad y posee autoridad; por tanto, viene a ser Fuente secundaria de dirección. La autoridad poseída se da a la Iglesia por su Señor viviente, y su naturaleza se define por las Escrituras. Esa autoridad está implicada en la Gran Comisión de "hacer discípulos" no sólo por medio del bautismo sino "enseñándoles que guarden todas las cosas" que Jesús les había mandado (Mt. 28:19-20). El relato primero mencionado en los Hechos refleja la consciencia de esta obligación y la fidelidad de la Iglesia en cumplirla. Este conocimiento se nota aun más en las epístolas; de hecho, en una gran medida ejercen esta autoridad en cuestiones éticas.[4]

B. El Punto de Vista de la Etica Cristiana

1. La Vida una Probación.

Aunque pudiera dar lugar a malas interpretaciones el hablar sobre la norma de conducta del cristiano como una "ética interina,"[5] sería apropiado llamarla una "ética peregrina." El punto de vista de donde se originan las normas éticas es el del concepto total de vida en el Nuevo Testamento. Este concepto o filosofía considera la vida terrena no como un fin en sí mismo, sino como medio hacia un fin. El punto de vista es, pues, completamente escatológico. Casi en cada página se enseña a los cristianos ver hacia adelante, vivir como personas en estado probatorio, destinadas para el juicio y para la eternidad (Tito 2:11-14).

2. La Vida, una Mayordomía.

La pertenencia de Dios y nuestra mayordomía son presuposiciones gemelas que gobiernan toda la enseñanza del Nuevo Testamento. Este punto de vista es tan aparente que toda documentación sería superflua. Lo que es correcto, por lo tanto, se determina siempre no sólo por lo que es legalmente permisible, sino por lo que contribuye al Reino. En el punto de vista bíblico de las cosas, los abusos personales que descuidan la mayordomía de las posesiones, talentos, tiempo o influencia vienen a ser una conducta no ética. Se espera, por tanto, que los cristianos se gobiernen por una ética completamente discordante de las normas prevalentes que les rodean.

C. La Base de la Etica Cristiana

Nadie puede estar en buena relación con sus semejantes si no está bien con Dios. Si la relación vertical anda mal, la horizontal también será mala; quizá no en un defecto externo, sino en el espíritu interno esencial para que la relación sea totalmente cristiana. Esta necesidad previa de una correcta relación con Dios se deduce de todos los pasajes que tratan sobre cuestiones éticas. El relato del avivamiento bajo Juan el Bautista, caracterizado por el arrepentimiento y la remisión de los pecados, viene antes del Sermón del Monte. Las Epístolas no entran de lleno a homilías sobre deberes prácticos sin antes poner la base evangélica de salvación. Esto explica la validez de L. Harold DeWolf cuando menciona arrepentimiento, fe, y obediencia como los énfasis especiales en la ética de Jesús.[6] Volviéndose del pecado hacia Dios en Cristo, seguido por una sumisión continua al dominio de Dios, son piedras de fundamento indispensable para la ética cristiana.

D. El Móvil del Amor

Kant no fue original en enunciar el principio de que para que un escogimiento sea moral no sólo debe ser correcto en sí mismo sino que debe ser hecho en el espíritu correcto y por una razón también correcta. Este *porqué* interno es la investigación constante del Nuevo Testamento. Un espíritu asesino hace a un homicida, aun cuando no haya acto externo (Mt. 5:22; 1 Jn. 3:15). El adulterio interno de la voluntad y de la mente es un adulterio real a los ojos de Dios (Mt. 5:28). Los actos religiosos tienen valor sólo cuando son hechos para agradar a Dios antes que por mero espectáculo ante los demás (Mt. 6:1-2, 16).

El amor, y sólo el amor, le darán a una acción aquella cualidad de espíritu que es cristiana, y proveerán un motivo aceptable. Un espíritu cristiano es un espíritu amoroso; y el objetivo del amor es la gloria de Dios y el bienestar del hombre. Por sobre todo, por tanto, la ética cristiana es una ética de amor (Ro. 13:8-10). Cualquiera que sea el significado que le demos, de seguro implica que la dinámica interna de conducta aceptable es nuestro deseo de agradar a Dios y de hacer lo recto. La verdadera conducta cristiana no está motivada por temor, interés personal, o condiciones culturales.

El amor es el "cumplimiento de la ley," no en el sentido de que haga la ley a un lado, como si estuviera por sobre ella. Al contrario, el amor cumple la ley procurando llegar al meollo del intento de la ley, cumpliendo así la ley de corazón.

E. El Principio Redentivo

Para que la ética sea cristiana ha de estar basada en la obra expiatoria de Jesucristo. Sólo en esta forma puede aquella unión única entre justicia y misericordia, que es el genio de la ética cristiana, encontrar su razón. La misericordia puede recibirse a expensas de la justicia, o la justicia puede tenerse a expensas de la misericordia; ambas pueden recibirse sólo en el Calvario. Es imposible desarrollar una ética cristiana separándola de la cruz; el intento de hacerlo producirá un sistema moralista de conformismos sentimentales.

El principio redentor se ve cuando principiamos a leer aquellas cosas extras que pertenecen a la ética cristiana—poniendo a Dios y a los demás primero, bendiciendo a los que nos atormentan, yendo la segunda milla, rehusando reñir por derechos personales nimios, modestia y sumisión, en honra prefiriendo a otros, subordinando las ganancias a la gente, evitando el materialismo, teniendo un espíritu perdonador.[7] Si el objetivo es la justicia estricta, algunos de estos rasgos y actitudes son débiles e irresponsables. ¿Es correcto sufrir injusticia personal sin hacer nada? No—no cuando se hace aparte de la cruz. Sin embargo, es correcto cuando vemos que Dios en Cristo ya ha hecho algo en relación con esta injusticia.

Un espíritu perdonador sobre la base de la cruz no es debilidad. Más bien, es una identificación con el ofensor, en que uno es igualmente culpable, pero perdonado, confrontándose con alguien que puede ser perdonado. La mala acción no se pasa por alto simplemente cuando con toda consciencia y oración se torna al Calvario. Todos estamos perdidos si nos gobernamos por la justicia solamente, y todos necesitamos misericordia. Por tanto, la ética cristiana debe dirigirse siempre hacia los hombres, no hacia la ley para compensación, sino a un Salvador expiatorio.

La ilustración bíblica perfecta de la posición apropiada para el cristiano se encuentra en la parábola que Jesús dijo del siervo infiel (Mt. 18:23-35). El perdón de la deuda grande de 10,000 talentos no dejaba de ser costosa. En efecto, el acreedor "perdonó" *pagando él mismo la deuda.* Este fue el significado de la cancelación. El acreedor mismo absorbió la pérdida.

Los principios éticos apropiados a los hombres que están en esta situación de relación con Dios, han de ser como el amor que crea una inmerecida expiación gratuita. El recibir tan gratuitamente de parte de Dios y proceder a ser estrictamente legalistas en nuestras relaciones humanas, no es el ser semejante a Cristo. Si persistimos en esta actitud, la misericordia de Dios se nos es retraída. "Entonces su señor, enojado, le entregó a los verdugos... Así también mi Padre celestial hará con vosotros si no perdonáis de todo corazón cada uno a su hermano sus ofensas."

Es importante preservar el orden en la sociedad, pero el creyente está motivado por un interés superior—no simplemente en "ley y orden" sino en una redención total. Quien hace mal a otro pudiera merecer el castigo; pero el cristiano no se preocupa con eso. Desea más: que el culpable arregle sus cuentas con Dios. El cristiano tendrá mucho gusto de hacer a un lado su "derecho" si puede ayudar al ofensor a sepultar su culpabilidad en la sangre de Cristo. Esta será la compensación verdadera y justicia perfecta.[8]

II. La Relación del Amor a la Ley

Que el amor es la piedra de toque de la ética cristiana y su motivación interna, es sin duda la enseñanza del Nuevo Testamento. Sin embargo, ha habido mucha incertidumbre cuando se ha intentado exponer la relación exacta entre el amor y la ley. Algunos han supuesto que el amor es primero que la ley. La contraparte de esto descansa en la interpretación errónea de que la doctrina de Pablo de la justificación por fe implica una salvación "aparte de la ley" (Ro. 3:21) en el sentido de que la justicia prescrita por la ley no es ya necesaria. A este respecto hay un cierto supranomianismo que más bien se parece al antinomianismo.[9]

La cuestión se agudiza por la declaración de dos corrientes: "Pues la ley por medio de Moisés fue dada, pero la gracia y la verdad vinieron por medio de Jesucristo" (Jn. 1:17). El desafortunado "pero" ha confundido a muchos que favorecen una oposición entre la ley por un lado y la gracia y la verdad por el otro, como si la gracia y la verdad nulificaran la ley. La idea es más bien que en tanto que la norma de la vida santa fue entregada a los humanos por medio de Moisés, la capacidad de vivir en esta forma vino a través de Jesús.

Así que la obra de Cristo es una capacitación, no una suplantación. La gracia es el método de Dios para unir la ley y la verdad en una experiencia viva.

A. Jesús y la Ley

En el Sermón del Monte Jesús define la clase aceptable de justicia (Mt. 5:20-48). Sus ejemplos tocan el corazón del sexto y séptimo mandamientos (e indirectamente del noveno, vrs. 33-37). Justicia aceptable es mucho más que evitar el homicidio externo, legal. Es nada más ni menos que las actitudes correctas y relaciones adaptadas con todo lo que ellas implican (vrs. 21-26). Se aplican similares interpretaciones rígidas al adulterio y a la mentira. No hay insinuación alguna de que el programa de Jesús requiriera la más pequeña modificación de estos mandamientos, mucho menos su cancelación (ver Mt. 15:3-9).

El apoyo de Jesús a la ley se nota más directa y simplemente en su declaración del "primero y grande mandamiento": "Amarás al Señor tu Dios con todo tu corazón, y con toda tu alma, y con toda tu mente. . . y el segundo es semejante. Amarás a tu prójimo como a ti mismo. De estos dos mandamientos depende toda la ley y los profetas" (Mt. 22:34-40; ver Mr. 12:28-31; Lc. 10:25-28).

Cuatro cosas se declaran aquí: (1) Estos son mandamientos, i.e., leyes. (2) Ambos son citados por el Pentateuco (Dt. 6:5; Lv. 19:18). (3) Ambos constituyen no el deshacerse de la "ley y los profetas" sino su quintaesencia.[10] (4) Ambos son todavía válidos.

B. Jesús y la Justicia Retributiva

La ley definió por medio de amplios principios y aplicaciones representativas la clase de conducta aceptable ante Dios, pero también especificó los principios a seguirse para tratar con sus infracciones. Jesús trata con este irritante problema en Mt. 5:38 sig. y 43 sig. El comentario rabínico decía, "Amarás a Dios y aborrecerás a tu enemigo." El mandato de amar era mosaico (Lv. 19:18, 33) pero no el mandamiento a aborrecer. Jesús declaró, "Mas yo os digo": Como siempre, hizo a un lado la interpretación falsa dirigiendo sus pensamientos a la universalidad e imparcialidad del amor del Padre. Esta es la verdadera norma (v. 48).

¿Interpretaremos entonces que Jesús repudió completamente el sistema retributivo de la justicia? El suponer que intenta ambas cosas está más en armonía con la enseñanza global del Nuevo Testamento.

Primero, Jesús está corrigiendo el abuso de la ley. Por indigno, hace a un lado el espíritu de venganza que se había adoptado como regla para la vida en las relaciones personales, suponiendo que tenían la sanción de Moisés. Decimos "suponiendo" porque las instrucciones mosaicas claramente ponían la administración de la *lex talionis* estrictamente bajo la responsabilidad de los jueces (Ex. 21: 22). La ley para el ciudadano ordinario era "No te vengarás" (Lv. 19:18).[11]

No hay que leer en las enseñanzas de Jesús la idea de privar a las autoridades civiles de su deber de imponer la ley y de hacer cumplir las penas necesarias para cumplir con las responsabilidades del gobierno. Esto se ve con mayor claridad cuando se considera Mateo 5:38-48 a la luz del principio retributivo que todavía satura el gobierno moral de los humanos (Mt. 6:1-4, 14-15; 7:1-2, 22-23; 18:23-35; 25:31-46; Lc. 16:19-25; Ro. 11:22; 2 Co. 5:10; Gá. 6:7-8, *et al.*).

Segundo, Jesús introduce el principio que ha de gobernar las reacciones de los hijos del reino hacia los daños sufridos a manos de los hijos del malo. El pueblo de Dios, cuya lealtad primordial es ahora de un orden diferente, debe actuar en una nueva forma, no en la antigua. La forma más elevada es para quienes saben cómo amar y están dispuestos a perder algunos de sus derechos civiles por causa de su fidelidad a una lealtad mayor. El cuadro total de referencia interesa a los creyentes (1) actuando como individuos, y (2) viviendo bajo el dominio del Reino.

La enseñanza de este pasaje de Mateo nada dice acerca de los deberes del estado. Oficialmente, en el nivel civil y público, debe haber algún sistema de retribución necesaria por la realidad del desafiante pecado.

III. Mandatos Universales para los Cristianos

Es aparente que la ética de Romanos 12 y 13 difiere de la del 14 y 15. En el 12 y el 13 Pablo trata acerca de la obligación cristiana universal, obligatoria para todos.[12] Ningún creyente está exento de un sólo **deber o restricción aquí mencionado.** En contraste definido, los problemas específicos de los capítulos 14 y 15 son flexibles y no están legislados. Algunos asuntos éticos se relacionan con el tiempo, lugar y circunstancias tal como se interpretan por el individuo o la conciencia de la comunidad. Cuando las Escrituras no especifican claramente, sus principios han de aplicarse por medio de un sentido común santificado. Las diferencias de opinión y práctica que restan han de absorberse por amor, respeto y tolerancia mutua.

Notemos ahora los mandatos específicos de Romanos 12 y 13.

A. Consagración

El cristiano no puede ser ético a menos de que principie corrigiendo lo que es defectuoso o supliendo lo que falta en su relación para con Dios. La presentación de sus cuerpos a Dios como "sacrificio vivo y santo" se pide a los cristianos de Roma. Este no es un "consejo de perfección" sino una obligación ética—"por las misericordias de Dios... vuestro culto racional" (v. 1). Es enteramente propio, entonces, que los tratados sobre la ética cristiana incluyan los "deberes para con Dios." Sus misericordias no sólo crean obligaciones, sino que más fundamentalmente, su soberanía eterna como Creador y Soberano pone la responsabilidad sobre nosotros.

Los deberes cristianos de oración y adoración forman parte del deber más amplio de ajustarse completamente a las demandas de consagración total y mayordomía. Una mente renovada piensa como cristiano en lugar de como un pagano medio cristianizado. Tal extensión completa y deliberada de la renovación comenzada en la conversión, es la única garantía de la alegre prontitud en conformarse a las admoniciones éticas que siguen en este pasaje de la Escritura.

B. Separación

El mandato universal "No os conforméis a este siglo" (v. 2) demanda no sólo una separación radical del espíritu del mundo sino el evitar que el mundo tenga algo que decir respecto a las condiciones y normas diarias. El cristiano ha olvidado su propio estilo de vida si su apariencia, manera de hablar y pasatiempos llevan la impresión obvia de los dirigentes no cristianos o de las culturas anticristianas. El creyente con una mente renovada nunca recibe su sugerencia ética por parte de la gente, ni tampoco defiende una práctica sobre la base de que "todos lo hacen." El sabe que es diferente. Su estilo de vida no esconde esta diferencia, sino la revela.

C. Responsabilidad

Todo cristiano está éticamente obligado a ser fiel y diligente tanto en sus deberes religiosos como en los seculares. El ejercicio de los dones ha de ser "con liberalidad... con solicitud... con alegría" (Ro. 12:8). No hemos de ser "perezosos" sino "fervientes en espíritu, sirviendo al Señor" (v. 11). En otra parte dice: "se requiere de los administradores, que cada uno sea hallado fiel" (1 Co. 4:2); y "Mirad... con diligencia cómo andéis... aprovechando bien el tiempo" (Ef. 5:15-16; ver 2 Co. 8:11; Ef. 6:5-8; 2 Ts. 3:6-12; 1 Ti. 4: 14-16; 1 P. 3:13-16, *et al.*). Los cristianos, pues, han de vivir una vida responsable e industriosa según su capacidad.

Aunque no hay nada que caracterice el tiempo libre como algo malo, el tono del Nuevo Testamento implicaría que su mal uso sería pecado. Fundamentalmente, la ética cristiana es una ética de trabajo. "Si alguno no quiere trabajar, tampoco coma" es el ultimátum (2 Ts. 3:10); ver contexto, vrs. 6-15). No es cristiano el ser un zángano cuando la salud física y la sanidad mental permiten el involucrarse en una vida constructiva y productiva. Los cristianos no deben apoyarse en los beneficios sociales como un estilo de vida voluntario, ni han de permitirse la característica de dependencia. Por el contrario, la norma del Nuevo Testamento es que los creyentes tengan iniciativa, ganando lo suficiente no sólo para ellos mismos sino para ayudar a los que son débiles (1 Ts. 5:14; ver Tito 3:8, 14).

D. Sinceridad

Todo cristiano debe cuidarse en contra de la insinceridad. "El amor sea sin fingimiento" (Ro. 12:9). Esta sinceridad ha de demostrarse en hospitalidad y benevolencia (v. 13). Ha de notarse también en un espíritu parecido al de Cristo al tratar con los que nos hacen mal (vrs. 14-21; ver Stg. 2:14-16; 1 Jn. 3:17-18). La sinceridad del amor se prueba también por un espíritu de igualdad. Pablo escribe: "Unánimes entre vosotros; no altivos... [no queriendo asociarse] asociándoos con los humildes" (v. 16). Esto hace a un lado tanto el orgullo de clase como la discriminación racial (Stg. 2:1-9).

E. Amor de lo Bueno

Aunque la admonición, "Aborreced lo malo, seguid lo bueno" (v. 9) se refiere especialmente al mal y al bien moral, indirectamente incluye el mal y el bien estéticos. Es obligación ética escoger la belleza sobre la fealdad, el orden en lugar del desorden, y la calidad en lugar de lo cursi. Estos escogimientos obligan al cristiano porque tienen que ver con nuestra utilidad y felicidad. Siendo que Dios es un Dios de belleza y de orden, la belleza y el orden son cosa que los piadosos buscan. "Por lo demás, hermanos, todo lo que es verdadero, todo lo honesto, todo lo justo, todo lo puro, todo lo amable, todo lo que es de buen nombre; si hay virtud alguna... en esto pensad" (Fil. 4:8).

F. Integridad

La honradez en el manejo de bienes así como el decir la verdad se requieren estrictamente en el Nuevo Testamento tanto como en el Antiguo (Mr. 10:19; 2 Co. 4:21; Ef. 4:25-28; Col. 3:9; 1 Ts. 2:12; 4:6; He. 13:18; 1 P. 2:12; ver Zac. 5:3-4). Pablo amonesta a los filipenses a buscar siempre la verdad, la honradez y la justicia (Fil. 4:8).

A través de las Epístolas se notan dos preocupaciones respecto a que la integridad sea real ante los ojos de Dios y obvia ante los humanos. Los escritores inspirados son muy cuidadosos de que, a cualquier costo, se cuide el honor del nombre de nuestro Señor. Esto es lo que hizo que Pablo fuera muy cuidadoso de que todo el manejo de la ofrenda para los santos en Jerusalén se hiciera sin sospecha posible alguna: "evitando que nadie nos censure en cuanto a esta ofrenda abundante que administramos, procurando hacer las cosas honradamente, no sólo delante del Señor sino también delante de los hombres" (2 Co. 8:20-21). En otra parte les escribe a los romanos: "procurad lo bueno delante de todos los hombres" (12:17).

Obviamente, los tratos en el negocio y las relaciones sociales deben ser algo más que el mínimo legal; deben ser honorables. Los cristianos no sólo han de ser honrados sino dar la apariencia de que lo son. El tomar ventaja indebida, debido a los tecnicismos de la ley, o debido a la ignorancia de otra persona o quizá por sus circunstancias apretadas, no es cristiano. No hay lugar para fraude o duplicidad en la ética cristiana. La apariencia del mal debe evitarse tan cuidadosamente como el mal mismo, debido a que tenemos el buen nombre de Dios en nuestras manos.

G. Buena Ciudadanía

Otro principio universal que compromete a todos los cristianos es la obediencia a las "autoridades superiores" (Ro. 13:1-7; ver Tito 3:1). La buena ciudadanía no es opcional. Dos cosas necesita ver el cristiano: Primero, la básica autoridad divina del gobierno civil, como representante de Dios en los asuntos humanos. Pablo no discute la necesidad social inherente del gobierno, sino simplemente afirma su ordenación divina. La rebelión contra el gobierno es rebelión contra Dios: "De modo que quien se opone a la autoridad, a lo establecido por Dios resiste... porque es servidor de Dios." Por eso, la aceptación de la autoridad civil por el cristiano no ha de ser sólo asunto de conveniencia sino de conciencia (v. 5). El descuidar la observancia de la ley civil es quedar corto en cuanto a la ética cristiana.[13]

En otro lugar notamos que el apoyo por medio de la oración así como la sumisión es un deber propio de los ciudadanos creyentes (1 Ti. 2:1-2). Pedro también amonesta a los creyentes a ser cumplidores de la ley (1 P. 2:12-17), pero recalca el buen nombre de su causa como razón: "manteniendo buena vuestra manera de vivir entre los gentiles... Porque esta es la voluntad de Dios: que haciendo bien, hagáis callar la ignorancia de los hombres insensatos." Aunque los cristianos han de actuar "como libres," no han de interpretar la libertad como anarquía o como permiso divino para desobedecer las normas comunes de la buena ciudadanía. En los tiempos romanos eran los "libres" los que se encargaban de las responsabilidades civiles.

Obviamente, el Nuevo Testamento da por sentado que la ciudadanía en el reino de Dios no cancela nuestras obligaciones seculares. No sólo a los fariseos, sino también a nosotros nos dice Jesús, "Dad, pues, a César lo que es de César..." (Mt. 22:21).[14]

El posible abuso de autoridad civil, como cuando los gobernantes oprimen al inocente en lugar de castigar a los malhechores, o cuando usurpan las facultades que sólo a Dios le pertenecen, no se mencionan en la discusión de Pablo. Lo que Pedro manda a los siervos bien pudiera servir en tales casos: "Criados, estad sujetos con todo respeto a vuestros amos; no solamente a los buenos y afables, sino también a los difíciles de soportar" (1 P. 2:18).

Sólo que en su siguiente frase implica que dicha sumisión no debe violar la ley divina: "porque esto merece aprobación, si alguno a causa de la conciencia delante de Dios, sufre molestias padeciendo injustamente" (v. 19; ver Mt. 5:10-12). La propia experiencia de Pedro debería servir como ejemplo cuando delante del Sanedrín aceptó las consecuencias posibles de desobediencia hacia ellos antes que desobedecer el mandato de Dios para predicar (Hch. 4:19). Cuando los gobernantes se exceden de tal manera en su autoridad debida, que se necesite un escogimiento entre el obedecer a Dios o al hombre por parte de los cristianos, su deber es claro.

Pablo se hubiera puesto en este caso del lado de Pedro. Sin embargo, ninguno de los dos hubiera concedido que esta situación rara en ninguna manera invalidaba la obligación general de los cristianos a ser ciudadanos que cumplen la ley. Qué tan lejos sobre la base de la experiencia de Pedro pueden llegar los cristianos de hoy día en justificar "la desobediencia civil", está sujeto a debate. De cierto no pueden señalar a Pablo como precedente, pues aunque algunas veces su presencia incitaba desórdenes, no se cita un sólo caso en el Nuevo Testamento donde abiertamente haya desobedecido la ley o haya desafiado la autoridad civil. Sus frecuentes azotes y prisiones eran formas de persecución, no penas por causa de crímenes.

H. Moralidad Básica

La forma en que Pablo une el amor con los Diez Mandamientos no deja posibilidad alguna sobre un "amor cristiano" que en alguna situación permita el adulterio, el homicidio, el robo o la codicia (Ro. 13:8-10). No hay campo para excepciones ni para exenciones. El amor así llamado que sea flexible no es la clase de amor que Pablo menciona.[15]

"Andemos como de día," condensa Pablo, "no en glotonerías y borracheras, no en lujurias y lascivias, no en contiendas y envidia." La norma bíblica para el cristiano es abstención total de los vicios del mundo. El ser vestido "del Señor Jesucristo" elimina el permitir cualquiera clase tal de actividades carnales (v. 14). Aunque la separación del mundo no ha de interpretarse como aislamiento (1 Co. 5:10), debe ser éticamente radical (2 Co. 6:14-18; Ef. 4:17-32; 5:3-14, *et al.*).

I. El Deber de las Buenas Obras

Cuando leemos que el amor "no hace mal al prójimo" (Ro. 13:10), pudiéramos suponer que el amor se contenta meramente con evitar hacer daño. El Nuevo Testamento no permite que uno se quede en tal inofensiva negativa. Hay deberes hacia nuestros prójimos en compasión práctica e interés—en la búsqueda de su máximo bienestar espiritual y físico. Estas son tan elementales a la situación humana que el fracasar en esto es hacer *mal* a nuestro prójimo. La negligencia puede también herir tan profundamente como los actos malignos. En la expresión "compartiendo para las necesidades de los santos; practicando la hospitalidad" (Ro. 12:13), se nos recuerda que la preocupación social es obligatoria.

La Iglesia Primitiva aprendió esto de Jesús quien "anduvo haciendo bienes" (Hch. 10:38). Fue Jesús quien dio de comer al hambriento, proveyó para el extranjero, vistió al desnudo, y visitó a los enfermos en la cárcel y con ello sentó las bases para un juicio final (Mt. 25: 31-46). La queja de Judas de que la "libra de perfume de gran precio" de María debería ser vendida y el dinero dado a los pobres, pudiera sugerir que era costumbre dar dinero a los pobres (Jn. 12:3-8).

La preocupación de Jesús por los débiles y necesitados fue siempre práctica, como lo atestiguan la alimentación de las multitudes y la sanidad de los enfermos. Pero El no permitió que sus discípulos olvidaran que la más grande necesidad de los pobres era espiritual, y que las buenas obras eran primero de naturaleza religiosa (Mt. 11:5; Mr. 6:34).

Que los cristianos después del pentecostés imitaron a su Señor en su preocupación por los que sufrían y por los necesitados, puede comprobarse por todo el Libro de los Hechos (2:45; 3:2-7; 4:32, 34; 5:15-16; 6:1-3; 9:32-34, 36-39; 10:4; *et al.;* ver Gá. 2:10). Sobre la base de estas experiencias de la Iglesia emergieron ciertos principios claramente enunciados.

1. La Iglesia aceptó responsabilidad por el bienestar social como parte integrante de su "cuerpo de vida." La importancia que adjudicó a esta obra se ve *(a)* en su institución de una orden distinta del ministerio: el diaconado, ordenado específicamente para esto (Hch. 6:1-3); y *(b)* su insistencia en cualidades muy altas para los que tenían este oficio (Hch. 6:3; 1 Ti. 3:8-13).

2. La responsabilidad oficial se limitaba a ayudar a los feligreses de la Iglesia que carecían de recursos. La contraparte de esta posición era que la ayuda habría de considerarse primero como una responsabilidad familiar; la Iglesia se responsabilizaba sólo cuando todos los recursos posibles de la familia se habían terminado (1 Ti. 5:4-16). Por tanto, no es cristiano el que las familias creyentes con suficientes medios, dejen el cuidado de parientes en necesidad al cuidado de la Iglesia—o, por implicación, al estado. La insistencia en este caso es tan definida que ocasiona una de las más grandes reprimendas de Pablo: "si alguno no provee para los suyos, y mayormente para los de su casa, ha negado la fe, y es peor que un incrédulo" (1 Ti. 5:8).

3. Los cristianos deberían hacer mucho bien práctico a todos los hombres según la oportunidad, dando prioridad a los de la familia de la fe (Gá. 6:10). Aparentemente, la bondad principia en casa pero no ha de detenerse allí. Cuando uno considera la dureza usual del mundo antiguo, esta benevolencia efusiva y cuidado práctico eran un nuevo espíritu entre los humanos. Sin duda causaron una profunda impresión en los observadores paganos—especialmente quienes fueron objeto de tal bondad amorosa.

4. Los cristianos fuertes habrían de ocuparse en algo provechoso a fin de sostener no sólo a los suyos sino los "casos de necesidad" (Tito 3:8; 14).[16]

IV. ÁREAS DE DIVERSIDAD PERMITIDAS

En los capítulos 14 y 15 Pablo insiste en que cierta clase de conducta debe dejarse al criterio de convicción personal. El que Pablo evite resolver tales diferencias por mandato apostólico sugiere que no debemos legislar ciertas áreas. La Iglesia ha de aceptar al creyente sincero con sus puntos de vista diferentes sobre asuntos secundarios sin "contender sobre opiniones" (Ro. 14:1).

A. Asuntos no Reglamentados

Se da mucha libertad a las peculiaridades de dieta. Esto incluye no sólo la variación entre el comer carne y el vegetarianismo (14:2), sino entre tomar alimento clasificado como "limpio" *(kosher)* y el clasificado como inmundo. Este era un problema de dos facetas. Tenía que ver con los creyentes judíos que todavía pensaban sobre la base del Antiguo Testamento respecto a los alimentos prohibidos y a los aceptables. Pero era también un problema para los gentiles convertidos quienes no sabían qué hacer con la carne que compraban en el mercado que había sido primero ofrecida a los ídolos (ver 1 Co. 8 y 9).

Otra cuestión no reglamentada era la de los días santos. "Uno hace diferencia entre día y día; otro juzga iguales todos los días" (14:5). Esto también refleja, sin duda, la composición mixta judío-gentil de la iglesia de Roma. Algunos han discutido la cuestión de si Pablo se refería a especiales días de fiesta judíos o si estaba pensando sólo en el sábado.[17] El punto de vista afirmativo del cristiano era ver cada día igualmente santo en el sentido de que cada día es un don de Dios y que ha de vivirse enteramente para Dios. El hacer mal o en alguna forma comprometerse con el mundo no es más aceptable el lunes que el domingo, pero las actividades puramente comerciales o recreacionales sí.

Este punto de vista no anula la santidad única del Día del Señor como día especialmente reservado para aquellas formas de adoración corporativa y servicio, que no es práctico en otros días. La preservación de la Iglesia en su adoración corporativa y servicio, así como el bienestar de personas tanto física como espiritualmente, constituyen suficiente base ética para tratar el Día del Señor como sábado observándolo como "santo" en este sentido especial. Si el Sábado fue hecho por causa del hombre (Mr. 2:27), debió haber sido hecho porque el hombre lo necesitaba. Las transiciones dispensacionales no alterarían esta necesidad.

En otras áreas también la Iglesia ha de permitir una variación relativa en práctica. Hay aun una medida de flexibilidad respecto al matrimonio y al sexo dentro de una periferie firme de pureza y fidelidad (1 Co. 7). Además, se afirma un reglamento divino respecto al sostén del ministerio, aunque la desviación de ello en ciertas circunstancias no se considera pecado (1 Co. 9:14; ver contexto).

B. Armonizando Reglamentos

El principio básico es que los creyentes recuerden la naturaleza del Reino de Dios. Negativamente, "no es comida ni bebida" (Ro. 14: 17).[18] Positivamente es "justicia, paz y gozo en el Espíritu Santo." Esta es la piedra de toque para distinguir lo esencial de lo no esencial.

En el fondo, estaba un asunto crucial y muy profundo: la perpetuación o terminación de la ley mosaica ceremonial y cúltica. Pablo sabía perfectamente bien que con respecto a alimentos, "nada es inmundo en sí mismo" (Ro. 14:14). Las distinciones del Antiguo Testamento nunca fueron intrínsecas, sólo pedagógicas y como tales habían servido su día. Pero Pablo estaba dispuesto a que los sentimientos innatos de sus amigos judíos fueran respetados. Estaba dispuesto a que todo el edificio se derrumbara gradualmente, siempre y cuando ambos lados se apreciaran mutuamente y evitaran opiniones burlonas o imposición autoritaria de puntos de vista personales.

El tono de la carta a los Gálatas es radicalmente diferente. Pero en ese caso Pablo confrontaba el punto de vista inflexible de los judaizantes de que los gentiles deberían conformarse al ritual judío. Siendo que ellos no permitían que las cuestiones de opinión quedaran como tales, haciendo que los rituales judíos, particularmente la circuncisión, fueran condición para la salvación, Pablo tuvo que tratar el asunto en ese nivel. Podía ser o lo uno o lo otro, o ambos; pero cuando los judíos hicieron de la circuncisión cuestión inflexible, Pablo recoge el guante y declara que si la circuncisión se acepta como una necesidad, la suficiencia de Cristo sería en efecto nulificada (Gá. 5:1-4). Han "caído de la gracia."[19]

Específicamente, de la discusión de Pablo se derivan los siguientes principios:

1. Cuando uno tiene convicciones firmes sobre estos asuntos prácticos, ha de observarlos concienzudamente como al Señor, no importando lo que los demás hagan (Ro. 14:5-8, 23).

2. Mientras sus escrúpulos no se prueben por las Escrituras que expresan una regla universal, el creyente no ha de juzgar a los

demás como descuidados porque no tengan ellos idénticas convicciones (vrs. 3, 10, 13).

3. Por el otro lado, los cristianos que no comparten los mismos escrúpulos del otro no deben criticarlo, no importa cuán equivocados crean ellos que él está (Ro. 14:1, 3-4, 10; 15:1-7).

4. Ningún lado debe permitir que sus diferencias se conviertan en obstáculos a la adoración mutua, trabajo o compañerismo. A la vez, deberían evitar permitirles convertirse en tema de discusión continua y de controversia (vrs. 1, 13).

5. El cristiano cuya conciencia le permita mayores libertades tiene una responsabilidad especial para con Dios. Ha de practicar siempre su libertad con una atención cuidadosa al efecto que tal libertad pudiera tener en otros. "No hagáis que por la comida tuya se pierda aquel por quien Cristo murió" (v. 15); y "Bueno es no comer carne, ni beber vino, ni nada en que tu hermano tropiece" (v. 21). Este principio es tan básico que Pablo vuelve a él varias veces (Ro. 15:1-2; 1 Co. 8:7-13; 10:23-31). Concluye diciendo, "Hacedlo todo para la gloria de Dios" (1 Co. 10:31); obviamente significa que la gloria de Dios no puede recibirse sin el bien de nuestro hermano. Esta capacidad de ejercer dominio propio en cuanto a las libertades de uno por causa de los demás es señal verdadera de espiritualidad genuina y de amor cristiano. "Si por causa de la comida tu hermano es contristado, ya no andas conforme al amor," afirma en Ro. 14:15. Y nos recuerda con claridad: "El conocimiento envanece, pero el amor edifica" (1 Co. 8:1).

C. Intuición Etica

Más allá de los principios básicos de respeto mutuo, el cristiano ha de desarrollar tal *sentido* de ética que pueda discernir qué es no esencial y qué es intrínsecamente vital. Debe hacer una cierta línea divisoria en alguna parte. Por naturaleza, el amor tendrá la tendencia de poner esta línea en el lado conservador, pues está legítimamente interesado en las consecuencias últimas de los hechos así como en las apariencias inmediatas. Pero el amor necesita la ayuda de un criterio sano. Un estudio cuidadoso de 1 Corintios 8—10 puede ayudarnos en cultivar este sentido de discriminación. Hay algunas cosas que no han de tocarse. Otras bien pudieran parecer inocentes pero no convienen (1 Co. 10:23). Otras más pueden ser permisibles en algunas circunstancias en tanto que en otras no (1 Co. 10:25-29). Los creyentes maduros son aquellos que "tienen los sentidos ejercitados en el discernimiento del bien y del mal" (He. 5:14).

Hoy día, el campo de la "moralidad mutable" y de la convicción individual incluye cuestiones muy diferentes de los alimentos *kosher* o carne ofrecida a los ídolos. Pero los variables entre los cristianos son tan numerosos como antes—los detalles de la observancia del día de descanso, la apariencia personal, la recreación permitida, el costo y la cantidad de las posesiones, las normas sociales y culturales. La esperanza de preservar "la unidad del Espíritu en el vínculo de la paz" (Ef. 4:3) descansa en recordar que aunque las cuestiones son diferentes, los principios por los cuales pueden transcender son los mismos.

V. La Iglesia y la Conciencia Personal

Lo que llamamos conciencia es (1) tanto la capacidad como la actividad de un agente moral de percibir el bien y el mal, y (2) el conocimiento intuitivo de que debe hacer lo que cree que es bueno.

El conflicto entre las costumbres de la comunidad y la conciencia personal es a veces muy agudo. Parecería axiomático que nadie debería ser compelido a hacer lo que sinceramente cree malo, o prevenido a hacer lo que él está convencido de que debe hacer. No obstante, la autonomía de la conciencia personal no puede ser absoluta. El pecado en el corazón y en el ambiente, más las variables personales en inteligencia y madurez, han echado a perder la capacidad del agente moral, *actuando puramente de por sí,* de percibir lo bueno con exactitud universal. Un criterio moral sincero en una situación específica puede ser tan deficiente en percepción madura y chocar tan directamente con los derechos de los demás, que habrá que negar la "conciencia" personal del individuo.

Cualquiera que sea la teoría, en la práctica según la ley establecida, la sociedad se apropia el derecho de obligar cierta conformidad básica de conducta sin siempre violar la conciencia individual. Esta es una especie de compensación reguladora de (1) falta de madurez personal y/o (2) perversión de la conciencia.

La cuestión molesta de la relación de la autoridad de la Iglesia con el creyente individual origina en este punto. A la Iglesia se le ha asignado una función de enseñanza respecto al creyente. De manera que se le ha provisto una especie de "conciencia colectiva" por medio de la cual la conciencia inexperta y sin suficiente instrucción del cristiano individual puede nutrirse y modelarse—claro, dentro de un marco completamente de acuerdo con el contexto bíblico.

La Iglesia nunca debe considerarse como la única intérprete de las Escrituras, tomando por ello el lugar del Espíritu Santo; pero el creyente, por el otro lado, nunca debe pasar por alto la voz de la Iglesia. Una verdadera iluminación por parte del Espíritu resultará en humildad y docilidad que respeten el más completo tesoro de sabiduría y experiencia residente en todo el Cuerpo. Una conciencia personal que se burla de la conciencia colectiva es tan antibíblica como una conciencia colectiva que se convierte en un imperialismo opresivo. Todo esto se implica en pasajes como Ef. 4:1-3, 15-16; 5:21; Fil 2:1-5, 12-15; 3:17-19; 1 Ti. 1:3-11; 2:8-11; 3:1-7, 15; 5:17, 20; Tito 1:7-13, *et al.*

Por tanto, es deber de la Iglesia enseñar y requerir los "mandatos universales." Es también deber de la Iglesia respetar aquellas áreas adscritas a la opinión personal y a las variantes de la práctica. Mas si fallamos en notar una tercera situación, nuestro examen de la información fue inadecuado. Esta es la zona gris así llamada, en que la posición ética no se define claramente por las Escrituras y que se relaciona más con las circunstancias, los tiempos o la cultura antes que con lo intrínseco. En tal situación, la cuestión pudiera ser lo suficientemente seria como para obligar a la Iglesia a hablar, quizá aún a legislar. En ocasiones ciertos asuntos que pertenecen a esta área gris no pueden quedar sin ninguna opinión personal.

Al discutir las marcas de una conducta apropiada en la casa de Dios, Pablo pone las riendas un tanto tirantes. El principio básico es que todo ha de hacerse "decentemente y con orden" (1 Co. 14:40). Pero Pablo no dejó que sus lectores aplicaran esta regla enteramente de acuerdo con su propio criterio. Dio instrucciones muy específicas respecto al vestido (1 Co. 11:1-6); lo que debe hacerse respecto a la Cena del Señor (1 Co. 11:17-34); y la práctica de los dones en el servicio público (1 Co. 14:1-40). Dejó todavía mucho espacio para la espontaneidad y la libertad, pero dentro de ciertos límites no negociables.

Una ilustración particular de este principio es la instrucción de Pablo a las mujeres de la iglesia en Corinto prohibiéndoles asistir al servicio público sin velo (11:1-16). Para los habitantes de esta parte del mundo en este siglo parecería esto carecer de importancia relativa que Pablo pudo haber dicho, "Que la mujer haga lo que ella crea que debe hacer."

Pero en este caso se involucra algo más que el simple derecho a una opinión personal. Un criterio más amplio ve a la iglesia en una cultura, representando al Señor Jesucristo dentro de esa cultura.

Pablo dijo que las mujeres creyentes podían regocijarse en su libertad e igualdad recientemente adquiridas. Sin embargo, no deben interpretar esto como derecho a hacer a un lado las costumbres sociales en tal forma que traigan mala interpretación y posible reproche a la iglesia. Los derechos personales no han de afirmarse a expensas de las necesidades de la comunidad. Las mujeres de Corinto, aunque ciertamente habían sido "liberadas," eran, en un sentido más fundamental, mayordomos de la gracia de Dios. Por tanto habrían de practicar su mayordomía en tal forma que trajera honra a la causa que representaban, en lugar de manchar su imagen y por ello mismo debilitar su influencia—aun cuando las cuestiones mismas sean de orden local y temporal.

Hay implicaciones profundas y prácticas de esta relación respecto a la autoridad de la Iglesia con la conciencia personal. Los principios morales de todos los tiempos han de ser interpretados y aplicados en cada era, en forma relevante a los problemas y cultura en que el creyente vive. Esto incluye tales áreas como la santidad del hogar, la santidad del cuerpo como templo del Espíritu Santo, la integridad personal, y la igualdad de raza y de sexo en Cristo. Parece no haber forma de evitar normas, reglamentos, requisitos ni disciplina. Además, la Iglesia ha de proveer·instrucciones por medio de su dirección pastoral y corporativa en el área de lo que no es absoluto. Esto ha de hacerse para beneficiar al máximo la unidad y el testimonio de la comunidad. La Iglesia no puede evitar su obligación sobre asuntos nebulosos, críticos, e indefinidos de "moralidad mutable."

No obstante, en el cumplimiento de esta obligación, la Iglesia debe evitar convertir lo relativo en absoluto. Nunca deberemos transferir estas promulgaciones de moralidad mutable a la categoría de moralidad eterna e inmutable. Probablemente el Espíritu Santo no tenía la intención de que las reglas y dictados de Pablo respecto a tales asuntos puramente culturales como el uso del velo en las mujeres, se convirtieran en leyes rígidas para todas las generaciones. Es el fracaso de la Iglesia en notar la diferencia entre moralidad cultural y los mandatos incambiables lo que ha traído confusión y tensión innecesarias.

VI. El Matrimonio y la Familia

Las referencias en el Nuevo Testamento respecto al matrimonio reflejan naturalmente las costumbres y leyes ordinarias prevalentes en Palestina. Estas costumbres fueron reconocidas por Jesucristo, como puede verse por las parábolas que tienen que ver con escenas familiares de matrimonio, y por su propia presencia y milagro en las bodas de Caná de Galilea (Jn. 2:1-11). Pero el punto de vista cristiano acerca del matrimonio va más allá de las costumbres locales.

A. Lo Que Constituye el Matrimonio

El matrimonio, en aquellos tiempos y hoy, es (1) una unión formal, contractual, reglamentada por la ley civil y religiosa, y (2) una unión conyugal y doméstica. En su aspecto legal, el matrimonio no era simplemente la unión de dos personas que deseaban vivir juntas. La idea de uniones accidentales basadas en afecto que pudieran disolverse tan accidentalmente cuando el afecto dejaba de existir, es foráneo al Antiguo Testamento y a la cultura judía. No había una evasión de vínculos legales sino una aceptación alegre y pública de tales vínculos.

Un compromiso que precedía al casamiento completo y legal, tal como el de José y María, era la costumbre de entonces. Y aun este desposamiento involucraba un documento legal que declaraba la dote que se intentaba dar y otros acuerdos. Según Edersheim, en la ceremonia misma del matrimonio "se firmaba un documento legal más, que estipulaba que el novio estaba de acuerdo en trabajar por ella, honrarla, cuidarla, y protegerla como era costumbre de los varones en Israel."[20] El procedimiento del matrimonio requería una preparación cuidadosa, era solemne y a la vez festivo, y contaba con muchos testigos. En algunos respectos era cuestión que atañía a toda la comunidad.

Pero el vivir juntos como hombre y mujer es igualmente esencial al verdadero matrimonio. Esto se implica en las instrucciones de Pablo respecto a la esposa que deja a su marido: "quédese sin casar, o reconcíliese con su marido" (1 Co. 7:11). Aquí tenemos la más potente reafirmación de la dualidad del matrimonio. La separación interrumpe el matrimonio, pero no lo destruye. Una persona separada vivirá quizá en un estado de soltera; pero el hecho de que tuvo un esposo prueba la existencia legal continua de la unión, incluyendo sus obligaciones. Mientras esta situación prevalezca, no es permisible un segundo matrimonio.

B. Principios Normativos

Tanto Jesús como Pablo basaron su punto de vista elevado del matrimonio en el orden original de la creación citando Gn. 2:24:

"Por tanto, dejará el hombre a su padre y a su madre, y se unirá a su mujer, y serán una sola carne" (Mt. 19:5; Mr. 10:7 sig.; Ef. 5:31). Este punto de vista implica cuatro cosas:

1. La Normalidad del Matrimonio.

El Nuevo Testamento reconoce completamente el designio original en la creación del hombre y de la mujer. Primero, fue para llenar una necesidad: *compañerismo y ayuda;* segundo, para ejecutar una función: *poblar la tierra.* Se espera que el matrimonio forme un modelo social para la procreación y nutrición de los niños. En vista de esto, el casamiento es cosa normal y de esperarse. En la cultura hebrea, un hombre y una mujer deben de contar con razones especiales para practicar el celibato. Ellos tenían la carga de la prueba. En respuesta a la exclamación de los discípulos, "no conviene casarse," Jesús dijo: "No todos son capaces de recibir esto, sino aquellos a quienes es dado" (Mt. 19:12). Después designó tres clases de eunucos aunque las tres clases se consideraban excepciones a la regla.

Pablo discute los pros y los contras del matrimonio *versus* el estado de soltero en 1 Corintios 7. A la mayoría, que carecen del "don" especial del contentamiento sin casarse, se les recomienda el matrimonio (vrs. 1-9). Los que son capaces de permanecer solteros encontrarán ciertas ventajas en serlo, en parte debido a "la necesidad que apremia" (v. 26) y también debido a la mayor libertad posible en servir al Señor (vrs. 32-35).

La aparente preferencia de Pablo al estado de ser soltero sobre el de ser casado, se debe a consideraciones prácticas, no que haya creído en la superioridad intrínseca del celibato. Este capítulo debe ser equilibrado con la instrucción de Pablo de que las mujeres jóvenes "se casen, críen hijos, gobiernen su casa..." (1 Ti. 5:14) y su concepto de que prohibir el matrimonio es marca de apostasía (1 Ti. 4:1-3). Además, da por hecho que los ancianos y los diáconos serán casados (1 Ti. 3:2, 12). Su creencia en el matrimonio como norma adecuada, puede notarse en su declaración condensada para los efesios: "... cada uno de vosotros ame también a su mujer como a sí mismo; y la mujer respete a su marido" (Ef. 5:33).

2. Monogamia.

Aunque entre los judíos la poligamia era legal, no era parte de la costumbre. Dios creó a una Eva, no varias, y dijo que un hombre ha de unirse a su mujer, no mujeres. De si este principio sencillo de historia religiosa y biológica moldeó el pensamiento judío o no, obviamente, sí fue determinativo de la norma cristiana. Toda referencia en el Nuevo Testamento al matrimonio y a la familia implica una esposa y un esposo. Jesús dijo, "Quien se separa de su mujer y se casa con otra..." Cuando los escritores del Nuevo Testamento discuten los deberes dentro de la familia, en cualquier caso se da por hecho una simple monogamia (1 Co. 7:2 sig.; 9:5; 11:11; Ef. 5:31, 33; 1 P. 3:1-7).[21]

3. Permanencia.

Jesús tomó explícitamente de la declaración del Génesis la conclusión lógica de obligación permanente: "... así que no son ya más dos, sino uno. Por tanto, lo que Dios juntó, no lo separe el hombre" (Mr. 10:8-9). La unión es doblemente indisoluble. Por el lado humano la consumación del matrimonio en unión sexual significa "una carne"—la unión de *psyches* así como de cuerpos— que nunca pueden violarse sin causar daño irreparable a ambas personas. Pero Jesús además adscribe su unión a Dios, de manera que cualquier intento de disolverlo es una afrenta directa a Dios quien ordenó la institución del matrimonio.

Jesús no dice que las personas unidas por la ley común son "unidas por Dios." Quizá en el contexto judaico, el endoso de parte de Dios sea por medio de procedimientos legales y civiles y por ceremonias que procuran reglamentar el matrimonio de acuerdo con la ley revelada por Dios. Por la observancia de estos reglamentos, los casamientos ilegales e impropios habrían de evitarse.

Pablo aclara que la unión física solamente no constituye un matrimonio legítimo aun cuando establece la relación de "una carne." "¿O no sabéis que el que se une con una ramera, es un cuerpo con ella?" En este caso también la prueba se encuentra en Gn. 2:24: "Porque dice: Los dos serán una sola carne" (1 Co. 6:16). Obviamente, es la unión sexual lo que crea "una sola carne." Pero Pablo no agregaría, "Por tanto, lo que Dios unió, ¡no lo separe el hombre"! Tal unión no cristiana es psíquicamente imborrable, mas no ha de perpetuarse. Jesús implicó casi lo mismo cuando le dijo a la mujer samaritana, "El que ahora tienes no es tu marido" (Jn. 4:18).

Estamos por tanto, compelidos a concluir que la obligación para la permanencia presupone una unión no sólo física sino legal y divinamente válida. El sexo es un derecho que depende en promesas así como en estímulos. Debe aceptar responsabilidades así como privilegios.[22]

4. Lo Sagrado.

La santidad del matrimonio reforzada en el Nuevo Testamento no era nuevo a los judíos del tiempo de Cristo.[23] Por tanto, no es de sorprender que Pablo se inspire hasta ver en el amor sacrificial de Cristo para la Iglesia un modelo para el matrimonio cristiano (Ef. 5:25-32).

Además, la posición estricta de las Escrituras es que el matrimonio como una unión sexual es en sí mismo una relación santa; en ningún sentido es pecaminoso o vergonzoso. Aun en medio de la exhortación estricta de Pablo a ser cuidadosos, y quizá a retardar y aun negarse totalmente, procede a declarar, "Mas también si te casas, no pecas" (1 Co. 7:28). En Hebreos leemos, "Honroso sea en todos el matrimonio, y el lecho sin mancilla; pero a los fornicarios y a los adúlteros los juzgará Dios" (13:4). Es claro que la relación conyugal no es lo que mancha la cama matrimonial, sino la fornicación y el adulterio.

C. Deberes Dentro de la Familia

1. Entre el Esposo y la Esposa.

El principio de órdenes jerárquicas de autoridad y función se endosa universalmente en la Biblia; nunca se cancela por el igualmente revelado principio de igualdad que es su opuesto. En esto, se ve la reflexión de la Trinidad. Como "la Cabeza de Cristo es Dios," "Cristo es la cabeza" de todo hombre, y "el varón es la cabeza de la mujer" (1 Co. 11:3). Estas tres cabezas son inherentes, no arbitrarias. La rebelión de la esposa contra este orden muy natural, o la rebelión del hombre en contra de Cristo como la Cabeza, no ha de aun pensarse, como no se pensaría sobre la rebelión de Cristo en contra de Dios. La introducción de tensión en estas relaciones es evidencia del principio del pecado. Sólo los corazones pecaminosos verían la injusticia o la discriminación en órdenes dadas por Dios y necesarias para un patrón de relaciones equilibrado y eficiente.

a. Amor y Liderato. Por tanto, las esposas han de someterse a sus esposos, "como al Señor" (Ef. 5:22). Una verdadera sumisión al Señor requerirá una sumisión adecuada al esposo. Esta debe ser natural y alegre, y será así si la esposa está rendida al Señor, y si su esposo es también obediente al mandato de Dios, "Maridos, amad a vuestras mujeres" (v. 25). La norma de este amor es el generoso amor de Cristo por la Iglesia. Debe ser también la clase de amor que un hombre tiene por sí mismo (vrs. 28-29). Esta consideración amorosa y mutua resultará en orden, armonía y felicidad en el hogar.

El deber de sumisión origina en el propósito de la creación. "Porque el varón no procede de la mujer, sino la mujer del varón, y tampoco el varón fue creado por causa de la mujer, sino la mujer por causa del varón" (1 Co. 11:8-9). Esta no es una propensión antifemenina sino simplemente la repetición de un hecho histórico. Eva fue creada para ser compañera y ayuda idónea para Adán.[24]

Esta jerarquía natural está siempre implícita y sin duda implica una cierta división de responsabilidad práctica (1 Ti. 5:14). Sin embargo, el ideal para los cristianos, es, en muchos casos, el trabajo en forma de equipo. La colaboración parece implicarse en lo que la Biblia dice acerca de María y José, Elizabeth y Zacarías, Priscila y Aquila. Y sin embargo, aun en el trabajo como equipo, es el esposo el primordialmente responsable del orden en la casa (1 Ti. 3:4-5).

Las mujeres cristianas de esposos inconversos reciben instrucción particular respecto a su deber de sumisión: "para que también los que no creen a la palabra, sean ganados sin palabra por la conducta de sus esposas" (1 P. 3:1). Sin duda, en este caso la sujeción de la esposa no se anula por el hecho de que un hombre no sea cristiano y por tanto fracase en cumplir la norma cristiana de los esposos. La responsabilidad de ella es doble, puesto que en sus manos va el honor del nombre del Señor y el alma de su esposo. El cuidado extremo en ser una esposa ideal aumentará su facultad y con ella la posibilidad de la salvación de él.

b. Sexo en el Matrimonio. El Nuevo Testamento reconoce que el matrimonio es esencialmente una relación sexual y que los deberes sexuales son mutuos. Las referencias son delicadas, como es de esperarse para algo tan personal e íntimo, sin ser mojigatas implicando algo anormal o vergonzoso. Cuando leemos que José "no conoció" a María "hasta que dió a luz a su hijo primogénito" (Mt. 1:25) se nos ofrece una información importante para la doctrina del nacimiento virgíneo; pero la inferencia adicional es que la cohabitación era el sello normal y esperado de su matrimonio.[25] La espera extendida no hubiera ocurrido si no hubiera sido por las circunstancias especiales.

Nada podía ser más natural que el consejo respecto a las relaciones sexuales en 1 Co. 7:1-7. Pablo dice que quisiera que todos fueran capaces de vivir sin sexo tan confortablemente como él (v. 7). Pero reconoce que esto no es tanto marca de santidad superior sino un don especial que no todos poseen. Por tanto, aconseja lo que es propio para la mayoría: matrimonio dentro del cual las relaciones sexuales regulares son más normales que su opuesto. Obviamente, hay libertad considerable en este asunto, todo dentro de los límites de la santidad.

El principio fundamental es la mutualidad. En ninguna parte de la Biblia se afirma más gráficamente la igualdad básica del hombre y de la mujer—y el Espíritu Santo usó el celibato de Pablo para afirmarlo. Es claro que donde existe gran disparidad entre los deseos naturales del esposo y de la esposa, han de esforzarse mutuamente por adaptarse, subordinando cada uno sus propios deseos a la felicidad del otro. Sin embargo, el esposo, ha de esforzarse por obedecer la admonición de Pedro a vivir con su eposa de acuerdo a su conocimiento y rendirle honor especial (1 P. 3:7). Deseará, voluntariamente, debido a la ternura de su amor, dar especial atención a sus sentimientos, sabiendo que su naturaleza emocional es más sensitivamente equilibrada, y que es ella quien llevará a los niños que resulten de tal unión libre. Por tanto, aunque la esposa no tiene derecho de privar a su marido, él tiene un derecho cristiano y noble de privarse a sí mismo debido a consideraciones de amor. Tal clase de esposo contará con el respeto eterno y devoción de su esposa.

Aun cuando Dios concede libertad considerable, el espíritu de disciplina propia revelará la profundidad espiritual de una persona. La falta de atención en esta área, dice Pedro, estorbará las oraciones del individuo. Dios observa la forma en que los esposos tratan a sus esposas. Una esposa es el don sublime de Dios al hombre; quien usa mal o deshonra este don está afrentando al Dador.[26]

2. Entre Padres e Hijos.

La presencia de los hijos en el hogar siempre se da por sentado en el Nuevo Testamento. No hay señal alguna de que las cuestiones en la planeación de la familia, control de la natalidad, el aborto o la superpoblación se hayan discutido. La vergüenza venía no por tener muchos hijos, sino por no tenerlos como en el caso de Elizabeth y Zacarías. Las cuestiones en estas áreas que confrontan a los cristianos hoy día deben arreglarse con principios bíblicos básicos tales como el creer en el interés activo de Dios y en el liderato del Espíritu Santo en toda área de nuestras vidas. El hecho de que Zacarías orara por un niño (Lc. 1:13) sencillamente reflejaba su enseñanza en la fe del Antiguo Testamento. Esta no era ignorancia de los procesos biológicos de procreación; aun la virgen María comprendió perfectamente que los niños se conciben por la implantación de la semilla masculina (Lc. 1:34). La fe de los israelitas, reflejada en el Nuevo Testamento, era que Dios está en control de las fuerzas biológicas; El puede abrir y cerrar matrices.[27]

El Nuevo Testamento estimularía un concepto cristiano de la familia que considera a los hijos algo muy importante ante los ojos de Dios y a los padres y el ser padre no sólo como un privilegio sino como una elevada responsabilidad; de hecho, una forma de servir a Dios. "Y cualquiera que reciba en mi nombre a un niño como este, a mí me recibe" (Mt. 18:5; ver v. 10; Mr. 9:37; 10:13-16; Lc. 9:48). La admonición en contra de hacer que un niño tropiece se aplica particularmente a los padres descuidados (Mt. 18:6).

a. *El Papel de los Padres.* Los padres han de llevar la iniciativa tanto en la religión de la familia como en la preparación. "Y vosotros, padres,... criadlos en disciplina y amonestación del Señor" (Ef. 6:4). Es una vergüenza descargar toda la responsabilidad sobre la madre; es igualmente una vergüenza cuando los padres altercan mutuamente en asuntos de disciplina. Es mucho mejor que haya unidad sin una perfecta sabiduría antes que el padre o la madre obstruyan el esfuerzo del otro por causa de una diferencia de opinión (excepto por supuesto, en casos de crueldad identificable).

Pero el padre que insiste en su propio derecho en obediencia de parte de los hijos y en la cooperación por parte de su esposa ha de tener cuidado de evitar provocar a ira a sus hijos (Ef. 6:4). En Col. 3:21 se agrega una razón: "para que no se desalienten." La disciplina debe reforzar las buenas intenciones del niño y preservar su dignidad. No debe ser tan rigurosa e imposible en sus demandas que resulte en desaliento, con la amargura y rebelión consiguientes. Las pequeñas infracciones han de tratarse como pequeñas. Es deber del padre lograr que la atmósfera del hogar no sea de un continuo reprender o menospreciar; y un niño disciplinado nunca deberá sorprenderse de que su padre lo ame.

b. *El Deber de la Obediencia.* Así como a los padres se les pide ser conscientes y sabios, a los hijos se les pide obedecer: "Porque esto es justo," Pablo les dice a los efesios; y "porque esto agrada al Señor," les explica a los colosenses. Por lo visto, Pablo considera que los Diez Mandamientos son todavía válidos aun para los creyentes gentiles, puesto que basa sus instrucciones a los hijos en el quinto mandamiento (Ef. 6:1-2; ver Col. 3:20). Esta subordinación a los padres es justa tanto porque es un mandato explícito divino, como porque es inherentemente razonable en la naturaleza de las cosas. Hijos a los que se les permite arrebatar autoridad y padres que por debilidad abdican su autoridad, están evitando el orden y la felicidad de la familia en el hogar. La falta en la disciplina de la familia siempre resulta en una decadencia general social, y el "desobedecer a los padres" es una de las señales de anarquía y desorden en una sociedad disoluta (Ro. 1:30; 1 Ti. 3:3).[28]

La validez del quinto mandamiento y del orden natural en la

relación de padres e hijos no depende específicamente de que los padres sean cristianos. Un hijo no está autorizado a desobedecer simplemente porque sus padres no lo sean. Los hijos creyentes pueden servir mejor al Señor viviendo una vida ejemplar en cuanto a este deber así como en otros. Los padres inconversos resentirán profundamente y menospreciarán la religión que estimula en un hijo el espíritu de desobediencia.

No obstante, por cuanto el pecado es siempre dislocación del orden natural, el hijo cristiano sin duda estaría justificado en desobedecer si la autoridad paternal demandara lo que el hijo sabe que es prohibido por Dios. Mas esta no es excusa para que los hijos falten al respeto sólo porque perciban en sus padres esta falibilidad. Aquí, como en todas partes, los hijos cristianos (incluyendo a los adolescentes) han de seguir a Jesús como su Señor, quien a los doce años volvió a Nazareth con sus padres y permaneció sujeto a ellos.

D. La Cuestión del Divorcio

Bajo la ley romana el divorcio disolvía el matrimonio y permitía volver a casarse, pudiendo iniciarse ya sea por la esposa como por el esposo. Bajo la ley judía el divorcio también era la disolución de la unión con la estipulación adicional de que una vez disuelto, por divorcio, el matrimonio nunca podría restablecerse (Dt. 24:1-4). Aparentemente, la escritura del documento de divorcio era prerrogativa del hombre, aunque sin duda, las mujeres judías inquietas tenían manera de convencer a sus esposos para concederles lo que ellas deseaban.

Las bases de divorcio estipuladas por Moisés se limitaban al descubrimiento de "alguna inmundicia" en la esposa. En vista de que literalmente, el hebreo habla de "asunto de desnudez" se implica un defecto sexual. Los judíos encontraron en la ambigüedad de la frase, suficiente base para controversia interminable sobre los varios defectos de las esposas que pudieran incluirse. En tiempos de Cristo el debate corriente era entre la escuela del Rabí Shammai quien favorecía el divorcio sólo sobre la base de impureza presente, y la escuela de Hillel cuya interpretación elástica incluiría pecadillos como quemar el pan tostado para el almuerzo.[29]

1. Las Cláusulas de Excepción.

Es este trasfondo el que ofrece una explicación razonable de que sea sólo Mateo quien relate las palabras de Jesús sobre el divorcio, específicamente el problema de lo que constituye base legítima. Sólo los judíos (para quienes Mateo escribía particularmente) estarían muy interesados en el asunto. No hay base textual seria para dudar de la legitimidad de estas cláusulas de excepción; ni tampoco es lógico permitir que su ausencia en Marcos y en Lucas anule su autoridad tanto para el judío como para el cristiano. Mateo es también escritura inspirada.

En lo estricto, Jesús claramente va más allá del Shammai. El "asunto de desnudez" mencionado por Moisés pudo haber sido simplemente falta de limpieza en el cuidado de la persona, o su fallo en satisfacer como compañera de matrimonio. Jesús pone la culpa en la "fornicación" *(porneia)*, término general que cubre toda clase de inmoralidad sexual ya sea adulterio, incesto, homosexualidad, lesbianismo o cualquiera otra desviación. Aparentemente la inmoralidad sexual es la única base sólida para la terminación de un matrimonio. Ningún otro fracaso viola en forma tan devastadora sus más profundos votos, derechos y lealtades. Por inferencia, no se permite ningún divorcio por otras causas.

Mateo 5:31-32 implica que el divorciarse de una mujer era virtualmente obligarla, dentro de aquel régimen, a convertirse en mujer de otro; pero al hacerlo, tanto ella como el hombre con quien se casara cometerían adulterio. La unión pudiera ser legal ante la ley civil sin ser moralmente correcta delante de Dios. Resulta claro que en tales asuntos la ley civil no lleva automáticamente el endoso divino. Aunque se le requiere al cristiano cumplir con la ley de la tierra, pudiera requerírsele ir más allá de la ley y reconocer restricciones adicionales impuestas por la ley de Dios. Lo que es legal no es necesariamente bueno. Por tanto, los cristianos van más allá de lo que dice el estado, hasta la Biblia, para encontrarse normas en estas áreas.

Algunos han argüido que la fornicación que Jesús mencionó como la única base para el divorcio se refería sólo a una irregularidad dentro de la relación de personas desposadas. Así que el divorcio permitido era sólo la disolución del compromiso. El error de este razonamiento es que la discusión en Mateo 19 no puede relacionarse al compromiso. El argumento que Jesús usó en favor del ideal de permanencia es "una carne" del matrimonio completo basado en Gén. 1:27. Además la cuestión opuesta, "¿Por qué, pues, mandó Moisés dar carta de divorcio, y repudiarla?" demuestra sin lugar a dudas que el sujeto es un matrimonio consumado (ver Dt. 24:1-4). La enseñanza clara es que una vez que el matrimonio es legal y consumado, no debe haber divorcio ni un nuevo casamiento excepto por la única causa de inmoralidad. Que los discípulos así interpretaron a

Jesús, se indica por su exclamación, "Si así es la condición del hombre con su mujer, no conviene casarse" (Mt. 19:10).

2. Las Conveniencias de la Dureza de Corazón.

La declaración directa en Marcos 10:11 (ver Lc. 16:18), "Cualquiera que repudia a su mujer y se casa con otra, comete adulterio contra ella," sugiere que Jesús se refiere al caso en que un hombre divorcia a su mujer teniendo a otra mujer en mente. El cohabitar con otra mujer mientras se es casado, sería por supuesto, adulterio y estaría sujeto a la pena de la ley; pero un certificado de divorcio ¡le evitaría dificultades y santificaría la nueva unión! Jesús hace a un lado tal tecnicismo diciendo que es sofisma cruel y calculador. Un divorcio que sólo es una estratagema de infidelidad resulta odioso para Dios quien conoce las intenciones secretas del corazón.

Jesús explicó la comparativa lenidad de Moisés como el acomodamiento del mejor de los dos males a la "dureza de corazón " (Mt. 19:8). Su razonamiento apunta hacia dos direcciones. Primero, los que están fuera de la gracia están todavía acosados por esta condición pecaminosa. Si tal dureza hizo del divorcio una conveniencia social necesaria, es razonable suponer que la misma dureza no regenerada pudiera requerir el mismo acomodamiento sub-cristiano en el día de hoy. Por tanto, es probable que Jesús considerara al estado como el sucesor de Moisés al hacer concesiones, para obtener protección legal y orden. Pero tal divorcio legal queda muy por debajo de la intención e ideal divinos.

La segunda señal en la acusación de Jesús es para los cristianos. Invita a sus seguidores a seguir el modelo original de Dios. Cualquiera cosa menos de ello, es pecado. El que los que profesan ser cristianos recurran prontamente al divorcio es demostrar la misma dureza de corazón que Jesús diagnosticó en los judíos—una dureza ajena al nuevo orden del reino de Dios. Aun la demasiada presteza en pedir un divorcio sobre la base de fornicación es faltar en cuanto al espíritu cristiano, que debe buscar en toda forma posible el ser redentivo.

3. Reglamentos Apostólicos.

Tal como se ha indicado ya, Pablo reafirma las normas sublimes de Dios para sus seguidores. Su punto de vista puede condensarse brevemente. (1) Si los cristianos se separan, que no lleguen al punto de divorcio, evitando volver a casarse y conservándose accesibles a la reconciliación (1 Co. 7:10-11). (2) Ni el esposo ni la esposa deben divorciarse de un compañero inconverso, o rehusar vivir como esposos o esposas sobre bases religiosas solamente (vrs. 12-14).

Evidentemente, algunos creyentes corintios debieron haber pensado que la división por causa de la religión era una incapacitación seria del matrimonio como el adulterio. O quizá supusieron que su lealtad primordial hacia Jesús quedaría comprometida ante tal relación íntima con un inconverso. (3) Si el inconverso insiste en disolver el matrimonio, "sepárese; pues no está el hermano o la hermana sujeto a servidumbre" (v. 15).

Los exégetas están divididos en cuanto a su comprensión de Pablo en este caso. ¿Les está diciendo que no se preocupen? El verso siguiente parece sugerir esto: "Porque ¿qué sabes tú, oh mujer, si quizá harás salvo a tu marido? ¿O qué sabes tú, oh marido, si quizá harás salva a tu mujer?" (v. 16). ¿O está diciendo que tal deserción es casi lo mismo que infidelidad, y que están libres para volver a casarse? Ryrie, al hablar sobre estos versículos dice: "En algunas circunstancias cuando dos inconversos se habían casado y uno de ellos se convertía después, el divorcio se permitía".[30]

Probablemente, una conclusión sería que si la deserción es tentativa como lo sería en el caso del inconverso que quedara no sólo sin casarse sino en comunicación amistosa, la cosa redentiva que el cristiano debería hacer sería quedar soltero también haciendo a un lado sus "derechos" en el asunto. Pero si la deserción es final, como cuando un inconverso desaparece completamente o se sabe que se ha vuelto a casar, la libertad del creyente puede interpretarse como total.

4. Posibilidades de la Gracia.

Si el entrar en un matrimonio prohibido es un acto de adulterio, ¿es la continuación del matrimonio una perpetuación del adulterio? Algunos lo creen así. Sin embargo, si el segundo matrimonio es legal, debe aceptarse como el único matrimonio que existe.

Un matrimonio legal ante el estado, pero inicialmente adulterio delante de Dios, no queda necesariamente como tal ante los ojos divinos. Si las personas involucradas buscan el perdón por éste y sus otros pecados, es razonable suponer que Dios da validez a sus presentes votos matrimoniales. Absorbe lo que no debió haber sido, en su voluntad redentora, en la misma forma en que en cierta ocasión escogió a Salomón de un matrimonio que no debió haber ocurrido.

Esta posición no puede probarse en el Nuevo Testamento con exactitud, pero puede presumirse basándose en el amor compasivo de Dios y en vista de la ausencia de algo definido en las Escrituras sobre lo contrario. Sin duda centenares de convertidos de la primera generación, después del pentecostés, estuvieron exactamente en este predicamento. No hay inferencia alguna de que los matrimonios legales y estables fueran repudiados o se hayan dividido por el celo apostólico debido a una historia marital anterior. Todos los cristianos habrían de ser fieles y puros de ahora en adelante, en su familia presente y en su ambiente social. Lo pasado estaba cubierto por la sangre de Jesús.

NOTAS BIBLIOGRÁFICAS

[1]*The King of the Earth,* p. 188.

[2]Todo agente moral en el universo está propiamente bajo la autoridad de Dios el Creador. La esencia misma del pecado es el rechazo de esta autoridad—o incluso la irritación por ella. La mente carnal está en enemistad contra Dios precisamente por el firme reclamo divino sobre la vida total (Ro. 8:7).

[3]Aunque la autorrevelación suprema y final de Dios está en Cristo, sólo en las Sagradas Escrituras se encuentra la sustancia de hecho y concepto de esta revelación transmitida a nosotros. Véase la discusión de Wiley, *Christian Theology,* 1:135-142.

[4]Esta sobresale no sólo en el gran cúmulo de temas éticos y amonestaciones, sino también en instrucciones específicas para la disciplina de los ofensores (1 Co. 5:1-13; 2 Co. 2:4-11; 10:8-11; 13:1-3; 1 Ts. 5:14; 2 Ts. 3:6-15; *et al.*).

[5]Como lo creía Albert Schweitzer. Véase el artículo sobre "Interim Ethics" por George E. Ladd, *Baker's Dictionary of Christian Ethics,* editado por Carl F. H. Henry (Grand Rapids, Mich.: Baker Book House, 1973), p. 332.

[6]*Responsible Freedom* (Nueva York: Harper and Row, Publishers, 1971), pp. 58 y ss.

[7]El que no se deben tomar literalmente los conceptos absolutos no calificados y radicales de Cristo, debe entenderlo bien todo aquel que conoce la naturaleza del lenguaje figurado y que interpreta estos dichos contra el trasfondo de la Escritura. Las instrucciones de Cristo eran símbolos de un espíritu y una forma de vida; sus seguidores no deben vengarse, ni habitualmente invocar el rigor de la ley. Deben reaccionar de una manera más noble: pagar el mal con un bien, ser generosos y magnánimos en sus tratos con los enemigos.

[8]Esta actitud no elimina la obligación del estado de juzgar las ofensas, ni elimina la posibilidad de que en ocasiones tengamos el deber cristiano de cooperar con el estado.

[9]Como se ha sugerido en la desafortunada paráfrasis: "El amor es la única ley que necesitamos" (Ro. 13:10, LBaD).

[10]Lo que Jesucristo corrigió fue el concepto tan estrecho que prevalecía sobre la definición de "prójimo", la cual se aplicaba sólo a los compatriotas judíos. Lo hizo a través de la parábola de *el buen samaritano* (Lc. 10:29-37).

[11]La excepción era el caso de asesinato premeditado, Nm. 35:11-34.

[12]La declaración de algunos de que Gálatas es la "Carta Magna de la libertad cristiana" es una verdad que se convierte a menudo en un celo por la libertad total-

mente antibíblico. Si la libertad es sinónimo de licencia para darle gusto a la carne, la consecuencia será la eterna esclavitud, porque "los que practican tales cosas no heredarán el reino de Dios" (Gá. 5:21).

[13]El cristiano también necesita comprender lo que se declara específicamente como sus deberes. "Pagad a todos lo que debéis: al que tributo, tributo; al que impuesto, impuesto; al que respeto, respeto; al que honra, honra" (v. 7).

[14]El hecho de que la aprobación no calificada de San Pablo de la institución del gobierno fuera dirigida a los cristianos de Roma en el siglo I, implica que la obligación del cristiano en ese sentido no depende de un sistema político particular.

[15]San Pablo no implicó que el uso de la "espada" por las autoridades civiles, las cuales había aprobado (v. 4), era inconsistente con lo que estaba diciendo acerca del amor. Obviamente no consideraba la pena capital como violación del sexto mandamiento.

[16]Tal actividad en la iglesia primitiva constituía la participación espontánea y sin estructura formal alguna en las necesidades de los demás. Era motivada por el amor de Cristo, sobre una base de persona a persona, local. San Pablo introdujo el concepto y la visión del interés por las necesidades de personas necesitadas muy lejanas de uno mismo, implicando así el sentido de unidad universal en el cuerpo de Cristo (Hch. 24:17; Ro. 15:31; 2 Co. 8—9).

[17]Matthew Henry, Adam Clarke y Juan Wesley limitan la referencia a los festivales judíos. Clarke comenta: "Que el día de reposo es una institución permanente puede deducirse lógicamente de su institución (véase la nota sobre Gn. 11:3) y de su referencia *típica*... la palabra *iguales* no debe agregarse; tampoco se incluye en ningún MS. o *versión* antigua" (*Commentary* [Nueva York: Abingdon Press, s.f.], 6:151).

[18]Esta referencia se relaciona con el comer y el beber respecto a lo ritual y ceremonial; no tiene relación alguna con los temas éticos básicos de salud y temperancia. Puesto que la temperancia es un fruto del Espíritu, la intemperancia es obra de la carne (Gá. 5:21, 23).

[19]La diferencia es resumida por Matthew Henry: "El apóstol parecía que voluntariamente dejaría que la ley se marchitara por grados, con una ceremonia fúnebre honorable; los débiles romanos aparentemente sólo la estaban siguiendo y llorando por ella hasta su tumba, pero los gálatas estaban tratando de revivirla de entre sus cenizas" (*Commentary* [Wilmington, Del.: Sovereign Grace Publishers, 1972], 2:996).

[20]Alfred Edersheim, *Jesus the Messiah* (Grand Rapids, Mich.: William B. Eerdmans Publishing Co., 1967), p. 70.

[21]La limitación expresada de los obispos y los diáconos a una sola esposa obviamente descalifica a cualquier hombre, quien esté en alguna relación de poligamia, para ocupar estos altos oficios (1 Ti. 3:2, 12; Tit. 1:6).

[22]Naturalmente surge la pregunta respecto a todas las parejas unidas, si legalmente son de hecho unidas por Dios. El rechazo abierto de Cristo del divorcio injustificado como base legal para volver a contraer matrimonio excluiría seguramente de la sanción divina esos segundos matrimonios. Un matrimonio que Jesucristo calificó como un acto de adulterio difícilmente se podría tomar como matrimonio "hecho en el cielo" (Lc. 16:18). Pero es enteramente diferente si se trata de que sí pueda serlo a través del perdón y la gracia.

San Pablo concedió que la separación podría ser permisible bajo algunas circunstancias, pero dijo que los cristianos que toman tal iniciativa deben estar dispuestos a reconciliarse (1 Co. 7:10-11). Aunque se instruye a los creyentes que se casen "en el Señor" (1 Co. 7:39), el no hacerlo de ninguna manera invalida el matrimonio ante el Señor (1 Co. 7:14).

[23]Edersheim dice: "Debe recordarse que el matrimonio significaba para los judíos más altos pensamientos que los de sólo una fiesta y celebración. Los judíos piadosos ayunaban antes de la ceremonia, y confesaban sus pecados... parecía como si la alegoría de la relación de esposo y esposa entre Jehová y su pueblo, citado con tanta frecuencia no sólo en la Biblia sino también en los escritos de los rabinos, estuviera siempre presente en todo" (*Jesus the Messiah,* pp. 70 y ss.).

[24]La frase de Col. 3:18, "en el Señor", es interpretada por Lightfoot (citada con aprobación de Vincent) no tanto como limitación de la obligación de ella de someterse, sino como "una obligación esencial *a priori*" (Vincent, *Word Studies in the NT,* 3:507).

[25]La frase "no la conoció" es literalmente "no la estaba conociendo". El tiempo imperfecto no sugiere un acto de una sola vez, como la ceremonia nupcial, sino una afirmación repetida de unión que era un elemento constituyente normal de la relación matrimonial.

[26]Se pueden deducir dos conclusiones: (1) El Nuevo Testamento no le llama carnalidad a una vida sexual normal dentro del matrimonio; (2) la intención de parte del esposo o la esposa de imponer una abstinencia estricta por cualquier período de tiempo, alegando un ideal de santidad, no sólo es un intento de "ser más sabio de lo que se ha escrito", sino de desafiar lo escrito, y podría resultar en desastre por la exposición innecesaria del otro cónyuge a tentación excesiva.

[27]Algunos asuntos modernos serían más fáciles de manejar hoy si los cristianos poseyeran esta clase de fe. La alta tecnología científica ha debilitado la fe al exagerar la finalidad de segundas causas.

[28]La familia que fracasa en convertirse en una unidad de amor y relación estrecha basada sobre principios cristianos, está destinada a convertirse en ejemplo de la traición predicha para los últimos días: "Y el hermano entregará a la muerte al hermano, y el padre al hijo; y se levantarán los hijos contra los padres, y los matarán" (Mr. 13:12). Tal es el horrendo poder del pecado para separar. "Sin afecto natural", dice San Pablo (Ro. 1:31; 2 Ti. 3:3).

[29]Robertson, *Word Pictures,* 1:153.

[30]*Biblical Theology of the NT,* p. 207.

Sección Seis

La Sociedad de los Salvos

30

Descripciones de la Iglesia en el Nuevo Testamento

La teología del Nuevo Testamento, en su expresión contemporánea, ha recuperado no sólo las profundas afirmaciones acerca de Cristo y su gracia salvadora, sino también las inescapables declaraciones concernientes a la naturaleza de la Iglesia de Jesucristo. Hunter está en lo correcto cuando ve la unidad del Nuevo Testamento en *Heilsgeschichte,* "La historia de salvación." Principalmente, esta historia incluye tres elementos: Cristología, Soteriología, y Eclesiología. "En otras palabras," dice Hunter, "el *Heilsgeschichte* trata de un Salvador, un Pueblo salvo (y salvándose), y el medio de salvación. Y estos tres están en la base uno—tres hilos de un cordón, una trinidad en unidad."[1]

El pensamiento occidental, orientado hacia el griego, propendía a perder de vista la eclesiología de la enseñanza del Nuevo Testamento, especialmente debido a su completa entrega a la primacía y libertad del individuo. Por necesidad, ha habido un retorno a la enseñanza bíblica de centralidad del pueblo, que en el Nuevo Testamento ha de entenderse como la Iglesia. Cristo llama a los hombres a una vida nueva; simultáneamente llama a los hombres a una vida en comunidad. Dondequiera que alguien principia a vivir "en Cristo," queda incorporado al mismo tiempo al pueblo de Dios.

La enseñanza del Nuevo Testamento sobre los salvos y la comunidad salvadora es el desarrollo del tema del Antiguo Testamento. Los cristianos son herederos del pacto hecho a Abraham. De acuerdo con Génesis 17:6-8, *El Shaddai* (el Dios Todopoderoso) estableció su pacto con Abraham haciéndolo padre de una multitud de naciones. "Yo seré vuestro Dios, y vosotros seréis mi pueblo" fue la esencia de ese pacto. María tocó esa misma nota en la *Magnificat*. "Socorrió a Israel su siervo, acordándose de la misericordia de la cual habló a nuestros padres, para con Abraham y su descendencia para siempre" (Lc. 1:54-55).

La venida de Cristo fue el cumplimiento del pacto con Abraham (ver Hch. 3:25 sig.). Pablo considera las promesas "hechas a Abraham y a su simiente," como ya cumplidas en la comunidad cristiana porque "la simiente" no es de "la carne" sino "del espíritu," a saber, Cristo (Gá. 3:16 sig.).[2] La simiente de Abraham es primordialmente Cristo y después, la suma total de los que pertenecen a Cristo. Si uno es de Cristo, es simiente de Abraham, y heredero de acuerdo con la promesa.

En esa forma, la Iglesia es el Nuevo Israel personificado en Cristo, y todos los que están "en El" constituyen el verdadero Israel, la Iglesia. Cuando Jesús escogió a doce hombres para que anduvieran con El, su número mismo implicó representación del remanente fiel a Israel. El Maestro les promete que juntamente con El juzgarán a "las doce tribus de Israel" (Mt. 19:28; ver Lc. 22:30; Ef. 2:12-19). Bruce nos recuerda, sin embargo, que cuando la prueba crucial vino, "el remanente fiel se redujo a una persona, el Hijo del Hombre quien sufrió la muerte por sí mismo y se levantó de entre los muertos como representante de su pueblo. Con El, murió el pueblo de Dios y resucitó otra vez: de aquí que el pueblo de Dios del Nuevo Testamento, preserve su continuidad con el pueblo de Dios del Antiguo Testamento, y sea al mismo tiempo una nueva creación."[3] El rito del bautismo, que significa muerte y resurrección con Cristo, declara que los creyentes son incorporados a esta nueva comunidad de la cual Cristo es centro y Vida.

Así como el Israel del Antiguo Testamento fue "escogido" por Dios, no para tener un nivel privilegiado sino para el servicio espiritual (Gn. 12:3; 15:6; Dt. 7:6; Oseas 1:1; Amós 3:2; *et al.*), el Israel del Nuevo Testamento es también escogido (Ro. 9—11; Ef. 1:4; 1 P. 2:4-10) para vivir una vida santa (1 P. 1:13-16) y para ser bendición a los pueblos (Lc. 24:46-48; Hch. 1:8; ver Is. 43:10, 12; 44:8). La Iglesia, como los electos de Dios, comparte el papel de

Cristo de redención por el sufrimiento proclamando la Palabra de reconciliación a las naciones. Otra caracterización del Nuevo Testamento de este papel salvador abarca el concepto de sacerdocio. Pedro llama a los cristianos "un sacerdocio real" (1 P. 2:9), y Juan declara que las iglesias de Asia fueron hechas por Cristo un reino de sacerdotes (Ap. 1:6). La Iglesia de Cristo ha sido designada para funcionar como sacerdote hacia un mundo pecador, para interceder a su favor para que sea perdonado y transformado. La Iglesia tiene una responsabilidad de proclamar "las virtudes de aquel que os llamó de las tinieblas a su luz admirable" (1 P. 2:9). Pero tiene también una responsabilidad sacerdotal de sufrir en caso necesario, para llevar a los humanos a Cristo quien es su verdadera Existencia.

Es así que la Iglesia es una comunidad salvada y salvadora. Es un nuevo orden en la sociedad, no viviendo separada del mundo, sino viviendo con la consciencia de su redención y con una pasión por compartir esta redención con los de afuera (Jn. 17:14-16, 21).

I. El Evento de Cristo y de la Iglesia

La palabra *evento* denota un suceso que tiene un significado extraordinario para la persona o personas involucradas. Las formas de vida, en algunos casos, cambian radicalmente por un evento. Sociedades enteras a veces experimentan nuevas motivaciones para su existencia debido a estos sucesos especiales.

Cuando hablamos de la Iglesia como evento, no sólo estamos denotando su emergencia en un tiempo particular en la historia de la salvación, sea al tiempo del escogimiento de los Doce, la resurrección, o el pentecostés sino también su continuo "devenir" en la historia. *Evento,* tal como se usa aquí, significa el profundo sentimiento del pueblo salvado, de la presencia de Dios en un tiempo dado. Una de las declaraciones más instructivas sobre la naturaleza de la Iglesia viene del Señor mismo y aparece en un pasaje que trata con la resolución de conflictos personales en la vida de sus primeros seguidores: "Porque donde están dos o tres congregados en mi nombre, allí estoy yo en medio de ellos" (Mt. 18:20).[4] En cualquiera ocasión en que dos o tres personas se congreguen "en el nombre de Cristo," El se presenta a ellos y *ésta es la Iglesia,* el verdadero pueblo de Dios. Esa cita con Cristo es un momento suceso porque dondequiera que Cristo aparece, cosas redentoras se suceden.

Tal concepto sobre la naturaleza de la Iglesia recalca su realidad contemporánea pues su existencia depende de la presencia del Señor resucitado. Además, según lo expresa Robert Adolfs, "La Iglesia es un evento continuo que está siendo realizado en la historia y a través del pueblo."[5] Esto es así porque la Iglesia es un pueblo redimido moviéndose en la historia y participando en la misión salvadora de Cristo. Su viabilidad tiene que ver con su testimonio auténtico de la presencia de su Señor; su madurez depende en sus respuestas a la corrección, dirección y llamado de su Señor a servir hacia las necesidades de los hombres.

R. Newton Flew basó su famoso volumen, *Jesus and His Church,* (Jesús y su Iglesia), en la tesis de que la Iglesia es una nueva creación de Jesús. "Es antigua en el sentido de que es una continuación de la vida de Israel, y el pueblo de Dios. Es nueva en el sentido de que está fundada en la revelación hecha a través de Jesús del propósito final de Dios para la humanidad. Principia con el llamamiento a los primeros discípulos."[6] La tesis de Flew tiene sentido. Sin embargo, el asunto debe proseguirse teológicamente para afirmar que la apariencia de la Iglesia tiene la substancia de la obra poderosa de Dios en Cristo. Vista desde el concepto de la historia santa, la encarnación de Cristo fue al mismo tiempo la inauguración de la Iglesia.[7]

Es muy natural y propio conceder primacía proclamatoria y teológica a la Cristología, esto es, a la predicación y enseñanza acerca de la persona y obra de Cristo. La propiedad de esta tendencia no puede discutirse. No obstante, el significado del evento de Cristo se trunca si hay negligencia en declarar la relación de la venida de Cristo a la creación de la Iglesia. Para reiterar: cuando Cristo apareció, la Iglesia apareció. Brunner escribe: "La *Ecclesia,* la sociedad cristiana, en esa forma, pertenece a la substancia de la revelación y constituye el verdadero propósito de ésta."[8] Las bien recordadas palabras de Ignacio se explican por sí mismas: *"Ubi Christus, ibi ecclesia"*—"Donde está Cristo, allí está la Iglesia."

El Israel antiguo fue un evento, habiendo sido traído a existencia por Dios mismo. En su mayor parte, el Antiguo Testamento tiene que ver con la elección y creación de Israel, el pueblo de Dios. Cuando Adán pecó y todas las generaciones subsecuentes siguieron el mismo camino de rebelión, Dios se dedicó a levantar un pueblo que le sirviera en amor y en obediencia. Así que llamó a Abraham para que fuera el padre de una nueva raza humana. El escritor del Génesis en el capítulo 12 presenta a Dios dirigiendo al líder patriarca de su lugar seguro en Ur de los Caldeos a una tierra extraña donde habría de ser el padre de un pueblo bendecido, una nueva comunidad de creyentes. Esta insinuación sorprendente de Dios en la vida de Abraham fue un evento redentivo. Es más, la emancipación de Israel de Egipto y su establecimiento como un pueblo con un pacto en el Sinaí, eran parte integrante de la naturaleza redentiva de la comunidad de fe en el Antiguo Testamento.

Cuando Israel se apartó de la vida bajo pacto divino volviéndose a la idolatría, los profetas principiaron a predicar acerca de un remanente *(she'ar)* del pueblo a quien Dios bendeciría y conservaría para sí.[9] Aun esta esperanza probó ser elusiva durante siglos hasta que fue finalmente actualizada en una Persona, el Hijo obediente, Jesucristo. Mateo recuerda, en conexión con la huida de la primera familia a Egipto, la singular profecía, "De Egipto llamé a mi hijo" (Mt. 2:15; ver Ex. 4:22, Oseas 11:1).

Jesús cargó solo, el destino del pueblo de Dios. Cuando Jesucristo subió al Gólgota, El *solo* fue el pueblo de Dios. El cargó todo el peso de la obra de Dios para este mundo.

Tal como el antiguo Israel, la Iglesia es un evento milagrosamente traído a existencia y sostenido por Dios mismo. Cristo, como el nuevo Israel, atrae para sí a los que igualmente obedecen a Dios el Padre. En El fue creado y sigue siéndolo "el verdadero Israel de Dios" (Gá. 6:16; ver Ro. 9:6-8), una raza electa, un sacerdocio real, una nación santa, un pueblo de Dios posesión suya (1 P. 2:9; ver Ex. 19:5-6). El apóstol Pablo nota claramente este desarrollo. Tal como ya se ha notado, escribe a los gálatas: "Ahora bien, a Abraham fueron hechas las promesas, y a su simiente. No dice, 'Y a las simientes', como si hablase de muchos; sino como de uno, 'Y a tu simiente, la cual es Cristo' " (Gá. 3:16). Y luego continúa diciendo, "Y si vosotros sois de Cristo, ciertamente linaje de Abraham sois, y herederos según la promesa" (Gá. 3:29).

La realidad de Cristo es la realidad de la Iglesia. La acción de Dios por la que se reveló completamente en Cristo fue simultáneamente la acción por la que trajo a existencia un pueblo obediente, la Iglesia. Karl L. Schmidt concluye que "por sobre todos los intentos sociológicos para comprender la Iglesia, debe notarse que para Pablo, para quienes lo seguían, y para el Cuarto Evangelista, eclesiología y cristología son idénticas."[10] Si las dos no son idénticas, al menos están inter-relacionadas de manera que una no puede comprenderse totalmente sin la otra.

Esta tesis encuentra apoyo en ciertas ideas principales en el Nuevo Testamento.

II. EL REINO DE DIOS

Jesús se presentaba a Sí mismo como el Poder y la Vida del reino de Dios (Mt. 12:28; Lc. 17:21). El era, en su ser encarnado, evidencia primaria del reino de Dios en el mundo. El carácter "realizado" del reino tiene un correlativo necesario en la Iglesia.[11] La Iglesia es "la vanguardia del reino por venir," o "la comunidad del intervalo" entre "la inauguración del reino en el evento de Cristo y su consumación en el eschaton."[12]

Como la comunidad de una nueva era del gobierno real de Dios introducido por el evento de Cristo, la Iglesia vive en tensión. Experimenta gozo en lo que Dios ha hecho y está haciendo en ella y a través de ella, y sin embargo, añora la victoria completa de Dios sobre el reinado de Satanás. Posee ahora la vida de la nueva era a través de Cristo quien le ha traído y continúa trayéndole esa clase de vida; no obstante, espera el cumplimiento de los propósitos redentores de Dios en la era por venir (ver 1 Co. 10:11; He. 12:22; 13:14). Esta vida en la Iglesia, creada y nutrida por el Espíritu de Cristo, la personificación del poder soberano de Dios, como Brunner la ha descrito, es "vida en el dintel—un pie ha pasado, el otro todavía está aquí."[13]

La Iglesia es parte inseparable del reino, pero no "se diferencia de él en la misma manera en que un órgano del cuerpo difiere del todo aunque es parte de él." Ella es la comunidad donde los dones y poderes redentivos del reino por lo que toca a que están ya presentes, se conocen y se gozan. Esto quiere decir que la Iglesia es no sólo la creación del evento de Cristo, sino también el lugar donde las glorias redentoras de ese evento se hacen continuas en la historia de la humanidad.

III. LA ECCLESIA

Ecclesia es otra expresión en el Nuevo Testamento que significa el nuevo pueblo de Dios hecho posible por el evento de Cristo.[14] Comúnmente traducida, "iglesia" en el Nuevo Testamento y usada ampliamente en ciertos libros el vocablo no aparece en Marcos, Lucas, Juan, 2 Timoteo, Tito, 1 y 2 Pedro, 1 y 2 Juan. En He. 2:12 se usa en una cita de Salmos 22:22 y en 12:23 donde se refiere al "Jerusalén celestial," o sea la Iglesia en el cielo.

Se ha hecho un estudio intenso de la etimología de esta palabra y su significado en el uso cristiano. Literalmente, *ecclesia* significa "los llamados" o "los reunidos." Deriva de un compuesto griego *ek,* que significa "afuera de" o "de," y *kalein* que quiere decir "llamar." La palabra se usaba en el griego secular para expresar este significado literal de reunión, especialmente para denotar una reunión de personas con fines políticos. Se refería a la ciudadanía *(demos)* de una ciudad del estado griego *(polis)* que tenía el privilegio de voto. Este uso especial de la palabra se halla en Hechos 19:32, 39-40, cuando se habla de las luchas del apóstol Pablo con los caldereros de Efeso. En estos versículos se usa *ecclesia* para un conjunto de personas, i.e., una asamblea secular.

K. L. Schmidt nota un significado especial en esta derivación de *ecclesia,* siendo que *demos,* los ciudadanos reunidos, son la *eccletoi,* "los llamados," quienes han sido citados por *kerux,* el heraldo. El cuadro representa al pueblo en una ciudad dada, quienes al oir el sonido de una trompeta, rápidamente se reúnen en un lugar designado para el tratamiento de negocios de la comunidad. Son una unidad política, una compañía de interesados, quienes conocen su responsabilidad en remediar la situación que se ha suscitado en su comunidad. Schmidt dice que esto "naturalmente sugiere que en la Biblia la referencia es a Dios en Cristo llamando a los hombres de entre el mundo."[15]

Hasta donde sabemos, en el uso común, no se le adjudicaba a *ecclesia* ninguna relación religiosa. Quizá esto explique el que los traductores de la Septuaginta lo emplearan al traducir *qahal Yahweh,* "La congregación del Señor." La expresión se refiere a Israel reunido delante del Señor. Esta traducción aparece como 100 veces en la Septuaginta. *Qahal* deriva de la raíz hebrea que significa "llamar." Cuando se modifica con la adición de *Yahweh,* adquiere el significado especial religioso. Israel es el "pueblo llamado por el Señor."[16]

A pesar de las ramificaciones de la derivación del término, el elemento esencial que define la naturaleza de la Iglesia es muy sencillo.[17] La Iglesia como *ecclesia* es la comunidad llamada respondiendo en obediencia al llamado del heraldo de Dios, Jesucristo, entregándose a su voluntad, y viviendo la vida suya en el mundo. La Iglesia existe donde los humanos obedientemente responden al llamado de la Palabra, donde se reúnen para adorar bajo la dirección de la Palabra, donde ellos mismos saben que están separados del mundo debido al poder de la Palabra que hace cambiar radicalmente.

Cuando la Iglesia cesa de responder obediente y gozosamente

a Cristo, conformándose con algo menos que la vida responsiva a la Palabra, como por ejemplo, vivir como sociedad de acuerdo con el espíritu de los tiempos, no es la *eccletoi.* Es más, cuando ya no más se reúne en "su nombre"—cuando no confiesa delante del mundo que no tiene otra razón para reunirse que la adoración a Dios y a permitir que su poder la renueve para su servicio—no tiene derecho de llamarse la Iglesia.

El término *ecclesia* se usa también en el Nuevo Testamento para expresar la unicidad única de la Iglesia. En Hechos 8:1 aparece una referencia explícita a la *ecclesia* en Jerusalén, pero en 9:31 la palabra *en singular* se usa no sólo para la comunidad de Jerusalén sino para todas las comunidades cristianas en Judea, Galilea y Samaria. Aunque el plural *ecclesiai* se usa también para designar a todas las iglesias (Hch. 15:41; 16:5), hay un uso más o menos continuo del singular para expresar la Iglesia en general. Una congregación en un lugar dado se llama *ecclesia* con el entendimiento de que representa la Iglesia de Dios. Pablo exhorta a los ancianos de Efeso: "Por tanto, mirad por vosotros, y por todo el rebaño en que el Espíritu Santo os ha puesto por obispos, para apacentar la iglesia del Señor" (Hch. 20:28).

La Iglesia no es la suma total de las congregaciones. Cada comunidad, aun una casa como iglesia, representa la comunidad total, la Iglesia. Pablo es explícito en este punto. Por ejemplo, 1 Co. 1:2 y 2 Co. 1:1 leen: "La iglesia de Dios que está en Corinto" *(te ecclesia... te ouse en Korinth).* La traducción adecuada del griego no es "la congregación corintia" sino "la iglesia que está en Corinto." La iglesia en Corinto no es parte de la Iglesia de Dios; más bien *es* la Iglesia de Dios. Schmidt escribe, "Nunca se usan los epítetos ornamentales; el único atributo, por decirlo así, es el genitivo, 'de Dios,' que viene del Antiguo Testamento."[18]

Este sentido potente de unicidad no era accidental. Originó en la experiencia común en Cristo de los cristianos primitivos. En Cristo, sólo podía haber un pueblo de Dios, una *ecclesia.* Aunque se expresaba en grupos locales de creyentes, la Iglesia permanecía siempre como una "Iglesia de Dios." Aun hoy día, los cristianos están acostumbrados a "hablar de la Iglesia de Dios mas no de las congregaciones de Dios."

En conclusión, la *ecclesia,* es "los reunidos de Dios."[19] Es un nuevo pueblo traído a existencia por medio del acto divino en Cristo Jesús. En esa forma, dondequiera que existe la Iglesia, Dios está obrando en Cristo Jesús invitando a los hombres a un compañerismo reconciliador con El. Este es el evento salvación, en su carácter inicial y continuo. La Iglesia es la evidencia de que la salvación en Cristo está sucediéndose.

IV. EL CUERPO DE CRISTO

Este término exclusivamente paulino (1 Corintios 12; Ef. 1:22-23; 2:16; 4:12-16; Col. 1:18) lleva en sí ideas de unidad en diversidad, mutualidad y liderato.[20] Uno de los énfasis centrales de esta metáfora se expresa en 1 Co. 12:27: "Vosotros, pues, sois el cuerpo de Cristo, y miembros cada uno en particular." "La comunidad, por tanto, no es *como* el cuerpo de Cristo," escribe Nelson, "sino que *es* el cuerpo de Cristo sobre la tierra."[21] Eduard Schweizer subraya la idea: "Pablo, por tanto, sabe y toma en serio el hecho de que el Cuerpo de Cristo es, al final de cuentas, nada menos que Cristo mismo, viviendo en la comunidad. La comunidad es la forma secundaria, especial de la existencia de Cristo."[22]

La frase tiene una dualidad única. Por un lado, denota nuestra *incorporación* en Cristo, y por el otro, nuestra *extensión de la encarnación* de Cristo. Estamos en Cristo (2 Co. 5:17) pero también somos "la suprema agencia de mediación después de la mediación del Hijo de Dios mismo encarnado."[23] Robinson trata sobre la naturaleza evento de la Iglesia cuando escribe que ella representa "aquel punto en la actividad creadora y redentora de Dios donde es revelado; y como tal, es una continuación de aquel proceso de demostrarse a sí mismo que comenzó cuando la Palabra 'estaba en el mundo y el mundo no le conoció.'"[24]

La Iglesia existe como "una personificación y perpetuación de la obra salvadora que Cristo mismo comenzó en la carne."[25] Los actos de la Iglesia son en realidad los actos de Cristo.

Hablar de la Iglesia como *to soma tou Theou* (el Cuerpo de Dios) es recalcar el carácter viviente, dinámico, organísmico de la comunidad. Mas ha de recordarse que la Iglesia también tiene una existencia institucional. Este hecho resalta en el Nuevo Testamento, en las referencias a la designación de personas para mantener y promover la Iglesia como un orden social humano. Se subraya también en las luchas y persecuciones que la Iglesia experimentó como estructura social dentro del orden cultural y político existente del primer siglo. No obstante, su carácter evento está primordialmente en la definición de su ser.

Colin William escribe: "La Iglesia es un movimiento—un pueblo peregrino que se mueve a través del tiempo y del espacio en participación en la misión de Jesucristo. Es un evento porque esta participación tiene que suceder, y ese suceder no es algo garantizado en la herencia institucional."[26] A veces la Iglesia debe estar libre de formas estructurales, condicionadas culturalmente a fin de expresar auténticamente la vida de Cristo en el mundo. El mismo Señor que continúa creando la Iglesia, la equipa también con las formas de su servicio, necesario aun cuando temporal.[27]

V. La Koinonia del Espíritu

Un concepto concomitante con la imagen del "Cuerpo de Cristo" es el de la Iglesia como una *koinonia* o compañerismo. En 2 Corintios 13:14, Pablo concluye su epístola con una bendición en que aparece la frase "la comunión del Espíritu Santo." En una invitación hacia una vida cristiana sensible, Pablo usa otra vez la frase en Filipenses 2:1. En otros lugares habla de que los cristianos son "llamados a la comunión [*koinonia*] con su Hijo Jesucristo" (1 Co. 1:9).

Esta importante palabra *koinonia*, tiene varios significados de acuerdo con la manera en que se use en el Nuevo Testamento. Los estudiantes de la Biblia están divididos sobre el énfasis que debe dársele. Pero la conclusión de Nelson es acertada:

> Hay un grupo fundamental de acuerdo entre ellos respecto a la experiencia *koinonia* de la Iglesia Primitiva. El poderoso sentimiento fraternal tan abierto entre ellos no era una solidaridad necesaria por causa de las circunstancias... sino que se debía a los vínculos positivos de amor que derivaban de Dios quien dio el don de su Espíritu.[28]

Aparte del *agape* amor de Dios, que derrama en nuestros corazones por el Espíritu Santo (Ro. 5:5), el concepto bíblico de *koinonia* es completamente ininteligible. La Iglesia no es específicamente "la comunión del Espíritu," pero el uso del término koinonia describe "la vida interna de la *ecclesia*."[29]

Los fieles son unidos mutuamente por su participación en Cristo como el Cuerpo de Cristo, y en el Espíritu Santo (1 Jn. 3:24). Así que *koinonia* significa participación común, unidad y vida de comunidad, todo creado por la presencia del Espíritu Santo. *Koinonia Christou* y *koinonia pneumatos* son sinónimos, porque Cristo habita en su Iglesia por medio de su Espíritu.

El libro de los Hechos indica claramente que los primeros cristianos se conocían como la comunidad del Espíritu. El Pentecostés incluyó varios elementos de la experiencia que fueron integrales a la creación de la iglesia. Pero el hecho más importante es que el pequeño grupo de creyentes en Jerusalén "experimentó un extraordinario acceso de un nuevo poder que ellos identificaron con el Espíritu de Dios, siendo mediador el Cristo exaltado."[30] Alguien ha comentado que la frase "Y fueron todos llenos del Espíritu Santo" (Hch. 2:4) es la frase más importante en la historia de la Iglesia Cristiana.

Los cristianos primitivos interpretaban la ocasión del pentecostés como el cumplimiento de la profecía del Antiguo Testamento, especialmente Joel 2:28-32 (Hch. 2:14-21). Esa profecía declaró la introducción de la Edad del Espíritu. Los primeros cristianos creían que la Edad había llegado y que ellos gozaban ya de sus bendiciones. Por medio del Espíritu que operaba en ella y a través de ella, la Iglesia pertenecía al mundo de lo por venir.[31] Por el poder del Espíritu Santo permanente, pudieron hablar "en otras lenguas" o "idiomas" (2:4), sanar a los enfermos (3:1-10; 5:12-16), responder sabiamente a sus opositores como en el caso de Esteban (c. 7), y ser usados en otras maneras extraordinarias para el adelanto de la Palabra de gracia, como en el caso de Felipe (Hch. 8:39).

Más importante aún, sentían dentro de ellos mismos una unidad notable e inesperada, que podía llamarse propiamente *koinonia* del Espíritu. Hechos 2:42 lee, "Y perseveraban en la doctrina de los apóstoles, en la comunión [koinonia] unos con otros, en el partimiento del pan y en las oraciones." Además del poder espiritual (4:33), fe (6:5), y el compartimiento alegre de sus bienes materiales en aquel tiempo de necesidad (2:43-45; 4:32-37), su compañerismo reciente se caracterizaba por la confianza (*parresia*, 4:31). Además, periódicamente, estos cristianos estaban conscientes de la renovación de esa comunión por medio de inundaciones especiales del Espíritu (4:8, 31; 13:52).

Por toda la historia de la Iglesia en el libro de los Hechos es la vida común en el Espíritu lo que no sólo identifica a la Iglesia sino que la impele y dirige en su ministerio hasta el mundo mediterráneo. Hechos 9:31 dice: "Entonces las iglesias tenían paz por toda Judea, Galilea y Samaria; y eran edificadas, andando en el temor del Señor, y se acrecentaban fortalecidas *(paraklesei)* por el Espíritu Santo."

La misión a los gentiles resultó de esta *koinonia*. Mientras los de la iglesia en Antioquía estaban ministrando "al Señor, y ayunando, dijo el Espíritu Santo: Apartadme a Bernabé y Saulo para la obra a que los he llamado. Entonces, habiendo ayunado y orado, les impusieron las manos y los despidieron" (13:2-3).

Durante su segundo viaje misionero, Pablo y sus evangelistas compañeros decidieron regresar visitando los mismos lugares en Asia Menor después de que hubieron llegado al extremo occidental de Asia, pero les fue prohibido por el Espíritu Santo. Se les instruyó cruzar el mar Egeo hacia Europa (16:6-10). Todo esto recalca que la Iglesia era el lugar donde el Espíritu actuaba. La Iglesia hubiera sido y es hoy día, inerte sin el Espíritu. Esta vida se evidenciaba en la comunión que prevalecía entre sus miembros. Eran uno en el lazo del amor producido por el Espíritu permanente.

Una palabra de Brunner en su *The Misunderstanding of the Church* (La Incomprensión de la Iglesia) nos enseña mucho. Siendo que el Espíritu Santo es "el aliento mismo de la Iglesia, la Iglesia participa en el carácter especial de lo santo, lo reverente, lo sobrenatural, en la presencia santificadora de Dios: por eso la sociedad cristiana misma es un milagro."[32] El *communio sanctorum* es más que una aventura cooperativa de personas con los mismos intereses, no importa qué altamente religiosos pudieran ser. Es más que una sociedad amante y congenial de personas respondiendo a las necesidades humanas. Es un "evento," como el pentecostés efectuado por el Espíritu Santo quien por medio de su presencia infunde en los corazones la vida resucitada del Hijo, creando así una *koinonia*. Brunner dice que la Iglesia en sí es un milagro cuando y dondequiera que exista porque es una creación del Espíritu.

En conclusión, cuando el tiempo haya corrido su curso y el Padre Eterno haya determinado llevar a su fin su obra de redención, el Hijo del Hombre volverá a este orden terreno para arrebatar a su esperanzada Esposa, la Iglesia. Aunque la Iglesia haya sufrido indignidades en manos de hombres malévolos y haya luchado a veces cobardemente, a veces en forma valiente, en contra del *civitas diaboli,* se presentará como Novia desposada, adornada para su matrimonio. Esta será la expresión final y sostenida expresión de la Iglesia—la Iglesia en evento eterno, por cuanto el Señor estará en medio de ella eternamente.

"Y oí como la voz de una gran multitud, como el estruendo de muchas aguas, y como la voz de grandes truenos, que decía: ¡Aleluya, porque el Señor nuestro Dios Todopoderoso reina! Gocémonos y alegrémonos y démosle gloria; porque han llegado las bodas del Cordero, y su Esposa se ha preparado. Y a ella se le ha concedido que se vista de lino fino, limpio y resplandeciente; porque el lino fino es las acciones justas de los santos. Y el ángel me dijo: Escribe: Bienaventurados los que son llamados a la cena de las bodas del Cordero" (Ap. 19:6-9).

NOTAS BIBLIOGRÁFICAS

[1]*Message of the NT,* p. 9.

[2]La palabra griega *sperma,* "descendencia" o "semilla", es singular, por lo que puede referirse a una sola persona o a un grupo de descendientes.

[3]Cf. F. F. Bruce, *NT Development of OT Themes,* pp. 51-57.

[4]Cf. H. D. A. Major, *et al., The Mission and Message of Jesus* (Nueva York: E. P. Dutton, Inc., 1947), p. 503, para una exégesis sólida del pasaje. Jeremias, en *NT Theology,* p. 170, dice: "El *único* significado de la actividad total de Cristo consiste en congregar al pueblo de Dios escatológico."

[5]*The Church Is Different* (Nueva York: Harper and Row, Inc., 1966), p. 3.

[6]R. Newton Flew, *Jesus and His Church,* 2a. ed. (Londres: Epworth Press, 1943), pp. 97-98.

[7]Cf. Richardson, *Introduction to the Theology of the NT,* p. 310: "Cristo no es tanto el 'fundador' de la iglesia, sino que *es* la iglesia misma." Para Richardson, el tiempo específico de la fundación fue el descendimiento del Espíritu Santo enviado por el Señor resucitado y ascendido.

[8]Emil Brunner, *The Misunderstanding of the Church,* trad. por Harold Knight (Filadelfia: The Westminster Press, 1953), p. 14. Cf. Anders Nygren, editor, *This is the Church,* trad. por Carl C. Rasmussen (Filadelfia: Muhlenberg Press, 1952), p. 4: "En el hecho de que existe Cristo, la iglesia existe como su cuerpo." También este es el punto preciso de John Knox, pero resulta en apoyo de otra tesis, *The Church and the Reality of Christ* (Nueva York: Harper and Row, 1962), p. 26: "Si lo anterior es verdad, ¿acaso no debemos decir que el evento que más nos interesa, el único en que debemos estar verdaderamente interesados, es sencillamente el comienzo histórico de la iglesia misma?"

[9]Para una discusión reciente e iluminadora del "remanente", cf. Gerhard F. Hasel, *The Remnant: The History and Theology of the Remnant Idea from Genesis to Isaiah* (Berrien Springs, Mich.: Andrews Univesity Press, 1972).

[10]Karl L. Schmidt, *The Church,* trad. por J. R. Coates (Londres: Adam and Charles Black, 1950), p. 21.

[11]Flew, *Jesus and His Church,* p. 13; Purkiser, *et al.,* "The Kingdom of God", *Exploring Our Christian Faith,* pp. 519-537; R. O. Zorn, *Church and Kingdom* (Filadelfia: Presbyterian and Reformed Publishing Co., 1962); John Bright, *The Kingdom of God* (Nashville: Abingdon-Cokesbury Press, 1953).

[12]Un concepto paralelo se encuentra en la frase "una colonia del cielo". Fil. 3:20: "Mas nuestra ciudadanía está en los cielos, de donde también esperamos al Salvador, al Señor Jesucristo"; cf. Ef. 2:12, 19. *Politeuma* en Fil. 3:20 denota (1) una

colonia de extranjeros en otro país diferente del propio, o (2) la ciudad capital o natal que envía a sus ciudadanos a residir en lugares muy distantes. Quizá el segundo punto de vista sea mejor. Aunque reside en un mundo de personas no ciudadanas del cielo, la iglesia sostiene una relación vital con la ciudad capital de Dios que nadie puede interrumpir. Cf. "Politeuma", en Arndt and Gingrich, *Greek-English Lexicon of the NT*, p. 692.

[13]Brunner, *The Misunderstanding of the Church*, p. 57.

[14]Cf. también "La vida verdadera", Jn. 15; "Templos de Dios", 1 Co. 3:16-17; Ef. 2:21; "La familia de Dios", Ef. 2:19 (véase "Casa de Israel", He. 8:8; "Casa de Dios", He. 10:21; 1 P. 4:17); cf. Paul S. Minear, *Images of the Church in the New Testament* (Filadelfia: The Westminster Press, 1960).

[15]*The Church*, pp. 28 y ss.

[16]A veces la Septuaginta usa *synagoge* para traducir el vocablo *qahal*, particularmente en los primeros cuatro libros del Pentateuco. *Synagoge* también significa "asamblea" o "reunión". El AT se refiere a Israel como a 'edhah, La cual se deriva de un verbo que significa "nombrar, designar". Israel, como 'edhah Yahweh es "la congregación del Señor constituida propiamente". En la Septuaginta 'edhah se traduce regularmente por el griego *sunagoge*. El juicio de Richardson probablemente esté correcto: "En el uso general *qahal* y 'edhah, como *ecclesia* y *sunagoge*, son sinónimos" (*Introduction to the Theology of the NT*, p. 285).

[17]Cf. Schmidt, *The Church*, p. 24. Cf. F. J. A. Hort, *The Christian Ecclesia* (Londres: Macmillan and Co., 1897): G. Johnston, *The Doctrine of the Church in the New Testament* (Cambridge: University Press, 1943); Alfred F. Kuen, *I Will Build My Church*, trad. por Ruby Lindblad (Chicago: Moody press, .1971), pp. 45-55.

[18]*The Church*, p. 7; 1 Co. 10:32; 11:22; Gá. 1:13; 1 Tim. 3:5, 15.

[19]Leslie Newbigin, *The Household of God* (Nueva York: Friendship Press, 1954), p. 21.

[20]J. Robert Nelson, *The Realm of Redemption* (Greenwich, Conn.: Seabury Press, 1951), pp. 27-76. Este libro es uno de los estudios más exhaustivos sobre esta metáfora. Cf. también J. A. T. Robinson, *The Body: A Study in Pauline Theology* (Chicago: Henry Regnery Co., 1951); Alan Cole, *The Body of Christ* (Filadelfia: The Westminster Press, 1965); E. Schweizer, "Soma", *Theological Dictionary of the NT*, 7:1024-1094.

[21]*Ibid.*, p. 75.

[22]Eduard Schweizer, *Das Leben des Herren in der Gemeinde und ihre Dienste* (Zurich, 1946), p. 51.

[23]J. S. Whale, *Christian Doctrine* (Nueva York: The Macmillan Co., 1941), p. 140. Alan Cole toma la idea de la iglesia como la extensión de la encarnación. A su juicio, es una "extensión ilegítima de metáfora" (*The Body of Christ*, pp. 69-71).

[24]Wm. Robinson, *The Biblical Doctrine of the Church* (St. Louis: Bethany Press, 1948), p. 71.

[25]Zorn, *Church and Kingdom*, p. 43. Cf. E. Stauffer, *New Testament Theology*, trad. por John Marsh (Londres: SCM Press, 1955), p. 156: "La iglesia es el cuerpo de Cristo. En la historia de su sufrimiento y su glorificación el destino de Jesucristo en su pasión, muerte y resurrección llega a su conclusión."

[26]*The Church: New Directions in Theology Today* (Londres: Lutterworth Press, 1969), 4:27.

[27]William reconoce que el evento y la institución son inseparables, pero a menudo dice que generan una gran tensión. Su conclusión es muy acertada: "La

institución está al servicio del evento, y donde la forma de la institución se interpone en la forma en que ocurre la obediencia contemporánea al llamamiento de Dios a su pueblo a seguir adelante con El en la historia, entonces la prioridad del evento debe ser reconocida (Gá. 3:5-29)" (*Ibid.,* 28).

[28]*The Realm of Redemption,* pp. 57-58; cf. también J. Y. Campbell, "*Koinonia and Its Cognates in the New Testament*", *Journal of Biblical Literature,* LI (1932), p. 353; F. Hauck, "Koinonia", *TDNT,* 3:797-808.

[29]Frank Stagg, *New Testament Theology* (Nashville: Broadman Press, 1962), p. 198. Cf. su definición del compartir como participación en el total de algo, como "pertenecer" a una familia, y su discusión de *Koinonia* como don y demanda, pp. 198-200. Brunner habla del Espíritu como el administrador de *dynamism* a la *Ecclesia.* El estudio breve más extenso del significado de *koinonia* en relación con la iglesia lo constituye L. S. Thornton, *The Common Life in the Body of Christ* (Londres: Dacre Press, 1950); cf. pp. 59 y ss. sobre 2 Co. 13:14.

[30]Hunter, *Message of the NT,* pp. 62-63.

[31]Cf. Suzanne de Dietrich, *The Witnessing Community* (Filadelfia: The Westminster Press, 1958), donde ella habla de "La iglesia 'entre los tiempos'."

[32]Brunner, *Misunderstanding of the Church,* p. 12.

31

La Iglesia Como Comunidad Sacramental

La Iglesia, en su ser mismo, es un evento. Siempre que Cristo está en presencia de un pueblo, crea una comunidad de fe que es la Iglesia. Pero la Iglesia continúa viviendo a medida que mantiene la fe, y esta continuidad ha de comprenderse en términos funcionales. La Iglesia se convierte y permanece como una comunidad sacramental, recibiendo gracia y mediando la gracia.[1] Al responder a la presencia de Cristo, mantiene su existencia en la gracia y busca compartir su vida con los demás. Cristo, en una forma peculiar, está con su Iglesia, pero también extiende sus brazos por medio de su pueblo hacia los inconversos a fin de que ellos conozcan la salvación por gracia a través de la fe. Lo que en realidad hace la Iglesia es vivir en tal forma de hacer que el evento salvador sea una experiencia posible y continua. La promesa de éxito descansa en su Señor, quien declaró que "las puertas del Hades no prevalecerán contra ella" su Iglesia (Mt. 16:18).

El ministerio de la Iglesia tiene su génesis y *raison d'etre* en la relación íntima entre Cristo y sus discípulos. Durante el ministerio terrenal de Cristo, envió a sus discípulos, los revistió de poder y autoridad para ministrar en la misma forma en que El ministraba. Ellos habrían de proclamar la venida del reino de los cielos, hacer milagros de sanidad y exorcismo, e invocar paz que era la marca del reino mesiánico (Mt. 10:1-15). La recepción o rechazamiento de estos discípulos era lo mismo que recibir o rechazar a Cristo mismo. El Señor les hizo saber que el mismo Espíritu que lo capacitaba a El para su misión, obraría a través de ellos (Mt. 10:20). En su oración de despedida, Cristo comparte con el Padre: "Como tú me enviaste

al mundo, así yo los he enviado al mundo" (Jn. 17:18). Después de
la Resurrección, los discípulos recibieron el don del Espíritu Santo
en medida plena y fueron equipados para el cumplimiento del
ministerio de Cristo en sus vidas y a través de ellas (ver Jn. 20:22
sig.; Hch. 1:8; 2:4 sig.).

Riesenfeld escribe: "Representar a Cristo significa ser como El,
llegar a ser lo que El era, no en alguna forma nueva que ellos confec-
cionaran para ellos mismos, sino permitiendo que su misión hable
a través de todo el curso de la vida."[2] Este ministerio pudiera
resultar en persecución (Mt. 10:21-23) y en sacrificio (Mt. 10:38)
como el de su Maestro, pero "el siervo no es mayor que su Señor."
Así que, el ministerio de la Iglesia es una extensión visible, auténtica
y autoritativa, así como la continuación del propio ministerio y
obra de Cristo. Su actividad salvadora fue en realidad, única y
definitiva, incluyendo "revelación, sacrificio expiatorio, y victoria
sobre los poderes del maligno." Pero todo el poder redentor de esa
obra fluye a través de la comunidad escogida de Cristo a medida
que El vive y funciona a través de ella. Hay tres funciones especiales
sacramentales de la Iglesia que necesitan ser exploradas: el testimonio, el bautismo y la Cena del Señor.

I. TESTIMONIO

Suzanne de Dietrich, en *The Witnessing Community* (La Comunidad que Testifica), caracteriza propiamente a la Iglesia con ese
título. Escribe: "la función primaria de la Iglesia es proclamar sus
obras a toda generación, confesar su fe en El y alabarlo por lo que
El ha hecho."[3] Tal como el libro de los Hechos aclara en forma
patente, los apóstoles primitivos compartieron alegremente con su
generación las buenas nuevas de que Cristo es *Christus Victor* y
por tanto la obra salvadora de Dios es completa en El. Se aclara
que la Iglesia "no es sencillamente una compañía de testigos, es
ella misma una comunidad testificante."[4] Esto quiere decir que la
Iglesia vino a existencia por el acto de gracia de Dios en Cristo; y
que además, ella es la expresión continua de la gracia de Dios a los
hombres. En su carácter colectivo ella declara la salvación de Dios.

El papel de la Iglesia como una comunidad testificante se
relaciona también a la comisión que recibió del Señor. "Por tanto,
id, y haced discípulos a todas las naciones, bautizándolos en el
nombre del Padre, y del Hijo, y del Espíritu Santo" (Mt. 28:19; ver
Mr. 16:15). El cumplimiento de esta comisión es posible por medio

del ministerio capacitador del Espíritu Santo. Cristo profetizó los efectos del Pentecostés sobre un pequeño grupo de creyentes. "Pero recibiréis poder, cuando haya venido sobre vosotros el Espíritu Santo, y me seréis testigos en Jerusalén, en toda Judea, en Samaria, y hasta lo último de la tierra" (Hch. 1:8).

Martures en este caso no se refiere a ningunos testigos de los eventos de la vida de Jesús; más bien los discípulos son personas que han experimentado por ellos mismos el poder transformador de la vida, muerte y resurrección del Señor. Su testimonio es más que un recuento de los eventos; es en sí mismo el mensaje divino de salvación. Cuando la Iglesia es verdaderamente la Iglesia, siente una compulsión a testificar acerca de la gracia redentora del Señor.

Pedro y Juan reflejaron esta compulsión, resultado de una vida nueva, cuando les dijeron a los líderes religiosos en Jerusalén, "Juzgad si es justo delante de Dios obedecer a vosotros antes que a Dios; porque no podemos dejar de decir lo que hemos visto y oído" (Hch. 4:19-20). La Iglesia testificante está profunda y alegremente relacionada con su Señor. Está lista a pagar cualquier precio, aun el martirio si fuere necesario, a fin de testificar acerca de su gracia redentora.

El testimonio, comprendido sacramentalmente, adquiere varias formas—adoración, enseñanza, testimonio personal, predicación, la ejecución de milagros, y "los que ayudan" (1 Co. 12: 4-11, 27-30). En los Efesios Pablo describe al Cristo ascendiente como el que da dones a la Iglesia: "Y él mismo constituyó a unos, apóstoles; a otros, profetas; a otros, evangelistas; a otros, pastores y maestros, a fin de perfeccionar a los santos para la obra del ministerio, para la edificación del cuerpo de Cristo" (4:11-12). Estas personas especialmente capacitadas proveen liderato a la comunidad entera, ayudándola a mediar la gracia para con el mundo.

A. Adoración

Adoración es la celebración gozosa de la presencia de Cristo. Pero en este caso también esta actividad no es para beneficio propio, sino más bien un testimonio al mundo de que la entrega de la Iglesia a su Señor es "un servicio a Dios." Stauffer recalca este punto. La adoración cristiana es rendir gloria a Dios, pero es también, "ciertamente, un servicio al mundo... la adoración cristiana arrancó a los hombres de su individualismo egoísta a un *extra nos*—fuera de todo lo que es subjetivo—hacia lo que es sencillamente objetivo. Este fue su servicio a la humanidad. Llamó a las naciones a adorar al crucificado. Este fue su servicio a la gloria de Dios."[5] Por la predicación e intercesión, llevó a cabo esta obligación.

1. *Términos para Adoración.*

Los términos mismos usados para adoración, trasmiten los conceptos de servicio y ministerio. En el Antiguo Testamento, el término general usado es *abodah,* de *abad,* "laborar, servir." Generalmente se traduce en "el servicio a Dios." El acto específico de adoración se expresa en la palabra *hishtahawa,* que deriva de *shaba,* "inclinarse, postrarse." El concepto es el de cortesía con el fin de servicio. En el Nuevo Testamento la palabra que corresponde al término del Antiguo Testamento *abodah* es *latreia.* Originalmente significaba "servitud" o "el estado de un trabajador alquilado o un esclavo." Debido a su uso amplio, especialmente con respecto a las prácticas cúlticas, llegó a denotar "el servicio a Dios" o adoración divina. La palabra del Nuevo Testamento que corresponde al término del Antiguo Testamento *hishtahawa* es *proskunein.* Este significa literalmente "besar la mano (hacia) a alguno" y metafóricamente "postrarse, hacer una reverencia o adorar." *Proskunein* que aparece 60 veces, también lleva en su etimología el concepto de servicio al objeto de adoración.[6]

La mezcla de los conceptos de lo que llamamos adoración y servicio, prevalece también en relación con el verbo *leitourgein.* Hechos 13:2 usa una forma participial *(leitourgounton)* para expresar la idea de adoración, en tanto que Pablo usa una forma infinitiva *((leitourgesai)* para indicar servicio. Les dice a los romanos que los gentiles que recibieron bendiciones espirituales de los cristianos de Jerusalén, deben también ser de "servicio" a ellos en bendiciones materiales, esto es, levantar una ofrenda para ayudarlos en su pobreza (Ro. 15:27).

El nombre *leitourgia* puede referirse a las ministraciones de un sacerdote, como en el caso de Zacarías, padre de Juan el Bautista (Lucas 1:23). El término también pudiera significar ministerio en su sentido más amplio (He. 8:6), o el acto de adoración mismo (He. 9:21), o las obras sacrificiales de otros (Fil. 2:17; ver 2 Co. 9:12). El ministro es un *leitourgos,* esencialmente un siervo del pueblo. Pablo escribe a los cristianos de Roma que debido a la gracia que le fue dada por Dios él fue hecho "ministro *(leitourgon)* de Jesucristo a los gentiles, ministrando el evangelio de Dios" (Ro. 15:15-16). Cristo, nuestro sumo Sacerdote, es también un ministro *(leitourgos)* para nosotros en el santuario celestial (He. 8:2).[7]

Lo que es importante en estos términos es el trasfondo de

ministerio o servicio a Dios. En las instrucciones de Jesús a sus discípulos antes de morir, les advirtió que sus enemigos los echarían de las sinagogas; "y aun viene la hora cuando cualquiera que os mate, pensará que rinde servicio *(latreian)* a Dios" (Jn. 16:2). El apóstol Pablo apela a los cristianos de Roma a presentar sus cuerpos "en sacrificio vivo, santo, agradable a Dios, que es vuestro culto racional *(latreian)*" (Ro. 12:1, ver "servicio"). A los filipenses les escribe: "Porque nosotros somos la circuncisión, los que en espíritu servimos *(latreuontes)* a Dios y nos gloriamos en Cristo Jesús, no teniendo confianza en la carne" (3:3). En el Apocalipsis, Juan ve una gran multitud sin número reunida de entre todas las naciones adorando *(prosekunesan)* a Dios (7:11). Cuando pregunta sobre su identidad, los ancianos responden que ellos venían de gran tribulación y que habían lavado sus ropas en la sangre del Cordero. "Estos... están delante del trono de Dios, y le sirven *(latreuosin)* día y noche en su templo" (7:14-15).

Adoración es pleitesía, reverencia, y comunión. Pero al mismo tiempo, es la ofrenda de uno mismo en servicio a Dios. Es identificación con Dios por medio del Espíritu para *maturación* en amor y para el *ministerio* de amor a la humanidad.

2. *Modelos de Adoración.*

Los modelos de adoración cristiana se desarrollaron lentamente, pero de lo que nos dice el Nuevo Testamento se pueden discernir ciertas características básicas.

a. Respecto a lugar, al principio los creyentes se reunieron en el templo, de acuerdo con la costumbre judía y los hábitos de Jesús (Mr. 14:49; Hch. 2:46; 5:42). Además, simultáneamente, al principio se reunían en hogares, probablemente en la casa de la madre de Juan Marcos, donde se celebraron la Santa Cena y vino el Pentecostés (Hch. 1:13; 12:12; ver Lc. 24:33). La expresión *kat'oikon* en Hechos 2:46 y 5:42 pudiera traducirse en "de casa en casa", dando la idea posiblemente de que varios hogares se convirtieron en centros de adoración.[8] Las iglesias de Pablo eran también iglesias—hogares (Ro. 16:5; 1 Co. 16:19; ver también Col. 4:15; Flm. 2).

b. Los servicios se llevaban a cabo diariamente según Hechos 2:46; 5:42; pero pronto se marcaban específicamente por el Día del Señor, el primer día de la semana, en conmemoración a la resurrección del Señor (Hch. 20:7; Ap. 1:10; "el día del Señor"; ver también *Didache* 14, 1). Cullmann escribe, "Cada Día del Señor era un festival de resurrección."[9]

c. Quizá por la influencia de su trasfondo judío, los cristianos daban instrucción, predicaban, y partían el pan cuando se reunían (Hch. 2:42, 46; 20:7). De las referencias fragmentarias del Nuevo Testamento podemos discernir una especie de modelo reformado de adoración en sinagoga. La predicación, una actividad básica en la adoración, se tratará más tarde. La oración era sin duda, libre al principio, tomando alguna forma litúrgica más tarde, como cuando los cristianos recitaban juntos el Padrenuestro (ver el uso de "Abba" en Romanos 8:15; Gá. 4:6). Otra oración litúrgica era el aramaico *Maranatha*, "ven, Señor Jesús," en 1 Co. 16:22 y en Ap. 22:20. En el Nuevo Testamento encontramos bendiciones y doxologías empleadas por los cristianos primitivos. Por ejemplo, notemos "la gracia de nuestro Señor Jesucristo sea con vuestro espíritu" (Gá. 6:18; Fil. 4:23), o "esté con vosotros" (1 Co. 16:23), o "sea con todos vosotros" (Ap. 22:21), o "la gracia del Señor Jesucristo, el amor de Dios, y la comunión del Espíritu Santo sean con todos vosotros" (2 Co. 13:14).

Las fórmulas doxológicas se introducen con "bendito" (*eulogetos*, Ro. 1:25; 9:5; 2 Co. 11:31) o "gloria" (*doxa*, Ro. 11:36; Gá. 1:5; Fil. 4:20). "Amén" aparece frecuentemente en el Nuevo Testamento y deducimos que fue empleada en la adoración de la Iglesia. Con las doxologías ocurre en Ro. 1:25; 9:5; 11:36; 16:27; Gá. 1:5; Ef. 3:21; Fil. 4:20; 1 Ti. 1:17; 6:16; 2 Ti. 4:18; He. 13:21; 1 P. 4:11; 5:11; Judas 25. La adoración en el cielo por las cuatro criaturas vivientes incluye "Amén" (Ap. 5). Muy al fin del libro la respuesta a la seguridad solemne del retorno de Jesucristo es "¡Amén, ven, Señor Jesús!" (22:20). Estos elementos de oración bien pudieron haber sido parte del modo de adoración judía.

En la adoración de la comunidad primitiva prevalecía la libertad. En Hechos 4:24-31 leemos acerca de una demostración repentina de adoración, canto y oración cuando Pedro y Juan fueron libertados por el Sanedrín. Pablo estimuló a su pueblo a cantar "salmos, e himnos, y canciones espirituales" (Ef. 5:19; Col. 3:16; ver también 1 Co. 14:26). El Apocalipsis contiene varios himnos cristianos en forma de salmo, aclamando a Dios y a Cristo como Rey (4:8, 11; 5:9-10; 11:17; 19:1, 6). Algunos eruditos consideran Fil. 2:5-11 y Col. 1:15-20 como himnos cristianos primitivos.[10] Otros fragmentos posibles de himnos son Ef. 5:14; 1 Ti. 3:16; 2 Ti. 2:11-13; 1 P. 3:18-22.[11] Algunos de los himnos más notables se encuentran en los narrativos del nacimiento en Lucas: la *magnificat* (1:46-56); El *Benedictus* (1:67-79; Gloria (2:14); el *Nunc Dimitis* (2:29-32). Plineo, escribiendo como por el año 112 A.D., comenta que los cristianos de Bitinia cantaban "himnos a Cristo como Dios," nota que sugiere un hecho establecido de la adoración cristiana.[12]

En los servicios cristianos había también sanidades, otras manifestaciones milagrosas del poder divino, y conversaciones informales y espontáneas (1 Co. 12—14). Todas estas se consideraban señales del ministerio del Espíritu Santo entre el pueblo cristiano.

La postura de la oración en la adoración variaba, en ocasiones de rodillas (Lc. 22:41; Ef. 3:14), a veces postrados (Mr. 14:35; 1 Co. 14:25), pero más frecuentemente de pie (ver Mr. 11:25; Lc. 18:11, 13). Esta postura, con frecuencia con las manos en alto y el rostro viendo hacia arriba, era muy común tanto entre los paganos como entre los judíos. Probablemente los cristianos adoptaron la posición de pie según se sugiere en 1 Timoteo 2:8.

B. El Partimiento del Pan

Otra práctica de adoración de los cristianos primitivos era el partimiento del pan *(he klasis tou artou).* En Hechos 2:42 se emplea este término "partir del pan" como si fuera una práctica común (ver Hch. 2:46). De acuerdo con Hechos 20:7, 11, después de un sermón por el apóstol Pablo, la gente se entregó al rito del partimiento del pan.

En la opinión de muchos eruditos el rompimiento del pan con alegría debe relacionarse con la Eucaristía. Higgins escribe: " 'El partimiento del pan' se convirtió en un nombre para la Cena del Señor cristiana por cuanto Jesús en su última cena de la Pascua impuso un nuevo significado e importancia sobre el pan hasta entonces no conocidos. Este fue el primer nombre para la Eucaristía como la sucesora de la Pascua judía."[13] Piensa también que la frase "el pan que partimos" en 1 Corintios 10:16, donde Pablo da instrucciones a la iglesia de Corinto acerca de su conducta en la Eucaristía, indica definitivamente esta relación.

Hechos 2:42-47 no es tan claro respecto a los elementos eucarísticos, pero el argumento del silencio no debe determinar el caso.[14] La conclusión de Moule es cuidadosa y más apegada a lo correcto: "No hay necesidad de creer que todo alimento llevaba explícitamente este significado (esto es, sacramental): no hay duda de que había una libertad no institucional así como flexibilidad. Pero si la tradición paulina es verdadera, resulta difícil creer que no hubiera desde el principio, también, un conocimiento vívido de este aspecto del partimiento del pan entre los cristianos."[15]

Pudiera ser que, de acuerdo con los requisitos del alimento judío, el rito del "partimiento del pan" precediera a la comida y sirviera la función de acción de gracias por el alimento y el reconocimiento de la presencia del Señor resucitado. Las ocasiones "del partimiento del pan" eran, por tanto, ocasiones de compañerismo con cierto significado sacramental.

1. Siendo que los creyentes primitivos estaban unidos por el Espíritu Santo y compartían una vida espiritual común, estos tiempos para comer juntos servían otros objetivos aparte de los seculares.

2. Los apóstoles recordaban el compartimiento del alimento con el Maestro; en algunos casos hubo milagros de multiplicación de los panes. El relato asienta claramente que compartieron el pan y el pez con el Señor después de su resurrección (Jn. 21; L. 24: 13-35). Cullmann comenta: "La llegada de Cristo en medio de la comunidad reunida para los alimentos era una anticipación de su venida al Banquete Mesiánico a la vez que una vista en retrospecto cuando los discípulos comieron con el Señor resucitado en los días de la Pascua."[16]

3. En ocasiones, la Eucaristía se celebraba durante el alimento o después. La evidencia para esta conclusión se encuentra en 1 Corintios 11:17-34, donde Pablo trata con el asunto de la conducta adecuada en las comidas semanales; también en la referencia a las fiestas de amor en Judas 12 *(agapai)* y posiblemente en 2 Pedro 2:13 *(agapais),* en el *Didache* 9:1—10:5; 14:1, y en las cartas de Ignacio de Antioquía. Estas "fiestas agape" sin duda, se practicaron regularmente por algún tiempo. Servían para renovar la fe en el Señor a quien los cristianos se habían entregado, a desarrollar una consciencia de su identidad y ministerio en el mundo, y a fortalecerlos ante la persecución.

Las instrucciones de Pablo a los corintios respecto a comer en casa, prepararon quizá el camino para la separación de la comida *agape* de la Eucaristía. Para el tiempo de Justino (ca. 150 A.D.), quien nos da una descripción de una reunión de la comunidad en domingo, esta separación ya era completa (*Apol.* 1, 67).

Después de colar todas las referencias a la adoración, no podemos menos que estar de acuerdo con la conclusión de Bartlett de que la adoración para la Iglesia Cristiana se consideraba "el evento extendido de Jesucristo."[17] El Cristo resucitado vivía entre su pueblo y se manifestaba a ellos en poder cuando se reunían juntos. Adorar quería decir que Dios estaba todavía reconciliando en Cristo; y cuando se proclamaba esa palabra, la obra redentora de Jesucristo seguía adelante.

II. PROCLAMACIÓN

Proclamación o el anuncio de las Buenas Nuevas es un modo central de testificar de la Iglesia. Suzanne de Dietrich valoriza correctamente su importancia cuando escribe que "es la *predicación* del evangelio lo que sienta el fundamento de la comunidad."[18] Al momento señalado, Jesús principió su ministerio en Galilea, "predicando el evangelio del reino de Dios" (Mr. 1:14; Lc. 4:18-19, 43-44). Aunque Jesús gastó su tiempo en lo que pudiera estrictamente clasificarse como enseñanza, su ministerio central era el de ser un heraldo *(kerux),* anunciando la presencia y el poder del reino de Dios.[19] El hecho distintivo de su ministerio fue la nota profética del cumplimiento de promesas antiguas. "No anuncia que algunas cosas sucederán. Su proclamación misma es el evento. Lo que El declara sucede en el momento de su declaración."[20]

En los primeros capítulos de los Hechos, la obra misionera de los apóstoles es la de "enseñar y predicar" *(didaskontes kai euaggelizomenoi,* Hch. 5:42).

La esencia de la predicación de los apóstoles fue un ensayo de la historia de salvación. El énfasis era en "la más potente obra de Dios," la encarnación de sí mismo en Cristo. En el Día del Pentecostés, Pedro sentó la ocasión en contexto escritural refiriéndose a la profecía de Joel. Después pasó inmediatamente a hablar sobre el significado de la vida, muerte y resurrección de Cristo en su relación al largo historial de Israel (Hch. 2:14-40). El mismo modelo de proclamación persistió por todos aquellos días primitivos, según las homilías de Hechos 1—11.[21]

Esta forma de predicación era básicamente misionera y evangelística, pero podemos deducir que en sus propias reuniones los cristianos oyeron exposiciones u homilías basadas en las enseñanzas y vida de Jesús con apropiada referencia a pasajes relevantes del Antiguo Testamento. Algo de este tipo de predicación se encuentra en las cartas de Hebreos y 1 Juan en el Nuevo Testamento. Estos sermones, dirigidos a los creyentes, son más inspiracionales y de instrucción que los que se hallan en Hechos 1—11.

Para los predicadores primitivos, la predicación no se consideraba una función humana; era esencialmente la obra del Espíritu de Cristo en ellos. Recordaban lo que su Maestro les había dicho, "El que a vosotros oye, a mí me oye" (Lc. 10:16). Cuando lo proclamaban, Cristo hablaba a través de ellos. "De aquí que la verdadera proclamación no sea sólo el hablar de Cristo. Es Cristo mismo hablando... Cristo mismo es el Predicador en la palabra del hombre."[22]

La predicación del Apóstol Pablo y su comprensión de esa función, eran paralelas a las de los apóstoles originales (Hch. 13: 14-41). Por necesidad, una gran parte de la predicación de Pablo era misionera en carácter. La proclamación estaba diseñada a lograr la conversión de los pecadores: "¿Y cómo creerán en aquel de quien no han oído? ¿Y cómo oirán sin haber quien les predique?" (*kerussontos,* Ro. 10:14). Para Pablo la responsabilidad del predicador era la de declarar, "Que Cristo murió por nuestros pecados, conforme a las Escrituras; y que fue sepultado, y que resucitó al tercer día, conforme a las Escrituras; y que apareció a un gran número de sus seguidores" (1 Co. 15:3-8). La misión de Cristo, por tanto, habría de ser de acuerdo con las Escrituras antiguas, y siendo así se habría de poner el énfasis en su crucifixión y resurrección (1 Co. 2:2).

Pablo intentó otro tratamiento a la predicación en Atenas, pero algunos eruditos mantienen que no fue tan efectivo como había sido en otros lugares y que volvió a las verdades centrales del evangelio en Corinto (ver Hch. 17:22-34). Escribiendo después a los corintios, les recuerda que él procuró predicar en la demostración del Espíritu y poder, pues él bien sabía que era el Espíritu divino quien "todo lo escudriña, aun lo profundo de Dios" (1 Co. 2:10) y logra la conversión. El Espíritu interpreta la verdad espiritual a los que poseen el Espíritu (1 Co. 2:13), y esto provee la base para la comunicación de la Palabra. Pablo se atreve a decir que el cristiano espiritual tiene "la mente de Cristo" (2:16), requisito básico para el ministerio.

La proclamación es una tarea especial para personas divinamente llamadas, a quienes llamamos "predicadores." Pero comprendido más generalmente, proclamación es la función esencial de la Iglesia. D. T. Niles llama a la Iglesia "un Mensajero, que produce el evangelio, y el Cuerpo dentro del cual se experimenta continuamente el evangelio."[23] Por tanto, la Iglesia es "una comunidad puesta bajo revelación y edificada por el oir de la Palabra de Dios, formada por la gracia de Dios fin de que pueda vivir."[24] La Iglesia vive por su propia proclamación, mas al mismo tiempo ministra a los que están fuera con fines evangelísticos.[25] Continuamente debe oir el evangelio si espera anunciar efectivamente la verdad a un mundo inconverso.

Por medio de la variedad de sus funciones, predicación, enseñanza, sanidad, servicio, como una comunidad de gracia, la Iglesia relata la historia de Jesús en su plenitud histórica y de experiencia. De hecho representa a Cristo para ella misma y para los de afuera evocando así una decisión en favor o en contra de El. Y al hacerlo así, ministra sacramentalmente. Dondequiera que la iglesia considera la predicación como simplemente un ensayo de ideas o proposiciones, su predicación cesa de tener una cualidad redentora. Pero cuando desempeña fielmente su función proclamatoria, trae hacia los hombres la palabra de gracia emancipadora.

Bonhoeffer relaciona correctamente a Cristo con la Palabra y la predicación: "Cristo no sólo está presente *en* la palabra de la iglesia sino *como* la palabra de la Iglesia, por ejemplo, como la palabra hablada de la predicación... la presencia de Cristo es su existencia como la predicación. El Cristo entero está presente en la predicación, Cristo humillado y Cristo exaltado."[26] Puesto en estos términos, la predicación comparte el escándalo del evangelio. La verdad sorprendente y sin embargo paradójica, es que "la Palabra de Dios ha entrado realmente en la humillación de la palabra del hombre." Las ramificaciones de esta verdad son muchas; confunden la mente y hacen humilde al predicador. No obstante, ni la Iglesia primitiva ni la iglesia en cualquiera edad podrían sobrevivir si no poseyeran esta identificación con Cristo en su proclamación. En esa forma, la declaración de Bonhoeffer nos hace pensar: "Si el Cristo total no está en la predicación, la iglesia se hace añicos."[27] Deja de ser un medio de gracia.

III. El Bautismo

En la comunidad cristiana, el bautismo se practicó sin duda alguna desde el principio (Hch. 2:38; 41; 19:5; *et al.;* Ro. 6:3; 1 Co. 1:14-17; 12:13). Sería incorrecto concluir que el rito era simplemente una continuación del ministerio de Juan el Bautista. La comunidad cristiana estaba siguiendo simplemente al Señor, quien se sometió al bautismo de Juan (Mr. 1:9-11). El mismo practicó el bautismo (Jn. 3:22; 4:2), y comisionó a sus discípulos a bautizar (Mt. 28: 18-20; Mr. 16:16). Todo el contexto del bautismo en el Nuevo Testamento es una reflexión del propio ministerio de Cristo, incluyendo su bautismo, la capacitación especial por el Espíritu, la vida de servicio, muerte y resurrección. Moule concluye que "esto, que es el 'modelo' de la historia del evangelio, es también el 'modelo' del bautismo cristiano."[28]

A. El Bautismo como Testimonio y Comisión

El bautismo como testimonio, tenía que ver tanto con el individuo como con la Iglesia. Para el recipiente era señal de su salvación personal. Este es el efecto del uso de Pablo del concepto del bautismo para explicar la vida cristiana victoriosa. "¿O no sabéis que todos los que hemos sido bautizados en Cristo Jesús, hemos sido bautizados en su muerte? Porque somos sepultados juntamente con él para muerte por el bautismo, a fin de que como Cristo resucitó de los muertos por la gloria del Padre, así también nosotros andemos en vida nueva" (Ro. 6:3-4; Col. 2:12). Cullmann dice que el bautismo de Cristo debe considerarse como un "Bautismo general: que apuntaba hacia la cruz y derivaba su significado de la cruz." Esta intuición es altamente instructiva, por cuanto une el bautismo cristiano con el bautismo de su Señor.[29]

El bautismo no se consideraba "regenerador" o "creador de fe" en el sentido teológico usual. Así como el bautismo de Cristo era una señal de previa entrega a la vida y muerte del hombre, el bautismo para el creyente es una señal de su previo arrepentimiento, fe y entrega a la vida de Cristo. El arrepentimiento y la fe *preceden* a este rito; no *nacen* en él. Según Mateo 3:6, Juan el Bautista bautizaba sólo a los que "confesaran sus pecados." Ralph Earle comenta: "Este predicador pedía que los candidatos reconocieran que eran pecadores, y que se declararan francamente antes de ser bautizados."[30]

En el Día de Pentecostés Pedro exhortó a sus oyentes diciendo: "Arrepentíos, y bautícese cada uno de vosotros en el nombre de Jesucristo *para perdón de los pecados (eis aphesis ton hamartion humon)*" (Hch. 2:38). Este bautismo era distintamente cristiano porque era "en el nombre de Jesucristo."[31] No era "con el fin o propósito del perdón de los pecados" sino más bien *como la base* del perdón de vuestros pecados." Aunque la construcción en griego (*eis* con el acusativo) generalmente denota resultado, en este caso se busca un uso causal.[32] Probablemente la frase "para perdón de los pecados" debería tomarse con "arrepentíos" antes que con "bautícese". "El perdón seguía al arrepentimiento, no al bautismo. El bautismo era un medio para describir el arrepentimiento, una confesión pública de fe en Jesús."[33] Seguramente que Dios se reserva el poder soberano aun sobre los sacramentos, y está listo a salvar dondequiera que los hombres pongan su fe en Cristo.[34]

El bautismo cristiano no sólo era un testimonio de la fe en Cristo sino también el sentido de comisión de uno como discípulo de Cristo. En el bautismo, el cristiano aceptaba el papel redentor con su Señor (Mr. 10:38; Lc. 12:50). "La comisión a la actividad misionera se encierra en los cuatro evangelios junto con los elementos del bautismo (Lc. 24:47, Mr. 16:16; Jn. 20:22; Mt. 28:19)."[35]

B. El Bautismo como Aceptación en la Iglesia

Resulta muy claro que la iglesia primitiva practicaba el bautismo como sacramento de iniciación en la comunidad (Hch. 2:38; 41; 8:12-13, 16; 9:18; 16:15, 33; 19:5; 1 Co. 1:14-17). El hecho de que Cristo mismo fuera bautizado y practicara el bautismo por medio de sus discípulos (Jn. 3:22; 4:2) como parte de su movimiento, apoya este punto de vista. Al aceptar el bautismo de Juan, Jesús fue iniciado en el movimiento de Juan, cosa que era el cumplimiento de "toda justicia" (ver Mt. 3:15). Pablo expresa en exacta terminología la relación del bautismo con la admisión a la comunidad: "Porque por un solo Espíritu fuimos todos bautizados en un cuerpo—sean judíos o griegos, sean esclavos o libres; —y a todos se nos dio a beber de un mismo Espíritu" (1 Co. 12:13).[36] El pensamiento idéntico aparece en Gálatas 3:27-28, "porque todos los que habéis sido bautizados en Cristo, de Cristo estáis revestidos... no hay esclavo ni libre; no hay varón ni mujer; porque todos vosotros sois uno en Cristo Jesús." El bautismo marcaba al cristiano como miembro de la nueva comunidad del pacto y lo hacía diferente de los demás. Era bautizado "para" Cristo—esto es, se convertía en cristiano, un seguidor de la "forma de ser" de Cristo, y de ahora en adelante le pertenecía a El.

La iglesia tiene un interés especial en el acto del bautismo. Ella existe donde reina el Espíritu de Cristo; ella es la comunidad de la gracia; ella es la Fuente de vida para todos los humanos pues Cristo funciona a través de ella. El bautismo es una señal de su eficacia, siendo que el poder de la resurrección del Espíritu Santo la hace existir, la sostiene y opera a través de ella. Hasta tanto el Espíritu es operante por conducto de ella, y en ese grado, la Iglesia efectúa la incorporación de los creyentes. Por tanto, en forma apropiada podemos hablar de la "gracia bautismal" una gracia que es medida a través de la Iglesia.[37]

C. El Bautismo de Niños

El bautismo de los infantes ha sido muy debatido en décadas recientes por la iglesia. La declaración de Karl Barth frecuentemente repetida, expresa el furor de este debate. "El bautismo infantil es síntoma de una enfermedad seria de la cual sufre la Iglesia y que es multitudinismo (el seguir la opinión del vulgo)."[38] Varios son los que tienen que ver con el asunto.

1. El bautismo de los infantes no se enseña explícitamente en el Nuevo Testamento. Sin embargo, tal como Filson nos recuerda, la conversión de los adultos fue necesariamente el medio por el cual la Iglesia principió y se extendió, y esto bien pudiera explicar el que no se hayan mencionado los niños.[39]

2. A la Iglesia se unieron grupos o unidades de familia (Hch. 8:12-13; 10:24, 43-44, 47-48; 16:14-15, 33-34; 18:8; 1 Co. 1:16); de manera que si el concepto prevalente de solidaridad en la familia jugó un papel en la dirección de la Iglesia Primitiva, podemos deducir que también los niños fueron bautizados. Cuando el jefe de la casa aceptaba a Cristo, comprometía a toda su casa *(oikos);* él era un "representante."

3. Aunque nada puede probarse sobre la práctica del bautismo de niños basándose en el interés de Jesús por ellos (Mr. 10:13-16), ese hecho, junto con la incorporación de familias enteras, al menos abre el camino a la implicación de tal práctica.

4. Hay también el importante hecho teológico de que siendo que la Iglesia es un medio de la gracia de Dios y en vista de que el niño goza las bendiciones de esa gracia en los días de su inocencia, al bautizar la Iglesia a los niños reconoce la gracia de Dios sobre sus vidas. Admite también responsabilidad sobre el desarrollo espiritual del niño junto con la familia.

D. El Modo del Bautismo

Se ha disputado también el modo del bautismo, siendo casi seguro que no se resuelva a satisfacción de todos. El verbo griego *baptizo* deriva de *bapto,* habiendo sido trasliterado al inglés y de allí al castellano. Tiene el significado básico de "zambullir, meterse al agua, aventarse al agua, cubrir de agua, sumergir."[41] Después de descartar los pocos casos en el Nuevo Testamento en que se expresa la idea de lavamiento (Mr. 7:4; He. 6:2; 9:10), tanto el verbo como las formas sustantivas *(baptisma, baptismos)* denotan inmersión (ver Hch. 8:38-39; la realidad del entierro con Cristo en Ro. 6:4). Este modo se ha empleado a través de la historia de la Iglesia.

La Enseñanza de los Doce Apóstoles tiene una preferencia por "viva," es decir, agua corriente, como la del río Jordán en que Jesús fue bautizado. Si alguna persona no puede resistir el zambullirse en agua fría, puede ser bautizado en agua tibia, o puede echársele agua tres veces, pero sólo en casos de necesidad urgente (c. 7).

En conclusión, la ceremonia del bautismo no era ni es un sacramento incidental en la vida de la Iglesia. Conlleva dimensiones personales y comunales. Para el creyente, el bautismo quería decir que se había arrepentido de sus pecados, había recibido a Cristo como su Salvador y había sido infundido con el Espíritu Santo. El rito daba testimonio a la realidad de esta experiencia. Además, el bautismo introducía al creyente en la iglesia. Richardson considera que la fe y el bautismo son complementarios, pues la fe lleva a "la incorporación bautismal al cuerpo de Cristo."[42] El creyente pertenece ahora a los hijos de Dios "irreprensibles y sencillos" (Fil. 2:15) en los cuales no hay distinciones raciales pues todos han sido bautizados en Cristo.

Por lo que sabemos acerca del ministerio de la Iglesia Primitiva, el bautismo se requería de todos. En su práctica del bautismo, la Iglesia estaba funcionando sacramentalmente; actuaba como un medio divino de la gracia de Dios.

IV. LA CENA DEL SEÑOR

El sacramento de la Cena del Señor ha tenido varios nombres en las varias ramas de la iglesia—Eucaristía,[43] Santa Comunión, y la Misa. Juntamente con la proclamación es uno de los actos mediadores de gracia más importantes en la iglesia. Aparentemente, el sacramento se instituyó inmediatamente en la vida de la Iglesia y se participaba en ella semanariamente, si no cada día. Sin embargo, una gran porción del cristianismo de hoy ha reducido esta actividad a tiempos infrecuentes, siendo la predicación la que ha tomado el primer lugar en su adoración.

A. El Acto Profético del Señor

Durante la última semana de su vida, el Maestro llevó a cabo tres actos simbólicos proféticos: (1) la entrada triunfal a Jerusalén (Mt. 21:1-11); (2) la limpieza del templo (Mt. 21:12-13); (3) la comida de la cena de la Pascua con los discípulos y la institución de la Cena del Señor (Mt. 26:26-29; Mr. 14:22-25; Lc. 22:15-20; 1 Co. 11:23-26).

La "comida fundadora" así llamada por Jeremias, se describe

en los relatos del Nuevo Testamento con variadas diferencias, pero "la substancia de los cuatro textos independientes está en completo acuerdo."[44] Las frases de acuerdo común son: "este es mi cuerpo," "mi sangre del pacto," o "el pacto de mi sangre," así como "por muchos" o "por vosotros." La adición significativa de los Sinópticos es la nota de esperanza de una cena futura con Cristo: "porque os digo que no beberé más del fruto de la vid, hasta que el reino de Dios venga" (Lc. 22:18; ver Mr. 14:25; Mt. 26:29); "Así, pues, todas las veces que comiereis este pan, y bebiereis esta copa, la muerte del Señor anunciáis hasta que él venga" (1 Co. 11:26). Pablo y Lucas retienen la referencia al nuevo pacto *(kaine diatheke),* "Esta copa es el nuevo pacto de mi sangre" (1 Co. 11:25); "Esta copa es el nuevo pacto en mi sangre, que por vosotros se derrama" (Lc. 22: 20).[45] La única contribución paulina es la exhortación: "Haced esto en memoria de mí" (1 Co. 11:24-25).

Tal como se indicó arriba, Jesús instigó este memorial. Fueron varias las acciones proféticas del Señor: (1) Envió a los discípulos que prepararan la cena (Mt. 26:17, 19); (2) Tomó una pequeña pieza de pan, dio gracias y lo rompió con sus manos, lo distribuyó a los discípulos y anunció, "Este es mi cuerpo." (3) Tomó una copa de vino, la bendijo, la pasó a los discípulos, y declaró, "Esta es mi sangre del nuevo pacto." (4) Los exhortó a practicar este acto en memoria de El. (5) Anunció que no bebería otra vez de la copa en esta forma "hasta que el reino de Dios venga." En todas las tradiciones textuales y eclesiásticas se han preservado estos hechos salientes del evento.

B. El Significado de la Cena

1. Proclamación de la Muerte de Cristo.

Tomados colectivamente, estos relatos de la Cena del Señor dan expresión a tres temas redentores. Primero, con respecto al pasado, proclaman la muerte de Cristo. Pablo hace este énfasis, "todas las veces que comiereis este pan y bebiereis esta copa, la muerte del Señor anunciáis hasta que él venga" (1 Co. 11:26).

A pesar de los numerosos aspectos de la discusión respecto a si la última cena de Jesús fue una celebración de la Pascua, las declaraciones mencionadas arriba tomadas de las varias tradiciones sugieren el trasfondo de la Pascua. La conclusión de Dom Gregory Dix es firme: "*Toda la secuencia,* Cena, Crucifixión, y Resurrección, sucedió por causa de los apóstoles en el trasfondo de la pascua."[46] Así que, en este acto profético oímos una terminología sacrificial,

Jesús se describe a sí mismo como un sacrificio, como el Cordero escatológico (ver 1 Co. 5:7), cuya muerte hace emerger el nuevo pacto que fue prefigurado en la promulgación del pacto en Sinaí (Ex. 24:8) y profetizado para el tiempo de salvación (Jer. 31:31-34). Es más, el uso de la frase "por muchos" *(huper pollon),* cuya raíz exegética viene de Isaías 53, habla indisputablemente del significado redentor de su muerte. Su muerte era "representante de muchos."[47] A sus discípulos Jesús les declaró su dedicación profunda a su salvación en todas sus dimensiones presentes y futuras, empleando el ambiente y el lenguaje de la Pascua para transmitir ese significado.

La Cena no es "una comida conmemorativa para los muertos," como algunos han procurado sugerir sobre la base de las comidas helenísticas que se hacían en memoria de los muertos. No es un tiempo de tristeza, sino de reverencia y acción de gracias. De hecho, la muerte de Jesús se proclama en todos los cuatro Evangelios, como una muerte que tuvo lugar *para* los participantes. Las dos frases en Lucas 22:19-20: "que por vosotros es dado" *(to huper humon didomenon)* y "que por vosotros se derrama" *(to huper humon ekchunnomenon)* contienen el familiar *huper,* que significa "en favor de." Jesús les dijo a los discípulos que el rompimiento de su cuerpo y el derramamiento de su sangre fueron para que se les adjudicara a ellos los beneficios de la emancipación y reconciliación. La Iglesia Primitiva así entendió la Comunión. Al participar en ella no sólo recordaban y proclamaban la muerte de Cristo, sino también testificaban de su fe en los beneficios expiatorios de esa muerte.

2. Celebración del Compañerismo de Cristo.

Con respecto al presente, la Cena del Señor es una celebración del continuo compañerismo de Cristo con su pueblo. Es un tiempo cuando el Cristo resucitado se encuentra con los creyentes. A la vez, todos los que comparten su fe en Cristo se unen en amor al tiempo de la cena. El ataque de Pablo sobre la conducta cismática de los corintios en la Cena del Señor se justificaba debido a la naturaleza de la cena como una comida de amistad con Cristo (1 Co. 11:17-22). Más antes, en la misma Epístola, Pablo declara que "la copa de bendición" y "el pan que rompemos" representan la "participación" (koinonía) de la sangre y cuerpo de Cristo. Siendo este el caso, todos los que comen y beben son "un cuerpo" *(hen soma,* 1 Co. 10:16-17).

Quizá la famosa invitación de "Cristo a la puerta" de Ap.

3:20 se refiera a este mismo compañerismo en la Cena del Señor: "He aquí, yo estoy a la puerta y llamo; si alguno oyere mi voz y abre la puerta, entraré a él, y cenaré con él, y él conmigo."

El concepto de Grant sobre este elemento de comunión presente resulta instructivo. No discute la cuestión de participar del cuerpo "espiritual" o "real" de Cristo. Sin embargo, concluye que lo que ha hecho que la Eucaristía se haya mantenido "viva y creciente, ha sido la realización de lo que *aquí* está presente real y sobrenaturalmente, no alguna conmemoración histórica como el aniversario de una batalla o la Declaración de Independencia."[48] Fundamentalmente, la Cena del Señor es un rito de compañerismo, de unión y comunión, primero con Cristo, después de los unos para con los otros; en El. De acuerdo con los cristianos primitivos, el Cristo resucitado estaba presente en *Su* mesa.

Tanto Lucas como Pablo incluyen la referencia al "nuevo pacto" (Lc. 22:20; 1 Co. 11:25). El *kaine diatheke* no era la introducción de una nueva doctrina o de una nueva ley, sino una nueva presentación y presencia de Dios mismo a través de Cristo. Jeremías recalca la palabra divina: "Daré mi ley en su mente, y la escribiré en su corazón; y yo seré a ellos por Dios, y ellos me serán por pueblo" (31:33). La presencia de Cristo en la cena era la seguridad de la relación por el pacto, y su muerte ha sellado el nuevo pacto. Celebraban la muerte del Señor y se regocijaban en su nueva relación de pacto.

La cuestión de cómo es que Cristo está presente en la Cena del Señor ha resultado sobre la base de Juan 6:51-58. Es allí donde Jesús dijo, "Yo soy el pan vivo," y "El que come mi carne y bebe mi sangre, en mí permanece, y yo vivo en él." El uso del término "es" en la institución que el Señor hace del rito también implica la misma cuestión. Jesús dijo, "Este es mi cuerpo" y "Esta es mi sangre" (Mt. 26:26, 28).

La respuesta de Schweizer a esta profunda cuestión parece ser la más satisfactoria. Como un principio dominante, Cristo está presente en su palabra, en la palabra de la Iglesia que lo proclama. Pablo expresa que Jesús dijo, "todas las veces que comiereis este pan, y bebiereis esta copa, la muerte del Señor anunciáis hasta que él venga" (1 Co. 11:26). Schweizer continúa, "Uno nunca hablaría en el Nuevo Testamento acerca de la palabra como algo 'meramente' proclamado, como si la proclamación no tuviera el carácter de un evento *(Tatcharakter)*, sino que era meramente algo 'espiritual' dirigido al intelecto. Es Cristo el que viene en la palabra:

'El que a vosotros oye, a mí me oye; y el que a vosotros desecha, a mí desecha' (Lc. 10:16; así como Mt. 10:40)."[49] La palabra da origen a la Iglesia (1 Co. 4:15; Stg. 1:18; 1 P. 1:23); la palabra imparte el don del Espíritu (Gá. 4:15).

Schweizer nota esta "presencia de la palabra" en el relato de Pablo acerca de la cena. Es la "bendición" de la copa y el "partimiento" del pan lo que es decisivo, no la comida ni la bebida. Concluye que "la presencia real de Cristo en la Cena del Señor es exactamente la misma que su presencia en la palabra—nada más, ni nada menos. Es un evento, no un objeto; un encuentro, no un fenómeno de la naturaleza; es un encuentro de Cristo con su iglesia, no la distribución de una substancia."[50] Cristo nunca ha de convertirse en un objeto a disposición de la Iglesia.

Sin embargo, el evento de la predicación, depende de las palabras del hombre. Comprendido en esta forma, la presencia de Cristo a la mesa es en verdad una palabra real y visible, tal como Agustín lo enseñó. Al participar en este rito, los discípulos primitivos estaban muy conscientes de la presencia del Señor por cuanto estaban oyendo su palabra de salvación.

3. Anticipación del Banquete Mesiánico.

De acuerdo con el relato sinóptico, el Señor beberá el fruto de la vid en el futuro, en el reino con su pueblo (Mr. 14:25 sig.; ver 1 Co. 11:26). Esta nota escatológica implica que al participar de la Cena el creyente está participando prolépticamente en el futuro Banquete Mesiánico. La expresión demuestra que en la Ultima Cena, Jesús miraba hacia adelante, más allá de la muerte, a la comunión perfecta del reino consumado. Así que, para el discípulo "la bebida de la copa es una participación presente en ese compañerismo hasta donde puede existir hoy día."[51] Sin duda, este hecho explica el gozo manifestado en la Iglesia primitiva cuando se reunían a comer juntos (Hch. 2:46). El gozo de conocer la presencia de Cristo en la Eucaristía era "una prueba de la reunión final en el reino de Dios."

NOTAS BIBLIOGRÁFICAS

[1]Por definición, "sacramental" significa "perteneciente a los sacramentos o ritos sagrados". En la comunión cristiana se refiere a actos santos particulares, como el bautismo y la eucaristía. Un sacramento, definido técnicamente, es un acto

por el cual se imparte la gracia divina y se recibe. Por tanto, cualquier rito que testifique de la gracia o la administre a los hombres es sacramental. En un sentido más amplio, la vida de la iglesia es sacramental porque allí la gracia de Dios es proclamada, administrada, y experimentada tanto en la iglesia como a través de ella. Por tanto, nos justificamos al concluir que la vida total de la iglesia de Cristo es "un medio de gracia". La palabra "sacramental" se emplea bajo este sentido en este estudio.

[2]Harald Riesenfeld, "The Ministry in the New Testament", *The Root of the Vine* (Westminster: Dacre Press, 1953), p. 111.

[3](Filadelfia: The Westminster Press, 1958), p. 149.

[4]Daniel T. Niles, *The Preacher's Task and the Stone of Stumbling* (Nueva York: Harper and Bros., 1958), p. 110.

[5]*NT Theology*, p. 201.

[6]Cf. H. Strathmann, "latreou, latreia", *TDNT*, 4:53-65: estos términos se refieren a la adoración ritual, particularmente en el AT, aunque en el NT son espiritualizados y se relacionan con la vida total como un acto de adoración o servicio a Dios. H. Greeven, "proskuneo", *TDNT*, 6:758-766.

[7]R. Mayer and H. Strathmann, "elitourgeo, leitourgia", *TDNT*, 4:215-231.

[8]Oscar Cullmann, *Early Christian Worship*, trad. por A. Stewart Todd y James B. Torrance (Londres: SCM Press, 1953), pp. 9-10.

[9]*Iibid.*

[10]Cf. R. P. Martin, *Carmen Christi. Philippians ii. 5-11 in Recent Interpretation and in the Setting of Early Christian Worship* (Cambridge: University Press, 1967), pp. 17-23.

[11]Cf. C. F. D. Moule, *Worship in the New Testament* (Richmond, Va.: John Knox Press, 1961), pp. 67-81., en "The Language of Worship".

[12]*Epistles*, X, 96.

[13]A. J. B. Higgins, *The Lord's Supper in the New Testament* (Chicago: Alec R. Allenson, Inc., 1952), p. 56; I. Howard Marshall, *Luke: Historian and Theologian* (Grand Rapids, Mich.: Wm. B. Eerdmans Publishing Co.), p. 206: "El partimiento del pan y la Cena del Señor son dos nombres para una comida idéntica." Para Oscar Cullmann hay una relación muy estrecha entre la eucaristía y "el partimiento del pan", en particular en el punto de la característica de "regocijo" tanto de la comida comunal como de la eucaristía (*Early Christian Worship*, pp. 14-20); J. Jeremias, *The Eucaristic Words of Jesus*, trad. por Norman Perrin, 3a. ed. (Nueva York: Charles Scribner's Sons, 1966).

[14]*Ibid.*, p. 57.

[15]C. F. D. Moule, *Worship in the NT Church*, pp. 21-22.

[16]*Early Christian Worship*, p. 16; cf. también Moule *ibid.*, p. 21.

[17]Gene Barlett, "Worship: Ordered Proclamation of the Gospel", *Review and Expositor*, LXII no. 3 (Verano de 1965), pp. 286 y ss.

[18]*The Witnessing Community*, p. 149.

[19]Respecto a la relación entre la predicación y la enseñanza en el NT, cf. C. H. Dodd, *The Apostolic Preaching and Its Developments* (Nueva York: Harper and Bros., 1936); Everett F. Harrison, "Some Patterns of the Testament Didache", *Bibliotheca Sacra*, vol. 119, no. 474 (abril de 1962); Robert C. Worley, "Preaching and Teaching in the Primitive Church", *McCormick Quarterly*, vol. XX (nov. de 1966), Friedrich Büchsel, "Kerysso", *TDNT*, 3:713.

[20]Gerhard Friedrich, "Kerysso", *TDNT*, 3:706.

[21]Cf. el estudio de Dodd de estos sermones en *Apostolic Preaching,* pp. 21-24; cf. R. H. Mounce, *The Essential Nature of NT Proclamation* (Grand Rapids, Mich.: Wm. B. Eerdmans Publishing Co., 1960); Werner Kümmel, "The Main Types of NT Proclamation", *Encounter,* XXI (1960), 161-180.

[22]Friedrich, *TDNT,* 3:708.

[23]*Preacher's Task and the Stone of Stumbling,* p. 86.

[24]Karl Barth, *The Preaching of the Gospel,* trad. por B. E. Hooke (Filadelfia: Westminster Press, 1963), p. 31.

[25]Cf. la discusión de William Barclay sobre la predicación de San Pablo, "Comparison of Paul's Missionary Preaching and Preaching to the Church", *Apostolic History and the Gospel,* editores W. Ward Gasque y Ralph P. Martin (Grand Rapids, Mich.: Wm. B. Eerdmans Publishing Co., 1970), pp. 156-165; Bo Reicke, "A Synopsis of Early Christian Preaching", *The Root of the Vine,* pp. 143-153.

[26]Dietrich Bonhoeffer, *Christ the Center,* trad. por John Bowden (Nueva York: Harper and Row, 1966), p. 52.

[27]*Ibid.,* pp. 52-53.

[28]Moule, *Worship in the NT Church,* p. 48.

[29]Oscar Cullmann, *Baptism in the New Testament,* trad. por J. K. S. Reid (Londres: SCM Press, 1950), pp. 18 y ss., cf. Stauffer, *NT Theology,* p. 161: la muerte de Cristo coloca a "la persona bautizada bajo esta señal de la cruz"; el bautismo era "el marcado de los hombres con el nombre de Jesucristo".

[30]"Matthew", *BBC,* 6:46.

[31]Cf. F. F. Bruce, "The Book of the Acts", *The New International Commentary on the New Testament* (Grand Rapids, Mich.: Wm. B. Eerdmans Publishing Co., 1954), p. 76: "Se administraba 'en el nombre de Jesucristo'—probablemente en el sentido de que la persona a quien se bautizaba confesaba o invocaba a Cristo como el Mesías (cf. cap. 22:16). Además, la persona que bautizaba al convertido aparentemente mencionaba el nombre de Cristo en el preciso momento de administrar el bautismo (cf. cap. 15:17; Stg. 2:7)."

[32]Frank Stagg, *The Book of Acts* (Nashville: Broadman Press, 1955), pp. 62, 58; cf. Mt. 12:41; Ralph Earle, "Acts", *BBC,* 7:288; A. T. Robertson, *Word Pictures in the NT* (Nueva York: Richard R. Smith, 1930), 3:34.

[33]Stagg, *Book of Acts,* p. 63.

[34]Richardson, *Introduction to the Theology of the NT,* p. 347; véase la respuesta de William Hull (bautista del sur) al *Baptism in the New Testament* de Beasley-Murray, en "Baptism in the New Testament: A Critique", *Review and Expositor,* vol. LXV (invierno de 1968), pp. 3-12.

[35]Stauffer, *NT Theology,* p. 160; Barth también considera que en el bautismo el creyente es "comisionado para una responsabilidad especial".

[36]Sobre la interpretación de este versículo, cf. Donald Metz, "1 Corinthians", *BBC,* 8:432. También, C. K. Barrett, "The First Epistle to the Corinthians", *Harper's NT Commentaries,* pp. 288-289: "No hay razón para pensar que *somos bautizados* se refiera a otra cosa aparte del bautismo en agua (junto con todo lo que este rito externo significaba)."

[37]Sobre la controversial pregunta de la posible relación del bautismo con el rito judío de la circuncisión, véase J. Jeremias, *Infant Baptism in the First Four Centuries,* trad. por David Cairns (Londres: SCM Press, 1960), pp. 39, 47; R. Meyer, *TDNT,* 6:81 y ss.; *contra* H. H. Rowley, *The Unity of the Bible* (Londres: Carey Kingsgate Press, 1953), pp. 157 y ss.; W. H. Lampe, *The Seal of the Spirit,* 2a. ed.

(Naperville, Ill.: Allenson, 1967), pp. 56, 62, 85; George A. Turner, "Infant Baptism in Biblical and Historical Context", WTJ, vol. 5 (primavera de 1970), pp. 11 y ss.; R. P. Martin, *Colossians* (Grand Rapids, Mich.: Zondervan, 1972), pp. 84 y ss.

[38]*The Teaching of the Church Regarding Baptism* (Londres: SCM Press, 1948), p. 45; los siguientes también rechazan el bautismo de infantes: Kurt Aland, Emil Brunner, J. R. Nelson, Alfred F. Kuen, y George A. Turner. Cullmann es uno de los pocos teólogos modernos que lo defiende. Cf. también Filson, Richardson y Stauffer.

[39]*Jesus Christ the Risen Lord,* p. 218.

[40]La primera protesta contra el bautismo de infantes fue presentada por Tertuliano en el segundo siglo. Por ese hecho deducimos que quizá ya era un rito bien establecido aun antes de su tiempo.

[41]Cf. Arndt and Gingrich, *Lexicon,* y R. R. Williams, "Baptize, Baptism", *A Theological Word Book of the NT,* pp. 27-30; A. Oepke, "Bapto, baptizo, baptismos, baptisma", *TDNT,* 1:529-546.

[42]*An Introduction to the Theology of the NT,* p. 348.

[43]Este título se ha tomado del término griego *eucharistia,* que significa "acción de gracias" y sugiere el acto del Señor de ofrecer "gracias al padre antes de la distribución de los elementos; también la gratitud de los creyentes por estos símbolos y su significado".

[44]*The Eucharistic Words of Jesus;* cf. Hans Lietzmann, *Messe und Herrenmahl, eine Studie zur Geschichte der Liturgie* (Berlín: Walter de Gruyter, 1955), en el cual el autor propone que había dos diferentes corrientes de tradición: la de Jerusalén, representada en San Marcos; la paulina, representada en los escritos de San Lucas, San Pablo y San Juan. La primera se relacionaba con el compañerismo en la mesa y el gran regocijo por la presencia del Señor resucitado. La segunda se caracterizaba por los conceptos sacrificiales griegos. El apóstol San Pablo recibió estos conceptos por revelación especial (1 Co. 11:23, *apo tou kuriou*). Cf. Eduard Schweizer, *The Lord's Supper According to the New Testament,* trad. por John M. Davis (Filadelfia: Fortress Press, 1967), p. 25: "Por tanto, aunque por un lado se hace hincapié en un tipo y por otro se hace en el segundo tipo, es imposible establecer la existencia de dos tipos totalmente distintos e independientes de la Cena del Señor en la iglesia primitiva, tal como Lietzmann y Lohmeyer tenían en mente. Si estos dos factores—el escatológico y la proclamación de la muerte de Cristo—no se consideraban unidos desde el principio, de seguro se fusionaron desde muy temprano en la iglesia palestina."

[45]Sobre el problema textual de Lc. 22:17-20, cf. Bruce M. Metzger, *A Textual Commentary on the Greek New Testament* (Londres: Sociedades Bíblicas Unidas, 1971), pp. 173-177. Hablando a nombre del comité, Metzger escribe: "La mayoría, por otro lado, impresionados por la abrumadora preponderancia de la evidencia externa en apoyo de la forma más larga, explicó el origen de la forma más corta como un accidente o malentendido de algún escriba."

[46]*Jew and Greek* (Nueva York: Harper and Bros., 1953), p. 101; cf. también A. Gilmore, "The Date and Significance of the Last Supper", *Scottish Journal of Theology* (septiembre de 1961), pp. 260-264; A. J. B. Higgins, *Lord's Supper in the NT;* V. Taylor, *Jesus and His Sacrifice,* pp. 114 y ss., 181; Jeremias, *The Eucharistic Words of Jesus.*

[47]Jeremias, *NT. Theology,* pp. 290-291.

[48]*Introduction to NT Thought,* p. 286.

[49]*The Lord's Supper,* pp. 34-35.

[50]*Ibid.*, pp. 37-38.

[51]Vincent Taylor, *The Gospel According to St. Mark* (Nueva York: St. Martin's Press, 1966), p. 547.

32

La Iglesia Como una Comunidad Organizada

La Iglesia como evento habla de su naturaleza; la Iglesia como comunidad sacramental habla de sus funciones salvadoras; la Iglesia como una comunidad organizada habla acerca de su visibilidad y sentido de responsabilidad en el mundo. La historia demuestra que con el tiempo la Iglesia se convirtió en una institución con la que tanto las autoridades religiosas como políticas tuvieron que tratar. Ganó *status* en la sociedad y con ello vino la institucionalización a medida que la Iglesia procuró mantener su posición en el mundo.[1] Al aumentar su visibilidad, luchó por ser lo que ella creía que había sido creada por su Señor. Una investigación del desarrollo de la organización de la comunidad cristiana y de la creación de las varias formas de liderato mencionadas en el Nuevo Testamento nos ayudará a determinar lo que pudieran considerarse modelos normativos del gobierno y liderato de la iglesia.

I. Pedro y la Iglesia

Los escritores del evangelio registran sólo dos pasajes en los que Jesús usa la palabra *ecclesia*. En Mateo 18:17 da instrucciones sobre cómo manejar situaciones en que un miembro peca en contra de otro. La iglesia ha de ser el árbitro final. Jesús dice que si no se llega a un arreglo, el pecador habría de tenerse como "por gentil y publicano."

El otro pasaje es la respuesta de nuestro Señor a la confesión de

Pedro de que El era "el Cristo, el Hijo del Dios viviente." "Y yo también te digo, que tú eres Pedro [*Petros*], y sobre esta roca [*petra*] edificaré mi iglesia; y las puertas del Hades no prevalecerán contra ella" (Mt. 16:18).[2] Jesús continúa diciendo, "Y a ti te daré las llaves del reino de los cielos; y todo lo que atares en la tierra será atado en los cielos; y todo lo que desatares en la tierra será desatado en los cielos" (16:19; ver 18:18).

Ha habido mucha discusión sobre la identificación de la palabra "roca" en este pasaje. ¿Es Pedro? o ¿es la confesión de Cristo como el Cristo, el Hijo del Dios viviente? Después de un estudio cuidadoso del texto, Oscar Cullmann decide que Pedro es la roca sobre la cual se construyó la Iglesia, esto es, como apóstol y no como obispo o como primer papa.[3] Ralph Earle, siguiendo a Alan McNeile, identifica la roca como la verdad que el apóstol había proclamado, esto es, el mesianismo del Señor. Sin embargo, el juego de palabras no precluye el hecho de que Pedro es la roca.[4]

Deben guardarse en mente varios hechos en cualquiera interpretación de este pasaje.

1. Es *Cristo el que edifica la Iglesia*. Pero tal como Frank Carver comenta,

> Pedro pertenece al edificio sólo como la piedra angular pertenece a la casa que en ella descansa. El es la roca sobre la que Jesús funda su Iglesia como el hombre a quien Dios le ha revelado quién es Jesús, como el hombre con un testimonio inspirado respecto a la presencia salvadora de Dios en Jesús—Pedro y los demás que posean el mismo descubrimiento personal del Hijo de Dios.[5]

2. A través de los siglos la obra de Dios ha estado estrechamente unida a hombres especialmente llamados—Abraham (ver Is. 51:1 sig.), Moisés, Josué, David, los profetas, y Juan el Bautista. ¿Por qué no Pedro? Al tomar esta posición en ninguna manera se favorece una doctrina de "sucesión apostólica" ni reviste a Pedro de infalibilidad.

3. El don de "las llaves del reino de los cielos" y el poder de "atar y desatar" hablan acerca de la relación única del ministerio de Pedro con la edificación de la Iglesia. Carver escribe, "la llave es la revelación del Padre de su Hijo que, cuando se comparte con el testimonio inspirado por el Espíritu, de hombre a hombre cumple la promesa de Jesús: 'todo lo que atares en la tierra será atado en los cielos; y todo lo que desatares en la tierra será desatado en los

cielos'."[6] Pedro usó esta llave en el Día de Pentecostés y 3,000 fueron agregados a la Iglesia. Con el Pentecostés principió un nuevo período de la obra salvadora de Dios, y Pedro, quien había vivido cerca de Cristo, jugó un importante papel.

II. El Desarrollo del Origen de la Iglesia

La evidencia histórica demuestra que la Iglesia primitiva pasó por un desarrollo organizacional gradual aun cuando no era necesariamente descuidado. La Iglesia primitiva era auténticamente carismática tanto en su adoración como en su organización. Es decir, estaba gobernada por la dirección directa del Espíritu Santo (ver Hch. 1:15-25; 13:2). La teoría de desarrollo en tres fases de Lightfoot merece consideración. Debido a ciertos eventos en la Iglesia, toma la hipótesis de que la organización vino de los diáconos a los presbíteros (ancianos) y a los obispos.[7] Sin embargo, un estudio de los datos nos lleva a concluir sobre un desarrollo menos formal. Parece que las posiciones de los diáconos y de los ancianos se establecieron muy al principio de la Iglesia, y las dos funcionaban lado a lado en áreas específicas de servicio asignadas a ellas. El obispado se inició en el oficio de anciano en forma natural por virtud de una necesidad de liderato.

Ciertas fuerzas internas controlaron la formación del gobierno de la Iglesia. Primero, la Iglesia poseía un sentido profundo de responsabilidad respecto a su misión en el mundo. Sabía que la fuente de su vida y de su misión era el Señor mismo. El ministerio *de ella* era el ministerio *de Él*. T. W. Manson observa correctamente, y sin duda la Iglesia primitiva se dio cuenta de ello, que "Hay sólo un 'ministerio esencial en la Iglesia' el ministerio perpetuo del Señor mismo resucitado y siempre presente."[8] Siendo que el ministerio de la Iglesia era derivado, para ella era lo más natural considerarse protectora de ese ministerio al confrontar experiencias que demandaban decisión relacionadas con el orden de la iglesia.[9]

Segundo, el surgimiento de la Iglesia en el contexto judío le proveía un modelo para su propia organización. Parece que la iglesia en Jerusalén había adaptado la estructura del concilio de ancianos de la sinagoga con los apóstoles como un grupo separado de autoridad.[10] La iglesia de Antioquía se preocupó acerca de la interpretación del evangelio, de manera que designaron a Pablo, Bernabé y otros, para que "subiesen... a Jerusalén... a los apóstoles y los ancianos, para tratar esta cuestión" (Hch. 15:2, 4, 6).

Pablo incluye una nota en Gálatas en que menciona a Santiago, a Cefas y a Juan como los "pilares" *(stuloi)* de la iglesia en Jerusalén (2:9).[11]

La dependencia en el modelo de la sinagoga era natural, siendo que la Iglesia al principio era sólo una secta dentro del judaísmo. Propiamente, como Grant sugiere, eran "cristianos judíos," no "judíos cristianos." Habían aceptado a Cristo como el Mesías. Como en la sinagoga, los cristianos seleccionaron a personas mayores en la comunidad para que funcionaran como "ancianos," y junto con los apóstoles, estos dos grupos manejaban las cuestiones serias que se presentaban en la iglesia. Sin embargo, la Iglesia introdujo modificaciones a medida que se apartaba de la influencia judía hacia un mundo helenista.

Un tercer factor importante en el desarrollo del orden eclesiástico, especialmente al principio, era el sacerdocio de los laicos. Los cristianos del primer siglo no distinguían entre el clérigo y el laico. Todos los miembros de la iglesia, hombres y mujeres, eran "sacerdotes para con Dios" (Ap. 1:6; 5:10; 20:6; ver 1 P. 2:9). La responsabilidad de todo miembro consistía en reunirse fielmente para adorar y ofrecer su vida en servicio sacrificial a Dios. Como miembros del *laos tou theou* tenían responsabilidades "ministeriales;" no podían delegar las funciones de evangelismo y cuidado pastoral al clérigo profesional. El bautismo, en efecto, era "una ordenación al ministerio de la Iglesia" (ver 1 Co. 12:13 en su contexto).

Había un ambiente democrático que templaba cualquiera tendencia a decisiones radicales en el gobierno eclesiástico. Por ejemplo, para resolver el problema de la distribución de alimentos para las viudas griegas "los doce convocaron a la multitud de los discípulos" instruyéndolos a escoger de entre ellos "a siete varones de buen testimonio, llenos del Espíritu Santo y de sabiduría" a quienes se les señalara este deber (Hch. 6:2-3). En la selección de los candidatos prevaleció un precedimiento democrático, pero los apóstoles los designaron formalmente a esta tarea.[12] En el primer concilio de la Iglesia (Hch. 15) los apóstoles y ancianos de la congregación en Jerusalén aparentemente ejercitaron mucho constreñimiento en el debate. Pablo y Bernabé eran líderes extraordinarios por su propio derecho por virtud de su ministerio entre los gentiles y por tanto tenían derecho de expresar libremente sus puntos de vista. Además, parece haber un intento real de buscar la preferencia del pueblo en el asunto que se trataba.

La evolución del gobierno de la iglesia fue lento, y sobre la base de la información a la mano uno no puede asegurar dogmáticamente que desde el principio se había obtenido una forma particular. B. H. Streeter escribe: "En la Iglesia primitiva no había un sólo sistema de orden eclesiástico... Durante los primeros cien años del cristianismo, la Iglesia era un organismo vivo y creciente—cambiando su organización según lo dictaban las necesidades."[13] Canon Streeter concluye que cada una de las varias áreas de la Iglesia tenía su propio ministerio, algunas cuidadosamente modeladas, otras estructuradas libremente, pero "ninguna atada a ningún orden preconcebido u oficialmente designado que hubiera sido planeado por adelantado." Quizá, como Grant reacciona, Streeter fue demasiado lejos en cuanto a libertad, pero "el argumento general de su libro famoso es incontrovertible."[14]

En este punto en un análisis erudito de la Iglesia nadie puede argüir en forma convincente en favor de "un solo y exclusivo tipo de ministerio." Sería difícil sostener que la Iglesia primitiva era "congregacional," "presbiteriana," o "episcopal." Se ha sugerido que los primeros capítulos de los Hechos reflejan una mezcla de modelos gubernamentales. Pedro preside algo así como un "obispo," sugiriendo la forma "episcopal"; los apóstoles funcionan como un colegio, dando la idea de una forma presbiteriana; la comunidad toda funciona en forma democrática, sugiriendo el modelo "congregacional."[15]

La esperanza escatológica quizá evitó que la comunidad tomara pasos serios hacia la organización, pues diariamente esperaban el regreso de su Señor. Cualquiera que haya sido el patrón de liderato prevaleciente, debió haber sido funcional y rápido. Se diseñó para satisfacer las necesidades existentes, como en el caso de la elección de los siete en Hechos 6:1-6.

En su primer viaje misionero, Pablo y Bernabé organizaron grupos de creyentes en Listra, Iconio y Antioquía. Antes de volver a su centro, regresaron por los mismos lugares que habían visitado "confirmando los ánimos de los discípulos, exhortándoles a que permaneciesen en la fe, y diciéndoles: Es necesario que a través de muchas tribulaciones entremos en el reino de Dios." Después seleccionaron ancianos *(presbyteroi)* en las iglesias nacientes (Hch. 14:21-23). Esta acción de parte de los misioneros se diseñó quizá para ayudar a los nuevos convertidos en estas ciudades a mantener su fe en caso de persecución. El arreglo de diferencias entre los miembros o las iglesias, y la relación de la comunidad a las autoridades políticas existentes, probablemente se manejaban por personas designadas especialmente cuando surgían los problemas.

III. EL LIDERATO CRECE

Simultáneamente con el desarrollo del gobierno y la organización en la Iglesia vino el crecimiento del liderato. Los eruditos concuerdan inmediatamente en que no había modelo fijo de liderato en el primer siglo, pero que se pueden discernir formas incipientes en el Nuevo Testamento.

A. Apóstoles

Al hablar de liderato, hemos de principiar con los Doce a quienes se les llama "apóstoles."[16] El Señor los había escogido (Mr. 3: 13-19) para que estuvieran "con él" y "para enviarlos a predicar, y que tuviesen autoridad para... echar fuera demonios" (vv. 14-15). Después de la resurrección se apareció Jesús a ellos dándoles instrucciones y comisionándolos (Mt. 28:16-20; Hch. 1:1-11). Cuándo fueron ellos primeramente identificados como "apóstoles" no lo sabemos; sin duda que su sentido de haber sido enviados por el Señor contribuyó a esta identificación.[17] Además, la instrucción cuidadosa de Jesús a los Doce y sus visitas después de la resurrección confirmaron en su mente que ellos habían sido separados para jugar un papel especial en la nueva comunidad (Mt. 28:19; Hch. 1:8).

Inmediatamente después de la ascensión de Cristo, el apostolado embriónico se reunió para substituir a Judas, y el resultado de su acción fue la elección de Matías (Hch. 1:26). Este episodio provee información adicional al significado de "apóstol." Los Once decidieron que el sucesor de Judas debería haber "estado junto con nosotros todo el tiempo que el Señor Jesús entraba y salía entre nosotros—comenzando desde el bautismo de Juan hasta el día en que de entre nosotros fue recibido arriba,—uno que sea hecho testigo con nosotros, de su resurrección" (Hch. 1:21-22).[18] En este tiempo la definición de "apóstol" estaba limitada. Más tarde, el apostolado se extendió para incluir algunos que no podían calificar bajo estos requisitos específicos. Entre ellos se contaban a Bernabé y a Pablo (Hch. 14:14), Andrónico y Junias (Ro. 16:7), Santiago, el hermano del Señor (Gá. 1:19), y Epafrodito (Fil. 2:25, texto griego).[19]

Obviamente, hay una definición estrecha y otra amplia de la palabra "apóstol." La definición amplia se sugiere en 2 Co. 8:23; 1 Ts. 2:6; Ap. 2:2; 21:14. Los asociados cercanos a Pablo, Silvano y Timoteo, se incluyen junto con él como "apóstoles de Cristo" (1 Ts. 1:1; 2:6). Sin embargo, la referencia en Apocalipsis 21:14, "Los doce apóstoles del Cordero," puede sólo tomarse como una limitación de la definición. La conclusión de Campbell tiene mérito: "Todo lo que puede decirse es que, después de Pablo, la Iglesia pronto restringió el uso del título a los Doce y a Pablo mismo. No obstante, el apostolado de Pablo parece haberse considerado excepcional."[20]

La responsabilidad básica de los apóstoles consistía en dar testimonio de Cristo, especialmente de su resurrección (Hch. 1:21-22; 1 Co. 9:1). Pablo consideró como su trabajo principal el predicar a Cristo (Gá. 1:16) o el evangelio (1 Co. 1:17). Por lo que tocaba a los Doce, se les asignó la supervisión general de la comunidad. Iban en cumplimiento de misiones a otros lugares con fines de evangelismo (Hch. 8:14-25; 9:32; 10:48; Gá. 2:11-14). La actividad de los apóstoles era esencialmente el servicio (*diakonias,* "ministerio"; Hch. 1:17; 20:24; Ro. 11:13; 2 Co. 6:3 sig.). Como siervos de Cristo y de la Iglesia se dedicaban a cualquiera responsabilidad que conviniera a su ministerio sin importar el costo personal. Aparentemente, en ausencia de Pedro en Jerusalén, Santiago, el hermano de Jesús, emergió como líder. Fue él quien presidió en la primera conferencia de la iglesia en Jerusalén mientras Pedro andaba de evangelista (Hch. 15).

En conclusión, "la tarea de los apóstoles era una tarea única en esa primera centuria; daban testimonio y proveían dirección inicial a la iglesia; su testimonio es mejor preservado en el Nuevo Testamento que en los numerosos desarrollos eclesiásticos de las centurias posteriores."[21] Parece apropiado decir que su liderato fue universal, predicar y enseñar a través de toda la comunidad cristiana.

B. Evangelistas

El Nuevo Testamento caracteriza el mensaje de Jesús como "buenas nuevas" *(euangelion).* La predicación del evangelio es "declarar las buenas nuevas" *(euangelizesthai).* Todos los proclamadores del evangelio de Cristo pueden ser llamados evangelistas, y los apóstoles siguieron a su Maestro en esta actividad. Sin embargo, el término "evangelistas" no se aplica a los apóstoles en el Nuevo

Testamento. En pocos casos se refiere a una persona que no es apóstol sino un misionero itinerante. A Felipe se le llama "el evangelista" en Hechos 21:8, Pablo le ruega a Timoteo que haga "la obra de evangelista" (2 Ti. 4:5). En Efesios 4:11, Pablo menciona a los evangelistas junto con los apóstoles y profetas. Pero no podemos concluir, por estas referencias, que existía en la Iglesia primitiva un oficio conocido como "evangelista."[22]

C. Profetas y Pastores-Maestros

Pablo, en 1 Corintios 12:28 habla de apóstoles, profetas *(prophetai)*, y maestros *(didaskaloi)*, a quienes Dios había designado *(etheto)* en la Iglesia. Habla también en Efesios 4:11 de apóstoles, profetas, evangelistas, pastores y maestros. En Antioquía a cinco personas se designan "profetas y maestros" (Hch. 13:1), entre las cuales están Bernabé y Saulo. La única conclusión aceptable que puede deducirse de los materiales del Nuevo Testamento es lo que Niebuhr y Williams han deducido, a saber, que no tenemos dos clases distintas de siervos u oficios representados en estos nombres. Es muy posible que estas funciones de profetizar y enseñar se hayan aplicado a una misma persona (1 Co. 14:6).[23] De hecho, una persona, como en el caso de Pablo, podía llenar el papel de apóstol, profeta, evangelista, y maestro. Es así que Stagg junto con otros más, declara que el Nuevo Testamento recalca la función antes que el oficio.[24]

La profecía era predicación de una clase especial. Era el testimonio inspirado por el Espíritu para la edificación de la Iglesia (Hch. 11:27 sig.; 21:4, 9; 1 Co. 14:1 sig.; Ef. 3:4; 2 P. 1:19; Ap. 19:10). Sin embargo, "los profetas no eran fuente de verdades nuevas para la Iglesia, sino expositores de verdad en otra forma revelada."[25] Hacia el fin de la era apostólica se hizo más necesario examinar las demandas de los profetas, para determinar si hablaban por inspiración del Espíritu de Dios o por un espíritu falso (1 Jn. 4:1 sig.; Ap. 2:20).

El ministerio de los profetas podía en ocasiones ser didáctico. Sin embargo, había también pastores-maestros (Ef. 4:11)[26] cuya función primaria era la de instruir a la comunidad de creyentes y atender a su crecimiento espiritual como recién convertidos. Burrows sugiere que por cuanto los rabíes eran maestros primordialmente, y por cuanto Jesús era considerado un maestro, sus seguidores propenderían a exaltar la posición de maestro en la Iglesia.[27]

No se halla terminología específica para la identificación de aquellos individuos conocidos en el protestantismo como pastores. Un estudio de los materiales del Nuevo Testamento revela que las caracterizaciones de "anciano," "obispo," y "diácono" o "pastor" se usan para designar a quien tiene obligaciones pastorales locales. Es así que, las obligaciones declaradas de los ancianos, obispos y diáconos son esencialmente las de pastores. No hay evidencia de ordenación formal de líderes excepto la de "imposición de manos".

D. Ancianos y Obispos

El término inglés (elder) "anciano" es la traducción de la palabra griega *presbuteros,* que se ha transliterado al castellano usándose para designar a un cierto tipo de oficial de la iglesia. Anciano y presbítero se refieren al mismo oficio en el Nuevo Testamento. 1 Ti. 4:14 emplea el término "presbiterio" *(presbuterion)* sugiriendo al menos una compañía semiorganizada de ancianos o presbíteros. Pusieron sus manos sobre Timoteo para ordenarlo.

La palabra "presbítero" o "anciano" se encuentra frecuentemente en los evangelios refiriéndose a los líderes judíos. El uso de "anciano" va de acuerdo con el Antiguo Testamento y con el judaísmo. Los ancianos eran simplemente hombres maduros de la comunidad quienes estaban especialmente dotados de sabiduría y por tanto calificados para funciones de liderato en la vida espiritual del pueblo.

El término aparece al principio como un título para oficiales de la Iglesia primitiva en Hechos 11:30. Cierta ofrenda colectada por la iglesia de Antioquía para los cristianos en Judea fue entregada "a los ancianos [*presbuterous*] de manos de Bernabé y Saulo." Tal como se notó arriba, en su regreso a través de Listra, Iconio, y Antioquía en su primer viaje misionero, Pablo y Bernabé "constituyeron ancianos [*presbuterous*] en cada iglesia" (Hch. 14:23). Hechos 15 habla del liderato en la iglesia de Jerusalén como "apóstoles y ancianos" (ver Hch. 21:18). Los decretos del concilio declaraban también ser los decretos de los "apóstoles y ancianos" (Hch. 16:4). Al final de su tercer viaje misionero, Pablo se detuvo en Melita cerca de Efeso y llamó a los ancianos *(presbuterous)* de la iglesia para una reunión (Hch. 20:17). Cuando Pablo volvió a Jerusalén por última vez, le hizo una visita especial a Santiago y a "todos los ancianos reunidos" (Hch. 21:18).

La nota más significativa acerca del título "anciano" en el Nuevo Testamento es que Pablo no la usa en sus "Epístolas Columnas" (Romanos, Gálatas, 1 y 2 Corintios). Sin embargo, define claramente el papel de los ancianos y sus calificaciones en las Epístolas Pastorales (1 Ti. 5:17-22; Tit. 1:5-6). El resto de los libros del Nuevo Testamento con excepción de 2 Timoteo, 1 de Juan y Judas usan el término. A pesar de su ausencia en los escritos paulinos mayores, el título parece haber sido usado universalmente por la Iglesia del primer siglo para designar un oficio particular.

El "anciano" en el Nuevo Testamento salió quizá del marco de la sinagoga. El oficio aumentó en importancia en la Iglesia primitiva hasta el grado de que Pablo, en sus Epístolas Pastorales, pudo dar instrucciones respecto a sus funciones y responsabilidades en las iglesias.

Primero, ha de darse por sentado que el anciano era un hombre de edad. Segundo, era designado por otros líderes de la iglesia para la sobrevigilancia general en congregaciones locales (Hch. 14: 23; Tit. 1:5). Tercero, el anciano predicaba y enseñaba, y en pago de ello recibía de la comunidad sus recursos para vivir (1 Ti. 5:17-18). Se dedicaba a la ordenación de ministros jóvenes, como en el caso de Timoteo (1 Ti. 4:14; ver 5:22). La única referencia a los ancianos en Santiago aparece en una exhortación a que los enfermos acudan a ellos para que oren por ellos ungiéndoles "con aceite en el nombre del Señor" (5:14). Esto da la idea de que a los ancianos se les consideraba altamente espirituales y dotados de dones. Cuarto, toda iglesia contaba con un grupo de ancianos que probablemente funcionaba algo así como una junta local de iglesia. Es de notarse que el singular nunca se usaba para referirse a este oficio en una congregación local; no se lee "anciano" sino "ancianos." Sin embargo, Juan usó la forma singular cuando se refería a él mismo (2 Jn. 1; 3 Jn. 1).

En conclusión, el papel del anciano era importante para el sostén de las nacientes comunidades. No obstante, el oficio no se desarrolló en prestigio y poder como el oficio de obispo excepto quizá en ciertas regiones como en Jerusalén (ver Hch. 21:17-26). Como quiera que sea, la referencia frecuente a "ancianos" en el Nuevo Testamento justifica la conclusión de que había una bien establecida forma de ministerio.

Otro oficio que se desenvolvió en la Iglesia del Nuevo Testamento era el de "obispo" *(episcopos)*. La palabra significa literalmente "supervisor".[28] Se usa sólo seis veces en el Nuevo Testamento, cinco veces por Pablo (Hch. 20:28; Fil. 1:1; 1 Ti. 3:1-2; Tit. 1:7) y una vez por Pedro, cuando se refiere a Cristo (1 P. 2:25). En tanto que el término "anciano" parece tener un trasfondo hebreo, el término "obispo" vino del campo helenístico; se aplica sólo a los oficiales en las iglesias gentiles.

Los oficiales de gobierno y del templo en círculos grecoparlantes se llamaban *episkopoi* (obispos) y *diakonoi* (diáconos). Los términos se usaban indistintamente. En Hechos 20:28 Pablo llama a los líderes efesios "obispos" pero anteriormente los llamó "ancianos" (20:17). Sin embargo, al hacer una lista de los requisitos para obispo en Tito 1, Pablo implica que el obispo pertenece al grupo de ancianos a los cuales él se ha referido (ver 1:5, 7). Este pasaje sugiere que el obispo emergía de entre los ancianos como líder especial.

Los requisitos para obispo, según las cartas de Pablo, eran varios.

1. Deben ser hombres de impecable carácter—irreprochables, marido de una mujer, temperantes, sensibles, hospitalarios, no dados al vino, ni violentos sino tiernos, no pendencieros y no amantes del dinero (1 Ti. 3:2-3; Tit. 1:7-8).

2. Un obispo debe tener capacidades de administrador. Pablo pregunta, "... el que no sabe gobernar su propia casa, ¿cómo cuidará [*epimelesetai*] de la iglesia de Dios?" (1 Ti. 3:5). En Tito 1:7, el apóstol se refiere al obispo como el "administrador de Dios" (*oikonomos* "gerente" o "administrador"). A los ancianos de Efeso se les exhorta a cumplir su responsabilidad de "apacentar la iglesia del Señor" (Hch. 20:28). Pablo emplea aquí el término *poimainein* que significa "guiar, gobernar, dirigir, o atender," como sucede con el pastor de ovejas llevando a su rebaño a pastar. Arndt y Gingrich señalan que en Hechos 20:28 el simbolismo ha sido relegado a segundo lugar y que el concepto de "administración de una congregación" viene al frente.[29] El obispo es en realidad un pastor. El intercambio entre estos dos conceptos se demuestra en 1 Pedro 2:25, donde a Jesús se le llama *ton poimena kai episkopon ton psychon humon*, "el Pastor y Obispo de vuestras almas."

3. El obispo debe tener capacidad para enseñar (1 Ti. 3:2). Tito 1:9 dice: "retenedor de la palabra fiel tal como ha sido enseñada, para que también pueda exhortar con sana enseñanza y convencer a los que contradicen." Así que, la instrucción—ya sea *kerigmática* o didáctica—y la administración, son dos áreas de servicio en la Iglesia en las que un hombre ha de demostrar capacidades si es que ha de ser elevado a obispo. Aparentemente, los obispos, como los ancianos, eran sostenidos por las iglesias locales. Mencionando un proverbio Pablo le dice a Timoteo que "el obrero

digno es de su salario" (1 Ti. 5:17-18; ver también 1 Co. 9:6-14; Gá. 6:6).

E. Diáconos

El término "diácono" *(diakonos)* significa literalmente "siervo." Se refiere al que hace trabajo doméstico en favor de otros. El origen de esta clase de liderato en la Iglesia es un tanto obscuro, pero hay algunos indicios respecto a la razón de su existencia. Por ejemplo, en su ministerio Jesús puso mucho énfasis sobre el servicio. En respuesta a la petición de los hijos de Zebedeo para ocupar posiciones prominentes en el reino, Jesús les habló acerca del servicio recordándoles que "el que quiera hacerse grande entre vosotros será vuestro servidor *[diakonos]*" (Mr. 10:43). Nuestro Maestro caracterizó su propio ministerio del mundo como el de un siervo. "Porque el Hijo del Hombre no vino para ser servido *[diakonethenai]*, *sino para servir [diakonesai]*, y para dar su vida en rescate por muchos" (Mr. 10:45; Ro. 15:8). A algunos griegos que vinieron a verlo, Jesús les dio una palabra sobre el ser siervos. "Si alguno me sirve *[diakone]*, sígame; y donde yo estuviere, allí también estará mi servidor *[diakonos]*. Si alguno me sirviere *[diakone]*, mi Padre le honrará" (Jn. 12:26).

Pudiera ser también que las siete personas escogidas para servir a las viudas griegas en la Iglesia primitiva, aun cuando no fueron llamadas diáconos, hayan provisto un modelo de servicio para otros en la Iglesia.[30] Estos individuos pasaron un tiempo considerable evangelizando, especialmente Esteban y Felipe. Estrictamente hablando, pueden catalogarse como ancianos, pero su ministerio asignado era la distribución a los pobres, de los dineros colectados por la Iglesia. El criterio de Stagg parece estar correcto: "Esta parte de la función del anciano quizá se fue asignando gradualmente a los llamados diáconos."[31]

Se hace poca referencia al diaconado en el resto del Nuevo Testamento, excepto en Filipenses 1:1 y 1 Timoteo 3:8-13. En este último pasaje, el apóstol presenta los requisitos de diácono, que en su mayor parte son paralelos a los de los ancianos, sólo que no se hace mención de la predicación o enseñanza. Pablo declaró estos requisitos para el diácono y para la diaconisa diciendo que son personas muy importantes que van de casa en casa, atendiendo a las necesidades físicas y materiales de los miembros de la comunidad. Onesíforo, según 2 Timoteo 1:16-18, funcionaba en esta forma y en favor de Pablo. No todos los diáconos eran hombres, pues Pablo habla de Febe, una diaconisa en Cencreas, población cercana a Corinto (Ro. 16:1; ver 1 Ti. 3:11).

El apóstol Pablo, en varias referencias, usa *diakonos* para designar el oficio del ministerio en general. Por ejemplo, en Efesios 3:7 escribe: "del cual (el evangelio) yo fui hecho ministro *(diakonos)*" (ver Col. 1:23, 25). A sus ayudantes especiales los llama *diakonoi:* Tíquico (Ef. 6:21); Epafras (Col. 1:7); Timoteo (1 Ti. 4:6). Aparentemente el apóstol usaba *diakonos* para significar "siervo," pues aún cuando se refiere a este ministerio en respuesta a sus opositores en Corinto usó esta palabra (1 Co. 3:5; 2 Co. 3:6; 6:4; 11:15, 23). Pablo mismo se consideraba estar bajo el dominio de su Maestro, Cristo, y estaba preparado para cualquier servicio que su Maestro le asignara.

Para concluir, uno queda impresionado por el hecho de que en el Nuevo Testamento, no hay descripción alguna de un sacerdocio en la comunidad cristiana. Los obispos, los ancianos y los diáconos, enseñan, predican, administran la organización, y atienden a las necesidades personales de los comunicantes, mas no llenan un papel especial de sacerdocio excepto el que todo miembro recibe. Todo creyente es un sacerdote para Dios y colectivamente la Iglesia es un sacerdocio real (1 P. 2:9).

Tampoco hay una jerarquía insitucional como la que se desenvolvió en las iglesias siglos más tarde, aunque las comunidades locales eran dirigidas por apóstoles, maestros, ancianos u obispos. La Iglesia como un todo se describe como una "hermandad" (1 P. 2:17; 5:9). Todos los que pertenecen a Cristo están debidamente equipados para el ministerio (Ef. 4:12). El interesante libro de Hans Kung, *The Church* (La Iglesia) ilumina este punto mismo:

> El sacerdocio de todos los creyentes consiste en el llamamiento de los fieles a testificar acerca de Dios y su voluntad ante el mundo y ofrecer sus vidas al servicio del mundo. Es Dios quien crea este sacerdocio, de aquí que sea El quien crea la comunión entre los creyentes... El sacerdocio de todos los creyentes es la comunión en que cada cristiano, en lugar de vivir para él mismo, vive delante de Dios para otros y en retorno es sostenido por otros. "Sobrellevad los unos las cargas de los otros, y cumplid así la ley de Cristo" (Gá. 6:2).[32]

No hay conceptos de sucesión formales o legales, sino una continuidad por medio del Espíritu Santo con toda la Iglesia del pasado y con todas las expresiones contemporáneas de la Iglesia. El monarca de la Iglesia es el Señor mismo.

Es correcto decir, sin embargo, que el crecimiento de la Iglesia llevó a la introducción de oficios especiales en la forma de órdenes. Walker observa correctamente, "El liderato, en cualquier caso, por un comité de iguales, es inoperante para cualquier tiempo dado, y las congregaciones pequeñas sin duda estaban incapacitadas para proveer más que la mitad de un oficial de tiempo completo."[33] Desgraciadamente, en algunos casos, la respuesta a esta necesidad trajo como resultado la creación de formas jerárquicas del ministerio y de gobierno que gradualmente disiparon la consciencia de la Iglesia como el pueblo de Dios *(laos tou theou)*.

NOTAS BIBLIOGRÁFICAS

[1]Cf. Bruce M. Metzger, "The Development of Institutional Organization in the Early Church", *Ashland Theological Bulletin,* VI (primavera de 1973), pp. 12 y ss.

[2]En el idioma arameo, el cual hablaba el Señor probablemente, también encaja el mismo juego de palabras: "Tú eres *Cephas,* y sobre esta *Cepha* edificaré mi iglesia." Cf. la profecía de Jesucristo acerca de San Pedro en Jn. 1:42.

[3]*Peter: Disciple-Apostle-Martyr,* trad. por Floyd V. Filson (Filadelfia: The Westminster Press, 1953), p. 215. Cf. también *Introduction to the Theology of the NT,* p. 309. Para un estudio católico contemporáneo de los reclamos papales, véase Hans Küng, *The Church,* trad. por Ray y Rosaleen Ockenden (Nueva York: Sheed and Ward, 1967), pp. 444 y ss.

[4]*Matthew,* BBC, 6:155.

[5]Frank G. Carver, *Peter, The Rock-Man* (Kansas City: Beacon Hill Press of Kansas City, 1973), p. 43.

[6]*Ibid.*

[7]J. B. Lightfoot, *Saint Paul's Epistle to the Philippians,* ed. rev. (Londres: Macmillan Co., 1913), pp. 181 y ss.

[8]T. W. Manson, *The Church's Ministry* (Filadelfia: The Westminster Press, 1948), p. 107.

[9]Cf. Floyd V. Filson, *Jesus Christ the Risen Lord,* p. 200: "En cualquier forma de organización y administración de la vida de la comunidad cristiana este señorío de Cristo debe ocupar el lugar central y ser consistente con El. Sus discípulos reconocieron este principio."

[10]Respecto al modelo de organización de la sinagoga, cf. Floyd V. Filson, "Synagogue, Temple, and Church", *The Biblical Archaeologist Reader,* editores G. Ernest Wright y David Noel Freedman (Nueva York: Doubleday and Co., 1961), pp. 185-200.

[11]Clemente también usa *stuloi* para referirse a los apóstoles y los líderes de la iglesia primitiva, 1 Cl. 5:2.

[12]*Katastesomen,* de *Kathistemi,* que significa "poner a cargo"; no tiene la idea de ordenación o de alguna asignación sagrada especial, 6:3.

[13]B. H. Streeter, *The Primitive Church* (Nueva York: The Macmillan Co., 1929), p. 267. Quizá los compromisos eclesiásticos personales de Stagg hayan prejuiciado levemente sus conclusiones, pero sus declaraciones son acertadas: "Se puede encontrar alguna evidencia en el Nuevo Testamento para varios sucesos subsecuentes. Descubrir las raíces de un sistema particular en el Nuevo Testamento no equivale necesariamente a descubrir allí el sistema mismo", *NT Theology,* p. 265.

[14]*Introduction to NT Thought,* pp. 273-274.

[15]Bo Reicke, *Glaube und Leben der Urgemeinde* (Zurich, Zwingli-Verlag, 1957), pp. 25 y ss.

[16]"Apóstol" significa "enviado", palabra derivada del griego *apostellein* (enviar); cf. Mr. 3:14; 6:7, 30.

[17]Cf. Millar Burrows, *An Outline o Biblical Theology* (Filadelfia: The Westminster Press, 1956), p. 257: "Quizá el término se usó informalmente durante el ministerio de Cristo para aquellos misioneros a quienes envió a predicar."

[18]Cf. F. F. Bruce, *The Book of Acts,* pp. 50 y ss.

[19]Sobre la pregunta del apostolado de San Pablo, cf. J. Munck, "Paul, the Apostles, and the Twelve", *Studia Theologica,* 3 (1949), 96-110; Walter Schmithals, *The Office of Apostle in the Early Church,* trad. por John E. Steely (Nashville: Abingdon Press, 1969); J. Y. Campbell, "Apostle", *Theological Word Book of the Bible,* pp. 20-21.

[20]*Theological Word Book of the Bible,* p. 21: Cf. F. F. Bruce, *The Epistle to the Ephesians* (Nueva York: Fleming H. Revell Co., 1969), p. 85.

[21]*Jesus Christ the Risen Lord,* p. 203.

[22]Cf. George Johnstone, editor, "Ephesians, Philippians, Colossians and Philemon", *The Century Bible* (Greenwood, S.C.: Attic Press, 1967), p. 19.

[23]H. Richard Niebuhr y Daniel D. Williams, editores, *The Ministry in Historical Perspective* (Nueva York: Harper and Bros., 1956), p. 13: cf. también Didache XI, 3 y ss.; 13:1; 15:1-2.

[24]*NT Theology,* p. 262; cf. Maurice Goguel, *The Primitive Church,* trad. por H. C. Snape (Londres: George Allen and Unwin, 1964), p. 111.

[25]J. A. Motyer, "Prophecy, Prophets", *NBC,* p. 1045.

[26]Bruce, comentando sobre Ef. 4:11, declara que "los dos términos: 'pastores' y 'maestros' denotan la misma clase de hombres", *The Epistle to the Ephesians,* p. 85. Una medida muy sabia consistiría en usar el guión entre estas dos palabras.

[27]*Outline of Biblical Theology,* p. 258.

[28]Herman Beyer, "Episcopos", *TDNT,* 2:608; H. J. Carpenter. "Minister, Ministry", *Theological Wordbook of the Bible,* p. 150.

[29]*Lexicon,* p. 690.

[30]Hechos 6:1-6. La palabra *diácono* no se usa en el pasaje, pero el verbo y el sustantivo correspondientes, *diakonein* y *diakonia,* se repiten varias veces.

[31]*NT Theology,* p. 264.

[32]Hans Küng, *The Church,* trad. por Ray y Rosaleen Ockenden (Nueva York: Sheed and Ward, 1968), p. 381.

[33]Williston Walker, *A History of the Christian Church,* ed. rev. (Nueva York: Charles Scribner's Sons, 1959), p. 42.

El Futuro en la Historia de Salvación

33

El Reino de Dios

Cualquiera que haya sido el plan original de Dios para el hombre sobre la tierra, sabemos que el pecado causó un caos en el orden total humano. No sólo culpamos al pecado por la propia degeneración del hombre, sino por la dislocación en su ambiente físico (Ro. 8:19-25). Nada es como Dios originalmente lo intentó. Pero la consecuencia más seria del pecado, vista por los ojos de las Escrituras, es *postmortem* (más allá de la muerte). No sólo es devastada la tierra, sino que los efectos del pecado cargan sobre el hombre en consciencia total más allá de la muerte física. El pecado creó no sólo un laberinto terrenal, sino una desgracia eterna. Tan duras como son las consecuencias temporales del pecado, lo más aterrorizante son sus resultados eternos.

Por tanto, es aparente que la obra salvadora de Dios en Cristo es esencialmente temporal y transtemporal. La redención es en realidad, el concepto maestro. El plan total es la recuperación de un mundo perdido y la restauración de una raza peregrina y degenerada. La historia humana puede describirse como la lucha entre la operación redentora de Dios y la resistencia pecadora, tanto humana como satánica. La meta de la historia es la consumación final y satisfactoria de la redención. Esta consumación será tal que el propósito original de Dios al crear al hombre, será realizado, y su decisión de crear, será vindicada. La diferencia entre la meta redentora y el ideal original está en el viaje histórico, que ahora es una *via dolorosa* hasta una colina llamada Calvario.

I. UNA TEOLOGÍA DE ESPERANZA: UN RESUMEN

Nada es más claro en el Nuevo Testamento que el hecho de que la cruz deletrea victoria para Dios y esperanza para el hombre. Por cuanto los cristianos primitivos estaban orientados hacia el Calvario y a la Resurrección, podían también orientarse hacia el futuro. La perspectiva para el hombre fue cambiada de una tristeza profunda a un amanecer glorioso.

Resulta también claro que el Nuevo Testamento considera *telos* culminante y puntilloso. Como clímax, es la culminación de una serie prescrita de desarrollos históricos y eventos apocalípticos. Es puntilloso en el sentido de que los eventos convergen en el día final del juicio—que no sólo es final para cada hombre sino terminal para el orden terreno tal como lo conocemos. En esa forma, la historia humana no es interminable; algún día terminará. La probación es un período de tiempo con principio y fin, tanto para los individuos como para la humanidad. Finalmente, se cerrará la puerta (Lc. 13:25).

El bosquejo general está ordenado por Dios y hasta cierto grado se revelan los detalles. El plan incluye la evangelización del mundo por la Iglesia en el poder del Espíritu hecho posible en el Pentecostés. Esto culminará en la segunda venida de Cristo, que estará acompañada por la resurrección y seguida (inmediatamente o al fin) por el juicio. Este juicio declarará el destino eterno de todo hijo de Adán. Sobre esto no habrá espera o apelación, y las posibilidades son sólo dos: vida eterna o muerte eterna (1 Co. 15).

Hay también una escuela de interpretación que ve en las Escrituras un período de reino literal y político de Cristo sobre la tierra. Ven esto como un elemento necesario de su misión de "destruir las obras del diablo" (1 Jn. 3:8). En este reino la redención de los individuos del pecado encontraría su cuestión lógica en el cumplimiento y en la purificación de la sociedad. La historia humana, en esa forma, culminaría con una demostración de vida sobre la tierra como se esperaba que fuera (Hch. 3:21). Aunque algunos sostienen esta idea, no es aceptada unánimemente por los evangélicos.

La mayor parte de este programa redentor del mundo se

asegura por la soberanía de Dios. Pero la implementación es flexible tanto en tiempo como en detalle. Este aspecto indeterminado se debe a la libertad del hombre a la que Dios se acomoda en una interacción continua. El hombre pecador, ayudado y protegido por Satanás, está en rebelión contra el gobierno de Dios. En una libertad real, los humanos ejercitan un poder considerable para retardar y sabotear el plan de Dios—y también para excluirse personalmente de la victoria final.

Aunque el Nuevo Testamento no deja lugar a duda respecto al resultado final, no promete redención universal. Al contrario, el cuadro final representa siempre división entre el trigo y la cizaña, las ovejas y los cabritos—los que están dentro y los que están fuera. Se sigue, entonces, que en tanto que el pecador no puede bloquear el diseño soberano de Dios en la historia, puede excluirse de su participación en ella. En algún sentido esto bien pudiera aparecer como menos que una conquista de parte de Dios. Pero cualquiera otra clase de conquista sería por coerción, lo que no sería en ninguna forma victoria divina.[1]

Este es un pequeño resumen. Un examen más detallado revelará que las enseñanzas escatológicas del Nuevo Testamento se mueven dentro de cuatro temas constantes: (1) El Reino de Dios; (2) La Segunda Venida de Cristo; (3) La Resurrección y el Juicio Final; (4) El Orden Eterno.

II. EL CONCEPTO DEL REINO

Los términos e ideas básicas del Reino de Dios ya se han discutido (ver caps. 13 y 19). Es el concepto de su conexión escatológica lo que llama nuestra atención. En un sentido amplio, el Reino es primero y finalmente el Reino de Dios; como tal no es nada nuevo. Su sitio es dondequiera que Dios domina en perfección completa sobre sus criaturas. La Biblia se refiere continuamente a este reino como el cielo. Esta premisa básica se nos enseña en la oración, "Venga tu reino, hágase tu voluntad así en la tierra como en el cielo"; y Pablo se aseguró de que fuera preservada "para su reino celestial" (2 Ti. 4:18). Cualquiera cosa que se diga acerca de un reino específico de Cristo en lo que se relaciona a los humanos y a esta tierra, nunca ha de olvidarse que el Reino de Dios es la gran realidad cósmica en el trasfondo. Este Reino es la fuente de toda manifestación terrenal y es nuestra meta final. El reino de Dios no depende, en ningún sentido, en la cruz para su existencia. Sólo la *forma redentora* de este reino, como un reino espiritual al que los pecadores pueden volver a entrar a través del nuevo nacimiento, fue introducido por Cristo entre los hombres.

A. Un Campo Robado

La gran necesidad de redención que requería una cruz, se revela también en la Oración del Señor. ¿Por qué se hacía necesario orar, "Venga tu reino"? y ¿por qué debería haber una diferencia en lo completo del gobierno de Dios "sobre la tierra" así como "en el cielo"? Porque debido a la duplicidad, Satanás robó la lealtad del hombre arrebatando esta tierra y toda la raza del reino de Dios. El plan total de redención puede expresarse ahora en dos palabras: reposesión y restauración. Es acto de Dios el traer este segmento de la creación otra vez a su reino. Pero la devastación tenía que ver tanto con la raza humana como con el planeta en que esta raza vivía; por tanto, la restauración debe incluir a ambos (Ro. 8:18-23). Con respecto a los hombres, el Reino es el sitio del gobierno de Dios al cual entran por fe y que entra en ellos por el Espíritu. Con respecto a la tierra, el Reino es un orden que ha de establecerse visible y victoriosamente, a fin de que este planeta se convierta en el asiento de la gloria de Dios. Cualquier cosa menos que esto sólo será una reconquista parcial.

B. Una Tarea Delegada

La tarea de recuperar la tierra y sus habitantes para el Reino de Dios ha sido encomendada al Hijo. Su misión específica misma se llama el reino de Dios, y gobierna como Rey encargado. Es así que podemos hablar de "el reino eterno de nuestro Señor y Salvador Jesucristo" (2 P. 1:11; ver Col. 1:13). Pero esto es una parte del todo: *Es aquella forma especializada del reino que es redentora.* Como plan redentor, el reino de Cristo es único porque, hasta donde sabemos, ninguna otra criatura o lugar ha sido perdido por Dios.

Es más, el reino del Hijo es temporal. Mientras Pedro llama al reino de Cristo "eterno," Pablo dice que "el fin" vendrá cuando Cristo "entregue el reino al Dios y Padre, cuando haya suprimido todo dominio, toda autoridad y potencia. . . para que Dios sea todo en todos" (1 Co. 15:24-28). Podemos decir entonces que desde el punto de vista de Cristo como Hijo eterno, el Reino eternal es suyo conjuntamente con el Padre y el Espíritu; pero desde el punto de vista de Cristo como Redentor su Reino es un episodio en la amplitud vasta de la eternidad. La última frase de su historia se escribirá un día y el cielo todo se regocijará con el Hijo clamando, "¡Misión Completa!"

Por tanto, en lo que respecta a Cristo como Rey, el Reino "viene" cuando El venga, y existe donde El está (Lc. 17:21; Jn. 18:37; Mr. 9:1). Hasta tanto el Reino sea el territorio de gobierno de Dios entre los hombres, "viene" cuando los hombres entran a este reino uno por uno por medio de fe y obediencia, y permiten que su gobierno entre en ellos (Mt. 4:23; Jn. 3:3, 5; Ro. 14:17; Col. 1:13; 1 Ts. 2:12). Hasta tanto el Reino es un orden social para establecerse sobre la tierra en completo poder, falta por venir; esta "venida" es la meta de la historia (Mt. 25:31; Mr. 14:25; Lc. 21:31; 22:18; Ap. 11:15). Hasta tanto el Reino es el territorio eterno del Padre, podemos hablar de entrar en él al tiempo de morir (1 Co. 15:50; 2 Ti. 4:18). Discerniendo así el Reino en sus varias formas, podemos comprender la consistencia perfecta de las diferentes formas en que el Nuevo Testamento habla de él: "dentro de vosotros" está, o "entre vosotros" está; está cercano; viene; y se nos amonesta vivir para que cuando muramos tengamos entrada amplia y generosa "en el reino eterno de nuestro Señor y Salvador Jesucristo" (2 P. 1:11).

Es de sentirse que se haya introducido una antítesis por algunos intérpretes entre el Reino como cosa presente y el Reino como algo futuro. Un ejemplo típico es la "escatología total" de Albert Schweitzer en contraposición con la "escatología realizada" de C. H. Dodd. De acuerdo con Schweitzer, el concepto de Jesús sobre el Reino era enteramente apocalíptico y futuro. Por el otro lado, Dodd pone todo su peso de interpretación sobre los pasajes que recalcan el Reino como una realidad presente.[2] Un tratamiento conservador, que acepta las varias formas de énfasis como igualmente auténticas, interpreta en la misma forma y descubre una síntesis unificadora. Tal síntesis se expresa por Robert H. Culpepper:

> Nuestra posición es que en la enseñanza de Jesús, el reino de Dios está arraigado en la soberanía eterna de Dios; que se manifiesta en la historia, en actos que revelan la soberanía divina, particularmente en el evento-Cristo, y por tanto es una realidad presente; pero que alcanza su consumación en el futuro en el mundo supramundano que será revelado en la segunda venida *(parousia)* de Jesucristo. Creemos que esta posición va de acuerdo con el testimonio del Nuevo Testamento, y que sólo

por una exégesis arbitraria podemos llegar a la interpretación del reino como algo exclusivamente futuro o como exclusivamente presente.[3]

III. Fases de la Reconquista

La realización de la tarea del Hijo se desarrolla en fases exactamente de acuerdo con el plan divino (Hch. 2:22-23; 3:18-26; 1 Ti. 3:16; He. 1:1-3). Tal como se ha indicado, el propósito doble final es la redención del hombre y el establecimiento del gobierno de Cristo sobre la tierra. En las Escrituras se revelan tres fases en la realización de este proyecto: *preparatoria, mediatoria, y apocalíptica.*

A. La Fase Preparatoria

La fase preparatoria se extiende desde el *protoevangelium* (Gn. 3:15) hasta el nacimiento de Cristo. En la historia santa divinamente interpretada *(Heilesgeschichte)* del Antiguo Testamento podemos notar los pasos de Dios en escoger una "simiente" para convertirla en pueblo escogido. Eventualmente estos pasos se transcribían en un libro de la revelación de Dios de sí mismo en historia, ley y profecía (Ro. 3:1-2). En el cumplimiento del tiempo incluirían también el nacimiento del Mesías (Ro. 9:4-5).

Fue en esta larga historia en que la visión del reino de Dios llegó a ser dominante. John Bright está convencido de que este es el tema fundamental del Antiguo Testamento.[4] Los eventos de la historia de Israel combinados con los mensajes de los profetas hicieron que los israelitas fueran más y más conscientes del reino. Se creó un gran deseo y esperanza por un rey ideal y un reino ideal, que tuviera paz perfecta, seguridad y justicia. Sería davídico en dinastía y reminiscente del reino de David en poder y sin embargo mayor que el reino de David por lo que respecta a su perfección y permanencia.

Todo esto era la esperanza de Israel que se convirtió en obsesión. Cuando Juan el Bautista y Jesús principiaron a hablar acerca del reino de Dios, usaron términos familiares. Pero desgraciadamente, fueron parcialmente comprendidos debido a que una buena parte de los mensajes preparatorios de Dios no se habían oído antes. Los judíos habían pasado por alto dos notas que debieron haber abierto sus mentes a la clase de Mesías que encontraron en Cristo.

1. Un Nuevo Pueblo.

Una nota fue el énfasis sobre el pueblo así como sobre el rey. En el nuevo orden este pueblo habría de ser de una nueva clase, hecha nueva por la implementación de un nuevo pacto (Jer. 31: 31-34; Ez. 36:25-27). La idea popular identificaba al pueblo del orden mesiánico sólo en términos de haber descendido de Abraham. Cuando Jesús anunció que el tan esperado reino había al fin llegado, la conclusión natural era que esta era una restauración nacional de un estado judío en una gloria davídica. La esperanza de los judíos en Jesús se fortalecía o debilitaba precisamente en el punto en que parecía que Jesús lo alentaba o lo hacía a un lado. No es de sorprender que los fariseos preguntaran "cuándo había de venir el reino de Dios" (Lc. 17:20 sig.). Mas principiamos a comprender la tenacidad de la ilusión cuando los discípulos, aun después de la resurrección, preguntaron, "Señor, ¿restituirás el reino a Israel en este tiempo?" (Hch. 1:6).[5]

2. Un Salvador Sufriente.

La otra nota poderosa que el pueblo pasó por alto en su lectura de las Escrituras fue el eslabón misterioso entre poder y mansedumbre, victoria y fracaso aparente, un Mesías que sería Rey y al mismo tiempo un Siervo Sufriente.[6]

Los métodos preparatorios de Dios debieron haber sido adecuados para equipar a los hombres en tiempos de Cristo con una mejor comprensión del Reino que el que ellos tenían. Esto se expresó por Jesús mismo en dos conversaciones posteriores a la Resurrección mencionadas en Lucas 24:25-27 y 44-48. "¿No era necesario que el Cristo padeciera estas cosas, y que entrara en su gloria?" (v. 26).

B. La Fase Mediatoria

1. El Sacerdote Rey.

La fase mediatoria principió con el nacimiento de Cristo. Uniendo en El mismo lo que parecían funciones antípodas, las de un Sacerdote así como las de un Rey, la vida y muerte de Jesús constituían una ofensa enigmática. La confusión descansaba en el fracaso de aun los israelitas más devotos en comprender que el Reino debería componerse de una nueva raza, transformada por el *poder de la expiación,* antes que pudiera establecerse abiertamente en poder político y social. A la vez, la redención individual del pecado debe venir primero no sólo lógica, sino cronológicamente. Si Cristo habría de gobernar sobre los hombres, ellos deberían ser hombres cambiados. Por tanto, sería como un Sacerdote que principiaría a gobernar; pues sólo en una función sacerdotal podía El reconciliar a los hombres con Dios y lograr el cambio interior que los capacitaría para el Reino (ver Zac. 6:13).

La ofensa capital para sus paisanos era que al asumir la función de Sacerdote, Cristo fue más allá y se convirtió en Ofrenda por el pecado. Antes del Pentecostés aun los discípulos no pudieron relacionar las partes de este rompecabezas—Rey, no obstante un Rey que daría "su vida en rescate por muchos" (Mt. 20:28).

2. El Rey Prometido.

Las corrientes paralelas pero enigmáticas del sacerdocio y la realeza se encuentran lado a lado en el Nuevo Testamento. Para subrayar esto, necesitamos primero ver cómo Cristo se identifica sin lugar a dudas como el Rey prometido de Israel. Los cuatro Evangelios son enfáticos en sus primeros capítulos respecto a esto. Lucas da el anuncio primero en la cadena de eventos, el del ángel Gabriel a María: "Este será grande, y será llamado Hijo del Altísimo; y el Señor Dios le dará el trono de David su padre; y reinará sobre la casa de Jacob para siempre, y su reino no tendrá fin" (Lc. 1:32-33). Mateo establece el linaje davídico de Jesús inmediatamente al hablar de "su pueblo," y los sabios preguntan, "¿Dónde está el rey de los judíos que ha nacido" (1:1-7, 21; 2:2). Le llevó a Marcos sólo 14 versículos para llegar al tema de la predicación de nuestro Señor: "El tiempo se ha cumplido, y el reino de Dios se ha acercado; arrepentíos, y creed en el evangelio" (Mr. 1:15; ver Mt. 3:1-2; 4:17).[7]

Lo que los escritores llamaron el evangelio era, sin lugar a dudas, "las buenas nuevas" de que el reino de Dios había llegado. Se ha discutido mucho acerca del significado exacto de "se ha acercado." El verbo usado *(enggizo)* significa "acercarse" o "estar cerca." Se ha aplicado a un evento cercano, un Reino "que está por llegar." Pero con frecuencia se usaba en las Escrituras en forma idiomática equivalente a llegar.[8] El tiempo perfecto en este caso combinado con la declaración clara de que "el tiempo es cumplido," apoyaría tal interpretación.[9]

La evidencia parece indubitable de que el nacimiento de Cristo era un punto de regreso en la historia por cuanto era la inauguración de un nuevo orden, y que el nuevo orden era el reino de Dios. Hasta donde puede decirse que el Reino está eslabonado con los eventos futuros, Archibald Hunter lo expresa bien cuando habla de una "escatología inaugurada."[10]

Aunque Jesús no dijo abiertamente en su ministerio público "Yo soy el rey que ustedes esperaban," inmediatamente principió a demostrar autoridad real—en su enseñanza (Mt. 7:29), y en su poder sobre los demonios, la enfermedad y las fuerzas violentas de la naturaleza (Mt. 8). ¡Qué clase tan extraña de realeza! Más tarde, en maneras impresionantes, El mismo se identificó: dando a Pedro "las llaves del reino" (Mt. 16:19), admitiendo que los dos hijos de Zebedeo tendrían un trono (Mt. 20:24), y reconociendo ante Pilato que El era el Rey de Israel (Jn. 18:36-37).

3. El Rey Sufriente.

No obstante, Jesús optó por desanimar toda expectación de un reino terrenal inmediato. En muchas maneras trató de corregir a sus discípulos ansiosos por poder y de prepararlos para lo que les esperaba. Inmediatamente después de su respuesta a los hijos de Zebedeo, explicó diciendo: "... el que quiera ser el primero entre vosotros será vuestro siervo; como el Hijo del Hombre no vino para ser servido, sino para servir, y dar su vida en rescate por muchos" (Mt. 20:27-28). En su respuesta a los fariseos implicó su realeza al decir, "el reino de Dios está entre vosotros." Procedió entonces a bosquejar para sus discípulos el futuro regreso "del Hijo del Hombre." Sin embargo, inmediatamente agregó: "Pero primero es necesario que padezca mucho, y sea desechado por esta generación" (Lc. 17:20-25).

Después en el día de la Entrada Triunfal, Jesús aceptó el homenaje de las multitudes que lo llamaron Rey—"el Hijo de David" (Mt. 21:9). Mas El deliberadamente se presentó como la clase de Gobernante descrito por el profeta: "He aquí, tu Rey viene a ti, manso, y sentado sobre una asna, sobre un pollino, hijo de animal de carga"—símbolo de un príncipe pacífico, no de un conquistador marcial. No era una amenaza para Roma; esto era lo que enojaba a los Zelotes y frustraba a los mal enseñados amigos de Jesús. Finalmente, delante de Pilato reconoció que El tenía un reino, pero decididamente se desvinculó de la clase de reino que Pilato conocía y en que los judíos soñaban. Les dijo: "Mi reino no es de este mundo; si mi reino fuera de este mundo, mis servidores pelearían para que yo no fuese entregado a los judíos; pero mi reino no es de aquí" (Jn. 18:36-37). Robert H. Culpepper dice:

> Según el testimonio del Nuevo Testamento, Jesús procla-
> maba el Reino de Dios asegurando que la soberanía de Dios en
> la historia humana estaba siendo establecida por medio de El.
> Pero... El se consideraba un rey espiritual, no un gobernante

político. El creía que la soberanía de Dios se realizaría por medio del cumplimiento del papel de Siervo Sufriente, no el de un conquistador militar del linaje davídico.[11]

Algunos creen que el programa primario de Cristo era el establecimiento del reino davídico literal en su primera venida, y que lo hubiera llevado a cabo si los judíos hubieran aceptado su ofrecimiento de buena fe. Según este punto de vista, la cruz, seguida por la ERA de la Iglesia, era un plan de apoyo o adaptación necesaria por el rechazamiento de los judíos, trayendo como consecuencia la postergación del reino literal davídico. Este punto de vista no sólo crea una desunión artificial entre el Reino y la Iglesia,[12] sino que muy seriamente rebaja la centralidad y la necesidad de la muerte expiatoria de Cristo en favor de la raza. Pasa por alto la necesidad inherente de la fase mediatoria del Reino antes de la apocalíptica—un orden necesario para los judíos así como para los gentiles. Oswald T. Allis dice: "Jesús entró a Jerusalén no como Rey sino como Sacerdote-Rey. Vino a morir para que pudiera reinar; no sobre Israel solamente, sino 'para congregar en uno a los hijos de Dios que estaban dispersos' (Jn. 11:52)."[13]

4. ¿Por qué Primero la Cruz?

¿Por qué el orden de la realeza se inauguró por humillación, mansedumbre y muerte? La respuesta descansa en la naturaleza del Reino que Cristo vino a introducir. Cuando comprendemos esto, sabremos porqué la primera fase entre los hombres debió haber sido sacerdotal y mediatoria.

a. Por cuanto el reino de Cristo era una extensión hacia abajo del reino eternal de Dios, debe haber una base moral para entrar a él. Los hombres son rebeldes; deben estar en buena relación con el Rey-Creador eterno antes de que sean restaurados como ciudadanos en su reino. Todo esto hace que la expiación sea necesaria como la senda hacia el trono. Debido al pecado, el camino de retorno al reino debe ser por medio de la cruz.

b. Por cuanto el hombre es malo por naturaleza, debe estar preparado para el Reino por medio del nuevo nacimiento (Jn. 3:3-5) y por la santificación interna del Espíritu. El nuevo Reino tiene sólo hijos verdaderos. Entre el rey y sus vasallos hay un vínculo del nuevo pacto (He. 8:6-12; 10:14-18; 12:18-29). El experimentar este pacto y estar en el Reino son lo mismo (Ro. 14:17). Sus notas básicas son el perdón de los pecados, el sello de la naturaleza misma de Dios en nuestra naturaleza, y un conocimiento personal con el

Señor—"todos me conocerán, desde el menor hasta el mayor." Pero esto sólo puede experimentarse personalmente a medida que Cristo intercede nuestra causa con el Padre, y a medida que el Espíritu imparte su gracia en nuestros corazones.

c. El reino inaugurado por Cristo no sólo es espiritual en naturaleza, sino voluntario. Su extensión no es por coerción, sino por persuasión. Cristo viene a ser Rey de la sociedad sólo cuando es Rey de los individuos, quienes escogen inclinarse ante su cetro (He. 1:9). Esto necesita predicación, una Iglesia con una misión, y la invitación quieta e invisible del Espíritu Santo. Es, en esta forma un reino incógnito; en el mundo, y sin embargo no del mundo; conquistando, y a la vez, con sus propias armas que son espirituales, no carnales. Con poder divino penetra y se infiltra entre los reinos de este mundo. La espada con que Cristo vino es la espada de dos filos de la verdad. Esta espada separa a los hombres, uno por uno, día tras día, año tras año, hasta que finalmente todo hombre escoge ya sea el ser parte del reino de Cristo o parte de las fuerzas demoníacas en oposición eterna.

d. Por cuanto su extensión es por persuasión, el reino de Cristo avanza por infiltración en territorio enemigo. Durante este período de conquista el Espíritu Santo es el Delegado especial de Cristo, en la misma forma que Cristo es Delegado del Padre.

Antes del Día del Pentecostés los discípulos estaban todavía bajo una ilusión. Pero una vez iluminados por el Espíritu Santo, recibieron inmediatamente una consciencia divina del programa de Dios. Sabían que el Rey se había separado de su presencia inmediata para obtener para sí un reino que sería ganado por el Espíritu obrando a través de la Iglesia. Por tanto, comprendieron que durante este período, el gobierno de Cristo sería mediatorial. Así que Pedro, en su primer sermón, pudo hablar de Jesús como el que "fue exaltado por la diestra de Dios." En su segundo discurso dijo que Jesús tenía que permanecer en el cielo "Hasta los tiempos de la restauración de todas las cosas, de que habló Dios por boca de sus santos profetas que han sido desde tiempo antiguo" (Hch. 2: 33; 3:21).

Aunque a Cristo se le reconoce como Rey, parece ser función del Padre y del Espíritu establecer su gobierno sobre la tierra. Es "Dios" dice Pedro más tarde, quien "ha exaltado con su diestra por Príncipe y Salvador" (Hch. 5:31). Y continúa diciendo: "Y nosotros somos testigos suyos de estas cosas, y también el Espíritu Santo, el cual ha dado Dios a los que le obedecen." Cuando

Esteban, el primer mártir, estaba siendo apedreado, miró con firmeza hacia el cielo y siendo "lleno del Espíritu Santo" vio la "gloria de Dios." Expresó: He aquí, veo los cielos abiertos, y al Hijo del Hombre que está a la diestra de Dios" (Hch. 7:55-56). En esta Persona Rey a la diestra del Padre, Esteban no vio a un rey futuro sino a un presente Soberano, quien en las palabras de Pablo, "es preciso que (él) reine hasta que haya puesto a todos sus enemigos debajo de sus pies" (1 Co. 15:25).

NOTAS BIBLIOGRÁFICAS

[1]Aparentemente también el desarrollo del plan escatológico de Dios puede ser modificado en su tiempo en algún grado por la fidelidad de la iglesia; por lo menos San Pedro nos da un indicio de esta posibilidad soberana: "Puesto que todas estas cosas han de ser deshechas, ¡cómo no debéis vosotros andar en santa y piadosa manera de vivir, esperando y apresurándoos para la venida del día de Dios...!" (2 P. 3:11-12).

[2]Cf. Albert Schweitzer, *The Mystery of the Kingdom of God* (Londres: Adam and Black, 1950; primera ed. alemana, 1901), y *The Quest of the Historical Jesus* (Nueva York: The Macmillan Co., 1961; primera edición alemana 1906); Dodd, *The Apostolic Preaching and Its Developments.*

[3]*Interpreting the Atonement* (Grand Rapids, Mich.: Wm. B. Eerdmans Publishing Co., 1966), p. 49. Ya se ha hecho la observación de que los evangélicos están divididos respecto a que si el reino futuro estará sólo en el "mundo supraterrenal" eterno, como lo sugiere Culpepper, o si estará en un estado intermedio, terrenal y político, aunque ideal.

[4]*The Kingdom of God* (Nueva York: Abingdon-Cokesbury Press, 1953).

[5]Con todo, sólo la terca ceguera de una obsesión fanática podría haber pasado por alto el veredicto del AT. Dios ya había rechazado a la nación de Israel como el reino. Ese sueño lo habían destrozado ya los profetas en sus escritos y predicación. El reino pertenecería a un nuevo Israel, basado en un nuevo pacto, y su ciudadanía no sería determinada por los accidentes de nacimiento, sino por la fe y la obediencia. Incluso los últimos capítulos de Isaías, que parecen revivir las esperanzas nacionalistas, lo hacen sobre una nueva base sobrenatural y no racial (45:20-23). Bright comenta: "El verdadero Israel de Dios no se determina racialmente, sino que incluye a todos aquellos que le obedecen de cualquier raza" (*ibid.,* p. 146). Véase también J. Barton Payne, *Theology of the Older Testament,* pp. 471-473.

[6]Véase Robert H. Culpepper, *Interpreting the Atonement,* pp. 30-38; también Payne, *ibid.,* pp. 274-281.

[7]En el primer capítulo del Evangelio según San Juan, Jesús como rey es presentado primero en sus relaciones cósmicas, como el Verbo divino, la luz, la fuente de gracia y verdad, la revelación del Padre. Como Rey, "a lo suyo vino, y los suyos no le recibieron" (1:11; cf. NEB [LBdlA]). Muy pronto leemos de su temprano reconoci-

miento de su mesianismo por parte de sus primeros discípulos. "Hemos hallado al Mesías", le dijo Andrés a su hermano Simón. El testimonio de Natanael revela que los judíos entendían que este término se refería al Rey divino: "Rabí, tú eres el Hijo de Dios; tú eres el Rey de Israel" (Juan 1:49).

[8]Beck lo traduce: "El reino de Dios está aquí." Phillips: "El reino de Dios ha llegado" (cf. NEB [LBdlA]).

[9]Archibald M. Hunter escribe que, puesto que C. H. Dodd insiste en que *engiken* "tiene la fuerza de 'llegado', se ha iniciado una batalla lingüística. Los críticos de Dodd alegan que la traducción correcta es 'se ha acercado', y no tanto 'ha llegado'." Pero Hunter está de acuerdo con Dodd en este punto, al declarar que *engiken* de Mr. 1:15 tiene la "misma fuerza de *ephthasen* de Lc. 11:20" (véase cap. 13). Y agrega: "Incluso quienes se asombran con esta traducción generalmente conceden el punto principal, que Cristo creyó que el reino era una realidad presente en El mismo y en su ministerio. Ciertamente la evidencia de los evangelios no nos deja opción alguna" (*Introducing NT Theology*, p. 27).

[10]*Ibid.*, pp. 27, 46.

[11]*Interpreting the Atonement*, p. 33.

[12]Hunter comenta: "Cuando los hombres dicen... que Jesucristo nunca tuvo la intención de crear una iglesia, demuestran con ello que no comprenden el significado del reino de Dios. La idea de *Ecclesia* tiene profundas raíces en el propósito del Señor. Su mensaje del reino la implica. Está envuelta en su doctrina de mesianismo. Su ministerio lo mostró a El ocupado en la creación de ella" (*Introducing New Testament Theology*, p. 34).

[13]*Prophecy and the Church* (Filadelfia: The Presbyterian and Reformed Publishing Co., 1945), p. 79. Para un resumen subsecuente, cuidadoso y justo de los puntos de vista en contraste, véase R. Ludwigson, *A Survey of Bible Prophecy* (Grand Rapids, Mich.: Zondervan Publishing House, 1973), pp. 37-82. Para una posición dispensacional modificada, véase John F. Walvoord, *The Church in Prophecy* (Grand Rapids, Mich.: Zondervan Publishing House, 1964).

34

La Segunda Venida de Cristo

El trasfondo constante de todo lo dicho, hecho y escrito en la
Iglesia Primitiva era la expectación del retorno personal del Señor
con poder. En los evangelios se recalca una y otra vez que más
allá de los eventos inmediatos hay un evento distante glorioso. En
Los Hechos, Lucas es muy cuidadoso en despejar cualquier idea de
que el descendimiento del Espíritu Santo era la segunda venida de
Cristo. Las Epístolas también aclaran ante las inexpertas iglesias la
venida del Señor como su esperanza sustentadora. Por lo que toca
a la Revelación de Juan, este es el tema principal.

I. LA CERTEZA Y NATURALEZA DE SU VENIDA

A. Examen de Señales Bíblicas

1. Jesús en los Sinópticos:

Jesús dirigió la atención de sus discípulos hacia un evento
inmediato de muerte sufriente, y un evento último de regreso a la
tierra en poder y gloria. Los dos eventos eran inequívocamente
distintos en naturaleza, propósito y tiempo. Expresión típica es,
"Porque como el relámpago que al fulgurar resplandece desde un
extremo del cielo hasta el otro, así también será el Hijo del Hombre
en su día. Pero primero es necesario que padezca mucho, y sea
desechado por esta generación" (Lc. 17:24-25; ver Mt. 16:27; Mr.
8:38; Lc. 8:26). Habló en parábolas acerca de una futura aparición
tan repentina que no habría tiempo de hacer nada a última hora, y
de que sería tan final que determinaría todo destino (Mt. 25:1-13;
Lc. 12:40).[1]

2. Lo que Juan Dice.

La separación inmediata de Jesucristo de sus discípulos es preludio a una unión permanente con ellos según se nota también en Juan. La venida del Espíritu como Consolador para presidir en ausencia de Cristo, no es equivalente a la seguridad del regreso personal de Jesús. La promesa fue, "En la casa de mi Padre muchas moradas hay; si así no fuera, yo os lo hubiera dicho; voy, pues, a preparar lugar para vosotros. Y si me fuere y os preparare lugar, vendré otra vez, y os tomaré a mí mismo, para que donde yo estoy, vosotros también estéis" (Jn. 14:2-3). Aun la conversación final registrada por Juan se refiere a su futura venida: "Si quiero que él quede hasta que yo venga, ¿qué a ti?" (Jn. 21:23).

3. El Punto de Vista de Los Hechos.

En Los Hechos, la promesa de los ángeles en la ascensión es una declaración llave (1:9-11). Biederwolf amplía la promesa: "Este es Jesús—el mismo a quien ustedes han visto subir al cielo—y que vendrá de la misma manera—en cuerpo, visible, y por supuesto, en humanidad glorificada."[2]

Tampoco la Iglesia, en sus días apostólicos, hizo esfuerzo alguno por relacionar esta promesa a la venida del Espíritu en el Pentecostés. Al explicar el Pentecostés, Pedro dijo: "Esto es lo dicho por el profeta Joel"; nunca dijo, "Esto es lo que fue prometido por los ángeles hace 10 días." Más bien, que Jesús fue "exaltado por la diestra de Dios" y es El quien "ha derramado esto que vosotros veis y oís" (2:32-33). Obviamente, esto no se refiere a aquel gran evento que habría de venir. Una razón que Pedro adujo ante los judíos para que se arrepintieran (3:19-21) era que tal arrepentimiento pudiera apresurar el retorno de Cristo: para que "él envíe a Jesucristo, que os fue antes anunciado; a quien de cierto es necesario que el cielo reciba hasta los tiempos de la restauración de todas las cosas, de que habló Dios por boca de sus santos profetas que han sido desde tiempo antiguo."[3]

4. Las Epístolas Generales.

Años más tarde, cuando Pedro supo que su propia muerte predicha por Jesús estaba cerca (2 P. 1:13-14), tocó notablemente un punto similar. Los santos creyentes no sólo habrían de esperar el retorno del Señor, sino que podrían *apresurarlo*. Es más, habrían de esperar los "nuevos cielos y tierra nueva" (3:12-13) así como el retorno visible de Cristo. Pero primero reafirmó vigorosamente la certeza de la Segunda Venida. En este caso también la relacionó con las predicciones de "los santos profetas" (3:2). La morosidad y escepticismo resultado de una larga espera (v. 4) no tienen base alguna. Hacen caso omiso de que la perspectiva del tiempo de Dios no es la misma que la del hombre (ver Stg. 5:7-9; 1 P. 1:5 , 7, 10-11; 1 Jn. 2:28; 3:2; Judas 14-15).[4]

5. La Esperanza Paulina.

Por lo que se refiere al Apóstol Pablo, su idea escrita no estaba fuera de su curso, la gloria venidera de Cristo. De los 89 capítulos que se le adscriben, hay una referencia directa a la Segunda Venida en 23 de ellos y alusiones a ella cuando menos en 16 más.[5] Aunque el énfasis mayor se encuentra en dos de sus primeras cartas (1 y 2 Ts.), la esperanza no deja de mencionarse en su última. Han transcurrido cuando menos 16 años, y ahora está convencido de que no verá él ese "día." Mas en su certeza no hay vacilación. Escribe en su penúltima carta: "aguardando la esperanza bienaventurada y la manifestación gloriosa de nuestro gran Dios y Salvador Jesucristo" (Tito 2:13; ver 1 Ti. 6:13-15).

En su última epístola que sin duda escribió poco antes de su martirio, dice, "Te encarezco delante de Dios y del Señor Jesucristo, que juzgará a los vivos y a los muertos en su manifestación y en su reino" (2 Ti. 4:1).

B. El Propósito de su Venida

1. Para Revelar su Gloria.

Dios se ha propuesto glorificar al Hijo, como Aquel en quien "habita corporalmente toda la plenitud de la Deidad" (Col. 2:9), y como el que gobierna al hombre por derecho. Esta gran gloria se manifestó en su vida, muerte y resurrección, y aun una mayor gloria durante el inter-reino cuando gobierna desde la diestra del Padre. Pero esta gloria ha de alcanzar su manifestación completa en la Segunda Venida. Dios está de tal manera decidido a exaltar a su Hijo obediente para que "en el nombre de Jesús se doble toda rodilla de los que están en los cielos, y en la tierra, y debajo de la tierra; y toda lengua confiese que Jesucristo es el Señor, para gloria de Dios Padre" (Fil. 2:10-11; ver Ro. 14:10-12; Ef. 1:10).

Por tanto, las referencias bíblicas a la futura venida de Cristo lo describen viniendo "en la gloria de su Padre" (Mt. 16:27) y sentado "en su trono glorioso" (Mt. 19:28). Aquí está Cristo revelado totalmente en su poder, majestad, y autoridad divina. Este no es el rey "sencillo, y montado sobre un pollino," sino el Cordero sentado en una gran "nube blanca," teniendo "en la cabeza una corona de oro, y en la mano una hoz aguda" (Ap. 14:14;

ver 1:13-18). Esta es una revelación universal observada por todo aquel que vive o haya vivido—"todo ojo le verá y los que le traspasaron" (Ap. 1:7).

2. Para Dividir a los Hombres.

Ya los hombres están dividiéndose, pero en la venida de Cristo la división será franca, oficial e irreversible. "Enviará el Hijo del Hombre a sus ángeles, y recogerán de su reino a todos los que sirven de tropiezo, y a los que hacen iniquidad" (Mt. 13:41). Además, "saldrán los ángeles, y apartarán a los malos de entre los justos" (v. 49). Las clasificaciones serán dos; no habrá posición intermedia para el que no es totalmente creyente... "Entonces estarán dos en el campo; el uno será tomado, y el otro será dejado" (Mt. 24:40-41). "Cuando el Hijo del Hombre venga en su gloria," todas las naciones (toda la gente dondequiera que esté, no entidades políticas) se reunirán delante de El, y "apartará los unos de los otros, como aparta el pastor las ovejas de los cabritos (Mt. 25:31-32).

3. Para Terminar el Estado Probatorio.

La idea de que los que queden cuando Cristo regrese serán salvos durante la tribulación (aceptando que el rapto le precede) tiene muy poco apoyo en las Escrituras. Los "cabritos" no reciben una segunda oportunidad (Mt. 25:46). Cuando la puerta se cierra, no se vuelve a abrir como una concesión a las vírgenes insensatas —quienes esperaron demasiado para asegurarse de que tenían el aceite necesario (Mt. 25:10 sig.; ver Lc. 13:25). El interés constante de Pablo era que sus convertidos pudieran estar listos para la venida del Señor; no les daba esperanza de una posible corrección futura (1 Ts. 2:19; 3:13; 5:23; 2 Ts. 1:7-10; 2:1-11). Y Pedro nos estimula diciendo, "tened entendido que la paciencia de nuestro Señor es para salvación" (2 P. 3:14-15). Implicó que nuestro derecho a la salvación debe establecerse antes de la venida de Cristo, porque no se llevará a cabo después.

4. Para Juzgar a los Malos.

El juicio general se asocia casi uniformemente en el Nuevo Testamento con la venida de nuestro Señor. Por ejemplo, "Porque el Hijo del Hombre vendrá en la gloria de su Padre con sus ángeles, y entonces pagará a cada uno conforme a sus obras" (Mt. 16:27). El siervo que en lugar de ser fiel hasta el fin se conduce malignamente se llevará una sorpresa: "vendrá el señor de aquel siervo en día que éste no espera, y a la hora que no sabe, y lo castigará duramente, y pondrá su parte con los hipócritas; allí será el lloro y el crujir de dientes" (Mt. 24:45-51). Esto es también lo que se implica en todos los tres pasajes principales de Mateo 25, incluyendo el juicio de las naciones.

Cuando "el Señor venga," dice Pablo,· "aclarará también lo oculto de las tinieblas, y manifestará las intenciones de los corazones" (1 Co. 4:5). "Cuando se manifieste el Señor Jesús desde el cielo con los ángeles de su poder, en llama de fuego," dará "retribución a los que no conocieron a Dios, y no obedecen al evangelio de nuestro Señor Jesucristo" (2 Ts. 1:7-9; ver 2 Ti. 4:1). Y no podría expresarse más definidamente que como lo declaró Judas: "He aquí, vino el Señor con sus santas decenas de millares, para hacer juicio contra todos, y dejar convictos a todos los impíos de todas sus obras impías que han hecho impíamente, y de todas las cosas duras que los pecadores impíos han hablado contra él" (14-15).[6]

5. *Para Redimir a su Pueblo.*

El don del Espíritu Santo es escatológico por cuanto es la garantía, "las arras de nuestra herencia hasta la redención de la posesión adquirida" (Ef. 1:13-14). Esto quiere decir que la redención es sólo parcialmente accesible en esta vida. Pablo, esperando siempre aquel "día," nos recuerda que· ahora "está más cerca de nosotros nuestra salvación que cuando creímos" (Ro. 13:11). La plenitud está al otro lado, ya sea de la muerte o de la Segunda Venida.

La liberación de los santos que es simultánea con el regreso de nuestro Señor, tiene tres lados:

a. Es una libertad de un ambiente opresivamente maligno y de inseguridades probatorias. La venida de Cristo nos lleva fuera de todo tormento futuro o seducción del diablo (2 Ts. 1:7; 1 P. 1:4-13).

b. Es una reunión hacia Jesucristo mismo. Así como el hierro salta hacia el magneto, todos los redimidos tanto en el cielo como en la tierra gravitarán al lado de Jesús; "y así estaremos siempre con el Señor" (1 Ts. 4:17).[7] Además, "Cuando Cristo, vuestra vida, se manifieste, entonces vosotros también seréis manifestados con él en gloria" (Col. 3:4). Pablo lo expresa sencilla pero elocuentemente en su carta a Tesalónica, cuando escribe acerca de "la venida de nuestro Señor Jesucristo, y nuestra reunión con él" (2 Ts. 2:1).

c. Es una libertad de las limitaciones de carne y sangre. Se nos dice claramente "que la carne y la sangre no pueden heredar el reino de Dios" (1 Co. 15:50). Como un organismo biológico, hecho del polvo, el hombre no está formado para un orden celestial de existencia hasta que sea cambiado a su ser glorificado. Sea por la muerte o por el rapto "todos seremos transformados... esto corruptible se haya vestido de incorrupción, y esto mortal se haya vestido de inmortalidad" (vrs. 51-53; ver 1 Juan 3:2).

Es en la redención y en la reunión de su pueblo que nuestro Señor encontrará perfeccionada su propia gloria. Cristo viene no sólo en la "gloria de su Padre" y de los ángeles; su venida es más que una gloria de trompetas y poder y vindicación. La gloria suprema de la venida de Cristo es la gloria de una misión cumplida en las incontables multitudes de hombres redimidos. Murió para presentarse a sí mismo "una iglesia gloriosa, que no tuviese mancha ni arruga ni cosa semejante, sino que fuese santa y sin mancha" (Ef. 5:27). Si cuando El llegara no hubiere tal iglesia, el infierno todo se burlaría, las trompetas quedarían mudas, la alabanza de los ángeles sería un vano substituto. Por eso Pablo usa la cláusula repleta de significado, "cuando venga en aquel día para ser glorificado en sus santos" (2 Ts. 1:10). Todo redimido descendiente de Adán será un testimonio eterno del poder de la sangre redentora y será una vindicación tanto de la Creación como de la Encarnación.

C. La Manera y Tiempo de su Venida

1. Repentinamente.

La venida de Cristo será similar a su ascensión según lo dijeron los ángeles: "Este mismo Jesús... así vendrá como le habéis visto ir al cielo" (Hch. 1:11). No será una persona diferente; será el mismo Señor resucitado y reconocible que les había enseñado. En la forma en que fue tomado arriba, repentinamente y de súbito, así será su retorno, rápido y sin anunciarse. No habrá una alerta previa de sesenta minutos. Será como en el diluvio que "se los llevó a todos" tan rápidamente que no les dio tiempo de cambiar (Mt. 24:39), o como ladrón en la noche (Mt. 24:42-44; 2 P. 3:10). Ciertamente que habrá señales reconocidas por los creyentes avisados (1 Ts. 5:2-4). Además, antes de la llegada del novio a la media noche hubo un anuncio, "¡Aquí viene el esposo; salid a recibirle!" (Mt. 25:6). Pero todo el suceso fue tan rápido que los descuidados no pudieron alistarse. Es cuando el mundo dice "Paz y seguridad" que "Vendrá sobre ellos destrucción repentina, como los dolores a la mujer encinta, y no escaparán" (1 Ts. 5:3).

2. Visible y Abiertamente.

La revelación de Cristo con los santos repercutirá mundialmente. Con el fin de evitar la idea de una revelación secreta y local, Jesús dijo, "Así que, si os dijeren: Mirad, está en el desierto, no salgáis; o mirad, está en los aposentos, no lo creáis, porque como el relámpago que sale del oriente y se muestra hasta el occidente, así será también la venida del Hijo del Hombre" (Mt. 24: 26-27). Cuando su "señal" aparezca "en el cielo", "todas las tribus de la tierra... verán al Hijo del Hombre viniendo sobre las nubes del cielo, con poder y gran gloria" (v. 30; ver también Mt. 26:64; Lc. 17:24).[8] En esta edad de televisión vía telestar tal observación mundial no es exagerada.

Todo esto nos lleva otra vez a las frases que indican su venida "con poder y gran gloria" (Mt. 24:30). Pablo declara, "Porque el Señor mismo con voz de mando, con voz de arcángel, y con trompeta de Dios, descenderá del cielo" (1 Ts. 4:16).

3. Sin Predicción de Inminencia.

Hay evidencia preponderante de que Jesús no esperaba una Segunda Venida inmediata, y que en muchas maneras El quiso que sus discípulos lo entendieran. Todas las parábolas que hablan del crecimiento del Reino implican un paso un tanto largo de tiempo, como entre la siembra y la cosecha (Mt. 13:24-32, 36-43; Lc. 13: 18-19). El plan de Cristo de edificar una iglesia en la que sus discípulos ejercieran autoridad como virreyes implica un período de ausencia personal (Mt. 16:18-19; Jn. 20:21-23; ver 8:21). Se entrevé una "dilación" en sus amonestaciones respecto a estar alertas (Lc. 12:38, 45). Jerusalén experimentará un período de desolación (Lc. 13:35; ver 21:24). El previno a los discípulos de no dar atención a los anuncios de su venida en sus días futuros de soledad y aspiraciones (Lc. 17:22-23). La perspectiva del Discurso en Olivet ve muy bien hacia un futuro distante (Lc. 21:9). Además, las cinco vírgenes insensatas fueron engañadas respecto a sus preparativos suponiendo que la venida del esposo sería pronto (Mt. 25:1-11).

Cuando Jesús elogió a María por su acto hermoso, Jesús dijo que esta historia sería dicha "dondequiera que se predique este evangelio, en todo el mundo" (Mt. 26:13). Leon Morris dice que tal declaración "expresa con claridad que Jesús no esperaba que el mundo terminara muy pronto como algunos lo pensaban. Estas palabras demandan un período de predicación un tanto prolongado."[9]

Jesús predijo la forma en que Pedro moriría (Jn. 21:18-23)—así que al menos Pedro no vivió esperanzado en ver el regreso del Señor. Y Juan corrige cuidadosamente la idea errónea de que Jesús había predicho que Juan no moriría hasta que Cristo volviera (v. 23). Quizá la parábola que Jesús dijo con el fin específico de quitar de las mentes de sus discípulos la idea de que "el reino de Dios se manifestaría inmediatamente" sea la más definida. La parábola se refería a un hombre noble quien "se fue a un país lejano, para recibir un reino y volver" (Lc. 19:11 y sig.). En aquellos días un viaje "a un país lejano" no estimulaba la espera de un regreso al mes siguiente. La empresa podría llevarse años. Hay aquí también una referencia a la Edad de la Iglesia como un interludio entre la primera y la segunda venida de Cristo, en que la Iglesia prosigue con su comisión en favor de su Señor durante su larga ausencia.[10]

4. Señales Inequívocas.

Aunque no se pueden sentar fechas, se dan señales indicativas de la Segunda Venida. La parábola de la higuera es prueba de que Jesús quería que sus discípulos estuvieran conscientes de las señales y alertas a su desenvolvimiento. "Así también vosotros, cuando veáis todas estas cosas, conoced que está cerca, a las puertas" (Mt. 24: 32-33).

¿Qué son "estas cosas" que han de reconocerse como señales de su venida? Incluyen la predicación del evangelio por todo el mundo (v. 14); la usurpación de autoridad religiosa por el Anticristo (v. 15; 2 Ts. 2:1-12); una bien extendida apostasía dentro del Cristianismo (Mt. 24:12; 2 Ts. 2:3); un período de intensa tribulación (Mt. 24:21-22; ver Ap. 7:14); eventos cataclísmicos en el orden natural (o político?) (Mt. 24:29; ver Hch. 2:20; Ap. 6:12). Es incierto lo que significa "la señal del Hijo del Hombre" que ha de aparecer "en el cielo" (Mt. 24:30).[11]

5. La Cuestión de Inminencia.

Algunos han insistido en que el Nuevo Testamento presenta la Segunda Venida como un evento "inminente." Por "inminente" queremos decir que uno nunca puede señalar los eventos preparatorios o en el *interim* que ha de ocurrir primero. Así que cualquier período en la historia de la Iglesia—incluyendo el apostólico —podría con todo derecho considerarse posiblemente como el último; la Iglesia siempre debe pensar en la venida de Cristo como si fuera posible hoy. Se arguye que sólo sobre esta base se justificarían las muchas exhortaciones a la vigilancia y a estar preparados.[12]

Sin embargo, la doctrina de la inminencia no está tan apoyada claramente en el Nuevo Testamento como generalmente se cree. Esta es cuestión de todo el Discurso en Olivet. Jesús advierte en contra de esperanzas prematuras. ". . . mirad que no os turbéis, porque es necesario que todo esto acontezca; pero aún no es el fin" (Mt. 24:6). Sólo cuando "estas cosas comiencen a suceder" la Iglesia tiene amplia razón para erguirse "porque vuestra redención está cerca" (Lc. 21:28). Se ve claramente una revelación de predicciones que viene a ser reconocible y cumulativa a medida que la edad llega a su fin. La Iglesia con frecuencia ha aplicado equivocadamente las señales a su mundo contemporáneo, pero esto en ninguna forma debilita la intención obvia de Cristo, de que la Iglesia debe reconocer el verdadero fin de los tiempos.

Esta secuencia de eventos identificables se afirma explícitamente por Pablo. Es él quien exhorta a los tesalonicenses a descartar completamente la idea de que "el día del Señor está cerca" (2 Ts. 2:2). Después explica que este día "no vendrá sin que antes venga la apostasía, y se manifieste el hombre de pecado, el hijo de perdición" (v. 3).

En 1 Tesalonicenses 2:19 Pablo escribe: "Porque ¿cuál es nuestra esperanza, o gozo, o corona de que me gloríe? ¿No lo sois vosotros, delante de nuestro Señor Jesucristo, en su venida?" No dice que vivirán hasta que el Señor venga, sino que quiere que ellos participen en la gloria de este evento sea que estén vivos o por medio de la resurrección (4:13-14).

De hecho, todos los pasajes que se relacionan con la Segunda Venida, sean exhortativos o no, se dirigen a "vosotros"—como si sólo estas personas estuvieran involucradas. Pero es claro que la historia escatológica no puede limitarse a una generación. La explicación debe ser que Jesús, Pablo y otros, aunque escribían para los creyentes del primer siglo, se dirigían a la Iglesia universal siempre presente. El "vosotros" pertenece a toda generación, pero más especialmente a la generación de las señales como de la higuera.[13]

Los pasajes de exhortación de Cristo en Mateo 24 y 25 deben, por tanto, considerarse desde una perspectiva triple. Primero, algunos enunciaban un principio continuo de mayordomía, a saber, que el creyente vive siempre a la luz del juicio, como quien tiene que rendir cuentas. Segundo, aún si la vida terrena del individuo no fuera cortada de repente e inesperadamente por la Segunda Venida, será cortada por la muerte, que conduce al juicio con la misma efectividad. Tercero, la clase de mayordomía que constituye el estar listo procede de una lealtad interna; no depende del conocimiento exacto del fin.

II. Eventos Relacionados con la Segunda Venida

A. La Tribulación

La palabra tribulación *(thlipsis)* se halla 54 veces en el Nuevo Testamento, y en la versión del 60 se traduce en *angustia, aflicción, tribulación* (21 veces), *sufrimiento, persecución,* y *cargas.* La gran mayoría de ejemplos no son escatológicos, sino que más bien describen la esperada suerte de los creyentes en esta vida. Esta expresión de Jesús es típica: "En el mundo tendréis aflicción; pero confiad, yo he vencido al mundo" (Jn. 16:33; ver. Hch. 14:22; *et al.*).

Sin embargo, hay pasajes que parecen denotar un intenso pero breve período de aflicción inmediatamente antes de la Segunda Venida. Técnicamente, a esto se le llama la gran tribulación. Las referencias a ello pueden notarse aun cuando no se use el término. Es un tiempo de apostasía (2 Ts. 2:3; 1 Ti. 4:1; Judas 18) y de gran sufrimiento debido a la malignidad incontrolable (2 Ti. 3:1-5; 2 P. 3:3).

Por lo que toca al Nuevo Testamento, nuestras fuentes para una información más detallada son el discurso de Olivet y Apocalipsis (principalmente del 6:12 al 19:21).[14] Los dos conjuntos de material están sujetos a una variedad de interpretaciones; por tanto lo que se dice en este punto es tentativo y adogmático.[15]

La discusión procede del dar por sentado que ambos se refieren a la misma "gran tribulación" (Mt. 24:21; Ap. 7:14), aunque estando bien avisados de los verdaderos problemas inherentes en tal presunción. Es difícil creer, aun desde el punto de vista puramente humano, que Juan no supiera las enseñanzas apocalípticas de Jesús y que no notara ninguna conexión entre sus propias visiones y las predicciones de su Señor. Pero la premisa más profunda es que el Espíritu que inspiró ambas, esperara que nosotros buscáramos la unidad común, a pesar de algunas disparidades a veces muy confusas.[16]

En cualquier forma, Juan el Revelador informa visiones que dramáticamente presentan un período de sufrimiento, engaño satánico, levantamientos políticos, castigos divinos, y conflictos desesperados y finales en escala global. Estas descripciones hacen que la designación "gran tribulación" resulte reverentemente apropiada (Ap. 6:12-17; 8:7—9:21; 11:13-18; 12:12-17; 13:1-18; 16:1-21).[17]

B. El Anticristo

Antes de examinar la información sobre tal personaje, necesitamos observar la distinción entre Anticristo y pseudo Cristos.

1. Muchos Impostores.

El tiempo de la gran tribulación, dijo Jesús, estaría marcado por "falsos Cristos y falsos profetas" (Mt. 24:24). La palabra es *pseudochristos*. Estos no son anticristos en el sentido de opositores, sino suplantadores, evidentemente imitadores de las enseñanzas de Cristo así como de su persona. Su verdadero peligro no consistirá en apropiarse las enseñanzas más atractivas sino en la demostración de lo que parece ser su poder: "habrán grandes señales y prodigios." Estos serán tan aparentemente reales que aun los salvos tendrán dificultad en discernir su verdadera naturaleza y origen. Hay aquí una advertencia potente de que los últimos días estarán marcados por lo sobrenatural en el nivel de lo religioso, pero estas manifestaciones procederán de Satanás antes que de Dios. Los incautos serán los que buscan milagros, los adictos a lo sensacional que todo lo aceptan por no estar sanamente adoctrinados.

2. El Espíritu del Anticristo.

La palabra que se traduce en "anticristo" *(antichristos)* se encuentra sólo en las primeras dos epístolas de Juan. En estos casos no se usa según nuestro sentido popular, sino que se refiere a los que se oponen a Cristo abiertamente. El término describe también el espíritu general de tal negación y oposición. "¿Quién es el mentiroso, sino el que niega que Jesús es el Cristo? Este es anticristo, el que niega al Padre y al Hijo" (1 Jn. 2:22). Tal descripción incluiría al judío que rechaza el mesianismo de Jesús de Nazaret, así como al humanista que niega la Filiación divina. El tema se extiende en 4:1-3 para incluir el docetismo, que niega la realidad de la Encarnación. Esto también es anticristo.

En estas epístolas se ve al anticristo como algo escatológico. Su "venida" se conoce comúnmente por los creyentes como señal de "la última hora" (1 Jn. 2:18). Pero el escritor no presenta una persona claramente definida. En el pasaje mencionado Juan observa que "han surgido muchos anticristos" (aun en aquel tiempo), y en el versículo 4 se pone el énfasis en un espíritu impersonal de Anticristo. En 2 Juan los "muchos engañadores" parecen constituir en forma colectiva "el engañador y el anticristo." En estas cartas Juaninas la marca principal del Anticristo es hostilidad hacia Cristo histórico como el encarnado Hijo de Dios. Por contraste, los "falsos" cristos de los evangelios están marcados por lealtad expresa. Pudiera decirse quizá que una teología liberal es *anticristo* en tanto que un supernaturalismo fanático y demostrativo es un *pseudo* Cristo. La historia de la Iglesia siempre ha contado con un buen número de ambos, pero nunca tan abiertamente como hoy.

3. El Hombre de Pecado.

Es la convicción de muchos intérpretes evangélicos que la enseñanza bíblica no se detiene con las generalidades indefinidas de los falsos Cristos y anticristos. La lucha continua entre el bien y el mal, Dios y Satanás, llegará a su punto culminante y a su fin violento.

El intento de Satanás que fracasó con Cristo en el desierto se repetirá al fin de la edad. Este tiempo no será una invitación frontal como lo fue para Cristo, sino una elevación exitosa de un Cristo falso, un "hombre de pecado," quien le dará a Satanás el rendimiento que Jesús rehusó. Por medio de este hombre, Satanás demuestra su poder sobre la autoridad del mundo. Por medio de El como virrey Satanás hace un último intento de afirmarse final e inamoviblemente como amo de este planeta y de la raza que lo habita.

Los pasajes clásicos que, de acuerdo con este punto de vista, bosquejan el cuadro del "hombre de pecado" son 2 Tesalonicenses 2:1-12; Apocalipsis 13:1-18; y 17:8-18. Se cree probable que Pablo y Juan vieron en este gobernador del mundo maligno el "pequeño cuerno" de Daniel (Dn. 7:8; 20-27).[18]

En la carta a los tesalonicenses en realidad no se discute nada nuevo, pero Pablo escribe: "¿No os acordáis que cuando yo estaba todavía con vosotros, os decía esto? (2 Ts. 2:6). Pudiera ser incierto que estos gentiles estuvieran o no familiarizados con Daniel, pero al menos resulta claro que Pablo, en su ministerio personal había dado atención cuidadosa a los eventos del fin del tiempo. Uno de estos eventos era la revelación de "el hombre de pecado" (v. 8).

Esta persona será el exponente franco y epítome del "misterio de pecado." Este tipo de pecado está ya obrando, pero no puede tener campo abierto hasta que primero sea protegido por la "apostasía" (v. 3). Las fuerzas del maligno se desatarán con la remoción del poder que detiene y que hasta hoy ha obstruido a Satanás en su total desarrollo de sus designios. Por tanto, Pablo ve dos *parousias:* primero, aquel "cuyo advenimiento [*parousia*] es por obra de Satanás, con gran poder y señales y prodigios mentirosos" (v. 9); y segundo, la venida de Cristo mismo, quien destruirá al usurpador "con el espíritu de su boca" y "destruirá con el resplandor de su venida [*parousia*]" (vrs. 8-9).[19]

C. Un Triunvirato Maligno

Los detalles adicionales se suplen por Juan. Por un lado, el gobernador del mundo a quien popularmente llamamos el Anticristo es un triunvirato. Su fuente de poder y protector es "el dragón" que es Satanás mismo (13:4; ver 12:9-17). Pero hay todavía "otra bestia que subía de la tierra" (v. 11), quien "ejerce toda la autoridad de la primera bestia" y hace que la tierra y los moradores de ella adoren a la primera bestia" (v. 12). A la segunda bestia también se le da poder de hacer señales y prodigios. Siendo que promueve la adoración mundial del Anticristo, es en verdad el falso profeta, la personificación misma de todos los falsos profetas de todas las edades (Ap. 16:13; 19:20; 20:10).

Parecería también que el Anticristo no actúa aisladamente sino que resulta de una organización política y trabaja en conjunción con ella, "vi subir del mar una bestia que tenía siete cabezas y diez cuernos" (13:1). De hecho, podría argüirse que el Anticristo no es una persona, sino un bloque de naciones dominantes del mundo.

Hay evidencias, sin embargo, de que el Anticristo es una persona. Se dirige la atención a "una de sus cabezas" cuya "herida mortal fue sanada" (v. 3). Siguiendo a esto, se menciona una "boca que hablaba grandes cosas y blasfemias" (v. 5); es también "en presencia de ella" que el falso profeta actúa (v. 12). Además, se dice que la imagen que ha de adorarse es la "imagen de la bestia," y es difícil concebir una imagen (que tiene la facultad de hablar —v.15) de una entidad política imperfecta. Por tanto es casi seguro que el poder de los 20 cuernos y de las 7 cabezas se ha entregado a un hombre que actúa como dictador del mundo.

Sin embargo, el misterio se profundiza cuando en el c. 17 se ve a la bestia como cabalgadura de 'la gran ramera" (17:1 sig.), y esta ramera se identifica como "la gran ciudad que reina sobre los reyes de la tierra" (v. 18). ¿Podría Juan haberse referido a otra ciudad que no fuera Roma? No es de sorprender que muchos vean la bestia de este capítulo como un imperio romano reavivado—o al menos algo semejante—y la mujer como una falsa religión.

Es claro que "el hombre de pecado" de Pablo está programado para preceder inmediatamente a la segunda venida de Cristo, y que ambos estaban en el futuro al tiempo de sus escritos. Parece, por tanto, imposible restringir el cuadro apocalíptico de Juan a Nerón, o al imperio romano de su día—a menos que separemos completamente Apocalipsis 13 y 17 de 2 Tesalonicenses 2. Pero los parecidos son demasiado notables para fácilmente conceptuarlo así.

D. El Rapto de la Iglesia

El hecho de un rapto se declara inequívocamente por Pablo cuando explica la reunión con Cristo en su venida tanto de los creyentes vivos como de los que han muerto: "Luego nosotros los que vivimos, los que hayamos quedado, seremos arrebatados juntamente con ellos en las nubes para recibir al Señor en el aire" (1 Ts. 4:17). Tal como George E. Ladd dice: "la palabra 'Rapto' se deriva del vocablo latino *rapio* que se halla en la Biblia latina en el versículo 17 y que se traduce 'tomado arriba.' "[20]

Sin embargo, hay problema cuando se principia a buscar evidencia del tiempo y el orden de los eventos. Ladd dice: "No hay afirmación en la Escritura de que el Rapto sucederá antes de que principie la Tribulación. Tal enseñanza es una inferencia, no la asersión de la Palabra de Dios."[21] Cuando enseñamos que el Rapto ocurrirá algún tiempo antes del apocalipsis, y que entre el rapto y la Segunda Venida propiamente se desenvolverá la gran tribulación, carecemos de evidencia directa y sólo tenemos una base débil para una inferencia tenue.

1. No hay Escape para los Electos.

En el Discurso de Olivet, habiendo comparado lo repentino y final de "la venida del Hijo del Hombre," con el diluvio en los días de Noé, Jesús dijo: "Entonces estarán dos en el campo; el uno será tomado, y el otro será dejado. Dos mujeres estarán moliendo en un molino; la una será tomada, y la otra será dejada" (Mt. 24:37-41). Además, en conexión con la revelación mundial de Cristo, los ángeles "juntarán a sus escogidos de los cuatro vientos, desde un extremo del cielo hasta el otro" (v. 31). Obviamente, los electos pasarán por la tribulación (v. 22).

Los que abogan por un rapto antes de la tribulación hacen a un lado la enseñanza definida en este caso, asignando el Discurso de Olivet completo sobre la Segunda Venida a Israel. Limitan "los escogidos" a los judíos. Pero esto es arbitrario y sin fundamento. Hace a un lado la aplicación común de *eklektos* tanto en los Evangelios como en las Epístolas a "los que creen y obedecen."

En el Discurso de Olivet "los escogidos" son "los creyentes en Cristo alrededor del mundo. Son la comunidad universal del fin del tiempo que toma el lugar de Israel y que pone toda su esperanza en la *parousia* de Cristo."[22]

2. ¿Quién es el que "lo detiene"?

Un estudio cuidadoso de la discusión de Pablo sobre el Anticristo fracasa en revelar apoyo alguno al pretribulacionismo que comúnmente se acepta. Es cierto que la Iglesia ha de esperar descanso de sus aflicciones "cuando se manifieste [*apocalupsis*] el Señor Jesús desde el cielo con los ángeles de su poder, en llama de fuego" (2 Ts. 1:7). Pero en la terminología de Pablo "el día del Señor" (2:2) incluye sin lugar a dudas "la venida de nuestro Señor Jesucristo, y nuestra reunión con él" (v. 1).

La "apostasía" que ha de venir antes de que el "hombre de pecado" sea revelado (2:3) se interpreta por los pretribulacionistas como una "partida"—específicamente el rapto de la iglesia y este significado es para controlar vrs. 6-7: "Y ahora vosotros sabéis lo que lo detiene, a fin de que a su debido tiempo se manifieste. Porque ya está en acción el misterio de la iniquidad; sólo que hay quien al presente lo detiene, hasta que él a su vez sea quitado de en medio."[23]

Pablo usa un lenguaje velado (incluyendo el neutro "lo" que en el v. 6 y el personal "él" en v. 7), y sin embargo da por hecho que sus convertidos comprenderán su significado ("vosotros sabéis"). Esto hace más factible la interpretación de Arnold Airhart: "Pablo tenía razón considerable para considerar la ley y el orden romano en su día como un dique al pecado" (ver Ro. 13:1-7). Airhart después cita a Ockenga: "El punto de vista más aceptable es que éste (el que detiene) se refiere al Espíritu Santo operando en gracia común a través del gobierno civil. Cuando el gobierno civil caiga y haya un 'hasta aquí' a la ley que restringe, el resultado es el pecado."[24]

3. ¿Quiénes serán los "Raptados"?

Jesús aparecerá la segunda vez para salvación sólo a los que lo esperan en verdadera preparación (He. 9:28). Esta preparación se define como rectitud con Dios. Las cinco vírgenes insensatas quedaron excluidas, no por la condición de sus lámparas al principiar la noche, sino por su condición en el momento de la llegada del esposo (Mt. 25:1-13). "Las que estaban preparadas, entraron." El estar listo es siempre contemporáneo; nunca es cuestión de recuerdo o expectación sino siempre un estado que tiene que ver con *ahora mismo*. La conservación de la santidad no es simplemente una condición para obtener recompensas sino para ver al Señor (He. 12:14).

Esto en nada disminuye el hecho de nuestra dependencia en Cristo; por el contrario, Cristo hizo posible una obediencia de momento a momento y una rectitud que, por cuanto es accesible, puede ser requerida con todo derecho. Habiendo el mismo aprendido la obediencia "por lo que padeció... vino a ser autor de eterna salvación para todos los que le obedecen (presente continuo)" (He. 5:9). Pablo estaba interesado también en que los filipenses permanecieran "asidos de la palabra de vida, para que en el día de Cristo" él pudiera regocijarse de que no había trabajado "en vano" (Fil. 2:16). Ningún trabajo del ministro puede ser en vano si la salvación eterna de sus convertidos está inviolablemente segura.

Un pecador está justificado en el momento de su confianza de arrepentimiento; como tal, pudiera ser salvo si el Señor llegara en ese momento. Pero en caso de que viva, su justificación dura sólo hasta donde persista su confianza como penitente. Esto quiere decir andar en la luz, incluyendo la luz de Romanos 12:1-2; 1 Tesalonicenses 5:23 y todos los descubrimientos de necesidad personal y provisión divina en ellos respecto a la entera santificación, y la preservación. La entera santidad se *imputa* en la justificación, pero se *demanda* en la experiencia a medida que el Espíritu desafía la voluntad del creyente a obtener la santidad entera y al tiempo en que le comunica este desafío.

En ninguna parte se presenta esta contingencia más dramáticamente que en Mateo 25 donde en tres pasajes asombrosos Jesús pone su dedo en este concepto de preparación. La parábola de las vírgenes ilustra la necesidad de una vitalidad espiritual al día, en el Espíritu Santo simbolizado en la cantidad adecuada de aceite. La parábola de los talentos testifica solemnemente a la necesidad de la fidelidad en la mayordomía (ver 1 Co. 4:2).[25] El cuadro simbólico de la separación final de las ovejas de los cabritos revela la necesidad de servicio, i.e., utilizar la oportunidad de hacer el bien a los cuerpos y a las almas de los hombres.

Este es un capítulo de sorpresas, pues los sujetos no son gente mala según las normas regulares; de hecho, las vírgenes y los mayordomos no son gente de afuera sino de adentro que esperaban obtener su recompensa. No era que les faltara religión; simplemente eran descuidados, egoístas y perezosos. La implicación doctrinal es que la fe que justifica se espera que se traduzca en una vida llena del Espíritu hasta el último momento. Debe haber una fidelidad

continua en mayordomía que resulte de un amor y lealtad internos,
y en un amor para los demás, que sea práctico y sacrificial. Cuando
la fe se vuelve impotente en estas áreas, se vuelve presunción, y la
"justificación" es letra muerta.

III. LA CUESTIÓN DE UN REINO MILENIAL

¿Será la Segunda Venida de Cristo seguida inmediatamente por el
Juicio final? O ¿establecerá un gobierno político temporal sobre
los humanos en el presente orden terreno, llamado *milenio* como
una demostración *en historia* de la vida humana tal como debió
haber sido política, ética y socialmente?

El vocablo *"milenio"* es equivalente latino del griego *chillioi*
que significa "1,000." Por tanto, *chiliasmo* es un término más
tradicional, aunque milenialismo[26] es hoy por hoy una designación
más conocida. La palabra se encuentra sólo en un pasaje (2 P. 3:8)
aparte de Apocalipsis.[27] Sólo en Apocalipsis 20:2-7 se usa en tal
forma como para darnos la base bíblica del término técnico "milenio."

Este pasaje anuncia un período de tiempo, especificado como
de 1,000 años, cuando Satanás será atado y los mártires reinarán
con Cristo sobre las naciones de la tierra. Al fin de esta edad se le
permitirá a Satanás un encuentro más con el hombre, quizá para
descubrir a los que han sido sólo conformistas externos—no salvos
por Cristo aunque gobernados por El. Satanás "saldrá a engañar a
las naciones que están en los cuatro ángulos de la tierra, a Gog y
a Magog, a fin de reunirlos para la batalla, el número de los cuales
es como la arena del mar" (v. 8). Acicateados por su propia deslealtad interna, se ponen bajo el liderato de Satanás y rodean "el
campamento de los santos," pensando deshacerse de una vez por
todas del yugo de Cristo. Pero en lugar de ellos "descendió fuego
del cielo, y los consumió" (v. 9).

1. *Premilenialismo.*

Este punto de vista traduce literalmente el pasaje citado,
viéndolo como un bosquejo profético de la Edad de Oro en la
historia de la tierra, que sigue a la presente Era de la Iglesia, y que
ha de ser instituido personalmente por Cristo en su segunda venida.
El prefijo "pre" identifica el punto de vista como la creencia de
que Cristo retorna a la tierra en poder antes de este período de
1,000 años y con el propósito primario de establecerlo.

Los premilenialistas ven en este concepto el cumplimiento de

Apocalipsis 11:15; "Los reinos del mundo han venido a ser de nuestro Señor y de su Cristo; y él reinará por los siglos de los siglos." Pero aún más significativo, creen que sólo en tal edad puede venir el cumplimiento adecuado de ciertas promesas del Antiguo Testamento (Is. 2:4; ver 66:8-24; Mi. 4:3-5; Zac. 9:9-10; Hab. 2:14). Este período incluye también el cumplimiento literal de promesas para establecer para siempre la dinastía davídica (Sal. 89:35-37; ver 110:1-2; Is. 55:3-5; ver Hch. 2:29-31). No sólo ha de ser ésta una era de oro de paz, sino la restauración de amistad que ha de ocurrir en el mundo animal (Is. 11:6-9), prevalecerá una extensa longevidad (Is. 65:20; ver 17-19, 21-23), Israel será restaurada a su seguridad y poder, siendo Jerusalén la capital del mundo, y el cristianismo será la religión universal (Is. 11:9; ver Zac. 13:2; Fil. 2:10). Se cree que las referencias del Nuevo Testamento a este futuro reino terrenal, incluyen Mt. 6:10; 19:28-29; Mr. 15:43; Lc. 19:12-15; 23:42; Hch. 3:20-21; Ap. 20:1-6.[28]

    2. *Postmilenialismo.*

Esta es la posición que dice que el regreso de Cristo ocurrirá al fin del milenio, en lugar de al principio. Los postmilenialistas aplican las mismas promesas del Antiguo Testamento de una Edad de Oro a este período, pero ven sus detalles en forma simbólica y la "rectitud universal" como algo relativo. Recalcan las parábolas que conceptúan el reino de Dios extendiéndose gradualmente; y ven que esta expansión se sucede no por medios políticos sino sólo a través de la predicación del evangelio hasta que la sociedad entera tenga la nueva "levadura." Así que el reino es totalmente espiritual en naturaleza por lo que respecta a su presencia en la "historia." El Reino es siempre personal y voluntario, y nunca ha de compararse con un gobierno político mundial particular. Aun cuando él mismo no favorece esta posición, R. Ludwigson la declara como sigue:

> Los postmilenialistas afirman que este crecimiento continuará hasta que el mundo sea prácticamente cristianizado. El mal no quedará totalmente desarraigado del mundo aun en el cenit de este período, ni será convertido el mundo con la predicación del evangelio hasta el último hombre, pero sí el mundo será un buen campo de buena tierra, aun cuando contenga algo de la cizaña del mal.[29]

Los postmilenialistas aceptan Apocalipsis 20 como una profecía auténtica de este período, incluyendo el hecho de atar a

Satanás, y el desatarlo para un último despliegue de rebelión. Los "mil años" son sólo un largo período simbólico de tiempo que no ha de tomarse literalmente. El espasmo final de mal se ve como la "gran tribulación" mencionada en otro lugar del Nuevo Testamento. En su punto culminante, Jesús vendrá, como señal de una resurrección general y del Juicio seguidos por los nuevos cielos y la nueva tierra en un orden eterno.

3. *Amilenialismo.*

Una escuela creciente de eruditos bíblicos deja de hallar suficiente evidencia para justificar una doctrina firme de un milenio en el sentido de un gobierno político terrenal sobre las naciones humanas, precediendo el juicio final y la renovación. Satanás fue "atado" por Cristo en su primera venida (Mt. 12:24-29; Jn. 12:31; Col. 2:15; He. 2:14; ver Ap. 12:10). Como los postmilenialistas, estos eruditos interpretan los 1,000 años en forma simbólica, pero más particularmente de la edad entera del evangelio que termina en un breve período de intensa actividad satánica y persecución. En el punto culminante de su furia Cristo aparecerá pero no para establecer un reino sobre las naciones restantes sobre la tierra. Sino más bien, destruirá al Anticristo y a sus vasallos por la llama de su presencia, precipitará la resurrección general, e inmediatamente principiará el Gran Juicio. Este irá acompañado por la destrucción de la tierra en su forma presente, y su reconstitución como "los nuevos cielos y la nueva tierra." La presencia en este caso de la Nueva Jerusalén como el centro del orden eterno desplegará efectivamente la conquista total del reino de Satanás y cumplirá todas las predicciones de una edad gloriosa.

Según los amilenialistas las profecías relacionadas con el establecimiento eterno del trono de David (2 S. 7:17, 19; Is. 9:6-7) hallan su cumplimiento en el presente reino de Cristo a la diestra del Padre (Hch. 2:29-36). La ciudad santa se ve como la Sion espiritual, la iglesia militante y triunfante (Gá. 4:26; He. 12:22-23). Las promesas a Israel se relacionan con una tierra celestial y mejor (He. 11:10, 14-16). La restauración de la naturaleza (Is. 11:5-9) es los nuevos cielos y la nueva tierra descritos en términos terrenos. La reconstrucción literal del templo con la restauración de sacrificios de animales no es parte de un plan divino y no puede considerarse como cumplimiento de la profecía de Ezequiel. Se considera que esta profecía es "una representación figurada y tipo de la presencia bendita del Señor en su Iglesia... que se manifestará cuando aparezca nuestro Señor."[30]

El dogmatismo no se justifica, en vista de lo complejo de la cuestión y la bien reconocida oscuridad de muchos pasajes claves. Pero ha de concederse que el apoyo del Nuevo Testamento al premilenialismo no es indubitablemente claro. Jesús continuamente relaciona su segunda venida con el juicio general y la finalidad absoluta (Mt. 24:2—25:46).

La Epístola a los Hebreos es, sin lugar a dudas, transtemporal. No se les da la mínima esperanza a estos vacilantes creyentes judíos, que fortalezca su expectación de una nación judía políticamente triunfante. Toda noción semejante queda destruida completamente y nuestra atención se dirige sólo hacia *arriba*, "al monte de Sion, a la ciudad del Dios vivo, Jerusalén la celestial, a la compañía de muchos millares de ángeles" (He. 12:22; ver 4:1-11; 6:4-5, 17-20; 8:1-13; 9:27-28; 10:26-39; 11:8-16, 35-40; 12:25-29; 13:12-14).[31]

Por lo que respecta a los escritos paulinos, las evidencias en favor de un punto de vista milenial, no sólo son escasas, sino inconclusas. En la base de su evangelio, dice, está la seguridad de "un día en que Dios juzgará por Jesucristo los secretos de los hombres" (Ro. 2:16). En otros lugares ese día está claramente sincronizado con la Segunda Venida (2 Ts. 1:6-10; ver 1 Co. 3:13; 2 Ti. 4:8). Puede notarse un apoyo posible a la idea del milenio en la seguridad de Pablo de que los santos "... han de juzgar al mundo" (1 Co. 6:2; ver v. 3; 2 Ti. 2:11-12); pero nada dice acerca de la naturaleza, tiempo, o lugar de este juicio. Para Pablo, el énfasis está en la participación del triunfo de Cristo.[32]

En grado muy notable, el total de la cuestión descansa en la interpretación de tres pasajes: uno es palabra de Jesús, el segundo es palabra de Pedro, y el tercero una expresión de Pablo. Cuando Pedro le preguntó a Jesús, "¿qué pues, tendremos?" Jesús respondió: "De cierto os digo que en la regeneración, cuando el Hijo del Hombre se siente en el trono de su gloria, vosotros que me habéis seguido también os sentaréis sobre doce tronos, para juzgar a las doce tribus de Israel" (Mt. 19:27-28). Más tarde, después del Pentecostés, Pedro les dijo a sus compatriotas judíos en Jerusalén que deberían arrepentirse para que "él envíe a Jesucristo, que os fue antes anunciado; a quien de cierto es necesario que el cielo reciba hasta los tiempos de la restauración de todas las cosas, de que habló Dios por boca de sus santos profetas que han sido desde tiempo antiguo" (Hch. 3:20-21). Al escribir a los efesios, Pablo proyecta una consumación futura: "dándonos a conocer el mis-

terio de su voluntad, según su beneplácito, el cual se había propuesto en sí mismo, de reunir todas las cosas en Cristo, en la
dispensación del cumplimiento de los tiempos, así las que están en
los cielos, como las que están en la tierra" (Ef. 1:9-10).

El intérprete se ha de preguntar, ¿son estos tres pasajes uno
solo? ¿Se refieren a una visión común? ¿Es "la dispensación de la
plenitud del tiempo" de Pablo su manera inspirada de referirse al
"tiempo" de Pedro de un cumplimiento universal de la profecía?
¿Se refieren ambos a lo que Jesús quiso decir cuando se refirió a
"la regeneración" ("el nuevo mundo," el "mundo que viene."
Phillips)? Es razonable colegir que existe un vínculo hermenéutico.[33]

Viene entonces la pregunta crucial de si el Espíritu Santo
intenta que estos pasajes se entiendan como refiriéndose a un
período en la historia, o a un estado más allá de la historia. La
respuesta no se facilita si tomamos en cuenta que es el apóstol
Pedro, quien oyó las palabras del Maestro y las interpretó ante
sus oyentes en Jerusalén y quien describe el cumplimiento en
términos apocalípticos: "Pero el día del Señor vendrá como
ladrón en la noche; en el cual los cielos pasarán con grande estruendo, y los elementos ardiendo serán deshechos, y la tierra y las
obras que en ella hay serán quemadas... Pero nosotros esperamos,
según sus promesas, cielos nuevos y tierra nueva, en los cuales
mora la justicia (2 P. 3:10, 13). Obviamente, este es un paralelo al
nuevo cielo y a la nueva tierra de la visión de Juan (Ap. 21:1).
Pero ambos pasajes nos llevan a un orden transtemporal y eterno.
Es difícil reconciliar este orden con la idea milenial de un último
período en la historia humana sobre la tierra que incluye, cosechas,
procreación y aun muerte como nosotros la conocemos.

Si en realidad, Jesús, Pedro y Pablo hablaban de un período
culminante de gobierno de Cristo sobre la tierra antes de la destrucción final, entonces sí podrá decirse que la proyección milenial
se confirma. Pero en ese caso hemos de dar por sentado que el
pasaje de Pedro permite un reino terrenal entre "el día del Señor"
y el fiero holocausto, aunque su manera de expresarlo no lo
implique. El interpretarlo en esa forma sería invocar la "ley de
comprensión." Este principio hermenéutico afirma que los eventos
que en el calendario profético de Dios pudieran estar muy lejos en
cuanto a tiempo pueden predecirse que ocurrirán juntos. La
profecía, dice Wiley, "no tiene perspectiva."[34]

Aunque no es posible que haya unanimidad de opinión
respecto a este asunto complejo, puede haber caridad mutua. Por

sobre todo, debe haber unidad de devoción hacia Cristo que vino una vez de acuerdo con la promesa, y nos aseguró que volverá otra vez. Tal devoción se comprobará en servicio fiel, preparación constante y expectación amorosa.[35]

NOTAS BIBLIOGRÁFICAS

[1]Stauffer ha establecido convincentemente que Cristo se estaba refiriendo a Sí mismo al hablar de esta futura venida del Hijo del Hombre, *NT Theology*, pp. 1, 107, 111: "Al llamarse a sí mismo el Hijo del Hombre, Cristo ya había tomado el paso decisivo de reclamar la historia cósmica como propia."

[2]William Edward Biederwolf, *The Millennium Bible* (Grand Rapids, Mich.: Baker Book House, 1964), p. 402.

[3]Obviamente no todo lo predicho ni prometido en el AT fue cumplido totalmente en la muerte y resurrección de Cristo; quedaban aún el Pentecostés y la era de la iglesia.

[4]Nótese también la distinción entre la aparición pasada y la futura en 1 Jn. 3:2 y 8.

[5]Más muchas otras referencias escatológicas a la resurrección, el juicio, etc. La perspectiva de San Pablo no es terrenal; toda su teología descansa sobre dos piedras fundamentales: lo que Dios ha hecho en Cristo, y debido a ello, lo que El ha planeado hacer en el futuro.

[6]Aunque *elthen* está en el aoristo, por lo que puede traducirse *vino*, la idea profética se preserva mejor en otras versiones, como la NVI: "El Señor viene", y la paráfrasis LBaD; véase también NEB, TCNT, Phillips.

[7]Algunos pasajes adscriben a los ángeles la función de reunir a los salvos, como en el discurso pronunciado en el monte de los Olivos: "Y enviará a sus ángeles... y juntarán a sus escogidos, de los cuatro vientos, desde un extremo del cielo hasta el otro" (Mt. 24:31)—claramente se incluye tanto a los vivos en la tierra como a los vivos en el cielo.

[8]La referencia a las nubes se encuentra en Mt. 24:30; 26:24; Hch. 1:9; Ap. 1:7; 14:14 y ss.; cf. Dan. 7:11-14. Probablemente se refiera a una nube natural. Sin embargo, algunos la interpretan como la gloria del shekinah—el símbolo o manifestación visible de la presencia de Dios, p. ej., Meyer y Gloag; cf. 2 Cr. 5:13-14, Berk.

[9]Leon Morris, *The Story of the Cross* (Londres: Marshall, Morgan y Scott, 1948), p. 16.

[10]¿Qué debemos hacer con las declaraciones que en ocasiones se han interpretado como evidencia de que Cristo mismo esperaba su retorno inmediato? Helas aquí:

a. El les dijo a los doce: "No acabaréis de recorrer todas las ciudades de Israel, antes que venga el Hijo del Hombre" (Mt. 10:23). Una lectura cuidadosa sugerirá un cambio radical en el pensamiento de Cristo en el v. 16. Su pensamiento cambia de lo que había probado ser una salida de éxito de Palestina hasta un cuadro apocalíptico, distante, con dimensiones mundiales (cf. Mr. 13:9-12). La conjunción de los dos puntos de vista parece que es un ejemplo perfecto de una extensión telescópica profética que transfiere la atención del futuro inmediato a un día distante, cuando la tarea de evangelizar las ciudades de Israel sería reasumida. Olshausen sugiere que "las palabras envuelven, a manera de anticipación, un ángulo de visión más amplio y une la primera misión de los discípulos con la subsecuente" (citado por Biederwolf, *The Millennium Bible*, p. 315.)

b. Cristo dijo a los discípulos: "De cierto os digo que hay algunos de los que están aquí, que no gustarán la muerte, hasta que hayan visto al Hijo del Hombre viniendo en su reino" (Mt. 16:28; Mr. 9:1; Lc. 9:27). Los tres escritores sinópticos incluyen este anuncio inmediatamente después de la transfiguración. Asumimos que la frase "algunos de los que están aquí" se refiere a San Pedro, Santiago y San Juan, quienes fueron testigos de la transfiguración. Ese era un adelanto especial, privado, del poder y la gloria futuros de nuestro Señor, y explicaba el significado de la profecía.

c. En el discurso del monte de los Olivos, después de describir los acontecimientos que culminarán con su aparición, Cristo concluyó: "De cierto os digo, que no pasará esta generación hasta que todo esto acontezca" (Mt. 24:34; Mr. 13:30; Lc. 21:32). Este pasaje presentaría un gran problema si la frase "esta generación" se refiriera sólo a las personas que vivían en aquel entonces. Pero esa interpretación de todos los eventos mencionados en el discurso no encajaría en su obvio y extenso alcance. Más bien creemos que Cristo se refería a los judíos como una raza (véase la cuidadosa discusión de Biederwolf, *The Millennium Bible*, p. 347), o quizá estaba pensando en la generación mencionada en la parábola de la higuera.

d. En este mismo discurso de los Olivos, de acuerdo con San Mateo el Señor colocó los eventos del tiempo del fin "inmediatamente" después de la tribulación, que parecían referirse a la destrucción de Jerusalén en el año 70 D. C. (24:29). En contraste, San Lucas divide la cronología de la profecía en un grupo de eventos de cumplimiento cercano y otro distante e indefinido relacionado con la Segunda Venida. La división de San Lucas es indicada por las palabras: "Y Jerusalén será hollada por los gentiles" (Lc. 21:20-24). Puesto que ambos escritores obviamente registraron el mismo discurso, resulta muy difícil reconciliar lo "inmediato" de San Mateo con el largo lapso de tiempo de San Lucas entre la destrucción de Jerusalén y la venida del Señor.

No es nada alentadora la confusión de diversas opiniones, a menudo contradictorias, entre los comentaristas. Podemos estar de acuerdo con Ladd en que Cristo "se refirió tanto a la caída de Jerusalén como a su propia parousia" (*Theology of the NT*, p. 198). Pero el problema radica en la relación temporal de los dos. Quizá el comentario de Dean Alford nos ayude como cualquier otro: "Toda la dificultad que esta palabra [inmediatmente] parece haber causado, ha surgido de la confusión del cumplimiento *parcial* de la profecía con el *final*. La importante parte agregada de San Lucas... nos muestra que la *tribulación* incluye *ira sobre este pueblo* la cual se desatará *cuando se llene la copa de la iniquidad de los gentiles* y *cuando el evangelio se haya predicado en todo el mundo*... entonces ocurrirá la venida del Señor" (*The New Testament for English Readers* [Londres: Rivingtons, 1863], 1:167).

[11]La narración de San Lucas sugiere que la liberación de Jerusalén del dominio de los gentiles, la cual sería señal del final de los "tiempos de los gentiles", quizá sea otra señal. Decimos "quizá" porque no queda bien claro si la liberación de Jerusalén la efectuarán los judíos o el Señor mismo en su venida. Algunos agregan un gran avivamiento mundial; pero ¿dónde está la evidencia en el Nuevo Testamento?

¿Y cómo se reconciliaría con la frialdad y apostasía profetizada que afectará a los discípulos nominales?

[12]"Inminencia" no es lo mismo que "inmediato". Lo "inmediato" se relaciona con la pregunta de si Cristo y los apóstoles predijeron en realidad un apocalipsis inmediato, p. ej., en su generación.

[13]Cuando Cristo prometió: "He aquí yo estoy con vosotros, hasta el fin del mundo" (Mt. 28:20), se estaba refiriendo a la iglesia total, no sólo al pequeño grupo de sus oyentes inmediatos de ese día.

[14]La "gran tribulación", la cual se lanzó como amenaza sobre los pecadores en la iglesia de Tiatira (2:18-22) aparentemente no es la misma que "*la gran tribulación*" de 7:9-17.

[15]Para una introducción de las escuelas de interpretación *pretérita, histórica* y *futurista*, véase Ralph Earle, "The Book of the Revelation", *BBC*, 10:461 y ss.

[16]Si la revelación fue escrita como 25 años después de la destrucción de Jerusalén (c. 96 D.C.; véase *BBC*, 10:458 y ss.), entonces "la gran tribulación" sobre la que escribió San Juan, que se relaciona con los eventos subsecuentes a sus escritos (1:19), no se podía referir al periodo de intranquilidad producido en Judea por Tito.

Si en realidad Jesucristo se refirió estrictamente a la catástrofe de Jerusalén del año 70 D.C., entonces tenemos que aceptar que el Nuevo Testamento presenta dos "grandes tribulaciones". Además, Cristo declaró inequívocamente que jamás volvería a ocurrir una tribulación tan intensa como la que él describió (Mt. 24:21). Si ésta fuera la del año 70 D.C., la inevitable conclusión sería que la tribulación del Apocalipsis no igualaría en horror a la primera. La "gran intensidad" de la tribulación juanina quizá lo sea más en su alcance mundial e inclusivo, en contraste con la naturaleza relativamente local de la primera. Por otro lado, si hay un verdadero lazo hermenéutico entre "la gran tribulación" de Cristo y la de San Juan, la inferencia opuesta es igualmente compulsiva. Las versiones de San Mateo y San Marcos del discurso de los Olivos quizá hayan contenido alguna referencia simbólica y parcial a la devastación del año 70 D.C., pero la referencia más profunda se relacionaba con una conflagración mundial futura. En relación con la tribulación final, la destrucción de Jerusalén del primer siglo fue sólo una débil sombra de lo que habría de venir.

[17]Para un estudio justo y exhaustivo de las interpretaciones de la multitud en Ap. 7:9, 14, véase Biederwolf, *The Millennium Bible,* pp. 587-589. Ralph Earle dice: "Queda pendiente la pregunta, sin embargo, respecto a si la referencia de este pasaje se hace en relación con los santos de este breve periodo" (*BBC,* 10:549).

[18]Es justo hacer la observación de que hay alternativas posibles para el punto de vista de que Apocalipsis describe a un gobernante mundial literal que surgirá en el tiempo del fin. Sin embargo, George E. Ladd considera la bestia de Apocalipsis 13 como "el hombre de pecado" de San Pablo (*Theology of the NT*, p. 559).

[19]Tanto aquí como en Apocalipsis queda claro que Satanás engañará a las naciones al hacer grandes milagros a través de su títere. Mientras que el pueblo religioso considere lo milagroso como evidencia principal de la verdad y la autoridad, esas serán sus marcas distintivas durante los últimos días. A muchos les gustan más las demostraciones religiosas espectaculares, pero en realidad no los motiva un profundo "amor de la verdad" (v. 10); si éste los motivara, podrían ver a través del espectáculo religioso.

[20]George E. Ladd, *The Blessed Hope* (Grand Rapids, Mich.: Wm. B. Eerdmans Publishing Co., 1966, reimp.), p. 78.

[21]*Ibid.*, p. 80. Véase también *Theology of the NT*, de Ladd, p. 556. El dice que Walvoord concede que el "pretribulacionismo" no se "enseña explícitamente en las Escrituras".

[22]Schrenk, en *TDNT*, 4:188.

[23]Véase *Bibliotheca Sacra*, julio de 1968, pp. 217 y ss.

[24]*BBC*, 9:518. Algunos sugieren que Ap. 3:10 se refiere a un rapto de la iglesia: "Por cuanto has guardado la palabra de mi paciencia, yo también te guardaré de la hora de la prueba que ha de venir sobre el mundo entero." Si esta es una promesa dada particularmente a la iglesia de Filadelfia de que *ellos* serían arrebatados en el rapto antes de la gran tribulación final, entonces tenemos aquí la teoría de los siete periodos de los mensajes a las siete iglesias, la cual supone que las iglesias y las palabras de nuestro Señor dirigidas a ellos proveen un anticipo de los periodos sucesivos en la historia de la iglesia. Pero en tal caso, ¿cómo podía estar Filadelfia en peligro de la gran tribulación final cuando todavía quedaba otro periodo, el de Laodicea?

Es mejor adoptar la posición de que todas las advertencias y promesas se aplican a cada iglesia y a la iglesia *total* de cualquier época. El asunto de 3:10 debe decidirse sobre otras bases. Para mayor discusión véase Biederwolf, *The Millennium Bible*, pp. 550 y ss.

[25]Véase el sermón de Wesley: "The Good Steward" (*Works*, 6:136).

[26]En ocasiones milenialismo.

[27]Sin embargo, se encuentra en muchos compuestos, como *dischilioi* (2,000), Mr. 5:13.

[28]Para una fuerte defensa hermenéutica y exegética de la interpretación premilenial de Ap. 20, véase George E. Ladd, *Critical Questions About the Kingdom* (Grand Rapids, Mich.: Wm. B. Eerdmans Publishing Co., 1954), pp. 135-183. El dice: "El que la relación de estos eventos que ocurrirán en la consumación del reinado de Dios se haga explícita por primera vez sólo en los últimos versículos del último libro de la Biblia no debe presentar ningún problema para quienes creen en la revelación progresiva" (p. 183). Su defensa teológica se expresa lógicamente en su *Theology of the NT*, pp. 629 y ss.

[29]El escritor tiene una gran deuda con Ludwigson por su estudio suscinto de las tres posiciones mileniales (*Survey of Bible Prophecy*, p. 97).

[30]Carl F. Keil, citado por Ludwigson, *ibid.*, p. 107. Geerhardus Vos, Oswald T. Allis, y Archibald Hughes son sólo tres de los muchos exponentes del amilenialismo.

[31]La interpretación común de Hch. 15:16-18 como predicción de una dinastía Davídica futura y literal, no tiene mucha validez. "Después de esto" (v. 16) no significa después de los eventos de la era apostólica, sino en el día después de la dispersión y reunión de los judíos (Amós 9:8-10). Santiago dice específicamente que "ese día" no se refiere al futuro, sino que ya se ha cumplido en la promesa de que a través del reedificado tabernáculo de David (el nuevo gobierno de Cristo) "para que el resto de los hombres busque al Señor". Este pasaje se cita como prueba bíblica de que el ministerio entre los gentiles ha sido ordenado divinamente e incluido en la promesa.

[32]También se han detectado implicaciones mileniales en 1 Co. 15:23-28; Fil. 3:11; 1 Ts. 4:13-18; y 2 Ts. 1:5-12. Exégetas como Geerhardus Vos refutan vigorosa-

mente tal interpretación de estos pasajes (*The Pauline Eschatology* [Grand Rapids, Mich.: Wm. B. Eerdmans Publishing Co., 1972], p. 259 y en otras partes). Por otro lado, A. T. Robertson observa sobre Fil. 3:11—"Aparentemente San Pablo está pensando aquí sólo en la resurrección de los creyentes de entre los muertos y duplica *ex*" (*Word Pictures,* 4:454). Para una declaración lógica de la posición de que *ek nekron* es de importancia teológicamente para el asunto de las dos resurrecciones (de allí la idea milenial), véase Wiley, *Christian Theology,* 3:334-336.

[33]La importancia de Ef. 1:10 se destaca altamente en la Reina-Valera, pero mejor aún en *La Biblia de las Américas:* "una *buena* administración en el cumplimiento de los tiempos". Si este periodo de consumación de todas las cosas en Cristo es paralelo a "la redención de la posesión *adquirida de Dios"* (v. 14, LBdlA), entonces la presente dispensación del Espíritu Santo (dentro de la cual el "Espíritu Santo de la promesa" es una "garantía de nuestra herencia"—vv. 13-14) es preliminar y preparatoria de la dispensación del cumplimiento de los tiempos. En este caso, en realidad tenemos un indicio que apunta hacia la culminación de un periodo de tiempo que seguirá a la era de la iglesia. Sin embargo, algunos intérpretes consideran la presente obra del Espíritu como parte de la obra de "reunir" del v. 10, y la administración (*oikonomia)* en el cumplimiento de los tiempos como la era del evangelio, p. ej., la era en la cual vivimos (cf. S. D. F. Salmond, *EGT,* 3:260). El Espíritu, dice Oscar Cullmann, es "más que un simple adelanto", más bien "ya forma parte del cumplimiento" ("Eschatology and Missions in the New Testament", *The Theology of the Christian Mission,* Gerald H. Anderson, editor [Nueva York: McGraw-Hill Book Co., 1965], p. 45). Hch. 2:17 cobra importancia aquí—así como otros pasajes que identifican esta era como el periodo final. Pero queda sin decidirse la cuestión de si Ef. 1:10 apoya la idea milenial o no.

[34]*Christian Theology,* 3:305 y ss. George Eldon Ladd le llama "la visión escorzada del futuro" (*Theology of the NT,* p. 198). Un ejemplo probable se encuentra en 1 P. 1:11. Entre los "sufrimientos de Cristo" y "las glorias que vendrían" han transcurrido ya casi dos milenios, pero este versículo no contiene insinuación de tal separación temporal. Para el significado de la respuesta de Cristo a la pregunta de los discípulos de Hechos 1:6, véase Biederwolf, *The Millennium Bible,* p. 401.

[35]Para un desarrollo de la escatología del Nuevo Testamento sobre temas premileniales, véase *End Times* (volumen del maestro), por Richard S. Taylor (Marion, Ind.: Aldersgate Publications Association, 1975).

35

El Régimen Eternal

I. INMORTALIDAD Y RESURRECCIÓN

El Nuevo Testamento nada tiene que ver con una redención que salva el alma pero que no ofrece esperanza para el hombre total. El desmoronamiento del pecado ha de tomar lugar en todo nivel. Este es precisamente el concepto de Pablo en Romanos 8:18-25, que culmina diciendo: "... y no sólo ella (la creación), sino que también nosotros mismos, que tenemos las primicias del Espíritu, nosotros también gemimos dentro de nosotros mismos, esperando la adopción, la redención de nuestro cuerpo" (v. 23).

A. El Punto de Vista Cristiano sobre la Clase de Cuerpo

Por lo que respecta a su constitución física, el hombre es mortal, pero en cuanto a su identidad personal como espíritu, es inmortal. Esta capacidad del yo para existir en un estado incorpóreo se da por sentado en todo el Nuevo Testamento (ver c. 15). El concepto griego sobre el mismo asunto es que tanto la materialidad como la corporeidad son limitaciones de las que hay que escapar. Lo que resulta único en el punto de vista bíblico es que tal incorporeidad no es la meta del ser, ni es deseable por ella misma. La corporealidad y la existencia ideal no se consideran incompatibles. Más bien, la esperanza cristiana no es sólo respecto a una existencia eterna, sino de una vida corporal en la presencia de Cristo.

San Pablo considera el cuerpo biológico de probación terrena "el cuerpo de la humillación nuestra" (Fil. 3:21). Como tal, deja mucho qué desear. Sin embargo, la corporeidad en sí misma no es un obstáculo; de hecho es elemental a la plenitud de vida. Un espíritu humano debe tener cierta modalidad adecuada si se ha de facilitar el enriquecimiento de múltiples formas de actividad y expresión. Esta necesidad es inherente a nuestra finitud.

B. El Concepto de Resurrección

El peso de énfasis en el Nuevo Testamento no descansa tanto en la inmortalidad como en la resurrección. El yo, que deja de ser cuerpo en el nivel de "la carne y la sangre" (1 Co. 15:50), vuelve a tomar cuerpo en un nivel superior; "esto mortal" se viste de "inmortalidad." No es el yo aislado el que se viste de inmortalidad sino el yo en su totalidad como una entidad corpórea (v. 53; ver 2 Co. 5:4, 2 Ti. 1:9-10).

La palabra usual para resurrección es *anastasis,* un levantarse o elevarse. Se aplica como 40 veces a una resurrección de la muerte física.[1] Las palabras de Jesús implican estrictamente una resurrección del cuerpo, "vendrá hora cuando todos los que están en los sepulcros oirán su voz;... y... saldrán" (Jn. 5:28-29).

Hay otras dos implicaciones que parecen inescapables: (1) la resurrección no es un evento que ha de experimentarse sólo por los redimidos, sino igualmente por los malvados (ver Hch. 24:14); y (2) Jesús mismo es la fuente de ambas resurrecciones. Por inferencia puede decirse que sin la Encarnación no habría resurrección. La Encarnación da una esperanza gloriosa al creyente, pero aumenta las dificultades del que no es salvo (2 Co. 2:14-16). El rechazamiento de una salvación gratuita, complica más las consecuencias del mal.

1. Raíces del Antiguo Testamento.

Aunque Jesús es la Fuente de la resurrección, no es la fuente de la doctrina de la resurrección. Esta idea ya estaba bien incrustada en el pensamiento judío. Pablo volvió suya la tenacidad de los fariseos respecto a esta creencia cuando dijo delante del concilio, "acerca de la esperanza y de la resurrección de los muertos se me juzga" (Hch. 23:6). Delante de Félix se identificó otra vez con este bien conocido credo de los fariseos: "... creyendo todas las cosas que en la ley y en los profetas están escritas; teniendo esperanza en Dios, la cual ellos también abrigan, de que ha de haber resurrección de los muertos, así de justos como de injustos" (Hch. 24:14-15).

Basando así su creencia de la resurrección en el Antiguo Testamento, Pablo estaba en perfecto acuerdo con su Maestro. Jesús despejó la tenue neblina en el "problema" de los saduceos cuando dijo: "Erráis, ignorando las Escrituras y el poder de Dios"

(Mt. 22:29). Su referencia a las Escrituras es respuesta suficiente a los que dicen que el concepto de vida después de la muerte era extraño al pensamiento hebreo (ver He. 11:35). Y su referencia al "poder de Dios" es respuesta adecuada a los escépticos modernos quienes sobre bases naturalísticas no pueden comprender la posibilidad de una resurrección (ver Hch. 26:8).

2. *Comprobada en Cristo.*

Aunque la *resurrección* de Cristo no es la fuente de la doctrina, su resurrección vino a ser la confirmación de esta creencia y más tarde de su hermenéutica. "Pero si se predica de Cristo que resucitó de los muertos, ¿cómo dicen algunos entre vosotros que no hay resurrección de muertos?" (1 Co. 15:12). Una vez que se acepta el hecho histórico de que Cristo se levantó de los muertos, la validez de la idea de resurrección queda establecida para siempre. Como fariseo, Pablo creía en una resurrección aun antes de su conversión. Pero después, la resurrección de Cristo se convirtió en el ancla que sostuvo su esperanza, convirtió su creencia en certeza y desde entonces se volvió el centro alrededor del cual descansaba su evangelio sobre la vida eterna. La "seguridad" que Dios dio "a todos" de que el mundo sería juzgado a través de Jesús fue el acto de Dios de "haberle levantado de los muertos" (Hch. 17:31). El milagro de Resurrección es la seguridad de Dios del *Escatón.*

C. Las Dimensiones de la Redención

El conocimiento de que la resurrección de Jesús hizo posible una redención total convirtió el horizonte de una resurrección de una creencia vaga a una gloriosa esperanza. La meta de la creación, arruinada en la Caída, fue traída una vez más al nivel de privilegio y posibilidad. Esa meta era el vivir para siempre en la presencia de Dios, en libertad absoluta de pecado, enfermedad y muerte, y en una creciente felicidad y servicio. El terrible sindroma del pecado y la condenación eterna había quedado roto; la resurrección podía ser hacia la mañana y no hacia la noche. El valor de la resurrección no era sólo una resurrección *per se;* su maravilla era la esperanza gloriosa de resurrección hacia un perfecto compañerismo con Dios.

A veces el carácter específico de esta resurrección de los redimidos se declara (como en Lc. 14:13-14); en otras ocasiones se da por hecho (como en Lc. 20:35-36 donde el término "resurrección" se usa casi como si no hubiera resurrección de ninguna clase para los perdidos). Un ejemplo más (se da por Pablo) al expresar su entrega a Cristo: "si en alguna manera llegase a la resurrección de entre los muertos" (Fil. 3:10-11). No se intenta decir aquí que los pecadores no resucitarán; la referencia es sólo a la resurrección en gloria que ahora Cristo presenta como opción. Todo el asunto de una vida más allá, se presenta en una nueva dimensión. Ahora quiere decir "La entrada a una nueva fase de filiación caracterizada por la posesión y el ejercicio de un poder super natural único."[2]

II. La Naturaleza de la Resurrección del Creyente

A. Cristo el Modelo

El nuevo cuerpo del creyente ha de ser como el cuerpo resucitado de nuestro Señor.[3] El "poder que obra en nosotros" (Ef. 3:20) es el mismo "según la operación del poder de su fuerza, la cual operó en Cristo, resucitándole de los muertos y sentántole a su diestra en los lugares celestiales"—haciendo a un lado a la muerte para siempre (Ef. 1:18-21). El ejercicio inmediato de este poder es el fortalecimiento del creyente por medio de su Espíritu "en el hombre interno" (Ef. 3:16). Pero este es un estado en el camino—un medio hacia la verdadera "esperanza a que él os ha llamado," y hacia "las riquezas de la gloria de su herencia en los santos" (Ef. 1:18).

Con frecuencia se conserva en mente la conformidad futura al Cristo resucitado. Siendo que Cristo fue el primer hombre que experimentó la metamorfosis de lo terreno a lo celestial por medio de la resurrección, y por cuanto su triunfo hace posible el nuestro, El es "las primicias de los que durmieron" (1 Co. 15:20; ver v. 23; Hch. 26:23; Col. 1:18; Ap. 1:5). El contraste entre el ganar una revivificación terrestre y esta mayor gloria se expresa dramáticamente en Hebreos: "Las mujeres recibieron sus muertos mediante resurrección; mas otros fueron atormentados, no aceptando el rescate, a fin de obtener mejor resurrección" (11:35).[4] Juan escribe que la transformación básica a ser hijos de Dios y al amor perfecto que da confianza, pueden ser nuestros ahora mismo (1 Jn. 3:2; 4:17-18); pero lo mejor está todavía en el futuro: "aún no se ha manifestado lo que hemos de ser" *(ephanerothe),* "pero sabemos que cuando él se manifieste, seremos semejantes a él, porque le veremos tal como él es" (3:2).

Pablo dijo que el nuevo cuerpo no serían "la carne y la sangre" (1 Co. 15:50), pero Jesús llamó la atención a su carne y a sus huesos como evidencia de corporeidad, y señaló hacia sus manos y hacia sus pies como una doble confirmación de identidad—"yo mismo soy" (Lc. 24:39; ver Jn. 20:25-27). De la declaración de Pablo deducimos que nuestros cuerpos biológicos presentes, aprisionados por la materia y el espacio, no serán los que volveremos a tener; del mismo Cristo sabemos que el cuerpo resucitado no es un fantasma sino que tiene cierta clase de substancia real. Es muy claro que no se mezcla con la estructura atómica que hoy día conocemos; pero ni el espacio ni la materialidad (como por ejemplo las puertas) fueron obstáculos para la presencia real y visible de Cristo. Además, era un cuerpo que ya no más estaba sujeto al dolor, a la enfermedad, al deterioro y a la muerte.[5]

B. Una Resurrección, No una Nueva Creación

Es muy importante, en la idea del Nuevo Testamento, el establecer una conexión entre el presente cuerpo y el cuerpo celestial futuro. La resurrección de Cristo ejemplifica la nota básica de continuidad. Este es el elocuente mensaje de "los lienzos puestos allí, y el sudario, que había estado sobre la cabeza de Jesús,... enrollado en un lugar aparte" (Jn. 20:6-7). El cuerpo exacto que había sido cuidadosamente envuelto, fue tomado otra vez.

Esta fue la evidencia que hizo que Juan creyera.[6] "Porque aún no habían entendido la Escritura, que era necesario que él resucitase de los muertos" (v. 9). Juan no estaba precondicionado a llegar a conclusiones exageradas basándose en datos sin importancia. Por el contrario, leyó la información correctamente por cuanto decía sólo una cosa al punto de convencimiento. No había otra explicación posible que una revivificación, completamente poseída y gloriosamente triunfante en naturaleza.

Jesús rehusó disecarse minuciosamente para revelar la parte que había muerto y la que había revivido. Dijo que él era "el Cristo"—la Persona total—quien habría de padecer y resucitar al tercer día de los muertos" (Lc. 24:46). Esta no es una mera inmortalidad del alma, sino un volver a vivir de Uno que murió. Fue el Cristo corporal el que murió, por tanto una verdadera resurrección debe ser el que Cristo se levantara en cuerpo. De otra manera sería la continuidad griega del ser-espíritu o una nueva creación. La doctrina cristiana de la resurrección apunta a una realidad distinta de cualquiera de las alternativas.

C. Cambio así como Continuidad

Resulta igualmente claro que este cuerpo que Cristo volvió a tomar se convirtió en una nueva clase de cuerpo. Tenía cualidades adaptables a este orden—podía ser visto, reconocido y podía tocarse. No obstante, era un cuerpo que podía con igual facilidad hacer a un lado estas leyes y fuerzas geofísicas. De hecho, su verdadera naturaleza, era no terrenal; los puntos de contacto que continuaban eran sólo acomodamientos.[7]

Esta es precisamente la idea que Pablo expuso respecto a la trasformación que ha de experimentarse por los creyentes que estén vivos cuando Cristo regrese. "He aquí, os digo un misterio: No todos dormiremos; pero todos seremos transformados, en un momento, en un abrir y cerrar de ojos, a la final trompeta..." (1 Co. 15:51 sigs.; ver 1 Ts. 4:16-17).[8] La esencia del cambio es de lo corruptible a lo incorruptible y de la mortalidad a la inmortalidad (v. 53). Nuestra naturaleza, sujeta a las contingencias de la probación y la ley de la entropía, será cambiada por una naturaleza que opere dentro de un orden diferente de ser. Las leyes de ese orden nos son desconocidas todavía, pero serán tan naturales al cielo como la carne y la sangre son naturales a la tierra. Cualquiera que sea su principio de existencia y sustento, tendrá perfecciones que no admitirán falsificaciones ni deterioro, quizá como la creación perpetua del Espíritu.[9]

Pablo habla del "misterio" de que los que estén vivos a la venida de Cristo serán transformados sin que tengan que morir, pero la doctrina de la resurrección *como tal* presupone la muerte. Los corintios así como los tesalonicenses temían que la muerte antes del regreso de nuestro Señor los privara de su participación. Pablo aclara en ambas cartas que la exención de la muerte, porción de los creyentes vivos al tiempo del rapto, representa no la norma, sino la excepción (ver He. 11:5). La victoria sobre la muerte a través de Cristo no es, fundamentalmente, un escape de la muerte, sino una vida de entre los muertos. Pablo implica esto cuando escribe: "lo que tú siembras no se vivifica, si no muere antes" (15:36).[10]

D. La Acción del Espíritu

Como la primera fase de nuestra herencia total, el Espíritu Santo principia la redención en la regeneración y en la santificación de la mente y el espíritu. El cuerpo está "muerto a causa del pecado" (sujeto todavía a la experiencia de la muerte), "mas el espíritu

vive a causa de la justicia" (Ro. 8:10). Después viene el anuncio;
"Y si el Espíritu de aquel que levantó de los muertos a Jesús mora
en vosotros, el que levantó de los muertos a Cristo Jesús vivificará
también vuestros cuerpos mortales por su Espíritu que mora en
vosotros" (v. 11).[11] Cualquier promesa que se incluya aquí para la
presente revivificación de nuestro cuerpo día tras día, tiene su
explicación más amplia en Romanos 8:26—"el Espíritu nos ayuda
en nuestra debilidad." Sin embargo, el esfuerzo primario es hacia
aquel día futuro cuando la mortalidad se revista de inmortalidad,
y cuando se cumplirá la promesa que está escrita: "Sorbida es la
muerte en victoria" (1 Co. 15:54). Así que el versículo 11 de la
discusión de Pablo en Romanos 8 es anticipación del versículo 23.

El dogma del todo importante, sin embargo, es que mientras el
cuerpo "se siembra cuerpo animal, resucitará cuerpo espiritual"
(1 Co. 15:44). Al cuerpo natural *(soma psuchikon)* pertenece la
gloria del orden terrenal; al cuerpo espiritual *(soma pneumatikon)*
pertenece la gloria del orden celestial (v. 40). Esta mayor gloria es
al menos parcialmente en su incapacidad de corrupción al cual
tiende el cuerpo natural. Vos dice que "el cuerpo celestial se
caracteriza por incorruptibilidad, gloria y poder."[12] El cuerpo
espiritual es el ropaje natural dado por el Espíritu a los creyentes
que ya han estado sujetos a la modelación interna preparatoria del
Espíritu como "las arras." Aunque el vocablo *pneumatikon* "expresa la cualidad del cuerpo en estado escatológico," tenemos que
estar de acuerdo con Vos que todo "pensamiento de inmateria-
lidad, eterealidad o ausencia de densidad física debe quitarse
completamente del término."[13]

III. El Tiempo de la Resurrección

A. En Relación a la Parousia

Según la enseñanza de Cristo la división final entre los humanos
ocurrirá al fin de la siega (Mt. 13:24-30, 36-43). Parece que la
creencia común era que la resurrección era un evento en un futuro
distante. Cuando Jesús le aseguró a Marta, "Tu hermano resucitará," ella contestó, "Yo sé que resucitará en la resurrección, en el
día postrero." Jesús respondió, "Yo soy la resurrección y la vida;
el que cree en mí, aunque esté muerto, vivirá" (Jn. 11:23-25). Esta
seguridad pudiera interpretarse diciendo que quienquiera que
está en Cristo, experimentará su poder de resurrección inmediata-

mente después de la muerte, si no fuera por su definida declaración a lo contrario. En Juan 6:40, 44, las palabras de Jesús son claras: "yo le resucitaré en el día postero." Además, Pablo, de manera clara, asocia la resurrección con la Segunda Venida (1 Co. 15:20-22, 52; Fil. 3:11, 20-21). La "final trompeta" anunciará ambos eventos: "Los muertos serán resucitados incorruptibles, y nosotros seremos transformados" (v. 52). Sería difícil dejar de percibir en esto el evento exacto descrito por Jesús en Mateo 24:31.

A veces se asegura que aunque Pablo, en sus primeras cartas aúna la resurrección con la Segunda Venida, él había cambiado de opinión para el tiempo en que escribió Segunda Corintios. Se dice que allí, él dio por hecho que la resurrección seguía inmediatamente a la muerte. Aunque algunas cosas en 4:16—5:10 pudieran sugerir esta interpretación, nada la hace obligatoria y hay mucho que lo niega. El "estar presentes con el Señor" (v. 8) es, sin duda, recíproco con "estar ausentes del cuerpo." Pero no es muy claro que el estar en casa con el Señor implique la realización inmediata del deseo final: el "ser revestidos de aquella nuestra habitación celestial" (v. 2).

No es muy seguro que al decir "tenemos de Dios un edificio" eterno "en los cielos" (vrs. 1-2) Pablo tenga en mente la resurrección del cuerpo. Más bien puede ser la confianza total que espera al creyente, un orden más amplio y extenso de ser de acuerdo con la promesa de Jesús, "En la casa de mi Padre muchas moradas hay. . . voy, pues, a preparar lugar para vosotros" (Jn. 14:2-3). Este panorama más amplio en el curso incluye la resurrección final, pero no hay seguridad de que la metáfora de Pablo de estar ansiosos por "ser revestidos de aquella nuestra habitación celestial" se refiera precisamente a la resurrección.

Hay otras consideraciones más. Una persona verdaderamente ortodoxa en el evangelio pudiera sostener que Pablo, como un creyente personal, pudiera experimentar una intuición progresiva en el plan completo de Dios. Pero sostendría también que el Espíritu Santo prevendría tal crecimiento personal de estar tan apegado a la Escritura como para producir una contradicción irreconciliable. Sin embargo, aun aparte de la cuestión de inspiración, el argumento no es lógico. El tiempo entre la escritura de la primera epístola y la segunda, no fue tan grande como para que el apóstol hubiera olvidado lo que había dicho en la primera, o para tomar con pleno conocimiento una posición diferente sin ninguna explicación.

Pero más significativa aún es la carta a los Filipenses, una epístola más posterior. En esta, se afirma también la fe de que "partir" de la carne es "estar con Cristo" (1:23). No obstante, "la resurrección de entre los muertos," que están tan ansiosos de obtener (3:11), aparentemente espera la venida del Salvador desde el cielo, quien entonces "transformará el cuerpo de la humillación nuestra, para que sea semejante al cuerpo de la gloria suya" (3:20-21). Si Pablo cambió de opinión en 2 Corintios, debió haberla recuperado en Filipenses.

Por tanto, la evidencia indica una felicidad consciente en la presencia de Cristo cuando los santos dejan el cuerpo. Y sin embargo, esta experiencia no alcanza la vida de resurrección final. En vista de estas enseñanzas escriturarias, toda alma así llamada durmiendo en el sentido de una total inconsciencia entre la muerte y la resurrección, apenas pudiera aceptarse. A la vez, el concepto de un "estado intermedio" apenas si se puede evitar (ver Ro. 14:8-9 y Mt. 22:31-32; 2 Co. 12:1-4; 2 Ti. 2:18).

B. La Cuestión de Dos Resurrecciones

El problema más complicado aún tiene que ver con el tiempo relativo de la resurrección de los justos y de los injustos, ¿son simultáneos o están separados cronológicamente? Esta cuestión está complicadamente unida a la posibilidad de un milenio; de hecho bien pudiera ser decisiva. Tal como dice Wiley: "Los que fracasan en distinguir entre las dos resurrecciones están cerrados tanto al post milenialismo como al nil milenialismo." Arguye en favor de dos resurrecciones no sólo basándose en Apocalipsis 20, sino más especialmente en la frase *ek nekron,* "fuera de, o de entre los muertos." Escribe: "Se nos dice que la frase ocurre cuarenta y nueve veces en el Nuevo Testamento, y ni una sola vez se aplica a la resurrección de los injustos, o a la resurrección cuando ésta se considera abarcando tanto a los justos como a los injustos."[14]

La declaración de cronología más clara de Pablo es 1 Co. 15:20-25. La secuencia en este caso es (1) la propia resurrección de Cristo, (2) la resurrección de los justos—"los que son de Cristo en su venida"; y (3) el resto de la humanidad, cuya resurrección debe implicarse en "Luego el fin." Sin embargo, la palabra *eita,* "luego," no necesariamente significa un gran lapso de tiempo como puede verse en el versículo 5: "apareció a Cefas, y después a los doce" —todos en el mismo día.

La cuestión de las dos resurrecciones así como la de un milenio de un millar de años literal, han de quedar indefinidos.

IV. EL JUICIO DIVINO

A. La Necesidad del Juicio

Es significativo que la Iglesia Primitiva considerara "la resurrección de los muertos y del juicio eterno" doctrinas fundamentales (He. 6:1-2). La cuestión compelente, "De otra manera ¿cómo juzgará Dios al mundo?" nos recuerda que en el concepto del Nuevo Testamento el juicio divino es una necesidad moral. Estamos tratando aquí con un orden moral que demanda no sólo "justicia" y "dominio propio" sino "juicio venidero" (Hch. 24:25). Su base es la santidad y la justicia de Dios, y su objetivo es el de revelar y adjudicar la conducta de agentes morales. Los "secretos de los hombres" serán descubiertos (Ro. 2:16; ver Mr. 4:22; Lc. 12:2), y el carácter será avalado con equidad perfecta a la luz del conocimiento y la oportunidad (Ro. 2:7-11). Se pronunciará una sentencia final de separación y clasificación. La mentira saldrá de su escondite, y la verdad, tanto tiempo pisoteada, prevalecerá.

La justicia demanda juicio, pues la justicia insiste en que los males que desafiaron o eludieron las cortes humanas finalmente sean llamados a cuenta y tratados como merecen. Sólo un Dios infinito puede percibir sin error las líneas complicadas de responsabilidad, los múltiples vectores de influencia, y los tonos de motivación e intento que abarca la fibra moral de la vida humana. En la balanza se pondrán la capacitación y la oportunidad, el engaño y la inocencia, la malicia y la sencillez, la pretensión y la sinceridad. Todos los hilos deben desenredarse y los nudos desatados. Además, las desparramadas consecuencias de las obras malignas que van revelándose de generación en generación, han de converger en un sólo punto de finalidad última. Tal malignidad ha de ser circunscrita en finitud sin que se le permita extenderse infinitamente.[15]

B. Un Evento Futuro

Es imposible, por tanto en el Nuevo Testamento, reducir la doctrina del juicio a las consecuencias naturales del mal que los humanos sufren en esta vida. Pablo declara que la ley de la siembra y la de la siega opera tanto aquí como en el más allá (Gá. 6:8-9). Tanto Jesús como los intérpretes escritores vieron la necesidad de un juicio oficial forense, con sus declaraciones no sólo de recompensas y castigos, sino de destino eterno. Jesús habla frecuentemente acerca del "día del juicio" (Mt. 11:22; 12:36; a veces sencillamente como "aquel día," Mt. 7:22; Lc. 10:12).

El propósito del juicio después de esta vida y forense, se explica por Pablo, "para que cada uno reciba según lo que haya hecho mientras estaba en el cuerpo" (2 Co. 5:10). Si ha de juzgarse la conducta "en el cuerpo," es obvio que tal juicio no puede ocurrir hasta que termine la transformación de la tierra. La voz unánime del Nuevo Testamento se expresa por el escritor a los hebreos, "está establecido para los hombres que mueran una sola vez, y después de esto el juicio" (9:27).

El cuadro clásico de este evento imponente está en el Apocalipsis de Juan: "Y vi un gran trono blanco y al que estaba sentado en él, de delante del cual huyeron la tierra y el cielo, y ningún lugar se encontró para ellos. Y vi a los muertos, grandes y pequeños, de pie ante Dios; y los libros fueron abiertos, y otro libro fue abierto, el cual es el libro de la vida; y fueron juzgados los muertos por las cosas que estaban escritas en los libros, según sus obras" (20:11-12).

El mensaje de este pasaje es dual: universalidad y finalidad. Todo miembro de la raza de Adán estará presente (ver Ro. 14:11; Fil. 2:9-11). No habrá excepciones y de cierto, no habrá escondrijos. Y este juicio del "gran trono blanco" marcará el fin de la probación humana que llamamos historia. Los libros serán abiertos, y después cerrados por la eternidad. El abuso del libre albedrío, tanto por los ángeles como por los hombres, será tan completamente vencido como para quedar imposibilitado para siempre. Cesará toda hostilidad activa hacia Dios, y el escogimiento moral se confirmará en tal forma que será irreversible. Nunca después un acto de pecado arruinará el universo de Dios. Del veredicto de este juicio general no habrá apelación, porque "el gran trono blanco" es la autoridad última. Es la corte final de apelación.[16]

Como Redentor, la relación de Cristo a la Iglesia es diferente de su relación al mundo: "Yo reprendo y castigo a todos los que amo" (3:19). Hay un juicio correctivo que está ahora en proceso (1 Co. 11:28-32; He. 12:10-11; 1 P. 4:17-19); pero su propósito se encuentra solamente en su relación anticipatoria al juicio final. Del juicio último los actuales juicios disciplinarios derivan su sinceridad y gravedad. Porque quien ha comprado con su sangre el derecho de salvar, también ha recibido el derecho de condenar;

el que por su victoria "se sentó" con su Padre "en su trono" es quien promete compartir ese trono sólo con los vencedores (Ap. 3:21). Si el propósito de la disciplina es que "no seamos condenados con el mundo" (1 Co. 11:32), la inferencia es inescapable de que si la disciplina falla, seremos condenados juntamente con el mundo.[17]

C. Asuntos que Han de Ser Juzgados

Las obras hechas "en el cuerpo" estarán sujetas a investigación. Este es un concepto completamente inclusivo que involucra palabras (Mt. 12:36-37), actitudes (Mt. 5:22), pecados secretos (Mt. 5:28-30), así como acciones abiertas. Los móviles se examinarán minuciosamente (1 Co. 4:5; ver 3:13). Si aun hoy día la Palabra es como una espada "que discierne los pensamientos e intenciones del corazón" (He. 4:12), ¿cuánto más serán descubiertos y avalados en el juicio? La preocupación principal y saturante será la mayordomía total de la vida (Mt. 25; ver c. 29).

D. La Base de la Decisión y del Destino

La base del juicio será lo apuntado en "los libros" (Ap. 20:12). Qué sean estos libros, es algo que sólo podemos especular. Cuando menos resulta claro que se está escribiendo un récord que será aceptado en la corte como evidencia incontrovertible ya sea en favor o en contra de aquel sobre quien se escribe. Siendo que "todos pecaron y están destituidos de la gloria de Dios" (Ro. 3:23), estos libros solamente, garantizarán la condenación universal de todo hijo responsable de la raza de Adán.

Afortunadamente, hay "otro libro" abierto, que es el "libro de la vida" (v. 12). En vista de la depravación universal éste no puede ser una lista de hombres buenos humanísticamente, sino de hombres redimidos, cuyos nombres han sido allí preservados por su fe en Jesús (Lc. 10:20). Este libro es el archivo del arrepentimiento y perdón de uno. Los pecados de tales hombres ya han sido juzgados una vez, en el Calvario. La fe durante el período probatorio apropia este juicio, para que el libro de la vida informe, "Ya ha sido Juzgado." Los hechos serán descubiertos, pero por cada descubrimiento adverso, habrá el veredicto en el libro de la vida: "Cubierto por la sangre."[18]

Es evidente que el veredicto final descansa en este libro de redención: "Y el que no se halló inscrito en el libro de la vida fue lanzado al lago de fuego" (Ap. 20:14). Por tanto, el enfrentarse al juicio con confianza en los méritos de la propia bondad de uno, es inútil e ilusorio. Más bien, toda la atención de uno ha de concentrarse en ser puesto en el libro de la vida. De esto trata toda la Biblia. Dios en Cristo ha provisto la "ropa de boda" adecuada de justicia. Esto se ofrece a todos, no es opcional para nadie (Mt. 22:11-13; ver Ap. 19:7-8).

Sin embargo, en Cristo Dios ya ha reconciliado "consigo al mundo, no tomándoles en cuenta a los hombres sus pecados, y nos encargó a nosotros la palabra de la reconciliación" (2 Co. 5:19; ver Ro. 11:32). Hay un sentido en el que todos llegan al mundo incluidos ya en la esfera de la gracia salvadora. Sobre esta base algunos han sugerido que todo nombre está inscrito por la sangre de Cristo en el libro de la vida y que la cuestión determinativa en el juicio será si todavía está allí. Que es algo removible se declara inferencialmente por Jesucristo mismo: "El que venciere será vestido de vestiduras blancas; y no borraré su nombre del libro de la vida, y confesaré su nombre delante de mi Padre" (Ap. 3:5; ver 1:18).[19]

V. MÁS ALLÁ DEL JUICIO

A. El Concepto de Eternidad

El vocablo *aionios* significa duración sin fin en la gran mayoría de sus 66 ejemplos en el Nuevo Testamento.[20] Es en contraste al tiempo sólo hasta donde el tiempo es un elemento en la historia humana susceptible de medirse matemáticamente por el movimiento solar. Cualquiera que sea el caso con Dios, la eternidad en relación con el hombre no es incompatible con el tiempo en el sentido de desarrollo consciente o sucesión de eventos; las criaturas finitas apenas si podrían existir en actividad significativa sin estos estados. La referencia a "fruto cada mes," aunque es obviamente una expresión de acomodo, sugiere sucesión y movimiento. La nota fundamental es que "tiempo" en la eternidad no se mueve hacia un *telos* (Ap. 22:5).

B. La Muerte Segunda

El término "muerte segunda" se encuentra sólo en Apocalipsis, y sólo cuatro veces: 2:11; 20:6, 14; 21:8. Esta segunda muerte, en las últimas dos referencias, se define como "el lago de fuego" al que "la Muerte y el Infierno" serán echados (20:14). Serán también echados allí "los cobardes e incrédulos, los abominables y homicidas, los fornicarios y hechiceros, los idólatras y todos los mentirosos" (21:8).[21]

La terminación del Hades nos recuerda ciertos términos bíblicos que indican el estado intermedio. Hades es el equivalente griego del *sheol* hebreo en el Antiguo Testamento, y ambos se refieren a la habitación temporal de los muertos, sean justos o injustos. Ninguno de los dos debe traducirse en infierno. El término *tartaroo* significa consignar a Tártaro ("abismo de tinieblas,"), lugar no de los hombres sino de los ángeles caídos, quienes están siendo "reservados al juicio" (2 P. 2:4).

Por tanto, el concepto de la muerte segunda es el de una separación de Dios subsecuente a la muerte física. Los malvados son sentenciados a este destino en el juicio del gran trono blanco, que es final y eterno. La naturaleza temible de la muerte segunda la asocia inequívocamente con el Gehenna *(Geenna),* término que Jesús usó para indicar castigo eterno.[22] "Porque todos serán salados con fuego" (Mr. 9:49); o la *paja* será consumida ahora por el fuego del Espíritu Santo (Mt. 3:12; ver Mal. 3:1-3) o, rehusado esto, el persistente rebelde se dará cuenta "de hervor de fuego que ha de devorar a los adversarios" (He. 10:27, de Is. 26:11; He. 10:31; 12:29; 2 Ts. 1:7; ver Mal. 4:1). El pecado ha de ser purgado o el pecador castigado o extinguido.[23]

C. La Naturaleza del Infierno

La naturaleza del infierno no es un asunto agradable a la contemplación. Es su duración tan interminable como el cielo (Mt. 25:46; Mr. 9:43-48; Ap. 20:11). Jesús lo llama "las tinieblas de afuera" (Mt. 8:12; 22:13; 25:30), sugiriendo completa extinción de la presencia de Dios así como de la esperanza y oportunidad. Es un lugar y estado más allá de todo rayo de luz del orden celestial. Siendo que la luz y las tinieblas simbolizan el bien y el mal, las tinieblas de afuera es mal absoluto. Infierno es la consumación final y recompensa justa de quienes durante su estancia en la tierra amaron "más las tinieblas que la luz porque sus obras eran malas" (Jn. 3:19; ver 1:4-11; Lc. 11:35; 22:53; Hch. 26:18; Ro. 13:12; 1 Co. 4:5; 2 Co. 4:6; 6:14; Ef. 5:11; 6:12; 1 P. 2:9; 1 Jn. 1:6). La propiedad moral inherente de sentenciar a los pecadores recalcitrantes a tal extinción se implica en la pregunta mordaz de Jesucristo, "¡serpientes, generación de víboras! ¿Cómo escaparéis de la condenación del infierno?" (Mt. 23:33; infierno es *Gehenna*).[24]

En los tres ejemplos dados, esta frase "las tinieblas de afuera" se sigue por la cláusula "allí será el lloro y el crugir de dientes." Así que el término se refiere a un lugar así como a una condición.

Es más, no es un lugar de inconsciencia o aniquilación, sino de remordimiento consciente y de sufrimiento.

D. El Caso del Rico

La historia del rico y Lázaro (Lc. 16:19-31) tiene que manejarse con mucho cuidado. La llave a su exégesis es que Jesús habla del Hades antes que del *Gehenna.* Tanto Lázaro como el rico están en el Hades. Aquí, en el lugar de los muertos *antes del juicio,* el rico levantó sus ojos y vio a Lázaro que estaba allí, excepto que el rico sufría los tormentos de la condenación en tanto que Lázaro estaba en un lugar del Hades al que Jesús llama "el seno de Abraham."

Las verdades básicas que Jesús enseñó son claras: (1) las iniquidades e injusticias que abundan en esta vida han de esperar la corrección en el más allá. (2) La verdadera prosperidad y bienestar no han de definirse en términos de apariencia exterior presente sino sobre la base de favor o falta de favor de parte de Dios. (3) El Hades es un estado de consciencia, identidad personal, recuerdo y o de sufrimiento o de tristeza. (4) El destino, determinado por el carácter de uno en la muerte es final e irrevocable—"existe un gran abismo," que evita toda posibilidad de una segunda oportunidad. (5) Los pecadores que hacen a un lado las advertencias y enseñanzas de las Escrituras no serán disuadidos de su curso maligno deliberadamente escogido aun si se multiplicaran los milagros con beneficio especial para ellos.

Estas verdades han de ser fuertemente entretejidas en la fibra de nuestros conceptos doctrinales. Pero la historia no debe ser mal usada por medio de una interpretación demasiado literal del lenguaje vívido que claramente es metafórico. Siendo que el rico estaba en su estado incorpóreo, obviamente carecía de "lengua," y Lázaro tampoco tenía "dedo." Pero el evitar interpretar en esto el fuego físico en ninguna forma neutraliza la realidad terrible que se presenta. Este es un cuadro de sufrimiento real debido al fuego del recuerdo y del remordimiento.

E. Muerte y Destrucción

Pablo nunca usa "la muerte segunda," "Hades," o "Gehenna." Entre sus vocablos están "muerte" *(thanatos)* y "destrucción" *(apoleia, olethros).* La muerte que es "la paga del pecado" (Ro. 6:23) es lo opuesto de la vida eterna. Como tal, es la separación de Dios que el pecado, por su propia naturaleza, requiere (ver 6:16). La ley del pecado es también "ley de... muerte" (Ro. 8:2); la una es corolario de la otra. Si no puede escaparse del pecado, la muerte no podrá evadirse tampoco. Los que "están pereciendo", por tanto, son los que están en progresión de "muerte a muerte"—de la muerte espiritual de hoy a la muerte final (2 Co. 2:15-16).

Tanto *muerte* como *destrucción* son términos cualitativos, no temporales. La destrucción expresada por *apoleia* es pérdida "de bienestar, no del ser" (*Vine;* Ro. 9:22; Fil. 3:19; ver 2 P. 2:1; 3:16).[25] El término *olethros* se traduce normalmente en "destrucción" pero conlleva un sentido intenso de ruina total. El "castigo de eterna destrucción" es el destino de "los que no conocen a Dios" y de "los que no obedecen el evangelio de nuestro Señor Jesús." No es aniquilación sino "exclusión de la presencia del Señor y de la gloria de su poder" (2 Ts. 1:8-9; ver 1 Ts. 5:3; 1 Ti. 6:9, combinado con *apoleia*). *Apollumi,* "destruir completamente" (voz media, perecer) se usa por Pablo, Santiago y Pedro en el sentido de "pérdida del bienestar en el caso del que no es salvo en el más allá" (*Vine*) en Ro. 2:12; 1 Co. 15:18; 2 Co. 2:15; 4:3; 2 Ts. 2:10; Stg. 4:12; 2 P. 3:9; ver Mt. 10:28; Lc. 13:3, 5; Jn. 3:16.

VI. EL COLAPSO DEL MAL

A. Un Conflicto Cósmico

En el trasfondo de todos los tratos directos de Dios con los hombres está la sombra de un conflicto cósmico entre Dios y Satanás. En un sentido muy real, el hombre mismo es el premio en este conflicto; al salvar al hombre, Dios vence a su enemigo. El objetivo de Satanás ha sido el de no rendir honor a Dios, destruyendo al hombre. Por engaño el pecado rebajó al hombre como creación culminante de Dios y amenazó su extinción total. Desde el Jardín del Edén en adelante Satanás ha procurado neutralizar todo movimiento de Dios por medio de una acción opuesta. Al hablar de Pablo, Vos observa:

> En los varios pasajes que tratan con este asunto, uno recibe la impresión de que el Apóstol estaba consciente de un drama misterioso llevado a cabo detrás de las cortinas de este mundo visible en el mundo de los espíritus, y eso no un drama conteniendo significado en sí mismo; es algo preñado de la solución suprema del drama mundial del fin de la historia.[26]

B. El Origen del Conflicto

La Biblia no reconoce el mal como una eterna contraparte del bien, en el sentido de un dualismo metafísico. El mal siempre se considera haber tenido un principio y como algo primordialmente personal, un enemigo y un intruso. A Satanás se le caracteriza como "homicida desde el principio, y no ha permanecido en la verdad, porque no hay verdad en él. Cuando habla mentira, de suyo habla; porque es mentiroso, y padre de mentira" (Jn. 8:44).

Los nombres dados a Satanás encierran en su totalidad toda la malicia e hipocresía con las cuales este ser maligno ha estimulado y esclavizado al hombre, y lo ha usado como instrumento en la guerra cósmica en contra del trono mismo de Dios. Estos nombres incluyen "el gran dragón, la serpiente antigua, que se llama el diablo [*diabolus*], y Satanás [*ho Satanas*], el cual engaña al mundo entero" (Ap. 12:9; ver 20:2), acusador, calumniador, adversario, enemigo. Es este poder maligno ayudando y protegiendo el pecado voluntario del hombre lo que ha hecho que la historia humana no sólo sea corrupta sino extraña e irracionalmente demoníaca. La guerra del cielo no es sólo contra el pecado, el mundo, y la carne, sino contra Satanás (Ef. 6:12).

Aun cuando el origen personal de Satanás está envuelto en un misterio, Jesús pudo haber indicado que había caído desde un estado celestial anterior: "Yo veía a Satanás caer del cielo como un rayo" (Lc. 10:18; ver Ap. 12:7 sigs.). Que no era un ofensor solitario sino uno entre muchos, se revela por Pedro: "Dios no perdonó a los ángeles que pecaron, sino que arrojándolos al infierno, los entregó" (2 P. 2:4). Hay abundante evidencia de que Satanás era y es su líder. Los ángeles caídos menores no se llaman propiamente diablos, sino *daimon* "demonios."

Satanás y los demonios constituyen un reino del mal (Mt. 12:26) bien organizado, maliciosamente opuesto a Dios, y por tanto opuesto a Cristo (Ef. 6:12). Por alguna razón se les permitió asentar en este planeta como de su especial dominio, y del mismo modo se les ha permitido mezclarse con intento maligno en los asuntos humanos (Lc. 4:6; 8:29; 13:16; Jn. 12:31; 14:30; 16:11; Hch. 26:18; Ef. 2:2; 1 Jn. 5:19). Satanás mismo es la personificación del mal (Jn. 8:44; 1 Jn. 3:8) en un sentido literal mayor que el de una personificación figurada. No hay duda, por parte de Jesús o de los escritores inspirados, respecto a la realidad de Satanás como un ser personal.[27]

C. Satanás Será Atado

Hay sin duda una sensación en las mentes de los escritores del evangelio de que la tentación de Cristo en el desierto es un intento de Satanás de hacer con el Segundo Adán lo que hizo tan fácilmente con el primero en el Jardín del Edén. En este caso su argumento sofista astuto hizo que la cabeza y el corazón de Adán, se pusieran en favor de Eva, de manera que todas las subsecuentes consecuencias fueron tan adámicas como satánicas. Por tanto, es inevitable que central al acto de Dios en Cristo esté la idea de atar al "hombre fuerte" para que "su casa" sea robada (Mt. 12:29; 1 Jn. 3:8; Ap. 20:2). Esta victoria fue esencialmente ganada en el Calvario, y desde aquel evento que hizo época, el Espíritu ha estado quitando con un mayor grado de poder y éxito de lo que se vio en las edades pre-cristianas.[28]

D. El Inescapable Fin

la historia humana debe concluir en una cosecha en que "se junten, de su reino, todas las causas de pecado y todos los que obran mal para echarlos al horno de fuego." Es adecuado, por tanto, que "el diablo" que es "el enemigo que sembró" la cizaña, sea destruido también a fin de que sus malas obras nunca más distraigan el universo de Dios. El acto inicial de aflojar el dominio de Satanás sobre el hombre ganándolo por medio del amor y capacitándolo por gracia para participar en el derrocamiento de Satanás, es una estrategia peculiarmente para la gloria de Dios. Es una gloria mucho mayor que si el hombre hubiera sido protegido de una arena moral en la que luchara con un enemigo real, y de cierto mucho mayor que si Satanás hubiera sido arbitrariamente destruido en la creación del hombre.

Toda la lucha cósmica ha sido efectuada y ganada sobre líneas morales, incluyendo lealtad voluntaria de agentes libres, en lugar de simplemente un despliegue poderoso de potencia divina. Pero cuando la estrategia de Dios haya alcanzado su propósito *(telos)*, el poder tomará el mando, y el juicio que resuelve el destino del hombre callará y hará inactivo el reino del mal para siempre. "Y el diablo que los engañaba fue lanzado en el lago de fuego y azufre, donde estaban la bestia y el falso profeta; y serán atormentados día y noche por los siglos de los siglos" (Ap. 20:10).

VII. La Esperanza de los Santos

"El fuego eterno" llamado infierno no fue hecho para el hombre sino para "el diablo y sus ángeles" (Mt. 25:41). Por tanto, es evidente que el hombre llega allá sólo por unirse a Satanás. Al hacerlo, cancela su destino y hogar eterno intentado divinamente para él, que es el cielo. La justicia solamente, prepararía un lugar apropiado para Satanás, la fuente de todo mal, pero el amor divino envió a Cristo a sufrir a fin de que pudiera retornar al Padre a "preparar lugar" para los redimidos. Nos dice que hay "muchas mansiones" en la casa de su Padre y que su partida para preparar este lugar es la seguridad de que volverá para llevarlos con él, "para que donde yo estoy, vosotros también estéis" (Jn. 14:2-3). "El objeto de la partida de Cristo es reunión permanente y bendición del cristiano" escribe Marcus Dods.[29] El carácter del cristiano es tal que el estar con Cristo es el cielo. Y sin embargo, se intenta un verdadero lugar que fue hecho posible por una verdadera cruz.

A. El Paraíso

La declaración de Jesús de que volvería otra vez a recibir a los discípulos, seguida después por la inferencia de que pudiera no venir durante el tiempo de su vida presente (Jn. 21:18-23), crea un dilema. O ya tenía él en mente la resurrección futura cuando dijo, "os tomaré a mí mismo," o en algún sentido "viene otra vez" en cada muerte. Así que la promesa tiene que ver tanto con la venida particular por el moribundo santo como la venida futura culminante por la Iglesia viviente. Este último cuerno del dilema tiene que preferirse en vista de la promesa del Señor a Pedro, "A donde yo voy, no me puedes seguir ahora; mas me seguirás después" (Jn. 13:36). C. Ryder Smith comenta que "esto no quiere decir que Pedro se encontrará con Cristo en la *Parousia,* pues esta no es "inmediatamente 'después' sino tan pronto como sea un mártir."[30]

Quizá aún más directo sea el mensaje de Cristo al ladrón en la cruz, "De cierto te digo que hoy estarás conmigo en el paraíso" (Lc. 23:43; "en este mismo día" según Phillips).[31] Wilbur M. Smith escribe: "No hay nada más que pueda concluirse de las palabras de nuestro Señor al ladrón... que el alma, al tiempo de la muerte, entra a la presencia del Señor."[32]

El corolario es que cuando Jesús dijo en la cruz, "Padre, en tus manos encomiendo mi espíritu" (Lc. 23:46), su espíritu se sintió inmediatamente en casa con el Padre (ver Jn. 14:28; 16:5). Esto no excluiría su *descensus* (Ef. 4:19) o su predicación a "los espíritus encarcelados" (1 P. 3:19). Cuando Jesús le dijo a María después de su resurrección, "No he subido a mi Padre" (Jn. 20:17), probablemente hablaba de su ascensión oficial 40 días después, sin implicar ausencia de con el Padre entre la muerte y la resurrección. Esto está apoyado por la identificación de Pablo del Paraíso como el cielo en 2 Corintios 12:2-4, y la similar identificación por Juan en Apocalipsis 2:7.[33]

B. Cielo

De acuerdo con Jesús, el cielo es el lugar del trono de Dios (Mt. 5:34; 23:9, 22); por tanto no debe invocarse en juramentos, o por implicación, mencionarse frívolamente. En contraste con la inseguridad y cambio de esta tierra, es un lugar de seguridad total y permanencia; por tanto debe ser el magneto constante y tesoro secreto del discípulo (Mt. 6:19-21). El cielo es también el lugar donde habitan los ángeles quienes tienen inmediato acceso al Padre en favor de quienes están a su cargo (Mt. 18:10; 22:30; Lc. 1:19; ver Hch. 12:15).

La palabra "cielo" *(ouranos)* corresponde al *samayim* hebreo, ambos de los cuales significan "cielo" o "aire." De aquí que cielo quiera decir el cielo que está más cerca (Mt. 3:17; 24:31; 26:64; Lc. 17:24. De hecho frecuentemente se traduce en "cielo" o "aire," como en Mt. 6:26; 16:2; He. 11:12, *et al.*). Pudiera también significar el universo físico como el complemento de la tierra (Mt. 24:35; He. 1:10; 2 P. 3:7, *et al.*). Estos usos variados pueden explicar la referencia de Pablo al "tercer cielo" (2 Co. 12:2) como su manera de aclarar que era la habitación eterna de Dios, de los ángeles y de los santos que decía haber visto.[34]

1. Como el Hogar de la Familia.

El cielo no es recompensa al mérito sino la herencia de los santos, hecha suya por virtud de su adopción como coherederos con Cristo. (Ro. 8:17; Gá. 4:7). De aquí que sea el futuro hogar de la "familia," lo que hace especialmente significativa la referencia tierna de Jesús a que hay muchas mansiones en "la casa" del Padre (Jn. 14:2). Allí, la vida no será fría, aislada, y sin relación, sino que viviremos como una familia feliz y amorosa. El Espíritu Santo que habita en nosotros es ahora la "garantía" de Dios de esta herencia (Ef. 1:14; 2 Co. 1:22). El crea en nosotros un "pedacito de cielo" que se convierte en nuestro sensor espiritual de realidades invisibles, generando un instinto hogareño que nos atrae. Las alegrías de la santidad en el Espíritu proveen un gozo anticipado de la felicidad que nos espera. Hemos de comprender que el Cristo que fue a preparar lugar para nosotros (He. 6:20; 9:8-11, 23-24) envió al Espíritu Santo a prepararnos para nuestro lugar. Esto, lo lleva a cabo aclimatándonos a los goces y ocupaciones del cielo (2 Ts. 2:13). Si no reclamamos nuestro "lugar [*Kleros*] entre los santificados" por fe en Jesús (Hch. 26:18), nos privaremos nosotros mismos de nuestra herencia" *(Kleronomia)* en el cielo (Ef. 5:5; Col. 3:23-25).

Este cuadro de una familia feliz de redimidos debe responder a la pregunta, "¿Nos conoceremos en el cielo?" Si nosotros, quienes ahora "vemos por espejo en oscuridad" le veremos "cara a cara" (1 Co. 13:12), es seguro que esto incluirá relaciones interpersonales altamente clarificadas. No teniendo nada qué esconder, nada será secreto. Todas las barreras de prejuicio y malas interpretaciones, ya sea basadas sobre raza, idioma o cultura, quedarán disueltas. No sólo reconoceremos a los amigos del pasado, sino que nos percibiremos los unos a los otros sin vergüenza alguna y en verdad prístina. El compañerismo no sufrirá por causa de sospecha, y el conocimiento no sufrirá deterioro por causa de pretensión. El mundo de fachadas habrá quedado atrás.

De si la familia y los grupos de amistad que han sido felices en el Señor aquí en la tierra se restablecerán después como sociedad preferida, no lo sabemos. La cuestión mencionada por los saduceos, "¿De cuál... será ella mujer?" (Mt. 22:28) ha preocupado secretamente a miles de segundas esposas o esposos. Cuando Jesús declaró que seremos como "los ángeles del cielo" (v. 30), no estaba sólo negando el restablecimiento de las relaciones sexuales, sino afirmando tal metamorfosis que trascendiera completamente aun la consciencia de distinciones de sexo.

No es necesario suponer la destrucción del preciado vínculo de relaciones que se ha formado a través de los años, pero sus situaciones sexuales serán despojadas con el cuerpo. El sentido de familia basado en este orden bisexual será substituido necesariamente por un sentimiento de una familia mayor—la familia de Dios. Así como no más conoceremos a Cristo "según la carne" (2 Co. 5:16), no conoceremos a nadie simplemente de acuerdo a las relaciones de carne y sangre. Más bien, diremos como Jesús, "todo aquel que hace la voluntad de mi Padre que está en los cielos, ése es mi hermano, y hermana, y madre" (Mt. 12:50).

Admitimos que mucho de esto es inferencial y quizá un tanto especulativo, pues la información bíblica es limitada. Hemos de descansar en la seguridad de que el cambio en nosotros estará perfectamente de acuerdo con el cambio a nuestro derredor, de manera que no haya sentido de extrañeza, dislocación o pérdida.

Sólo en esta forma podría tener significado completo la promesa: "Enjugará Dios toda lágrima de los ojos de ellos... ni habrá más llanto, ni clamor, ni dolor; porque las primeras cosas pasaron" (Ap. 21:4). Cualesquiera que sean los detalles de cambio en el cielo, no sólo *serán* correctos, sino que *parecerán* correctos a todos los que lleguen a este lugar hermoso. Se verán correctos especialmente porque nuestro interés no será tanto con los amados de la tierra sino con la gloria inefable del "trono de Dios y del Cordero" (Ap. 22:1, 3).[35]

2. Como el Trono de Dios.

Quizá la más gráfica vista en detalle del cielo en su gloria reverente y estructura teocrática sea la dada por Juan en Apocalipsis 4—5. El punto focal es Dios y su trono, el centro de soberanía universal y poder. Pero El no es el único. Alrededor de El están los 24 tronos auxiliares de los "ancianos" quienes representan facultades delegadas aunque subordinadas.

Presentes también están cuatro criaturas vivientes, similares, pero no idénticas a las vistas por Ezequiel. Alford, así como H. B. Swete interpretan estos seres como representantes de una naturaleza redimida. Wilbur Smith cita a Swete: "La naturaleza, incluyendo al hombre, está representada ante el trono tomando su parte en el cumplimiento de la voluntad divina y la adoración de la Majestad Divina."[36]

Un tercer grupo es el vasto número de ángeles quienes contribuyen con sus expresiones exaltantes de alabanza, dirigidas especialmente al Redentor que está de pie ante el trono (5:6): "El Cordero que fue inmolado es digno de tomar el poder, las riquezas, la sabiduría, la fortaleza, la honra, la gloria y la alabanza" (5:11-12). La prominencia dada a los ángeles en este cuadro refleja exactamente su importancia a través de la historia bíblica como emisarios, guerreros, protectores, guías, y agentes de revelación en los asuntos humanos.

C. Los Nuevos Cielos y la Nueva Tierra

El acto final en el drama de la historia terrenal será el cumplimiento de la profecía de Isaías, "Porque he aquí que yo crearé nuevos cielos y nueva tierra; y de lo primero no habrá memoria, ni más vendrá al pensamiento" (Is. 65:17; ver 66:22). Sobre las últimas dos cláusulas, F. Delitzsch comenta: "Jehová crea un nuevo cielo y una nueva tierra que fascinan tanto por su esplendor, como para satisfacer todo deseo, todo recuerdo de lo primero, de manera que el desear que vuelva lo pasado, ni pensarlo."[37] Los "cielos" no son el cielo que es la morada de Dios, porque eso no necesita renovación. La transformación probablemente se limite a esta tierra, que ha sido el asiento de Satanás con sus malignidades y la escena de los estragos del pecado. Los "cielos" pudieran incluir la atmósfera que envuelve a la tierra en vista de que también ha sido contaminada con la inmundicia del hombre. Que esta renovación y reconstitución ocurre después del juicio final se implica comparando Apocalipsis 21 con el 20.

D. La Nueva Jerusalén

La gloria de la tierra nueva será "la santa ciudad, la nueva Jerusalén," que Juan vio "descender del cielo de Dios, dispuesta como una esposa ataviada para su marido" (Ap. 21:2). Es debatible de si esto ha de entenderse como una ciudad literal o quizá la Iglesia—los redimidos de todas las edades—descendiendo para habitar como una comunidad perfecta sobre la tierra. Si se describe una ciudad literal, sus dimensiones son sorprendentes: 1,500 millas de ancho, de largo y de alto, un cubo perfecto. F. W. Boreham informa las computaciones de un ingeniero de Australia al efecto de que tal área (2.25 millones de millas cuadradas) podría acomodar a 100 billones de gente.[38] Aunque intrigante, tales intentos de aplicar matemáticas terrenas a esta nueva entidad son pura y simple especulación. No podemos determinar con nuestras propias medidas lo que será posible o probable en el mundo por venir.

La palabra "nuevo" *(kainos)* se usa para los nuevos cielos, la nueva tierra y la nueva Jerusalén. No significa nuevo respecto a tiempo *(neos)* sino "respecto a forma o calidad, de diferente naturaleza de lo que se contrasta como viejo" *(Vine)*. La Jerusalén terrena de historia sagrada es la *antigua* tanto literal como simbólicamente, y no debe ser el objeto de los afectos cristianos, excepto que nos recuerda a Cristo.[39]

La Epístola a los Hebreos constituye, entre otras cosas, un esfuerzo sincero de separar a los judíos cristianos de la ciudad terrenal y de todo lo que ella representa. Busca incitarlos a ser verdaderos seguidores de su padre Abraham quien "esperaba la ciudad que tiene fundamentos, cuyo arquitecto y constructor es Dios" (He. 11:10; ver 12:22). Abraham, junto con Sara y todos los patriarcas, vieron más allá de la tierra prometida de Canaán sobre la tierra "una mejor, esto es celestial" (v. 16). Sobre todo, estos cristianos han de ser los verdaderos seguidores de Jesús quien "sufrió fuera de la puerta." Dejando la ciudad abandonada por Dios, deben salir "a él, fuera del campamento, llevando su vituperio"; (He. 13:12-13). El llegar a ser así, inclinados espiritual y celestialmente, agrada a Dios en tal forma que "no se avergüenza de llamarse Dios de ellos; porque les ha preparado una ciudad" (11:16). Esta es la ciudad descrita por Juan el revelador.

VIII. Misión Realizada

Wilbur M. Smith dice: "En Apocalipsis 21:1—22:5 tenemos la revelación más extensa de la mansión eterna de los redimidos que se encuentre en cualquier parte de las Escrituras y muy adecuadamente forma la conclusión de toda la revelación de las edades registrada en nuestra Biblia."[40] En este punto culminante, el cielo del Trono de Dios y la habitación de los redimidos son uno. La Segunda Persona de la Deidad invadió una tierra abandonada, como hombre, a fin de volver a capturarla para el Padre. Ahora, el Padre acepta el Reino y en una "gran voz" anuncia "He aquí el tabernáculo de Dios con los hombres, y él morará con ellos; y ellos serán su pueblo, y Dios mismo estará con ellos como su Dios" (Ap. 21:3; ver 1 Co. 15:24-28).

En esta ciudad eternal no hay templo, "porque el Señor Dios Todopoderoso es el templo de ella, y el Cordero." Su fuente de luz no más serán el sol o la luna porque "el Cordero es su lumbrera" (21:22-23). El "árbol de la vida" que el hombre no usó en el Jardín del Edén ahora estará "a uno y otro lado del río" pues la maldición pronunciada sobre el hombre y su ambiente no serán más. Pero dejemos que Juan nos diga:

> *Después me mostró un río limpio de agua de vida, resplandeciente como cristal, que salía del trono de Dios y del Cordero. En medio de la calle de la ciudad, y a uno y a otro lado del río, estaba el árbol de la vida, que produce doce frutos, dando cada mes su fruto; y las hojas del árbol eran para la sanidad de las naciones. Y no habrá más maldición; y el trono de Dios y del Cordero estará en ella, y sus siervos le servirán, y verán su rostro, y su nombre estará en sus frentes. No habrá allí más noche; y no tienen necesidad de luz de lámpara, ni de luz del sol, porque Dios el Señor los iluminará; y reinarán por los siglos de los siglos* (Ap. 22:1-5).

Una rebelión cósmica habrá terminado, un mundo incomprensible volverá a ser conquistado, y una raza pecadora será redimida.

La salvación de Dios provista para los humanos en el Calvario será consumada triunfal e irreversiblemente. Entre tanto, mientras esperamos que la eternidad nos alcance, "el Espíritu y la Esposa dicen: Ven. Y el que oye, diga: Ven. Y el que tiene sed, venga; y el que quiera, tome del agua de la vida gratuitamente" (Ap. 22:17).

NOTAS BIBLIOGRÁFICAS

[1]Una sola vez la forma del verbo se convierte en orden para que los pecadores se levanten de la muerte espiritual (Ef. 5:14).

[2]Geerhardus Vos, *Pauline Eschatology*, p. 156, nota.

[3]La resurrección futura es radicalmente diferente de la resucitación de Lázaro, o de cualquiera de las otras personas resucitadas por Cristo o los apóstoles (Jn. 11:43 y ss.; *et al.*). Fueron llamados a volver a habitar sus antiguos cuerpos, no transformados; y quedaron sujetos aún a otra muerte en el futuro. Pero la visión que domina a San Pablo es la transformación de "el cuerpo de la humillación nuestra, para que sea semejante al cuerpo de la gloria suya" (Fil. 3:21).

[4]Tal martirio voluntario sugeriría un alto grado de certeza, incluso bajo su luz imperfecta.

[5]El que el Cristo que ahora vive en el cielo y que algún día regresará sea esencialmente el mismo que fue visto durante 40 días por los discípulos, es cuestionado por la ascensión y el reconocimiento de Esteban (Hch. 7:55-56). Mas la plena gloria de Cristo como el Hijo no se vio durante esos 40 días en la forma en que la vio muchos años después San Juan en la isla de Patmos (Ap. 1:12 y ss.).

[6]"No fue la tumba vacía lo que despertó la fe de Juan", escribe George Eldon Ladd, "sino la apariencia de la ropa fúnebre" (*Theology of the NT*, p. 325).

[7]Al tratar de explicar la gran diferencia cualitativa entre el cuerpo resucitado de nuestro Señor y el "templo de barro" sepultado, algunos suponen que ese cuerpo físico quizá se desintegró, o vaporizó, dejando las ropas fúnebres como señales de que Cristo estaba vivo en una nueva clase de cuerpo. Tales intentos de separar el cuerpo antiguo del nuevo no ganan nada y pierden mucho. Es mejor decir simplemente que era el mismo cuerpo, pero que en su resurrección fue *transformado*. Los "problemas" que surgen de este punto de vista no son mayores que los presentados por la suposición de una desintegración o vaporización del cuerpo.

[8]Para la forma en que *allasso*, ("cambiar, alterar, transformar") se usa en otras partes, véase Hch. 6:14; Ro. 1:23; Gá. 4:20; He. 1:12.

[9]El lenguaje de Corintios se ha construido de manera que recalque el cambio de la persona y no el del cuerpo. Tal cambio se supone que no está de acuerdo con Filipenses, donde San Pablo usa *metaschamatizo*, ("remodelar", "transfigurar") claramente como referencia al cambio en el cuerpo. Pero como dice Geerhardus Vos, "no es más que una diferencia verbal inseparable de las limitaciones de expresión figurada" (*Pauline Eschatology*, p. 208).

[10]La analogía pretende particularmente ilustrar que, puesto que vemos en la

naturaleza la resurrección de una semilla "muerta" en una forma diferente de la semilla (mas con una identidad continua), no debe sorprendernos la posibilidad de que Dios produzca una nueva forma de vida de lo que se entierra o sepulta.

[11] La palabra griega que se traduce "vivificará" (v. 11) es *zoopoiesa*, futuro activo indicativo de *zoopoieo*. Significa "engendrar criaturas vivientes", "despertar", "traer a la vida", "vivificar". Su uso metafórico para la regeneración se ve en Jn. 6:63; 2 Co. 3:6; *et al.*; su uso espiritual según Ro. 8:11 también se ve en Ro. 4:17; 1 Co. 15:36; *et al.*

[12] *Pauline Eschatology*, p. 182.

[13] *Ibid.*, p. 166.

[14] *Christian Theology*, 3:334, 336.

[15] En su sermón "The Great Assize", Wesley defiende la necesidad moral de una exposición exhaustiva (*Works*, 5:177 y ss.).

[16] Todos los intentos de esquematizar varios juicios, como el de los creyentes, de las naciones, y el general, se desploman cuando se examinan cuidadosamente. Respecto a la duración del día del juicio, Wesley se inclina a estar de acuerdo con los padres de la iglesia al basarse en la inferencia de 2 P. 3:8 de que podrían ser 1,000 años, y quizá muchos más. "Porque si consideramos el número de personas que deberán ser juzgadas, y las acciones de las cuales tendrán que responder, no nos parece que mil años sean suficientes." Y concluye: "Pero Dios lo revelará también a su debido tiempo" (*Works*, 5:174).

[17] Los evangelios y las epístolas, con mayor claridad que Apocalipsis, uniformemente asignan este juicio al Hijo, e incluyen tanto a los salvos como a los inconversos. En cuanto al Juez, véase Mt. 7:22; 8:29; 16:27; 18:30, 40-50; 25:31-46; Jn. 5:22; 12:48; Hch. 10:42; 17:31; 2 Ts. 1:7-8; 2 Ti. 4:1; 2 P. 3:7-12. En relación con la participación de los salvos, véase Mt. 13:41-43; 25:31-46; Ro. 14:10-12; 1 Co. 3:13; 4:5; 2 Co. 5:10; *et al.*

Lo anterior no significa que cuando uno muere su destino queda en duda. Al rechazar la idea de un juicio particular en la muerte al cual le seguirá después el juicio general, Juan Wesley dice: "Y podemos conceder que, al momento cuando el alma deja el cuerpo y queda desnuda ante la presencia de Dios, de inmediato sabe cuál será su suerte para toda la eternidad... Mas las Escrituras no nos dan razón para creer que Dios se sentará entonces a juzgarnos" (*Works*, 6:143-144).

[18] Algunos objetan que una revelación de pecados *perdonados* en el juicio no sería compatible con la promesa: "Y nunca más me acordaré de sus pecados" (He. 8:12; cf. Jer. 31:34; Ez. 18:21-22). Juan Wesley dice: "Será abundantemente suficiente para ellos el que todas las transgresiones que han cometido no se les mencionarán ni una sola vez en su contra; que sus pecados... quedarán olvidados y no los condenarán" (*Works*, 5:178).

[19] Podemos estar seguros de que por lo menos "el juicio de toda la tierra" será "justo" (Génesis 18:24, Berk.). Es decir, El será tan imparcial y justo con aquellos que nunca han oído el evangelio como con los que sí lo han oído; a la vez se implica que nadie se perderá sólo por no haber oído acerca de Cristo. Por otro lado, Dios les pesará a la luz de toda oportunidad que tuvieron de haber conocido Cristo, según El mismo lo afirmó (Mt. 11:20-23; 12:41-42). Mas junto con esta nota de reafirmación se da la igual certeza de que Cristo es el medio dispuesto por Dios para salvación, y el único que inscribe o borra los nombres del libro de la vida (Hch. 4:12).

[20] Para una discusión sobre ello, véase Vine, así como para frases idiomáticas como *eis ton aiona; EDNTW*, 2:43, 47.

[21]Obviamente, quienes encajan en esas características personales no pueden estar "en Cristo" al mismo tiempo.

[22]De las 12 veces que se usa, una sola se adscribe a Cristo (Stg. 3:6). Vincent Taylor escribe: "Es el representante griego del hebreo Ge-Hinnom, o Valle de Hinnom, una cañada profunda y angosta ubicada al sur de Jerusalén" la cual, debido a su borrascosa historia, "se convirtió en el basurero general de la ciudad, en donde tiraban de igual manera los cadáveres de criminales, animales muertos, y toda clase de inmundicia. Por su profundidad y angostura, así como por su fuego y humareda ascendente, se convirtió en el símbolo del lugar del futuro tormento de los impíos" (*Word Studies,* 1:40). Esta circunstancia le dio significado a la vívida frase de Jesucristo: "fuego que no puede ser apagado" y su adopción de Is. 66:24: "Donde el gusano de ellos no muere, y el fuego nunca se apaga" (Mr. 9:43, 48). Isaías 66: 15-16 claramente identifica los juicios destructores de Dios, aunque el Señor más bien se refiere a su terrible permanencia y horror que no disminuye.

[23]He aquí otras citas en donde se usa Gehenna: Mt. 5:22, 29; 10:28; 18:9; 23:15, 32; Mr. 9:43, 47; Lc. 12:5. G. E. Ladd comenta que para encontrar "salvación universal final" en el Nuevo Testamento (refiriéndose a E. Stauffer, *NT Theology,* cap. 57) "sólo se logra pasando por alto estos dichos acerca del Gehenna" (*NBC,* p. 391).

[24] D. K. Innes, escribiendo en *NBC,* p. 519, dice: "El que por un lado Dios sea omnipotente y amor, y que por el otro se enseñe claramente la retribución eterna en las Escrituras, crea problemas que con toda seguridad no podemos resolver satisfactoriamente. Es fácil en muchos casos producir una respuesta lógica a costa de un lado de la verdad bíblica, lo cual ha ocurrido muy a menudo. E. Brunner, por otro lado, invoca el concepto de la paradoja necesaria en la revelación de Dios, diciendo que la Palabra de Dios no tiene como propósito enseñarnos hechos objetivos sobre el futuro, sino sólo desafiarnos a la acción (*Eternal Hope,* 1954, 177 y ss.). Aunque no sustentamos esta doctrina, debemos admitir que los consejos de Dios sobrepasan la comprensión de nuestras mentes finitas. La realidad y eternidad del sufrimiento en el Gehenna es un elemento de la verdad bíblica que no puede evadir una exégesis honesta."

[25]En la R-V, 60, se traduce como "perdición" (Mt. 7:13; Jn. 17:12; 2 Ts. 2:3; Fil. 1:28; 3:19; 1 Ti. 6:9). La frase "preparados para destrucción" de Ro. 9:22 está en la voz media, "la cual indica que los vasos de ira se prepararon a ellos mismos para destrucción" (Vine, *EDNTW,* 1:304).

[26]*Pauline Eschatology,* p. 281. Véase pp. 279 y ss. para una discusión de la demonología de San Pablo.

[27]Como dice Eric Sauer: "Los relatos de los evangelistas y el comportamiento y las palabras de Jesucristo muestran claramente que no estamos interesados aquí en un simple 'principio' de mal, sino en una persona real, presente en cuerpo y alma, que habla y es activa, no 'el mal' sino 'el maligno'. 'Y vino a él el tentador, y le dijo' (Mt. 4:3). 'Entonces el diablo le llevó a la santa ciudad, y le puso sobre el pináculo del templo, y le dijo' (v. 5-6). 'El diablo entonces le dejó' (v. 11). 'El diablo. . . se apartó de él' (Lc. 4:13). Similarmente, en sentido contrario, 'Jesús le dijo' (Mt. 4:7). 'Jesús, respondiéndole, dijo' (Lc. 4:4). 'Entonces Jesús le dijo' (Mt. 4:10)" (*The King of the Earth,* p. 64).

[28]Cristiano es aquel que ha decidido cambiarse de filas, y se ha convertido en guerrero de Cristo en lugar de instrumento de Satanás.

[29]*EGT*, 1:822.

[30]*The Bible Doctrine of the Hereafter* (Londres: Epworth Press, 1958), p. 169.

[31]*EGT*, 1:641. No tiene apoyo alguno la prisa desesperada de los adventistas para evadir las implicaciones de esta promesa (dando lugar al sueño del alma) cambiando la puntuación ("De cierto te digo que hoy"). El "hoy" *(semeron)* "debe conectarse con lo que sigue, con" *lego* (te digo), dice A. B. Bruce.

[32]*The Biblical Doctrine of Heaven* (Chicago: Moody Press, 1968), p. 160.

[33]De acuerdo con A. T. Robertson, "paraíso" es una palabra persa que se refiere a "un parque o lugar de placer cercado" (*Word Pictures,* 2:287).

[34]Wilbur M. Smith dice: "Con frecuencia, en la literatura no bíblica, en particular en la apócrifa judía, se expresa a menudo la idea de siete cielos, pero este no es un término bíblico. De hecho, este [2 Co. 12:2] es el único lugar en la Biblia donde se encuentra la frase 'el tercer cielo', la cual quizá significaba el cielo de los cielos, el lugar de habitación de Dios. Como lo ha observado una autoridad sobre literatura del primer siglo, 'si buscamos una triple división de los cielos, en vano examinamos el pensamiento judío contemporáneo'. Tal división aparentemente fue obra de los padres de la iglesia quienes de seguro la infirieron de este pasaje de 2 Corintios" (*Doctrine of Heaven,* p. 167). Smith también está de acuerdo con Hodge, McFadyen, y otros en que el tercer cielo es sinónimo del paraíso.

[35]Para mayor dirección véase el artículo de Kenneth Grider: "Heaven", *Baker's Dictionary of Theology,* p. 264.

[36]*Doctrine of Heaven,* p. 208.

[37]Franz Delitzsch, *Biblical Commentary on the Prophecies of Isaiah,* 3.a ed. (Londres: Charles Scribner's Sons, 1890-1892). Vol. 2, *in loc.*

[38]*Wisps of Wildfire* (Londres: 1924, pp. 202-203; citado por Smith, p. 246).

[39]Durante siglos Jerusalén representó las esperanzas y los sueños judíos. Cuando Daniel oró en la lejana Babilonia, lo hizo con su rostro orientado hacia Jerusalén. Pero en su impiedad carnal no se convirtió en un tipo de Sara, sino de Agar—"ésta, junto con sus hijos, está en esclavitud" (Gá. 4:25).

[40]*Doctrine of Heaven,* p. 239.

ÍNDICE TEMÁTICO

(incluyendo términos hebreos y griegos)

ÍNDICE DE AUTORES

717

ÍNDICE DE ESCRITURAS

(No están incluidos: Capítulos completos y referencias en notas dé pie)

9:13 44
9:24 186
9:25-26 202
9:25-27 194. 198
12:1-4 207, 209
12:2 152
12:2-3 153

Oseas:
1:1 589
1:10 164
2:7 183
2:16 168
2:19-20 168
2:20 186
3:1 166
3:5 184, 198
4:1 47, 186
4:6 186
5:4 186
6:3 186
6:6 47, 186
8:1 65, 131
11:1 249, 330, 592
11:1-7 168
11:4 166
11:9 66, 172, 173
11:10 65
13:4 169
13:7-8 65
13:14 152, 170

Joel:
2:11 205
2:28 372, 382
2:28-29 177
2:28-31 205
2:28-32 510, 598
2:28—3:3 206
2:31-32 205

Amós:
1:2 65
1:3-5 42
1:6-8 42
1:13-15 42
2:1-3 42
2:6-7 122
2:6-8 192

3:2 589
3:7 157
4:1 122
5:8 40
5:11 192
5:11-12 122
5:18 204
5:18-20 204
5:21-22 192
6:1-6 192
8:1 64
8:4-6 192
8:5 122
9:2-3 163

Abdías:
1 156
8 115

Miqueas:
3:11 123
4:1-4 198
4:3-5 671
5:2 198
6:5 41
6:8 82, 121, 186, 535

Nahum:
1:1 156

Habacuc:
1:12 172
1:13 173
2:2 44
2:2-3 156
2:14 671
2:18 90
3:3 172
3:3-6 162

Sofonías:
3:5 165

Hageo:
2:5 175

Zacarías:
3:1 144
3:8 197, 198

4:6 175
5:3-4 564
6:12 197, 198
6:13 648
9:9 354
9:9-10 671
9:9-16 198
12:1 75
12:8 198
12:10 177
13:2 671
13:6-7 202
13:7-9 395
14:3-4 198

Malaquías:
1:2-3 170
1:6 168
1:8 497
2:6 131
2:10 249
2:14-16 122
3:1 143
3:1-3 514, 519, 693
3:1-4 199
3:3 191
3:6 164
3:17 168
4:1 693
4:2 204
4:2-3 199
4:4-6 210

San Mateo:
1:1 340, 342
1:1-7 648
1:1-17 342
1:18 340, 370, 371
1:20 371
1:21 283, 297, 462, 464, 467, 648
1:23 197
1:25 578
2:2 354, 648
2:15 592
2:20 270
2:22 404
3:1-2 648
3:2 243, 442

Bibliografía

LIBROS

Adolfs, Robert. *The Church Is Different.* Nueva York: Harper and Row, Inc., 1966.

Allis, Oswald T. *Prophecy and the Church.* Filadelfia: The Presbyterian and Reformed Publishing Co., 1945.

Anderson, Charles C. *Critical Quests of Jesus.* Grand Rapids, Mich.: Wm. B. Eerdmans Publishing Co., 1969.

Anderson, Gerald H., ed. *The Theology of the Christian Mission.* Nueva York: McGraw-Hill Book Co., Inc. 1961.

Anderson, Hugh. *Jesus and Christian Origins.* Nueva York: Oxford Press, 1964.

Arndt, W. F. y Gingrich, F. W. *A Greek-English Lexicon of the New Testament and Other Early Christian Literature.* Chicago: University of Chicago Press, 1957.

Aulen, Gustav. *The Faith of the Christian Church.* Filadelfia: Muhlenberg Press, 1948.

Baab, Otto J. *Theology of the Old Testament.* Nueva York: Abingdon-Cokesbury, 1949.

Baillie, Donald. *God Was in Christ.* Nueva York: Charles Scribner's Sons, 1948.

Barclay, William. *Jesus as They Saw Him.* Nueva York: Harper and Row, 1962.

_____. *The New Testament: A New Translation.* 2 tt. Londres: Collins, 1969.

Barnes, Albert. *Notes on the New Testament.* Grand Rapids, Mich.: Baker Book House, 1949.

Barnett, Albert E. *Paul Becomes a Literary Influence.* Chicago: University of Chicago Press, 1941.

Baron, David. *Rays of Messiah's Glory: Christ in the Old Testament.* Grand Rapids, Mich.: Zondervan Publishing House, reimpresión (1955).

Barr, James. *The Semantics of Biblical Language.* Oxford: University Press, 1961.

Barrett, C. K. *The Epistle to the Romans.* "Black's New Testament Commentaries", Londres: Adam and Charles Black, 1957.

_____. *The First Epistle to the Corinthians.* "Harper's New Testament Commentaries." Nueva York: Harper and Row, 1968.

_____. *From First Adam to Last.* Nueva York: Charles Scribner's Sons, 1962.

Barth, Karl. *Church Dogmatics.* Editado por G. W. Bromiley y T. F. Torrance. Edimburgo: T. and T. Clark, 1958.

_____. *Epistle to the Philippians.* Traducido por James W. Leitch. Richmond, Va.: John Knox Press, 1947.

_____. *The Preaching of the Gospel.* Traducido por B. E. Hooke. Filadelfia:The Westminster Press, 1963.

_____. *The Teaching of the Church Regarding Baptism.* Londres: SCM Press, 1958.

Barth, Markus. *Was Christ's Death a Sacrifice?* Edimburgo: Oliver and Boyd, 1961.

Bengel, J. A. *Gnomon of the New Testament.* Traducido por James Bryce. Séptima edición. Edimburgo: T. and T. Clark, 1895.

Berkhof, L. *Systematic Theology.* Londres: The Banner of Truth Trust, 1963.

Berkouwer, G. C. *Man: The Image of God.* Grand Rapids, Mich.: Wm. B. Eerdmans Publishing Co., 1962.

_____. *The Work of Christ.* Grand Rapids, Mich.: Wm. B. Eerdmans Publishing Co., 1965.

Bernard, J. H. *A Critical and Exegetical Commentary on the Gospel According to St. John.* Nueva York: Charles Scribner's Sons, 1929.

Biederwolf, William Edward. *The Millennium Bible.* Grand Rapids, Mich.: Baker Book House, 1964.

Black, M. *An Aramaic Approach to the Gospels and Acts.* Tercera edición. Oxford: Clarendon Press, 1967.

Blaiklock, E. M. *The Acts of the Apostles.* "Tyndale New Testament Commentaries." Londres: The Tyndale Press, 1963.

Bonhoeffer, Dietrich. *Christ the Center.* Traducido por John Bowden. Nueva York: Harper and Row, 1966.

Bornkamm, G. *Jesus of Nazareth.* Traducido por Irene y Fraser McLuskey, y James M. Robinson. Nueva York: Harper and Row 1960.

Bousset, Wilhelm. *Kyrios Christos.* Traducido por John E. Steely. Nueva York: Abingdon Press, 1970.

Bowman, John Wick. *Prophetic Realism and the Gospel.* Filadelfia: The Westminster Press, 1955.

Boyd, Myron F., y Harris, Merne A., editores. *Projecting Our Heritage.* Kansas City: Beacon Hill Press of Kansas City, 1969.

Bright, John. *The Kingdom of God: The Biblical Concept and Its Meaning for the Church.* Nueva York: Abingdon Press, 1953.

Brown, Harold O. J. *The Protest of a Troubled Protestant.* New Rochelle, N.Y.: Arlington House, 1969.

Brown, Raymond E. *Jesus, God-Man.* Milwaukee, Wis.: Bruce, 1967.

_____. "The Gospel According to John." *The Anchor Bible.* Garden City, N.Y.: Doubleday and Co., 1970.

Bruce, F. F. *The Epistle to the Ephesians.* Nueva York: Fleming H. Revell Co., 1969.

_____. "1 and 2 Corinthians." *New Century Bible.* Londres: Marshall, Morgan, and Scott, 1971.

_____. *Commentary on the Book of Acts.* "New International Commentary on the New Testament." Grand Rapids, Mich.: Wm. B. Eerdmans Publishing Co., 1956.

_____. *The Message of the New Testament.* Grand Rapids, Mich.: Wm. B. Eerdmans Publishing Co., 1972.

_____. *The New Testament Development of Old Testament Themes.* Grand Rapids, Mich.: Wm. B. Eerdmans Publishing Co., 1968.

Bruner, Frederick D. *A Theology of the Holy Spirit.* Grand Rapids, Mich.: Wm. B. Eerdmans Publishing, Co., 1970.

Brunner, H. Emil. *The Christian Doctrine of God.* Traducido por Olive Wyon. Dogmatics, t. 1. Filadelfia: The Westminster Press, 1950.

_____. *The Mediator.* Traducido por Olive Wyon. Filadelfia: The Westminster Press, 1947.

_____. *The Misunderstanding of the Church.* Traducido por Harold Knight. Filadelfia: The Westminster Press, 1953.

Buber, Martin. *Moses: The Revelation and the Covenant.* Nueva York: Harper and Brothers, 1958.

Burney, C. F. *Outlines of Old Testament Theology.* Nueva York: Edwin S. Gorham, 1902.

Burrows, Millar. *An Outline of Biblical Theology.* Filadelfia; The Westminster Press, 1946.

Burton, E. DeWitt. *The Epistle to the Galatians.* "International Critical Commentary." Edimburgo: T. and T. Clark, 1921.

Cannon, W. R. *The Redeemer.* Nueva York: Abingdon Press, 1951.

Carter, Charles W. *The Person and Ministry of the Holy Spirit.* Grand Rapids, Mich.: Baker Book House, 1974.

_____, ed. *The Wesleyan Bible Commentary.* Grand Rapids, Mich.: Wm. B. Eerdmans Publishing Co., 1965.

Carver, Frank G. *Peter, the Rock-Man.* Kansas City, Mo.: Beacon Hill Press of Kansas City, 1973.

Chadwick, Samuel. *Pentecost.* Salem, Ohio: Convention Book Store, reimpresión (1973).

Chamberlain, William Douglass. *An Exegetical Grammar of the Greek New Testament.* Nueva York: The Macmillan Co., 1960.

Chambers, Oswald. *Biblical Psychology.* Londres: Simpkin Marshall, Ltd., reimpresión (1948).

_____. *He Shall Glorify Me: Talks on the Holy Spirit and Other Themes.* Londres: Simpkin Marshall, Ltd., reimpresión (1949).

Cherbonnier, E. L. *Hardness of Heart: A Contemporary Interpretation of the Doctrine of Sin.* "Christian Faith Series", Reinhold Niebuhr, asesor editorial, Garden City, N.Y.: Doubleday and Company, Inc., 1955.

Childs, Brevard S. *Biblical Theology in Crisis.* Filadelfia: The Westminster Press, 1970.

Clark, Theodore R. *Saved by His Life: A Study of the New Testament Doctrine of Reconciliation and Salvation.* Nueva York: The Macmillan Co., 1959.

Clarke, Adam. *The Holy Bible with a Commentary and Critical Notes.* Seis tomos. Nueva York: Abingdon Press, s. f.

Clowney, Edmund. *Preaching and Biblical Theology.* Grand Rapids, Mich.: Wm. B. Erdmans Publishing Co., 1961.

Cole, Alan. *The Body of Christ.* Filadelfia: The Westminster Press, 1965.

Conzelmann, Hans. *An Outline of the Theology of the New Testament.* Traducido por John Bowden. Londres: SCM Press, Ltd., 1969.

Coulson, C. A. *Science and Christian Belief.* Chapel Hill, N. C.: The University of North Carolina Press, 1955.

Cullmann, Oscar. *Baptism in the New Testament.* Traducido por J. K. S. Reid. Londres: SCM Press, 1950.

_____. *The Christology of the New Testament.* Traducido por Shirley C. Guthrie y Charles A. M. Hall. Filadelfia: The Westminster Press, edición revisada, 1963.

_____. *Early Christian Worship.* Traducido por A. Stewart Todd y James B. Torrance. Londres: SCM Press, 1953.

_____. *Peter: Disciple—Apostle—Martyr.* Traducido por

Floyd V. Filson. Filadelfia: The Westminster Press, 1953.

Culpepper, Robert H. *Interpreting the Atonement.* Grand Rapids, Mich.: Wm. B. Eerdmans Publishing Co., 1966.

Cumming, James Elder. *Through the Eternal Spirit.* Minneapolis, Minn.: Bethany Fellowship, Inc., reimpresión (1965).

Curtis, Olin A. *The Christian Faith.* Nueva York: Methodist Book Concern, 1903.

Dale, R. W. *Christian Doctrine.* Londres: Hodder and Stoughton, 1896.

Dana, H. E., y Mantey, Julius R. *A Manual Grammar of the Greek New Testament.* Nueva York: Macmillan Co., 1927.

Davidson, A. B. *The Theology of the Old Testament.* Edimburgo: T. and T. Clark, 1904.

Davies, W. D. *Paul and Rabbinic Judaism.* Londres: SPCK, 1948.

Davison, W. T. *The Wisdom Literature of the Old Testament.* Londres: Charles H. Kelly, 1894.

de Dietrich, Suzanne. *The Witnessing Community.* Filadelfia: The Westminster Press, 1958.

Delitzsch, Franz. *Biblical Commentary on the Prophecies of Isaiah.* Tercera edición. Londres: Charles Scribner's Sons, Ltd., 1890-92.

Denney, James. *The Christian Doctrine of Reconciliation.* Londres: James Clarke and Co., s. f.

_____. "The Epistle to the Romans." *The Expositor's Greek Testament.* Grand Rapids, Mich.: Wm. B. Eerdmans Publishing Co., reimpresión (1967).

Dentan, Robert. *Preface to Old Testament Theology.* Nueva York: The Seabury Press, edición revisada, 1963.

Deschner, John. *Wesley's Christology.* Dallas: Southern Methodist University Press, 1960.

DeWolf, L. Harold. *Responsible Freedom.* Nueva York: Harper and Row, Publishers, 1971.

Dix, Dom Gregory. *Jew and Greek.* Nueva York: Harper and Bros., 1953.

Dod, Marcus. "The Epistle to the Hebrews." *The Expositor's Greek Testament.* Grand Rapids, Mich.: Wm. B. Eerdmans Publishing Co., 1967.

Dodd, C. H. *The Apostolic Preaching and Its Developments.* Nueva York: Harper and Bros., 1936.

_____. *The Bible and the Greeks.* Londres: Hodder and Stoughton, 1935.

_____. *The Epistle of Paul to the Romans*. Nueva York: Harper and Bros., 1932.

_____. *The Interpretation of the Fourth Gospel*. Cambridge: University Press, 1953.

_____. *The Parables of the Kingdom*. Londres: SCM Press, Ltd. 1954.

Douglas, J. D., ed. *New Bible Dictionary*. Grand Rapids, Mich.: Wm. B. Eerdmans Publishing Co., 1962.

Douglass, Truman B. *Preaching and the New Reformation*. Nueva York: Harper and Bros., 1956.

Duncan, George S. *The Epistle of Paul to the Galatians*. "Moffatt New Testament Commentary", Londres: Hodder and Stoughton, 1934.

Earle, Ralph, *et al*. *Exploring the New Testament*. Kansas City: Beacon Hill Press, 1955.

Edersheim, Alfred. *Bible History: Old Testament*. Grand Rapids, Mich.: Wm. B. Eerdmans Publishing Co., reimpresión (1949).

_____. *Jesus the Messiah*. Grand Rapids, Mich.: Wm. B. Eerdmans Publishing Co., reimpresión (1967).

Edman, V. Raymond. *They Found the Secret*. Grand Rapids, Mich.: Zondervan Publishing House, 1968.

Eichrodt, Walther. *Man in the Old Testament*. Chicago: Henry Regnery Co., 1951.

_____. *Theology of the Old Testament*. Traducido por J. A. Baker. Filadelfia: The Westminster Press, 1961.

Ellyson, E. P. *Bible Holiness*. Kansas City: Beacon Hill Press, revisado, 1952.

Expositor's Bible, The. Editado por W. Robertson Nicoll. Nueva York: A. C. Armstrong and Son, 1905.

Expositor's Greek Testament. Grand Rapids, Mich.: Wm. B. Eerdmans Publishing Co., reimpresión (1967).

Filson, Floyd V. *Jesus Christ the Risen Lord*. Nueva York: Abingdon Press, 1956.

Flew, R. Newton. *Jesus and His Church*. Segunda edición. Londres: Epworth Press, 1943.

Forsyth, Peter T. *The Cure of Souls: An Anthology of P. T. Forsyth's Practical Writings*. Editado por Harry Escott, Grand Rapids, Mich.: Wm. B. Eerdmans Publishing Co., 1971.

_____. *The Person and Place of Jesus Christ*. Boston: The Pilgrim Press, 1909.

_____. *The Work of Christ*. Londres: Hodder and Stoughton, 1910.

Frost, Stanley Brice. *Old Testament Apocalyptic: Its Origin and Growth*. Londres: The Epworth Press, 1952.

Fuller, R. H. *The Foundations of New Testament Christology*. Nueva York: Charles Scribner's Sons, 1965.

_____. *The New Testament in Current Study*. Nueva York: Charles Scribner's Sons, 1962.

Gartner, B. *The Areopagus Speech and Natural Revelation*. Uppsala: C. W. K. Gleerup, 1955.

Gelin, Albert. *The Key Concepts of the Old Testament*. Traducido por George Lamb. Nueva York: Sheed and Ward, 1955.

Gilkey, Langdon. *Naming the Whirlwind: The Renewal of God-Language*. Indianapolis: Bobbs-Merrill & Co., 1969.

Girdlestone, Robert Baker. *Synonyms of the Old Testament*. Grand Rapids, Mich.: Wm. B. Eerdmans Publishing Co., reimpresión (1956).

Godet, Frederick. *St. Paul's Epistle to the Romans*. Traducido por A. Cusin. Edimburgo: T. and T. Clark, 1884.

Goguel, Maurice. *The Primitive Church*. Traducido por H. C. Snape. Londres: George Allen y Unwin, 1964.

Grant, Frederick C. *An Introduction to New Testament Thought*. Nueva York: Abingdon Press, 1950.

Greathouse, William M. *The Fullness of the Spirit*. Kansas City: Beacon Hill Press, 1958.

Green, Michael. *The Second Epistle of Peter*. "The Tyndale New Testament Commentaries." Grand Rapids, Mich.: Wm. B. Eerdmans Publishing Co., 1968.

Harrison, Everett F. *A Short Life of Christ*. Grand Rapids, Mich.: Wm. B. Eerdmans Publishing Co., 1968.

Hasel, Gerhard F. *Old Testament Theology: Basic Issues in the Current Debate*. Grand Rapids, Mich.: Wm. B. Eerdmans Publishing Co., 1972.

_____. *The Remnant: The History and Theology of the Remnant Idea from Genesis to Isaiah*. Berrien Springs, Mich.: Andrews University Press, 1972.

Hastings, James, ed. *The Great Texts of the Bible*. Grand Rapids, Mich.: Wm. B. Eerdmans Publishing Co., s. f.

Hebert, Gabriel. *When Israel Came out of Egypt*. Naperville, Ill.: SCM Book Club, 1961.

Heinisch, Paul. *Theology of the Old Testament*. Collegeville, Minn.: The Liturgical Press, 1950.

Hendriksen, William. *New Testament Commentary: Exposition of the Pastoral Epistles*. Grand Rapids, Mich.: Baker Book House, 1957.

Hendry, George S. *The Gospel of the Incarnation*. Filadelfia: The Westminster Press, 1948.

Heschel, Abraham. *God in Search of Man*. Nueva York: Farrar, Strauss, 1955.

Hiebert, D. Edmond. *The Thessalonian Epistles*. Chicago: Moody Press, 1971.

Higgins, A. J. B. *Jesus and the Son of Man*. Londres: Lutterworth Press, 1964.

_____. *The Lord's Supper in the New Testament*. Chicago: Alec R. Allenson, Inc., 1952.

Hill, David. *Greek Words and Hebrew Meanings: Studies in the Semantics of Soteriological Terms*. Cambridge: University Press, 1967.

Hooke, S. H. *The Resurrection of Christ as History and Experience*. Londres: Darton, Longman, and Todd, 1967.

Hordern, William. *New Directions in Theology Today*. Filadelfia: The Westminster Press, 1966.

Hort, F. J. A. *The Christian Ecclesia*. Londres: Macmillan and Co., 1897.

Howard, Richard E. *Newness of Life*. Kansas City: Beacon Hill Press of Kansas City, 1975.

Hunter, Archibald M. *Introducing New Testament Theology*. Filadelfia: the Westminster Press, 1957.

_____. *The Message of the New Testament*. Londres: SCM Press, 1943.

Huxtable, John. *The Biblew Says*. Naperville, Ill.: SCM Book Club, 1962.

Jacob, Edmond. *Theology of the Old Testament*. Nueva York: Harper and Brothers, 1958.

Jamieson, Roberto; Fausset, A. R.; and Brown, David. *A Commentary on the Old and New Testaments*. Hartford, Conn.: S. S. Scranton and Co., s.f.

Jeremias, Joachim. *The Central Message of the New Testament*. Nueva York: Charles Scribner's Sons, 1965.

_____. *The Eucharistic Words of Jesus*. Traducido por Norman

Perrin. Tercera edición. Nueva York: Charles Scribner's Sons, 1966.

_____. *Infant Baptism in the First Four Centuries.* Traducido por David Cairns. Londres: SCM Press, 1960.

_____. *New Testament Theology: The Proclamation of Jesus.* Traducido por John Bowman. Nueva York: Charles Scribner's Sons, 1971.

Johnston, G. *The Doctrine of the Church in the New Testament.* Cambridge: University Press, 1943.

Johnstone, George, ed. "Ephesians, Philippians, Colossians and Philemon." *The Century Bible.* Greenwood, S. C.: Attic Press, 1967.

Jones, Edgar. *Proverbs and Ecclesiastes.* "Torch Bible Commentary." Nueva York: The Macmillan Co., 1961.

Kay, David M. *Glory at the Right Hand: Psalm 110 in Early Christianity.* Nueva York: Abingdon Press, 1973.

Kelly, J. N. D. *A Commentary on the Epistles of Peter and Jude.* "Harper's New Testament Commentaries." Nueva York: Harper and Row, 1969.

Knight, George A. F. *A Christian Theology of the Old Testament.* Richmond, Va.: John Knox Press, 1959.

Knox, John. *The Church and the Reality of Christ.* Nueva York: Harper and Row, 1962.

Knudson, Albert C. *The Religious Teaching of the Old Testament.* Nueva York: Abingdon-Cokesbury Press, 1918.

Kohler, Ludwig. *Old Testament Theology.* Traducido por A. S. Todd. Filadelfia: The Westminster Press, 1957.

Kramer, W. *Christ, Lord, Son of God.* Traducido por B. Hardy. Londres: SCM Press, 1966.

Kuen, Alfred F. *I Will Build My Church.* Traducido por Ruby Lindblad. Chicago: Moody Press, 1971.

Kümmel, Werner G. *Theology of the New Testament.* Nueva York: Abingdon Press, 1973.

Küng, Hans. *The Church.* Traducido por Rand y Rosaleen Ockenden. Nueva York: Sheed and Ward, 1967.

Ladd, George E. *The Blessed Hope.* Grand Rapids, Mich.; Wm. B. Eerdmans Publishing Co., reimpresión (1966).

_____. *Crucial Questions About the Kingdom.* Grand Rapids, Mich.: Wm. B. Eerdmans Publishing Co., 1954.

_____. *Jesus and the Kingdom.* Nueva York: Harper and Row, 1964.

_____. *The Pattern of New Testament Truth*. Grand Rapids, Mich.: Wm. B. Eerdmans Publishing Co., 1968.

_____. *A Theology of the New Testament*. Grand Rapids, Mich.: Wm. B. Eerdmans Publishing Co., 1974.

Lambert J. C. *Dictionary of the Apostolic Church.* Editado por James Hastings. Grand Rapids, Mich.: Baker Book House, reimpresión (1973).

Lampe, W. H. *The Seal of the Spirit*. Segunda edición. Naperville, Ill.: Alec R. Allenson, 1967.

Leitch, Addison H. *Interpreting Basic Theology*. Nueva York: Channel Press, 1961.

Lewis Edwin. *The Ministry of the Holy Spirit*. Nashville, Tenn.: Tidings, 1944.

Lietzmann, Hans. *Messe und Herrenmanhl, eine Studies zur Geschichte der Liturgie*. Berlin: Walter de Gruyter, 1955.

Lightfoot, J. B. *Saint Paul's Epistles to the Colossians and to Philemon*. Grand Rapids, Mich.: Zondervan Publishing House, 1961 reimpresión revisada.

_____. *Paul's Epistle to the Phillipians*. Edición revisada. Londres: Macmillan and Co., 1913.

Link, Henry C. *The Return to Religion*. Nueva York: The Macmillan Co., 1937.

Loisy, Alfred. *The Gospel and the Church*. Traducida por Christopher Home. Nueva York: Charles Scribner's Sons, 1904.

Longenecker, Richard N. *The Christology of Early Jewish Christianity*. Naperville, Ill.: Alec R. Allenson, Inc., 1970.

Ludwigson, R. A. *Survey of Bible Prophecy*. Grand Rapids, Mich.: Zondervan Publishing House, 1973.

Lundstrom, G. *The Kingdom of God in the Teaching of Jesus*. Filadelfia: The Westminster Press, 1963.

Machen, J. Gresham. *The Virgin Birth of Christ*. Nueva York: Harper and Bros., 1930.

Mackintosh, H. R. *The Christian Experience of Forgiveness*. Londres: Nisbet and Co., 1927.

_____. *The Person of Jesus Christ*. Londres: SCM Press, 1918.

Major, J. D. A.; Manson, T. W.; and Wright, C. J. *The Mission and Message of Jesus*. Nueva York: E. P. Dutton, 1938.

Manson, T. W. *The Church's Ministry*. Filadelfia: The Westminster Press, 1948.

_____. *Studies in the Gospels and Epistles*. Editado por Matthew Black. Manchester: The University Press, 1962.

_____. *The Teaching of Jesus.* Segunda edición. Cambridge: Cambridge University Press, 1935.

Marshall, I. Howard. *Luke: Historian and Theologian.* Grand Rapids, Mich.: Wm. B. Eerdmans Publishing Co., 1971.

Martin, R. P. *Carmen Christi: Phillippians ii. 5-11 in Recent Interpretation and in the Setting of Early Christian Worship.* Cambridge: University Press, 1967.

_____. *Colossians.* Grand Rapids, Mich.: Zondervan Publishing House, 1972.

Marty, Martin E., y Peerman, Dean G., eds. *New Theology No. 5.* Londres: Macmillan Co., 1968.

McDonald, H. D. *Jesus, Human and Divine.* Grand Rapids, Mich.: Zondervan Publishing House, 1968.

McKeating, Henry. *God and the Future.* Naperville, Ill.: SCM Book Club, 1974.

McKenzie, John L. *Theology of the Old Testament.* Nueva York: Doubleday, 1974.

McMillen, S. I. *None of These Diseases.* Westwood, N. J.: Fleming H. Revell Co., 1963.

McNight, Edgar V. *What Is Form Criticism?* Filadelfia: Fortress Press, 1969.

Metzger, Bruce M. *A Textual Commentary on the Greek New Testament.* Londres y Nueva York: United Bible Societies, 1971.

Miller, Donald G. *The People of God.* Naperville, Ill.: SCM Book Club, 1959.

Minear, Paul S. *Images of the Church in the New Testament.* Filadelfia: The Westminster Press, 1960

Moltmann, Jurgen. *The Theology of Hope.* Nueva York: Harper and Row, 1967.

Morris, Leon. *Apocalyptic.* Grand Rapids, Mich.: Wm. B. Eerdmans Publishing Co., 1972.

_____. *The Apostolic Preaching of the Cross.* Grand Rapids, Mich.: Wm. B. Eerdmans Publishing Co., 1955.

_____. *The Cross in the New Testament.* Grand Rapids, Mich.: Wm. B. Eerdmans Publishing Co., 1965.

_____. *The First and Second Epistles to the Thessalonians.* "The New International Commentary on the New Testament." Grand Rapids, Mich.: Wm. B. Eerdmans Publishing Co., 1959.

_____. *First Corinthians.* "Tyndale New Testament Commentaries." Londres: The Tyndale Press, 1966.

_____. *The Gospel According to John.* "The New International Commentary on the New Testament." Grand Rapids, Mich.: Wm. B. Eerdmans Publishing Co., 1971.

_____. *The Story of the Cross.* Londres: Marshall, Morgan, and Scott, 1948.

Moule, C. F. D. *The Sacrifice of Christ.* Filadelfia: Fortress Press, 1964.

_____. *Worship in the New Testament.* Richmond, Va.: John Knox Press, 1961.

Mounce, R. H. *The Essential Nature of New Testament Proclamation.* Grand Rapids, Mich.: Wm. B. Eerdmans Publishing Co., 1960.

Neill, Stephen, ed. *Twentieth Century Christianity.* Garden City, N.Y.: Doubley and Co., Inc., 1963.

_____. *The Interpretation of the New Testament. 1861-1961.* Nueva York: Oxford University Press, 1964.

_____. *Who Is Jesus Christ?* Londres: United Society for Christian Literature, 1956.

Nelson, J. Robert. *The Realm of Redemption.* Greenwich, Conn.: Seabury Press, 1951.

Newbigin, Leslie. *The Household of God.* Nueva York: Friendship Press, 1954.

Nicholls, William, ed. *Conflicting Images of Man.* Nueva York: The Seabury Press, 1966.

Niebuhr, H. Richard, y Williams, Daniel D., eds. *The Ministry in Historical Perspective,* Nueva York: Harper and Bros., 1956.

Niles Daniel T. *The Preacher's Task and the Stone of Stumbling.* Nueva York: Harper and Bros., 1958.

Nygren, Anders. *Commentary on Romans.* Traducido por. C. C. Rasmussen. Filadelfia: Fortress Press, 1949.

_____, ed. *This Is the Church.* Traducido por Carl C. Rasmussen, Filadelfia: Muhlenberg Press, 1952.

Oehler, Gustave F. *Theology of the Old Testament.* Traducido por George E. Day. Grand Rapids, Mich.: Zondervan Publishing House, reimpresión de la edición 1889.

Olshausen, Hermann. *Biblical Commentary on the New Testament.* Nueva York: Sheldon, Blakeman, and Co., 1858.

One Volume New Testament Commentary. Grand Rapids, Mich.: Baker Book House, 1957.

Orr, J. Edwin. *One Hundred Questions About God.* Glendale, Calif.: Regal Books, 1966.

Orr, James. *The Virgin Birth of Christ.* Nueva York: Charles Scribner's Sons, 1907.

Pannenberg, Wolfhart. *Jesus—God and Man.* Traducido por Lewis L. Wilkins y Duane A. Priebe. Filadelfia: Westminster Press, 1968.

Paterson, John. *the Wisdom of Israel: Job and Proverbs.* Nashville. Abingdon Press, 1961.

Payne, J. Barton. *The Theology of the Older Testament.* Grand Rapids, Mich.: Zondervan Publishing House, 1962.

Pelikan, Jaroslov. *The Christian Intellectual.* "Religious Perspectives, t. 14." Nueva York: Harper and Row, 1965.

Perrin, Norman. *What Is Redaction Criticism?* Filadelfia: Fortress Press, 1969.

Pfeiffer, Charles F., y Harrison, Everett F., eds. *Wycliffe Bible Commentary.* Chicago: Moody Press, 1952.

Pierce, C. A. *Conscience in the New Testament.* Londres: SCM Press, 1955.

Pinson, William M., Jr., y Fant, Clyde E., Jr., eds. *Contemporary Christian Trends.* Waco, Tex.: Word, Inc., 1972.

Plummer, Alfred. *A Critical and Exegetical Commentary on the Gospel According to St. Luke.* "The International Critical Commentary." Nueva York: Charles Scribner's Sons.

Pollard, William G. *Science and Faith: Twin Mysteries.* Nueva York: Thomas Nelson, Inc., 1970.

Purkiser, W. T., *et al. Exploring Our Christian Faith.* Kansas City, Mo.: Beacon Hill Press, 1960.

_____. *The Gifts of the Spirit.* Kansas City: Beacon Hill Press of Kansas City, 1975.

_____. *Sanctification and Its Synonyms.* Kansas City: Beacon Hill Press, 1961.

Rainsford, Marcus. *Our Lord Prays for His Own.* Chicago: Moody Press, 1950.

Ralston, Henry. *Elements of Divinity.* Nashville: Publishing House of the M. E. Church, South, 1919.

Ramm, Bernard. *The Christian View of Science and Scripture.* Grand Rapids, Mich.: Wm. B. Eerdmans Publishing Co., 1954.

Ramsey, Michael. *The Resurrection of Christ.* Londres: Geoffrey Bles, 1946.

Rawlinson, A. E. J. *New Testament Doctrine of the Christ.* Londres: Longmans, Green, and Co., 1926.

Reicke, Bo. *Glaube and Leben der Urgemeinde*. Zurich: Zwingli-Verlag, 1957.

Reid, J. K. S. *The Authority of Scripture: A Study of the Reformation and Post-Reformation Understanding of the Bible*. Londres: Methuen and Co., Ltd., 1957.

Richardson, Alan. *An Introduction the the Theology of the New Testament*. Nueva York: Harper and Brothers, Publishers, 1958.

_____, ed. *A Theological Word Book of the Bible*. Londres: SCM Press, 1950.

Richardson, Alan, and Schweitzer, W., eds. *Biblical Authority for Today*. Filadelfia: The Westminster Press, 1951.

Ridderbos, H. N. *The Coming of the Kingdom*. Traducido por H. de Jongste. Filadelfia: Presbyterian and Reformed Publishing Co., 1972.

Ringenberg, L. R. *The Word of God in History*. Butler, Ind.: The Higley Press, 1953.

Robertson, A. T. *A Grammar of the Greek New Testament in the Light of Historical Research*. Segunda edición. Nueva York: George H. Doran Co., 1915.

_____. *Word Pictures in the New Testament*. 6 tt. Nueva York: Harper and Brothers Publishers, 1933.

Robinson, H. Wheeler. *The Cross in the Old Testament*. Filadelfia: Westminster Press, 1955.

_____. *Redemption and Revelation*. Nueva York: Harper and Bros., 1942.

Robinson, J. A. T. *The Body: A Study in Pauline Theology*. Chicago: Henry Regnery Co., 1951.

Robinson, T. H. *Job and His Friends*. Londres: SCM Press, Ltd., 1954.

Robinson, William. *The Biblical Doctrine of the Church*. St. Louis: Bethany Press, 1948.

Roth, Leon. *God and Man in the Old Testament*. Nueva York: Macmillan Co., 1955.

Rowley, H. H. *The Faith of Israel: Aspects of Old Testament Thought*. Filadelfia: The Westminster Press, 1956.

_____. *The Relevance of Apocalyptic*. Segunda edición. Londres: Lutterworth Press, 1946. Edición nueva y revisada Nueva York: Association Press, 1963.

_____. *The Unity of the Bible*. Filadelfia: The Westminster Press, 1953.

Rylaarsdam, J. C. *Revelation in Jewish Wisdom Literature.* Chicago: The University of Chicago Press, 1946.

Sanday, William, y Headlam, A.C. *A Critical and Exegetical Commentary on the Epistle to the Romans.* "International Critical Commentary." Nueva York: Charles Scribner's Sons, 1923.

Sauer, Eric. *The Dawn of World Redemption.* Traducido por G. H. Lang, con el prólogo por F. F. Bruce. Grand Rapids, Mich.: Wm. B. Eerdmans Publishing Co., 1952.

_____. *The King of the Earth.* Grand Rapids, Mich.: Wm. B. Eerdmans Publishing Co., 1962.

Saunders, E. W. *Jesus in the Gospels.* Englewood Cliffs, N. J.: Prentice-Hall, Inc., 1967.

Sayers, Dorothy L. *A Matter of Eternity.* Editado por Rosamond Kent Sprague. Grand Rapids, Mich.: Wm. B. Eerdmans Publishing Co., 1973.

Schaeffer, Francis A. *Back to Freedom and Dignity.* Downers Grove, Ill.: Inter-Varsity Press, 1972.

_____. *Genesis in Space and Time.* Downers Grove, Ill.: Inter-Varsity Press, 1972.

Schep, J. A. *The Nature of the Resurrection Body.* Grand Rapids, Mich.: Wm. B. Eerdmans Publishing Co., 1964.

Schmidt, Karl L. *The Church.* Traducido por J. R. Coates. Londres: Adam and Charles Black, 1950.

Schmithals, Walter. *The Office of Apostle in the Early Church.* Traducido por John E. Steely. Nashville: Abingdon Press, 1969.

Schoeps, H. J. *Paul.* Traducido por Harold Knight. Filadelfia: The Westminster Press, 1961.

Schofield, J. N. *Introducing Old Testament Theology.* Naperville, Ill.: SCM Book Club, 1964.

Schultz, Hermann. *Old Testament Theology.* 2 tt. Traducido por J. A. Paterson. Edimburgo: T. and T. Clark, 1909.

Schweitzer, Albert. *The Mystery of the Kingdom of God.* Londres: Adam and Charles Black, 1950.

_____. *The Quest of the Historical Jesus.* Nueva York: The Macmillan Co., 1961. Primera edición en alemán, 1906.

Schweizer, Eduard. *Das Leben Des Herren in der Gemeinde und Ihren Diensten.* Zurich: 1946.

_____. *The Lord's Supper According to the New Testament.* Traducido por John M. Davis. Filadelfia: Fortress Press, 1967.

Smeaton, George. *The Doctrine of the Holy Spirit.* Londres: The Banner of Truth Trust, reimpresión (1961).

Smith, C. Ryder. *The Bible Doctrine of Grace.* Londres: The Epworth Press, 1956.

_____. *The Bible Doctrine of the Hereafter.* Londres: Epworth Press, 1958.

_____. *The Bible Doctrine of Man.* Londres: The Epworth Press, 1951.

_____. *The Bible Doctrine of Salvation.* Londres: The Epworth Press, 1941.

_____. *The Bible Doctrine of Sin.* Londres: The Epworth Press, 1953.

Smith, Wilbur M. *The Biblical Doctrine of Heaven.* Chicago: Moody Press, 1968.

Snaith, Norman H. *The Distinctive Ideas of the Old Testament.* Filadelfia: The Westminster Press, 1946.

Spence, H. D. M., and Exell, Joseph S., eds. *The Pulpit Commentary.* Grand Rapids, Mich.: Wm. B. Eerdmans Publishing Co., (1950).

Stagg, Frank. *The Book of Acts.* Nashville: Broadman Press, 1955.

_____. *New Testament Theology.* Nashville: Broadman Press, 1962.

Stauffer, Ethelbert. *Jesus and His Story.* Traducido por Richard y Clara Winston. Nueva York: Alfred A. Knopf, 1960.

_____ *New Testament Theology.* Traducido por John Marsh. Nueva York: The Macmillan Co., 1955.

Stevens, George B. *The Theology of the New Testament.* Nueva York: Charles Scribner's Sons, 1957.

Strachan, R. H. *The Fourth Gospel.* Tercera edición revisada. Londres: SCM Press, Ltd., 1941.

Streeter, B. H. *The Primitive Church.* Nueva York: The Macmillan Co., 1929.

Taylor, Richard S. *End Times.* "The Aldersgate Doctrinal Series." Marion, Ind.: The Wesleyan Press, 1957.

_____. *Tongues: Their Purpose and Meaning.* Kansas City: Beacon Hill Press of Kansas City, 1973.

Taylor, Vincent. *The Atonement in New Testament Teaching.* Tercera edición. Londres: The Epworht Press, 1958.

_____. *The Cross of Christ.* Londres: Macmillan and Co., 1956.

_____. *Forgiveness and Reconciliation.* Londres: Macmillan and Co., 1956.

_____. *The Gospel According to St. Mark.* Nueva York: St. Martin's Press, 1966.

_____. *Jesus and His Sacrifice*. Nueva York: Macmillan and Co., 1937.

_____. *The Names of Jesus*. Londres: Macmillan and Co., 1954.

Temple, William. *Nature, Man, and God*. Londres: Macmillan, Ltd., primera edición, 1934.

Thayer, J. H. *A Greek-English Lexicon of the New Testament*. Grand Rapids, Mich.: Zondervan Publishing House, reimpresión (1963).

Thomas, W. H. Griffith. *Through the Pentateuch Chapter by Chapter*. Grand Rapids, Mich.: Wm. B. Eerdmans Publishing Co., 1957.

Thomson, James G. S. S. *The Old Testament View of Revelation*. Grand Rapids, Mich.: Wm. B. Eerdmans Publishing Co., 1960.

Thornton, L. S. *The Common Life in the Body of Christ*. Londres: Dacre Press, 1950.

Todt, H. E. *The Son of Man in the Synoptic Tradition*. Traducido por D. M. Barton. Londres: SCM Press, 1965.

Toombs, Lawrence. *The Old Testament in Christian Preaching*. Filadelfia: The Westminster Press, 1961.

Tozer, A. W. *That Incredible Christian*. Harrisburg, Pa.: Christian Publications, Inc., 1964.

Turner, George Allen. *The Vision Which Transforms: Is Christian Perfection Scriptural?* Kansas City: Beacon Hill Press, 1964.

Vincent, Marvin R. *Word Studies in the New Testament*. Grand Rapids, Mich.: Wm. B. Eerdmans Publishing Co., reimpresión (1965).

Vine, W. E. *Expository Dictionary of New Testament Words*. Londres: Oliphants, 1939.

Von Campenhausen, Hans. *The Virgin Birth in the Theology of the Ancient Church*. Naperville, Ill.: Alec R. Allerson, Inc., 1962.

Von Rad, Gerhard. *Old Testament Theology*. Traducido por D. M. G. Stalker. Nueva York: Harper and Brothers, 1962.

Vos, Geerhardus. *The Pauline Eschatology*. Grand Rapids, Mich.: Wm B. Eerdmans Publishing Co., 1972.

Vriezen, Th. C. *An Outline of Old Testament Theology*. Boston: Charles T. Branford Co., 1958.

Walker, Thomas. *The Acts of the Apostles*. Chicago: Moody Press, 1965.

Walker, Williston. *A History of the Christian Church*. Edición revisada. Nueva York: Charles Scribner's Sons, 1959.

Walvoord, John F. *The Church in Prophecy.* Grand Rapids, Mich.: Zondervan Publishing House, 1964.

Ward, William B. *Out of the Whirlwind.* Richmond, Va.: John Knox Press, 1958.

Weiss, J. *Earliest Christianity.* Traducido por F. C. Grant. Nueva York: Harper and Brothers, 1959.

Wesley, John. *Explanatory Notes upon the New Testament.* Naperville, Ill.: Alec R. Allenson, Inc. reimpresión (1950).

_____. *Works.* 14 tt. Kansas City, Mo.: Nazarene Publishing House, s. f.

Westcott, B. F. *The Gospel According to St. John.* Londres: James Clarke and Co., Ltd., 1880.

Westermann, Claus, ed. *Essays on Old Testament Hermeneutics.* Richmond, Va.: John Knox Press, 1964.

Whale, J. S. *Christian Doctrine.* Nueva York: The Macmillan Co., 1942.

_____. *Victor and Victim.* Cambridge: University Press, 1960.

Whitley, D. E. H. *The Theology of St. Paul.* Filadelfia: Fortress Press, 1966.

Wilder, Amos N. *Otherworldliness and the New Testament.* Nueva York: Harper and Brothers, 1954.

Wiley, H. Orton. *Christian Theology.* 3 tt. Kansas City: Beacon Hill Press, 1940.

_____. *The Epistle to the Hebrews.* Kansas City: Beacon Hill Press, 1959.

Williams, Colin. *The Church: New Directions in Theology Today.* t. 4. Londres: Lutterworth Press, 1969.

Williams, C. S. *A Commentary on the Acts of the Apostles.* "Black's New Testament Commentaries." Londres: Adam and Charles Black, 1957.

Wrede, W. *Das messiasgeheimnis in den Evangelien.* Gottingen. Vanderhoeck and Ruprecht, 1901.

Wright, G. Ernest. *Biblical Archaeology.* Edición condensada. Filadelfia: The Westminster Press, 1960.

_____. *God Who Acts: Biblical Theology as Recital.* "Studies in Biblical Theology." Londres: SCM Press, 1952.

_____. *The Old Testament and Theology.* Nueva York: Harper and Row, Publishers, 1969.

Wright, G. Ernest, and Fuller, Reginald H. *The Book of the Acts of God.* Nueva York: Doubleday and Co., Inc., 1957.

Wynkoop, Mildred Bangs. *Foundations of Wesleyan-Arminian*

Theology. Kansas City, Mo.: Beacon Hill Press of Kansas City, 1967.

——————. *A Theology of Love.* Kansas City: Beacon Hill Press of Kansas City, 1972.

Young, Edward J. *The Study of Old Testament Theology.* Nueva York: Fleming H. Revell Co., 1959.

Zorn, R. O. *Church and Kingdom.* Filadelfia: Presbyterian and Reformed Publishing Co., 1962.

ARTÍCULOS

Albright, William Foxwell. "The Old Testament and Archaeology." *Old Testament Commentary.* Editado por Herbert C. Alleman y Elmer E. Flack. Filadelfia: Muhlenberg Press, 1948.

——————. "Recent Discoveries in Bible Lands." *Young's Analytical Concordance to the Bible.* Nueva York: Funk and Wagnalls Co., 1955.

Augsburger Myron S. "Introduction." Chester K. Lehman, *Biblical Theology, Old Testament.* Scottdale, Pa.: Herald Press, 1971.

Barclay, William. "Comparison of Paul's Missionary Preaching and Preaching to the Church." *Apostolic History and the Gospel.* Editado por W. Ward Gasque y Ralph P. Martin. Grand Rapids, Mich.: Wm B. Eerdmans Publishing Co., 1970.

Bartlett, Gene. "Worship: Ordered Proclamation of the Gospel." *Review and Expositor,* LXII, No. 3 (verano, 1965).

Bradley, William L. "Revelation." *The Hartford Quarterly,* t. 3 (invierno, 1962), pp. 41-54.

Bromiley, Geoffrey W. "Biblical Theology." Everett F. Harrison, redactor general. *Baker's Dictionary of Theology.* Grand Rapids, Mich.: Baker Book House, 1960.

Bruce, F. F. "The Person of Christ: Incarnation and Virgin Birth." *Basic Christian Doctrines.* Editado por Carl F. H. Henry. Nueva York: Holt, Rinehart, and Winston, 1962.

Bruce, F. F., y Davidson, Francis. "The Wisdom Literature of the Old Testament." *The New Bible Commentary.* Editado por F. Davidson. Grand Rapids, Mich.: Wm. B. Eerdmans Publishing Co., 1956.

Brunner, H. Emil. "The Christian Understanding of Man." *The Christian Understanding of Man.* t. II. del informe de la conferencia de Oxford sobre la iglesia, comunidad y estado. Londres: George Allen and Unwin, Ltd., 1938.

Campbell, J. Y. *"Koinonia and Its Cognates in the New Testament." Journal of Biblical Literature.* LI (1932), p. 353.

Filson, Floyd V. "Synagogue, Temple, and Church." *The Biblical Archaeologist Reader.* Editado por G. Ernest Wright y David Noel Freedman. Nueva York: Doubleday and Co., 1961.

Gilmore, A. "The Date and Significance of the Last Supper." *Scottish Journal of Theology.* Septiembre, 1961.

Gordon, Cyrus H. "Higher Critics and Forbidden Fruit." Frank E. Gaebelein, editor. *Christianity Today Reader.* Nueva York: Meredith Press, 1966.

Harrison, Everett F. *"Some Patterns of the Testament Didach." Bibliotheca Sacra.* t. 119, No. 474 (abril, 1962).

Henry, Carl F. H. "Man." *Baker's Dictionary of Theology.* Everett F. Harrison, redactor general. Grand Rapids, Mich.: Baker Book House, 1960.

Hull, William. "Baptism in the New Testament: A Critique." Review and Expositor, t. LXV (invierno, 1968).

Hunter, A. M. "Crux Criticorum—Matt. XI: 25-30—a Reappraisal." *New Testament Studies.* VIII (1962), pp. 241-49.

Hutchison, Harry. "Who Does He Think He Is?" *Scottish Journal of Theology.* XIV (septiembre, 1961).

Jewett, Paul King. "Emil Brunner's Doctrine of Inspiration." John F. Walvoord, ed. *Inspiration and Interpretation.* Grand Rapids, Mich.: Wm. B. Eerdmans Publishing Co., 1957.

Kantzer, Kenneth. "Revelation and Inspiration in Neo-Orthodox Theology." Partes I-III. *Bibliotheca Sacra,* t. 115, No. 459 (julio, 1958), pp. 120-27; 218-28; 302-12.

Kevan, E. F. "Genesis." *The New Bible Commentary.* Editado por F. Davidson. Grand Rapids, Mich.: Wm. B. Eerdmans Publishing Co., 1956.

Kümmel, Werner G. "The Main Types of NT Proclamation." *Encounter,* XXI (1960).

Ladd, George E. "Interim Ethics." *Baker's Dictionary of Christian Ethics.* Editado por Carl F. H., Henry. Grand Rapids, Mich.: Baker Book House, 1973.

_____. "The Kingdom of God—Reign or Realm?" *Journal of Biblical Literature.* t. 31 (1962), pp. 230-38.

Marshall, I. H. "The Synoptic Son of Man Sayings in Recent Discussion." *New Testament Studies.* XII (1966), pp. 327-51.

Metzger, Bruce M. "The Development of Institutional Organization in the Early Church." *Ashland Theological Bulletin,* VI (primavera, 1973).

Morris, Leon. "The Meaning of *Hilasterion* in Rom. 3:25." *New Testament Studies.* II (1955-56).

Munck, J. "Paul, the Apostles, and the Twelve." *Studia Theologica,* 3 (1949).

Reicke, Bo. "A Synopsis of Early Christian Preaching." *The Root of the Vine.* Londres: Dacre Press, 1953.

Rhodes, Arnold B. "The Message of the Bible." *Introduction to the Bible.* "The Layman's Bible Commentary", t. I. Balmer H. Kelly, editor. Richmond, Va.: John Knox Press, 1959.

Riesenfeld, Harold. "The Ministry in the New Testament." *The Root of the Vine.* Londres: Dacre Press, 1953.

Robinson, William Childs. "The Virgin Birth—A Broader Base." *Christianity Today.* XVII (diciembre 8, 1972), pp. 6-8.

Rose, Delbert R. "Distinguishing Things That Differ." *Wesleyan Theological Journal,* t. 9, 1974.

Rust, Eric. "The Atoning Act of God in Christ." *Review and Expositor,* LIX (enero, 1962), pp. 68-70.

Staples, Rob L. "Sanctification and Selfhood: A Phenomenological Analysis of the Wesleyan Message." *Wesleyan Theological Journal,* t. 7, primavera, 1972.

Taylor, Vincent. "Does the New Testament Call Jesus God?" *The Expository Times,* LXIII (enero, 1962).

_____. "A Great Text Reconsidered". *New Testament Essays.* Londres: Epworth Press, 1970.

Tenney, Merril C. "The Historicity of the Resurrection." *Jesus of Nazareth, Saviour, and Lord.* Editado por Carl F. H. Henry. Grand Rapids, Mich.: Wm. B. Eerdmans Publishing Co., 1966.

Turner, George Allen. "Infant Baptism in Biblical and Historical Context." *Wesleyan Theological Journal,* t. 5, 1970.

Witwer, John A. "Did Jesus Claim to Be God?" *Bibliotheca Sacra,* t. 125 (abril, 1968).

Worley, Robert C. "Preaching and Teaching in the Primitive Church." *McCormick Quarterly,* t. XX (noviembre, 1966).

CPSIA information can be obtained
at www.ICGtesting.com
Printed in the USA
BVOW03s1712270717

490395BV00001B/76/P

9 781563 440427